기독교문서선교회 (Christian Literature Center: 약칭 CLC)는 1941년 영국 콜체스터에서 켄 아담스에 의해 시작되었으며 국제 본부는 미국 필라델피아에 있습니다.
국제 CLC는 약 650여 명의 선교사들이 59개 나라에서 180개의 서점을 운영하며 이동 도서 차량 40대를 이용하여 문서 보급에 힘쓰고 있으며 이메일 주문을 통해 130여 국으로 책을 공급하고 있는 국제적 문서선교 기관입니다.

추천사 1

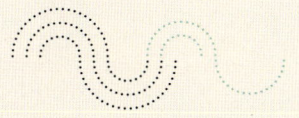

찰스 밴 엥겐(Charles Van Engen) 박사
풀러신학대학원 아서글라서 석좌교수

아서 글라서 박사가 그립습니다. 글라서는 20세기 중반 개신교 성경 선교학 분야에서 가장 창의적이고 영향력 있는 학자 중 한 사람이었습니다. 그는 탁월한 선교신학자로서 30여 년 동안 수천 명의 제자를 양성한 분이었습니다. 제가 처음 글라서 교수의 가르침을 받은 지도 어느덧 50여 년이 지났습니다. 풀러신학대학원에서 저는 조지 E. 래드와 제프리 W. 브로밀리 교수와 함께 하나님 나라 신학을 공부했지만, 선교해석학에 관한 하나님 나라 신학의 창조적인 함의를 일깨워 준 분은 바로 글라서 박사였습니다.

글라서 박사는 "먼저는 유대인에게!"라는 점을 늘 강조하셨습니다. 선교신학이 성숙해가면서 그는 신학생 시절부터 품어온 유대인들에게 복음을 전해야 한다는 초심으로 돌아가, 풀러세계선교학교에 유대교 연구와 유대인 전도에 집중하는 석사학위 과정을 개설하셨습니다. 그의 선교해석학에서, 유대인과 이방인이 하나 되어 <한새사람>을 이루는 것은 중요한 가치였습니다.

한미정 박사는 이스라엘에 대한 성경의 관점을 글라서가 어떻게 보고 있는지를 철저히 분석함으로써, 그의 해석학을 명쾌하게 정리해 주었습니다. 이 책의 탁월함은 하나님 나라에서 이스라엘 회복 관점이 가지는 선교적 사명을 강하게 고취시켜 주는 데 있습니다. 저자가 명확하게 설명한 글라서의 회복주의적 관점을 동의하든 동의하지 않든, 이 연구는 성경학자, 선교학자, 교회 지도자들이 반드시 읽어야 할 중요한 학문적 기여를 하고 있습니다.

이 책을 통해 글라서 박사님의 숨결을 느낄 수 있어 진심으로 행복합니다.

추천사 2

이 상 명 박사
캘리포니아프레스티지대학교 총장

성경은 하나님의 위대한 선교 이야기로서의 역사이며 하나님의 구원 역사로서의 생생한 이야기입니다. 인류 구원을 향한 하나님의 선교 이야기는 보편주의(universalism)와 특수주의(particularism), 주변(marginality)과 중심(center), 단일 지점(one-point)과 다중 지점(multi-point) 사이를 오가며 인류 보편사와 맞물려 전개됩니다.

이처럼 하나님의 구원 역사는 역동적이며 우리가 포착할 수 없을 만큼 깊은 신비를 내포합니다. 하나님의 구원 사건의 전개 양상과 내밀한 신비에 대한 얕은 이해나 피상적 접근은 하나님의 구원 계획에 대한 편견과 오해를 불러일으킵니다.

하나님의 구원 역사에 있어 이스라엘의 회복과 역할에 대한 첨예한 논쟁은 여전합니다. 옛 언약공동체인 이스라엘이 새 언약공동체인 교회로 환치되었다고 주장하는 대체신학과 이러한 관점을 비판하는 진영 사이의 공방이 그것입니다. 유대인의 신학적 위치를 둘러싼 논쟁을 로마서 9-11장에 걸쳐서 다룬 바울은 이스라엘 민족의 회복과 구원은 인류 보편사와 불가분의 관계에 놓여있음을 증언합니다.

저자는 아서 F. 글라서의 선교적 성경해석학의 관점으로 인류 보편사로부터 이스라엘 중심의 특수사를 거쳐 다시 보편적 새 창조나 새 역사로 완성되는 하나님 나라의 장엄한 전개 과정을 제시합니다. 저자는 이 세 단계로 펼쳐지는 하나님의 구원 역사 속 이스라엘 민족이 차지하는 위치와 역할의 의미와 중요성을 심도 있게 다룹니다.

　아울러 아서 글라서의 생애와 사역 가운데 이스라엘의 회복 관점의 선교학적 해석학이 태동하여 만개하기까지의 궤적을 다루고 있는 점도 이 책의 주요 공헌 가운데 하나입니다.

　아서 글라서의 선교신학적 성경 읽기로 대체신학의 한계와 문제점을 넘어서, 보다 포괄적이고 통전적인 선교신학과 이스라엘 회복 관점으로 하나님의 구원 역사를 이해하려는 독자들을 위한 탁월한 길라잡이가 될 것이라 여겨 이 책을 강력히 추천합니다.

추천사 3

임 성 진 박사
월드미션대학교 총장

　한미정 박사는 월드미션대학교에서 석사 과정을 마무리할 때 <반유대주의를 극복한 이스라엘 선교 방안>이라는 논문을 작성하였습니다. 성경에 나타난 하나님의 선교 전략으로 유대인 영혼 구원에 대한 연구를 지속하기 위해 박사 과정에 진학할 때, 본인은 기꺼이 추천사를 써 주었습니다. 박사 과정에서 쏟은 학문의 열매로 아서 글라서 박사가 추구하던 선교적 성경 해석을 이스라엘 회복 관점으로 정리한 귀한 논문을 작성하고, 그것을 책으로 출간하게 되었다니 진심으로 축하합니다.
　저자는 선교신학자 아서 글라서 박사의 생애와 저술을 성실히 연구한 논문을 내놓음으로써 이 시대에도 선교 완성을 위해 지속적으로 하나님의 사람을 세우시는 하나님의 열심을 확인시키는 공헌을 하였습니다.
　특히, 글라서 박사의 선교학적 해석학에서 이스라엘이 차지하는 위치와 의의를 깊이 탐구함으로써, 자칫 선교역사에서 숨겨질 수 있었던 글라서 박사의 선교적 성경 해석의 핵심적인 가치를 밝히 드러내었습니다.
　이 책은 그 연구 결과를 다양한 그림과 도표 등 시각적인 자료로 제시함으로써 성경 전체를 총체적인 선교적 해석학으로 이해하도록 도울 수 있는 실용성을 갖추었습니다. 지금도 하나님 나라의 선교를 완성해 가시는 하나님의 마음을 통전적으로 헤아리기 원하는 모든 이에게 귀한 안내서가 될 것을 확신하여 필독을 권합니다.

추천사 4

임윤택 박사
캘리포니아프레스티지대학교 선교학 박사원 원장

저의 스승인 아서 글라서 박사를 이렇게 깊이 다룬 연구는 아직 없습니다. 글라서 박사는 1970년대 풀러신학교 교수직과 풀러세계선교학교 원장직을 수행하면서 선교를 성경적인 기초 위에 든든히 세우는 신학 작업을 감당했다고 평가 받는 탁월한 선교신학자입니다.

한미정 박사는 글라서 박사의 『성경에 나타난 하나님의 선교』와 그가 남긴 저술들을 분석함으로써, 하나님의 선교와 이스라엘 회복의 중요성을 새로운 시각에서 조명합니다. 선교신학자인 아서 글라서의 철저한 성경 해석을 바탕으로 하나님의 나라와 이스라엘의 역할을 선명하게 드러내며, 독자들에게 깊은 감동과 통찰을 선사합니다.

성경은 하나님의 구속사를 펼쳐 보이는 대서사입니다. 인류를 구원하기 원하시는 하나님의 선교 보고서입니다. 과거와 현재 그리고 미래의 선교 목표와 전략은 성경에서 그 해답을 찾아야 합니다.

이 책은 성경에 나타난 하나님의 구원 계획 속에서 이스라엘이 얼마나 중요한 위치를 차지하는지를 인정하게 합니다.

추천사 5

김 인 식 박사
킹덤월드미션 대표, 캘리포니아프레스티지대학교 선교학 교수

아서 글라서 박사의 선교신학은 하나님 나라의 관점에서 성경 전체를 관통하는 신학입니다. 그의 신학은 성경에 나타난 하나님이 주도하시는 창조 이전부터 영원에 이르는 우주적 드라마를 보여줍니다. 이 우주적 드라마는 하나님 나라의 관점을 통해 구약과 신약, 유대인과 이방인, 신학과 선교를 아우르면서 오늘날의 편협된 사고를 극복하게 합니다. 우주적 드라마 속에 반드시 있어야 하는 한 조각의 퍼즐인 이스라엘과 열방 그리고 인생의 소중함을 발견하게 합니다.

한미정 박사는 글라서 박사의 성경에 나타난 방대한 선교의 대하 스토리를 일목요연하게 볼 수 있도록 도식화하였습니다. 저자는 글라서 박사의 생애와 저서와 은퇴 후 남긴 글들을 깊이 연구하여 그가 이스라엘 회복을 믿고 열망했던 것을 증언합니다. 글라서 박사는 이스라엘 회복의 관점을 가지고 이스라엘이 없는 신학에서 이스라엘이 있는 신학으로 나아간 선구자였음을 보여줍니다.

이 책은 글라서 박사가 이스라엘의 구원뿐 아니라 이스라엘의 회복을 확신하여 회복된 이스라엘과 이방인이 그리스도 예수 안에서 하나된 하나님 나라의 완성을 기대하였다는 통찰을 보여줍니다.

추천사 6

김용식 박사
캘리포니아프레스티지대학교 선교학 박사원 부원장

저는 1988년 가을학기에 풀러세계선교대학원에서 아서 글라서 박사의 <선교의 성경적 기초> 과목의 마지막 직강을 들은 제자입니다. 그분과의 만남을 통해 저는 디아스포라 선교신학을 정립할 수 있었습니다. 저 자신이 이민자였기에 성경 전체에 나타난 디아스포라를 통해 이루시는 하나님 나라의 선교를 본 것입니다. 그러나 한미정 박사는 직접 뵌 적도 없는 아서 글라서 박사의 삶과 저서를 통해 이스라엘 회복이라는 관점에서 하나님 나라 선교적 해석학을 정립한 것이 놀랍습니다.

한미정 박사의 선교학적 해석의 만남은 제게 큰 충격이었습니다. 신약의 교회가 구약의 이스라엘을 대체한다는 대체신학적 사고에 머물러 있던 제게 한 박사의 이스라엘 회복신학 관점, 그리스도 예수 안에서 이스라엘과 이방인이 하나가 되어 새로운 선교적 신앙공동체를 이룬다는 <한새사람>(One-New-Man) 개념은 처음에는 쉽게 이해되지 않고 거부하고 싶은 불편한 진실이었습니다. 하지만, 저는 결국 받아들이게 되었습니다. 설득당한 것입니다. 이것이 이 책을 통해 제가 얻은 가장 큰 학문적 기쁨이기도 합니다.

아서 글라서 박사는 제가 이해하기에는 너무 큰 분이셨습니다. 그동안 저는 그분을 너무 적게 그리고 부분적으로 알고 있었습니다.

이제부터 누가 아서 글라서 박사에 관해서 묻는다면 저는 조금도 주저함 없이 이 책을 주겠습니다. 그리고 "이 안에 아서 글라서 박사의 모든 것이 다 있습니다"라는 말로 일독을 강력히 추천하겠습니다.

추천사 7

정용암 박사
캘리포니아프레스티지대학교 선교학 박사원 교수

   한미정 박사의 책은 아서 글라서의 선교학적 해석학을 철저히 분석함으로써 하나님 나라에서 이스라엘의 역할을 이해하는 데 중요한 통찰력을 제공합니다.
   저자가 제공하는 핵심 통찰력 중 하나는 이스라엘의 회복이 하나님의 선교를 완성하는 데 필수적인 요소라는 인식입니다. 저자는 글라서의 관점을 깊이 탐색하여 확장시킵니다. 이스라엘의 역할은 단순히 역사적인 것뿐 아니라 종말론적 미래까지 계속해서 성경에 나타난 하나님의 선교를 이해하는 데 중요하다고 주장합니다. 구약과 신약 모두에서 이스라엘의 신학적 중요성을 강조함으로써 저자는 하나님의 구속 계획에서 이스라엘의 위치를 소외시키는 전통적인 견해에 도전하고, 그 대신 이스라엘과 교회를 연합시키는 하나님의 사명에 대한 보다 포괄적인 이해를 제공합니다.
   이러한 해석은 성경 본문에 명확성을 제공할 뿐만 아니라 그리스도의 몸의 통일성과 다양성에 대한 더 깊은 신학적 성찰을 장려하여 이스라엘의 회복이 세계선교에 필수적이라는 관점을 강조합니다.
   하나님의 선교와 하나님의 나라 완성에서 이스라엘의 역할을 더 깊이 이해하려는 모든 사람에게 이 책을 추천합니다.

추천사 8

정호진 박사
한국이스라엘친선협회 수석부회장, (전) 이스라엘포럼 부이사장

한미정 박사의 <아서 글라서의 선교학적 해석학 비평: 이스라엘 회복 관점을 중심으로>라는 논문이 책으로 출간되는 것에 축하드리며 기쁨을 함께 나누고 싶습니다. 이 책은 마지막 때를 사는 우리에게 이스라엘의 중요성과 유대인 선교에 관한 많은 점을 알려줍니다.

1990년 말 이스라엘에서는 방독면 구입을 위한 소동이 벌어졌습니다. 1991년 1월 17일을 D-day로 이라크의 후세인이 이스라엘에 화생방 공격을 가하겠다는 선전포고가 있었기 때문입니다. 나는 이스라엘의 유대인 친구들을 한 명이라도 더 구원해야 한다는 다급한 심정이 들었고, 그때부터 지금까지 유대인 선교에 몸담고 있습니다.

이스라엘은 1948년 독립 후 계속되는 전쟁과 테러의 고통을 겪고 있고, 지금 이 순간도 하마스, 헤즈볼라, 이란과 전쟁을 하고 있습니다. 이스라엘의 독립은 하나님의 언약과 예언의 성취이기에 기독교인에게 이스라엘의 회복 문제를 선교학적 관점에서 체계를 세우는 것은 교회사에서도 중요한 일이 아닐 수 없습니다.

그러나 아쉽게도 이스라엘 회복에 관한 선교학적 학문의 체계는 여전히 미흡한 상태에 머물러 있습니다. 이런 상황에서 한미정 박사의 글을 통하여 아서 글라서의 이스라엘 선교와 관련한 그의 깊이 있는 글과 성경적 해석을 접할 수 있는 것은 행운이 아닐 수 없습니다.

아서 글라서는 1948년 이스라엘이 독립하기 전부터 이스라엘의 회복에 대한 믿음을 가지고 유대인 선교의 중요성을 바라본 선교사였으며 신학자였습니다. 그는 미래에 완성될 하나님의 구속사에서 이스라엘이 차지해야 할 중요한 역할과 지위를 성경 전체를 통한 하나님의 선교 관점에서 다루면서 이스라엘 선교의 신학적인 체계화를 추구했습니다. 그리고 한미정 박사는 글라서의 선교학을 보다 폭넓게 정리하여 체계화하고 있습니다.

한미정 박사는 그의 부군 김정환 목사와 함께 실제 유대인 선교 현장에서 사역하고 있습니다. 이러한 배경에서 한미정 박사는 이 책에서 글라서의 생애에 걸친 그의 선교신학적 배경과 선교적 성경 해석을 다루면서, 한편 유대인 선교의 태동부터 그 발전 과정에서 이루어진 <메시아닉 유대인>들의 여러 사례도 다루고 있어 독자들에게 큰 흥미를 부여합니다.

따라서, 이 책은 이스라엘의 회복 운동과 유대인 선교에 관심을 가진 분이라면 누구든지 알아야 할 역사적 배경과 선교신학적 지식을 폭넓게 그리고 흥미진진하게 배울 수 있는 필독서입니다.

그리스도 안에서 유대인과 이방인이 <한새사람>, 한 신부를 이루어, 곧 오실 신랑 예수님을 맞이해야 하는 시대에 이 책을 통하여 하나님 말씀의 성취를 보여주는 유대인 회복의 실상을 더욱 분명하게 볼 수 있기를 바라며 일독을 권유 드립니다.

추천사 9

김충렬 박사
영세교회 원로목사, (전) 장신대학교 성지연구원 이사장

저자는 긴 생애에 걸쳐 신실함으로 사역했던 신학자 아서 글라서의 선교학적 해석의 특징을 "성경을 관통하는 하나님 나라의 패러다임, 신구약 성경의 연속성의 매개인 하나님의 선교, 이스라엘의 회복 관점을 지향한 선교학적 해석학"으로 정리합니다.

저자의 결론만큼이나 감동적인 것은 그 결론에 이르는 과정에서 가능한 모든 자료를 찾아내어 정리하고 분석하여 해당 부분에 배치하고, 다양한 방법을 사용하여 차분하게 해석하고 설명해 가면서, 수많은 목회자, 신학자, 선교사, 신학생, 평신도 지도자 등과 나누는 치밀하고, 성실하고, 지혜롭고, 부드럽고, 겸손하면서도, 흔들림 없는 대화 방식입니다. 독자들은 반드시 새로운 깨달음, 감동, 도전을 받게 될 것이라고 확신합니다. 나아가 이 책은 머지않아 진정한 복음주의적 신학교들의 선교학 필수 교재로 채택되리라 전망됩니다.

1년 전 가자 지구의 테러 단체가 자행한 무자비한 학살과 인질극으로 촉발된 이스라엘과 하마스 간의 전쟁으로 반유대주의가 증가하고 있고, 좌우로 치우친 이스라엘 회복 운동의 급증으로 혼란한 이때, 이런 기념비적인 책이 출간된 것은 하나님의 특별한 섭리로 이루어진 일이라 믿습니다.

이 책은 오래된 반유대주의 신학을 무너뜨리고, 온 이스라엘의 구원과 회복 신학으로 재건하고, 좌우로 치우친 이스라엘 회복 운동의 중심을 잡아주는 중심추 역할을 하도록, 주님께서 귀히 사용하시리라 확신합니다. 저자의 엄청난 노고를 치하하며, 성삼위일체 하나님께 감사와 영광을 돌립니다. 아멘.

추천사 10

미치 글레이저(Mitch Glaser) 박사
Chosen People Ministries 대표

아서 글라서 박사는 현대를 대표하는 위대한 선교학자 중 한 분입니다. 해외선교회(OMF)에서의 선교 활동과 컬럼비아성경대학교 및 풀러신학교에서의 가르침은 성경 전체를 아우르는 하나님 나라와 대위임명령에 대한 그의 깊은 이해를 기반으로 하고 있습니다.

글라서 박사는 저의 박사 과정에서 멘토 역할을 해주셨습니다. 그분은 주님과 아내 앨리스를 제외하고는 항상 두 가지 큰 사랑을 가지고 있다고 말씀하셨습니다. 그것은 바로 유대인들과 중국인들을 향한 사랑이었습니다. 그의 경력 초반에는 중국인들에게 예수님을 전하는 데 집중했고, 해외선교회에서 은퇴하고 풀러로 자리를 옮긴 후에는 유대인들에게 복음을 전하며 현대 <메시아닉 운동>의 발전에 큰 열정을 쏟았습니다.

한미정 박사가 글라서 박사의 이러한 훌륭한 업적을 연구하기로 결심하신 것을 진심으로 기쁘게 생각합니다. 그녀의 노력이 21세기 교회에 글라서 박사의 탁월한 가르침에 대한 더 깊은 이해와 성찰을 가져다 줄 것이라 확신합니다.

추천사 11

데이비드 세다카(David Sedaca) 박사
Chosen People Ministries 부대표

저는 아서 글라서 박사를 개인적으로 알게 될 기회가 있었습니다. 20년 동안 저는 예수님을 메시아이자 구세주로 받아들인 유대인들의 세계적인 교제 모임인 '국제메시아닉유대인연맹'을 이끌어 왔습니다. 글라서 박사와 저는 유대인으로서의 유산과 예수님에 대한 신앙을 공유했습니다. 특히, 이스라엘의 미래에 깊은 관심을 가졌습니다.

현재 이스라엘은 2023년 10월 7일의 참혹한 사건 이후 국가적 생존을 위해 적들과의 전쟁을 치르고 있습니다.

오늘날 이스라엘에 대한 우리의 태도는 어떠해야 할까요?

한미정 박사의 이 환영할 만한 작품은 이스라엘의 회복에 대한 글라서 박사의 기여를 시의적절하게 드러내어 그 가치를 조명하고 있습니다. 저는 한미정 박사와의 대면 인터뷰를 통해 글라서 박사와 제가 이스라엘 회복에 대해서 나눴던 비전과 꿈을 공유했습니다. 글라서 박사의 학문적 작업은 언제나 그의 학생들과 독자들이 성경에 예언된 이스라엘의 회복을 진지하게 고려하게 했습니다.

이 책은 성경 말씀에 입각한 이스라엘의 미래를 재검토할 필요성을 강력히 제기합니다. 이는 글라서 박사가 추구했던 비전입니다. 그의 이스라엘 회복에 대한 희망이 한미정 박사에 의해 더욱 명확하게 드러났습니다.

이 책은 하나님의 예언적 메시지에 관심 있는 모든 이에게 필독서입니다.

추천사 12

이갈 게르만(Igal German) 박사
시카고 무디성경대학원 구약학 교수, 메시아닉 유대인 변증가
국제성경변증협회·예소드성경센터 설립 이사

한미정 박사의 책 『하나님 나라 선교신학과 이스라엘』은 이스라엘을 강조하는 선교학 연구 분야에 중요한 기여를 하고 있습니다. 저자는 아서 글라서의 이스라엘 회복에 대한 신학적 관점을 분석하면서, 성경의 선교적 흐름 속에서 이스라엘의 독특한 위치를 재조명하고 있습니다.

이 세심한 연구에서 저자는 글라서의 이스라엘 회복과 구원에 대한 해석을 다음과 같은 요소로 나누어 구체적으로 설명합니다.

1. 이스라엘과 하나님
2. 이스라엘과 언약
3. 이스라엘과 교회
4. 이스라엘과 구원
5. 이스라엘과 미래

이 책은 선교학적 관점에서 탈대체신학을 발전시킵니다. 신학자들, 선교학자들 그리고 <메시아닉 유대인> 학자들에게 깊이 있는 성찰과 후속 연구의 영감을 제공합니다.

추천사 13

가이 코헨(Guy Cohen) 박사
이스라엘 악고 아셀추수교회 담임목사

한미정 박사가 추천사를 부탁했을 때, 저는 기쁜 마음으로 기꺼이 동의했습니다. 한미정 박사는 저의 믿음의 형제인 김정환 목사의 아내이자 두 명의 사랑스러운 자녀, 데이비드와 에스더의 어머니입니다. 이 가족은 버지니아에 있는 사랑과진리교회에서 주님의 공동체를 섬기고 있으며, 제가 몇 차례 방문하여 함께 사역한 경험이 있습니다. 이들은 이스라엘과 유대인들을 사랑하며, 하나님의 이름을 높이는 다양한 프로그램을 적극적으로 지원하고 있습니다.

한미정 박사는 아서 프레데릭 글라서 박사와 그의 저서 『성경에 나타난 하나님의 선교』를 분석하여 논문을 작성했습니다. 그 논문을 읽으면서, 저자의 작업이 유대인과 이방인을 그리스도 안에서 하나로 부르시는 사역을 다루고 있음을 깨달았습니다. 저자의 글은 교회 지도자들에게 이스라엘을 대체신학적 관점에서 바라보는 시각에서 벗어나는 새로운 이해의 길을 열어주었습니다. 이제 교회는 하나님께서 이스라엘 민족과 그 땅을 포기하지 않으셨으며, 교회가 이스라엘을 대체한 것이 아니라, 교회와 이스라엘이 그리스도 안에서 새롭게 부름 받은 "하나 된 새 사람"이라는 것을 인식하게 되었습니다.

저는 교회가 주님의 재림을 위해 이스라엘과 함께 서 있어야 한다고 확신합니다. 교회와 이스라엘이 예슈아(Yeshua: 예수의 히브리어) 안에서 하나될 때 이스라엘의 회복도, 열방의 구원도 완성될 것입니다.

그 일의 성취에 동참하기 원하시는 분들은 이 책을 통해 많은 유익을 얻을 수 있을 것이라 믿어 의심치 않습니다. 축복합니다.

하나님 나라 선교신학과 이스라엘

아서 글라서의 해석학

Kingdom Mission Theology and Israel: Arthur Glasser's Hermeneutics
Written by Mi Jung Han
All rights reserved.
Korean Edition Copyright ⓒ 2025 by Christian Literature Center, Seoul, Korea.

하나님 나라 선교신학과 이스라엘
아서 글라서의 해석학

2025년 1월 15일 초판 발행

지 은 이 | 한미정

편　　집 | 이신영
디 자 인 | 소신애, 서민정
펴 낸 곳 | (사)기독교문서선교회
등　　록 | 제16-25호(1980.1.18.)
주　　소 | 서울특별시 동대문구 천호대로71길 39
전　　화 | 02-586-8761-3(본사) 031-942-8761(영업부)
팩　　스 | 02-523-0131(본사) 031-942-8763(영업부)
이 메 일 | clckor@gmail.com
홈페이지 | www.clcbook.com
송금계좌 | 기업은행 073-000308-04-020 (사)기독교문서선교회
일련번호 | 2025-2

ISBN 978-89-341-2774-1 (93230)

이 책의 출판권은(사)기독교문서선교회가 소유합니다.
신저작권법에 의하여 한국 내에서 보호받는 저작물이므로 무단 전재와 무단 복제를 금합니다.

신학박사 논문 시리즈 85

하나님 나라 선교신학과 이스라엘
아서 글라서의 해석학

한미정 지음

CLC

헌정(DEDICATION)

이스라엘의 하나님과

하나님의 눈동자 이스라엘과

이스라엘을 사랑하고 축복하는 모든 이와

이스라엘에 대한 하나님의 섭리를 믿었던 아서 글라서와

이스라엘을 향한 하나님 아버지의 마음을 알려 준 남편 김정환에게

이 책을 드립니다.

목차

추천사 1	**찰스 밴 엥겐 박사**	풀러신학대학원 아서글라서 석좌교수	1
추천사 2	**이상명 박사**	캘리포니아프레스티지대학교 총장	2
추천사 3	**임성진 박사**	월드미션대학교 총장	4
추천사 4	**임윤택 박사**	캘리포니아프레스티지대학교 선교학 박사원 원장	5
추천사 5	**김인식 박사**	킹덤월드미션 대표	6
추천사 6	**김용식 박사**	캘리포니아프레스티지대학교 선교학 박사원 부원장	7
추천사 7	**정용암 박사**	캘리포니아프레스티지대학교 선교학 박사원 교수	8
추천사 8	**정호진 박사**	한국이스라엘친선협회 수석부회장	9
추천사 9	**김충렬 박사**	영세교회 원로목사, (전) 장신대학교 성지연구원 이사장	11
추천사 10	**미치 글레이저 박사**	Chosen People Ministries 대표	12
추천사 11	**데이비드 세다카 박사**	Chosen People Ministries 부대표	13
추천사 12	**이갈 게르만 박사**	시카고 무디성경대학원 구약학 교수	14
추천사 13	**가이 코헨 박사**	이스라엘 악고 아셀추수교회 담임목사	15

그림 목록	26
표 목록	29
약어 목록	30

감사의 말	32
개요	34

제1장 서론   38

1. 연구의 배경   38
2. 논지 진술   42
3. 연구 목적   42
4. 연구 목표   42
5. 연구의 중요성   43
6. 연구의 핵심 주제   44
7. 연구 질문   45
8. 연구의 범위와 한계   45
9. 용어의 정의   46
10. 연구의 가정   53
11. 연구 방법론   53
12. 연구의 개관   58
13. 요약   59

제2장 선행 연구 고찰   60

1. 아서 글라서의 생애와 사역   60
2. 아서 글라서의 저술   69
3. 아서 글라서의 선교학적 해석학   77
4. 아서 글라서의 이스라엘 회복 관점   83
5. 요약   88

제3장 아서 글라서의 생애와 사역   **89**

1. 생애 개요   89
2. 하나님 나라 신학 형성을 위한 주권적 토대(1914-1931)   94
3. 하나님 나라 신학 실천을 위한 인성 개발(1932-1941)   96
4. 하나님 나라 본질을 향한 삶과 사역의 성숙(1942-1988)   101
5. 하나님 나라와 이스라엘 회복 신학의 수렴(1988-1998)   133
6. 하나님 나라와 이스라엘 회복 신학의 잔광(1999-2009)   147
7. 요약   160

제4장 아서 글라서의 선교학적 해석학 이해   **162**

1. 선교학적 해석학 이해   162
2. 선교적 성경 해석의 발전 과정   185
3. 선교적 성경 해석의 특징   200
4. 아서 글라서의 선교적 성경 해석의 특징   217
5. 이스라엘 회복 관점의 선교학적 해석학   240
6. 요약   272

제5장 『성경에 나타난 하나님의 선교』의 선교학적 해석학   **274**

1. "보편적 역사"에 나타난 하나님의 선교   279
2. "특수한 역사"에 나타난 그리스도의 선교   285
3. "보편적 새역사"에 나타난 성령의 선교   327
4. 정경의 세 구분을 통한 아서 글라서의 선교학적 해석학   335
5. 요약   351

제6장 아서 글라서의 이스라엘 회복 관점과 하나님 나라 완성   353

  1. 아서 글라서의 저술에 나타난 이스라엘의 비중   353
  2. 아서 글라서의 이스라엘 회복 관점의 선교신학화   357
  3. 이스라엘의 회복과 하나님 나라의 완성   445
  4. 요약   469

제7장 결론   472

  1. 요약   472
  2. 결론   477
  3. 제언   477

참고 문헌   479

그림 목록

\<그림 1\> \<한새사람\> (One-New-Man)   47
\<그림 2\> 폴 히버트의 선교학 관련 학제들과 해석학의 관계   57
\<그림 3\> 본서의 연구 개관   59
\<그림 4\> 풀러신학교 아카이브 정경   62
\<그림 5\> 아서 글라서의 저작들   71
\<그림 6\> 풀러신학교 선교학자들과의 공저   74
\<그림 7\> 핵심 연구 도서   75
\<그림 8\> 주요 연구 문헌   77
\<그림 9\> 아서 글라서의 인생 여정 5단계   93
\<그림 10\> 태평양 전쟁에 참전하는 군함 위의 미 해군들   102
\<그림 11\> 미 17 해병대 군목으로 배정된 아서 글라서   103
\<그림 12\> 미 해병대원들과 함께   104
\<그림 13\> China's Millions (May, 1950)   107
\<그림 14\> 80년대 풀러신학교 교수진과 함께(맨 우측이 글라서)   112
\<그림 15\> 뿌리의 문제로 기독교와 유대교의 관계를 설명함   126
\<그림 16\> 서지 정보 중 유대인 관련 자료   135
\<그림 17\> 학술 종류별 분류   136
\<그림 18\> 잡지별 분류   137
\<그림 19\> 연도별 분류   138
\<그림 20\> 연도별 분류 (6회 이상)   139
\<그림 21\> 주제별 분류   140

<그림 22> 주제별 분류 (세분)	141
<그림 23> 주제별 분류 (세계선교)	142
<그림 24> 유대인 전도 관련 글 분류	143
<그림 25> 아서 글라서 교수와 찰스 밴 엥겐 교수가 함께	147
<그림 26> 풀러신학교 선교대학원 역대 원장이 함께	149
<그림 27> 앨리스 글라서 여사와 아서 글라서 박사	153
<그림 28> 노년의 아서 글라서 박사	153
<그림 29> 총체적 해석학	183
<그림 30> 해석학적 나선 구조	191
<그림 31> 선교적 해석학의 네 가지 지평: 다섯 번째 단계	194
<그림 32> 네 지평의 구성 요소	196
<그림 33> 선교학적 해석학 계층도	198
<그림 34> 전투지 굿이너프(Goodenough) 교회를 직접 짓는 장면	220
<그림 35> 완공된 굿이너프(Goodenough) 야전 교회 첫 예배 장면	221
<그림 36> 뉴브리튼 케이프 글로스터에서의 마지막 추도식	223
<그림 37> 왕, 왕국, 교회, 전도	224
<그림 38> 모든 족속을 사랑하시는 하나님 나라 선교학	226
<그림 39> 이스라엘 회복 관점의 선교학적 성경해석학 5요소	255
<그림 40> 보편적 역사-특수한 역사-보편적 새역사	276
<그림 41> 『성경에 나타난 하나님의 선교』 해석학적 렌즈	281
<그림 42> 해석학적 렌즈 - 보편적 역사	283

<그림 43> 하나님의 선교의 시작, 보편적 역사	284
<그림 44> 특수한 역사의 범위	287
<그림 45> 해석학적 렌즈 – 특수한 역사	290
<그림 46> 그리스도의 선교의 위치	305
<그림 47> 특수에서 보편으로 전환되는 분기점의 그리스도 선교	307
<그림 48> 하나님의 선교의 완성, 보편적 새역사	327
<그림 49> 해석학적 렌즈 – 보편적 새역사	329
<그림 50> 보편-특수-보편의 역학 관계	331
<그림 51> 선교신학화의 네 영역	357
<그림 52> 선교신학화의 네 영역 중 "성경"	359
<그림 53> 선교신학화의 네 영역 중 "역사"	378
<그림 54> 선교신학화의 네 영역 중 "경험"	399
<그림 55> 아서 글라서와 데이비드 스턴이 주고받은 서신	416
<그림 56> 데이비드 스턴이 번역한 유대인 신약성경 마태복음 초안	417
<그림 57> 데이비드 스턴이 번역한 성경책과 저서들	418
<그림 58> 아서 글라서가 지도한 미치 글레이저의 논문 승인서	420
<그림 59> 선교신학화의 네 영역 중 "상황"	426
<그림 60> 함께 유대인 예수께 뿌리를 내린 <한새사람>	444
<그림 61> 아서 글라서의 사인	448

표 목록

<표 1> 밴 엥겐과 폴 히버트의 선교학 관련 학제들   57
<표 2> 유대인 관련 저널 목록   144
<표 3> 해석학 이론의 요소들   195
<표 4> 해석학 이론의 발전과정   195
<표 5> 하나님의 선교 용어와 상통하는 각 부의 제목   229
<표 6> 정경의 세 구분   275
<표 7> 정경의 세 역사 특징   276
<표 8> 『성경에 나타난 하나님의 선교』 각 부와 정경의 세 구분   279
<표 9> 『성경에 나타난 하나님의 선교』 장별 제목과 정경의 세 구분   280
<표 10> 『성경에 나타난 하나님의 선교』의 특수한 역사   289
<표 11> 제4부 "예수 그리스도를 통한 하나님의 선교" 장별 제목   306
<표 12> 『성경에 나타난 하나님의 선교』의 보편적 새역사   328
<표 13> 정경의 세 역사와 <한새사람>   336
<표 14> <한새사람>을 이룬 새 인류   350
<표 15> 1993년 이후 저술 목록   454

약어 목록

ABMJ	American Board of Missions to the Jews
APM	Association of Professors of Missions
ASM	American Society of Missiology
ATS	Asbury Theological Seminary
CBC	Columbia Bible College
CCJP	Consultation on the Church and the Jewish People
CIM	China Inland Mission
CMJA	Church's Mission to Jews-Anglican
CMS	Church Missionary Society
CPM	Chosen People Ministries
CTS	Covenant Theological Seminary
DTS	Dallas Theological Seminary
EAM	East Asia Millions
EMQ	Evangelical Missions Quarterly
ETS	Evangelical Theological Society
FTS	Fuller Theological Seminary
GOC	Gospel and Our Culture
GOCN	Gospel and Our Culture Network
IBMR	International Bulletin of Missionary Research
IFCJ	International Fellowship of Christians and Jews
IMC	International Missionary Council
IRB	International Reformed Bulletin

JETS	Journal of the Evangelical Theological Society
JMU	James Madison University
JTS	Jewish Theological Seminary
LAM	Latin American Mission
LCJE	Lausanne Consultation on Jewish Evangelism
LCWE	Lausanne Committee for World Evangelization
MAF	Mission Aviation Fellowship
MJAA	Messianic Jewish Alliance of America
MTC	Missional Training Center
NGK	Nederlands Gereformeerde Kerken
OMF	Overseas Missionary Fellowship
OMSC	Overseas Ministries Study Center
OPC	Orthodox Presbyterian Church
PEF	Princeton Evangelical Fellowship
STM	Master of Sacred Theology
SWBTS	Southwestern Baptist Theological Seminary
SWM	School of World Mission
UTS	Union Theological Seminary
WASP	Women Airforce Service Pilots
WCC	World Council of Churches
WEF	World Evangelical Fellowship

감사의 말

먼저 무엇으로도 다 표현할 수 없는 감사를 아버지 하나님께 드립니다. 모태에서부터 주권적인 섭리로 저의 삶을 인도해 주셔서 오늘 지금 여기에 이르게 하신 그 모든 걸음으로 인해, 주님은 찬양 받기 합당하십니다!

미주장로회신학대학교(현. 캘리포니아프레스티지대학교, CPU)를 만나게 하시고, 이상명 총장님 이하 교직원들과 임두호 사서님의 도움을 받게 하셔서 감사합니다. 박사원의 임윤택 원장님과 김용식 부원장님, 정용암 교수님과 신춘식 교수님 그리고 김인식 교수님을 만나 학문과 삶을 배우게 하심에 감사합니다.

특히, 제 삶의 궤적을 듣고 제게 아서 글라서 박사님과 그의 저서를 연결해 주신 임윤택 지도 교수님의 혜안에 깊이 감사드립니다. 또한, 아낌없이 통찰을 나눠 주시고 정성으로 이끌어 주심에 감사드립니다. 도움이 필요할 때마다 기꺼이 세밀하게 섬겨 주신 정용암 교수님께 깊이 감사드립니다. 함께 배우고 격려하며 기도해 준 선후배 동료 연구 교수님들께 감사드립니다.

아서 글라서 박사님의 삶과 그분이 선교학 역사에 남긴 고귀한 유산에 감사드립니다. 그가 믿었던 이스라엘의 하나님이 오늘도 고난 중에 있는 당신의 백성들을 친히 구원하고 계시니 감사합니다. 말씀 맡은 자로서 끝까지 그 말씀을 보존하여 오늘 저에게 전해준 유대인들에게 감사합니다.

이스라엘 회복 관점으로 말씀과 시대를 해석하며 하나님의 선교에 수종들고 있는 선교사들과 사역자들과 학자들, 하나님의 이스라엘을 축복하는 중보자들께 감사드립니다.

부족한 사모가 졸업할 때까지 기도와 사랑으로 함께해 주신 버지니아 사랑과진리교회 성도님들께 깊이 감사드립니다. 제 생명의 뿌리가 되어 준, 천국에 계신 부모님과 한국의 가족들께 감사드립니다. 가장 가까운 곳에서 가장 많은 인내와 사랑으로 저의 연약함을 품어주고 지지해 준 남편 김정환 목사와 아들 데이비드, 딸 에스더에게 사랑과 고마움을 전합니다.

저의 박사학위 논문을 단행본으로 출판할 수 있도록 기꺼이 응락해 주신 기독교문서선교회(CLC) 박영호 사장님과 편집부에 감사드립니다. 바쁜 사역 일정 중에도 저의 논문을 읽고 추천사를 써 주신 모든 분께 감사드립니다. 앞으로 이 책을 읽고 신앙과 학문을 공유할 독자분들께도 미리 감사를 드립니다.

마지막으로, 제 삶의 과거와 현재와 미래, 그 모든 시간과 공간과 관계 가운데 언제나 함께하신 임마누엘 하나님께 가장 큰 감사를 올려 드립니다!

개요

본서의 논지는 아서 F. 글라서의 생애와 저술을 선교학적 해석학의 관점으로 분석 비평할 때, 글라서는 성경 전체가 하나님의 선교를 통해 하나님 나라를 선포하고 있으며, 그 하나님 나라의 완성에서 이스라엘의 중요성을 강조하는 '이스라엘 회복 관점'을 취하고 있음을 밝히는 데 있다.

본서는 총 7장으로 구성되었다.

제1장은 서론이다. 연구의 배경, 논지 진술, 연구의 목적과 목표, 연구의 중요성, 핵심 연구 주제, 연구 질문, 연구의 범위와 한계, 용어 정의, 연구의 가정, 연구 방법론 등을 기술한다.

제2장은 아서 글라서의 선교학적 해석학과 이스라엘 회복 관점에 대한 선행 연구를 진술한다.

첫째, 아서 글라서의 생애와 사역에 관한 선행 연구
둘째, 아서 글라서의 저술에 관한 선행 연구
셋째, 선교학적 해석학에 관한 선행 연구
넷째, 이스라엘 회복 관점과 하나님 나라 완성에 관한 선행 연구

제3장은 아서 글라서의 생애와 사역을 개관한다. 로버트 클린턴(J. Robert Clinton)이 제시한 지도력 개발 과정 6단계를 5단계로 조정하여 아서 글

라서의 생애 구분에 적용한다.

(1) 주권적 토대 단계(1914-1931)
(2) 인성 개발 단계(1932-1941)
(3) 삶과 사역의 성숙 단계(1942-1988)
(4) 수렴 단계(1988-1998)
(5) 잔광 또는 축제 단계(1999-2009)

일련의 단계를 역사적인 사실을 중심으로 살핌으로써 하나님 나라의 완성과 이스라엘의 회복 관점에 대한 글라서의 신학의 발전 배경과 과정을 고찰하고, 아서 글라서의 생애는 하나님 나라 신학이 정립되어 가는 과정임을 확인한다. 글라서의 태생부터 그의 사역 전반에 나타난 이스라엘 관련 사건은 그가 추구한 하나님 나라의 완성에 이스라엘 회복 관점이 포함될 수밖에 없는 결정적인 요소로 작동한다. 그래서 아서 글라서의 생애는 이스라엘 회복 관점의 하나님 나라 신학이 잉태·출산·성장하는 과정이다.

제4장은 아서 글라서의 선교학적 해석학의 특징을 고찰한다. 먼저 선교학적 해석학의 요소와 개념을 정리하고, 그 의의와 중요성을 기술한다. 선교학적 해석학의 발전 과정을 개괄한다. 선교적 성경 해석의 특징을 세 가지로 정리하고, 그 기준에 견주어 아서 글라서의 선교적 성경 해석의 특징을 고찰한다. 아서 글라서는 구약성경과 신약성경을 관통하는 선교적 성경 해석에서 이스라엘의 존재와 위치가 얼마나 중요한지를 인식하고 그 방향을 추구한 이스라엘 회복 관점의 신학자임을 확인한다. 이스라엘 회복 관점은 성경에 약속된 이스라엘의 구원을 믿을 뿐만 아니라, 이스라엘 민족의 회복까지도 믿는 관점이다.

이스라엘 회복 관점에서 선교학적 해석학의 요소는 아래와 같다.

(1) 이스라엘과 하나님
(2) 이스라엘과 언약
(3) 이스라엘과 교회
(4) 이스라엘과 구원
(5) 이스라엘과 미래

그 요소들에 비추어 글라서의 저술에 나타난 입장들을 정리한다.
제5장은 『성경에 나타난 하나님의 선교』(Announcing the Kingdom)에 등장하는 아서 글라서의 선교적 성경 해석의 특징을 기술한다. 성경 66권을 "보편적 역사-특수한 역사-보편적 새역사"로 구분하여 각각의 특징을 살펴본다. 구분의 기준은 "이스라엘"이라는 존재와의 관계성이다.

첫째, 보편적 역사다. 창세기 1장에서 11장 바벨탑 사건까지의 이야기를 다룬다. 이스라엘이라는 존재가 등장하기 전의 역사다.
둘째, 특수한 역사다. 창세기 12장에서 하나님이 아브라함을 부르심에서부터 시작되는 이스라엘 중심의 역사다. 이스라엘 혈통으로 유다 지파로 성육신하신 예수 그리스도의 사역도 특수한 역사의 마지막에 포함된다.
셋째, 보편적 새역사다. 사도행전 2장 성령 강림에서 시작된 교회와 선교 사역이 요한계시록 마지막에서 완성될 시기를 모두 포함한다.
이 보편적 새역사에는 "이스라엘"의 존재가 포함된다는 점에서 첫 번째 보편적 역사와 구분된다. 보편적 새역사는 유대인과 이방인이 그리스도 안에서 <한새사람>을 이루며 펼쳐지는 구원의 역사를 다룬다. 그 자신 안에 <한새사람>의 정체성을 품고 있었던 사도 바울을 중심으로 정리한다.

보편적 역사는 "하나님의 선교"로, 특수한 역사는 "그리스도의 선교"로, 보편적 새역사는 "성령의 선교"로 표현함으로써 성경에 나타난 성삼위일체 하나님의 선교를 정리한다.

제6장은 아서 글라서가 쓴 기타 논문들을 살핌으로써, 그의 선교적 성경 해석에 나타난 이스라엘 회복 관점을 개괄하고 그것이 하나님 나라 완성으로 이어짐을 고찰한다. 아서 글라서의 서지 정보 중에서 유대인과 이스라엘에 대해서 활발하게 저작 활동을 했던 1988년 이후의 논문들을 중심으로, 그가 이해하는 이스라엘의 의의를 고찰한다. 밴 엥겐의 선교신학화 작업의 네 가지 영역을 활용하여 글라서의 이스라엘 회복 관점의 신학을 정리한다. 선교신학화를 위한 네 가지 영역은 아래와 같다.

(1) 성경적 근거
(2) 역사적 당위성
(3) 개인 경험의 증언들
(4) 상황의 뒷받침

위의 네 가지 영역을 적용하여 아서 글라서의 논문들을 분류, 분석, 정리한다. 그 작업을 통해 아서 글라서가 천착했던 이스라엘 회복 관점이 하나님 나라 완성과 연결됨을 확인한다.

아서 글라서는 이스라엘 회복 관점을 지향한 신학자다. 그는 이스라엘의 구원을 믿을 뿐 아니라 이스라엘의 회복까지 믿은 신학자다. 물론, 그가 살았던 시대의 신학 사조와 시대적 정황으로 인해 이스라엘 회복 관점이 선명하지 못하거나 혼재된 양상을 보이는 부분도 발견된다. 그러나 시대적 한계에도 불구하고 그는 신학적 방향성을 잡고 대체신학을 넘어 회복신학으로 그 길을 앞장서 간 선구자였다. 그 방향의 중심은 회복된 이스라엘과 이방인이 그리스도 예수 안에서 하나된 하나님 나라의 완성이다.

제7장은 결론이다. 연구 내용을 요약하고 결론을 내리며, 후속 연구를 위한 제언을 남긴다.

제1장

서론

제1장은 서론으로 연구의 배경, 논지 진술, 연구의 목적과 목표, 연구의 중요성, 핵심 연구 주제, 연구 질문, 연구의 범위와 한계, 용어 정의, 연구의 가정, 연구 방법론 등을 기술한다.

1. 연구의 배경

본서는 아서 F. 글라서(Arthur Frederick Glasser, 1914-2009)의 생애와 저서를 통해 그의 선교학적 해석학을 분석하고 비평함으로써 그의 선교학적 해석학에 반영된 이스라엘 회복 관점을 고찰하기 위해 작성되었다. 본서의 연구 배경은 하나님께서 본 연구자의 삶을 인도해 오신 걸음과 연관된다. 크게 성경, 언어, 말씀 묵상, 이스라엘 등 네 가지 키워드로 정리할 수 있다.

1) 성경

모태신앙으로 태어나 어릴 때부터 교회에서 자란 사람으로서 누린 가장 큰 복은 성경을 배우고 성경에 대해서 알아 갈 수 있는 기회가 많았다는 점이다. 특히, 어린 시절 주일학교에서 융판 그림 등 시각 자료를 통해 배운 성경 이야기는 자연스럽게 말씀에 대한 관심과 사모함을 불러 일으켰다. 십대 때부터 주일학교 교사로 섬기면서 본인이 흥미롭게 배웠던 그 성경 내용을 아이들에게 다시 이야기로 들려주는 사역은 기쁘고 보람된 일이었다.

2) 언어

배움에 대한 기쁨은 자연스럽게 가르침에 대한 은사를 개발시켰다. 특히, 언어로 생각을 표현하고 표현된 언어를 이해하는 작업은 관심 있는 일이었다. 자연스럽게 어문학을 배우고 그것을 가르치는 국어 교육을 전공하고 교사가 되었다. 텍스트의 핵심 내용을 파악하고 해석하여, 피교육자가 잘 이해할 수 있는 방향으로 설명하는 일의 중요성을 배웠다.

3) 말씀 묵상

대학교의 선교 단체를 통해 경건의 시간(Quiet Time, 큐티)에 대해 배우며, 말씀을 묵상하고 적용하는 과정을 훈련했다. 본격적으로 큐티를 통해 하나님을 만난 것은 결혼과 육아가 이어지던 30대였다. 미혼의 삶에서 드러나지 않았던 내면의 상처와 죄들이 가정 현장에서 드러나면서 스스로 죄인임을 인정하게 되었다. 성경 말씀에 담긴 하나님의 마음을 더 깊이 헤아리기를 원하는 갈망이 솟구쳤다. 성경을 기록한 원저자이신 하나님의 뜻을 헤아리지 않는 묵상이나 적용을 통해서는 변화와 성숙을 이루는 데 한계가 있음을 깨달았기 때문이다.

많은 시간을 말씀 연구와 묵상에 투자하며, 그 묵상을 글로 쓰는 훈련을 이어갔다. 말씀 구절 하나하나에 담긴 하나님의 진심을 성령님의 도우심으로 재해석하고 그 원리를 삶에 적용할 수 있기를 사모하며 집중적으로 나아가는 훈련의 시기였다. 십자가의 의미, 부활의 능력, 구원의 감격, 거룩을 향한 삶의 자세가 새로워지는 은혜를 누렸다.

4) 이스라엘

> 첫째는 유대인에게요 또한 헬라인에게로다(롬 1:16).

이 말씀을 묵상하면서 의문이 생겼다. 유대인과 헬라인 중, 본인이 속한 곳은 어느 쪽인지를 헷갈려 하는 자신을 발견한 것이다. 본인은 당연히 헬라인(이방인)에 해당한다. 하지만, 어렸을 때부터 자연스럽게 몸에 밴 말씀 해석의 규칙에 의하면 '이스라엘'이나 '유대인'은 '(예수를) 믿는 자'와 동일한 의미였다.

본문에 나오는 "유대인"이라는 표현을 문자 그대로 혈통적인 유대인으로 이해하는 것이 맞다면 다른 성경 구절에 나타난 '유대인'이나 '이스라엘' 등은 왜 문자 그대로 해석 적용하지 않고 상징적이며 비유적으로 해석 적용해 왔는지를 탐문하게 되었다.

본인도 모르는 사이에 대체신학적인 관점으로 성경을 해석하는 습관이 배어 있음을 인정하게 되었다. '이스라엘이 예수 그리스도를 메시아로 알아보지 못하고 그를 십자가에 못 박도록 내어 주었기 때문에 하나님으로부터 버림을 받았고, 이스라엘을 향해 예언된 구약의 모든 언약이 예수를 구세주로 받아들인 신약의 이방인 교회로 넘어왔다'는 논리가 본인의 의식 속에 뿌리깊은 신학으로 자리 잡고 있음을 알게 되었다. 그리고 이 해석은 하나님과 하나님의 말씀에 대한 불완전한 지식임을 깨닫게 되었다.

지금도 세계 지도상에 그 존재를 점하고 있는 '이스라엘'이 성경에 등장하는 '이스라엘'과 동일한 국가임을 인정하게 되었다. 그리고 비로소 그동안 모호하게만 보였던 많은 말씀이 또렷하게 의미를 갖게 되는 것을 경험했다.

무엇보다 성경 전체를 통해 자신을 드러내시는 하나님이 구약과 신약을 관통하며 통일성 있게 당신의 신실하심을 증명하고 있음을 확인했다. 이스라엘을 향한 하나님의 신실하심을 확인할 때, 필자 자신을 향한 하나님의 신실하심에 대한 믿음은 더욱 견고해졌다.

하나님의 구원 대상인 온 인류 속에 이방인과 함께 유대인도 포함되며, 각각의 부르심과 역할이 있다는 사실을 명시적으로 인식하는 것이 얼마나 중요한지를 실감했다. 이스라엘의 부르심과 운명에 맞도록 그들을 회복하실 하나님을 신뢰하며, 말씀을 읽고 이해하고 해석하고 묵상하며 적용하는 것이 얼마나 중요한지를 알게 되었다.

그 사실을 학문적으로 정리해 보고 싶었다. 이 탐구의 여정 가운데 찾아온 미주장신대학교 박사원에서 임윤택 원장을 통해 중요한 학자와 책을 소개 받았다. 아서 F. 글라서(Arthur Frederick Glasser) 박사와 그의 저서 『성경에 나타난 하나님의 선교』(*Announcing the Kingdom*)다.[1] 하나님께서 인도해 오신 본 연구자의 삶과 보조를 맞춰 함께 춤출 수 있는[2] 연구 대상을 만난 것이다. '성경' 66권에 대한 관심과 '언어'와 '말씀 묵상'을 통한 해석학에 대한 관심과 '이스라엘'의 존재를 있는 그대로 인정하는 성경 해석에 대한 관심을 동시에 자극하고 충족시키는 연구 대상이다.

본서는 아서 글라서의 생애와 저서를 통해 선교학적 해석학을 분석 비평하되, 이스라엘 회복 관점을 중심으로 고찰할 것이다. 아서 글라서의 생애와 『성경에 나타난 하나님의 선교』와 그의 논문들을 종속변수로 다루면서, 선교학적 해석학을 독립변수로 연구하되, 이스라엘 회복 관점을 매개 변수로 삼아 연구를 진행할 것이다.

---

1 Arthur Frederick Glasser, 『성경에 나타난 하나님의 선교』, 임윤택 옮김 (서울: 생명의말씀사, 2006).
2 Edward T. Hall, 『생명의 춤: 시간의 또 다른 차원: 에드워드 홀 문화인류학 4부작 4』, 최효선 옮김 (파주: 한길사, 2013).

2. 논지 진술

본서의 논지는 아서 F. 글라서의 생애와 저술을 선교학적 해석학의 관점으로 분석해 볼 때, 글라서는 성경 전체가 하나님의 선교를 통해 하나님 나라를 선포하고 있으며, 그 하나님 나라의 완성에서 이스라엘이 차지하는 위치가 중요하다는 이스라엘 회복 관점을 취하고 있다는 것이다.

3. 연구 목적

본서의 연구 목적은 아서 글라서의 선교학적 해석학을 이스라엘 회복신학의 관점으로 분석하고 비평하는 데 있다.

4. 연구 목표

본서의 연구 목표는 다음과 같다.

첫째, 아서 글라서의 생애와 사역을 살피고 그의 선교신학을 이해한다.
둘째, 아서 글라서의 선교학적 해석학을 이해하고 중심 내용을 정리한다.
셋째, 아서 글라서의 저서를 통해 그의 선교학적 해석학에서 이스라엘이 가지는 위치와 의미를 고찰한다.
넷째, 아서 글라서의 이스라엘 회복 관점의 선교학적 해석학과 하나님 나라 완성 사이의 관계를 이해한다.

5. 연구의 중요성

연구의 중요성은 다음의 세 가지 차원으로 이해할 수 있다.

첫째, 개인적 차원의 유익이다. 아서 글라서는 신학자, 선교사, 선교행정가, 목회자 그리고 선교신학 교수 등으로 활동했다. 다양한 신학적 성찰을 통해 그는 '하나님 나라 패러다임'을 정립했으며 이를 선교신학으로 발전시켰다. 글라서의 생애와 사역을 추적하면서 성경을 통해 하나님 나라를 알아갈 뿐 아니라, 삶을 통해 하나님 나라를 살아갈 수 있는 지혜와 통찰 그리고 순종을 배우는 것은 개인적으로 큰 유익이 될 것이다.

둘째, 선교신학계의 유익이다. 개인적 차원의 유익은 신학교와 선교학계 그리고 선교를 지향하는 기관이나 단체에도 확대·적용된다.

『성경에 나타난 하나님의 선교』는 단행본으로 출간되기 전부터 수천 명의 학생들에게 선교신학을 정립할 수 있는 교재로 사용된, 복음주의 선교학의 진수로 인정받는 책이다. 평생 선교에 헌신한 아서 글라서가 성경을 복음적으로 또 선교적으로 이해하고 해석한 이 책에는 그의 선교적 성경해석학이 담겨 있다. 이 해석학적 관점을 고찰함으로써 성경 전체를 관통하는 하나님의 선교 개념을 정립할 수 있다.

이 책을 연구함으로써 모든 성경이 하나님을 선교하시는 하나님으로, 교회를 선교하는 공동체로, 하나님의 백성을 선교하는 백성으로 천명하며, 선교가 하나님의 위대한 계획의 핵심임을[3] 깨닫는 것은 매우 중요하다.

특히, 현재 기독교가 당면한 문제들, 곧 성경적 가치관의 퇴색, 종교적 다원주의의 만연, 그로 인한 선교에 대한 무관심 등의 수렁에서 빠져나와 성경적 기초 위에 신앙을 재건하고 선교의 사명을 마무리할 수 있게 하는 동기를 부여한다는 점에서 본서의 의의는 크다.

---

3   Glasser, 『성경에 나타난 하나님의 선교』, 9.

셋째, 교회공동체의 유익이다. 하나님 나라 선교신학을 정립하는 것은 하나님의 교회에도 유익하다. 아서 글라서의 해석학적 틀에서 가장 중요한 개념은 "하나님 나라"다. 그가 추적한, 성경이 선포하는 하나님의 나라는 유대인과 이방인을 포괄하고 있음을 주시해야 한다. 그럼으로써 성경 구약과 신약이 하나님 나라의 완성을 향해 일관된 맥으로 흐르고 있음을 인식하게 된다.

과거 이스라엘에 대해 예언된 성경의 언약들이 현재 국가 이스라엘을 통해 실현되고 있으며, 미래에도 온 인류 구원을 위한 이스라엘의 성경적인 역할이 있음을 믿는 것이 "이스라엘 회복 관점"이다. 이 관점을 가지고 성경에 등장하는 이스라엘과 유대인을 존재 그 자체로 받아들임으로써 교회가 왜곡된 성경 해석의 한계를 벗어나게 하는 유익을 제공한다.

선교신학 분야에서 아서 글라서의 가장 큰 공헌은 "선교학을 든든한 말씀 위에 세우는 역할을 감당"했다는 점이다.[4] 본서는 아서 글라서의 생애와 그의 저서를 선교학적 해석학의 관점에서 분석하고 고찰함으로써, 성경과 선교에 관심이 있는 그리스도인 개인과 교회와 기독 단체들이 성경의 바탕 위에서 이스라엘 회복 관점의 선교학적 성경해석학을 정립하도록 돕는다는 점에서 중요성을 지닌다.

6. 연구의 핵심 주제

본 연구의 핵심 주제는 아서 글라서의 생애와 저술을 통해 드러난 그의 선교학적 해석학을 이스라엘 회복신학 관점으로 비평하는 것이다.

---

4 Glasser, 『성경에 나타난 하나님의 선교』, 6.

7. 연구 질문

본서의 핵심 주제를 다루기 위해서 풀어야 할 연구 질문은 다음과 같다.

첫째, 아서 글라서의 생애와 사역에서 하나님 나라와 이스라엘 회복 관점이 형성된 과정은 어떠한가?
둘째, 아서 글라서의 선교학적 해석학은 성경 전체를 관통하는 중심 내용을 무엇으로 이해하는가?
셋째, 아서 글라서의 저서를 고찰할 때 그의 선교학적 해석학에서 이스라엘은 어떤 위치와 의미를 가지는가?
넷째, 아서 글라서의 이스라엘 회복 관점의 선교학적 해석학과 하나님 나라 완성은 어떤 관계가 있는가?

8. 연구의 범위와 한계

본서의 연구 범위는 다음 몇 가지로 한정한다. 아서 글라서의 단행본 중에서 『성경에 나타난 하나님의 선교』를 중점적으로 분석한다. 또 아서 글라서의 200여 편의 논문 중에서 1988년 이후에 저술된 이스라엘 관련 저술을 중점적으로 분석 고찰한다.

선교학적 해석학을 비평의 주요 도구로 삼는다. 성경 66권 전체를 하나님의 선교라는 뼈대 위에서 일관성 있게 조망한다. 특히, 하나님의 선교를 통해 완성될 하나님의 나라는 회복된 유대인과 이방인을 포괄하는 개념임을 견지한다.

본서의 연구는 아직까지 아서 글라서에 대한 기존 연구가 부족하고, 이스라엘 회복 관점 또한 아직 논의가 활발하게 진행되지 못한 영역이라는 점에서 한계가 있음을 밝힌다.

9. 용어의 정의

1) 선교학적 해석학

해석학(Hermeneutics)이라는 명사를 수식하기 위해서는 그 앞에 형용사가 와야 한다. "선교"(mission)라는 명사가 형용사로 사용되는 경우는 선교적(missional), 선교사적(missionary), 선교학적(missiological) 등이다. 그중 선교학적(missiological)은 선교학(missiology)의 형용사형이다. 선교학은 선교에 관한 성경적·신학적·역사적·현대적·실제적 성찰과 연구를 포함하는 개념이다.[5]

따라서, 본서는 제목에서부터 "선교학적 해석학"(Missiological Hermeneutics)이라는 용어를 취한다. 본문에서도 "선교적 해석학"이나 "선교적 성경 해석" 정도로 설명하기에 적절한 경우를 제외하고는, 주로 "선교학적 해석학"이라는 용어를 사용할 것이다.

2) 보편적 새역사

아서 글라서는 정경을 세 부분으로 나눈다.

첫째, "보편적 역사"(universal history)
둘째, "특수한 역사"(particular history)
셋째, "보편적 역사"(universal history)[6]

---

5 Christopher John Howard Wright, 『하나님의 선교』, 정옥배 옮김 (서울: IVP, 2010), 26-28. 선교학 및 해석학 관련 용어 정리는 4장에서 상술할 것이다.
6 Glasser, 『성경에 나타난 하나님의 선교』, 40-41. 정경의 세 구분과 "보편적 새역사"에 대한 상술은 5장에서 다룰 것이다.

필자는 첫 번째 보편적 역사와 세 번째 보편적 역사는 질적으로 큰 차이가 있음을 발견하고 명칭을 달리할 필요를 느꼈다. 그래서 본서에서는 세 번째 부분을 "보편적 새역사"(universal new-history)로 재명명한다. "새역사"를 한 단어로 인식하기에 형용사와 명사를 띄우지 않고 하나로 붙여 쓴다.

3) <한새사람>

<한새사람>이라는 용어는 에베소서 2장 15절[7]에 등장한다. 그리스도 예수의 십자가를 통해 유대인과 이방인 사이의 막힌 담이 허물어지고, "서로 구별되지만 분리되지 않는 두 개체로 구성된 하나의 새로운 공동체"[8]가 창조되었음을 의미한다.

통상적으로 "한 새 사람"은 세 단어로 구분하여 표기하지만, 본서에서는 한 단어로 인식하여 <한새사람>(One-New-Man)으로 붙여 쓴다.

<그림 1> <한새사람> (One-New-Man)[9]

---

7 [엡 2:15] "이는 이 둘로 자기 안에서 한 새 사람을 지어 화평하게 하시고."
8 Stuart Dauermann, "The Rabbi as a Surrogate Priest" (Dissertation of Ph.D., Fuller Theological Seminary, 2005), 405.
9 David Rudolph, "Toward Paul's Ephesians 2 Vision of the One New Man: Navigating around Hebrew Roots and Replacement Theologies," *Kesher: A Journal of Messianic Judaism* (2022), accessed March 27, 2024, https://shorturl.at/exRZ5. 데이비드 루돌프 (1967-)가 제시한 그림이다. <한새사람>은 극단적인 유대인에게 집중되는 히브리적 뿌리/하나의 율법(Left)이나 이방인에게 집중되는 대체신학(Right)이 아니라, 유대인과 이방인이 함께 메시아의 한몸을 이루는 정체성임을 보여준다.

4) 대체신학

대체신학은 교회가 하나님의 백성으로서 이스라엘을 영구적으로 '교체'하거나(replaced) '대체'한(superseded) 새로운 이스라엘 또는 참 이스라엘이라는 견해다.[10]

『표준국어대사전』,[11] 『케임브리지사전』[12]에 따르면 '교체'(交替, replaced)와 '대체'(代替, superseded)는 '다른 것으로 대신함'의 의미를 가진 동의어다. 모두 '대체'로 번역하기도 한다.

그러나 엄밀히 말하면, '교체'(replaced)는 단순히 다른 것으로 바꾸거나 교환하는 것을, '대체'(superseded)는 더 새롭거나 더 나은 것으로 바꾸어 이전의 것을 무효화하는 것을 의미한다.

"대체신학"의 영어 표현은 주로 "Replacement theology"와 "Supersessionism"이 동의어로 사용된다.[13] 둘 중 한 가지만 나올 때는 "대체신학"으로 번역할 수 있다. 그러나 두 용어가 나란히 함께 제시될 경우에는 "대체

---

[10] Michael Joseph Vlach, "The Church as a Replacement of Israel: An Analysis of Supersessionism" (Southeastern Baptist Theological Seminary, 2004), xv. 대체신학에 관한 이해를 돕는 논문이다. 저자는 '교회가 하나님의 계획에서 이스라엘 민족을 교체하거나, 대체하거나, 완성하는가? 아니면 이스라엘이 고유한 정체성과 역할을 가지고 구원 받고 회복될 것인가?'라는 문제를 논증한다. 대체신학(대체주의)의 교리를 평가하고, 비대체신학적 입장을 지지하며 그 성경적 근거를 제시했다. "Replacement theology is the view that the church is the new or true Israel that has permanently replaced or superseded Israel as the people of God."

[11] 국립국어원, 『표준국어대사전』, https://stdict.korean.go.kr. "교체(交替, 명사): 사람이나 사물을 다른 사람이나 사물로 대신함", "대체(代替, 명사): 다른 것으로 대신함."

[12] Cambridge-University-Press, "Cambridge Dictionary," https://dictionary.cambridge.org. "Replace(verb): to take the place of something, or to put something or someone in the place of something or someone else", "Supersede(verb): to replace something, especially something older or more old-fashioned."

[13] "Replacement(noun): the process of replacing something with something else", "Supersession(noun): the act of replacing something, especially something older or more old-fashioned."

신학"(Replacement theology)과 "대체주의"(Supersessionism)로 구분하였다.[14]

마이클 J. 블라흐(Michael Joseph Vlach)[15]는 대체신학의 주장을 다음과 같이 정리했다.

첫째, 신약성경은 구약성경의 이스라엘을 향한 언약들을 능가하거나 재정의한다고 믿는다.

둘째, 이스라엘 국가를 하나의 모형으로 본다. 그리스도가 참 이스라엘이기에 더 이상 이스라엘 국가는 미래적 의미가 없다고 말한다.

셋째, 이스라엘은 거절되었다. '하나님의 나라'는 이스라엘에게서 빼앗아 신약의 교회에게 주었다고 본다(마 21:43). '하나님의 백성'이 이스라엘 국가로부터 교회로 대체되었다고 주장한다.

넷째, 교회는 새 이스라엘이다. 신약성경은 교회가 이스라엘이라고 말한다(갈 6:16). 로마서 2장 28-29절과 베드로전서 2장 9-10절은 이스라엘의 이미지를 교회에 적용한다고 믿는다.

다섯째, 동질성은 이스라엘의 회복을 배제한다. 유대인과 이방인은 이제 하나가 되었다. 그러므로 이스라엘 국가에게 주어진 특정한 신분이나 역할이 있을 수 없다(엡 2:11-22, 롬 11:17-24)고 주장한다.

여섯째, 교회는 새 언약을 물려받았다. 신약성경은 교회가 새 언약에 동참한다고 한다(히 8:8-13). 새 언약의 성취를 누리는 교회가 새 이스라엘이라고 말한다.[16]

---

14 "Replacement Theology: What is Supersessionism?," https://news.kehila.org/replacement-theology-what-is-supersessionism/

15 마이클 J. 블라흐(Michael Joseph Vlach)는 미국의 신학자요 저술가로, 주로 이스라엘과 교회 문제, 종말론, 신약의 구약 사용 등을 전문으로 연구한다. 참조. www.michaeljvlach.com/about

16 Michael Joseph Vlach, "이스라엘의 회복과 대체신학 논쟁"(The Restoration of Israel and the Arguments of Replacement Theology)," (paper presented at the 제2회 이스라엘 목회자 세미나, Seoul 무학교회, September 11, 2017). Vlach, "The Church as a Replacement of Israel: An Analysis of Supersessionism," Chapter 3.

이러한 대체신학의 주장에 대해 블라흐는 다음과 같이 대응했다.

첫째, 점진적인 계시는 원래 보인 계시의 뜻을 바꾸지 않는다.
둘째, 이스라엘 국가는 모형에 그치지 않는다. 신약성경은 이스라엘의 미래 의미를 말하고 있다. 이스라엘이 모형으로만 존재하는 것은 아니다(마 19:28; 23:39; 눅 21:24; 행 1:6; 롬 9:4; 롬 11:26; 계 7:4-8).
셋째, 이스라엘에 대한 거절은 영구적이 아닌 일시적(마 23:39; 눅 21:24)인 거절이다.
넷째, 신약성경은 교회가 이스라엘이라고 말하지 않는다. 교회가 세워진 후에도 여전히 이스라엘 민족을 "이스라엘"이라 부른다(행 3:12; 4:10; 5:21, 31, 35; 21:28). 사도행전은 이스라엘과 교회를 확고하게 구분한다. 둘은 각각 공존한다.
다섯째, 유대인과 이방인의 영적인 하나 됨은 앞으로 이루어질 이스라엘 국가의 회복과 함께 완성된다(롬 11:17-24).
여섯째, 새 언약은 이스라엘과 교회, 양쪽과 함께 성취된다(히 8:8-13; 렘 31).[17]

5) 이스라엘 회복 관점

"이스라엘 회복 관점"은 "대체신학"의 상대 개념으로, "회복신학"과 일맥상통하는 관점이다. 마이클 J. 블라흐는 "회복"이라는 용어를 단순한 구원 이상의 의미를 내포하는 전략적인 단어로 사용한다. "회복"은 이스라엘이 다시 그 땅으로 돌아오는 것을 의미할 뿐만 아니라, 미래에 지상 천년왕국에서 감당할 이스라엘의 역할을 회복하는 것까지 포함한다.[18]

---

[17] Vlach, "이스라엘의 회복과 대체신학 논쟁"(The Restoration of Israel and the Arguments of Replacement Theology). Vlach, "The Church as a Replacement of Israel: An Analysis of Supersessionism," Chapter 4.

[18] Michael Joseph Vlach, "Various Forms of Replacement Theology," *The Master's Seminary*

블라흐는 "대체주의"(supersessionism)적 관점 안에 존재하는 다양한 뉘앙스를 분별한다. 그는 대체주의를 강경한 형태와 온건한 형태로 구분한다. 1차 기준은 이스라엘의 미래 구원을 믿는지 여부이며,[19] 2차 기준은 이스라엘의 회복까지 믿는지 여부다. 강경한 대체주의는 이스라엘의 미래 구원과 회복, 모두 믿지 않는다. 반면, 온건한 대체주의는 이스라엘 민족의 구원을 믿지만, 이스라엘의 회복까지는 믿지 않는다.[20]

종합하면, 대체신학자와 회복신학자를 구분하는 주요 요소는 "이스라엘의 회복에 대한 믿음의" 여부다. 즉, "이스라엘 회복 관점"이란 미래에 이스라엘이 구원 받을 것뿐 아니라, 구원의 완성에서 이스라엘 민족의 고유한 역할과 지위가 회복되는 것까지 믿는 신학적 관점을 의미한다.

대체신학자로 분류되는 일부 학자는 교회와의 관계에서 이스라엘의 현재와 미래의 역할에 관한 견해를 설명할 때 "성취신학"(fulfillment theology)이라는 명칭을 선호한다. 대체신학(replacement theology)과 동의어로 사용되는 대체주의(supersessionism)는 대체신학(replacement theology)과 성취신학(fulfillment theology)을 모두 포괄하는 용어로, 서로 혼용되기도 한다.[21]

Journal 20, no. 1 (2009): 60. "This writer uses this term "restoration" strategically and by it he means more than just a salvation of Israel. By "restoration" he means a return of Israel to her land and a role to the nations in an earthly millennium that is not the same as that of the church as a whole."

19 Vlach, "Various Forms of Replacement Theology," 65. "Thus, the major distinguishing factor among supersessionists is whether they believe in a future salvation of Israel or not."

20 Vlach, "Various Forms of Replacement Theology," 69. "Within supersessionism strong and mild forms are discernible. Strong supersessionism does not believe in a future salvation or restoration of Israel. Mild supersessionism believes in a salvation of the nation Israel but no restoration to a place of prominence."

21 Vlach, "Various Forms of Replacement Theology," 57. "Some replacement theologians prefer the title "fulfillment theology" in describing their view of Israel's current and future role in relation to the church. Since "supersessionism" is a term that describes both "replacement theology" and "fulfillment theology," that term can be used interchangeably with "replacement" and "fulfillment" terminology in describing various forms which the two theologies may take."

신약 교회를 민족 이스라엘의 지속 또는 성취로 보는 성취신학(fulfillment theology)도 대체신학 개념의 범주 안에 포함됨을 유념해야 한다.[22]

많은 성취신학자가 강경한 대체주의자 또는 온건한 대체주의자로 분류되지만, 그중 드물게 회복신학자도 존재한다. 현대 복음주의 신학계의 저명한 구약학자인 월터 C. 카이저(Walter C. Kaiser Jr.)는 대표적인 회복신학자로 거명될 수 있다. 그는 이스라엘의 미래가 끝났다는 대체신학의 오류를 지적하며, "이스라엘에는 미래가 있고 이스라엘은 구원을 넘어 회복될 것을 성경은 약속한다"라고 주장한다.[23]

필자는 아서 글라서를 이스라엘 회복 관점을 가진 신학자로 간주한다. 그의 삶과 저서들을 분석한 결과, 그는 이스라엘의 구원을 믿을 뿐 아니라 이스라엘의 회복까지 믿은 신학자였다.

본서는 그 근거들을 추적하고 제시하는 과정을 보여준다. 글라서는 그의 시대적 한계에도 불구하고 대체신학을 넘어 회복신학으로 "신학적 방향성"[24]을 잡고 제시한 선구자였다. 그리고 그 방향의 중심은 회복된 이스라엘과 이방인이 그리스도 예수 안에서 하나된 하나님 나라의 완성이다.

22　고전적 세대주의(Dispensationalism)는 이스라엘과 교회의 분리를 지나치게 강조하여 <한새사람>의 현실을 설명할 수 없는 것이 한계라면, 성취신학(Fulfillment theology)은 이스라엘과 교회의 연속성과 동일성을 지나치게 강조하여 그 각각의 역할을 구분하지 못하는 것이 한계다.

23　김인식, 『이스라엘의 회복과 종말』 (서울: CLC, 2020), 166.

24　Paul Gordon Hiebert, "Conversion, Culture and Cognitive Categories," *Gospel in Context* 1, no. 4 (1978): 24-29. 신학적 방향성(theological orientation)은 폴 히버트의 "Centered-set" 개념으로 설명할 수 있다. 선교학적 인류학자 폴 히버트는 인간이 물체나 사람을 범주화하는 두 가지 사고 방식을 경계집합(Bounded-set)과 중심집합(Centered-set)으로 구분했다. 경계집합(Bounded-set)은 명확한 경계를 가지며, 이 경계는 집합에 속하는 개체와 그렇지 않은 개체를 구분한다. 이러한 집합은 'in' 또는 'out'에 기반한 위치를 가진다. 반면, 중심집합(Centered-set)은 잘 정의된 중심을 향해 움직이는 모든 객체의 집합을 의미한다. 이러한 집합은 방향에 기반한 위치를 가진다. 각 개체는 "중심"을 향해 움직이거나 "중심"에서 멀어지는 방향을 가진다. Paul Gordon Hiebert, *Anthropological Reflections on Missiological Issues* (Grand Rapids, Mich.: Baker Books, 1994). Chapter 6.

10. 연구의 가정

본서는 다음과 같은 가정을 전제로 진행된다.[25]

첫째, 아서 글라서의 『성경에 나타난 하나님의 선교』와 기타 저작물들이 그의 선교신학을 담고 있음을 가정한다.
둘째, 아서 글라서의 선교학적 해석학이 선교 현장과 선교학 교육 현장에서 체득된 선교신학적 결과를 학문적으로 정리한 것으로 가정한다.
셋째, 아서 글라서의 생애와 사역을 통해 그가 유대인과 이방인이 포괄된 하나님 나라 개념을 소유하고 있었음을 가정한다.
넷째, 인터뷰, 회고록, 강의 등을 바탕으로 한 서술과 문헌이 사실을 바탕으로 한 자료라고 가정한다.

11. 연구 방법론

본서는 문헌 연구, 사례 연구, 인터뷰, 통섭적 방법론을 사용한다.

1) 문헌 연구 방법론

주로 문헌 연구 방법론을 사용한다. 기존 연구, 논문, 책, 보고서 등의 문헌을 조사하고 분석하는 문헌 연구 방법론은 문헌 연구를 통해 기존 지식과 이론을 이해하고, 연구 주제와 관련된 선행 연구를 검토한다.

---

[25] Edgar J. Elliston, *Introduction to Missiological Research Design* (Pasadena, CA: William Carey Library, 2011), 27-28.

아서 글라서에 관한 기존 연구나 논문은 희귀했다. 글라서의 책에 대한 북리뷰를 몇 건 발견할 정도였다. 그래서 글라서의 책과 논문을 1차 자료로 삼았다.

책은 찰스 밴 엥겐(Charles Edward Van Engen) 등이 글라서의 이름으로 편집, 출판한 *Announcing the Kingdom*(『성경에 나타난 하나님의 선교』)이 주요 문헌이다. 저널은 글라서가 1988년 이후 발표한 글들이 주요 연구 문헌이다.

다른 신학자들이 글라서에 대해 기록한 정보를 가장 많이 담고 있는 서적이 있다. 폴 E. 피어슨(Paul E. Pierson) 등 풀러신학교 동료 선교신학자들이 주축이 되어 아서 글라서를 기리며 편집한 책 *The Good News of the Kingdom: Mission Theology for the Third Millennium*이다. 글라서의 생애와 사역, 1993년까지의 서지 정보, 동료 신학자들이 글라서의 신학과 인격에 대해 기억하고 평가하는 내용을 확인할 수 있는 소중한 문헌이다.

성경해석학을 논의하기 위한 문헌으로는 앤서니 C. 티슬턴(Anthony Charles Thiselton)과 월터 C. 카이저(Walter Christian Kaiser Jr.) 등의 책이 있다. 선교학적 해석학을 위해서는 션 B. 레드포드(Shawn Barrett Redford)와 마이클 W. 고힌(Michael Wayne Goheen) 등의 연구를 참조한다. 이스라엘 회복 관점을 이해하기 위해서는 월터 카이저와 마이클 J. 블라흐(Michael Joseph Vlach), 대럴 L. 복(Darrell Lane Bock) 그리고 크레이그 A. 블레이징(Craig Alan Blaising) 등의 글을 참고한다.

풀러신학교 도서관에 소장된 아서 글라서의 아카이브(Archive) 문헌 자료들을 활용한다. 아카이브에는 글라서가 풀러신학교 교수, 세계선교대학원 학장, 선교잡지의 편집자, 명예 학장 등으로 활동할 때의 사무실 파일들, 그의 선교 이론과 관련 선교 운동 전반에 관한 자료들이 풍부하게 보관되어 있다. 그중에서 특히 이스라엘 선교 관련 자료들을 참고한다. 또한, 글라서가 동참했던 로잔대회 선언문 등과 같은 콘퍼런스 자료들도 활용한다.

2) 사례 연구 방법론

특정 상황이나 현상을 이해하고 설명하기 위해 사용되는 사례 연구 방법론은 개별 사례를 통해 일반적인 원리나 패턴을 발견하려고 한다. 본서 6장에서 이스라엘 회복 관점의 선교신학화를 위한 세 번째 영역인 "개인 경험" 부분을 다룰 때, 사례 연구 방법론이 주로 사용되었다.

아서 글라서에게 영향력을 끼친 <메시아닉 유대인들>의 사례를 살핌으로써, 그가 이스라엘 회복 관점을 자연스럽게 체득할 수 있었던 배경을 고찰한다. 야콥 옥즈(Jakób Jocz), 데이비드 H. 스턴(David Harold Stern), 미치 글레이저(Mitchell L. Glaser), 데이비드 세다카(David Sedaca)의 사례를 차례로 살핀다.

3) 인터뷰 방법론

질문을 통해 응답자의 의견, 경험, 지식을 수집하는 인터뷰 방법론은 주로 질적 연구에 사용되며, 응답자의 관점을 이해하고 깊이 있는 정보를 얻는 데 활용된다.

먼저 타인이 글라서를 인터뷰한 자료를 활용한다. 휘튼대학교 도서관 빌리그래함센터에 보관된 글라서의 육성 인터뷰 자료(8개의 테이프와 녹취록)는 글라서의 생애와 사역, 그의 신학을 깊이 있게 이해하는 데 도움이 되는 소중한 자료다. 그리고 본 연구자가 글라서의 지인들을 인터뷰한 자료를 활용한다. 아서 글라서가 관심을 두었던 <메시아닉 유대인> 두 사람을 대상으로 대면 인터뷰를 직접 실시하였다. 미치 글레이저(Mitchell L. Glaser)와 데이비드 세다카(David Sedaca)와의 인터뷰를 통해 아서 글라서가 지향한 이스라엘 회복 관점의 특징을 파악하고 그의 선교학적 해석학을 좀 더 이해할 수 있도록 돕는다.

4) 통섭적 방법론

다양한 연구 방법을 융합하거나 다양한 학문 영역을 통합하여 선교학적 해석학을 좀 더 입체적으로 이해하게 돕는다.

앤서니 C. 티슬턴은 "해석학은 그 성격상 본질적으로 학제 간의 통섭을 요구한다"[26]고 했다. 성경신학, 선교신학, 조직신학, 역사신학, 문화인류학, 해석학, 언어학, 철학과 문학 등의 개념을 아우를 때, 선교학적 해석학에 관한 통전적인 이해를 기대할 수 있다.

폴 G. 히버트(Paul G. Hiebert)는 "학문적 통섭을 통해 올바른 선교학이 정립된다"고 보고, 선교학과 관련된 학제들을 성경신학, 조직신학, 역사신학, 문화인류학으로 구분했다. 그 네 학문을 다시 하나님의 계시 영역(성경신학과, 조직신학)과 인간의 상황 영역(문화인류학, 역사신학)으로 분류했다. 그리고 공시적 분석(조직신학, 문화인류학)과 통시적 분석(성경신학, 역사신학)으로 분류했다.

필자는 이 모든 학문이 선교학적 해석학에 통섭적으로 활용된다고 판단하여 폴 히버트의 도표 중심에 "해석학"(HERMENEUTICS)을 추가했다.

---

[26] Anthony Charles Thiselton, *New Horizons in Hermeneutics: The Theory and Practice of Transforming Biblical Reading* (New York: Harper Collins, 1992), 2-3. 티슬턴은 이 책의 독자를 두 부류로 상정했다고 밝히며, 해석학이 지닌 다학제적 특성을 언급한다. "하나는 해석학의 다학제적 영역에서 가르치고, 공부하고, 연구하는 모든 사람을 포함한다." 그리고 본인이 1970년에 최초로 개설한 해석학 과목의 다학제적인 커리큘럼을 밝힌다. "이 과정은 학위 과정의 절반 이상은 성서학을 전공하고 나머지 절반은 철학, 언어학 또는 문학을 공부하는 고급 학생들을 위해 고안되었다."

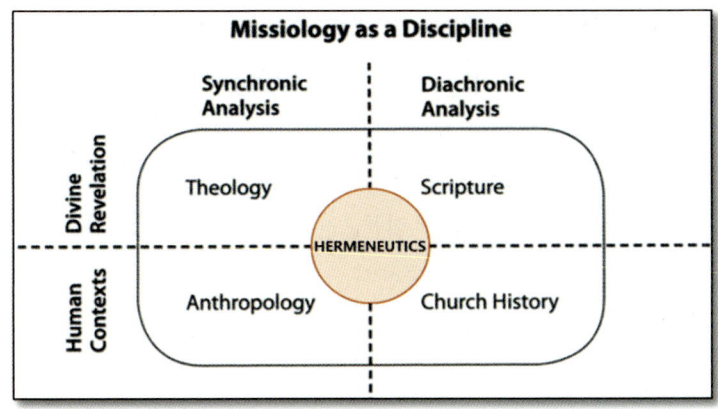

<그림 2> 폴 히버트의 선교학 관련 학제들과 해석학의 관계[27]

찰스 밴 엥겐은 선교신학은 변화하는 것으로 전제하고, 적절한 선교신학화 작업에 반드시 고려되어야 할 네 가지 영역, "성경, 교회 역사, 개인 경험, 상황"을 제시했다. 본서 6장에서 이 기준을 가지고 아서 글라서의 글에 표현된 그의 입장이 이스라엘 회복 관점의 신학화에 적절한지 여부를 살펴보았다.

선교신학화를 위한 네 가지 영역을 폴 히버트가 제시한 선교학 관련 학제들과 연결 지으면 다음과 같다.

<표 1> 밴 엥겐과 폴 히버트의 선교학 관련 학제들

	밴 엥겐의 요소	폴 히버트의 요소
첫째	성경	성경신학
둘째	교회 역사	조직신학, 역사신학
셋째	개인 경험	역사신학, 문화인류학
넷째	상황	문화인류학

---

27 Paul Gordon Hiebert, *The Gospel in Human Contexts: Anthropological Explorations for Contemporary Missions* (Grand Rapids, Mich.: Baker Academic, 2009), 34.

12. 연구의 개관

본 연구는 총 7장으로 구성된다.

제1장은 서론이다. 연구의 배경, 논지 진술, 연구의 목적과 목표, 연구의 중요성, 핵심 연구 주제, 연구 질문, 연구의 범위와 한계, 용어 정의, 연구의 가정, 연구 방법론 등을 기술한다.

제2장은 아서 글라서의 생애와 사역과 저술, 선교학적 해석학 그리고 이스라엘 회복 관점에 대한 선행 연구를 개괄한다.

제3장은 아서 글라서의 생애와 사역을 개괄한다. 글라서의 생애를 5단계로 구분하여 하나님 나라와 이스라엘 회복 관점의 형성 발전 과정을 고찰한다.

제4장은 아서 글라서의 선교학적 해석학의 특징을 고찰한다. 이스라엘 회복 관점의 선교학적 해석학의 요소를 제시하고 글라서의 입장을 고찰한다.

제5장은 『성경에 나타난 하나님의 선교』(*Announcing the Kingdom*)에 등장하는 그의 선교적 성경 해석의 특징을 정리한다. 보편적 역사-특수한 역사-보편적 새역사의 단계를 살피며 성경 전체에서 이스라엘이 차지하는 위치를 파악한다.

제6장은 아서 글라서의 저널을 분석함으로써 그의 선교적 성경 해석에 나타난 이스라엘 회복 관점을 개괄하고 그것이 하나님 나라 완성으로 이어짐을 고찰한다.

제7장은 결론이다. 연구 내용을 요약하고 결론을 내리며, 후속 연구를 위한 제언을 남긴다.

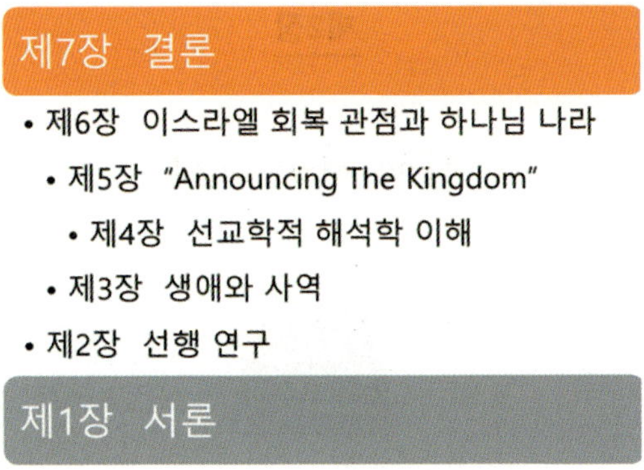

```
┌─────────────────────────────────┐
│      제7장  결론                 │
└─────────────────────────────────┘
  • 제6장  이스라엘 회복 관점과 하나님 나라
    • 제5장  "Announcing The Kingdom"
      • 제4장  선교학적 해석학 이해
      • 제3장  생애와 사역
  • 제2장  선행 연구
┌─────────────────────────────────┐
│      제1장  서론                 │
└─────────────────────────────────┘
```

<그림 3> 본서의 연구 개관[28]

13. 요약

제1장은 서론으로 연구의 배경, 논지 진술, 연구의 목적과 목표, 연구의 중요성, 핵심 연구 주제, 연구 질문, 연구의 범위와 한계, 용어 정의, 연구의 가정, 연구 방법론 등을 기술하였다. 다음 제2장에서는 아서 글라서의 생애와 사역, 저술, 선교학적 해석학, 이스라엘 회복 관점에 대한 선행 연구를 기술할 것이다.

---

[28] 본서는 총 7장으로 구성되어 있다. 맨 아래 서론에서 맨 위의 결론까지 논지를 향해 연구 내용이 심화된다.

제2장

선행 연구 고찰

본 장에서는 선행 연구들을 정리한다. 다음의 순서로 진행할 것이다.

첫째, 아서 글라서의 생애와 사역에 관한 선행 연구
둘째, 아서 글라서의 저술에 관한 선행 연구
셋째, 아서 글라서의 선교학적 해석학에 관한 선행 연구
넷째, 이스라엘 회복 관점과 하나님 나라 완성에 관한 선행 연구

1. 아서 글라서의 생애와 사역

아서 글라서의 생애와 사역에 관한 연구는 주로 다음의 자료들을 참고하였다. 아카이브 자료, 육성 인터뷰 자료 순으로 기술한다.

1) 아카이브(Archive)[1] 자료

아서 글라서 관련 자료를 보관하고 있는 대표적인 곳은 풀러신학교 도서관이다. 풀러신학교의 데이비드앨런허바드도서관(David Allan Hubbard Li-

---

[1] 아카이브(Archive)는 역사적 가치 혹은 장기 보존의 가치를 지닌 기록이나 문서들의 컬렉션을 의미하며, 동시에 이러한 기록이나 문서들을 보관하는 장소, 시설, 기관 등을 의미한다.

brary)은 예약을 통해 희귀 도서 및 특별 컬렉션을 보관하고 있는 아카이브를 관람할 수 있게 한다.

"컬렉션 38번"[2]으로 분류된 아서 글라서 자료들의 양은 79박스에 24.59 선형 피트다.[3] 글라서의 컬렉션에는 풀러신학교 교수, 세계선교대학원 학장, 선교잡지의 편집자, 명예 학장으로 재직하던 시절의 사무실 파일들이 포함되어 있다. 특히, 프랑스에서의 사역, 유대인 선교, 에큐메니컬 선교학을 포함한 선교 이론과 관련 선교 운동 전반에 관한 서류들이 풍부하게 보관되어 있다. 컬렉션에 포함된 서류 상자는 총 79개로, 크게 11개의 시리즈로 구성된다. 분류된 문서의 주제, 각 시리즈에 포함된 박스 번호를 정리하면 다음과 같다.[4]

시리즈 1: 일반 파일, 서신, 주제별 정보 (1965-1989, 박스 1-20)
시리즈 2: 선교학 서신 (박스 21-25)
시리즈 3: 학장의 서신 및 주제별 정보 (1970-1980, 박스 26-36)
시리즈 4: 학장 보좌관 파일 (박스 37-38)
시리즈 5: 프랑스 (박스 39-44)
시리즈 6: 유대인 선교 (박스 45-49)[5]

---

2   Fuller-Seminary-Archives, *Collection 0038: Arthur Frederick Glasser Collection, 1932-1997*, vol. 79 Boxes (Fuller Theological Seminary, Pasadena, CA: David Allan Hubbard Library, 2018).

3   24.59 선형 피트(linear feet)는 총 79개의 상자에 나눠서 보관된 문서들이 차지하는 길이를 선형적으로 측정했을 때, 24.59 피트(749.5cm)에 달한다는 뜻이다(1 linear foot=30.48 cm).

4   Fuller-Seminary-Archives, 7-54. 지면 관계상 11개 시리즈가 포함하고 있는 문서 내용을 종합적으로 개괄만 했다. 이 컬렉션의 내용을 구체적으로 설명하기 위해 41쪽에 달하는 PDF 안내문이 있다. 안내문에는 각각의 박스 안에 들어 있는 폴더의 내용까지도 구체적으로 정리되어 있어 자료 찾기가 용이하다.

5   Fuller-Seminary-Archives, 25-29. 풀러신학교 컬렉션38(*Collection 0038: Arthur Frederick Glasser Collection, 1932-1997)*에서 유대인 선교 관련 자료는 시리즈 6으로 분류하고 박스 5개로 정리했다. 컬렉션 안내문에 게재된 글라서의 전기 말미에 "글라서는 유대인 복음화에 대한 평생의 열정을 바탕으로 세계선교대학원에 유대교 연구 프로그램을 설

시리즈 7: 이사회 (박스 50-59)

시리즈 8: 강의 코스 자료 (박스 60-75)

시리즈 9: 기타 정기 간행물 및 소책자 (박스 76)

시리즈 10: 기사 파일 (박스 77)

시리즈 11: 국가별 파일 (박스 78-79)

<그림 4> 풀러신학교 아카이브 정경[6]

2) 육성 인터뷰 자료

아서 글라서의 생애 정보는 휘튼칼리지 도서관 빌리그래함센터에 보관된 글라서의 정보(Collection 421)를 주요 참고 자료로 삼는다. 특히, 휘튼

립했다"는 특별 언급이 있다.

[6] 필자는 2023년 11월 21일에 직접 풀러신학교 도서관 아카이브를 방문하여 필요한 자료를 수집하였다. 사진 1: 아카이브에 보관하고 있는 아서 글라서 관련 자료 79개 박스들 중 일부. 사진 2: 유대인 선교 관련 자료를 모아 놓은 박스 45번을 열어 확인할 수 있는 폴더들. 사진 3: 아카이브의 높고 긴 책장 옆에 선 연구자.

칼리지의 기록물관리사(아카이비스트)인 로버트 슈스터(Robert Shuster)와 밥 슈스터(Bob Shuster)에 의해[7] 제작된 인터뷰 자료가 큰 도움이 되었다. 1989년 9월 14일과 18일, 1995년 4월 17일과 18일, 1998년 4월 21일 등 5회에 걸쳐 풀러신학교 글라서의 사무실에서 진행된 인터뷰로, 글라서의 나이 각각 75세(1989년), 81세(1995년), 84세(1998) 때였다.[8]

휘튼칼리지 도서관은 아서 글라서의 육성 인터뷰 테이프를 MP3로 변환하여 녹취록 PDF와 함께 보관하고 있다.[9] 인터뷰 테이프는 전체 8개인데, 각 테이프에 담긴 내용을 요약하면 다음과 같다.

(1) T1: Arthur F. Glasser와의 구전 역사 인터뷰, 1989년 9월 14일, 65분[10]

부모에 대한 설명과 그의 가족의 종교적 신념, 조부모의 기독교; 도널드 풀러턴(Donald Fullerton)의 삶과 영향; 형의 회심과 프린스턴복음주의펠로우십(Princeton Evangelical Fellowship); 글라서의 조기 교육; 1932년 뉴저지주 케직에서 열린 학생 성경수양회에서 글라서의 회심; 그리스도인의 삶

---

[7] 로버트 슈스터(Robert Shuster)와 밥 슈스터(Bob Shuster)는 Wheaton College의 Billy Graham Center에서 아카이비스트(Archivist)로 활동하면서, 교회와 학계, 일반 대중에게 중요한 역사적 자료를 제공하였다. https://www.wheaton.edu/magazine/spring-2021/bob-shuster/

[8] 이 외에도 2005년에 진행된 인터뷰 자료가 하나 더 있다. Arthur Frederick Glasser, "Interview with Arthur and Alice Glasser," interview by Greg, February 10, 2005, Fuller Theological Seminary, Pasadena, CA. 글라서 노부부가 함께 인터뷰하였다. 이때 글라서 박사는 91세였고, 앨리스 여사는 사망하기 전해인 87세 때였다. 아쉽게도 음성 파일은 없고 녹취록만 남아 있다.

[9] Arthur Frederick Glasser, "Collection 421 Oral History Interviews with Arthur F. Glasser," ※ interview by Robert Shuster and Bob Shuster, Dr. Glasser's office at the school of World Mission at Fuller Seminary in Pasadena, California, September 14, 1989-1998, Billy Graham Center Archives, 501 College Avenue Wheaton, IL, 60187, https://archives.wheaton.edu/repositories/4/resources/809

[10] Arthur Frederick Glasser, "Tape 1. Collection 421 Oral History Interviews with Arthur F. Glasser," interview by Robert Shuster, Dr. Glasser's office at the school of World Mission at Fuller Seminary in Pasadena, California, September 14, 1989, Billy Graham Center Archives, Wheaton, IL.

의 첫 단계인 '자신의 삶에 대한 계획을 갖고 계신 하나님'의 개념을 갖는 것의 중요성; 풀러턴 선교사의 예; 어린 시절 세례; 아버지와 어머니 사이의 대조와 그의 가정의 낮은 수준의 영성; 최초의 기억; 스카우트와 자연의 중요성; 아버지와의 관계, 어머니에 관한 의견; 군 생활의 매력; 독일 친척과의 접촉; 휘튼칼리지(Wheaton College) 여자친구; 기도에 대한 극적인 응답으로 코넬(Cornell)대학에서 해럴드(Harold S. Wright)와 기숙사 룸메이트; 복음주의학생연맹; 코넬(Cornell)에서의 구별된 삶; 무슬림, 중국 학생들과 첫 접촉; 연사로서의 첫 경험; 연사로서 도널드 반하우스(Don Grey Barnhouse)의 기억.

(2) T2: Arthur F. Glasser와의 구전 역사 인터뷰, 1989년 9월 14일, 30분[11]

캘리포니아 피츠버그에 있는 드라보 코퍼레이션(Dravo Corporation)의 엔지니어로 직장생활(1936-1938); 아버지와 형의 관계; 기독교 활동에 관한 관심과 자신을 부양해야 할 필요성 사이의 갈등; 피츠버그에 있는 클래어런스 매카트니(Clarence McCartney)의 장로교회에 참석; 선교 단체 입단 결정, 가족의 반응; 무디성서신학원(Moody Bible Institute)에 참석; 리더십 위치로 떠밀림; 무디에서의 동급생들; 델라웨어(Delaware)주 윌밍턴(Wilmington)에 있는 페이스신학대학원(Faith Theological Seminary)에 다님; 기독교 교육에 미친 분리주의적 사고의 영향; 맨해튼(Manhattan) 유대인들에게 마태복음을 배포한 경험.

---

[11] Arthur Frederick Glasser, "Tape 2. Collection 421 Oral History Interviews with Arthur F. Glasser," interview by Robert Shuster, Dr. Glasser's office at the school of World Mission at Fuller Seminary in Pasadena, California, September 14, 1989, Billy Graham Center Archives, Wheaton, IL.

(3) T3: Arthur F. Glasser와의 구전 역사 인터뷰, 1989년 9월 18일, 68분[12]

리더십 위치에 있는 글라서의 태도; 풀러신학교(Fuller Seminary) 교수진에 합류; 미래의 아내 앨리스 올리버(Alice Oliver)의 교육적·영적 배경; 1942년 그녀와 결혼; 코넬리우스 반틸(Cornelius Van Til); 작업 및 지적 관심에 대한 앨리스의 기여; 남태평양의 해병대 군목이 되어 진리에 대해 매우 다른 이해를 가진 기독교인과의 에큐메니컬 만남의 첫 경험; 방콕(1977년)과 시드니(1980년)에서 열린 세계교회협의회 회의 참석; 로잔위원회 회의와 WCC 회의의 대조; 월드론 스콧(Waldron Scott); 태평양의 다양한 직책에서 제1해병사단의 군목으로 복무; 1944년 남부 캘리포니아에 있는 기지로 보내짐; 도슨 트로트만(Dawson Trotman)과 네비게이터스가 글라서에게 미친 영향; 군목의 약점에 대한 반성; 군목으로서의 경험담, 군목으로서의 고된 측면; 피터 스탬 3세(Peter Stam III)를 통해 도슨 트로트만과 첫 접촉; 오린 벨(Orrin Bell)의 트로트만에 대한 공격; 트로트만의 특성: 성경 사용, 기독교 사역을 위한 남성 모집의 효율성, 개인적 자질, 리더십 스타일, 네비게이터스(Navigators)가 위클리프(Wycliffe) 성경 번역가들과 교회에 일반적으로 미친 영향.

(4) T4: Arthur F. Glasser와의 구술 역사 인터뷰, 1995년 4월 17일, 78분[13]

제2차 세계 대전이 미국 선교와 선교사 필 암스트롱(Phil Armstrong)과 G. I. 복음의 시간(G. I. Gospel Hour)에 미친 영향; 미션 항공 펠로우십; 전쟁

---

12 Arthur Frederick Glasser, "Tape 3. Collection 421 Oral History Interviews with Arthur F. Glasser," interview by Bob Shuster, Dr. Glasser's office at the school of World Mission at Fuller Seminary in Pasadena, California, September 18, 1989, Billy Graham Center Archives, Wheaton, IL.

13 Arthur Frederick Glasser, "Tape 4. Collection 421 Oral History Interviews with Arthur F. Glasser," interview by Robert Shuster, Dr. Glasser's office at the school of World Mission at Fuller Seminary in Pasadena, California, April 17, 1995, Billy Graham Center Archives, Wheaton, IL.

중 중국내륙선교부 회원들과의 접촉; 스탬(Stam) 가족과의 접촉; J. O. 손더스(J. O. Saunders); 전쟁 전에 CIM에 대한 첫 지원; 미국 내 CIM 리더십의 질; 위클리프(Wycliffe) 어학원을 통한 중국 준비; 상하이의 유대인 난민; 안후이(Anhwei Hans Martin Wilhelm)언어학교의 부족함; 상하이의 첫인상; 원난성 배치, 지리적 배치의 교단 특성; 우팅(Wuting)으로 이동하여 부족 선교를 지원함; 미션 존 쿤(mission John Kuhn)의 전략적 계획 및 리더십 부족; 빅토리어스 라이프(Victorious Life) 운동과 케직(Keswick)의 쇠퇴; 부족민 전도자(tribal evangelists)를 위한 학교 교육; 토착 지도자에게 권한 이양; 언어 문제; 중국어 문자 학습; 부족민 사이의 기독교 관습; 먀오족(Miao, 일반적으로 몽족[Hmong]이라고 함)과 나가족(Naga tribes) 사이의 차이점; 선교사들 간 관계; 새로운 도시나 마을에서 전도회를 여는 방법; 해당 지역의 공산당 지원 세력; 중국 재건에 대한 공산주의 강조; 개인 구원에 대한 기독교 강조와의 대조; 공산주의 이데올로기가 사람들에게 미치는 영향의 예; 중국인과 대화할 때 정치를 피함; 변경 지역에서 공산당 인수의 즉각적인 영향이 거의 없음; 교회 지도자들과 선교사들 사이의 점점 커지는 분리; 한국 전쟁이 중국에 미친 영향; 공산당 인수에 대한 선교사의 반응; 중국을 떠나는 것에 대한 CIM의 태도; 딕 힐리스(Dick Hillis); 1951년 중국을 떠남; 치푸(Cheefoo) 학교 폐쇄; 떠나기 전 공산당 관리에 의한 심문.

(5) T5: Arthur F. Glasser와의 구술 역사 인터뷰, 1995년 4월 17일, 41분[14]

교회의 삼자운동; 현대(1995) 중국의 가정교회 운동; CIM의 미래가 결정된 본머스(Bournemouth) 회의 참여; 중국에서의 경험이 글라서에게 미친 영향; 하나님 나라라는 전체 아이디어에 기반한 선교신학 구축; 글라서의

---

14 Arthur Frederick Glasser, "Tape 5. Collection 421 Oral History Interviews with Arthur F. Glasser," interview by Robert Shuster, Dr. Glasser's office at the school of World Mission at Fuller Seminary in Pasadena, California, April 17, 1995, Billy Graham Center Archives, Wheaton, IL.

필리핀 진출 계획 실패; 컬럼비아성경대학(Columbia Bible College, CBC)에서 강의; 중국에서의 경험 재해석; 세뇌 기법; 중국의 혁명적 연극; 처형 준비 목격; 공산주의 관리에 의한 교회에 대한 사소한 괴롭힘의 예; 컬럼비아성경대학의 기관 철학 개발; 북미해외선교사펠로우십의 본부 부국장으로서 경험; CBC 학생들의 질; 당시 CBC에 존재하는 모순; 강의에 대한 글라서의 성찰, 풀러신학교의 선교 교수진의 공동체적 성격, 교육의 단점, 팀으로서의 교수진에 대한 자세한 내용.

(6) T6: Arthur F. Glasser와의 구전 역사 인터뷰, 1995년 4월 18일, 77분[15]

중국을 떠난 후 CIM과의 접촉이 제한됨; 본머스(Bournemouth)에서의 기획 회의에 초대받음; 선교의 영국적 지향점; 그가 초대된 이유; 회의에서의 긴장; 미스터 신튼(Mr. Sinton); 회의 분위기에 대한 세부 사항; CIM 본부의 권위로부터 현장 선교사의 독립성; 선교의 부분들; 회의에서 대표로 참석; 비상 자금(contingency funds) 사용 및 기타 문제에 대한 토론과 의견 불일치의 시작; 프랭크 호턴(Frank Houghton)의 리더십에 대한 불만; 호턴의 미래 선교 개발에 대한 기대; 회의에서 캐서린 부스 클리번(Catherine Booth-Clibborn)의 개입(테이프에서 Evangeline Booth로 잘못 식별됨); 호턴의 리더십 제거 결정; 회의 후반부에서 내려진 결정들; 베트남 전쟁 동안 선교 봉사를 위해 사람들을 모집하기 위한 시도; 선교 본부를 싱가포르로 이전; 회의 멤버십 구성; 회의 이후 사람들과의 대화; 호턴의 리더십·선교 작업 평가의 오래된 방법에 대한 평가; 선교 작업의 미국화; 제2차 세계 대전 이후 선교에서 새로운 방법의 필요성; 본머스회의에 대한 CIM의 나머지 반응; 회의 후 글라서의 삶에서 일어난 사건들; 필 암스트롱; OMF와 극

---

15   Arthur Frederick Glasser, "Tape 6. Collection 421 Oral History Interviews with Arthur F. Glasser," interview by Robert Shuster, Dr. Glasser's office at the school of World Mission at Fuller Seminary in Pasadena, California, April 18, 1995, Billy Graham Center Archives, Wheaton, IL.

동복음전도대의 융합 시도; 선교의 인종 정책; 인터바시티(Inter-Varsity)의 3년마다 열리는 학생해외선교대회(어바나, Urbana)와 기타 인터바시티 활동에 글라서가 참여한 활동에 대한 설명; 어바나회의가 미국 선교에 미친 영향; 도슨 트로트만의 리더십 스타일; 미국 OMF의 본부 부국장으로 임명됨, 캐나다를 위한 별도의 홈 보드 생성; OMF의 재정 정책 변경; OMF 본부 디렉터로서의 책임; 선교부 평의회 참석.

(7) T7: Arthur F. Glasser와의 구전 역사 인터뷰, 1995년 4월 18일, 17분[16]

글라서와 선교의 국제 리더십 사이 점점 커지는 불만; 공부하고 생각할 수 있는 안식년이 점점 더 필요해진 글라서; 관리자로서의 어려움; 고든-콘웰(Gordon-Conwell), 트리니티복음주의 신학교(Trinity Evangelical Divinity School), 풀러신학교(Fuller Seminary)에서 강의 제안; J. 허버트 케인(J. Herbert Kane); 풀러신학교의 세계선교학교를 이끌도록 도널드 맥가브란(Donald McGavran)을 추천함; 풀러신학교의 직책을 수락한 이유; 데이비드 허바드(David A. Hubbard)와의 만남; 풀러신학교에 가는 것에 대한 앨리스 글라서의 느낌; OMF 미국 지부의 본부 책임자로서의 그의 업무 요약.

(8) T8. Arthur F. Glasser와의 구전 역사 인터뷰, 1998년 4월 21일, 131분[17]

도널드 맥가브란(Donald McGavran)의 경험 많은 선교사를 위한 학교에 대한 비전과 풀러신학교(Fuller Seminary) 세계선교학교의 발전; 인터바시티

---

16 Arthur Frederick Glasser, "Tape 7. Collection 421 Oral History Interviews with Arthur F. Glasser," interview by Robert Shuster, Dr. Glasser's office at the school of World Mission at Fuller Seminary in Pasadena, California, April 18, 1995, Billy Graham Center Archives, Wheaton, IL.

17 Arthur Frederick Glasser, Tape 8. Collection 421 Oral History Interviews with Arthur F. Glasser," interview by Bob Shuster, Dr. Glasser's office at the school of World Mission at Fuller Seminary in Pasadena, California, April 21, 1998, Billy Graham Center Archives, Wheaton, IL.

(InterVarsity)의 학생선교대회; 1966년 휘튼에서 열린 교회의 전 세계선교에 관한 회의; 복음주의자들과 세계교회협의회 간의 의사 소통; 1966년 휘튼(Wheaton)회의 선언, 1966년 베를린에서 열린 복음주의세계전도대회와 휘튼회의의 관계; 1960년대 미국의 사고방식이 선교신학에 미친 영향; 1974년 로잔대회와 언약; 1940년대 뉴욕에서 유대인들에게 전도; 이스라엘과 아프리카; 1961년부터 1974년까지 복음주의선교대회의 발전과 변화; 1966년 베를린대회에서 시작된 복음주의자들과 WCC 회원들 사이의 접촉; 1966년 총회가 로잔언약에 미친 영향; 이스라엘, 존 스토트, 로잔언약; 1989년 마닐라선언; 로잔운동이 교회에 미친 영향; 기독교 복음과 유대인에 관한 윌로우뱅크선언(1989) 초안 작성; 풀러신학교 교수들이 1974년 로잔대회에 미친 영향; 1989년 로잔대회에서 악마의 힘에 대한 토론; WCC의 세계선교및전도위원회(CWME)와 그 영향력 감소; 1972년 WCC 방콕회의와 특별계시가 일반계시로 대체됨; 맥가브란(McGavran)과 세계교회협의회; 유럽의 로잔운동; 1998년 세계선교학교; 글라스가 유대인에 대한 기독교 증거에 관심을 갖게 된 시작; 히브리 기독교인; 유대인 선교에 대한 글라서의 관심의 발전; 데이비드 스턴(David H. Stern); 풀러신학교의 유대인 복음화 프로그램과 유대인 리더들과의 대화; 기독교 반유대주의; 마태복음 27장 25절의 "저주"; 예수를 위한 유대인(Jews for Jesus); 유대인 복음화에 있어 유대 기독교인보다 이방인의 이점; 1948년과 1998년 선교 비교; 중국 기독교의 발전.

2. 아서 글라서의 저술

아서 글라서의 저술은 크게 단행본으로 출간된 도서와 다양한 선교 잡지에 게재된 저널로 구분할 수 있다.

1) 도서 자료

아서 글라서가 저술한 책들을 연도별로 개관하면 다음과 같다.[18]

『그리고 어떤 이들은 믿었다』(*And Some Believed: A Chaplain's Experiences with the Marines in the South Pacific*, 1946)[19]는 남태평양 해병대에서 군목으로 섬긴 경험을 담은 책이다. 공개적으로 출간된 첫 번째 저서다.

『위기에 처한 선교』(*Missions in Crisis: Rethinking Missionary Strategy*, 1961)[20]는 중국에서 추방 당한 후 미국에서 사역하는 동안, 에릭 S. 파이프(Eric S. Fife)와 공저한 선교 전략서다. 『영적 갈등』(*Spiritual Conflict: 6 Studies for Individuals or Groups*, 1962)[21]은 개인이나 그룹이 삶에서 경험하는 영적 갈등에서 승리하기 위한 원리를 담고 있는 6과로 된 성경공부 소책자다.

『현대 선교신학』(*Contemporary Theologies of Mission*, 1983)[22]은 도널드 맥가브란(Donald Anderson McGavran)과 공저하였는데, 선교에 관한 현대적인 접근법을 다루고 있다. 『하나님 나라와 선교』(*Kingdom and Mission*, 1989)[23]는 하나님 나라와 교회의 세계선교적 목적의 현재적 관계에 초점을 맞추어 쓴,

---

18 아서 글라서의 도서들 중 *Announcing the Kingdom*(2003)만 『성경에 나타난 하나님의 선교』(2006)로 번역되었고, 나머지는 아직 모두 미번역본이다. 이곳에서 원서로 된 도서명 괄호 안에 기록한 한국어 도서명은 본 연구자가 내용 이해를 위해 번역하여 붙여 놓은 것임을 밝힌다.

19 Arthur Frederick Glasser, *And Some Believed: A Chaplain's Experiences with the Marines in the South Pacific* (Chicago, IL: Moody press, 1946).

20 Eric S. Fife and Arthur Frederick Glasser, *Missions in Crisis: Rethinking Missionary Strategy*, Ivp Series in Creative Christian Living(Chicago: InterVarsity Press, 1961). https://archive.org/details/missionsincrisis0000fife_g0r7.

21 Arthur Frederick Glasser, *Spiritual Conflict: 6 Studies for Individuals or Groups*, Christian Life, ed. Global Issues Bible Studies series(InterVarsity Press, 1990). https://archive.org/details/spiritualconflic0000glas/page/n51/mode/2up.

22 Arthur Frederick Glasser and Donald Anderson McGavran, *Contemporary Theologies of Mission*(Grand Rapids, Mich.: Baker Book House, 1983).

23 Arthur Frederick Glasser, *Kingdom and Mission*(Fuller Theological Seminary School of World Mission, 1989).

선교학적 관점에서 본 성서신학 연구서다. *Announcing the Kingdom*의 전신과 같은 책이다.

『복음에 날개를 달다』(*Giving Wings to The Gospel: The Remarkable Story of Mission Aviation Fellowship*, 1995)[24]는 탁월한 역사학자로 인정받는 디트리히 G. 버스(Dietrich G. Buss, 1939-)[25]와 함께 항공선교회에 관해 기록한 책이다.

이상 6권은 글라서 단독 또는 2인 공저로 펴낸 단행본이다. 그중 『그리고 어떤 이들은 믿었다』(*And Some Believed*)는 3장 글라서의 생애와 사역을 연구할 때 많은 도움이 되었다.

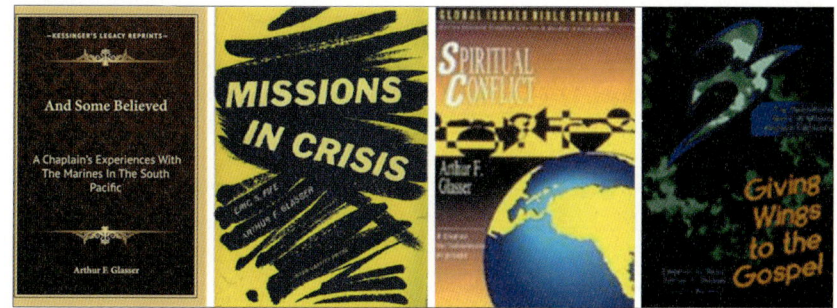

<그림 5> 아서 글라서의 저작들[26]

---

24 Arthur Frederick Glasser and Dietrich G. Buss, *Giving Wings to the Gospel: The Remarkable Story of Mission Aviation Fellowship*(Grand Rapids, Mich.: Baker Books, 1995). 이 책은 제2차 세계 대전이 끝나던 1945년에 창립된 항공선교회(MAF: Mission Aviation Fellowship)의 기원과 발전 과정을 추적하고 있다. MAF는 여성 공군 조종사(WASP: Women Airforce Service Pilots) Betty Greene에 의해 창립되었다. 아프리카, 아시아, 라틴 아메리카, 구 소련 등 다양한 지역과 상황에서 MAF가 경험한 다양한 도전 가운데서 어떻게 하나님의 사랑의 복음을 전했는지를 보여준다.

25 Marquis-Who's-Who-Ventures-LLC, "Dietrich G. Buss, Phd, Presented with the Albert Nelson Marquis Lifetime Achievement Award by Marquis Who's Who, 2019, accessed December 24, 2023, https://tinyurl.com/y5v2a5km. 디트리히 G. 버스(Dietrich G. Buss)는 미국의 역사, 역사학, 지리학 전문가다. 2019년에는 역사학 분야에서 탁월한 성과를 낸 인물에게 수여하는 마키스 후즈 후(Marquis Who's Who)의 알버트 넬슨 마키스 평생 공로상을 수상한 바 있다.

26 왼쪽부터 *And Some Believed*(1946), *Missions in Crisis*(1961, 공저), *Spiritual Conflict*(1962), *Giving Wings to the Gospel*(1995, 공저)

그 외 타인이 쓰거나 편집한 단행본에 글라서가 기고자로 참여한 글이 35편 이상이다.

대표적인 것은 『세계 복음화의 중요한 차원』(*Crucial Dimensions in World Evangelization*, 1976)[27]에서 폴 히버트(Paul G. Hiebert, 1932-2007),[28] 피터 와그너(Charles Peter Wagner, 1930-2016),[29] 랄프 윈터(Ralph Dana Winter, 1924-2009)[30]와 함께 세계 복음화를 위한 전도의 중요한 요소들을 논하는 책에 4편의 글을 올린 경우다.

제럴드 앤더슨(Gerald H. Anderson, 1930-2017)[31]이 주편집자였던 『1990년대의 선교』(*Mission in the Nineteen 90s*, 1991)[32]에도 기고자로 참여하였다.

---

[27] Arthur Frederick Glasser et al., *Crucial Dimensions in World Evangelization*(Pasadena, CA: William Carey Library, 1976). https://archive.org/details/crucialdimension0000unse.

[28] 폴 G. 히버트(Paul Gordon Hiebert, 1932-2007)는 미국의 선교학자이자 인류학자로 선교사 부모의 아들로 인도에서 태어났다. 그는 인도에서 선교사와 성경대학의 교장으로 섬겼다. 아서 글라서가 풀러신학교 선교대학원장이던 1977년에 교수로 합류하여 1990년까지 재임했다. 그 이후 트리니티복음주의 신학교(Trinity Evangelical Divinity School)에서 가르치면서(1990-2007) 선교인류학의 선구자로 인정받았다. https://www.hiebertcenter.org/paul-hiebert

[29] 찰스 피터 와그너(Charles Peter Wagner, 1930-2016)는 미국의 선교사, 작가, 교수이자 여러 기독교 단체의 창립자다. 초기에는 교회성장 운동의 주요 리더로 알려졌고, 후에는 영적 전쟁에 대한 저작으로 알려졌다. 1971년에서 1999년까지 풀러신학교에 재직했는데, 아서 글라서의 재직 시기(1970-1999)와 대부분 겹친다. Charles H. Kraft, *SWM/SIS at Forty: A Participant/Observer's View of Our History* (Pasadena, CA: William Carey Library, 2005), 109.

[30] 랄프 D. 윈터(Ralph D. Winter, 1924-2009)는 미국의 선교학자이자 장로교 선교사로, 미국 세계선교센터(USCWM, 현재 Frontier Ventures), 윌리엄케리국제대학교, 국제프론티어선교학회의 창립자였다. 풀러신학교에 재직하는 중(1967-1976)이었던 1974년에 스위스로잔선교대회에 참여하여 세계선교 전략을 제시했는데, 그때 아서 글라서가 그 대회에 동행 중이었다.

[31] 제럴드 앤더슨(Gerald H. Anderson, 1930-2017)은 미국 출신의 필리핀 선교사이자 교육자였다. 그는 1974년에 국제선교연구센터(OMSC: Overseas Ministries Study Center) 부소장으로 임명되어 2000년까지 편집장으로 섬겼다. 1973년에 시작된 미국선교학회(ASM: American Society of Missiology)의 창립자이자 회장이었다. 풀러신학교에서 강의를 하였으며, 유대인과 기독교의 관계도 그의 연구 관심 분야였다. https://archives.yale.edu/repositories/4/resources/123

[32] Arthur Frederick Glasser, "The Evangelicals: Unwavering Commitment, Troublesome Divisions," in *Mission in the Nineteen 90s* (Wm. B. Eerdmans Publishing, 1991).

그 외 노먼 호너(Norman A. Horner, 1913-1997),[33] 하비 콘(Harvie M. Conn, 1933-1990),[34] 알란 티펫(Alan R. Tip pett, 1911-1988),[35] 딘 길릴랜드(Dean S. Gilliland, 1928-2013),[36] 찰스 밴 엥겐(Charles Edward Van Engen, 1948-)[37] 등 선교학 분야의 거장들이 펴낸 도서에 필진으로 참여했다.

---

[33] 노먼 A. 호너(Norman A. Horner)는 선교학자다. 1952년에 루이스빌, 켄터키에서 열린 미국과 캐나다의 선교학교수협회(APM: Association of Professors of Missions)의 창립 회의에 참여하여, 첫 번째 사무국장으로 선출되었다. https://www.asmweb.org/content/history-of-the-apm

[34] 하비 M. 콘(Harvie M. Conn, 1933-1990)은 미국 웨스트민스터 신학교의 선교학 교수였다. 12년 동안(1960-1972) 한국에서 선교사로 사역하며, 매춘부, 포주, 소외 계층을 위한 특별 사역을 비롯해 가난한 이들을 위한 선교 사역을 펼쳤다. 통계 데이터와 성경 원리를 결합하여 도시 선교학 분야에 큰 기여를 하였다. https://odbu.org/professors/dr-harvie-m-conn/

[35] 알란 R. 티펫(Alan R. Tippett, 1911-1988)은 호주 출신의 메소디스트 선교사, 선교학자, 인류학자다. 피지 제도에서 20년 이상 선교사로 사역했다(1941-1961). 그는 1965년부터 1977년까지 풀러신학교 세계선교학교에서 인류학과 오세아니아 연구 교수로 재직하였다. 500여 편의 학술 논문을 저술하였고, 선교학적 인류학의 이론과 실천을 개척하였다. https://www.bu.edu/missiology/missionary-biography/t-u-v/tippett-alan-r-1911-1988/

[36] 딘 S. 길릴랜드(Dean S. Gilliland, 1928-2013)는 미국의 선교학자요 교수다. 전문 분야는 타문화 연구, 상황화 신학, 아프리카 연구다. 1956년에 나이지리아 부시 선교사로 헌신하여, 하우사어를 구사할 수 있다. 현지 문화와 언어에 대한 연구를 수행했으며, 선교신학의 역사와 이론, 선교적 신학과 실천, 성육신과 상황화 등에 대한 다양한 저서를 남겼다. 풀러신학교 교수(1977-2011)였던 그는 20여 년 동안 아서 글라서의 동료였다. 참고. Papers of Dean S. Gilliland(cdlib.org)

[37] 찰스 밴 엥겐(Engen, Charles Edward Van, 1948-)은 미국의 선교학자이자 선교사다. 멕시코 선교사 부모 아래에서 태어나 부모님을 따라 선교 사역을 하다가, 미국 풀러신학교와 네덜란드의 암스테르담자유대학교(Vrije Universiteit Amsterdam)에서 신학을 공부했다. 1988년부터 풀러신학교에서 아서 글라서의 성경적 선교신학(Biblical Theology of Mission) 수업을 이어받아 교수로 재직했다. Kraft, 186-89.

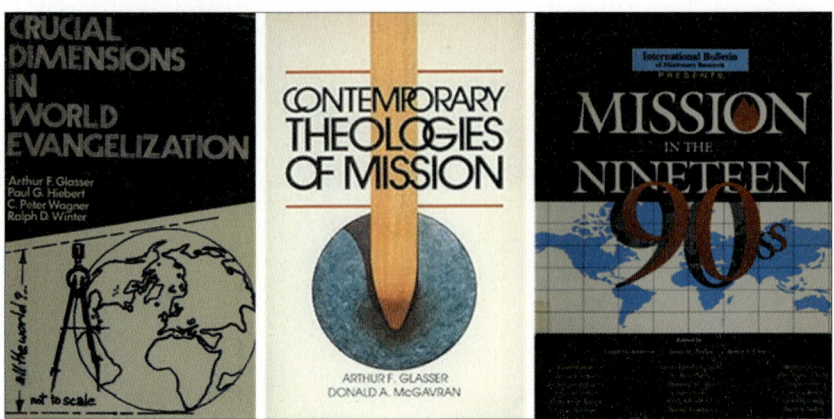

<그림 6> 풀러신학교 선교학자들과의 공저[38]

본서에서 아서 글라서의 대표작으로 비평할 *Announcing the Kingdom: The Story of God's Mission in the Bible*(2003)[39]은 찰스 밴 엥겐이 주편집자가 되어 딘 길릴랜드, 션 B. 레드포드(Shawn Barrett Redford, 1965-)[40]와 함께 아서 글라서의 강의록과 글을 집대성한 책이다.[41] 저자들이 쓴 머리말 앞에 폴 히버트가 추천사(Foreword)를 썼다.

---

[38] 왼쪽부터 *Crucial Dimensions in World Evangelization*(1976), *Contemporary Theologies of Mission*(1983), *Mission in the Nineteen 90s*(1991)

[39] Arthur Frederick Glasser et al., *Announcing the Kingdom: The Story of God's Mission in the Bible* (Grand Rapids, Mich.: Baker Academic, 2003).

[40] 션 B. 레드포드(Shawn Barrett Redford)는 미국과 케냐에서 선교 해석학을 전문으로 하는 성경적 선교신학을 가르치고 있다. 그는 『선교학적 해석학』(*Missiological Hermeneutics: Biblical Interpretation for the Global Church*, 2012)의 저자로, 성경의 해석이 어떻게 선교를 안내하고 비판하며 정보를 제공하고 발전시키는지를 연구한다. https://us.amazon.com/stores/author/B009U95S2W/about

[41] Kraft, *SWM/SIS at Forty: A Participant/Observer's View of Our History*, 189. 크래프트는 *Announcing the Kingdom*이 출판될 때의 상황을 약술하며, 이 원고는 글라서의 대작(Magnum opus)이라고 불렀다.

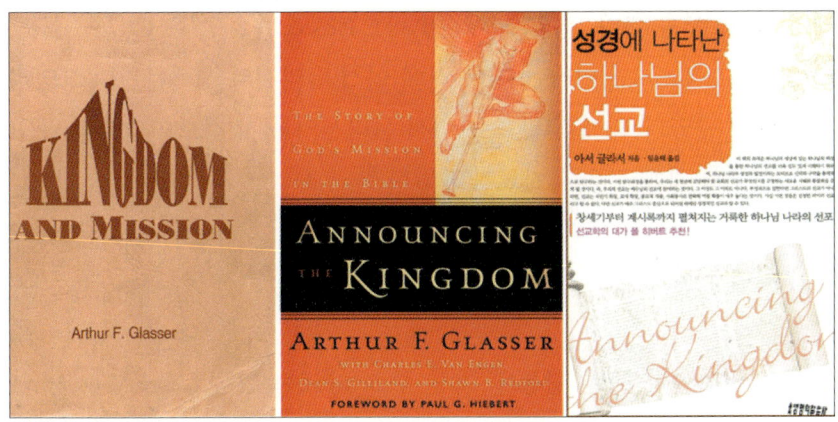

<그림 7> 핵심 연구 도서[42]

2006년에 『성경에 나타난 하나님의 선교』라는 제목으로 한국어 번역본이 나왔다.[43] 글라서의 글 중에서 한국어로 번역된 유일한 책이다.[44]

그리고 동료 선교신학자들이 아서 글라서를 기리며 저술한 책 한 권을 중요한 자료로 소개한다. 찰스 밴 엥겐(Charles Edward Van Engen) 등이 편집자가 되어 출간한 The Good News of the Kingdom(1993)[45]이다. 데이비드 A. 허바드(David Allan Hubbard, 1928-1996)[46]가 추천사를,[47] 찰스 밴 엥겐이 머

---

[42] 왼쪽부터 Kingdom and Mission(1989), Announcing the Kingdom(2003), 『성경에 나타난 하나님의 선교(2006)다. Kingdom and Mission은 Announcing the Kingdom 출간 전에 사용된 전신이다.

[43] Glasser, 『성경에 나타난 하나님의 선교』는 Announcing the Kingdom이 출판된 지 3년 후인 2006년에 한국어 번역본으로 출간되었다.

[44] 『성경에 나타난 하나님의 선교』는 아서 글라서의 마지막 강의를 수강한 풀러신학교 제자인 임윤택 박사가 생명의말씀사를 통해서 622페이지로 번역 출판해 한국 선교학계에 소개했다.

[45] Charles Edward Van Engen, Dean S. Gilliland and Paul Everett Pierson, The Good News of the Kingdom: Mission Theology for the Third Millennium (Maryknoll, N.Y.: Orbis Books, 1993). 이 책의 부제가 "아서 글라서를 기리는 에세이들"(Essays in Honor of Arthur F. Glasser)이다.

[46] 데이비드 앨런 허바드(David Allan Hubbard)는 풀러신학교의 제3대 총장이었으며, 구약학 학자였다. 그는 30년 동안(1963-1993) 풀러신학교의 총장으로 재직하였으며, 그의 리더십 하에 풀러신학교는 세계에서 가장 큰 다교파 신학교로 성장했다. https://libraryanswers.fuller.edu/faq/154865

[47] 데이비드 허바드는 서문에서 글라서에 대해 이렇게 기술했다. "아서 글라서는 … 내게

리말(Preface)⁴⁸을 썼다. 폴 E. 피어슨(Paul E. Pierson, 1927-)⁴⁹은 Citizen of the Kingdom(왕국의 시민)이라는 제목 하에 아서 글라서의 생애를 일목요연하게 정리해 주었다. 딘 길릴랜드는 아서 글라서의 서지 정보를 정리해 두었다.⁵⁰ 연구를 위한 긴요한 자료가 되었다.⁵¹

2) 저널 자료

아서 글라서의 저널 활동에 대한 주요 자료는 "*The Good News of the Kingdom: Mission Theology for the Third Millennium*"(Orbis Books, 1993)⁵²이다. 찰스 밴 엥겐(Charles Edward Van Engen)이 주편집자인 이 책의 두 번째 챕터에서 딘 S. 길릴랜드(Dean S. Gilliland, 1928-2013)⁵³가 아서 글라서의 서

기독교의 리더십과 정신적 성숙의 자원이 되었다."

48 찰스 밴 엥겐은 머리말에서 글라서에 대해 이런 소회를 남겼다. "… 나에게 선교학을 위한 하나님 나라 신학의 급진적인 창조적 의미를 소개한 사람은 글라서였다."

49 Paul Everett Pierson, "Citizen of the Kingdom," in *The Good News of the Kingdom: Mission Theology for the Third Millennium*, ed. Charles Edward Van Engen, Dean S. Gilliland and Paul Everett Pierson(Maryknoll, N.Y.: Orbis Books, 1993), 3-9. 폴 E. 피어슨(Paul E. Pierson)은 풀러신학교 세계선교대학원(School of World Mission)의 3대 원장을 역임했다(1980-1992). 그 전임(1971-1980)이었던 글라서는 그 이후에도 명예학장으로 풀러신학교에서 사역하다가 1999년에 공식적으로 퇴임을 하고 시애틀로 거처를 옮겼다. 폴 피어슨은 풀러신학교에서 2018년까지 교수로 재직했으니, 1980년 이후 약 20년 동안 아서 글라서를 가까이서 지켜본 증인이다. 참고. Papers of Paul E. Pierson (cdlib.org)

50 Dean S. Gilliland, "Bibliography of Arthur F. Glasser's Works," in *The Good News of the Kingdom: Mission Theology for the Third Millennium*, ed. Charles Edward Van Engen, Dean S. Gilliland and Paul Everett Pierson (Maryknoll, N.Y.: Orbis Books, 1993), 11-22. 딘 길릴랜드는 이 책의 1부 성경적인 기초(Biblical Foundations) 개요 설명에서, "아서 글라서에게 성경은 하나님 나라 문제에 대한 처음이자 마지막 참고 문헌이다"라고 표현했다.

51 Engen, Gilliland and Pierson, *The Good News of the Kingdom*, 11-22.
52 Engen, Gilliland and Pierson, *The Good News of the Kingdom*, 11-22.
53 딘 S. 길릴랜드(Dean S. Gilliland, 1928-2013)는 미국의 선교학자요 교수다. 나이지리아 부시 선교사였던 그는 하우사어를 구사하였다. 선교 현지의 타문화 연구와 상황화 신학, 아프리카 연구가 그의 전문 분야다. 그는 풀러신학교에서 20여 년 동안 아서 글라서의 동료였다.

지 정보를 정리해 두었다. 1946년부터 1993년까지 총 47년 동안에 생성된 총 237건이 연도별로 정리되어 있다. 제3장에서는 그 정보를 학술 종류별, 잡지별, 연도별, 주제별로 분류 분석한 결과를 표와 함께 제시하였다.

그중 1988년부터 본격적으로 저술한 이스라엘 관련 저널의 내용은 제6장에서 집중적으로 조명하여 논의할 것이다. 아서 글라서의 선교학적 해석학에 드러난 이스라엘 회복 관점이 그가 추구했던 하나님 나라 완성과 어떤 연관이 있는지를 고찰할 것이다.

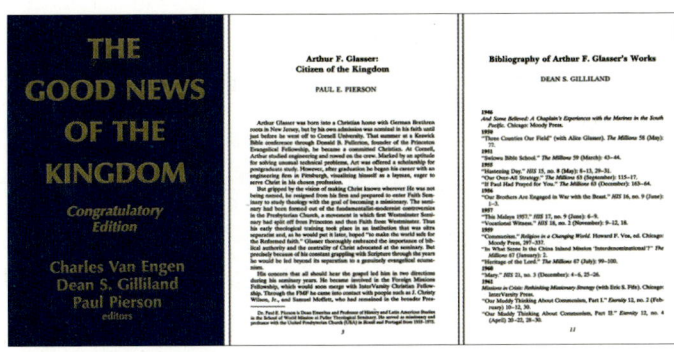

<그림 8> 주요 연구 문헌[54]

3. 아서 글라서의 선교학적 해석학

아서 글라서의 선교학적 해석학에 대한 선행 연구는 크게 도서 자료와 육성 강의 자료로 구분할 수 있다.

---

[54] 왼쪽부터 *The Good News of the Kingdom*(1993) 표지, 폴 피어슨이 정리한 글라서의 생애(p.3-9), 길릴랜드가 정리한 글라서의 서지 정보(p.11-22).

1) 도서 자료

아서 글라서의 선교학적 해석학에 관한 선행 연구는 먼저 해석학 연구를 기반으로 했다. 앤서니 티슬턴의 『성경해석학 개론』[55]과 『두 지평』,[56] 월터 카이저의 『성경해석학 개론』[57] 등은 해석학의 정의와 성경해석학의 개념을 정립하는 데 유익했다.

찰스 크래프트의 『기독교와 문화』,[58] 『기독교 커뮤니케이션론』[59] 등을 통하여서는 수신자 중심의 커뮤니케이션으로서의 선교적 성경해석학에 대한 개념을 정립할 수 있었다. 다니엘 쇼우와 찰스 밴 엥겐의 『기독교 복음 전달론』[60]을 통하여서는 선교적 성경 해석의 역사와 네 가지 지평 개념을 취할 수 있었다.

크리스토퍼 라이트(Christopher J. H. Wright)[61]의 『하나님의 선교』[62]는 선교적 해석학의 요소와 개념을 잘 정리하였다. 선교를 성경 전체의 중심축으로 삼고 성경을 해석학의 중요성을 고찰하는 데 도움이 되었다.[63]

---

[55] Anthony Charles Thiselton, 『(앤서니 티슬턴의) 성경해석학 개론』, 김동규 옮김 (서울: 새물결플러스, 2012).

[56] Anthony Charles Thiselton, 『두 지평』, 박규태 옮김 (서울: IVP, 2017).

[57] Walter Christian Kaiser Jr. and Moises Silva, 『성경해석학 개론』, 강창헌 옮김 (서울: 은성, 1996).

[58] Charles H. Kraft, 『기독교와 문화』, 임윤택, 김석환 옮김 (서울: CLC, 2006).

[59] Charles H. Kraft, 『기독교 커뮤니케이션론』, 박영호 옮김 (서울: CLC, 2007).

[60] Daniel Robert Shaw and Charles Edward Van Engen, 『(해석학적 삼각형으로 풀어 가는) 기독교 복음 전달론』, 이대헌 옮김 (서울: CLC, 2007).

[61] 크리스토퍼 라이트(Christopher John Howard Wright, 1947-)는 영국의 신학자이자 선교학자로, 주로 구약성경과 선교신학 분야에서 활동하며 광범위한 영향을 끼쳤다.

[62] Wright, 『하나님의 선교』.

[63] 크리스토퍼 라이트를 통해 선교적 성경 해석의 중요성을 이해하는 데 도움을 받을 수 있으나, 그의 해석학의 기조는 대체주의에 세워져 있음을 유의할 필요가 있다. 최우순은 그의 박사학위 논문에서 그 내용을 심층적으로 분석 비평하고 있다. Woo Soon Choe, "하나님의 선교에서의 이스라엘의 선교적 역할과 사명에 대한 크리스토퍼 라이트의 대체주의적 이해에 대한 비평적 고찰: 회복주의적 입장에서 Critical Analysis of Christopher J. H. Wright's Supersessionist Understanding of Israel's Missionary Role and Calling in God's Mission: From the Perspective of Restorationism" (Ph.D. Dissertation,

안드레아스 쾨스텐베르거(Andreas J. Köstenberger)와 리처드 패터슨(Richard D. Patterson)이 공저한 『성경해석학 개론』[64](*Invitation to Biblical Interpretation*)[65]은 선교적 성경해석학에서 역사의 중요성을 상기시켜 주었다. 구약성경에서부터 현재까지 이어지는 이스라엘의 역사 이해가 올바른 선교적 성경해석학에 얼마나 중요한지에 대한 통찰을 얻었다.

션 B. 레드포드(Shawn Barrett Redford, 1965-)[66]가 쓴 *Missiological Hermeneutics: Biblical Interpretation for the Global Church*[67](선교학적 해석학: 세계 교회를 위한 성경적 해석)도 참고하였다. 레드포드는 선교사들이 어떻게 그들의 경험을 통해 성경을 재해석하는 데 도전받았는지를 검토함으로써 적절한 해석학(Appropriate Hermeneutics)과 총체적 해석학(Holistic Hermeneutics) 개념을 제시하였다. 선교학적 해석학을 넓은 시야로 바라보는 데 도움이 되었다.

Presbyterian Theological Seminary in America, 2024).

[64] Andreas J. Köstenberger and Richard D. Patterson, 『성경해석학 개론』, 김장복 옮김 (서울: 부흥과개혁사, 2017).

[65] Andreas J. Köstenberger and Richard D. Patterson, *Invitation to Biblical Interpretation: Exploring the Hermeneutical Triad of History, Literature and Theology* (Grand Rapids, Mich.: Kregel Publications, 2021).

[66] 션 B. 레드포드(Shawn Barrett Redford, 1965-)는 신학과 선교학 분야 전문가로, 풀러 신학교와 Africa International University, Nairobi Evangelical Graduate School of Theology(AIU-NEGST)에서 교육을 받았다. 케냐의 CMF International에서 일하면서 AIU-NEGST에서 가르치고 있다.

[67] Shawn Barrett Redford, *Missiological Hermeneutics: Biblical Interpretation for the Global Church*, vol. 11, *American Society of Missiology Monograph Series* (Eugene, OR: Wipf and Stock Publishers, 2012). *Missiological Hermeneutics: Biblical Interpretation for the Global Church*, 2012.

마이클 W. 고힌(Michael W. Goheen, 1955-)[68]의 『선교적 성경해석학』[69](Reading the Bible Missionally)[70]은 선교를 주요 해석적 렌즈로 사용하여 성경을 선교적으로 읽는 방법에 대해 논의함으로써, 선교학적 해석학에 대한 대화를 확장하고 심화하는 데 도움을 주었다.

한국선교신학회에서 엮은 『선교적 교회론과 한국 교회』[71]의 논문들도 참고하였다. 선교학적 해석학 논의는 선교적 교회론의 뿌리에서 연결되기 때문이다. 이는 찰스 밴 엥겐의 『개혁하는 선교신학』[72] 등에서 강조하는 바, 선교신학의 재정립과도 연관된 활동이다. 『선교적 교회론』은 1990년대 초에 창설된 GOCN(Gospel and Our Culture Network: 복음과 이 시대의 문화 네트워크)의 신학적 성찰과 맥을 같이 한다. 북미 사회의 문화와 사회 분석을 통한 선교적 교회론 논의는 대럴 구더(Darrell L. Guder, 1939-)[73]의 책들을 참고하였다. 『선교적 교회』,[74] 『증인으로의 부르심』[75] 등이다.

---

[68] 마이클 고힌(Michael W. Goheen, 1955-)은 목회자, 신학자이자 저술가로, 캐나다 밴쿠버와 애리조나주 피닉스를 오가며 커버넌트신학교(CTS: Covenant Theological Seminary)의 확장 기관인 선교훈련센터(MTC: Missional Training Center)에서 신학 교육 프로그램의 디렉터로 있다. 서지네트워크(Surge Network)의 상주 학자이며, 여러 학교에서 세계관, 성경신학, 선교, 세계 기독교를 가르쳤다. 참고. Dr. Michael W. Goheen | Covenant Theological Seminary (covenantseminary.edu)

[69] Michael Wayne Goheen et al.,『선교적 성경해석학』, 백지윤 옮김 (서울: IVP, 2023).

[70] Michael Wayne Goheen, *Reading the Bible Missionally* (Grand Rapids, Mich.: Wm. B. Eerdmans Publishing, 2016).

[71] 한국선교신학회 et al.,『선교적 교회론과 한국 교회』, 한국선교신학회 (서울: 대한기독교서회, 2015).

[72] Charles Edward Van Engen,『개혁하는 선교신학』, 임윤택, 서경란 옮김 (서울: CLC, 2021).

[73] 대럴 구더(Darrell L. Guder)는 신학자요 선교학자다. 프린스턴 신학교에서 선교적, 역사적 신학 명예교수로 재직했으며, 주로 선교학 및 교회의 선교적 정체성에 대한 연구로 알려져 있다.

[74] Darrell L. Guder et al.,『선교적 교회』, 정승현 옮김 (인천: 주안대학원대학교출판부, 2013).

[75] Darrell L. Guder,『증인으로의 부르심』, 허성식 옮김 (서울: 새물결플러스, 2016).

정승현의 "선교적 교회론의 과거, 현재 그리고 미래 - GOCN의 연구를 중심으로"[76] 등 다수 선교적 교회론 관련 논문[77]도 참고하였다. 강아람의 연구[78] 등 『선교적 교회론과 한국 교회』에 등재된 연구 논문들은 선교 중심의 성경해석학의 새로운 경향을 이해하고 그것을 한국의 토양에 어떻게 적용할 것인지를 모색하는 데 도움이 되었다.

이러한 논의들은 한국 교회가 선교 중심으로 개인의 신앙과 교회의 사역을 접근해야 함을 일깨운 점에서 진일보한 연구였다. 그러나 아직 한국 신학계에서 이스라엘 회복 관점의 선교적 해석학에 접근하는 글들은 찾아보기 힘들었다. 이 영역에 대한 지속적인 학문 활동의 필요성을 느꼈다.

2) 육성 강의 자료

아서 글라서의 강의를 육성으로 들을 수 있는 MP3 파일들이 있다. 1972년에 애즈베리신학교(Asbury Theological Seminary)[79]에서 주최하는 라이언 강연(Ryan Lecture)[80]의 강사로 초대받아 강의한 세 편의 육성 강의 자료[81]가

---

[76] 정승현, "선교적 교회론의 과거, 현재 그리고 미래 GOCN의 연구를 중심으로," 『선교적 교회론과 한국 교회』, 한국선교신학회 (서울: 대한기독교서회, 2015).

[77] 정승현, "선교의 성경 연구 동향 분석: 1980년대 이후 영미권을 중심으로," 미션네트워크 1 (2012). 정승현, "하나님의 선교와 선교적 교회: 빌링겐 IMC를 중심으로,"「선교와 신학」 20 (2007).

[78] 강아람, "선교적 교회론과 선교적 해석학 - GOCN의 연구를 중심으로,"「선교신학」, no. 36 (2014).

[79] Asbury-Theological-Seminary, "Asbury Theological Seminary," accessed November 29, 2023, https://asburyseminary.edu/. Wilmore, KY의 애즈베리신학교(ATS, 1923-)는 최근 2023년뿐 아니라 그 이전에도 여러 번의 영적 각성과 부흥의 역사로 유명하다 (1905, 1908, 1950, 1958, 1970, 2006년 등).

[80] Ryan Lecture는 신학, 선교, 교회사, 성경 연구 등 다양한 주제에 대한 심층적인 강의와 토론을 제공하는 학술 행사다. 신학 분야의 전문가를 초청하여 심도 있는 강연을 제공함으로써 신학적 지식의 확장, 신앙의 심화 그리고 선교적 사명에 대한 이해 증진을 목적으로 한다.

[81] Arthur Federick Glasser. "There Is an Evangelistic Mandate", *Ryan lectures*, on DQB-LLC for Asbury Theological Seminary, Wilmore, KY, 1972, Accessed February 26, 2024,

남아 있다.

대표적으로는 풀러신학교 세계선교학교에서 강의한 선교신학 시리즈 12개의 파일이 있다. 각 파일의 길이는 다음과 같다. Glasser Lecture 2(1:23:41), GL 3(1:18:01), GL 5(1:23:02), GL 7(1:29:16), GL 8(1:24:24), GL 9a(52:04), GL 9b(30:36), GL 10(1:28:53), GL 11(1:28:32), GL 12(1:28:35), GL 13(1:08:18), Kingdom of God(01:44). 그중 9a,[82] 10,[83] Kingdom of God[84]은 유튜브에 업로드했다.

선교신학 강의들이다. 그의 강의는 성경적 기초 위에서 선교신학을 정립하는 주제를 다루고 있기 때문에 본질적으로 선교학적 해석학의 특징을 노정하고 있다. 이 육성 강의 파일을 참고하면, 거의 모든 강의에 그가 당시에 직접 경험하고 만난 유대인들과의 관계에 대한 이야기가 등장한다.

선교신학의 근간이 성경이기 때문에, 성경의 스토리를 나누면서 이스라엘이나 유대인에 대한 언급이 나오는 것은 당연하다. 하지만, 글라서의 성경 이야기에 나오는 유대인이나 이스라엘은 과거에서 그치는 것이 아니라 오늘날까지 이어지는 이야기들이다. 가령, 신학교 다닐 때 주말마다 맨해튼에서 유대인을 전도한 이야기(2), 주말에 유대인 작가가 쓴 "나는 왜 유대인인가"라는 논문을 받은 사연(3), 유대인들은 왜 살아남아야 하는지에 대한 질문(5), 유대인 랍비 집안이었던 마르크스의 배경(7), 예수를 위한 유대인(Jews for Jesus) 선교팀의 활동(8), 어제 유대인 랍비와 두 시간 동안 대

---

https://place.asburyseminary.edu/ecommonslectureships/634/.

[82] Arthur Frederick Glasser. "Lecture 9a", *Theology of Mission* on Fuller Theological Seminary, School of World Mission, Pasadena, CA, 1989, Posted January 29, 2024, Accessed January 29, 2024, https://youtu.be/JlaWgY0EUM4.

[83] Arthur Frederick Glasser. "Lecture 10", *Theology of Mission* on Fuller Theological Seminary, School of World Mission, Pasadena, CA, 1989, Posted January 29, 2024, Accessed January 29, 2024, https://www.youtube.com/watch?v=ZmUs7fYoTag.

[84] Arthur Frederick Glasser. "Kingdom of God", *Lecture MT520*, on Fuller Theological Seminary, School of World Mission, Pasadena, CA, 1987, Posted January 29, 2024, Accessed January 29, 2024, https://www.youtube.com/watch?v=o7LmJHFhUnk.

화하며 새 언약에 대해 나눴던 내용들(9), 유대인 신학교에서 공부하면서 알게 된 유대인들의 특징(10), 6일 전쟁 직후의 인터뷰, 600만 명을 가스실에 집어넣을 때 신은 어디 있었냐는 질문들(13) 등이 언급된다.

그에게 이스라엘은 성경 속에 기록된 과거의 역사일 뿐 아니라, 오늘날에도 여전히 이 땅에 살아 있는 사연들이다. 그는 현존하는 이 땅의 이스라엘을 통하여 성경에 기록된 이스라엘의 운명을 성취하실 하나님의 섭리를 믿었다. 그가 전하는 성경 해석에는 시대의 공기를 반영하는 생기가 있다.

4. 아서 글라서의 이스라엘 회복 관점

아서 글라서의 이스라엘 회복 관점에 대한 선행 연구는 크게 도서 자료와 콘퍼런스 자료, 인터뷰 자료로 구분하여 살펴보자.

1) 도서 자료

이스라엘 회복 관점에 대한 연구에서 월터 카이저의 저술들은 큰 도움이 되었다. 월터 카이저의 『구약성경신학』,[85] 『구약성경과 선교』[86] 등을 통해 구약성경이 신약까지 이어지는 선교적 해석학의 뿌리가 됨을 확인했다. 찰스 밴 엥겐의 『개혁하는 선교신학』[87]을 통하여서는 선교적 해석학을 이스라엘 회복 관점으로 신학화할 때 유용한 네 가지 도메인을 도입했다.

---

[85] Walter Christian Kaiser Jr., 『구약성경신학』, 최종진 옮김 (서울: 생명의말씀사, 1978).
[86] Walter Christian Kaiser Jr., 『구약성경과 선교』, 임윤택 옮김 (서울: CLC, 2013).
[87] Engen, 『개혁하는 선교신학』, 2021.

아서 글라서가 존중하던 <메시아닉 유대인> 야콥 욕즈[88]의 글들[89]을 통해 이스라엘 회복 관점의 성경해석학의 당위성과 방향성을 확인했다. 마이클 J. 블라흐의 논문[90]과 강의[91]는 여러 가지 설이 난무한 대체신학과 회복신학의 개념을 정리하는 데 도움이 되었다.

대럴 L. 복의 글[92]과 크레이그 A. 블레이징의 글[93]과 강의[94]를 통해서는 성경적인 해석을 위한 해석학적 시스템을 확인하였다. 그것을 통해 대체주의적 성경 해석을 평가하는 도구를 취하고, 그것에 비춰 이스라엘 회복 관점의 해석학이 갖추어야 하는 해석학적 기준을 이해하였다.

한국 학자 중에서 이스라엘 회복 관점으로 성경을 해석하려는 신학적 움직임이 증가하는 추세다. 이스라엘에 대한 올바른 이해를 돕는 여러 단체의 콘퍼런스 자료집과 영상물들, 또 여러 사역자의 글들을 참고했다. 특히, 김인식의 논문과 책을 통해 이스라엘 회복 관점을 견지할 때 올바른 성경관과 종말론을 가질 수 있음을 확인했다. 김정환의 책은 여러 가지 오류를 가진 대체신학의 한계를 이해하고 회복신학으로 나아가야 하는 이유를 인식하게 했다. 김충렬의 책들은 이스라엘 회복 신학을 체계적으로 확립할 필요성을 느끼게 했다.

---

[88] Arthur Frederick Glasser, "The Legacy of Jacób Jocz," *International Bulletin of Mission Research* 17, no. 2 (1993).

[89] Jakób Jocz, *A Theology of Election: Israel and the Church*, Digital Edition(2019) (London: SPCK, 1958).

[90] Vlach, "The Church as a Replacement of Israel: An Analysis of Supersessionism."

[91] Vlach, "이스라엘의 회복과 대체신학 논쟁"(The Restoration of Israel and the Arguments of Replacement Theology).

[92] Darrell Lane Bock, "해석학," 『점진적 세대주의: 하나님 나라와 언약』, Craig Alan Blaising and Darrell Lane Bock (서울: CLC, 2005).

[93] Craig Alan Blaising, "이스라엘과 성경해석학," 『이스라엘 민족, 영토 그리고 미래』, Darrell Lane Bock and Mitchell Leslie Glaser (서울: EASTWIND, 2014).

[94] Craig Alan Blaising. "해석학으로 본 성경 속의 이스라엘", directed by Brad TV, *The People, The Land and The Future of Israel Conference*, on Brad TV, October 4-6, 2013, Seoul, 2014, Accessed February 24, 2024, https://www.youtube.com/watch?v=RQto0PeOCx-E&t=328s.

무엇보다 아서 글라서 자신이 1988년 이후에 기록한 이스라엘 관련 저널들[95]은 그의 선교학적 해석학에 스며 있는 이스라엘 회복 관점을 확인하는 중요한 자료가 되었다.

2) 콘퍼런스 자료

아서 글라서는 1951년부터 세계적인 선교대회에 여러 번 참석했다. 그 중에서 1974년 스위스 로잔에서 열린 세계복음화국제회의에 참석한 것은 의미가 크다. 그때 풀러신학교 선교학 교수들도 대거 참석했다.[96]

다양한 선교 전략이 제시되던 국제선교대회에서 아서 글라서는 그 모든 선교 전략이 성취되기 위해서 유대인들에게도 복음을 전해야 한다는 확신을 가지고, 그 신학적인 합의가 선언문에 명시되기를 기대했다.

> 하나님은 유대 민족을 끝내지 않으셨다. 유대인들은 원래 위임을 받았다. … 이스라엘과 이스라엘에 대한 하나님의 목적, 유대 민족에 대해 생각하지 않고 기독교 선교의 신학을 말할 수 없다.[97]

---

[95] Arthur Frederick Glasser, "The Jewish People," *Missionary Monthly* The Jewish People: Issues and Questions, Part I (April-May 1989) 등 약 30편의 저널이 있다. 3장과 6장에서 다룬다.

[96] Margunn Serigstad Dahle, Lars Dahle and Knud Jorgensen, *The Lausanne Movement: A Range of Perspectives*, vol. 22, *Regnum Edinburgh Centenary Series* (Oxford: Regnum Books International, 2014), 93. Tite Tiénou, "Gospel and Cultures in the Lausanne Movement," in *The Lausanne Movement: A Range of Perspectives*, ed. Margunn Serigstad Dahle, Lars Dahle and Knud Jorgensen, *Regnum Edinburgh Centenary Series* (Oxford: Regnum Books International, 2014), 158. 아서 글라서, 도널드 맥가브란(Donald McGavran), 랄프 윈터(Ralph Winter), 피터 와그너(Peter Wagner) 등이 동참했다.

[97] Glasser, interview. "You cannot talk about the theology of the Christian mission without thinking about Israel, God's purpose for Israel and about the Jewish people." Tape 8, 12-14.

아쉽게도 제1차 로잔대회의 선언문에 유대인 관련 내용은 포함되지 못했다. 그러나 한번 열린 포문은 쉬 닫히지 않았다. 1980년 태국 파타야에서 열린 로잔운동의 전략 회의에서 '로잔유대인전도협의회'(LCJE: Lausanne Consultation on Jewish Evangelism)가 결성될 때 글라서는 창립 멤버였다.[98]

1989년 4월에는 기독교 복음과 유대인에 대한 월로우뱅크선언문[99]을 발표하였다. 이것은 몇 달 후인 1989년 7월에 필리핀 마닐라에서 열린 두 번째 로잔대회의 마닐라선언문[100]에 반영되었다. 이로써 첫 번째 로잔선언문에서 유대인 영혼 구원에 대해 부족했던 부분을 보완하고 완성했다. 그 모든 노력의 한가운데 아서 글라서가 있었다. 그는 제2차 세계 대전에서 홀로코스트를 겪어내고 1948년에 독립하고 1967년에 예루살렘을 수복한 역사적인 이스라엘이 성경에 나오는 그 이스라엘임을 믿었다.

이스라엘에 대한 하나님의 목적이 성취되어야 한다는 이스라엘 회복 관점이 그로 하여금 유대 민족의 구원을 위한 선교신학화 정립에 헌신하게 했다.

콘퍼런스 자료들은 글라서의 그런 입장을 잘 대변해 주었다.

---

98 Susan Perlman, "Jewish Evangelism," in *The Lausanne Movement: A Range of Perspectives*, ed. Margunn Serigstad Dahle, Lars Dahle and Knud Jorgensen, *Regnum Edinburgh Centenary Series* (Oxford: Regnum Books International, 2014), 182. 참고. Statements and Affirmations (lcje.net)

99 World-Evangelical-Fellowship, "The Willowbank Declaration on the Christian Gospel and the Jewish People: World Evangelical Fellowship," *International Bulletin of Missionary Research* 13, no. 4 (1989).

100 Lausanne-Movement, "The Manila Manifesto," *Making Christ Known: Historic Mission Documents from the Lausanne Movement, 1974-1989* (1989), https://lausanne.org/ko/content-ko/manifesto-ko/manila-manifesto-ko.

3) 인터뷰 자료

필자는 아서 글라서와 관련된 두 명의 인물을 인터뷰했다.

첫째, 미치 글레이저(Mitchell L. Glaser)다.[101] 미치 글레이저는 선민선교회(Chosen People Ministries)[102] 대표로 사역하는 <메시아닉 유대인>이다. 그가 풀러신학교에서 박사학위 논문을 작성할 때, 멘토가 아서 글라서였다. 미치 글레이저는 아서 글라서를 자신의 두 번째 아버지라 칭했다.
둘째, 데이비드 세다카(David Sedaca)다.[103] 3대째 <메시아닉 유대인>으로, 그의 부친인 빅터 세다카(Victor Sedaca, 1918-1979)[104]는 <메시아닉 유대인> 운동의 선구자로 알려진 인물이다. 데이비드 세다카는 자신도 아서 글라서를 잘 알지만, 그의 아버지가 아서 글라서를 잘 아는 친구였다고 증언했다.

두 사람과의 인터뷰를 통해, 아서 글라서가 미처 글로 남기지 못한 그의 선교신학의 실체를 더 자세히 알 수 있었다. 아서 글라서가 지향한 이스라엘 회복 관점의 하나님 나라 완성의 개념을 보다 선명하게 볼 수 있었다.

101　Mitchell Leslie Glaser, "Interview with Dr. Mitch Glaser About Dr. Arthur F. Glasser," interview by Mijung Han, November 29, 2022, Antioch Church of Philadelphia, 1 Antioch Ave, Conshohocken, PA 19428.
102　Chosen People Ministries는 뉴욕에 본부를 둔 복음주의 기독교 비영리 단체로, 유대인들에게 전도하는 활동을 하고 있다. 전 세계 18개국에서 활동하며, 전도와 제자 훈련, 메시아닉 센터와 교회 설립, 지역 교회에게 유대인 전도를 위한 준비, 디지털 전도를 통한 이사야 53 캠페인과 I Found Shalom 비디오 제작, 자선 활동 등 다양한 프로그램을 운영하고 있다. C.P.M., "Chosen People Ministries," accessed January 21, 2024, https://www.chosenpeople.com/.
103　David Sedaca, "Interview with Dr. David Sedaca About Dr. Arthur F. Glasser," interview by Mijung Han, January 24, 2023, Cracker Barrel Old Country Store, 757 Lynnhaven Pkwy, Virginia Beach, VA 23452.
104　빅터 세다카(Victor Sedaca, 1918-1979)는 <메시아닉 유대인> 운동의 선구자로 알려져 있다. 수년 동안 Chosen People Ministries(당시 American Board of Missions to the Jews) 선교사로 일했다.

5. 요약

본 장에서는 본서를 작성하기 위해서 살펴본 선행 연구 내용을 기술하였다.

첫째, 아서 글라서의 생애와 사역 정보를 알 수 있는 기존 문헌 자료를 개괄했다. 휘튼칼리지 도서관에 소장된 육성 인터뷰 자료를 통해 그의 생애 전반에 대한 글라서 자신의 소회를 고찰했다. 풀러신학교 아카이브를 통해 그가 사역하면서 생성한 역사적인 자료들을 수집했다.

둘째, 아서 글라서의 저술에 관한 선행 연구를 개괄했다. 글라서가 기록한 책과 저널들을 살피며 그의 선교학적 해석학의 특징을 파악했다.

셋째, 선교학적 해석학에 관한 선행 연구를 정리했다. 해석학에 대한 이해를 돕는 자료를 정리하고, 선교학적 해석학의 특징을 파악하는 데 유익한 자료를 기술했다. 육성 강의 자료를 통해 복음에 대한 글라서의 확신과 성경을 기반으로 하는 하나님의 선교를 선포하는 열정을 확인했다.

넷째, 글라서의 선교학적 해석학을 구성하는 이스라엘 회복 관점과 하나님 나라 완성의 관계를 뒷받침할 수 있는 선행 연구를 개괄했다. 도서 자료와 콘퍼런스 자료 그리고 인터뷰 자료를 기술했다.

다음 장에서는 아서 글라서의 생애와 사역을 살펴봄으로써 그에게 형성된 선교적 성경해석학의 배경과 내용을 고찰할 것이다.

제3장

아서 글라서의 생애와 사역

본 장은 아서 글라서의 생애와 사역을 개관한다. 먼저 생애 개요를 살피고, 아서 글라서의 생애를 하나님 나라와 이스라엘 회복 관점을 기준으로 구분하여, 주권적 토대 단계, 인성 개발 단계, 삶과 사역의 성숙 단계, 수렴 단계, 잔광과 축제 단계 등 5단계로 나눠 기술한다.

1. 생애 개요

『성경에 나타난 하나님의 선교』(Announcing the Kingdom)의 저자 아서 글라서(Arthur Frederick Glasser, 1914.9.10-2009.12.8)[1]는 미국 뉴저지(New Jersey)의 독일형제회 신앙 가정에서 태어났다. 코넬대학교(Cornell University)[2]에서 공학을 전공하고, 보수신학의 보루인 페이스신학대학원(Faith Theological Seminary)[3]

---

[1] The-Seattle-Times, "Arthur Glasser Obituary," The Seattle Times (Seattle, WA), December 13, 2009, accessed February 23, 2023, https://tinyurl.com/yc5wx2pu.

[2] 1865년에 설립된 코넬대학교(Cornell University)는 미국 뉴욕주 아이사카에 위치한 아이비리그 사립 연구 대학교다. 아서 글라서는 대학생이 된 이후에 거듭난 그리스도인이 되었기 때문에 대학교 시절은 그의 믿음이 단련되는 기간이었다. 글라서는 이곳에서 공학을 전공하고, 졸업 후 전공 관련 직장생활을 성공적으로 수행하였다. https://www.cornell.edu/.

[3] Faith-Theological-Seminary, "Faith Theological Seminary," accessed November 29, 2023, https://www.ftscatonsville.org/. 페이스신학대학원은 1937년에 설립된 복음주의 신학

에서 근본주의적 신학 수업을 받았다. 신학교를 졸업하던 해에 앨리스 올리버 글라서(Alice Oliver Glasser, 1918-2006.9.16)[4]와 결혼하고(1942.9.13), 미 해군 군목으로 임관된 후, 제2차 세계 대전 중 태평양 전투에 참여하였다. 군목으로서 복음 전도자, 선교사, 목회자의 역할을 하며, 많은 해병대원을 주께로 인도하였다.[5] 그것을 계기로 1946년에는 중국내지선교회(China Inland Mission)[6] 선교사로 상하이(上海)에서 사역을 시작하였다.

중국 공산화 이후, 1951년 선교사 추방 명령에 따라 미국으로 돌아와, 컬럼비아성경대학(Columbia Bible College)[7]에서 구약학 교수를 지냈다. 중국내지선교회(CIM)가 OMF(Overseas Missionary Fellowship)로 바뀌는 과정에 리더로 참여한 이후,[8] 미국 대표(National Director)로 15년 동안 사역하였다.[9]

교로, 성경적인 학문, 교회 중심의 교육, 세계적인 선교 관점을 강조하고 있다. 학생들이 필요한 기술을 습득하고 탄탄한 기독교 고등 교육을 받음으로써 그리스도를 온 세계에 전파하는 제자로 준비될 수 있도록 돕는다.

4 The-Seattle-Times, "Alice Glasser Obituary," *The Seattle Times* (Seattle, WA), September 19, 2006, accessed November 30, 2023, https://tinyurl.com/yrw4zr3r.
5 Glasse, *And Some Believed: A Chaplain's Experiences with the Marines in the South Pacific*. *And Some Believed*는 미 해군 군목으로서 부활의 확신과 복음의 열정과 영혼에 대한 사랑으로 참혹한 전쟁 상황을 극복해 내는 경험을 담은 책이다.
6 중국내지선교회(CIM)는 1865년에 설립된 영국의 선교 단체다. 중국 내륙에서 기독교를 전파하고, 병원, 교육, 출판 등 다양한 분야에서 사역을 전개하여, 1910년대에는 중국 내에서 가장 큰 선교 단체가 되었다. 1951년 중국 공산당이 선교 활동을 금지하면서 중국내지선교회는 중국 내에서의 활동을 중단하고, 홍콩과 대만 등 인근 지역으로 이전했다. 참고. China Inland Mission | OMF (U.S.).
7 컬럼비아성경대학(Columbia Bible College)은 당시 미국 노스캐롤라이나주에 위치하고 있었으나 후에 컬럼비아인터내셔널대학교(Columbia International University)로 개명하여 지금에 이르고 있다. 중국이 공산화되면서 선교지에서 추방당한 아서 글라서가 이 학교에서 성경을 가르칠 수 있는 기회를 얻은 것은 그에게 큰 위로가 되었다. https://www.ciu.edu
8 OMF-International, "Omf," accessed November 29, 2023, https://omf.org/. 아서 글라서가 선교사로 소속된 단체가 중국내지선교회(CIM: China Inland Mission)였는데, 이 단체는 후에 OMF로 전환되었다. 글라서는 CIM의 선교사였고, 후에 OMF의 대표로 사역했다.
9 Glasser, interview. OMF 관련 사연과 활동은 Tape 6과 Tape 7에 담겨 있다.

이후 웨스트민스터신학대학원(Westminster Theological Seminary)[10]에서 선교학을 가르쳤다. 1970년 풀러신학교(Fuller Theological Seminary, 1947-)[11]의 데이비드 A. 허바드(David Allan Hubbard, 1963-1993)[12] 총장의 초청으로 풀러세계선교학교의 선교신학 교수가 되고,[13] 맥가브란(Donald A. McGavran, 1897-1990)에 이어 2대 선교대학원장이 되었다. 또 그는 1976년부터 1982년까지 선교학회지인 *Missiology*를 편집했다.[14]

아서 글라서의 생애를 정리한 자료들마다 빠지지 않고 "유대인 전도에 많은 노력을 기울였다"는 경력을 기록한다. 다만 구체적인 연도를 밝히지는 않는데, 그의 생애 전반에 걸쳐 발견되는 일이기 때문이다.[15]

이런 여정을 통해 그는 "구약학자, 선교사, 선교행정가, 목회자 그리고 선교신학 교수 등으로 다양한 신학적 성찰"을 하며 '하나님 나라' 패러다

10　Westminster-Theological-Seminary, "Westminster Theological Seminary," accessed November 28, 2023, https://www.wts.edu/. 1929에 설립된 복음주의 신학교다.

11　Fuller Theological Seminary, "Fuller Theological Seminary," accessed November 29, 2023, https://www.fuller.edu/. 풀러신학교는 미국 캘리포니아주 패서디나에 위치한 복음주의 신학교다.

12　데이비드 A. 허바드(David Allan Hubbard, 1963-1993)는 풀러신학교의 3대 총장으로 30년간 총장직을 수행했다. 풀러신학교의 졸업생(B.D., Th.M.)이기도 한 그는 연구와 강의 및 각종 사역을 통해 많은 공헌을 한 탁월한 지도자로 인정받는다. 그의 리더십 아래서 현재의 교과 과목들이 체계화되었고, 세계적인 수준의 목회학박사 과정(D.Min.)과 깊이 있는 학문 연구 프로그램인 신학박사(Ph.D.) 과정이 시작되었다. 이 시기에 심리학대학원과 선교대학원도 설립되었다. 초대 원장은 맥가브란(Donald A. McGavran)이었고 2대 원장이 아서 글라서였다.

13　Gary Lynn McIntosh, *Donald A. Mcgavran: A Biography of the Twentieth Century's Premire Missiologist* (Church Leader Insights U.S.A., 2015), 201-02. 아서 글라서가 풀러신학교로 오게 된 경위가 나타나 있다. 맥가브란은 "지난 세 번의 교회성장세미나에서 아서 글라서의 공헌은 엄청났습니다. 저는 그가 교수진 중 한 명이 되어 달라는 요청을 수락해 주기를 기도해 왔습니다. 이보다 더 유능하고 현재 선교 사역에 대해 더 잘 아는 사람은 없을 것입니다"라고 평가했다. 허바드 총장도 "아서 글라서가 우리 교수진에 합류함으로써 우리는 흔치 않은 능력과 검증된 헌신을 가진 선교학자이자 대변인을 얻게 되었다"라며 기뻐했다.

14　Glasser, 『성경에 나타난 하나님의 선교』, 15-16.

15　Pierson, in *The Good News of the Kingdom: Mission Theology for the Third Millennium*, 8. Glasser, interview. Fuller-Seminary-Archives, 5.

임을 정립하고, 이를 선교신학으로 발전시켰다.¹⁶

특히, 그의 출생과 신학 형성 과정에서 유대인을 향한 복음 전파의 열정이 피어났으며, 그의 사역과 학문 여정에서 그 열정이 체계적으로 정립되었다. 그래서 아서 글라서의 생애는 하나님 나라 선교신학을 확립하되, 성경에 나타난 하나님의 나라에서 중요한 위치를 차지하는 이스라엘 회복 관점을 확립해 가는 과정으로 정리할 수 있다.

본 장에서는 그 과정을 크게 5시기로 구분한다. 로버트 클린턴(J. Robert Clinton)¹⁷이 제시한 지도력 개발 과정 6단계¹⁸를 참고하여 5단계로 조정한 것이다.¹⁹ 제1기 주권적 토대 단계, 제2기 인성 개발 단계, 제3기 삶과 사역의 성숙 단계, 제4기 수렴 단계, 제5기 잔광과 축제 단계 등이다.

글라서의 인생 여정에서 하나님 나라와 이스라엘 회복 관점이 태동하고 형성되며, 성장하고 확장된 후 축제로 마무리되는 과정을 생애 연대기를 따라 차례대로 살펴볼 것이다.

16　Glasser, 『성경에 나타난 하나님의 선교』, 6.
17　로버트 클린턴(J. Robert Clinton)은 역사적으로 믿음의 유산을 남긴 영적 지도자들의 일생을 연구하고 교훈들을 추려냈다. 그 자료들을 시간선(Time-Line)이라는 도구를 사용하여 정리함으로써 하나님께서 지도자를 개발시키는 데 사용하신 방법들을 제시했다. 원리를 체계화하여 그 교훈들을 생활에 적용할 수 있게 했다. 리더십 개발 이론(Leadership Emergence Theory)은 클린턴의 리더십 연구의 중심적인 기반이 되었다. Kwang Kil Lee, "지도력 평생 개발론"(Life-Long Development), 세미나 논문, 2017, accessed November 29, 2023, http://tinyurl.com/4r95yuxm.
18　J. Robert Clinton, *The Making of a Leader: Recognizing the Lessons and Stages of Leadership Development* (Tyndale House Publishers, Inc., 2018). 클린턴은 평생 리더십이 개발되는 과정을 6단계로 구분했다. 1 단계: 정지 단계-주권적 토대(Sovereign Foundations), 2 단계: 인성 개발 단계: 내적 성장 단계(Inner-Life Growth), 3단계: 사역 성장(Ministry Maturing), 4 단계: 삶의 성숙(Life Maturing), 5단계: 수렴 과정(Convergence), 6 단계: 잔광(Afterglow) 또는 축제(Celebration)의 단계 등이다.
19　본 연구자는 클린턴의 이 구분에서 셋째(사역 성장)와 넷째(삶의 성숙) 단계를 "삶·사역 성숙 단계"로 통합함으로써, 총 5단계로 축약하여 정리하였다.

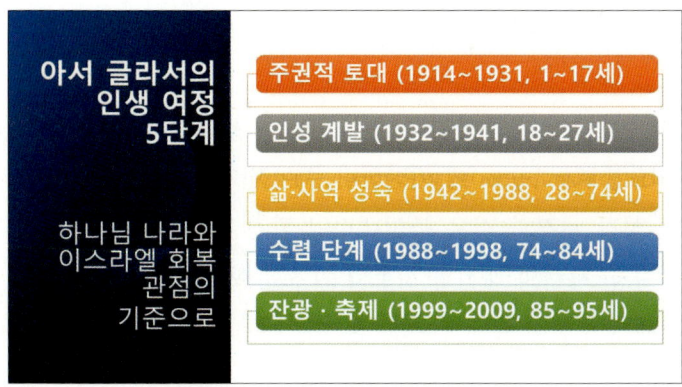

<그림 9> 아서 글라서의 인생 여정 5단계[20]

다음에 상술하는 생애 정보는 휘튼칼리지 도서관 빌리그래함센터에 보관되어 있는 글라서의 정보(Collection 421)를 주요 참고 자료로 한다.[21] 그리고 폴 E. 피어슨(Paul E. Pierson)이 *The Good News of the Kingdom: Mission Theology for the Third Millennium*에서 "Citizen of the Kingdom"(왕국의 시민)이라는 제목 하에 아서 글라서의 생애를 기리며 쓴 글[22]을 참고한다.

글라서 자신이 쓴 "나의 선교 순례"(*My Pilgrimage in Mission*)[23]도 중요한 참고 자료다. 그 자료들을 바탕으로 그의 신앙 여정과 신학 형성 과정을 좀 더 면밀히 살펴보자.

---

20 아서 글라서의 생애와 사상(1914~2009, 95년 생애)을 5단계 여정으로 구분하여 고찰한다.
21 Glasser, interview. Tape 1-8.
22 Engen, Gilliland and Pierson, *The Good News of the Kingdom*, 3-9.
23 Arthur Frederick Glasser, "My Pilgrimage in Mission," *International Bulletin of Missionary Research* 14, no. 3, July (1990): 113.

2. 하나님 나라 신학 형성을 위한 주권적 토대(1914-1931)

로버트 클린턴이 구분하는 리더십 형성의 1 단계, "정지 단계-주권적 토대"(Sovereign Foundations)에 해당한다.[24] 이 단계는 출생과 함께 시작된다. 출생이나 성장 배경과 같은 불선택적인 환경 등을 하나님이 주권적으로 섭리하시며 한 사람의 개성과 성품의 기초를 형성하는 단계다.

글라서에게 주권적 토대 단계는 출생한 때부터 대학에 들어가서 예수를 만나기 전까지의 시기다(0-17세). 하나님께서 아서 글라서라는 한 명의 그리스도인을 귀한 영적 지도자로 쓰기 위해서 기초적인 요소들을 주권적으로 마련해 놓으신 시기다. 그것은 그의 의도나 선택과는 무관하게 주어진 출생과 성장 배경과 연관된다.

아서 글라서는 1914년 9월 10일 미국 뉴저지주 패터슨(Paterson)에서 출생했다. 글라서가 제1차 세계 대전이 발발하던 해인 1914년에 태어난 것을 유념할 필요가 있다. 그는 태어나면서부터 전쟁의 기운이 감도는 세계를 경험했다. 제1차 세계 대전(1914-1918) 때는 유아기였지만, 그로부터 25년 후에 발발한 제2차 세계 대전(1939-1945) 때는 성인이었고, 심지어 그는 미 해군 군목으로 태평양 전쟁에 참전했다. 그 전쟁 가운데서 그는 하나님 나라에 대한 진지한 질문을 품는다.

부모와 관련된 정보도 주목해야 한다. 아버지는 스위스계 미국인이고, 어머니는 독일계 미국인이다. 그의 생애 관련 인터뷰를 참고해 보면,[25] 그

---

24 J. Robert Clinton, 『영적 지도자 만들기』, 이순정 옮김 (서울: 베다니, 2008). 로버트 클린턴은 하나님이 당신의 자녀들을 영적 지도자로 만드시어 사용하기 원하시는데, 그 지도력 개발 과정은 지도자의 전 생애를 통해 인격을 다듬어 가시는 섭리적 과정으로 본다. 그 첫 단계가 "정지 단계-주권적 토대"(Sovereign Foundations) 단계다. 정지 단계란 아직 어떤 건물이 세워져야 할 것인가에 초점이 맞춰지지 않았지만 건물을 지을 터를 마련하는 과정을 뜻한다. 아서 글라서가 모계로 독일 혈통을 입고, 제1, 2차 세계 대전을 모두 경험할 수 있는 시대에 태어나 자란 것은 "하나님의 주권적인 섭리"로만 설명할 수 있다.

25 Glasser, interview. Tape 1.

는 아버지와의 관계보다 어머니와의 관계에서 더 많은 긍정적인 영향력을 받았다. 그런데 모계 가족의 일부가 독일에 남아 있는 상태에서 제1, 2차 세계 대전을 치렀다. 그래서 글라서는 미국에 살고 있으면서도 유럽에서 일어난 전쟁의 의미를 더 깊이 느낄 수 있었다. 세계 대전이 가족의 상황이나 입장과 무관하지 않은, 특별한 경험을 소유한 것이다. 제2차 세계 대전이 시작되기 전인 1930년대부터 독일에서 사람들이 와서 가족들 사이에 말다툼이 일었다고 고백한다. 아서의 입장은 다음을 통해 알 수 있다.

> 그(히틀러)가 경제를 살리고 새 희망을 불어넣었다 한들 무슨 소용이 있습니까? … 이 사람은 유대인들을 없애려 하고 있습니다![26]

특히, 그는 제2차 세계 대전이 진행되는 동안 가족이 소속된 독일 교회가 나치의 만행에 침묵, 방관, 동조했다는 역사적인 사실을 많이 부끄러워했다. 그것은 그로 하여금 하나님과 성경을 믿는다는 것의 의미와 하나님 나라가 무엇인지에 관한 고민을 증폭시켰고, 그리스도인으로서 유대인에 빚진 감정을 갖게 했다.

> 제 가족이 독일 사람이라 독일에서 교회가 침묵해 왔다는 걸 알아요. 저는 플리머스 형제회[27]와 독일 타비타 단체, 그리고 제 가족을 잘 압니다. … 독일에서는 그들이 침묵했어요. 그리고 그들은 … 그들은 … 유대인들을

---

26 Glasser, interview. Tape 8, 15. 글라서는 그 당시 "히틀러는 … 히틀러는 우리 몸을 오븐에 넣습니다"라고 말할 정도로 문제의식을 느끼고 있었다.
27 플리머스형제회(Plymouth Brethren)는 독일형제회라고도 알려져 있다. 1820년대 아일랜드 더블린에서 기독교 근본주의 성격의 복음주의운동으로 태어난 개신교 교파다. 이들은 성경을 중심으로 한 신앙생활을 추구하며, 개인의 책임과 공동체의 중요성을 강조한다. 성경을 중시하는 교단에 속한 가족들이 나치의 만행에 침묵으로 동조했다는 사실이 글라서에게는 충격이었다. 그에게는 성경 해석에 대한 문제의식까지 불러일으킬 만한 충격이었을 것이다.

… 멸망하도록 내버려 두었어요. 그리고 … 교회는 … 우리는 수치스럽습니다. 저는 부끄러워요.[28]

20대의 글라서가 유대인에 대해 이런 감정을 느낀 것은 그의 출생 및 성장 과정과 무관하지 않다. 하나님이 그의 생애에 마련해 주신 주권적 토대로 인해 그는 남다른 경험과 감정을 갖게 되었다. 이런 과정은 하나님 나라와 이스라엘 회복 관점이 태동하는 토대가 되었다.

3. 하나님 나라 신학 실천을 위한 인성 개발(1932-1941)[29]

로버트 클린턴이 구분하는 리더십 형성의 2단계는 인성 개발(Inner Life Growth) 단계다. 하나님께서 지도자를 본격적으로 훈련하시는 첫걸음이라 할 수 있다. 하나님께서 성장하는 지도자를 시험하는 방편들로 진실성 검증, 순종 검증, 말씀 검증 등을 거치며 훈련받는 단계다.[30]

글라서에게 이 단계는 그가 대학에서 18세에 예수를 인격적으로 만나는 때부터 28세에 페이스신학대학원을 졸업할 때까지의 시기다.

글라서는 뉴저지에서 독일 형제단에 뿌리를 둔 기독교 가정에서 태어났지만, 코넬대학교로 가기 직전까지 자신의 신앙은 명목적인 것에 불과했다고 고백했다. 그해 여름 '프린스턴복음주의펠로우십'(PEF: Princeton Evangelical Fellowship)의 설립자인 도널드 B. 풀러턴(Donald B. Fullerton)[31]을 통한

---

28 Glasser, interview. Tape 8, 30. "I say we're ashamed. I'm ashamed." 구술 인터뷰에서 실제로 말과 말 사이에 간격이 있는 것을 그대로 살려 표기했다.
29 Engen, Gilliland and Pierson, *The Good News of the Kingdom*, 3-9.
30 Clinton, 『영적 지도자 만들기』, 3장.
31 도널드 B. 풀러턴은 Princeton Evangelical Fellowship의 설립자다. 아서 글라서의 형과 글라서가 거듭난 그리스도인이 될 수 있도록 돕는 역할을 했다. https://pcfprinceton.org/our-history

케직(Keswick)성경수양회에서 그는 헌신적인 기독교인이 되었다.[32]

회심할 때 가장 감동을 받은 것은 "하나님이 내 인생을 향한 멋진 계획을 가지고 계신다"[33]는 말씀이었다. 코넬대학교를 다니는 동안 그는 우등생이었고, 육상 선수로도 활동하는 등 외양적으로도 꽤 괜찮은 조건을 갖추었기 때문에 졸업 전에 취업 제안을 받았다.[34] 피츠버그에 있는 엔지니어링 회사에서 사회 경력을 시작하며 자신은 "직업에서 그리스도를 섬기기를 열망하는 평신도"라고 생각했다.

그러나 그리스도의 이름이 알려지지 않은 곳이면 어디든지 그리스도를 알려야 한다는 선교적 비전에 사로잡혀 회사를 그만두었다. 선교사 준비를 해야 한다는 부담감을 안고 성경을 배우기 위해 가족들의 반대에도 불구하고 무디성서신학원에 갔다.[35] 이후 페이스신학대학원에 입학했다. 글라서는 성경적 권위의 중요성과 신학교에서 주장하는 그리스도의 중심성을 철저히 수용했다.

잠시 글라서가 받은 교육에 관한 정보를 정리해 보자. 그는 1936년에 뉴욕 코넬대학교(Cornell University, engineering degree)를 엔지니어 전공으로 졸업했다. 1939년에는 무디성서신학원(Moody Bible Institute, Chicago, Illinois)을 졸업했다. 그리고 1942년에 페이스신학대학원(Faith Theological Seminary with a Bachelor's of Divinity Degree)을 졸업했다. 1966년에는 커버넌트신학대학원(Covenant Theological Seminary with a Doctor of Divinity)을 졸업했다.[36]

---

32   Engen, Gilliland and Pierson, *The Good News of the Kingdom*, 3.
33   Glasser, interview. Tape 2, 3. "God has a plan for my life."
34   Glasser, interview. Tape 2, 3. "And I was an honor student and I had athletics and I had, you know, certainly in the external credentials I sounded pretty good."
35   Glasser, interview. Tape 2, 5.
36   Covenant-Theological-Seminary, "Covenant Theological Seminary," accessed November 29, 2023, https://www.covenantseminary.edu. 커버넌트신학교(Covenant Theological Seminary)는 미주장로교회(PCA)의 신학교로서 미주리주에 있다. 이 신학교는 교회 직무와 그 이상의 리더십 역할을 위한 개인들을 훈련시키는 것에 전념하고 있으며, 특히 목사, 선교사, 상담사 등을 양성한다.

그는 56세였던 1970년 유니온신학대학원[37](Union Theological Seminary of New York City with an S.T.M.)[38]을 졸업했다. 56세까지 이어진 학문적 여정은 학문에 대한 열정과 그가 품고 있는 하나님 나라의 깊이를 엿보게 한다.

이 시기 가장 중요한 변곡점은 페이스신학대학원을 졸업하던 1942년이다. 당시 28세였던 그는 결혼(1942.9.13) 후, 해군 군목으로 임관되어 제2차 세계 대전의 태평양 전투에 참전한다(1943.2.14).[39]

페이스신학대학원에 입학하고 졸업하는 모든 과정은 그의 삶에 중요한 분기점이 되었지만, 그의 신학 형성에도 지대한 영향을 주었다. 우선 페이스신학대학원은 글라서에게 성경에 기반한 근본적인 보수신학을 형성하게 해 주었다. 하나님 나라에 관한 성경적인 기초를 그곳에서 배울 수 있었다. 그뿐만 아니라, 그 신학교를 다니는 동안 유대인 전도에 참여하는 기회를 가졌다. 학문으로서의 하나님 나라 신학을 넘어서서 실제로 영혼들을 구원하는 하나님 나라 신학을 몸으로 익힌 것이다.

그 과정에 한 인물과의 만남이 있었다. 글라서가 신학교를 입학하기 전후에 그에게 영향을 끼쳤던 도널드 B. 풀러턴(Donald B. Fullerton, 1892-

---

[37] Union Theological Seminary, "Union Theological Seminary," accessed November 28, 2023, https://utsnyc.edu.

[38] Union Theological Seminary, "The Master of Sacred Theology (S.T.M.) Degree," accessed November 28, 2023, https://utsnyc.edu/academics/degrees/master-of-sacred-theology/. "STM"은 "Master of Sacred Theology"의 약자로, 신학 분야의 고급 석사학위다. 신학 분야에서 이미 석사학위를 취득한 사람들이 추가적인 전문 연구와 학문적 성취를 위해 추구하는 학위다. 종종 신학 분야의 박사 과정 진학을 위한 준비 단계로도 활용된다. 신학, 성서 연구, 목회학 그리고 다양한 신학적 전문 분야에서 심층적인 연구와 학습을 할 수 있다.

[39] 앨리스 M. 올리버(Alice M. Oliver)와 결혼한 후 6개월이 채 안 되어 태평양 전투에 참전한다. *And Some Believed* 1장에는 헤어지던 날의 소회가 기록되어 있다. "이제 우리는 아마도 영원히 헤어질 수 있다는 자각과 함께 말이 나오지 않고 생각이 무성했다. 아니, 영원히 헤어지는 것이 아니라 다시 재회할 수 있다는 희망, 영광스러운 희망이 있었다. 하나님 아버지께서 헤어져 있는 동안에도 우리를 지켜보실 것이라는 확신으로 우리는 위로를 받았다. 마지막 여운이 남는 키스와 함께 갑자기 돌아서서 걸어 나갔다. 아내 앨리스는 차로 돌아갔고, 나는 전쟁의 무거운 장비들을 천천히 들고 통로를 기어올라 이름 모를 배의 깊은 뱃속으로 사라졌다. 1943년 밸런타인데이였다."

1985)⁴⁰이다. 도널드 풀러턴은 명목적인 그리스도인이었던 아서의 형과 아서를 예수께 인도한 사람이다. 그는 엔지니어였는데, "예수의 이름이 없는 곳에서 예수 그리스도를 전파한다"는 열망으로 전도에 힘쓰는 사람이었다. 그의 모친은 초기 여성 선교 단체 중 하나인 '여성연합선교협회' 소속이었다. 도널드는 프린스턴대학교에서 '프린스턴복음주의펠로우십'(PEF: Princeton Evangelical Fellowship)⁴¹을 결성했고, 그곳에서 당시 프린스턴대학교 학생이던 아서의 형을 만나 전도하였다.

이후 아서에게도 복음을 전했으며, 아서가 코넬대학교를 졸업하고 잠시 직장생활을 하다가 신학교에 갔다는 소식을 듣자 지지해 주었다.

---

40   Glasser, interview. 글라서의 육성 인터뷰 Tape 1에는 도널드 풀러턴에 대한 비교적 상세한 설명이 나온다. 그 내용을 요약 재구성하면 다음과 같다. "내 형과 나 모두에게 엄청난 영향을 미친 사람인 Donald Fullerton이라는 사람의 이야기다. 그는 매우 인격적인 사람이었고, 교양, 세련미 등을 갖춘 사람이었다. Donald Fullerton의 집은 뉴저지주 플레인필드에 있었다. 그는 프린스턴대학교를 졸업했고, 제1차 세계 대전에서 최전방에서 포병으로 활약했으며, 사업에서도 상당히 활동적이었고, 그의 어머니의 영향을 받아 세계선교에 헌신을 하였다. 그는 그리스도의 이름이 없는 곳에서 그리스도를 전파하기로 결정하고 중앙아시아로 갔다. 그러나 그는 선교회에 가입하지 않아 외톨이 선교사였다. 그는 중앙아시아에 가서 C.I.M. 선교사들을 만나고 싶었지만 건강이 나빠졌다. 인도에서 집으로 돌아오는 길에 건강이 악화되어 그는 상당히 궁지에 몰린 상태였다. 그는 런던에 머물렀고 당시 매우 저명한 침례교 목사인 F. B. 마이어(Frederick Brotherton Meyer, 1847-1929)와의 대화를 통해 '집으로 돌아가야 합니다. 당신의 건강이 그것을 요구합니다. 이제 그리스도의 이름이 언급되지 않은 곳에서 예수 그리스도를 전파하십시오. 그러면 대학에 가십시오'라는 말을 들었다. 그래서 뉴저지주 프린스턴에서 멀지 않은 곳에 사는 이 남자는 프린스턴대학교에 가서 이 일을 하기로 결정했다. 그 당시에는 InterVarsity 기독교 교제가 없었고, 캠퍼스 성전도 없었다. 학생기독교 운동은 당시의 자유주의 분위기에 휩싸인 상태였다. 그래서 그는 프린스턴에 있는 건물들 사이의 본관을 돌아다니기 시작했고, 어느 학부생을 따라잡았고 그를 대화에 참여시켰다. 그리고 얼마 지나지 않아 그를 그리스도에 대한 믿음으로 이끌었다. 그가 나의 형이었다."

41   Princeton_Christian_Fellowship, "Princeton Christian Fellowship," accessed November 29, 2023, https://pcfprinceton.org/. 1931년에 "Princeton Evangelical Fellowship"으로 시작했다가, 현재는 "Princeton Christian Fellowship"으로 불리는 프린스턴 캠퍼스 선교 단체다.

도널드는 글라서가 페이스신학대학원을 다니는 동안 주말에 뉴욕시에서 복음 전하기를 권면했고, 때때로 유대인 선교에 데려가곤 했다.[42] 그때 유대인 선교에 헌신된 경건한 사람들과의 만남도 이루어졌는데, "The Chicago Hebrew Mission"[43]에 소속된 사람들이었다.

윌리엄 블랙스톤(William. E. Blackstone, 1841-1935)[44]에 의해 설립된 그 선교회의 은퇴한 직원 중 한 명이 아서에게 유대인 선교에 관심을 갖게 하려고 그들 중 일부와 접촉하게 했다. 요컨대 아서는 명목상의 그리스도인에서 벗어나 예수 그리스도를 영접하고 거듭난 그리스도인이 된 초기부터 자연스럽게 유대인 전도에 참여할 수 있는 기회를 맞이했다.

글라서가 신학교를 다닐 때 주말과 여름 방학을 이용하여 뉴욕성서공회에서 성경을 배포하는 일을 하게 된 경위도 흥미롭다. 당시 한 여성이 뉴욕성서공회에 유대인 선교를 위해 많은 후원을 했다. 성서공회에서는 유대인들에게 나눠 줄 목적으로 약 70,000권의 마태복음을 출간했다. 아서는 다른 한 남자와 함께 그것을 배포하겠다고 자원했다. 그들은 주말에 유대인에게 찾아가서 친분을 쌓고 친해진 다음, 『당신을 아는 유대인이 쓴 예수의 생애』(the life of Jesus written by a Jew who knew you)를 읽어본 적이 있는지 물어보면서 자연스럽게 마태복음 성경책을 나눠 주었다.

그는 신학교를 다니는 3년 동안 그 일을 지속했다. 기차를 타고 올라가 뉴욕에서 이 일을 하는 동안, 그는 그와 같은 일을 하는 다른 사람을 단 한 번 만났다고 회상한다. 그는 흑인이었는데, "이 사람들은 우리 예수를 알아야 합니다"라고 말하곤 했다.[45]

---

42 Glasser, interview. Tape 2, 10.
43 Chicago-Hebrew-Mission, "The Chicago Hebrew Mission," accessed November 29, 2023, https://fromthevault.wheaton.edu/tag/chicago-hebrew-mission/. 시카고히브리 선교는 윌리엄 E. 블랙스톤(William. E. Blackstone, 1841-1935)에 의해 설립되었다.
44 Wheaton-College, "Blackstone, William Eugene, 1841-1935," accessed November 29, 2023, https://archives.wheaton.edu/agents/people/1764. #540, 546.
45 Glasser, interview. Tape 8, 7-8.

당시 신학교를 다니는 대부분 학생이 이런 경험을 할 수 있었던 것은 아니다. 그를 향한 하나님의 특별한 섭리로 이해할 수밖에 없다. 그는 하나님이 주신 기회에 충실한 순종으로 응답했다. 그리고 그 진지한 응답 과정에서 하나님 나라와 이스라엘 회복 관점이 형성되었다.

4. 하나님 나라 본질을 향한 삶과 사역의 성숙(1942-1988)[46]

아서 글라서의 삶과 사역의 성숙 단계는 클린턴이 구분한 3단계 사역 성장(Ministry Maturing)과 4단계 삶의 성숙(Life Maturing)을 아우른다. 글라서가 삶과 사역에서 성숙을 경험한 약 46년, 28세였던 1942년부터 74세였던 1988년까지를 포함하는 긴 기간이다. 20대에 사역 일선에 들어선 때부터 70대의 원숙한 사역자가 될 때까지를 관통하는 시간이다.

클린턴은 이 시기에 하나님께서 지도자를 인도하시는 다양한 방법을 설명했다. 여섯 가지 인도 과정(섭리적 만남, 멘토, 중복 확인, 부정적 상황을 통한 성장, 육신적 행동, 하나님의 확증)과 네 가지 기타 과정(간접 경험, 말씀, 위기, 갈등)을 통해 하나님께서 어떻게 한 사람을 영향력 있는 지도자로 훈련해 가시는지를 설명했다.[47]

그 일들이 이 시기의 글라서의 인생에서도 확인된다. 이때 일어난 많은 사건을 '군목 경험을 통한 성숙, 중국 선교를 통한 성숙, 교수 사역과 학문 활동을 통한 성숙, 선교대회를 통한 성숙, <메시아닉 유대인> 신학화 작업을 통한 성숙' 등으로 나눠 살핌으로써, 아서 글라서가 하나님 나라와 이스라엘 회복 관점의 신학을 성장시킬 수 있었던 배경과 그 열매들을 고찰한다.

---

46 Engen, Gilliland and Pierson, *The Good News of the Kingdom*, 3-9.
47 Clinton, 『영적 지도자 만들기』, 4-6장.

1) 군목[48] 경험을 통한 성숙

1942년은 글라서에게 중요한 해다. 그해에 그는 페이스신학대학원을 졸업하고 사랑스럽고 은혜로운 여성인 앨리스 올리버와 결혼했다.[49] 그는 신학교를 졸업한 지 일주일 만에 해군에 지원하여 군목으로 임관되었고, 이듬해에 치열한 제2차 세계 대전이 벌어지던 태평양 전투에 참여했다.

군목으로 일하면서 그는 많은 해병대원을 예수 그리스도에 대한 개인적인 신앙으로 인도했다. 동시에 교회의 본질과 기독교 선교에 대한 신학적 성찰을 계속했다. 머리 없는 일본 군인의 시체 옆에 놓여 있는 일본어 신약성경을 본 것[50]은 전 세계에 존재하는 '그리스도의 몸'에 관한 관심에 커다란 영향을 끼쳤고,[51] 그리스도와 가이사의 관계에 관한 질문에 박차를 가했다.

<그림 10> 태평양 전쟁에 참전하는 군함 위의 미 해군들[52]

---

48 Glasser, interview. Tape 3. 미 해군 군목으로서의 경험은 테이프 3에 잘 나타나 있다.
49 Engen, Gilliland and Pierson, *The Good News of the Kingdom*, 4.
50 Glasser, "My Pilgrimage in Mission," 113.
51 Engen, Gilliland and Pierson, *The Good News of the Kingdom*, 4.
52 Glasser, *And Some Believed: A Chaplain's Experiences with the Marines in the South Pacif-*

아서 글라서는 미 해군 제1사단 제17 해병대 군목으로 배치된다. *And Some Believed*[53]에는 그가 보직을 선택하는 장면이 나온다. 임무를 배정하는 대위 앞에 세 명의 군목이 서 있고, 세 가지 일자리가 나열되었다. 뉴질랜드 웰링턴의 해군병원, 뉴칼레도니아의 해군건설대대, 해병대에 자리가 있었다.

세 명의 군목 중 아서 글라서가 제일 먼저 해병대 군목을 자원했다. 그는 "해병대에서 봉사하고 싶다는 생각을 자주 했고, 주님께서 저를 인도해 주시기를 기도했다"며, 그 매력적인 제안을 거절할 수 없었다는 소감을 술회했다(p.59). 18개월 후 사단 전체의 개신교 선임군목(p.194)으로 차출될 때까지 해병대원들에게 최선을 다해 복음을 증거했다.

<그림 11> 미 17 해병대 군목으로 배정된 아서 글라서[54]

---

ic, 59.

53 Glasser, *And Some Believed: A Chaplain's Experiences with the Marines in the South Pacific*. 미국 해군 군목으로서의 경험을 담은 이 책은 전쟁의 잔혹함과 비극 그리고 그 속에서도 예수의 부활로 확증된 하나님의 사랑과 은혜의 복음을 전하는 저자의 믿음과 소망과 사랑을 보여준다.

54 Glasser, *And Some Believed: A Chaplain's Experiences with the Marines in the South Pacific*, 2.

<그림 12> 미 해병대원들과 함께[55]

전쟁 후 그가 선교사로 지원한 것은 전쟁 중에 군목을 수행하면서 죽을 수밖에 없는 인간이 영원히 구원 받는 기쁨이 얼마나 큰 것인지를 경험했기 때문이다. 전쟁터에서 죽어가던 병사가 자신의 죄로 인해 고통하며 임박한 죽음으로 두려워 떨 때, 글라서는 그에게 요한일서 1장 9절 말씀을 계속 선포했다.

> 만일 우리가 우리 죄를 자백하면 그는 미쁘시고 의로우사 우리 죄를 사하시며 우리를 모든 불의에서 깨끗하게 하실 것이요(요일 1:9).

약속된 말씀으로 죄사함의 은총을 지속적으로 선포하자, 어느 순간 그 병사가 영으로 그 진리를 받아들였다. 주님을 영접하는 기도를 따라 하고

---

55 Glasser, *And Some Believed: A Chaplain's Experiences with the Marines in the South Pacific*, 203. 글라서는 맨 앞줄 왼쪽에서 5번째 있다.

스스로 감사 기도를 올린 후, 평안히 주의 품에 안겼다. 야전 병원 텐트 안에 있던 모든 이가 목도한 그 구원의 경험을 통해 글라서는 복음 전도자의 삶이 얼마나 소중한지 깨달았다. 그때 이 가슴 벅찬 고백을 남겼다.

> 나는 자리에서 일어났다.
> 내가 전하는 복음이 얼마나 큰가!
> 내가 얼마나 큰 구주를 가졌는가!
> 이토록 절실한 영혼에게 이토록 중요한 메시지를 전할 수 있다는 것은 내게 얼마나 큰 특권인가?![56]

육체의 죽음에 대한 두려움보다 더 강력한 것은 영원한 생명에 대한 환희였다. 그는 생사가 갈리는 전투 현장에서 하나님 나라의 능력을 맛보고 전했다. 군목 경험은 그의 하나님 나라 신학을 성숙시키는 인큐베이터였다.

2) 중국 선교[57]를 통한 성숙

전쟁 후, 글라서는 중국내지선교부의 선교사로 받아들여졌다. 1946년 마지막 날 상하이(上海)에 도착함으로써 글라서 부부의 선교사 경력이 시작되었다. 그들은 뜻밖에 그곳에서 유대인 난민들을 만났다.

인터뷰를 참고하면, 글라서 부부는 원래 유대인 선교를 하고 싶어했다. 그러나 그 문은 열리지 않았고, 마침 CIM 임원들과 만나면서 중국 선교사로 떠났다.

---

56 Glasser, *And Some Believed: A Chaplain's Experiences with the Marines in the South Pacific*, 160.
57 Glasser, interview. Tape 4. 전쟁 중 중국내륙선교부 회원들과의 접촉, 상하이의 유대인 난민과의 만남, 공산주의 이데올로기가 사람들에게 미치는 영향, 중국을 떠날 때의 경험 등은 육성 인터뷰 테이프 4에 잘 나타나 있다.

그런데 중국 선교를 위해 찾아간 상하이에는 이미 3만 명 이상의 유대인 난민들이 정착하고 있었다. 물론 중국 당국의 단속으로 인해 그들에게 활발하게 복음을 전할 수는 없었지만, 유대인 선교를 원했던 글라서 부부에게는 참으로 놀라운 만남이 아닐 수 없었다.[58]

얼마 후 그들은 중국 원난성의 우팅에 배치되어 선교하였다.[59] 그들은 그곳에서 큰 종족 운동(large people movement)의 결과였던 교회에서 부족 사람들과 함께 일했다. 중국내지선교부의 회원들은 교회와 하나님 나라에 관한 글라서의 이해를 더욱 넓혔다. 선교부에는 형제회에서 성공회에 이르기까지 다양한 기독교 전통의 남녀가 포함되어 있었기 때문이다.[60]

글라서 부부는 1946년 12월 28일자 첫 기도 편지에 다음과 같이 썼다.

> 우리가 중국으로 가는 데는 두 가지 기본적인 이유가 있습니다.
>
> **첫째**, 그리스도인으로서 우리는 우리를 위해 죽으신 분께서 모든 제자들에게 주신 요구에 순종해야 합니다. 그것은 '온 세상에 가서 모든 피조물에게 복음을 전하라'는 엄숙한 명령입니다.
>
> **둘째**, 우리는 그 비극적인 땅의 끔찍한 필요 때문에 중국으로 가고 있습니다.[61]

그리고 1950년에 아내 앨리스 여사와 함께 *CHINA'S MILLIONS*라는 선교지에 기고한 글에 다음과 같은 기도 제목이 담겨 있다.

---

58 Glasser, interview. Tape 4.
59 Glasser, interview. Tape 6, 10.
60 Engen, Gilliland and Pierson, *The Good News of the Kingdom*, 4.
61 Glasser, interview. *Collection 0038: Arthur Frederick Glasser Collection*, 5.

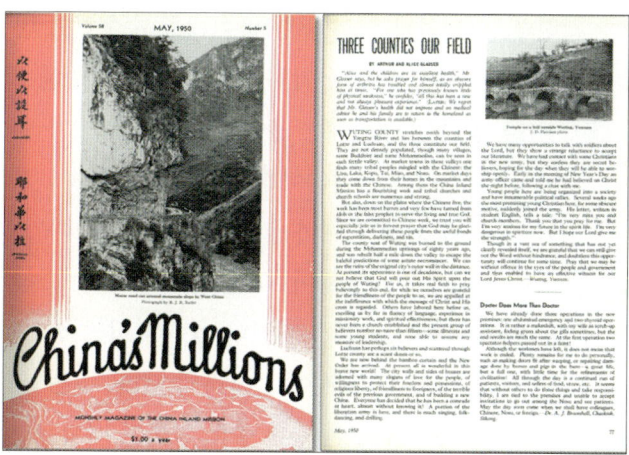

<그림 13> China's Millions (May, 1950)[62]

안타깝게도 중국인들이 거주하는 평지에서는 사역이 거의 결실을 맺지 못하여, 우상이나 거짓 예언자를 버리고 살아 계신 참 하나님을 섬기려 돌아선 사람이 극히 드뭅니다. 우리가 중국 사역에 헌신하고 있는 만큼, 하나님께서 이 사람들을 미신, 어둠, 그리고 죄의 끔찍한 속박에서 해방시켜 주심으로 영광 받으시도록 여러분께서 간절히 기도로 동참해 주시기를 특별히 부탁드립니다.[63]

그러나 1951년 공산당에 의해 중국에서 추방되면서 선교사 사역은 멈출 수밖에 없었다.

글라서는 인터뷰에서 다른 선교지에 가려고 부단히 애를 썼지만 길이 막혔던 일화들을 고백했다. 필리핀으로 가려고 준비할 때, 아내 앨리스 글

---

[62] CIM의 월간지인 *China's Millions*(후에 *The Millions*로 개명) 1950년 5월호(Vol. 58)의 표지(왼쪽)과 기고문(오른쪽)이다. 글라서 부부 선교사 공동 명의로 쓴 "Three Counties Our Field"다.

[63] Arthur Frederick Glasser and Alice Oliver Glasser, "Three Counties Our Field," *China's Millions* 58, no. May (1950).

라서가 암에 걸렸다. 산부인과 의사인 형이 아내를 수술했고 다행히 치료되었다. 회복 후 그들은 다시 뉴욕을 거쳐 파나마 운하를 통해 필리핀으로 가는 배를 탈 준비를 했는데, 이번에는 출항하는 날 글라서가 담낭 질환으로 병원에 입원했다. 전장에서 말라리아를 너무 많이 앓아서 간과 담낭에 질환이 생긴 것이다. 몸이 회복될 때까지 미국에서 사역하다가 다시 필리핀행을 시도했으나 여의치 않은 상황이 또 벌어졌다.⁶⁴

결국, 중국은 그의 유일한 선교지가 되었다. 중국에서의 경험(1946-1951)은 그로 하여금 하나님 나라를 더 깊이 성찰하게 했다. 그는 단순히 공산주의를 비난하고 선교사들이 추방된 일과 중국 교회의 쇠퇴를 안타까워하는 것에 그치지 않고, 왜 교회의 많은 부분이 붕괴되었는지 그리고 자신이 알던 많은 기독교인이 왜 그렇게 쉽게 공산주의 이념에 사로잡혔는지 숙고하기 시작했다.

이것은 그에게 독일에 있는 자신의 가족들 중 일부가 경건하고 분리주의적인 형제회로서 행실 문제와 미래의 적그리스도에만 관심을 두는 세속성을 경계하느라, 바로 코앞에 있던 아돌프 히틀러 속의 적그리스도를 보지 못했던 일을 떠올리게 했다.⁶⁵ 그들은 홀로코스트와 제2차 세계 대전으로 이어진 훨씬 더 악마적인 종류의 세속성에는 눈이 멀어 있었다.

중국에서 추방된 후, 아래와 같은 질문들이 글라서의 마음을 휘감았다.⁶⁶

---

64 Glasser, interview. Tape 5, 5-6. "And my wife developed cancer and my brother is a gynecologist and he operated her and she came through. And then we got ready to go on a ship that was going go through New York through the Panama Canal to the Philippines and I created this stuff and got ready but wasn't feeling very well and the day the ship was to sail, that day I was in the hospital."
65 Engen, Gilliland and Pierson, *The Good News of the Kingdom*, 4.
66 Engen, Gilliland and Pierson, *The Good News of the Kingdom*, 4-5.

가이사[67]가 우파든 좌파든 간에 교회와 가이사 사이의 적절한 관계는 무엇이어야 했는가?
민주주의의 중심은 어디에 있었는가?
왜 독일 교회는 히틀러에 저항하거나 유대인 학살에 반대하는 목소리를 내지 못했는가?
중국에서 공산주의가 승리한 이유는 무엇인가?
선교사들은 교회가 이러한 이데올로기에 맞설 수 있도록 충분히 준비시켰는가?
선교 과업을 완수하려고 할 때 교회와 기독교 선교는 진정으로 성경적이며 총체적인 접근 방식을 취하였는가?
성경은 이러한 문제들에 대해 무엇을 가르치고 있는가?

이 질문들은 그의 하나님 나라 신학의 넓이와 깊이를 더욱 성숙시키고 있었다.

3) 교수 사역과 학문 활동을 통한 성숙

중국이 공산화되면서 글라서 부부는 1951년 선교사 추방 명령에 따라 다시 미국으로 돌아와야만 했다. 미국으로 돌아온 후 글라서는 1951년부터 사우스캐롤라이나주에 있는 컬럼비아성경대학(CBC: Columbia Bible College)에서 4년 동안 구약학을 가르쳤다. 그리고 '중국내지선교회'(CIM)가 OMF(Overseas Missionary Fellowship)로 바뀔 때 글라서는 리더로 참여했다. 이후 그는 북

---

[67] Glasser, *And Some Believed: A Chaplain's Experiences with the Marines in the South Pacific*, 148. 글라서는 세속 권력을 '가이사'로 표현했다. 그의 글에서 '가이사'라는 단어가 처음 등장한 곳이다. "미국인으로서 나는 그곳에서 '가이사의 것을 가이사에게 바치는', 즉 국가 시민으로서의 의무를 다할 수 있어서 기뻤다. 언론의 자유, 집회의 자유, 예배의 자유 등 이러한 자유는 싸워서 쟁취할 가치가 있는 것이다. 인간에게는 자신의 가정과 사랑하는 사람들을 지킬 수 있는 하나님이 주신 권리가 있다."

미 책임자로 초대되어 15년 동안 미국 대표(National Director)로 사역했다. 이를 위해 글라서는 필라델피아로 이사하였고, 그 기간 동안 웨스트민스터신학원(Westminster Theological Seminary)[68]에서 선교학을 가르쳤다.

이 기간은 성찰의 시간들이었다. 1961년 에릭 S. 파이프(Eric S. Fife)[69]와 함께 쓴 *Missions in Crisis*[70]에서 글라서는 기독교 선교의 핵심 문제를 제기하는 데 있어 대부분의 복음주의자를 훨씬 뛰어넘었다는 평가를 받는다. 그는 겸손하게, 중국에서의 명백한 패배를 통해 하나님께서 교회에 무엇을 말씀하고 계신지 듣고 싶다고 썼으며, 선교사들은 어떤 형태의 가부장적인 태도도 버리고 현지인들이 주체적으로 교회를 이끌어갈 수 있도록 강력히 지지해야 한다고 강조했다.[71]

그는 또한 자유주의자들이 전한 사회복음을 비판하며 복음의 핵심을 전해야 할 필요성을 강조했다. 아울러 복음주의자들이 '성경에 담긴 하나님의 온전한 계획'을 가르치지 못했다고 지적하며, 물질적 세계와 영적 세계를 잘못된 대결 구도로 보고, 구약과 신약 모두에 깊이 뿌리내린 사회적 관심을 전달하지 못한 점을 질타했다.[72]

---

68 1929년에 설립된 웨스트민스터신학원은 미국 펜실베이니아주 필라델피아 근교에 위치한 복음주의 신학교다. 미국정통장로교회(OPC)의 교단 신학교로, 개혁주의 신학을 표방한다.
69 에릭 S. 파이프는 가족과 대인 커뮤니케이션을 전문으로 가르치는 미국 학자다. 제임스매디슨대학교(James Madison University)의 커뮤니케이션학부 교수다. 참고. Eric Fife: Professor - JMU.
70 Fife and Glasser, *Missions in Crisis*. 에릭 S. 파이프와 아서 글라서가 공동 저술하여 1961년에 출간한 선교와 선교 전략에 대한 이론서다. 저자들은 서문에서 1954년부터 운영되어 온 선교캠프에서 만난 저명한 선교 지도자들과 선교에 헌신한 훌륭한 젊은이들을 접할 수 있었음을 감사하며, 이 책을 "전 세계 각국에서 하나님을 섬기고 있는 선교캠프 졸업생들에게 바친다"는 뜻을 밝혔다(p.5-6). 저자들은 격변이 절정에 달하는 그 시대를 "세계에서 유례없는 위기의 시대"라고 직시하되, 그 위기가 오히려 중요한 전환점이 될 수 있음을 전망하며, 시대에 적합한 선교 전략을 모색한다(p.9).
71 Fife and Glasser, *Missions in Crisis*, 57-90. *Missions in Crisis*에서 글라서는 중국에서 경험한 선교적 교훈들을 많이 제시했다. "3장. 공산주의와 선교, 4장. 중국 공산당의 승리에서 배우는 선교, 5장. 중국 공산당의 교회 증인들" 등이다.
72 Engen, Gilliland and Pierson, *The Good News of the Kingdom*, 5.

그는 향후 수십 년 동안 주목받을 여러 가지 주제를 미리 예견하며, 미전도 종족에 대한 더 큰 집중, 도시 중심지에 대한 더 많은 관심, 비백인 선교사들의 역할 강조, 중국 문화에 대한 긍정적인 접근 그리고 오순절 운동에 대한 더 큰 인정을 촉구했다. 선교사들이 서구 제국주의에 대해 지나치게 순진했다는 비판도 있었지만, 그는 여전히 중국과 그곳 교회에서 역사하시는 하나님의 주권에 대한 확신을 표현했다.[73]

1969년 연구와 성찰을 계속하기를 열망한 글라서는 해외선교사펠로우십(OMF)을 사임하고 1년 동안 뉴욕에 있는 유니온신학교(Union Theological Seminary)로 갔다. 그곳에서 그는 근본적으로 다른 신학적 관점을 가진 네덜란드 신학자 호켄 다이크(Johannes Christiaan Hoekendijk, 1912-1975)[74] 밑에서 공부했다.[75] 그는 컬럼비아대학교[76]에서 중국 문화에 대해 추가로 공부했고, 이어서 유대인 신학교에서도 공부했다.[77]

유니온신학교(UTS)[78]는 1964년부터 이웃한 미국유대인신학대학원(JTS)[79]과의 제휴를 통해 유대인 연구를 실시하며, 유대인과 기독교공동체

---

[73] Engen, Gilliland and Pierson, *The Good News of the Kingdom*, 5.
[74] 호켄 다이크(Johannes Christiaan Hoekendijk)는 네덜란드 출신의 선교사요 선교신학자다. 사회적 정의, 문화 간 대화, 교회와 세계의 관계를 혁신적으로 탐구했다. http://tinyurl.com/48xhd8xf
[75] Engen, Gilliland and Pierson, *The Good News of the Kingdom*, 5-6.
[76] Columbia-University, "Columbia University in the City of New York," accessed November 28, 2023, https://www.columbia.edu/. 컬럼비아대학교는 미국 뉴욕시에 1754년에 설립된 사립대학이다.
[77] Glasser, "Lecture 10." "저는 이곳(풀러신학교)에 오기 직전에 유대인 신학교에서 공부했습니다. 수업을 듣고 그들이 무슨 말을 하는지 알아보고 싶었어요."
[78] Union Theological Seminary, "Union Theological Seminary." 유니온신학교(UTS)는 뉴욕시의 컬럼비아대학교 안에 위치하고 있는 기독교 자유주의 신학교다. 1836년에 설립되어 현재 미국에서 가장 오래된 독립 신학교이며, 오랫동안 진보적인 기독교 학문의 보루로 알려져 왔다. 1964년부터는 인근에 있는 유대인신학대학원(JTS: The Jewish Theological Seminary)과의 제휴를 통해 유대인 연구도 병행했다. 몇 년 후인 1969년에 아서 글라서도 그 학교에서 1년간 공부하고 S.T.M 학위를 취득했다.
[79] J.T.S., "The Jewish Theological Seminary," accessed November 28, 2023, https://www.jtsa.edu/. 유대인신학대학원(JTS)은 1886에 역사적 유대교의 지식과 실천을 보존하는 것을 사명으로 설립되었다. 1964년부터는 유니온신학교(UTS)와 제휴를 맺고, 유대인

사이에 중요한 관계를 구축하던 중이었다. 글라서에게는 하나님 나라 신학 안에서 이스라엘 회복 관점을 정립해 가는 중요한 시점이었다.

1970년에는 풀러신학교 데이비드 허바드 총장의 초청을 받아 세계선교학교(School of World Missions, SWM) 선교신학 교수가 되었다. 풀러신학교의 세계선교학교는 1960년부터 운영되어 왔으며, 이곳에서 이루어진 선교학 연구는 전 세계선교사들의 사고와 실천에 상당한 기여[80]를 하는 중요한 시기였다. 초대 원장이었던 도널드 맥가브란(1965-1971)에 이어 2대 선교대학원장이 되었다.

<그림 14> 80년대 풀러신학교 교수진과 함께(맨 우측이 글라서)[81]

글라서는 1951년부터 여러 선교대회에 참석한다. 1951년에는 CIM의 본머스회의(CIM's Bournemouth Conference)에 참석했다. 1966년 일리노이주 휘튼에서 열린 교회세계선교대회(the Congress on the Church's Worldwide Mis-

---

과 기독교공동체 사이의 미래 협력 가능성에 대해 논의하는 등의 활동을 진행해 왔다. 2015년에는 제휴 50주년을 기념하는 행사를 가졌다. http://tinyurl.com/2r9rpefh

[80] Charles Peter Wagner, "Missiological Research in the Fuller Seminary School of Missions," *First Fruits Press* 11th Biennial Meeting 1972 (2018). 피터 와그너는 "풀러신학교의 선교학 연구는 여러 측면에서 미국, 유럽, 제3세계의 교인, 선교사, 신학 교수들의 진지한 관심을 끌기에 충분한 새로운 지평을 열고 있는 것으로 보인다"고 평가했다.

[81] Kraft, *SWM/SIS at Forty: A Participant/Observer's View of Our History*. 1980년대 중반 풀러신학교 세계선교학교 교수진들과 함께 찍은 단체 사진이다. 앞줄 Clinton, Tan, Shaw, Kraft, Gilliland, 뒷줄: Wagner, Woodberry, Pierson, Hiebert, Gibbs and Glasser.

sion in Wheaton, Illinois), 1974년 스위스 로잔에서 열린 세계복음화국제대회(the International Congress on World Evangelization in Lausanne, Switzerland), 1980년 호주 시드니에서 열린 세계교회협의회의 세계선교위원회(the meeting of the World Council of Church's Commission of World Mission and Evangelism in Sydney, Australia)에 참석했다.[82] 1989년 4월에는 버뮤다에서 열린 윌로우뱅크대회(the meeting of the Willowbank Conference in Bermuda)에 참석했고, 3개월 후인 그해 7월에는 필리핀 마닐라에서 열린 제2차 로잔세계복음화국제대회(the meeting of a second Lausanne meeting in Manila, the Philippines)에 참석했다.

글라서가 참석한 선교대회 중에서 1974년 로잔 제1차 스위스대회, 1989년 4월의 윌로우뱅크대회, 1989년 7월의 로잔 제2차 마닐라대회를 기억해 둘 필요가 있다. 후에 상술할 것이다.

이 시기 글라서는 다양한 선교 잡지에 참여했고 편집자로 섬겼다. 특히, 1973년에 미국선교학회(ASM: American Society of Missiology)[83]의 창립 멤버가 되었다. 미국선교학회(ASM)는 미국에서 가장 영향력 있는 선교학회로 인정받는다.[84] 미국선교학회는 창립과 함께 학술지(*Missiology*)를 창간했는데, 글라서는 1976년부터 1982년까지 편집자로 사역했다. 1982년에서 83년에는 ASM의 회장을 역임했다.[85] ASM은 설립 때부터 선교학자들의 전문적인 단체라는 정체성을 분명히 드러냈다. 교수들과 선교 사역자들 그리고 학자들 사이의 연합과 협력을 위한 연례 모임도 가졌다. 선교 사역이 공격 당하던 시대에 미국선교학회는 중요한 역할을 감당했다.[86]

---

82   Glasser, interview. 그의 서지 정보 경력난에 그가 참석했던 선교대회가 열거되어 있다.
83   A.S.M., "American Society of Missiology," accessed November 29, 2023, https://asmweb.org/.
84   Wilbert Ray Shenk, *History of the American Society of Missiology, 1973-2013* (Elkhart, IN: Institute of Mennonite Studies, 2013). 풀러선교대학원의 교수였던(1995-2005) 윌버트 쉥크(1935-2021)는 ASM의 40주년을 맞이한 2013년에 지난 역사를 책으로 엮어냈다. 그는 ASM의 창립 멤버였고, 사무총장(1979-1988)과 회장(1994-1995)을 역임했다.
85   Engen, Gilliland and Pierson, *The Good News of the Kingdom*, 7.
86   Dana L. Robert, "Forty Years of the American Society of Missiology: Retrospect and Pros-

그 중심에 아서 글라서가 있었다. 앞으로 논지를 전개할 글라서의 서지 정보에서 잡지에 수록된 글이 많은 것은 이런 배경과도 무관하지 않다. 성장기의 글라서는 저술을 통한 학문 활동과 교수 사역을 통하여 하나님 나라 신학을 정립하고 공고히 하였다.

4) 선교대회에서의 신학화 작업을 통한 성숙

아서 글라서가 유대인 회복 관점으로 유대인 영혼 구원을 위해서 후세대에 끼친 영향이 있다면, 단연 신학화 작업을 꼽아야 할 것이다. 그가 한 명의 그리스도인으로서 맨해튼 거리 전도를 통해 일대일로 유대인들을 만난 것도 역사가 기억하는 중요한 일이다.

그러나 선교신학자로서 해야 했던 일이 있었다. 권위 있는 국제선교대회에서 유대인 영혼 구원을 위한 성경적인 가치관을 정립하여 그것을 선언문으로 남기는 데 영향을 끼치는 일이었다. 그는 인터뷰에서 권위있는 대회의 의미와 효과를 언급했다. 대회는 정보를 공유하는 효과적인 수단이다. 그것은 비유대인들에게 유대인에 관한 바른 시각을 갖게 하는 동시에 그곳에 참석한 유대인들이 가진 비유대인에 대한 오해를 벗게 했다.

> 유대인이 유대인 선교에 참여했던 우리가 야유하는 무리가 아니라는 사실에 매우 기뻐하며 떠났다.[87]

이와 같은 증언에는 유대인들의 외로움과 고뇌가 서려 있다. 글라서는 그들의 친구가 되어 주었다. 실제로 1980년에서 2019년까지 총 11차의 국

---

pect," *Missiology* 42, no. 1 (2014). Dana L. Robert, "북미 선교학 40년의 간략한 역사," 『선교학적 연구 방법론』, KRIM: 한국선교연구원, vol. 현대선교 18 (서울: GMF Press, 2015).

[87] Glasser, interview. Tape 8.

제선교대회에서 '유대인 복음화' 이슈가 언급된다. 1980년은 '로잔유대인 전도협의회'(LCJE)[88]가 결성된 해다.

글라서의 육성 인터뷰를 참고하면, 그가 참석한 국제선교대회 중 유대인 전도와 관련된 그의 입장을 알 수 있는 세 대회가 등장한다. 1974년 제1차 로잔대회(스위스), 1989년 윌로우뱅크대회(버뮤다), 1989년 제2차 로잔대회(마닐라)를 차례대로 간략하게 살펴본다.

(1) 1974년 제1차 로잔대회(스위스)[89]

1974년 로잔에서 열린 제1차 세계복음화대회[90]에는 150개국에서 온 2,300명 이상의 복음주의 지도자들이 참석했다. 풀러신학교 선교학 교수들도 대거 참석했다.

글라서는 도널드 맥가브란(Donald McGavran), 랄프 윈터(Ralph Winter), 피터 와그너(Peter Wagner)와 동행했다.[91] 맥가브란은 "세계 복음화의 차원"(The Dimensions of World Evangelization)이라는 제목의 발제문에서 복음과 문화의 관련성에 대한 주장을 펼쳤다.[92] 랄프 윈터는 E-1, E-2, E-3 전도와 선교의 두 가지 구조, 즉 소달리티(Sodality)와 모달리티(Modality)에 초점을 맞춘 선교 전략을 제시했다. 아서 글라서는 그 모든 선교 전략이 효과적으로 성취되기 위해서 유대인들에게도 복음을 전해야 한다는 확신을 가지고, 그 신학적인 합의가 선언문에 명시되도록 노력했다. 글라서는 이

---

[88] Lausanne Consultation on Jewish Evangelism, https://lausanne.org/network/jewish-evangelism
[89] Dahle, Dahle and Jorgensen, *The Lausanne Movement,* 1974년부터 진행된 로잔운동의 역사적 배경과 발전, 신학적 특징과 공헌, 비전과 전략 등에 대한 다양한 관점을 제시한 책이다.
[90] 1974년 스위스 로잔에서 미국의 빌리 그레이엄 목사의 주도로 개최되었다(1974. 7. 16-25). 참고. The Legacy of the Lausanne Movement - Lausanne Movement
[91] Dahle, Dahle and Jorgensen, *The Lausanne Movement*, 93.
[92] Tiénou, in *The Lausanne Movement: A Range of Perspectives*, 158.

대회에서 이스라엘에서 온 소수의 유대인과 함께 있었다고 술회한다.[93]

글라서는 대회 선언문에 포함시킬 초안 작성에 대한 제안 요청을 받고, "이스라엘이 언급되어야 한다"는 취지로 다음의 선언을 내놓았다.

> 이스라엘과 이스라엘에 대한 하나님의 목적, 유대 민족에 대해 생각하지 않고 기독교 선교의 신학을 말할 수 없다.[94]
>
> 우리는 … [그동안] 현대 이스라엘 국가에 대해 전혀 생각하지 않았다. 그러나 … 실제로는 어떤 움직임이 있다. 이스라엘 안에 하나님을 믿는 충성스러운 남은 자들이 있고, 그들은 하나님의 지속적인 목적의 일부다. 하나님은 유대 민족을 끝내지 않으셨다. 유대 민족은 원래부터 하나님께로부터 사명을 부여받았다. 그러니 유대 민족에 대해 특별히 생각해야 할 필요가 있다.[95]

하지만, 안타깝게도 공식 선언문을 작성하는 존 스토트(John Robert Walmsley Stott, 1921-2011)[96]는 그것을 거부했다(John Stott rejected it). 그래서 로잔언약(스위스)에서 유대인에 대한 언급을 찾을 수 없다.

존 스토트는 나중에 그것에 대해 슬퍼했다.[97] 그래서 관계자들이 다시 버뮤다의 윌로우뱅크에서 회의(the Willowbank conference)를 하고 1989년 4월에 윌로우뱅크선언문을 작성한다. 1989년 7월에 필리핀 마닐라에서 두

---

[93] Glasser, interview. Tape 8.
[94] Glasser, interview. "You cannot talk about the theology of the Christian mission without thinking about Israel, God's purpose for Israel and about the Jewish people." Tape 8, 12-14.
[95] "… a loyal remnant within Israel that believes in God and they are part of God's ongoing purpose. God's not through with the Jewish people."
[96] 존 R. W. 스토트(John Robert Walmsley Stott, 1921-2011)는 영국의 목사이자 신학자로, 전 세계 복음주의 운동의 주요 지도자로 알려져 있다. 그는 1945년에 사제로 서품되었으며, 영국 런던의 올소울즈교회에서 목회자로 일했다. 1974년 로잔언약의 주요 저자 중 한 명이었으며, 2005년에는 타임지에서 세계에서 가장 영향력 있는 사람 100명 중 한 명으로 선정되었다. https://johnstott.org/
[97] Glasser, interview. Tape 8.

번째 로잔 모임을 갖고 마닐라선언문을 작성한다. 이로써 첫 번째 로잔선언문의 부족한 부분을 보완하고 완성했다.[98]

(2) 1989년 윌로우뱅크대회

1989년 4월에 버뮤다(Bermuda)[99]의 윌로우뱅크 리조트에서 회의를 갖고 윌로우뱅크선언문을 작성했다.[100] 이 대회는 기독교와 유대교 사이의 대화 및 이해를 증진하기 위한 중요한 이벤트였으며, 특히 기독교인들이 유대인들에게 복음을 전하는 방식에 관해 논의한 중요한 대회로 인정 받는다. 1974년 로잔대회에서 부족한 부분을 보충했을 뿐만 아니라, 몇 달 후에 개최된 두 번째 로잔대회인 마닐라선언문을 준비하는 역할도 했다.

1989년 4월 29일에 작성된 선언문의 공식 제목은 "THE WILLOW-BANK DECLARATION ON THE CHRISTIAN GOSPEL AND THE JEWISH PEOPLE"(기독교 복음과 유대인에 대한 윌로우뱅크선언)이다. 버논 그라운즈(Vernon Grounds, 1914-2010)[101]가 의장으로 참석했고, 아서 글라서와 제임스 I. 패커(James Innel Packer, 1926-2020)[102] 등 16명이 동참하여 공동 서명했다. 전문(PREAMBLE)은 다음과 같다.

> 모든 그리스도인은 유대 민족에게 엄청난 감사의 빚을 졌음을 인정해야 한다. 복음은 예수님이 그리스도이시며, 오래 전부터 약속된 유대인의 메시아이며, 그의 삶, 죽음, 부활을 통해 죄와 그 모든 결과로부터 구원을 베

98　Glasser, interview. Tape 8.
99　버뮤다(Bermuda)는 북대서양에 위치한 영국의 해외 영토다.
100　World-Evangelical-Fellowship. 참고. The Willowbank Declaration (lcje.net)
101　버논 그라운즈(Vernon Grounds)는 미국의 신학자, 기독교 교육자, 덴버신학교 총장이었다. 복음주의신학회의 회장을 역임했다. http://tinyurl.com/ym7a7mvh
102　제임스 I. 패커(James I. Packer)는 영국 출신의 캐나다 복음주의 신학자다. 『하나님을 아는 지식』(*Knowing God*, CLC 刊))의 저자다. 기독교 신앙과 신학에 대한 그의 깊은 통찰력과 기여로 인해 21세기 복음주의운동에 지대한 영향을 미친 것으로 평가 받는다.

푸신다는 기쁜 소식이다. 예수님을 신적 주님이자 구세주로 경배하는 사람들은 유대 민족을 통해 하나님의 가장 귀중한 선물을 받은 것이다. 그러므로 그들에게 가능한 모든 방식으로 사랑을 보여야 할 강력한 이유가 있다.[103]

전체 27개 조항이 있는데, 각각 확인(AFFIRM)하는 내용과 부인(DENY)하는 내용이 쌍을 이룬다. 예를 들어, 10항은 다음과 같다.

우리는 현재 기독교 교회의 대다수를 차지하는 이방인 신자들은 바울이 하나님의 감람나무로 묘사한, 지상에서 역사적으로 지속되는 신자공동체에 포함됨을 확인한다(롬 11:13-24).[104]

우리는 기독교 신앙이 반드시 비유대적이어야 한다는 점을 부인하며, 그리스도를 믿는 이방인들이 믿는 유대인들과의 연대감을 무시하거나, 유대적 정체성을 고려하지 않고 그리스도 안에서 그들의 새로운 정체성을 공식화하거나, 히브리성경(구약)을 자신들을 향한 하나님의 가르침의 일부로 받아들이기를 거부하거나, 자신들이 유대 역사에 뿌리를 두고 있음을 인정하지 않는 것을 부인한다.[105]

---

[103] World-Evangelical-Fellowship. "Every Christian must acknowledge an immense debt of gratitude to the Jewish people. The Gospel is the good news that Jesus is the Christ, the long-promised Jewish Messiah, who by his life, death and resurrection saves from sin and all its consequences. Those who worship Jesus as their Divine Lord and Saviour have thus received God's most precious gift through the Jewish people. Therefore they have compelling reason to show love to that people in every possible way."

[104] "WE AFFIRM THAT Gentile believers, who at present constitute the great bulk of the Christian church, are included in the historically continuous community of believing people on earth which Paul pictures as God's olive tree(Romans 11:13-24)."

[105] "WE DENY THAT Christian faith is necessarily non-Jewish and that Gentiles who believe in Christ may ignore their solidarity with believing Jews, or formulate their new identity in Christ without reference to Jewishness, or decline to receive the Hebrew Scrip-

또 27항은 다음과 같다.

> 우리는 안전한 국경과 정의로운 평화가 있는 조국에 대한 유대인의 추구가 우리의 지지를 받고 있음을 확인한다.[106]

> 우리는 유대 민족과 이스라엘 땅 사이의 성경적 연관이 성경 윤리를 위반하거나 민족 집단들 또는 개인들을 억압하는 행동을 정당화한다는 것을 부인한다.[107]

기독교인과 유대인의 관계, 기독교 신앙과 유대교 신앙의 관계, 이스라엘 땅과 그곳에 거주하는 다양한 사람들의 입장에 대해 의문을 가질 만한 부분을 구체적으로 하나씩 정리하되, '확인'과 '부인'을 병기하여 균형 잡힌 시각을 제시하였다.

(3) 1989년 제2차 로잔대회(마닐라)

1989년 7월에 필리핀 마닐라에서 제2차 로잔대회를 열었다.[108] "온 교회가 온 세상에 온전한 복음을 전하라는 부름"이라는 슬로건 아래, 약 170개국에서 3,000여 명의 관계자가 모였다. 그곳에서 작성되고 선포된 마닐라선언문을 통하여, 1974년 로잔선언문에서 유대인 관련 내용이 부족했던 부분을 보완하고 완성했다.[109]

---

tures as part of their own instruction from God, or refuse to see themselves as having their roots in Jewish history."
106 "WE AFFIRM THAT the Jewish quest for a homeland with secure borders and a just peace has our support."
107 "WE DENY THAT any biblical link between the Jewish people and the land of Israel justifies actions that contradict biblical ethics and constitute oppression of people-groups or individuals."
108 https://lausanne.org/our-legacy
109 Perlman, in *The Lausanne Movement: A Range of Perspectives*. 제1차 로잔대회(1974)에

마닐라선언문의 3조 "예수 그리스도의 유일성"에 관한 내용은 다음과 같다.

> 종종 유대인들은 하나님이 아브라함과 언약을 맺었기 때문에, 예수를 그들의 메시아라고 인정할 필요가 없다고 한다. 그러나 우리는 유대인들도 다른 사람들과 마찬가지로 예수가 필요하다는 것을 단언한다. 복음을 "먼저 유대인에게" 전하라는 신약성경의 모형을 저버리는 것은 그리스도에 대한 불순종일 뿐 아니라, 반유대주의의 한 형태일 수도 있다고 단언한다. 그러므로 우리는, 유대인들이 하나님과 언약을 맺고 있으므로 예수를 믿을 필요가 없다고 하는 주장을 배격한다.[110]

복음을 먼저 '유대인에게 전하라'는 신약성경의 모형을 지지하면서, 동시에 유대인이 예수 그리스도가 없이도 구원 받을 수 있다는 주장을 배격하는 균형 잡힌 시각을 보여주고 있다.

이 선언문 작성에 글라서가 주도적으로 동참했다. 선언문의 내용을 통하여 글라서가 정립한 이스라엘 회복 관점을 이해할 수 있는 대목이다.

5) <메시아닉 유대인> 신학화 작업을 통한 성숙

<메시아닉 유대인> 신학화 작업은 <메시아닉 유대인>들과의 만남을 통해서 이뤄졌다. 풀러신학교에서 만난 <메시아닉 유대인>들과의 교류는 아서 글라서로 하여금 과거 구약의 이스라엘을 향해 회복을 예언하신 하나님의 말씀이 오늘날 성취되고 있음을 확신하게 할 뿐 아니라, 미래에도

서 유대인 선교를 언급하지 않았던 실수를 했지만, 그 이후 1980년에 "로잔유대인전도 협의회"(Lausanne Consultation on Jewish Evangelism)가 출범하여 1982년부터 4년마다 국제회의를 연다.

110 Lausanne-Movement, "The Manila Manifesto."

이스라엘 회복을 향한 하나님의 뜻은 반드시 성취될 것을 믿게 하는 증거가 되었다.

글라서는 <메시아닉 유대인> 운동은 "더 이상 무시할 수 없을 만큼 성장하는 운동"[111]임을 체감했다. 그리고 <메시아닉 유대인>들의 존재를 "참으로 인류의 완전한 영적 필요와 측량할 수 없는 하나님의 은혜의 부요함의 표징"[112]이라고 하면서 가치를 높이 평가했다.

(1) <메시아닉 유대인>들과의 만남

1970년 글라서가 풀러신학교에 온 후, 1972년 데이비드 H. 스턴(David Harold Stern, Ph.D., 1935-2022)[113]이 풀러신학교의 문을 두드렸다. 그는 로스앤젤레스에 있는 20 엘리트 유대인 가족 중 한 명으로 프린스턴대학교에서 경제학 전공으로 박사학위를 받은 UCLA 교수 출신이었다. 어린 시절 다니던 회당의 랍비로부터 랍비가 되어야 한다고 촉망받는 아이였다.

하지만, 유대교를 통해 인생의 의미를 찾지 못하고 있었던 그는 마음의 굶주림으로 인해 해 아래 모든 것을 시도하다 마침내 예수 그리스도를 시험했는데, 예수는 그를 만났고 그를 변화시켰다.[114]

그는 글라서에게 "나의 유대성(유대인 됨)에 대해 말해 주십시오"(Tell me about my Jewishness)라고 요청했다. 두 사람은 함께 유대교에 관해, 또 유대교와 기독교의 관계를 공부하면서 <메시아닉 유대인>에 대한 관점을 정립하게 되었다. 글라서도 그때 더 구체적이고 더 깊이 연구하게 되었다고

---

[111] Arthur Frederick Glasser, "The Significance of Messianic Jews," *Missionary Monthly*, Part I of a Series (April-May 1991): 7.

[112] Arthur Frederick Glasser, "Jocz' View of Hebrew Christianity," *Mission Monthly* An Outstanding Christian Theologian and Missiologist, Part IV (October 1992): 15-18.

[113] 데이비드 H. 스턴(David Harold Stern)은 미국 출신의 <메시아닉 유대인> 신학자다. 데이비드와 글라서의 관계에 대해서는 6장에서 다시 상술할 것이다.

[114] Ben Hoekendijk and Ralph Millett, *Twelve Jews Discover Messiah* (England: New Wine Ministries, 1997), 68-78. 벤 호켄다이크의 글에 데이비드 스턴의 간증이 실려 있다.

고백한다.[115] 하나님 나라 안에서 <메시아닉 유대인>이 차지하는 위치를 성찰하면서 이스라엘 회복 관점을 정립해 간 것이다.

데이비드는 풀러신학교에서 학위를 받고 신학교 최초로 "유대교와 기독교" 과목을 가르치기도 했다.[116] 그가 그 과목을 가르칠 수 있도록 글라서가 격려하고 도왔음을 인터뷰를 통해 알 수 있다.[117] 데이비드는 그 후 1년 동안 로스앤젤레스에 있는 유대교 대학교에서 대학원 과정을 수학했다. 결국, 그는 유대인을 향한 언약의 말씀을 따라 1979년에 가족과 함께 이스라엘 예루살렘으로 알리야(Aliyah) 했다.

이후 <메시아닉 유대인> 운동에 활발하게 헌신했고, <메시아닉 유대인>에 관한 중요한 책들을 저술했다. *Restoring the Jewishness of the Gospel*(1988),[118] *Messianic Jewish Manifesto*(1988),[119] *Jewish New Testament*(1989),[120] *Jewish New Testament Commentary*(1992),[121] 번역본 *Complete Jewish Bible*(1998)[122] 등이 있다. 이 중『복음의 유대성 회복』,[123]『유대인 신

---

115 Glasser, interview. Tape 8.
116 Hoekendijk and Millett, *Twelve Jews Discover Messiah*, 68-78.
117 Glasser, interview. Tape 8, 26. "You … let's offer a course on Judaism and Christianity and you're the professor (but I'll sit in the back and give it legal standing) because you have a Ph.D."
118 David Harold Stern, *Restoring the Jewishness of the Gospel* (Jewish New Testament Publ., 1988). 한국어 번역본『복음의 유대성 회복』.
119 David Harold Stern, *Messianic Jewish Manifesto* (Jerusalem, Israel & Clarksville, MD: Jewish New Testament Publications, 1988). https://archive.org/details/messianicjewishm0000ster.
120 David Harold Stern, *Jewish New Testament* (Messianic Jewish Publisher, 1989). 한국어 번역본『유대인 신약성경』.
121 David Harold Stern, *Jewish New Testament Commentary* (Lederer Messianic Publications, 1992). 한국어 번역본『유대인 신약성경 주석』.
122 David Harold Stern, *Complete Jewish Bible: An English Version of the Tanakh* (*Old Testament*) *and B'rit Hadashah* (*New Testament*), 1998.
123 David Harold Stern,『복음의 유대성 회복』, OneNewMan Congregation 옮김 (서울: OneNewMan Congregation, 2009).

약성경』¹²⁴ 그리고 『유대인 신약성경 주석』¹²⁵은 한국어로도 번역되었다. 『복음의 유대성 회복』에서 데이비드는 이렇게 강조한다.

> 이 책은 하나의 단순한 메시지를 담고 있다. 교회가 유대성을 회복하기 위해 모든 노력을 기울이지 않는 한, 복음의 핵심 요소를 상실하게 된다는 것이다. 그 결과, 교회는 대위임령을 제대로 수행할 수 없으며, 유대인들도 "이방의 빛"이 되는 역할을 제대로 감당할 수 없게 된다.¹²⁶

교회가 복음의 핵심 요소를 완전히 이해하고 실천하기 위해서는 유대성을 회복해야 한다는 의미다. 역사적으로 그리스도교가 그 기원인 유대교와의 연결을 잃어버림으로써 중요한 교훈과 이해를 잃어버렸다는 반성에 기반을 둔 지적이다.

복음 안에 있으면서도 유대성을 유지하고 있는, 특별한 지위를 가진 자들이 <메시아닉 유대인>들이다. 당시 데이비드와 글라서가 함께 <메시아닉 유대인> 연구를 한 것을 감안할 때, 데이비드의 이 주장은 글라서의 관점과 일맥상통한다.

데이비드와의 만남이 있은 지 30여 년의 시간이 흐르는 동안 글라서는 이스라엘 회복 관점의 신학화 작업을 지속적으로 해나갔다. 풀러신학교 세계선교학교에서 유대인 연구 학위를 진행했다. 그 과정에 <메시아닉 유대인> 학생들이 많았다. 글라서는 <메시아닉 유대인>들의 논문을 지도했다. 그중 글라서는 제1차 세계 대전(1914~1918) 전후로 유럽에서 일어난 일들을 연구한 논문을 주목한다. 그는 "우리 동료 중 한 명이 1900년에서 1950년 사이에 유럽에서 있었던 유대인 선교에 관한 논문을 마쳤습니

---

124 David Harold Stern, 『유대인 신약성경』, 이승록, 권레아, 양해경 옮김 (고양: 브래드북스, 2021).
125 David Harold Stern, 『유대인 신약성경 주석』, 김주성 옮김 (고양: 브래드북스, 2024).
126 Stern, 『복음의 유대성 회복』, 9-10.

다"¹²⁷라고 자랑스럽게 말했다.

이는 선민선교회(Chosen People Ministries)의 미치 글레이저(Mitchell Leslie Glaser)인 것을 글레이저 자신의 강의에서 확인할 수 있다.¹²⁸ 미치 글레이저는 강의에서 자신의 논문을 인용하며 1900년에서 1950년 사이에 유럽에서 유대인 전도가 있었음을 밝혔다.¹²⁹ 바르샤바와 폴란드에서 활동했던 유대 선교회들을 소개하며, "어느 역사가는 그 당시 그 바르샤바 게토 안에만 2,200~6,000명의 믿는 유대인이 존재하는 것으로 추산한다"고 증언했다. 제2차 세계 대전 홀로코스트의 비극이 있기 전에 이미 하나님은 유럽에 있는 유대인들에게 복음을 전하고 계셨던 것이다.

미치 글레이저는 홀로코스트에서 사망한 유대인의 후손이었는데, 가족의 반대를 무릅쓰고 예수를 믿게 된 사람으로 풀러신학교에서 박사 논문을 썼다. 글라서는 이 논문의 멘토였다. 논문 헌정사에서 글레이저는 글라서를 멘토이자 친구라고 부르며, "이 세기의 마지막 반세기 동안 전 세계 기독교인들이 복음을 가지고 유대인들에게 다가가도록 격려하기 위해 많은 일을 하신 분"이라고 존경을 표했다.¹³⁰

글라서는 제2차 세계 대전(1939~1945) 후, <메시아닉 유대인>들이 자신들의 정체성에 대해 각성하게 되었음을 주목한다. 그는 이렇게 자문한다.

127　Glasser, interview. Tape 8. "One of our guys just finished a dissertation on Jewish missions in Europe, 1900 to 1950"

128　8th-Israel-Conference. "8th Israel Conference - Dr. Mitch Glaser", October 6, 2022, Posted December 9, 2022, Accessed February 12, 2024, https://www.youtube.com/watch?v=ovghR4K-MWw. 아서 글라서와 미치 글레이저는 사제지간이며 동역자였다. 1988년 풀러신학교에서 유대주의 연구와 유대인 전도를 위한 석사 과정을 세울 때 이들은 함께 했다. 이들의 관계는 6장에서 다시 다룰 것이다.

129　Mitchell Leslie Glaser, *A Survey of Missions to the Jews in Continental Europe, 1900-1950* (Fuller Theological Seminary, School of World Mission, 1999).

130　Glaser, *A Survey of Missions to the Jews in Continental Europe, 1900-1950*, iv. "It is also a privilege to also dedicate this dissertation to Dr. Arthur F. Glasser, mentor and friend, who has done so much in this last half of the century to encourage the Christians around the world to reach Jewish people with the Gospel."

예수를 믿으면 이방 교회에 동화되고 순식간에 유대성을 잃어버리는데, 이렇게 하는 것이 맞는가, 우리의 의무는 없는가?

결국, 글라서는 "우리의 할 일은 유대성을 유지하는 유대교 회중을 세우는 것"이라는 결론을 내렸다. 그렇게 <메시아닉 유대인>이라는 개념이 정립되었다. 「Messianic Times」라는 잡지가 생겨나서 메시아닉 교회를 찾을 수 있는 곳을 알리고 연결해 주었다.[131]

이런 시대적인 변화를 피부로 느끼면서 글라서는 유대인과 그들의 역사와 그들의 신앙을 더 깊이 이해하고, 그것이 성경 전체 내용과 또 성경에 표현된 선교하시는 하나님의 마음과 어떻게 연관되는지 천착해 갔다.

(2) 기독교 뿌리의 문제

<메시아닉 유대인>에 대한 신학화 과정에서 아서 글라서는 기독교와 유대교의 관계가 결국 뿌리의 문제임을 인식했다. 로마서에서 사도 바울이 비유로 들었던 감람나무의 비유를 정확하게 이해하고 기독교가 그 뿌리를 유대교에 두고 있음을 인정했다. 그런 이해가 바탕이 되어 있었기에 그는 선교대회의 선언문에 성경적인 관점을 제시할 수 있었던 것이다.

다음 <그림 15>에서 앞의 두 모델은 글라서가 랍비 예키엘 엑스타인(Yechiel Eckstein, 1951-2019)[132]의 글에서 인용한 것[133]이다. 기독교와 유대교 뿌리

131　Glasser, interview. Tape 8.
132　예키엘 엑스타인(Yechiel Eckstein, 1951-2019)은 랍비 집안에서 태어난 유대교 랍비이자, 국제적인 유대-기독교 관계의 활동가였다. 1983년에 International Fellowship of Christians and Jews(IFCJ)를 설립하여 도움이 필요한 유대인을 지원하고, 유대인의 이스라엘 이민을 촉진하며, 이스라엘 방위군의 병사들을 지원했다. 유대인공동체 내부와 외부에서 모두 존경받는 인물로서 국제적으로 유대-기독교 관계에 대한 인식을 높이는 데 기여했다. 참고. Biography | Rabbi Eckstein
133　Yechiel Eckstein, *What Christians Should Know About Jews and Judaism* (Waco, TX: Word Books, 1984), 35. https://archive.org/details/whatchristianssh0000ecks/page/37/mode/1up. 이 책은 유대인과 유대교에 대한 교육적이고 통찰력 있는 안내서이다. 유대인의 신앙, 전통, 문화 그리고 유대교의 역사적 그리고 현대적 측면을 탐구

사이의 관계를 확인하는 다이어그램은 다음 세 가지 모델로 정리할 수 있다.

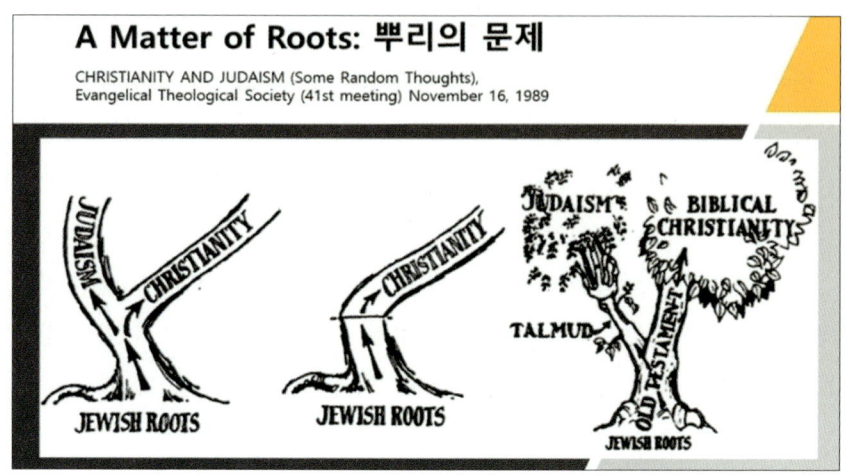

<그림 15> 뿌리의 문제로 기독교와 유대교의 관계를 설명함[134]

첫째, 랍비 예키엘 엑스타인이 제안한 것으로, 유대인의 정체성에 대한 표준적인 유대교적 이해를 반영하는 모델이다(1984:35). 유대교는 구약 계시의 완전한 성취로, 기독교는 이 성경적 흐름에서 빠르게 벗어나 헬레니즘 사상으로 물들어간 하나의 운동으로 간주되었다. 이 과정은 기독교를 "발명한" 배교자 유대인 바울을 통해 이루어졌다고 생각했다.

둘째, 초기 기독교 내 일부 사람들이 유대교와 기독교 간의 관계를 선언한 방식에 대한 유대인의 인식을 반영하는 모델이다. 그들은 하나님이 유대인들과의 관계를 그리스도의 십자가 처형 사건으로 끝냈으며, 교회가 새로운 "하나님의 이스라엘"로서 이전에 이스라엘에게 주어진 모든 약속

한다. 이 책의 목적은 유대교에 대한 기본적인 이해를 제공함으로써, 유대인과 기독교인 간의 이해와 대화를 촉진하는 것이다.

[134] Arthur Frederick Glasser, "Christianity and Judaism: Some Random Thoughts" (paper presented at the Evangelical Theological Society, 41st National Conference, San Diego, CA, November 16-18, 1989), 9-10, http://www.tren.com.

을 상속받았다고 단호히 주장했다.¹³⁵ 소위 대체신학의 특성을 대변하는 입장이다. 그런데 이 두 가지 모델은 온전한 그림이 아니다.

셋째, 글라서가 제시한 것으로, 보다 성경적인 메시지를 담은 모델이다.

> 이 그림은 하나님께서 이스라엘과 맺은 영원한 언약을 지키실 것이며, 이로써 유대 민족이 여전히 "그들의 조상들로 인하여 사랑을 받는다"(롬 11:28)는 사실을 유대인들에게 확신시켜 줄 것임을 보여준다. 또한, 기독교 운동이 구약 예배의 중심이 되는 모든 것의 지속적인 성취를 구현하는 동시에 예언자적 전통의 한가운데서 앞으로 나아가고 있음을 나타낸다.¹³⁶

기독교의 뿌리는 복음의 유대성에 견고히 서 있어야 함을 분명히 나타내 준다. 그가 인용한 마빈 윌슨(Marvin R. Wilson, 1935-)¹³⁷의 글을 통해 글라서의 입장을 명시적으로 확인할 수 있다.

> 아브라함 J. 헤셸(Abraham Joshua Heschel)¹³⁸이 그리스도인들에게 제기한 널리 인용되는 도전을 생각해 보십시오.

135　Glasser, "Christianity and Judaism: Some Random Thoughts," 9-10. "They dogmatically affirmed that God's dealings with the Jewish people ended with the crucifixion of Christ and that the Church, the new "Israel of God," inherited all the promises earlier made to Israel."
136　Glasser, "Christianity and Judaism: Some Random Thoughts," 10.
137　마빈 윌슨(Marvin R. Wilson, 1935-)은 미국의 복음주의 성서학자다. 매사추세츠주 고든칼리지(Gordon College)에서 구약성경, 히브리어, 유대인의 역사와 문화, 현대 유대교를 가르쳤으며, 『NIV 성경』의 구약성경 번역가 및 편집자로도 활동했다. 기독교와 유대인의 대화에서 복음주의적 목소리를 낸 대표적 인물로 잘 알려져 있다. 참고. Dr. Marv Wilson – Biblical eLearning
138　아브라함 J. 헤셸(Abraham Joshua Heschel, 1907-1972)은 폴란드 출신의 미국 랍비이며, 20세기를 대표하는 유대교 신학자 및 철학자 중 한 명이다. 미국의 유대신학교(Jewish Theological Seminary)에서 가르쳤으며 시민 운동의 지도자로도 활동했다. http://tinyurl.com/5592mjau

> "교회가 직면한 중요한 문제는 유대교에서 뿌리를 찾고 자신을 유대교의 연장선으로 간주할 것인지, 아니면 이교도 헬레니즘에서 뿌리를 찾고 자신을 유대교의 대척점으로 간주할 것인지 결정하는 것입니다."[139]
> 오늘날 우리는 기독교 신앙의 유대적 뿌리를 발견하라는 적극적인 복음주의자들의 권고를 듣고 있습니다. 이들은 그 뿌리가 "유대교의 토양 속 깊이 뻗어 있으며," 또한 "유대교 없이는 기독교가 존재할 수 없다"고 주장합니다.[140]

"기독교가 유대교 없이 존재할 수 없다는 것"은 기독교가 유대성에 뿌리를 내리고 있다는 의미다. "이스라엘의 역사는 하나님께서 인류를 다루신 특별한 역사이며, 교회의 이야기는 이스라엘의 이야기 속에 포함되며, 이 둘은 떼려야 뗄 수 없는 관계"[141]이기 때문이다.

(3) 반유대주의와 신 살해 죄

반유대주의는 그 뿌리를 부인하고자 하는 데서 발현된 사상이다. 글라서는 기독교 내에 존재하는 반유대주의의 문제점을 인식하고 그 생각을 개선하려 했다.

그는 히틀러와는 별개로, 아주 오랜 기간 기독교인들이 유대인을 박해한 근거 중 하나가 "그들은 그리스도를 죽였다!"라는 신 살해 죄(Christ

---

[139] Marvin R. Wilson, *Our Father Abraham: Jewish Roots of the Christian Faith* (Grand Rapids, Mich.: Wm. B. Eerdmans Publishing, 1989), 16. "Consider the widely quoted challenge to Christians posed by Abraham J. Heschel: "The vital issue for the Church is to decide whether to look for roots in Judaism and consider itself an extension of Judaism, or to look for roots in pagan Hellenism and consider itself as an antithesis to Judaism."

[140] Wilson, 19. "In our day we are being told by enterprising evangelicals to discover the Jewish roots of our Christian faith for they "run deep into the soil of Judaism" and furthermore, that "Christianity could not exist without Judaism."

[141] Jakób Jocz, *A Theology of Election: Israel and the Church*, 6-7. "The story of the Church is caught up in the story of Israel; the two are inseparable."

killers)임을 인식했다.¹⁴² 가톨릭교회의 출판물은 유대인에 대해서 그렇게 표현하는 것에 자유롭다는 점도 동의했다.

글라서는 종교개혁자 마틴 루터(Martin Luther, 1483-1546)에게서도 동일한 문제점을 찾을 수 있다고 지적했다.¹⁴³ 초기의 마틴 루터¹⁴⁴는 하나님의 계획 안에서 특별한 부르심이 유대인들에게 있다고 믿었다. 유대인들이 기독교로 개종하는 데 열정을 가지고 그들에게 불친절하게 대해서는 안 된다고 했다. 그러나 1530년대 말부터 유대인들에 대해 과격한 표현으로 회의감을 드러냈다. 결정적으로 1543년『유대인들과 그들의 거짓말에 관하여』¹⁴⁵(On the Jews and Their Lies)¹⁴⁶에서 유대인들을 '거짓말쟁이요, 피에 굶주린 자들이요, 저주받은 마귀의 자식들'이라고 혐오적으로 폄하하며 강한 적대감을 표출했다.¹⁴⁷

유대인들을 핍박하고 탄압하는 것을 신학적으로 정당화한 루터의 선언은 후에 독일 나치 아돌프 히틀러(Adolf Hitler, 1889-1945)¹⁴⁸의 저서『나의

---

142 World-Evangelical-Fellowship. "The Willowbank Declaration on the Christian Gospel and the Jewish People", ARTICLE III.18. "WE AFFIRM THAT it was the sins of the whole human race that sent Christ to the cross. … WE DENY THAT it is right to single out the Jewish people for putting Jesus to death." 글라서가 공동 서명했던 윌로우뱅크 선언문(1989)은 그리스도를 십자가로 보낸 것은 온 인류의 죄임을 확인하고, 예수를 죽음에 이르게 한 유대인들을 지목하는 것이 옳다는 것을 부인했다.
143 Glasser, interview. Tape 8.
144 마틴 루터(Martin Luther, 1483-1546)는 24세에 독일의 신부로 임명되었다. 후에 독일 비텐베르크대학교 신학 교수로 영년 임용되었다. 1517년에 종교개혁을 감행하여 개신교 개혁의 중심 인물이 되었다. 그러나 후기에 반유대주의를 주장함으로써 유대인의 운명에 대해 치명적으로 부정적인 영향을 끼치는 역사의 그림자를 남겼다. http://tinyurl.com/rdsdpd4n
145 Martin Luther,『유대인과 그들의 거짓말에 대하여』(서울: BradTV, 2017).
146 Martin Luther, "On the Jews and Their Lies, 1543," *Luther's Works* 47 (1971).
147 김정환,『이스라엘과 대체신학』(서울: 예영커뮤니케이션, 2014), 66-67.
148 아돌프 히틀러(Adolf Hitler, 1889-1945)는 오스트리아 출신의 독일 정치가다. 나치당 리더로 권력을 잡아 독일 총리(1933)가 되었고, 결국 자살로 생을 마감했다(1945). 폴란드 침공으로 제2차 세계 대전 발발에 결정적인 역할을 했고, 대량 학살 홀로코스트에서 약 600만 명의 유대인과 수백만 명의 다른 희생자들을 체계적으로 살해한 만행의 중심 인물이다. http://tinyurl.com/p68w4hws

투쟁』(*Mein Kampf*)과 그의 반인륜적인 만행에 그대로 반영되었다.

> 히틀러는 1543년 루터의 저서인 『유대인과 그들의 거짓말에 관하여』를 자신의 반유대주의 탄압의 교과서로 삼은 듯이 그대로 실천하였다. 히틀러는 유대인들의 회당을 파괴하였고, 그들을 집에서 추방하여 게토에 가두면서 이동의 자유를 금지시켰고, 유대인들의 재물을 압수하였으며, 또 수용소에 감금하여서 강제 노역을 시켰으며, 마지막으로는 유대인들을 말살하려고 하였다.[149]

이 신 살해 죄목은 유대인들을 대적하는 사람들에게만 해악을 끼친 것이 아니라, 유대인들 스스로에게도 깊은 상처를 입혔다. 사실 십자가 사건은 유대인들만의 책임이 아니었다. 헤롯과 본디오 빌라도를 비롯 이방인과 이스라엘 백성이 "합동하여 하나님의 기름부으신 거룩한 종 예수를 거스른"(행 4:27) 역사적 범죄였다. 글라서도 "유대인과 이방인 모두에게 정죄를 받고"[150]라고 명시했다.

그런데 "그의 피를 우리와 우리 자손에게 돌릴지어다"(마 27:24-25)라고 선포했던 일부 유대인으로 인해, 지금까지도 그것이 유대인 전체가 받고 있는 저주라고 생각하는 사람들이 많음을 알게 된 글라서는 그들을 자유케 하는 복음을 전해야 한다고 강조했다.

풀러신학교에서 함께 교수하던 찰스 크래프트(Charles H. Kraft, 1932-)의 사례를 들면서, "그리스도의 이름으로 이 상황(저주의 영향)에서 그들을 해방시켜야 하는(he has had to) 경험을 했다"고 증언한다. 그리고 예루살렘심리상담센터 여성의 증언을 언급한다.

---

[149] 이성림, "루터와 반유대주의: 유대인과 그들의 거짓말에 관하여," 「신학과 세계」, no. 83 (2015): 77-78. 위대한 종교개혁가 루터와 극심한 반유대주의자 루터의 명암을 고찰한 논문이다.

[150] Glasser, *Kingdom and Mission*, 165.

나는 종종 예수님에게 한 일 때문에 자신들이 저주받은 민족의 구성원이라고 생각하는 유대인들을 자주 만난다. 예수 그리스도의 절대적인 뜻이 그들을 용서하시고 이 저주에서 해방하셨다는 자유의 말씀을 그들에게 전해야 한다. 그 말씀을 바탕으로 그들이 변화하는 것을 보았다.[151]

글라서의 <메시아닉 유대인> 신학화 작업은 학문을 위한 학문이 아니라, 영혼을 자유케 하기 위한 학문이었음을 알 수 있는 대목이다. 그는 신 살해 죄로 유대인들을 정죄하고 반유대주의에 묶여 있는 이방인들을 자유케 하기 원했다. 또한, 신 살해 죄가 유전되고 있다는 정죄감에 묶여 있는 유대인들을 자유케 하기 위해 노력했다.

(4) 유대교 연구와 유대인 전도 학위

글라서는 유대인과 교회의 관계에 대한 트라우마를 겪고 있는 학생들을 수년에 걸쳐 가르치며 그 트라우마를 처리하도록 돕는 것에 대해 증언했다. 특히, 유대교 연구를 통해 유대교와 유대인의 특징을 이해하고 기독교와의 관계를 조화롭게 정립하는 것을 돕는 학위 과정을 설립하여 운영했다.

'Jews for Jesus'(예수를 위한 유대인)[152]라는 유대인 선교 단체가 풀러신학교를 찾아온 사례가 가장 대표적인 경우다. 처음에 그들은 "우리 학생들, 유대교 연구 및 유대 인문학 분야 종사자들을 위해 과정을 열어 가르쳐 주시겠습니까?"라고 문의했고, 풀러신학교에서 그것과 관계된 꽤 많은 과정

151　Glasser, interview. Tape 8.
152　'Jews for Jesus'(예수를 위한 유대인)는 미국 캘리포니아주 샌프란시스코에 본부를 두고 있는 국제 기독교 선교 단체다. 유대인들에게 예수가 그리스도이자 하나님의 아들이라는 믿음을 장려하여 유대인을 복음화하는 것으로 알려진 단체다. 1970년에 미국유대인선교위원회(ABMJ: American Board of Missions to the Jews)의 전 회원인 모이시 로젠(Moishe Rosen) 목사에 의해 히네이니미니스트리(Hineni Ministries)로 설립되었으며, 1973년에 현재 이름으로 법인화되어 지금까지 활발하게 활동하고 있다. https://jewsforjesus.org/stories

이 있다고 말했다.

그런데 그들은 "유대교 연구"만이 아니라, "유대교 연구와 유대인 전도"에 대해서 알고 싶어했기 때문에, 결국 그들은 세계선교학교로 양도되었고 글라서를 만나게 되었다.

이후 글라서는 "유대교 연구와 유대인 전도"(Judaic Studies and Jewish Evangelism) 석사학위 과정을 설립하는 데 중요한 역할을 하고 코디네이터를 맡았다. 인터뷰를 했던 1998년 당시까지 풀러신학교는 유대교 연구와 유대인 전도학 석사학위를 받은 약 40명의 유대인을 배출했다.[153]

글라서는 유대인들에게 복음을 증거하는 데, 유대인의 증거보다 이방인의 증거가 더 효과적이라는 증언을 한다. 왜냐하면, 유대인들이 예수를 믿는 다른 유대인을 대할 때, 그 사람은 범법자(이단), 배교자 등으로 이해하기 때문에 소통하기가 어려운데, 오히려 친절한 이방인은 그런 장벽 없이 복음을 증거할 수 있다는 것이다.

무엇보다 그는 유대인을 사랑해야 한다고 강조한다. "(유대인을) 사랑하는 이방인은 유대인보다 유대인을 더 많이 얻습니다"라는 그의 말은 깊은 여운을 남긴다.[154] 그의 학문 연구와 실천적인 복음 전파를 통해 얻은 지혜의 말이다.

그 시기의 글라서를 회상하는 폴 피어슨의 표현대로 그것은 유대인 친구들에게 문화적으로 민감한 방식으로 복음을 전하려고 했던 그의 노력을 대변하는 말일 수도 있다.

먼저는 유대인에게!
최근 몇 년 동안 그는 그의 신학교 시절부터 이어온 유대인들에게 복음을 전해야 한다는 관심으로 돌아갔다. 세계선교대학원에 유대교 연구와 유대인

---

153 Glasser, interview. Tape 8, 31.
154 Glasser, interview. Tape 8, 31. "Loving Gentiles win more Jews than Jewish."

전도 프로그램을 설립하는 데 중요한 역할을 한 그는 특히 유대인 친구들에게 문화적으로 민감한 방식으로 복음을 전하기 위해 고안된 이러한 운동을 장려해 왔다. 그의 가장 최근 연구와 저술은 이 문제에 집중되어 있다.[155]

이 시기에 아서 글라서의 신학은 군목 경험을 통해, 중국 선교와 추방의 경험을 통해, 교수 사역과 학문 활동을 통해, 선교대회를 통해, <메시아닉 유대인> 신학화 작업을 통해 부단히 성장하였다. 외연으로 보이는 사역이 성장했을 뿐 아니라, 그의 내면에서 하나님 나라를 이해하는 폭과 깊이도 성숙되었다. 하나님 나라와 이스라엘 회복 관점의 신학이 숙성되어 갔다.

5. 하나님 나라와 이스라엘 회복 신학의 수렴(1988-1998)

아서 글라서가 풀러신학교에서 강의의 일선에서 물러날 때부터 완전히 풀러를 떠나기 전까지의 시기(74~84세)를 수렴(Convergence) 단계로 이해한다. 수렴 단계는 지금까지의 생애 여정을 통해 이미 갖춰진 리더의 기술이나 영적 성숙도에 경험까지 융합되어 가장 효과적이고 영향력 있는 리더십을 발휘할 수 있는 단계다.

글라서는 1988년에 풀러신학교에서 강의해 왔던 "선교적 성경신학"을 후임 교수인 찰스 밴 엥겐(Charles Edward Van Engen, 1948-)[156]에게 물려주었

---

155 Pierson, in *The Good News of the Kingdom: Mission Theology for the Third Millennium*, 8.
156 찰스 밴 엥겐(Charles Edward Van Engen, 1948-)은 1988년부터 풀러신학교에서 성경적 선교신학 교수로 재직했는데, 이는 아서 글라서의 후임이었다. 그는 선교의 성서적 기초와 본질, 선교적 교회론, 세계화 시대의 선교신학 등에 대해 다양한 저서와 논문을 썼다.

다.[157] 이후 풀러신학교의 명예 학장으로 활동하다가 1999년 은퇴하고[158] 아내와 함께 워싱턴주 시애틀로 옮긴다. 수업을 후임에게 물려주었으나, 풀러신학교의 명예 학장으로 남아 있으면서 학문 활동을 통해 하나님 나라와 이스라엘 회복 관점을 정립하고 알리는 영향력을 발휘하였다.

이 시기의 활동은 주로 저술을 통해 이뤄졌다. 그래서 서지 정보를 살펴보는 것이 중요하다. 주요 자료는 *The Good News of the Kingdom: Mission Theology for the Third Millennium*(Orbis Books, 1993)[159]이다. 찰스 밴 엥겐이 편집한 이 책의 둘째 챕터에서 딘 S. 길릴랜드(Dean S. Gilliland, 1928-2013)[160]가 아서 글라서의 서지 정보를 정리해 두었다. 1946년부터 1993년까지 총 47년 동안에 생성된 총 237건이 연도별로 정리되어 있다.

본 장에서는 그 정보를 학술 종류별, 잡지별, 연도별, 주제별로 분석한다. 특히, 수렴기에 주로 이뤄진 유대인 관련 자료들을 분류·분석한다.

1) 유대인 관련 자료 빈도

1946년부터 1993년까지의 자료 중에서 후반부인 1988년에서 1993년까지 유대인 관련 자료가 집중적으로 나타난다. <그림 16>에서 주황색 V로 표시된 것이다.

<그림 16>은 서지 정보가 담겨 있는 11~22쪽 중 4장만 샘플로 제시한 것이다. 맨 처음 제시한 11쪽에 등재된 목록에서는 전혀 발견되지 않았

---

157 Kraft, *SWM/SIS at Forty: A Participant/Observer's View of Our History*, 186, 89.
158 Kraft, *SWM/SIS at Forty: A Participant/Observer's View of Our History*, 290, 97. 글라서는 1999년에 풀러신학교를 공식 은퇴하였다. 그의 나이 85세였다.
159 Engen, Gilliland and Pierson, *The Good News of the Kingdom*, 11-22.
160 딘 S. 길릴랜드(Dean S. Gilliland)는 풀러신학교 세계선교학교에 글라서가 원장으로 있던 1977년에 등용되어 글라서가 소천한 후인 2011까지 재직했다. 글라서가 풀러신학교에서 활동했던 시기(1970-1999)와 20여 년이 겹치는 기간 동안 글라서를 경험하며 동역했다.

제3장 아서 글라서의 생애와 사역   135

던 유대인(Jews) 관련 주제들(주황색 표시)이 1988년(p.20) 저술부터 집중적으로 나타나 1993년(p.22)까지 계속적으로 나타난다. 1992년 저술은 모두 이에 포함된다.

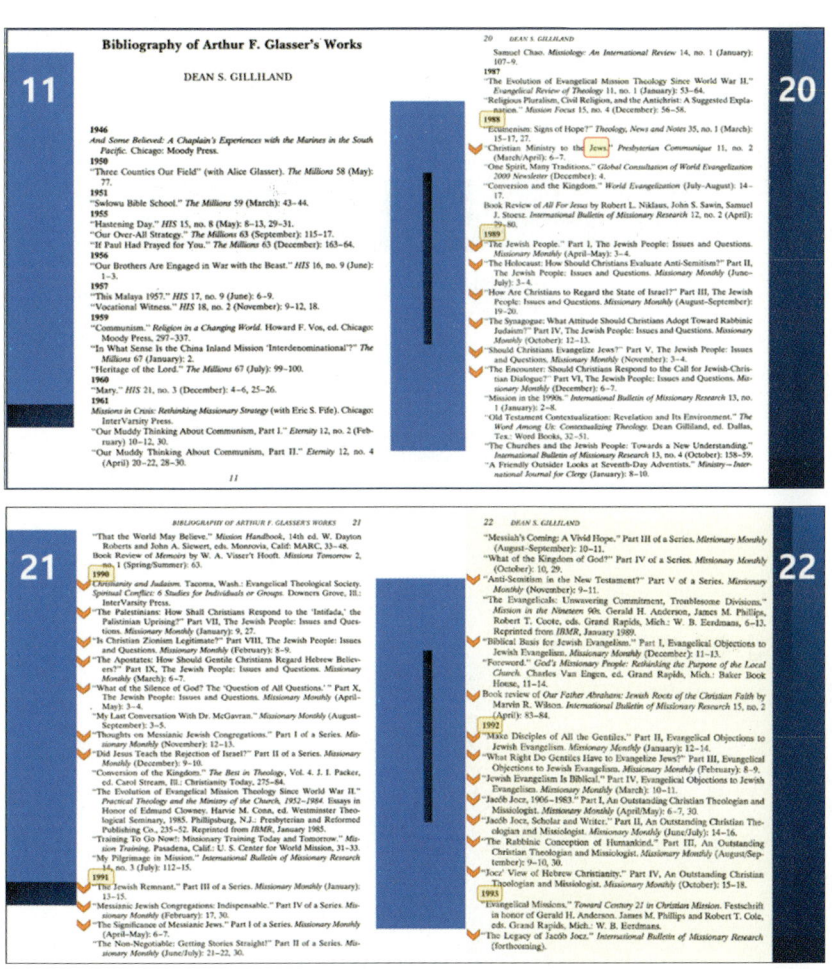

<그림 16> 서지 정보 중 유대인 관련 자료[161]

---

161 서지 정보가 기록된 11~22쪽 중 11, 20, 21, 22쪽의 사진이다.

2) 학술 종류별 분류

총 237건을 학술 종류별로 분류한 결과는 <그림 17>과 같다. 237건 중 글라서의 단행본은 4권이고, 3인 이상의 저자와 공저하거나 다른 사람의 책에 기고하여 섹션으로 동참한 경우는 35건이며, 북 리뷰가 5편, 잡지에 수록된 저널이 193편이다.

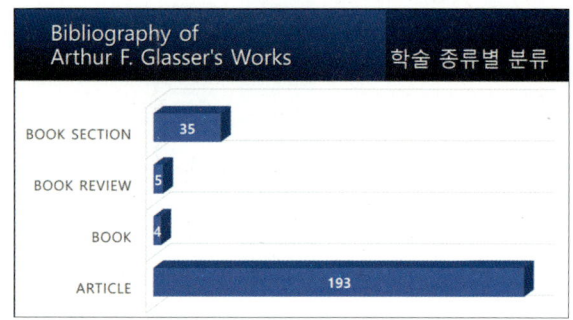

<그림 17> 학술 종류별 분류[162]

3) 잡지별 분류[163]

글라서의 저작 활동 중에 잡지에 수록된 저널이 193편으로 가장 많다. 그가 쓴 북 리뷰도 잡지의 저널로 실린 경우가 많기에, 저널 193편에 북 리뷰 5편을 합하여 총 198편을 잡지별로 분류해 보면 <그림 18>과 같다.

---

162 이 서지 정보에 나타난 단행본 4권은 다음과 같다. *And Some Believed*(1946), *Missions in Crisis*(1961), *Contemporary Theologies of Mission*(1983), *Spiritual Conflict*(1990). 본 연구자는 이 목록에 들어 있지 않은 단행본의 추가 목록을 제2장 선행 연구 도서 부문에서 밝혀 두었다.

163 Engen, Gilliland and Pierson, *The Good News of the Kingdom*, 11-22. 본 장에서 논의되는 저널은 이 서지 정보에 한정된 내용임을 거듭 밝힌다.

잡지별 분류를 많은 수로부터 4가지만 정리하면 다음과 같다. *East Asia Millions*(59편, 30%), *Missiology*(34권, 17%), *Missionary Monthly*(28권, 14%), *HIS*(10권, 5%) 등이다.

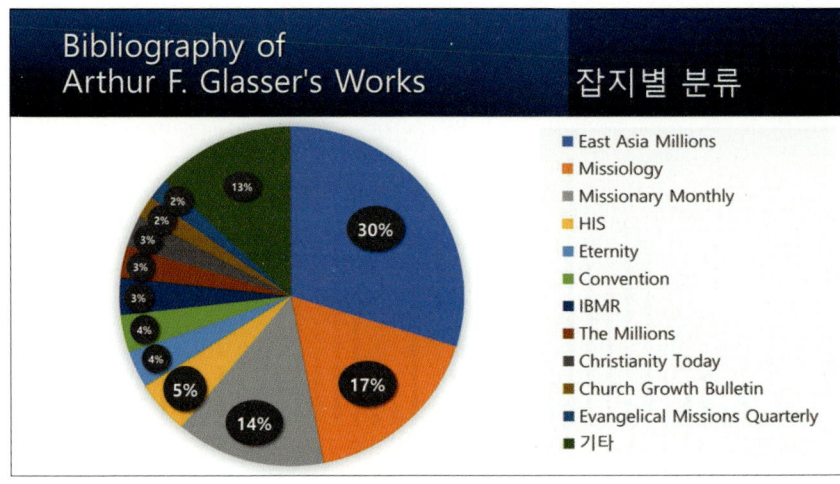

<그림 18> 잡지별 분류[164]

4) 연도별 분류

아서 글라서의 서지 정보 237편을 연대별로 분류한 결과는 <그림 19>와 같다. 가장 활발하게 활동했던 해는 1965년으로 18편을 썼다. 그 다음은 12편을 쓴 해가 네 번(1962, 1968, 1989, 1990)이다. 전체 그래프에서 추이를 살펴볼 필요가 있는데, 1946년부터 1987년까지 약 40년에 걸쳐서 두 번 나타난 데 비해, 1989년과 1990년에 두 번 연거푸 나타난다는 것은 글라서에게 특별한 저작 동기와 열정이 생겨났음을 반영한다.

---

164   Engen, Gilliland and Pierson, *The Good News of the Kingdom*, 11-22. <그림 18>은 저널 198편을 잡지별로 분류한 결과다.

아래 그림에서 노란색으로 표시된 후반부의 작업수가 평균적으로 높은 것을 볼 수 있다. 노란색으로 표시된 후반부의 저작 내용은 유대인이나 이스라엘과 관련된 내용들이다.

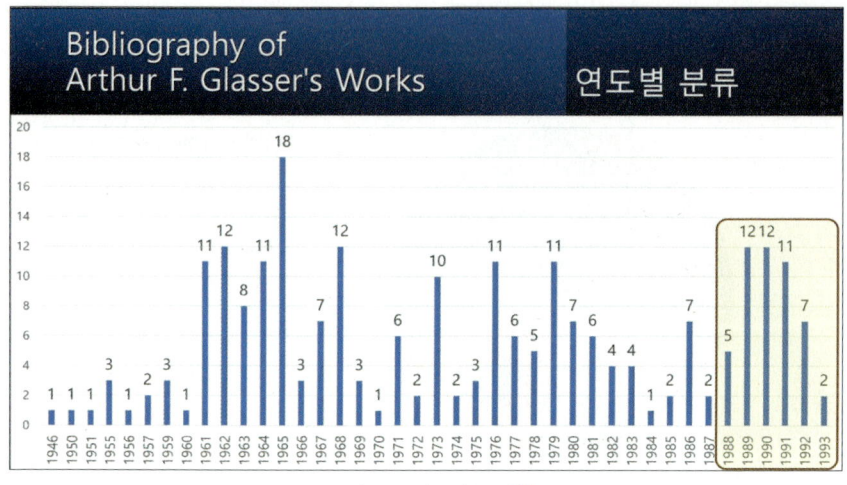

<그림 19> 연도별 분류[165]

한 해에 6회 이상 저작 활동을 한 해만 분류해 보아도, 노란색으로 표시되어 있는 후반부의 저작 활동이 평균 이상이다. <그림 20>과 같다.

---

[165] <그림 19>는 서지 정보 237편을 저작 연대별로 정리한 결과다.

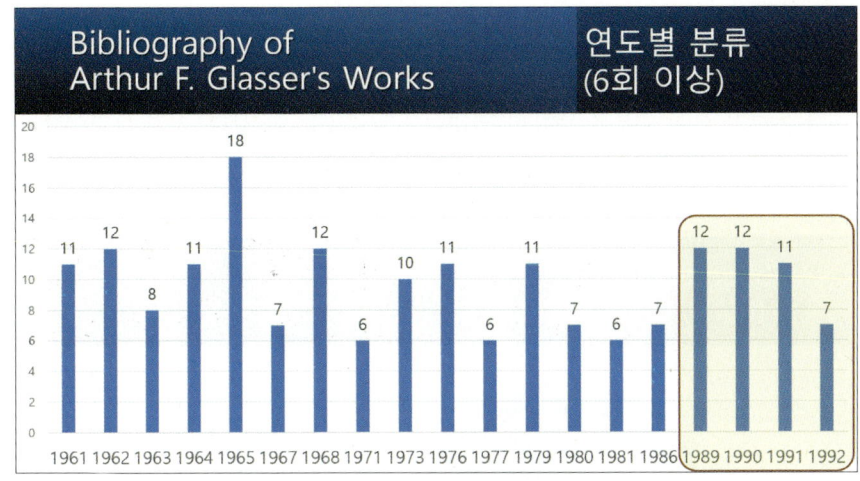

<그림 20> 연도별 분류 (6회 이상)[166]

 1988년에서 1993년까지 6년 중 4년이 6편 이상의 저작 활동을 보임으로써 평균 이상의 활발한 활동이 일어났음을 보여준다. 1992년을 예로 들 때, 아서 글라서의 나이는 78세였다. 그가 생애 후반부에 열정적으로 글을 쓸 수밖에 없었던 것은 학자로서 남기고 싶은 주제를 발견했기 때문이라고 생각하는 것은 자연스러운 추론이다.

 다음 장부터 본격적으로 다루겠지만, 과연 글라서의 생애 후반에 그는 본인의 "남은 인생 동안 함께할" 새롭고 중요한 주제를 발견하였다. 그는 그 주제에 대해 배우고 연구하기 위해 열심을 내었을 뿐 아니라, 그것을 알리고 공유해야 한다는 사명감을 느끼고 있음을 고백했다.[167]

---

166 <그림 20>은 한 해에 6회 이상 저작 활동을 한 해만 분류한 결과다.
167 Glasser, "The Jewish People," 3.

5) 주제별 분류

총 237건을 주제별로 분류한 결과는 <그림 21>과 같다. 세계선교(World Mission)가 95건, 선교학(Missiology) 91건, 신학(Theology) 49건이다.

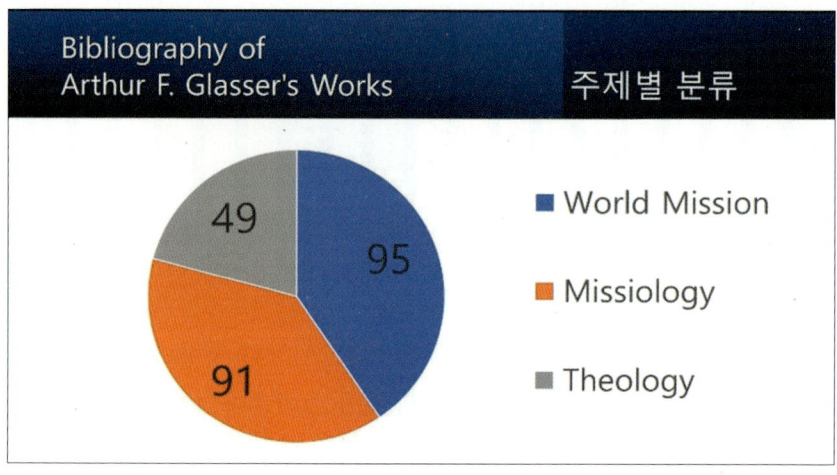

<그림 21> 주제별 분류[168]

주제별로 세분하면 <그림 22>와 같다. 단일 주제로 유대인과 관련된 건수가 29건인데, 전체 47년간의 자료 중에서 유대인 관련 자료가 등장한 것이 1988년에서 1993년까지 6년인 것에 비하면 높은 비율이다.

---

[168] <그림 21>은 그의 저작 활동을 주제별로 분류한 결과다.

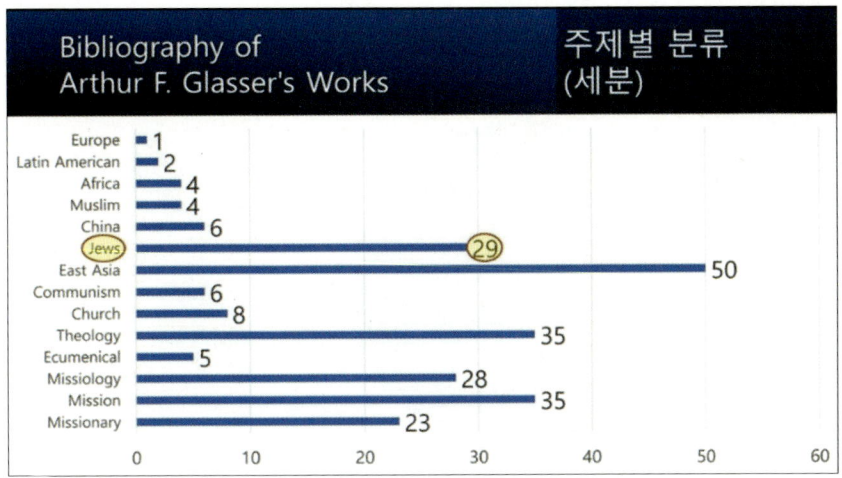

<그림 22> 주제별 분류 (세분)[169]

    주제별 분류를 세분할 때, East Asia를 다룬 글이 50편으로 가장 많고, 신학(Theology)과 세계선교(World Mission)를 다룬 글이 35편으로 두 번째 많았다. 그리고 유대인(Jews) 문제를 다룬 글이 29편으로 세 번째 많았다. 선교학(Missiology)을 다룬 글은 28편으로 네 번째다.

    신학, 선교, 선교학 등이 포괄적인 주제인 것을 감안한다면, 단일 주제인 유대인 문제에 대해서 쓴 글의 비중이 얼마나 높은지 알 수 있다.

    주제별 분류 중에서 다시 세계선교에 관련된 글들만 모아서 분류한 결과는 <그림 23>과 같다.

---

[169] <그림 22>는 저널의 주제별 분류를 세분할 때의 결과다.

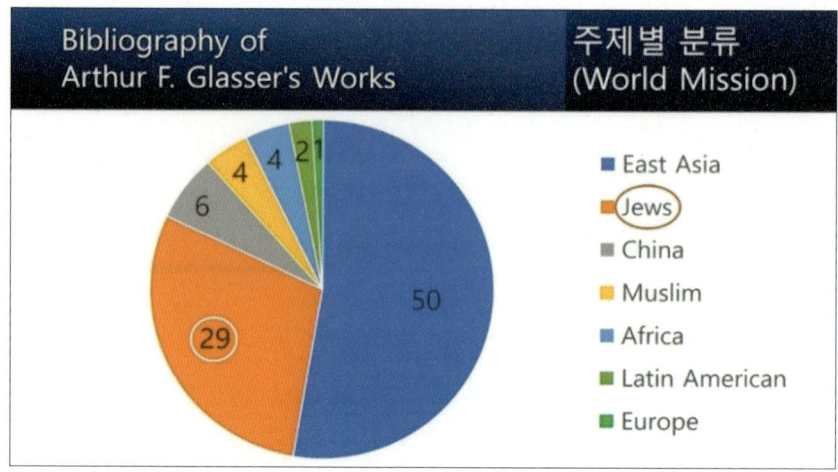

<그림 23> 주제별 분류 (세계선교)[170]

구체적인 지역이 나타나 있는 세계선교 관련 글들만 분류해 보아도 유대인 관련 비율은 두 번째로 높다. 그가 중국 선교사였던 것을 감안하면, 동아시아를 다룬 글이 50편으로 가장 많은 것은 당연한 결과라고 할 수 있다.

그런데 그 동아시아 관련 50건 안에는 라오스,[171] 타이완,[172] 태국,[173] 일본,[174] 인도네시아,[175] 인도,[176] 중국[177] 등 다양한 국가가 포함되어 있다.

---

[170] <그림 23>은 주제별 분류 중에서 다시 세계선교 관련한 글들만 모아서 분류한 결과다.

[171] Arthur Frederick Glasser, "Laos Facing the Hard Questions Raised by the Present Crisis," *East Asia Millions* 69, July (1961): 99-100.

[172] Arthur Frederick Glasser, "Taiwan: Its Church and Our Mission, Cooperation Unlimited?," *East Asia Millions* 70, August-September (1962): 115-18.

[173] Arthur Frederick Glasser, "Central Thailand," *East Asia Millions* 71, April (1963): 51-52.

[174] Arthur Frederick Glasser, "Wintertime in Japan," *East Asia Millions* 72, February (1964): 19.

[175] Arthur Frederick Glasser, "Why the Reds Failed in Indonesia," *Eternity* 17, April (1966): 12-14, 47.

[176] Arthur Frederick Glasser, "What Has Been the Evangelical Stance, New Delhi to Uppsala?," *Evangelical Missions Quarterly* 5, Spring (1969): 129-50.

[177] Arthur Frederick Glasser, "Success and Failure in the China Mission," *International Reformed Bulletin* 18, no. 61 (1975): 2-21.

심지어 1973년 한국 서울에서 열린 전아시아선교협의회와 1975년 서울에서 열린 아시아선교협회 창립대회의 공식 보고서를 담아 조용기 목사가 편찬한 책에 글라서가 쓴 글도 포함되어 있다.[178]

이런 사실을 감안하면, 유대인 단일 주제로 쓴 글 29편은 눈에 띌 정도로 높은 빈도다.

6) 유대인 전도 관련 글 분류

1988년부터 1993년까지 등장하는 유대인 전도 관련 글을 연도별로 분류하여 그 횟수를 정리하면 <그림 24>와 같다.

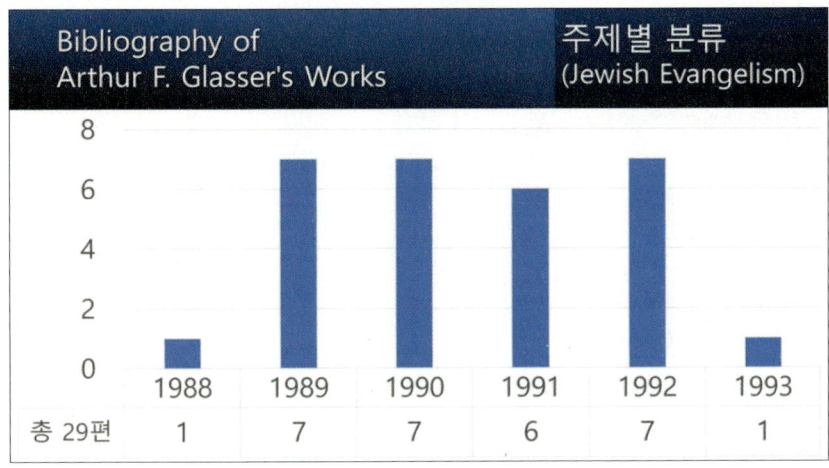

<그림 24> 유대인 전도 관련 글 분류[179]

---

178 Arthur Frederick Glasser, "Timeless Lessons from the Western Missionary Penetration of China," in *New Forces in Missions--the Official Report of the Asia Missions Association*, ed. David J. Cho (서울: East-West Center for Missions Research and Development, 1976), 178-202.

179 <그림 24>는 유대인 전도를 주제로 하는 글들을 연도별로 분류한 결과다.

글라서가 유대인 관련 글을 쓸 때, 그가 가진 최고의 관심사는 유대인들의 영혼 구원이었음을 알 수 있다. 유대인 관련 글 29편을 핵심어와 제목으로 정리하면 다음 <표 2>와 같다.

<표 2> 유대인 관련 저널 목록[180]

#	연도	핵심어	제목
1	1988	Jews	Christian Ministry to the Jews.
2	1989	Holocaust	The Holocaust: How Should Christians Evaluate Anti-Semitism?
3	1989	Israel	How Are Christians to Regard the State of Israel?
4	1989	Jewish People	The Jewish People.
5	1989	Jewish People	The Churches and the Jewish People: Towards a New Understanding.
6	1989	Jewish-Christian Dialogue	The Encounter: Should Christians Respond to the Call for Jewish-Christian Dialogue?
7	1989	Evangelize Jews	Should Christians Evangelize Jews?
8	1989	Synagogue	The Synagogue: What Attitude Should Christians Adopt Toward Rabbinic Judaism?
9	1990	Hebrew Believers	The Apostates: How Should Gentile Christians Regard Hebrew Believers?
10	1990	Israel	Did Jesus Teach the Rejection of Israel?
11	1990	Jewish People	What of the Silence of God? The 'Question of All Questions.'
12	1990	Judaism	Christianity and Judaism.
13	1990	Messianic Jewish Congregations	Thoughts on Messianic Jewish Congregations.
14	1990	The Palestinians	The Palestinians: How Shall Christians Respond to the "Intifada," the Palestinian Uprising?
15	1990	Zionism Legitimate	Is Christian Zionism Legitimate?
16	1991	Anti-Semitism	Anti-Semitism in the New Testament?
17	1991	Jewish Evangelism	Biblical Basis for Jewish Evangelism.
18	1991	Jewish Remnant	The Jewish Remnant.
19	1991	Jewish Roots	Book review of Our Father Abraham: Jewish Roots of the Christian Faith.
20	1991	Messianic Jewish Congregations	Messianic Jewish Congregations: Indispensable.
21	1991	Messianic Jews	The Significance of Messianic Jews.
22	1992	Evangelize Jews	What Right Do Gentiles Have to Evangelize Jews?

---

180 유대인 관련 저널 29편의 제목 목록이다. 그 내용들은 제6장에서 집중 조명할 것이다.

23	1992	Jacób Jocz	Jacób Jocz, 1906–1983.
24	1992	Jacób Jocz	Jacób Jocz, Scholar and Writer.
25	1992	Jacób Jocz	Jocz' View of Hebrew Christianity.
26	1992	Jewish Evangelism	Make Disciples of All the Gentiles.
27	1992	Jewish Evangelism	Jewish Evangelism Is Biblical.
28	1992	Rabbinic Conception	The Rabbinic Conception of Humankind.
29	1993	Jacób Jocz	The Legacy of Jacób Jocz.

1988년부터 1993년까지 글라서가 해마다 쓴 글의 편수는 각각 5편(1988), 12편(1989), 2편(1990), 11편(1991), 7편(1992), 2편(1993) 등이다. 그중 유대인을 이해하고 그들에게 효과적으로 복음을 전하기 위해 쓴 글의 편수는 1편(1988), 7편(1989), 7편(1990), 6편(1991), 7편(1992), 1편(1993) 등이다.

7) 1988년의 의미

서지 정보를 정리하다 보면, 1988년은 글라서의 저술 활동에서 큰 전환점이 된 중요하고도 특별한 해였음을 알 수 있다. 1990년에 기록한 "나의 선교 순례"에서 글라서는 그의 생애에서 1988년이 가진 의미를 밝힌다.

> 최근에 개인적으로 가장 흥분한 부분은 무엇인가?
> 풀러신학교의 리더들이 우리가 유대교 연구와 유대인 전도에 관한 2년제 석사 프로그램을 시작할 수 있도록 기꺼이 허락한 것이다. 1988년 여름의 프로그램은 최고 수준이었고, 우리는 하나님께서 이 프로그램을 통해 우리를 위해, 우리를 통해 "새로운 일"을 하고 계시다는 것을 확신할 수 있었다.[181]

---

[181] Glasser, "My Pilgrimage in Mission," 115.

1988년은 그가 풀러신학교에서 "유대주의 연구와 유대인 전도를 위한 M.A. 프로그램"을 시작한 때다. 또 1970년부터 강의하던 <선교적 성경신학>을 후임 교수인 찰스 밴 엥겐에게 물려준 해이기도 하다.[182]

> 더 나아가 세계선교 학교는 교수진에 찰스 밴 엥겐을 추가했다. 그는 나의 후임이자 그 이상이며 그가 "이때를 위해 왔다"는 것을 기뻐한다. 선교 중인 교회들은 앞으로 그에게 많은 소식을 듣게 될 것이다.[183]

당시 글라서의 나이가 이미 74세인 것을 감안하면, 수업을 물려줌과 함께 사역의 일선에서 물러나게 될 가능성이 많다. 하지만, 그해에 아서 글라서는 새로운 일을 시작하고 흥분을 감추지 못하고 있다. 생애 전체를 통해 고민하고 훈련하고 정립했던 하나님 나라와 이스라엘 회복 관점을 연구하는 학위 프로그램을 개설할 수 있었기 때문이다. 앞에서 살펴본 자료들의 연도를 참고하면, 이때부터 아서 글라서의 저작 활동은 더욱 활발해졌음을 알 수 있다. 남은 생애 동안 마무리해야 할 사명을 재발견한 것이다.

요컨대, 글라서에게 1988년은 그가 정립해 온 이스라엘 회복 관점을 학위 프로그램으로 실현해 낸 중차대한 의미가 있는 해다.

---

[182] Kraft, *SWM/SIS at Forty: A Participant/Observer's View of Our History*, 186, 89.

[183] Glasser, "My Pilgrimage in Mission," 115. "Furthermore, the School of World Mission has added to the faculty Charles Van Engen. He is my replacement plus much more and I rejoice that he has "come to the kingdom for such a time as this." Churches in mission are going to hear a great deal of him in the days ahead."

<그림 25> 아서 글라서 교수와 찰스 밴 엥겐 교수가 함께[184]

6. 하나님 나라와 이스라엘 회복 신학의 잔광(1999-2009)

로버트 클린턴이 구분하는 리더십 형성의 마지막은 잔광(Afterglow) 또는 축제(Celebration)의 단계다. 리더가 자신의 삶과 사역을 잘 마무리하고, 새로운 리더를 멘토링하며, 후세대에 계속해서 영향을 끼칠 만한 유산을 남기는 시기다.

아서 글라서의 생애에서는 공인으로서의 활동을 마친 1999년부터 2009년에 소천할 때까지 해당한다(85~95세). 글라서는 1999년에 풀러신학교를 은퇴하고 아내와 함께 워싱턴주 시애틀로 이사했다. 삶과 사역을 마무리하는 10여 년의 시간을 통해 그가 후세대에 남기고 간 잔광이 아름답다. 그의 인격과 삶, 유대인 구령, 선교학 공헌에 관한 회고를 통해 그가 남긴 하나님 나라와 이스라엘 회복 관점을 정리한다.

---

[184] Arthur Frederick Glasser, "Jacób Jocz, Scholar and Writer," *Missionary Monthly* An Outstanding Christian Theologian and Missiologist, Part II (June-July 1992): 14. 1992년 *Missionary Monthly* 6-7월호에 게재된 사진과 소개문이다. "Dr. Arthur F. Glasser(L), shown with a colleague at the Fuller Theological Seminary School of World Mission, Dr. Charles Van Engen(R), an ordained minister of the Reformed Church in America."

1) 인격과 삶에 대한 회고

신앙과 삶이 분리되지 않는 삶, 신학이 인격 속에 녹아 있는 삶을 지향하는 것이 그리스도인이기에 글라서의 삶을 가까이서 지켜본 지인들의 증언은 그의 인격을 이해하는 데 도움이 된다. 동료 학자 폴 피어슨(Paul E. Pierson)[185]은 이렇게 평가했다.

> 풀러세계선교학교 교수진의 일원으로서 누리는 특권 중 하나는 매주 수요일 두 시간 동안 동료들과 함께 점심을 먹고, 개인적인 관심사를 나누며 기도하고, 선교 과업에 대해 함께 성찰하는 것이었습니다. 이 글을 쓴 사람에게 있어, 아서 글라서와 함께 그렇게 12년을 보낸 것은 말로 다할 수 없는 특권이었습니다.
>
> 이런 독특한 인물을 어떻게 묘사할 수 있을까요? 그의 생애 여정의 중심에는 철저히 성경적인 그리스도인이 되고자 하는 열망이 자리 잡고 있었는데, 그런 사람은 결코 단순한 분류의 틀로 규정할 수 없습니다. 그의 신앙과 삶의 중심에는 성육신, 십자가, 부활, 그리스도의 주권이 자리 잡고 있습니다. 여기에 성경의 권위에 대한 강한 신념과 성경의 명령을 연구하고, 성찰하며, 이해하고, 삶으로 실천하고자 하는 열망이 수반됩니다. 이와 함께 그는 모든 인종, 언어, 문화의 사람들이 그리스도를 알고

---

[185] 폴 피어슨(Paul E. Pierson)은 미국 캘리포니아주 토랜스시의 독실한 침례교인 가정에서 태어났다. 그는 캘리포니아주립대학(버클리 캠퍼스)을 졸업하고, 프린스턴신학교에서 신학석사학위와 박사학위를 취득했으며, 16년 동안 브라질과 포르투갈에서 선교사로 일했고, 7년 동안 캘리포니아주 프레즈노에 있는 퍼스트장로교회 목사로 시무하였다. 풀러신학대학원 선교학과 학장을 지내며 선교역사신학과 중남미 선교 연구학을 가르쳤으며 아서 글라서를 이어 풀러신학대학 세계선교대학원의 3대 원장(1980-1992)을 역임했다.

그분의 제자가 될 기회를 갖도록 하는 일에 열정적인 관심을 보였습니다.[186] 이러한 확신의 안정감과 그에게 허락된 경험의 폭은 그가 에큐메니컬 활동과 사회적 관심 분야에서 폭넓게 활동할 수 있게 해주었습니다. 중심이 강하고 안정감이 있는 그는 신학적으로 다른 사람들과 관계를 맺는 것을 두려워하지 않았으며 복음에 비추어 다양한 문제를 검토하는 것도 두려워하지 않았습니다. 끊임없이 배우고 진리의 새로운 측면을 발견하고자 하는 그의 열정, 신선한 겸손함, 그리고 전염성 있는 열정 덕분에, 아서 글라서는 동료 교수들에게 언제나 영감을 주는 자극제이자 친구였습니다.[187]

<그림 26>[188] 풀러신학교 선교대학원 역대 원장이 함께[189]

---

186 Engen, Gilliland and Pierson, *The Good News of the Kingdom*, 9.
187 Engen, Gilliland and Pierson, *The Good News of the Kingdom*, 9.
188 Kraft, *SWM/SIS at Forty: A Participant/Observer's View of Our History*. 이 책 앞 부분에 실린 역사적인 사진이다. 찰스 크래프트가 저술한 이 책은 풀러신학교 세계선교학교(SWM: School of World Mission), 현재는 문화간연구학교(SIS: School of Intercultural Studies)라고 불리는 학교의 처음 40년을 기록하려는 시도에서 탄생했다. 크래프트는 학교의 첫 4년을 제외하고 모든 발전에 깊이 관여한 중요한 인물로서, 그 역사를 직접 경험한 사람의 입장에서 기록했다.
189 제1대 도널드 맥가브란(1965-1971, 가운데), 제2대 아서 글라서(1971-1980, 오른쪽), 제3대 폴 피어슨(1980-1992, 왼쪽)이 한 자리에 모여 찍은 사진이다. 1987년, 맥가브란이 90세일 때다. 참고 문헌에는 흑백 사진으로 게재되어 있는데, 정용암 교수가 색상화(컬러라이즈, Colorize)하였다.

당시 풀러세계선교학교의 학장이었던 글라서 박사의 비서[190]로 일하며 6년 동안 그를 지켜본 글렌 J. 슈워츠(Glenn J. Schwartz, 1938-2022)[191]가 글라서의 장례식에서 남긴 회고를 통하여 그의 인격적인 면모를 볼 수 있다.[192]

> 글라서 박사의 독특한 인품을 보여주는 한 가지 사건이 생각납니다. 그와 함께 일한 지 2년쯤 되었을 때, 제가 한 일 때문에 그가 언짢아하던 일이 있었습니다(대부분의 사람은 제 행동에 언짢아하기까지 2년을 기다리지 않죠). 그는 제게 그 문제에 대해 이야기하며 자신이 어떤 점에서 이해가 되지 않는다고 말했습니다. 저는 즉시 그를 불편하게 만든 제 행동에 대해 사과했습니다. 그는 제 사과를 받아들였고, 제가 그의 비서로서 맡은 역할에 대해 즉시 불편한 마음을 풀었습니다. 문자 그대로 2분 만에 문제가 해결되었고, 그 후 4년 동안 그와 같은 일은 다시 일어나지 않았습니다. 우리가 그런 관계를 가질 수 있었다는 것은 그의 인품의 훌륭함을 보여줍니다. 6년간의 좋은 협력 관계 중에 2분간의 불편함이라니, 정말 놀라운 일입니다.
>
> 글라서 박사는 저에게 정말 겸허함을 느끼게 할 정도로 큰 관심을 가져주셨습니다. 그는 저를 믿었을 뿐만 아니라, 그 믿음을 자주 말로 표현해 주셨습니다. 제가 스스로를 믿기 어려울 때조차도 그는 저를 믿어주셨습니다.[193]

---

190 Kraft, *SWM/SIS at Forty: A Participant/Observer's View of Our History*, 121. *SWM/SIS at Forty*의 6장 글라서 시대(The Glasser Era)에 늘어나는 선교학교의 행정 처리를 위해 원장의 비서로 글렌 슈워츠가 6년(1973-1979) 동안 사역했던 역사가 담겨 있다.

191 글렌 슈워츠(Glenn J. Schwartz, 1938-2022)는 아프리카 잠비아 선교사였다(1961-1971). 1974년에 풀러신학교에서 선교학 석사학위를 마친 후, 당시 학장이었던 아서 글라서의 행정 비서로 SWM 교수진에 합류하여 6년 동안 이 역할을 감당했다. 1984년 세계선교협회(World Mission Associates)를 설립하여 30년 동안 섬겼다. *When Charity Destroys Dignity*(자선이 존엄성을 파괴할 때)의 저자다. Wallace, "Obituary for Glenn J. Schwartz," *Wallace Funeral Directors Inc.* (Lancaster, PA), August 26, 2022, accessed December 13, 2023, http://tinyurl.com/5kxemnw7.

192 Glenn J. Schwartz, "Tribute to Dr. Arthur F. Glasser Like Enoch of Old: He Walked with God," Funeral Address(Pasadena), 2010.

193 Schwartz, "Tribute to Dr. Arthur F. Glasser Like Enoch of Old," 10. "He not only be-

아서 글라서는 95세의 일기로 생을 마감했다(December 8, 2009). 아내 앨리스 올리버(Alice Oliver) 여사를 먼저 떠나보낸 후 3년 만이었다. 여사와의 사이에서 세 자녀를 남겼다. 생애 마지막 몇 년은 시애틀에 있는 시니어센터(Great Shepherds Adult Family Homes)에서 돌봄을 받았다.[194]

흥미롭게도 아서 글라서가 그의 말년을 지낸 시니어센터는 바로 아내 앨리스 여사가 생의 말년을 지낸 곳이었다. 버스를 타고 몇 킬로미터를 가야 하는 곳에 따로 살았던 글라서는 할 수 있는 한 매일 충실하게 그녀를 방문했다. 그런데 아내를 떠나보내고 자신의 건강 상태가 악화되자 그녀가 마지막 날 살았던 같은 시설, 같은 방, 같은 위치의 침대에서 지냈다. 글라서 자신도 그것은 참 이례적인 일이라고 말했다.[195]

그곳을 방문하기도 했던 글렌은 자신의 <회고사>에서 글라서의 생애 마지막 부분에 대한 기억을 다음과 같이 전했다. 이 증언들은 글라서가 마지막 순간까지 어떠한 신앙과 인격으로 살아갔는지를 보여준다.

> 지난 1년 동안, 그는 저와 심지어 자신의 가족들까지도 알아보지 못했습니다. 그것은 우리에게 받아들이기 어려운 일이었습니다. … 그의 딸 앤(Ann)과 저는 그가 돌봄을 받고 있던 집에서 그를 방문했습니다. 우리는 가능한 한 많은 대화를 나눴고, 마지막에는 제가 떠나기 전에 기도할 수 있는지 물었습니다. 물론 그는 동의했고, 저는 기도했습니다. 저의 기도가 끝난 후, 그는 기도하고 싶다고 말했습니다. 그가 기도했을 때, 그 기도가 얼마나 일관되었는지, 그가 기도하는 부분의 뇌가 여전히 잘 보존되어 있음을 보여주었기에 우리는 놀랐습니다.

---

lieved in me, but he often told me so. He believed in me when I sometimes found myself struggling to believe in myself."

194　The-Seattle-Times, "Arthur Glasser Obituary."
195　Schwartz, "Tribute to Dr. Arthur F. Glasser Like Enoch of Old," 10. "His bed was in the same corner of the same room as hers and he once remarked that it is an unusual thing to be staying in the same room that his dear wife lived the last year or two of her life."

시애틀에서 지내던 그 시절, 저는 그가 크리스타시니어센터에 있는 방에서 성경을 집중해서 읽고 있는 모습을 자주 보았습니다. 그는 성경의 구절들에 밑줄을 긋고, 강조 표시를 하고, 때로는 그 위에 글을 써서 펜 끝으로 그 글자들이 굵게 보이게 만들었습니다.[196]

그는 자신이 필요하지 않은 물건을 제거하기 위해 주기적으로 차고를 뒤진다는 말을 한 적이 있습니다. 그는 다음과 같은 놀라운 말을 했습니다. "나는 주님께서 오셔서 내가 필요하지 않은 물건을 쌓아둔 것을 발견하지 않기를 원합니다."[197]

그는 시애틀의 시니어센터에 있는 그의 방에 텔레비전을 가지고 있었습니다. 나는 그가 그것을 사용하는 것을 한 번도 본 적이 없습니다. 아예 천으로 덮여 있었습니다. 대신에 그의 방에 들어갔을 때 나는 그가 성경을 숙고하거나 책을 읽고 있는 것을 발견했습니다. 그것은 나에게 너무 높은 기준이지만 스스로에게 상기시킬 가치가 있는 모범입니다.[198]

나는 친구, 후원자, 형제, 지상에서 그리스도의 사랑의 모범을 잃었습니다.[199] … 저는 아서 글라서 박사의 삶을 존중하는 가장 좋은 방법은 그가 그의 삶을 살았던 방식으로 우리의 삶을 살기로 개인적인 헌신을 하는 것이라고 믿습니다. 즉, 그리스도와 지상명령을 우리 삶의 최우선 순위로 삼는 것입니다.[200]

---

196 Schwartz, "Tribute to Dr. Arthur F. Glasser Like Enoch of Old," 4-5.
197 Schwartz, "Tribute to Dr. Arthur F. Glasser Like Enoch of Old," 11. "I would not want the Lord to come and find me with an accumulation of things I do not need."
198 Schwartz, "Tribute to Dr. Arthur F. Glasser Like Enoch of Old," 11. "That is too high a standard for me, but it is an example worth reminding ourselves about."
199 Schwartz, "Tribute to Dr. Arthur F. Glasser Like Enoch of Old," 10.
200 Schwartz, "Tribute to Dr. Arthur F. Glasser Like Enoch of Old," 10. "But I believe the best way to honor the life of Dr. Arthur Glasser is to make a personal commitment to live our lives the way he lived his – to make Christ and the Great Commission the highest priorities in our lives."

<그림 27>[201] 앨리스 글라서 여사와 아서 글라서 박사[202]

<그림 28> 노년의 아서 글라서 박사[203]

---

201 Engen, Gilliland and Pierson이 공저한 *The Good News of the Kingdom*(1993)의 내부 표지 사진이다.

202 아서 글라서(1914-2009)는 앨리스 글라서(1918-2006)와 1942년에 결혼했다. 2006년에 아내를 먼저 보내기까지 64년 동안 향유한 결혼 생활에서 세 자녀(Sam, Ann and Carol Glasser)를 남겼다. 앨리스 글라서 여사는 향년 88세에, 아서 글라서 박사는 95세에 각각 생을 마감하였다.

203 왼쪽은 1989년 *Missionary Monthly*에 게재된 사진, 오른쪽은 은퇴 후의 모습으로 추정된다.

이 삶을 다 지켜본 글렌은 아서 글라서 박사의 장례식 회고사 제목에서 그를 "에녹처럼 하나님과 동행한 사람"이라고 표현했다.[204]

2) 유대인 구령에 대한 회고

앞에서 살펴본 글라서의 신앙 여정과 신학의 형성 과정을 통하여 글라서의 신앙과 신학의 지평이 확장되어 온 흐름을 파악할 수 있었다.

글라서는 분명 개혁장로교 출신이다. 그의 비서 글렌 J. 슈워츠는 "말년에 그는 그 신학의 보다 보수적인 교리 중 많은 부분을 포기했지만, 여전히 자신의 칼빈주의적, 개혁주의적, 장로교적 뿌리에 충실했다"라고 증언한다. 폴 G. 히버트(Paul Gordon Hiebert, 1932-2007)[205]는 글라서 박사를 "열린 복음주의자"라고 불렀다.[206] 그는 복음에 대한 보수적인 기준을 확고히 유지하면서도, 교리에는 매이지 아니하는 열린 자세를 견지했다.

스튜어트 다우어만(Stuart Dauermann, 1944-)[207]은 글라서에 대한 헌사에서 "나는 그처럼 강한 신념을 가진 복음주의자, 그처럼 넓은 인맥을 가진 사람을 본 적이 없다. 그는 강한 신념을 가지고 있으면서도 매우 넓은 마음을 가지고 있었다"고 평했다.[208]

204　Schwartz, "Tribute to Dr. Arthur F. Glasser Like Enoch of Old: He Walked with God."
205　폴 G. 히버트(Paul G. Hiebert)는 선교인류학의 선구자적 학자다. 1977-1990년에 글라서가 선교대학원장이던 풀러신학교에서 동역했다. https://www.hiebertcenter.org/paul-hiebert
206　Schwartz, "Tribute to Dr. Arthur F. Glasser Like Enoch of Old," 7. "Dr. Glasser was what Dr. Paul Heibert called an 'open evangelical.'"
207　스튜어트 다우어만(Stuart Dauermann)은 풀러신학교에서 MA와 PH.D. 학위를 취득한 <메시아닉 유대인>이다. 1961, 62년쯤, 그가 신자가 된 지 5주 정도 되었을 때 그는 글라서를 처음 만났다. 40년 세월을 지켜본 후, 건강이 좋지 않은 글라서의 연설문을 대독하기 전에 그는 사랑의 헌사를 남겼다.
208　Arthur Frederick Glasser, "Jewish Evangelism in the New Millennium: The Missiological Dimension(Audio)," *To the Jew First in the New Millennium: a Conference on Jewish Evangelism*, 12, Charlotte, NC: Chosen People Ministries, 2008, https://tinyurl.com/8j-skur8b.

같은 맥락에서 딘 길릴랜드는 조금 색다르게, "글라서는 전형적인 에큐메니컬주의자가 되기에는 그 자신의 보수적 전통을 충분히 존중했고, 반면 그가 전형적인 보수주의자가 되기에는 그리스도의 몸의 광대함을 충분히 존중했다"[209]고 평가했다.

독일인인 그가 유대인을 바라보는 열린 시각을 가진 부분은 참으로 흥미롭다. 이는 중국내지선교회의 선교사로 사역하다가 공산화된 중국에서 추방되면서 성찰했던 내용과 무관하지 않아 보인다. 중국 기독교인들이 공산주의자화 되어 가는 모습에 겹쳐, 히틀러 나치 정권에 동조했던 독일 기독교인들의 모습을 상기해야 했던 고통은 그의 사고 체계를 흔들어 놓기에 충분했다. 적군이었던 일본 병사가 동일한 그리스도의 몸이었던 것처럼, 히틀러의 광기에 희생되어 간 유대인들도 그리스도 안에서 한 몸이어야 함을 자각했을 때, 유대인 구원을 위한 연구와 노력을 다짐했을 것이다. 그가 유대인 신학교에서 공부했고, 유대인 선교에 특별한 열정을 보였다는 증언들이 그의 마음을 반증한다.

> 나치 독일에서 일어난 사건의 배경에 대한 이러한 관심으로 인해 그는 유대인에 대한 하나님의 목적을 발견하기 위해 열렬히 구약과 신약을 연구하게 되었습니다.[210]

유대인에 대한 그의 관심은 연구에서 끝나는 것이 아니라, 실제 선교 활동으로 이어졌다는 글렌의 아래 증언은 주목할 만하다.

> 나는 유대인에 대한 글라서 박사의 열정을 언급하지 않을 수 없습니다. 그는 많은 사람에게 그리스도를 위해 유대 민족에게 다가가는 것의 중요성을

---

209 Engen, Gilliland and Pierson, *The Good News of the Kingdom*, 151.
210 Engen, Gilliland and Pierson, *The Good News of the Kingdom*, 4.

생각하도록 영감을 주었습니다. 풀러신학교에서의 마지막 몇 년 동안 그는 유대 민족에게 우선적으로 증거했습니다.

유대 사역에 대한 그의 참여는 그가 신학교 학생이었을 때 시작되었습니다. 누군가가 뉴욕시 거리에 있는 유대인들에게 마태복음을 배포하는 데 사용할 수 있는 기금을 후원했습니다. 두 번의 여름 연속으로, 그는 다른 한 명의 신학생과 함께 뉴욕시의 정통 유대인과 기타 지역 사회에 마태복음 5만 부를 배포했습니다. 그들은 저자 마태를 언급하며 이런 효과적인 첫 마디를 사용했습니다.
"예수를 직접 알았던 유대인이 쓴 그의 생애를 읽어 보시겠습니까?"

글라서 박사가 유럽 대륙의 사람들에게 다가가고자 하는 열정을 키웠던 시기가 있었습니다. 그는 유럽 전역의 기존 국교회에 복음을 전해야 한다는 도전적인 기사를 썼습니다. 이것은 유대인에 대한 그의 열정과 맞물려 그의 사무실에 있는 서류 캐비닛에 흥미로운 라벨을 붙이게 했습니다. 맨 위 서랍은 "먼저는 유대인에게"였습니다. 두 번째 서랍에는 "또한, 프랑스인들에게도"라고 적혀 있었습니다.[211]

글라서가 유대인 선교에 관심이 있었다는 증언은 그의 생애를 논하는 어느 곳에나 빠지지 않고 등장하는 내용이다.

1970년 풀러신학교의 앨런 허바드(David Allan Hubbard) 총장은 맥가브란(Donald A. McGavran)의 후임 선교대학원장으로 글라서를 초청하였고, 초청을 수락한 그는 1971년부터 1980년까지 선교대학원장으로 사역했다. 그

---

[211] Schwartz, "Tribute to Dr. Arthur F. Glasser Like Enoch of Old," 9. "The top drawer was 'To the Jew First.' The second drawer said 'And also to the French.'"

는 평생 유대인 선교에 대한 남다른 열정을 가지고 있었다. 그 결과, 유대인 선교학부를 풀러선교대학원에 설립하고 지원했다.[212]

유대인에 대한 그의 관심은 개인적인 선교 열정을 표출하는 것에 그친 것이 아니라, 신학교에 유대인 선교학부를 설립하고 지원하는 데까지 나아갔다.

1996년, 풀러신학교 졸업생들을 위한 뉴스레터에서 아서 글라서는 자신의 생애와 선교 여정을 이끌어 오신 하나님의 섭리를 간증한다. 그 나눔의 끝자락에서 그는 <메시아닉 모멘텀>(MESSIANIC MOMENTUM)이라는 소제목 하에, 풀러신학교에서 최근 일어나고 있는 이 유대인 선교학부를 언급하며 흥분과 기쁨을 숨기지 못했다.

글라서는 이 일이 "오늘날의 유대인 기독교 부흥에 대한 풀러의 역할"이라고까지 표현했다.[213] "리처드 모우(Richard Mouw) 총장도 세계선교학교의 이 새로운 프로그램에 만족하고 있다"[214]고 평가하며, "세계선교학교의 유대학 연구 및 유대인 복음화 프로그램이 이미 많은 유대인 졸업생을 배출했다"고 기뻐했다. 실제로 그 당시 그의 수업을 들었던 졸업생은 강의실에서 함께 수강했던 유대인들이 여럿 있었다고 증언했다.

개인적으로 글라서는 자신이 "봉사한 두 그룹인 유대인과 중국인에 대한 복음화 노력에 열정적"이었다고 스스로 회고한다.[215] 그중에서도 그의 유대인 선교 열정과 실천이 더욱 특별해 보이는 것은, 유대인들에게 복음을 전하는 것이 하나님 나라의 전체 그림에서 어떤 의미를 차지하는지 많은 사람이 알지 못하던 시기에 행해졌기 때문이다. 이는 하나님의 특별한

---

212 Glasser, 『성경에 나타난 하나님의 선교』, 16.
213 Arthur Frederick Glasser, "Mission with the Irregulars," *Theology, News and Notes (Fuller Theological Seminary)* 43, no. 2, June (1996): 18.
214 Glasser, "Mission with the Irregulars," 18.
215 Glasser, "Mission with the Irregulars," 18.

섭리라고 말하지 않을 수 없다.

3) 선교학 공헌에 대한 회고

글라서에게 허락된 독특한 삶의 여정을 통하여 그는 '군목, 선교사, 선교행정가 그리고 선교신학 교수'로서의 경험과 안목을 소유하였다. 그뿐만 아니라, 그는 성경을 기반으로 하는 복음주의 신학을 확고히 가지고 있었다.

이 둘의 만남을 통해, 글라서는 "선교신학의 성경적 패러다임"을 정립했다. "하나님 나라의 신학"이 그것이다. 창세기에서부터 요한계시록까지를 하나님 선교를 통해 이뤄지는 하나님 나라의 관점으로 관통하는 선교신학을 확립한 것이다. 그는 "사회과학과 인류학적 성찰 등으로, 자칫 성경적 기초가 흔들리기 쉬운 선교학의 약점을 '하나님 나라' 패러다임으로 보강하고 선교학을 든든한 말씀 위에 세우는 중요한 역할을 감당"하였다.[216]

글라서는 조지 래드(George Eldon Ladd),[217] 제프리 브로밀리(Geoffrey William Bromiley)[218] 교수 등과 함께 <하나님 나라>를 연구했으며, 이를 선교신학으로 발전시켰다. '하나님 나라' 신학은 사회복음에 의한 세속화가 가중되

---

[216] Glasser, 『성경에 나타난 하나님의 선교』, 6.
[217] 조지 E. 래드(George Eldon Ladd, 1911-1982)는 미국의 신약신학자이자 저술가다. 『신약신학』(A Theology of the New Testament)으로 잘 알려져 있으며, 그의 종말론적 관점은 현대 복음주의 신학에 상당한 영향을 미쳤다. 오스카 쿨만의 "이미와 아직"(Already but Not Yet) 개념을 더욱 심화하여 하나님의 나라가 "이미 여기에 있지만 아직 완전히 오지 않았다"고 주장하며, 현재와 종말의 긴장 관계를 설명하였다. 1950년에 풀러신학교 교수가 되었다. 참고. George Eldon Ladd | Theopedia
[218] 제프리 W. 브로밀리(Geoffrey William Bromiley, 1915-2009)는 영국 출신의 신학자이자 역사가로, 특히 번역 작업과 교회 역사 분야에서 중요한 기여를 했다. 성경 백과사전 프로젝트를 성공적으로 이끌었다. 풀러신학교 교수로 재직했다(1958-1987). 참고. Geoffrey W. Bromiley | Britannica

고, 근본주의적 세대주의[219] 물결이 높아가는 혼돈스러운 상황에, 그리스도인의 삶, 교회, 선교와 개종에 대한 공통적인 신학적 틀을 제공해 주었다. 글라서는 '하나님 나라' 신학이 복음주의와 에큐메니컬 진영이 만날 수 있는 대화의 장소를 제공한다고 믿었다.[220]

『성경에 나타난 하나님의 선교』의 의 머리말은 선교신학을 "하나님 나라" 패러다임으로 집대성한 아서 글라서의 공헌을 네 가지로 정리한다.

첫째, 그의 하나님 나라에 대한 개념은 선교학적 관점의 지평을 넓혔다. 단순히 수직적인 구원관을 가진 선교계에 교회와 세상의 총체적 상관관계를 볼 수 있는 거시적 안목을 제공하였다.

둘째, 그의 하나님 나라 선교학은 복음주의자들을 공격했던 복음 전도와 사회 봉사 사이에 존재하던 장벽을 허물었다.

셋째, 하나님 나라 선교학은 선교 지도자들 사이에 대화를 가능하게 했다. 복음주의자들, 정교회 지도자들, 오순절교단 지도자들, 가톨릭 지도자들, 세계 교회 지도자들 사이에 대화를 촉진했다.

넷째, 그는 개인적인 신학 순례 과정을 통하여 하나님 나라가 갖는 사회적이며 정치적인 의미를 포괄적으로 인식하게 되었다. 하나님 나라는 모든 정부와 여러 종류의 인종차별주의 그리고 스스로를 우상화하는 모든 사회 구조에 도전한다.[221]

---

[219] Craig Alan Blaising and Darrell Lane Bock, 『점진적 세대주의: 하나님 나라와 언약』, 곽철호 옮김 (서울: CLC, 2005). 세대주의(Dispensationalism)는 '근본주의적(고전적) 세대주의'에서 '개정 세대주의'로, 더 나아가 '점진적 세대주의'로 변화·발전했다.

[220] Glasser, 『성경에 나타난 하나님의 선교』, 6.

[221] Glasser, 『성경에 나타난 하나님의 선교』, 14.

7. 요약

본 장에서는 아서 글라서의 생애와 사역을 살펴보았다.

로버트 클린턴 교수의 리더십 개발 이론 6단계를 5단계로 변형하여 아서 글라서의 생애 구분에 적용하여 하나님 나라와 이스라엘 회복 관점의 신학이 형성되어 가는 과정을 추적하고, 각 단계별 역사적인 사실과 특징들을 기술하였다.

(1) 주권적 토대 단계(1914~1931, 0~17세)
(2) 인성 개발 단계(1932~1941, 18~27세)
(3) 삶과 사역의 성숙 단계(1942~1988, 28~74세)
(4) 수렴 단계(1988~1998, 74~84세)
(5) 잔광과 축제 단계(1999~2009, 85~95세) 등

먼저, 아서 글라서의 생애는 하나님 나라 신학이 정립되어 가는 과정이었다. 모태신앙인으로 태어나 명목적인 그리스도인으로 살다가 18세에 극적인 회심을 경험했을 때, 그에게 하나님 나라는 실재가 되었다. 총탄이 빗발치는 참혹한 전장에서 운명의 마지막 순간에 죄사함을 얻고 평안 가운데 영생으로 들어가는 병사의 죽음은 그에게 하나님 나라의 증거가 되었다.

그러나 영혼 구원을 열망하며 선교사가 되어 들어간 중국이 공산화되면서 선교사는 추방되고 교인들은 공산주의에 순응할 수밖에 없는 상황 가운데서 고뇌하며 하나님 나라의 실체를 탐문하지 않을 수 없었다. 그렇게 그의 하나님 나라 신학은 깊어지고 넓어졌다. 특히, 태생에서부터 시작하여 사역 전반에 나타나는 이스라엘 관련 사건들은 그가 추구하는 하나님 나라의 완성에 이스라엘 회복 관점이 포함될 수밖에 없는 디엔에이(DNA)로 작동하였다.

글라서는 제1차 세계 대전이 발발하던 1914년에 독일계 어머니의 피를 타고 태어났다. 독일에 기독교인 친족을 둔 사람으로, 제2차 세계 대전 당시 히틀러의 만행에 방관하고 동조했던 역사를 부끄러워하며 유대인들에 빚진 마음을 갖게 되었다. 그가 신학대학원에 다닐 때 주말과 방학마다 그에게 맡겨진 임무는 맨해튼에서 유대인들에게 전도지를 나눠 주는 일이었다. 그가 중국 영혼들에게 복음을 전하기 위해서 중국에 갔을 때는 마침 유럽에서 유대인 난민들이 상하이로 몰려들 때였다. 풀러신학교 세계선교학교 교수로 왔던 시기는 마침 서부 캘리포니아에서 '예수혁명'이 일어나던 때였는데, 그 혁명을 통해 예수를 믿게 된 LA의 한 유대인이 풀러를 찾아와 글라서와 함께 <메시아닉 유대인> 운동의 신조를 정립하게 되었다.

이 모든 일을 어찌 우연이라 할 수 있겠는가?

하나님이 몰아가셨다고밖에, 달리 설명할 길이 없는 하나님의 주권적인 인도하심이었다.

한 인간의 역사는 그 사람의 신학을 형성한다. 그렇게 형성된 신학은 그가 하나님을 바라보는 관점이 되고 성경을 해석하는 눈이 된다. 아서 글라서의 생애는 이스라엘 회복 관점의 하나님 나라 신학이 잉태, 출산, 성장하는 과정이었다. 그것이 그의 성경 해석에 반영되었음은 의문의 여지가 없는 사실이다. 이제 그의 선교학적 해석학의 특징이 그의 저서에서 어떻게 표현되었는지 살펴보자.

제4장

아서 글라서의 선교학적 해석학 이해

본 장에서는 아서 글라서의 선교학적 해석학의 특징을 고찰하고자 한다. 먼저 선교학적 해석학이 무엇인지, 그 개념과 요소를 살펴본다. 선교적 성경 해석의 발전 과정을 훑어본다. 선교적 성경 해석의 특징을 세 가지로 정리하고, 아서 글라서의 선교학적 해석학에서는 어떻게 나타나는지 고찰한다. 마지막으로 이스라엘 회복 관점의 선교학적 해석학이 무엇인지 정리한다.

1. 선교학적 해석학 이해

먼저 선교학적 해석학을 구성하는 용어들을 정리할 것이다. 그 과정에서 선교학적 해석학의 정의가 도출될 것이다. 선교학적 해석학의 개념을 여러 학자의 글을 인용하며 살펴 갈 것이다. 해석학의 원리를 발견하고, 그 원리가 선교학적 해석학에 어떻게 녹아 들어갔는지 고찰할 것이다.

1) 선교학적 해석학의 요소와 개념

"선교학적 해석학"이라는 핵심 용어를 이해하고 효과적으로 논지를 전개하기 위해 관련 용어를 간략하게 정리할 필요가 있다. 크리스토퍼 J. H.

라이트(Christopher J. H. Wright, 1947-)는 『하나님의 선교』(The Mission of God)[1] 에서 선교(mission), 선교적(missional), 선교사/선교사적(missionary), 선교학(missiology), 선교학적(missiological) 등 관련 용어들을 섬세하게 정리하였다.

> 선교(mission): 우리가 하나님의 백성으로서, 하나님의 부르심과 명령에 따라, 하나님 자신의 역사 안에서, 하나님의 피조물의 구속을 위해, 헌신적으로 참여하는 것을 의미한다.[2]
>
> 선교적(missional): 선교와 관련되거나 선교에 의해 규정되는, 혹은 선교의 특성, 속성, 혹은 역학을 가진 어떤 것을 나타내는 형용사다.[3]
>
> 선교사/선교사적(missionary): 보통 명사로, 일반적으로 자신의 문화가 아닌 다른 문화에서 선교 활동을 하는 사람을 뜻한다. 그것은 선교라는 말 자체보다 '보냄 받았다'라는 의미를 더 많이 지닌다. 선교사들은 보통 교회나 선교 단체에 의해, 선교 사역을 하도록 보냄 받는 사람들이다. 이 말은 또한 형용사로도 쓰인다.[4]
>
> 선교학(missiology), 선교학적(missiological): 선교학은 선교에 대한 학문이다. 그것은 성경적·신학적·역사적·현대적·실제적 성찰 및 연구를 포함한다. 따라서, 나는 통상 그런 신학적·성찰적 측면을 의미할 때는 선교학적이라는 말을 사용할 것이다.[5]

---

1 Christopher John Howard Wright, *The Mission of God: Unlocking the Bible's Grand Narrative* (InterVarsity Press, 2006).
2 Wright, 『하나님의 선교』, 25. 크리스토퍼 J. H. 라이트(Christopher John Howard Wright)는 미국의 신학자이며, 성서학자다. 그는 북아일랜드의 벨파스트에서 태어났으며, 그의 부모는 브라질 선교사였다. 그는 캠브리지대학교에서 고전을 공부했고, 캠브리지대학교에서 구약성서의 경제 윤리 연구로 신학박사학위를 받았다. https://www.ivpress.com/christopher-j-h-wright
3 Wright, 『하나님의 선교』, 27.
4 Wright, 『하나님의 선교』, 26.
5 Wright, 『하나님의 선교』, 27-28.

본서는 아서 글라서의 신학적 성찰과 연구 결과를 정리한 것이므로 "선교학적"(missiological)이라는 용어를 취한다. 그래서 본서의 바탕이 된 논문 제목도 "아서 글라서의 '선교학적 해석학' 비평"이라고 정했다. 그러나 본문에서는 "선교적 해석학"과 "선교학적 해석학"이 경우에 따라 혼용된다. 학문으로 접근하는 경우가 아니면서도 선교를 중심으로 한 해석학을 의미할 때 "선교적 해석학"을 평이하게 사용할 수 있다.

선교와 관련된 용어 정리에 이어, 해석학과 관련된 용어의 정리도 필요하다. 해석학, 성경해석학, 선교학적 해석학의 순서로 용어의 뜻과 관계를 정리해 보자.

'해석학'은 해석에 관한 학문이라는 광범위하고 일반적인 용어다. 여기에는 성경해석학도 포함된다. '성경해석학'은 해석의 범위를 성경으로 좁힌 구체적인 용어로 이해한다. 성경을 중심으로 해석학을 논하는 도서들에서 '해석학'이라는 표현만으로도 '성경해석학'을 지칭하고 있음을 볼 수 있다. 본서에서도 '해석학'은 특별히 일반화를 뜻하는 예외의 경우가 아니고서는 '성경해석학'을 의미하는 것으로 간주하여 '성경해석학'과 동일 의미로 병행해서 사용할 것이다.

『세인트앤드루스 신학백과사전』에 의하면, 해석학의 초기 정의는 일반적으로 '해석의 과학 또는 예술'(the science or art of interpretation)이다. 해석학의 영어 표현인 헤르메뉴틱스(hermeneutics)의 어원은 '다양한 의미로 해석한다'는 뜻의 그리스어 동사 헤르메뉴오(hermeneuō, ἑρμηνεύω)로 거슬러 올라간다.[6] '말로 표현하다; 무언가를 설명하다; 번역하다'의 의미를 내포한다.[7] 이는 그리스 신화에서 신들의 뜻을 인간에게 전달하는 사자 역할을

---

6   *St. Andrews Encyclopedia of Theology*, s.v. "Biblical Hermeneutics," accessed February 24, 2024, https://www.saet.ac.uk/Christianity/BiblicalHermeneutics.

7   Richard E. Palmer, *Hermeneutics: Interpretation Theory in Schleiermacher, Dilthey, Heidegger and Gadamer*, ed. Northwestern University Press Studies in Phenomenology and Existential Philosophy (Evanston: Northwestern University Press, 1969), 13, https://archive.org/details/hermeneuticsinte0000palm.

하는 신 'hermes'(헤르메스)를 연상케 한다.[8]

앤서니 티슬턴은 '해석학'과 '성경해석학'이 탐구하는 바를 이렇게 이해했다.

> 해석학은 특별히 우리가 사는 시대와는 상이한 시대 또는 삶의 콘텍스트 속에서 기록된 텍스트를 읽고 이해하고 다루는 방식을 탐구한다. 성경해석학은 특별히 우리가 성경 텍스트를 어떻게 읽고 이해하고 적용하고 반응해야 하는지를 좀 더 구체적으로 탐구한다.[9]

제임스 I. 패커(James Innell Packer, 1926-2020)는 해석학과 성경적 해석의 의미를 이렇게 정의했다.

> 해석학이란 일반적으로 이해되는 바로는 성경 해석의 이론이다. 해석이란 오래된 책을 읽는 방법으로서 현대인에게 그 책의 관련성을 드러내주는 것이라고 정의할 수 있다. 성경적 해석학이란 성경과 그 메시지의 관련성을 이 시대와 모든 시대에 드러내 주기 위한 이론적 원리들을 연구하는 것이다. 복음주의적 실천은 세기 동안 해석 과정을 세 단계로 이해해 왔다. 그것은 주해, 종합, 적용이다.[10]

---

8   Richard L. Pratt, "He Gave Us Scripture: Foundations of Interpretation," *Florida, USA: Third Millennium Ministries* (2013): 2. 행 14:12를 참고하라.
9   Thiselton, 『(앤서니 티슬턴의) 성경해석학 개론』, 14.
10 James Innell Packer, "Hermeneutics and Biblical Authority," *The Churchman* 81 (1967): 5. "Hermeneutics as commonly understood, is the theory of biblical interpretation. Interpretation has been defined as the way of reading an old book that brings out its relevance for modern man. Biblical hermeneutics is the study of the theoretical principles involved in bringing out to this and every age the relevance of the Bible and its message. Evangelical practice over the centuries has reflected a view of the process of interpretation as involving three stages; exegesis, synthesis and application.

월터 C. 카이저(Walter Christian Kaiser Jr., 1933-)[11]와 모이세스 실바(Moisés Silva, 1945-)[12]도 해석학의 전통적 의미로 "해석의 원리를 다루는 학문 분야"라고 언급한다. 어떤 이들은 해석을 "과학"이라고 부르기도 하는데, 이는 배울 수 있고 적용할 수 있는 일정한 규칙과 원리를 따르기 때문이다. 또 다른 사람들은 해석을 "예술"이라고 칭하기도 하는데, 이는 다양한 성경 텍스트와 상황에 일정한 규칙과 원리를 적용할 때 기교와 창의력이 필요하기 때문이다.[13]

이에 대해 척 스윈돌(Charles R. Swindoll, 1934-)[14]은 이렇게 표현했다.

> 성경의 진리를 직접 파서 발굴하다 보면 알겠지만 해석은 과학이자 예술이다. 과학인 까닭은 일정한 규칙 체계의 지배를 받기 때문이다. 이런 규칙을 알고 따르면 성경 해석이 정확해지고 오류에 대비하는 분별력이 길러진다. 글에서든 말에서든 잘못된 메시지를 짚어낼 수 있다. 해석의 과학에 숙달되면 신앙이 더 견고해져 스스로 설 수 있다. 그러나 해석은 예술

---

11   월터 C. 카이저(Walter Christian Kaiser Jr., 1933-)는 미국의 복음주의 구약학자, 작가, 교육자다. 구약학과 구약성서의 사용에 대한 권위자로 널리 인정받고 있으며, 특히 구약성경이 신약성경과 어떻게 연결되는지에 대한 성서해석 연구는 많은 주목을 받는다. 고든-콘웰신학교(Gordon-Conwell Theological Seminary) 학장, 복음주의신학회(Evangelical Theological Society: ETS) 회장을 역임했고, 여러 신학교에서 가르쳤다. 참고. About Dr. Kaiser (walterckaiserjr.com)

12   모이세스 실바(Moisés Silva, 1945-)는 쿠바 출신의 미국인 신약학자로, 신약성서 해석학과 언어학 분야에서 주목받는 학자다. New American Standard Bible, New Living Translation, English Standard Version 등의 성경 번역에 참여했다. 유진 피터슨(Eugene Peterson, 1932-2018)의 *The Message*의 신약 컨설턴트로 활동했다. 복음주의신학회 회장을 역임했다. 참고. Moises Silva | Theopedia

13   Walter Christian Kaiser Jr. and Moises Silva, *Introduction to Biblical Hermeneutics: The Search for Meaning* (Grand Rapids, Mich.: Zondervan Academic, 2007), 17. https://archive.org/details/introductiontobi0000kais.

14   척 스윈돌(Charles R. Swindoll, 1934-)은 미국의 복음주의 기독교 목사, 작가, 교육자요, 라디오 설교자다. "Insight for Living"이라는 국제적인 라디오 방송 프로그램의 설립자다. 달라스신학교(Dallas Theological Seminary)의 총장을 역임했다. 참고. Chuck Swindoll - Insight for Living Ministries

이기도 하다. 성경 해석의 규칙을 따르려면 성령의 인도하심을 받을 줄 알아야 하기 때문이다.[15]

모이세스 실바는 해석학을 이해하는 각기 다른 관점을 떠나서 해석학의 기본적인 관심사는 "성경적 해석"이라고 정리한다.[16]

대럴 L. 복(Darrell Lane Bock, 1953-)[17]은 인간의 성경 이해나 그 어떤 해석 체계와 신학 시스템도 "결코 완전하지 않고 늘 개선과 진보의 여지를 많이 안고 있다"는 점을 알고, "어떻게 하면 성경을 좀 더 잘 체계적으로 해석하고 이해할 수 있는가"에 관심을 두었다.[18] 그는 성경 해석의 중요성을 성경의 권위와 연결하였다.

> (성경) 본문들에는 쓰여진 당시의 본래 배경을 뛰어넘어 확장되는 메시지가 있다. 본문이 말하고 있는 바는 계속 살아 있다. 본문의 본질적인 가치는 그 본문이 보존되고 계속 전수되게 만들었다. … 성경의 해석은 중요한 작업이다. 왜냐하면, 하나님께서 성경을 통해 말씀하시며 성경의 권위는 성경과 하나님과의 연결성으로부터 나타나기 때문이다.[19]

---

15 Charles R. Swindoll, 『(쉽고 명쾌한) 성경 연구 특강』, 윤종석 옮김 (서울: 디모데, 2019), 128-29.
16 Kaiser Jr. and Silva, *Introduction to Biblical Hermeneutics: The Search for Meaning*, 15-16.
17 대럴 L. 복(Darrell Lane Bock, 1953-)은 미국의 복음주의 신약학자로, 달라스신학교(DTS) 교수다. 복음주의신학회(ETS) 회장을 역임했다(2000-01). 고전적 세대주의 신학의 약점들과 해석 전통의 부족한 면을 개선하기 위해 노력했다. https://www.dts.edu/employee/darrell-bock/
18 Blaising and Bock, 『점진적 세대주의: 하나님 나라와 언약』, 12.
19 Bock, "해석학" in 『점진적 세대주의: 하나님 나라와 언약』, 92.

현대 해석학 이론가 중에서 성경해석학 분야에 크게 기여한 인물로 평가 받는 폴 리쾨르(Paul Ricoeur 1913-2005)[20]는 철학자이자 해석학자로[21] 신학과 철학 사이의 화해와 조화를 추구하며 신앙을 철학적으로 변증하려고 시도한 '철학자 신앙인'이다.[22] 그는 해석학을 '언어 매개를 통한 반성 철학'으로 이해하고,[23] 해석학에 있어서 철학적인 것과 신학적인 것 사이에 복잡하면서도 긴밀한 상호연관성이 있음을 설명했다.[24]

그레엄 골즈워디(Graeme Goldsworthy, 1934-)[25]는 해석학에 있어서 신학과 철학은 모두 세계관의 표현이라는 점에서 유사하다는 점을 언급한다.

> 신학적과 철학적 해석학은 모두 현실에 대한 보편적인 관점을 제시하려는 시도다. 해석학은 우리의 세계관에 의해 지배되며, 따라서 우리가 성경의 텍스트를 포함한 세계를 해석하는 방식은 우리의 현실에 대한 이해를 드러낸다.[26]

20　폴 리쾨르(Paul Ricoeur 1913-2005)는 프랑스의 철학자다. 프로테스탄트적인 기반에서 현상학, 해석학, 언어철학 등을 넓게 다루며 독창적인 철학적 사유를 보여주었다. 파스칼 이후 프랑스가 낳은 최대의 기독교 철학자로 인정받는다. https://www.christiantoday.co.kr/news/345703

21　Sang Min Lee, "폴 리쾨르의 성서 해석학에 대한 연구," 「신앙과 학문」 23, no. 3 (2018): 129.

22　Kyung Jang, "폴 리쾨르의 해석학에서 철학적인 것과 신학적인 것의 연관관계," 「해석학연구」 20 (2007): 71.

23　Jang, "폴 리쾨르의 해석학에서 철학적인 것과 신학적인 것의 연관관계," 61.

24　Jang, "폴 리쾨르의 해석학에서 철학적인 것과 신학적인 것의 연관관계," 100.

25　그레엄 골즈워디(Graeme Goldsworthy, 1934-)는 호주 출신의 복음주의 성공회 신학자로, 구약성경과 신약성경을 연결하는 성경신학적 접근으로 잘 알려졌다. 성경 전체를 통일된 이야기로 보고, 예수 그리스도를 중심으로 성경을 해석하는 방식을 강조했다. 참고. Graeme Goldsworthy | Monergism

26　Graeme Goldsworthy, "Biblical Theology and Hermeneutics," *Southern Baptist Journal of Theology* 10, no. 2 (2006): 2. "In both theological and philosophical hermeneutics there is the attempt to give a view of reality that is universal. Hermeneutics is governed by our worldview and consequently the way we interpret the world, including the texts of the Bible, will reveal what our understanding of reality is."

골즈워디는 이어서 해석학에 있어서 성경신학은 필수적인 역할을 하지만 종종 무시되는 경향이 있음을 지적한다. 그러나 성경신학은 성경의 통일성과 계시의 진보성을 인정하고, 성경의 각 부분을 전체적인 메시지와 관련시키는 학문이라고 설명한다. 성경신학은 성경의 구조와 중심 주제를 밝히고, 성경의 큰 그림을 제공하고, 성경의 해석과 적용을 돕는 중요한 역할을 한다.[27] 그는 성경신학을 가지고 성경을 해석하는 것의 유익을 "해방적인 경험"이라고까지 표현한다.

> 제 경험에 따르면, 훈련을 받은 것과 받지 않은 것을 불문하고 기독교인들이 성경신학의 가치를 어느 정도 알게 되면 열광하게 되는 경향이 있다. 이것의 분명한 이유 중 하나는 단순히 성경신학이 성경의 "큰 그림"과 그것이 낳는 성경의 유기적인 통일성에 대한 감각을 주기 때문이다. 성경이 서로 관련이 없는 이야기와 가르침의 모음이 아니라는 것을 발견하는 것은 해방적인 경험이다.[28]

해석학은 신학의 영향과 도움을 받는다는 것이다. 선교적 성경해석학이 선교적 성경신학과 유기적인 관계를 맺고 있음을 확인시켜 주는 말이다.

해석학과 유사한 작업으로 '주해와 해석'을 들 수 있다. 그 차이점을 통해 해석학의 특징을 좀 더 깊이 이해할 수 있다.

27　Goldsworthy, "Biblical eology and Hermeneutics," 7.
28　Goldsworthy, "Biblical eology and Hermeneutics," 7. "My own experience is that when Christian people, both trained and untrained theologians, acquire some sense of the value of biblical theology they tend to become enthusiasts. One obvious reason for this is simply the sense of the "big picture" and the tangible unity of Scripture that it engenders. To discover that the Bible is far from being a collection of unconnected stories and teachings is a liberating experience."

주해와 해석은 텍스트를 해석하는 실제적 과정을 지시하는 반면, 해석학은 텍스트를 이해하고 적용할 때 우리가 행하는 것이 정확하게 무엇인지를 비판적으로 묻는 이차적 과제를 포함한다. 해석학은 책임감 있고 타당하고 풍요로우며 적합한 해석을 추구하는 과정 속에 작동하는 조건들과 규준들을 탐구한다. 해석학이 다양한 학문 분야의 도움을 요청한다고 할 때 그 이유를 다시 한번 보여주는 지점이 바로 여기라고 할 수 있다.[29]

티슬턴은 해석학이 다양한 학문 분야의 도움을 요청하는 면들을 좀 더 구체화하여 다음 다섯 가지 특징을 제시하며 '성경해석학'에 관한 설명을 보충한다.

> 첫째, 성경해석학은 성경적이고 신학적인 질문을 제기한다.
> 둘째, 성경해석학은 우리가 이해에 이르는 방식과 이해를 가능하게 하는 토대에 대한 철학적 질문을 제기한다.
> 셋째, 성경해석학은 텍스트 유형과 텍스트 읽기의 과정에 대한 문학적 질문과 관련된다.
> 넷째, 성경해석학은 우리의 계급, 인종, 성, 선행되는 믿음과 관련된 기득권이 어떤 방식으로 텍스트 독해에 영향을 미치는지에 대한 사회적·비판적·사회학적 질문을 포함한다.
> 다섯째, 성경해석학은 커뮤니케이션 이론이나 일반언어학 이론을 끌어와 활용한다.
>
> 왜냐하면, 해석학은 어떤 내용이나 효과가 독자나 공동체에게 전달되는 과정 전반을 연구하기 때문이다.[30]

---

29 Thiselton, 『(앤서니 티슬턴의) 성경해석학 개론』, 19.
30 Thiselton, 『(앤서니 티슬턴의) 성경해석학 개론』, 19.

요컨대, 성경해석학은 신학적 질문, 철학적 질문, 문학적 질문, 사회학적 질문, 일반언어학과 커뮤니케이션 질문들이 어우러진 학문이다. 이런 성경해석학의 바탕 위에 선교학적 해석학이 탄생하였다. 즉, 선교학적 해석학은 선교에 대한 신학적, 철학적, 문학적, 사회학적, 언어학적, 의사소통학적인 질문들을 종합하여 형성된 성경해석학이다.[31]

> 선교적 해석학은 선교적 교회를 논의하는 과정에서 어느 날 갑자기 등장한 것이 아니다. 선교적 해석학은 성경해석학이 역사적 발전 경로를 통해 배태한 양분을 선교적 교회의 신학적 이해와 접목시키는 과정에서 등장했기 때문이다.[32]

'선교학적 해석학'이라는 용어 안에는 "하나님의 선교"를 중심으로 성경을 해석하는 성경해석학의 관점이 이미 포함되어 있다. "하나님의 선교"를 수종드는 "선교적 교회"가 되기를 원한다면 마땅히 선교학적 해석학이 작동될 수밖에 없다.

아서 글라서와 월터 카이저와 크리스토퍼 라이트의 도서들은 이 관점을 잘 보여주고 있다. 아서 글라서의 『성경에 나타난 하나님의 선교』,[33] 월터 카이저의 『구약성경과 선교』[34]를 통해서 "하나님의 선교" 개념이 성경을 관통함을 확인할 수 있다. 크리스토퍼 라이트의 『하나님의 선교』[35]를 통해서는 "선교의 성경적 기초"를 뛰어 넘어 "성경의 선교적 기초"라는 어구를 사용할 수 있는 '선교학적 해석학'의 당위성을 확인할 수 있다.[36]

---

31 '해석학'이 '성경해석학'과 치환될 수 있는 것처럼, '선교학적 해석학'은 곧 '선교적 성경해석학'의 의미로 사용된다.
32 이대헌, "하나님의 선교와 선교적 해석학," 「선교신학」 41 (2016): 초록.
33 Glasser, 『성경에 나타난 하나님의 선교』.
34 Kaiser Jr., 『구약성경과 선교』.
35 Wright, 『하나님의 선교』.
36 Wright, 『하나님의 선교』, 24.

요컨대, 이 도서들은 모두 '성경' 전체를 관통하며 선교하시는 하나님의 거대 서사를 펼쳐놓고 있다. '선교학적 해석학'이라는 다리로 성경과 선교를 이은 것이다. 우리(독자, 선교, 역사)와 본문(성경)을 잇는 다리인 "성경해석학" 작업을 한 것이다.

2) 선교학적 해석학의 의의와 중요성

앤서니 C. 티슬턴(Anthony Charles Thiselton, 1937-2023)은 1970년에 영국에서 최초로 해석학 과목을 개설하여 20년 이상 해석학을 가르친 신학자다.[37] 해석학과 신약성서신학 연구 분야에서 세계적인 권위자로 알려진 그에 대해 스탠리 E. 포터(Stanley E. Porter, 1956-)[38]는 공정하고 철저한 백과사전적 접근 방법으로 해석학을 다루었다고 평가한다.[39]

티슬턴은 『두 지평』(The Two Horizons, 1980)[40]에서 해석학의 두 가지 지평은 본문 자체(텍스트)와 해석자라고 규정한다. 그는 성경해석학의 목표에

---

[37] Thiselton, *New Horizons in Hermeneutics: The Theory and Practice of Transforming Biblical Reading*, 3. 앤서니 C. 티슬턴(Anthony Charles Thiselton)은 영국성공회 사제이며 신학자다. 기독교 신학, 성경 연구, 종교철학 그리고 해석학에 관한 수많은 책을 저술하였다. 티슬턴은 킹스칼리지에서 석사, 쉐필드대학교에서 박사를 받았다. 노팅엄대학교와 체스터대학교의 기독교 신학 명예교수였고, 런던대학교 킹스칼리지 선임연구원(FKC)이며, 영국학술원 회원(FBA)이었다.

[38] Stanley E. Porter and David I. Yoon, "In Memoriam: Anthony C. Thiselton," *DOMAIN THIRTY-THREE*, 2023, accessed December 26, 2023. 스탠리 E. 포터(Stanley E. Porter)는 캐나다-미국 신약성서학자로, 신약성경의 코이네 그리스어 문법과 언어학 전문가다. 그는 티슬턴이 사망한 2023년 2월에 그의 블로그를 통해 앤서니 티슬턴을 기렸다.

[39] 스탠리 E. 포터는 티슬턴이 사망하기 10년 전에 매튜 말콤(Matthew R. Malcolm)과 함께 다음 두 권의 책을 편집하여 티슬턴의 해석학적 공헌을 정리했다. Stanley E. Porter and Matthew R. Malcolm, *Horizons in Hermeneutics: A Festschrift in Honor of Anthony C. Thiselton* (Grand Rapids, Mich.: Wm. B. Eerdmans Publishing, 2013). Stanley E. Porter and Matthew R. Malcolm, *The Future of Biblical Interpretation: Responsible Plurality in Biblical Hermeneutics* (Westmont, IL: InterVarsity Press, 2013).

[40] Anthony Charles Thiselton, *The Two Horizons: New Testament Hermeneutics and Philosophical Description with Special Reference to Heidegger, Bultmann, Gadamer and Wittgenstein* (Grand Rapids, Mich.: Wm. B. Eerdmans Publishing, 1980). 티슬턴이 쉐필드대학

대해 "해석자 자신의 지평을 재형성하고 확장시켜, 해석자와 본문 사이에 서로 적극적이고 의미 있는 소통이 일어나게 하는 것"[41]이라고 주장한다.

티슬턴이 십여 년 뒤에 쓴 『해석의 새로운 지평』(*New Horizons in Hermeneutics*, 1992)에서는 책의 독자를 두 부류로 상정했다고 밝히며, 해석학이 기독교 신앙의 정체성과 연관된 기독교 신학의 핵심임을 역설했다.

> 나는 두 가지 독자층을 대상으로 하고 싶다. 하나는 해석학의 다학제적 영역에서 가르치고, 공부하고, 연구하는 모든 사람을 포함한다. 다른 하나는 성경이 어떻게 읽히고 사용되는지에 관심이 있는 기독교인이다. 학계 전체를 대상으로 하는 탐구, 언어, 이해의 본질에 대한 다학제적 해석학 이론의 질문은 기독교공동체에게도 성경의 언어가 어떻게 창조적으로 말하고, 어떻게 변혁적인 효과로 읽히고 이해될 수 있는지를 묻는 긴급한 질문을 던지고 있다. 우리가 성경 본문을 어떻게 읽고, 이해하고, 해석하고, 사용하는가는 기독교 신앙의 정체성과 관련이 있으며 기독교 신학의 핵심에서 있다.[42]

티슬턴은 해석학 연구의 중요성을 다음과 같이 역설하기도 했다.

> 하나님이 오늘날에도 성경을 통해 말씀하신다는 믿음은, 해석학 과업을 하찮아 보이게 하기는커녕 오히려 해석학을 더욱 더 긴급한 연구 대상으로 만든다.[43]

    교에 제출한 철학박사 논문의 개정판인 이 책은 성경 해석자로서 철학적 범주를 이해하는 것이 중요함을 강조한다. 해석자가 본문에 가져오는 선이해와 어우러진 해석의 과정은 철학적인 활동과 무관하지 않다.
41 Thiselton, 『두 지평』, 23.
42 Thiselton, *New Horizons in Hermeneutics: The Theory and Practice of Transforming Biblical Reading*, 2.
43 Thiselton, 『두 지평』, 24.

모이세스 실바는 우리 모두가 해석학을 필요로 한다고 단정하며[44] 그 이유를 이렇게 밝혔다. "성경은 기본적으로 아주 단순하고 명확한 책"이지만, 그 성경을 해석하는 "우리는 죄성이 있고 무지"[45]하기에 해석학을 필요로 한다는 것이다. "우리가 해석학을 필요로 하는 것은 성경이 신성한 책이기 때문만이 아니고 이것이 하나님의 책인 동시에 인간의 책이기 때문"[46]이라는 그의 말은 유한한 인간인 해석자가 성경 해석에 신중을 기해야 함을 피력한다. 그는 "우리의 한계 때문이거나 혹은 게으름 때문에 우리는 우리와 성경 본문 사이를 잇는 다리 건설에 흔히 실패한다"[47]라고도 표현했다.

해석에 대한 인간의 한계를 인식하고 신중을 기해야 함에 대해서 데이비드 J. 보쉬(David Jacobus Bosch, 1929-1992)[48]의 지적은 유념할 가치가 있다.

> 우리는 보통 신학적 차이가 생겼을 경우에 성경을 일종의 객관적인 중재자로 사용할 수 있다고 너무 쉽게 가정한다. 이런 식으로 우리는 우리 자신의 해석 뒤에 숨어 있는 선입견에 눈이 멀어 버린다.[49]

---

[44] Kaiser Jr. and Silva, 『성경해석학 개론』, 31.
[45] Kaiser Jr. and Silva, 『성경해석학 개론』, 23.
[46] Kaiser Jr. and Silva, 『성경해석학 개론』, 17.
[47] Kaiser Jr. and Silva, 『성경해석학 개론』, 23.
[48] 데이비드 보쉬(David Jacobus Bosch)는 남아프리카 공화국의 선교학자이자 신학자이며 네덜란드 개혁교회(NGK: Nederlands Gereformeerde Kerken) 일원이었다. 그의 대표작인 *Transforming Mission: Paradigm Shifts in Theology of Mission*(1991)은 후기 식민지 시대 선교에 대한 주요 작품이다. 사망 후인 2013년 4월 27일 자유의 날, 남아프리카 공화국 대통령으로부터 "이기심 없는 평등 투쟁으로 비인종주의의 가치"를 살아갔다는 이유로 Baobab 훈장을 받았다. http://tinyurl.com/bdhrtxht
[49] David Jacobus Bosch, *Witness to the World : The Christian Mission in Theological Perspective*, New Foundations Theological Library (Atlanta: John Knox Press, 1980), 44. "We usually presuppose far too readily that we may summon the Bible as a kind of objective arbitrator in the case of theological disputes. In this way we are blinded to the presuppositions lurking behind our own interpretations."

이 선입견적 한계를 찰스 H. 크래프트(Charles H. Kraft, 1932-)[50]의 용어로 표현하면 '해석학적 반사신경들'이라고 할 수 있다. 크래프트는 해석에 있어서 '명백한 의미들'이 있음에도 불구하고, '해석학적 반사신경들'에 의해 그 명백한 의미를 왜곡되게 이해할 수 있는 인간의 한계를 지적한다. 그리고 본 저자의 의도가 독자들의 문화에서 가장 적절하게 이해될 수 있는 '역동적 등가'(dynamic equivalence)[51]를 이루기 위한 해석학적 기법들을 발전시켜야 할 필요를 제시한다.

> 수면 밑을 찾는 것은 해석의 과정을 포함한다(전문 용어로는 '해석학'이라 부른다). 우리가 원래의 사건들이 발생한 문화와 다른 문화 속에 존재한다는 사실은 문제들을 야기한다. 왜냐하면, 우리의 인식과 해석이 그 다른 문화적 상황에 의해 영향을 받기 때문이다. 우리는 우리의 문화적 조건화의 일부로 일련의 '해석학적 반사신경들'(interpretational reflexes), 그러니까 발생하는 모든 사건을 자동적으로 해석하는 그런 일련의 습관들을 학습한다. 우리가 이런 방식들로 해석하기 전에는 사물들을 확실하게 생각하지 못한다. 우리의 반응은 마치 우리 근육의 대부분의 반응들이 반사적인 것과 마찬가지로 반사적이다. 우리는 이 반사적인 해석들을 넘어서서 가능한 한 원래의 참여자 인식에 가깝게 접근하기 위하여 해석학적 기법들을 발전시켜

---

50 찰스 H. 크래프트(Charles H. Kraft, 1932-)는 미국의 인류학자, 언어학자, 복음주의 기독교 연설가이며, 풀러신학교에서 인류학과 문화 간 의사소통을 가르쳤다(1969-2011). 그는 주로 성경적 기독교와 문화(문맥화 포함), 성경적 기독교 전달, 인류학과 기독교, 문화 간 기독교 신학, 영적 전쟁, 내적 치유 등에 대해 쓰고 가르쳤다. https://oac.cdlib.org/findaid/ark:/13030/c8kw5gk2/
51 언어학자이자 인류학자이며, 선교사 배경의 교수인 크래프트는 서구 선교사들의 자문화중심주의(ethnocentrism)를 지적하였고, 유진 나이다(Eugene Nida, 1914-2011)의 영향을 받아서 '형식적 등가'(formal equivalence)가 아닌 '역동적 등가'(dynamic equivalence)를 중시하며, 역동적 등가 번역과 함께 역동적 등가 교회, 역동적 등가 신학 작업 등을 제시했다. 성경이 문화에 사용되는 언어로 번역되듯이 교회와 신학 역시 동일한 방식으로 문화적 형식에 적합하게 이뤄져야 함을 의미한다.

야 할 필요가 있다.[52]

열린 마음으로 해석자 본인의 선입견적 한계를 인식하고 해석학의 중요성과 의의를 의식하며 그 기법들을 발전시켜 나가야 하는 이유는, "성경을 바르게 해석하지 못하면 성경을 통한 하나님의 의도가 바르게 전달될 수 없"[53]기 때문이다.

그래서 현대신학과 성경 연구의 중심에 해석학이 있다. 제임스 B. 토렌스(James B. Torrance 1923-2003)[54]는 해석학의 중요성을 강조했다.

> 현대신학과 성경 연구의 중심 관심사 중 하나는 언어학과 해석학에 대한 관심이었다. 오늘날은 해석학-해석을 다루는 학문-에 관한 질문을 제기하지 않으면 진정한 학문다운 성경 연구가 불가능하다. 아울러 우리는 지식의 본질, 언어 사용, 주해자의 마음 속에서 작용하는 학문적, 존재론적 전제에 관한 질문을 제기하지 않고서는 해석에 관한 질문을 제기할 수 없다.[55]

해석학이 현대신학과 성경 연구의 중심 관심사라면, 선교학적 해석학은 선교신학과 선교적 성경 연구의 중심에 위치하고 있다 해도 과언이 아니다.

크리스토퍼 라이트는 선교학적 해석학을 통해 "더 온전한 선교의 성경 신학에 도달할 뿐 아니라, 성경에 관한 더 선교적인 이해를 얻게 된다"[56]

---

52 Kraft, 『기독교와 문화』, 234. 크래프트의 『기독교와 문화』는 성경과 신학 자료들을 단일문화가 아닌 타문화적 관점에서 해석하고 적용하는 방법을 제시한다.
53 김인식, 『성경, 빅 픽처를 보라!』 (서울: 두란노, 2021), 31.
54 제임스 B. 토렌스(James B. Torrance 1923-2003)는 스코틀랜드의 신학자로 애버딘대학교에서 교수를 하였다. 그는 앤서니 티슬턴의 철학박사학위 논문에 대한 외부 심사 위원이었다. 그 논문을 개정한 책 *The Two Horizons*의 서문을 기록했다. Thiselton, 『두 지평』, 16.
55 Thiselton, 『두 지평』, 15.
56 Wright, 『하나님의 선교』, 22-25.

고 역설했다. 그는 현대신학에서 선교학적 해석학은 "하나님의 선교와 하나님 백성의 선교라는 시각에서 성경 전체를 읽는다는 것이 무슨 의미인지를 탐구하는 데 헌신한 학자공동체로 인해 진지한 학문이 되었다"[57]고 평가하며 그 중요성을 역설했다.

성경을 읽고 해석하는 관점을 선교적으로 새롭게 정립해야 한다.

> 성경을 개인적으로 읽든 공동체로 읽든 핵심은 관점의 문제다. 성경을 읽는 것은 다분히 해석학적 과정을 요구하기 때문에 다분히 신적 저자의 의도, 인간 저자가 처한 문화적 상황과 연관된 주석적 차원과 성경 해석의 역사, 성경을 읽는 독자의 상황과 교회의 자리 등이 무늬 장식천처럼 아름답게 직조되어야[58] 한다.[59]

선교적 성경 읽기를 통하여 얻을 수 있는 장점은 다음과 같다.

선교적 성경 읽기를 통한 선교적 성경 해석에 관한 지속적 관심과 폭넓은 적용은 오늘날 선교적 교회 운동의 필수 요소다. 성경은 하나님 나라의 도래, 즉 그리스도인들이 하늘이 땅으로 내려오는 경험을 하도록 만드는 매개체다. 선교적이지 않은 성경 읽기는 성경 해석의 혼란을 초래하며 교회를 하나님 나라가 아닌 다른 방향으로 인도하고 더 나아가 그리스도인들의 정체성의 문제를 초래함으로 세상과 타협하며 우상 숭배에 빠지게 만들 위험을 초래한다. 선교적 성경 읽기는 교회의 강단을 풍요롭게 할 뿐

---

[57] John Robert Walmsley Stott and Christopher John Howard Wright, 『선교란 무엇인가』, 김명희 옮김 (서울: IVP, 2018), 46.
[58] 이는 "테피스트리 이론"(Tapestry Theory)으로 설명될 수 있다. Redford, *Missiological Hermeneutics*, 98.
[59] Hyung Keun Choi, "선교적 성경 읽기와 선교적 해석학"(Missional Reading of the Bible and Missional Hermeneutics," 『선교적 성경 읽기』, 홍현철 외 (서울: 한국해외선교출판부, 2020), 46.

만 아니라 바른 예배와 공동체를 형성하고 신학 교육의 지평을 넓히므로 하나님의 선교에 참여하는 신실한 신자들의 공동체를 형성할 것이며 침체된 한국 교회에게 참신한 활력을 불어넣는 기폭제가 될 것이다.[60]

이는 비단 한국 교회뿐만 아니라, 열방의 모든 나라와 교회에도 적용되는 원리다. 이때 문화적 맥락이 다른 곳에서 이뤄지는 선교적 해석학은 선교의 맥락화나 상황화 개념과 연관된다.

찰스 크래프트는 기독교 신앙을 다양한 문화 맥락에 적응시키는 과정인 맥락화 개념을 탐구하는 책인 『적합한 기독교』(Appropriate Christianity)[61]를 펴냈다. 전체 18명의 저자들이 29개의 장으로 나눠 소주제를 다루는 중, 션 B. 레드포드는 14장에서 "적절한 해석학"(Appropriate Hermeneutics)[62]을 제시했다. 그는 "선교신학의 새로운 해석학적 이해는 성경의 선교적 본질을 인식하는 방향"으로 전개되고 있음을 전제하며, 선교학적 해석학을 "성경적 선교신학의 해석학"[63]이라고 표현한다. 서구 해석학적 방법의 문화적 구속성을 적절히 비판하기 위해 논지를 펼치던 레드포드는 선교와 해석학의 역사를 다루며 결국 선교사의 경험과 성경 해석의 관계를 언급한다.

> 선교사의 경험은 현대의 선교사들이 성경을 이해하고 해석하는 데 있어 가장 귀중한 다리 역할을 해왔다. … 성경에 나타난 하나님의 선교의 본질

---

60 Choi, 『선교적 성경 읽기』, 46-47.
61 Charles H. Kraft, *Appropriate Christianity* (Pasadena, CA: William Carey Publishing, 2005). 이 책의 목적은 기독교인들이 성경의 메시지에 충실하면서도 문화적 맥락에 적절한 관련성이 있고 인간 표현의 다양성을 존중하는 방식으로 복음을 이해하고 전달하는 데 도움을 주는 것이다.
62 Shawn Barrett Redford, "Appropriate Hermeneutics," in *Appropriate Christianity*, ed. Charles H. Kraft (Pasadena, CA: William Carey Publishing, 2005).
63 Redford, "Appropriate Hermeneutics," in *Appropriate Christianity*, 199. 레드포드는 이 장의 논지를 다음과 같이 제시했다. "성경적 선교신학의 해석학은 전체 해석학적 과정과 동등하게 존중되는 부분으로서, 영적 차원에 대한 새로운 개방성을 검증하고 발전시킴으로써 서구 해석학적 방법의 문화적 구속성을 적절히 비판하는 것이다."

을 이해함으로써 그리스도인들이 적절한 선교적 실천을 할 수 있도록 분명하게 안내해 준다.[64]

이는 레슬레 뉴비긴(Newbigin, James Edward Lesslie, 1909-1998)의 말을 떠올리게 한다. 그는 "세계선교는 전도가 아니라 주석으로서의 세계선교다. 교회의 선교 활동은 복음의 주석이다"[65]라고까지 표현했다.[66] 선교적 실천과 경험을 통해 하나님의 계시인 성경이 주석처럼 풀어 보여지게 해야 한다는 의미다.

선교적 해석학에 있어서 경험 요인이 그만큼 중요하다는 것을 인정하면서도 주의해야 할 또 다른 측면이 제기된다. 곧, "선교적 경험은 성경 해석자가 이전에 숨겨져 있거나 오해되었던 방식으로 성경을 인식할 수 있는 새로운 범주의 이해를 제공한다"[67]는 점이다. 해석자가 자신의 경험에만 의존한다면 성경의 본 뜻을 오해할 여지도 있다는 지적이다. 그래서 레드포드는 선교적 경험과 성경해석학 사이의 역동적 상호 작용을 강조하며, 그것을 "반성적 해석학"(reflexive hermeneutics)이라 불렀다.[68]

> 성경에 관한 우리의 선교적 이해와 경험 사이의 역동적인 상호 작용을 나는 반성적 해석학이라고 부른다: "하나님의 선교를 알기 위해 성경이 필요하고, 하나님의 성경을 알기 위해 선교가 필요하다."[69]

64　Redford, "Appropriate Hermeneutics," in *Appropriate Christianity*, 212.
65　James Edward Lesslie Newbigin, *Truth to Tell: The Gospel and Public Truth* (Grand Rapids, Mich.: Wm. B. Eerdmans Publishing, 1991), 33, 35.
66　Redford, "Appropriate Hermeneutics," in *Appropriate Christianity*, 213.
67　James V. Brownson, *Speaking the Truth in Love: New Testament Resources for a Missional Hermeneutic* (Harrisburg, PA: Trinity Press International, 1998), 80.
68　Redford, "Appropriate Hermeneutics," in *Appropriate Christianity*, 206-07. "The dynamic interplay between experience and redeveloping our missional understanding of Scripture is what I have referred to as a reflexive hermeneutic: "Scripture is needed to know God's mission; mission is needed to know God's Scripture."
69　Charles Edward Van Engen and Shawn Barrett Redford, *Syllabus, Biblical Foundations of*

'선교적 해석학'(Missional Hermeneutics)이라는 말을 처음으로 사용한 사람은 제임스 V. 브론슨(James Vernon Brownson)[70]이다. 그는 GOCN(The Gospel and Our Culture Network)[71]의 선교적 해석학 포럼에 길을 열어 준 인물이다. 그는 목회 경험을 가진 신약학자요 선교학자로서의 면모를 활용하여 선교적 해석학을 전개해왔다. 그는 "수용된 성서 전통이 특정한 인간 상황과 비평적 대화를 일으킬 때 복음이 해석의 '모체'로서 기능한다"고 역설한다.[72]

GOCN을 창립한 조지 훈스버거(George R. Hunsberger)[73]는 "선교적 해석학의 정의 내림과 그것이 성경 해석에 어떻게 영향을 미치는가를 성찰"하였다.[74] 연구 결과, 선교적 해석학을 다양한 강조점에 따라 네 가지 유형으

Mission, MT520/MT620 (Pasadena, CA: Fuller Theological Seminary, School of Intercultural Studies, 2007).

[70] James Vernon Brownson, 『사랑으로 진실을 말하기: 선교학적 해석학을 위한 신약 자료』(Speaking the Truth in Love: New Testament Resources For A Missional Hermeneutic)는 제임스 브론슨의 첫 번째 책으로 GOCN에 참여하면서 탄생한 책이다. 브론슨은 GOCN의 이사이며, 미시간주 홀랜드에 있는 웨스턴신학교의 신약학 교수다.

[71] GOCN, "The Gospel and Our Culture Network," accessed December 18, 2023, https://gocn.org/. 1990년 초에 창설된 GOCN(The Gospel and Our Culture Network: 복음과 이 시대의 문화 네트워크)은 지금까지 선교학적 해석학 연구를 통해 이 시대 복음 전파를 위해 기여하고 있다. 단체 홈페이지 첫 화면에는 레슬리 뉴비긴(Lesslie Newbigin, 1909-1998)의 말이 기록되어 있다. "복음의 유일한 해석학은 복음을 믿고 그에 따라 살아가는 사람들의 모임이다. The only hermeneutic of the Gospel is a Congregation of men and women who believe it and live by it." Jang, "폴 리쾨르의 해석학에서 철학적인 것과 신학적인 것의 연관관계," 61.

[72] 강아람, "선교적 교회론과 선교적 해석학," 32.

[73] GOCN, "The Gospel and Our Culture Network," accessed December 18, 2023, https://gocn.org/. 조지 훈스버거(George R. Hunsberger)는 1990년 초 GOCN(The Gospel and Our Culture Network: 복음과 이 시대의 문화 네트워크)의 창립자로, 선교적 교회 운동의 선구자로 인정받는다. 선교적 교회론 작업에 신학적 통찰력을 준 사람은 영국성공회 출신으로 인도의 선교사로 섬기던 레슬리 뉴비긴인데, 그의 열심은 영국의 GOC(Gospel and Our Culture) 프로그램으로 연결되었고, 훗날 미국의 GOCN 창립에 영향을 끼쳤다. https://tinyurl.com/5y7p4pct을 참고하라.

[74] George R. Hunsberger, "Proposals for a Missional Hermeneutic: Mapping the Conversation," Gospel and Our Culture Network (2009).

로 정리한다.

> **첫째**, 성경 전체의 주제를 하나님의 선교에 관한 보편적 내러티브로 이해하는 유형(크리스토퍼 라이트[Christopher Wright])
> **둘째**, 성경 저술의 목적을 하나님의 선교를 증거하기 위해 교회를 준비시키는 것으로 이해하는 유형(대럴 구더[Darrell Guder], 마이클 고힌[Michael Goheen])
> **셋째**, 성경을 선교적으로 해석하는 것은 결국 상황적, 선교적 자리가 서로 다른 모든 공동체들의 몫이라는 유형(마이클 바람[Michael Barram])
> **넷째**, 선교적 해석학은 성경과 다양한 문화적 요소들이 역동적으로 비평적 대화를 지속할 때만 올바른 방향으로 진행될 수 있다는 유형(제임스 브론슨[James Brownson])[75]

얼핏 보기에 네 가지 유형 중에서 글라서의 선교학적 해석학을 대변하는 것은 첫째 유형인 것 같다. 글라서는 성경 전체의 주제를 하나님의 선교로 보고 성경 해석을 진행하고 있기 때문이다. 그러나 선교학적 해석학을 네 가지 유형으로 분류한 훈스버거조차 각 유형을 독립적이 아니라 상호 의존적으로 볼 것을 권한다.

> 훈스버거는 위에서 분류한 각 유형들을 독립적으로 다루어 상호배타적으로나 경쟁적으로 보기보다는, 각기 다른 강조점들이 서로서로를 필요로 하는 상호 의존적인 유형들로 보기를 권한다. 그럴 때 시너지 효과를 볼 수 있다는 것이다. 그렇게 할 때 이들은 앞으로 계속해서 발전해 나갈 선교학적 해석학의 토대를 놓아준다.[76]

---

[75] 강아람, "선교적 교회론과 선교적 해석학," 22.
[76] 강아람, "선교적 교회론과 선교적 해석학," 34.

조지 훈스버거는 이 네 가지 유형이 상호 의존적이고 상호 보완적으로 활용될 수 있는 방안을 다음과 같이 제시한다.

> 앞으로 전개될 선교학적 해석학 연구를 위한 구조틀(framework: 하나님의 선교의 내러티브), 선교학적 해석학의 목적(aim: 증거를 위한 교회 구성), 선교학적 해석학의 접근 방법(approach: 독특한 사회적 자리에서 나온 질문들) 그리고 선교학적 해석학의 해석적 모체(matrix: 해석적 열쇠로서의 복음)를 제공해 준다. 이들 간에 열린 대화가 계속될 때 선교학적 해석학의 미래 전망은 밝아진다. 이러한 대화는 '내용과 형식'의 양 측면에서 건전한 선교학적 해석학 발전에 기초를 놓아준다.[77]

레드포드는 성경적 선교신학을 구성하는 요소들이 지닌 상호 의존적이고 상호 보완적인 특성을 종합하여 다음과 같은 총체적 해석학의 도표를 제시한다. 이 복잡한 도표는 해석학적 이해를 제공하기 위해 시너지 효과를 발휘하는 여러 학문의 통섭적인 결합을 보여준다.

레드포드는 『선교학적 해석학』(*Missiological Hermeneutics*)의 제3장(현재의 해석학 이론에 대한 선교적 비평)에서 사전에 제시한 도표 아홉 개를 분석 비평한 후, 모든 영역을 종합한 정점으로 다음 도표(<그림 29>)의 "총체적 해석학"(Holistic Hermeneutics, 통전적 해석학)을 제시한다.[78]

> 신앙(Faithfulness)과 경험(experience)은 비슷한 길을 가지만, 오직 신앙만이 하나님께 다가간다. 문화적 이해(Cultural understanding)와 공동체(community)

---

[77] Hunsberger, "Proposals for a Missional Hermeneutic," 318-19. 강아람, "선교적 교회론과 선교적 해석학," 35. GOCN 포럼은 이 네 가지 동향을 다른 자료들의 적절성을 시험하는 작업가설(working hypothesis)로 삼는다.

[78] Redford, *Missiological Hermeneutics: Biblical Interpretation for the Global Church*, 85-132. "A Missional Critique of Current Hermeneutical Theory"

는 이해에 영향을 미치지만, 오직 기도만이 우리 신앙의 저자와 대화를 추구한다. 역사(History)와 테피스트리(tapestry)의 총체성은 안내자 역할을 하지만, 오직 성령만이 해석 과정 안팎으로 널리 움직이신다.[79]

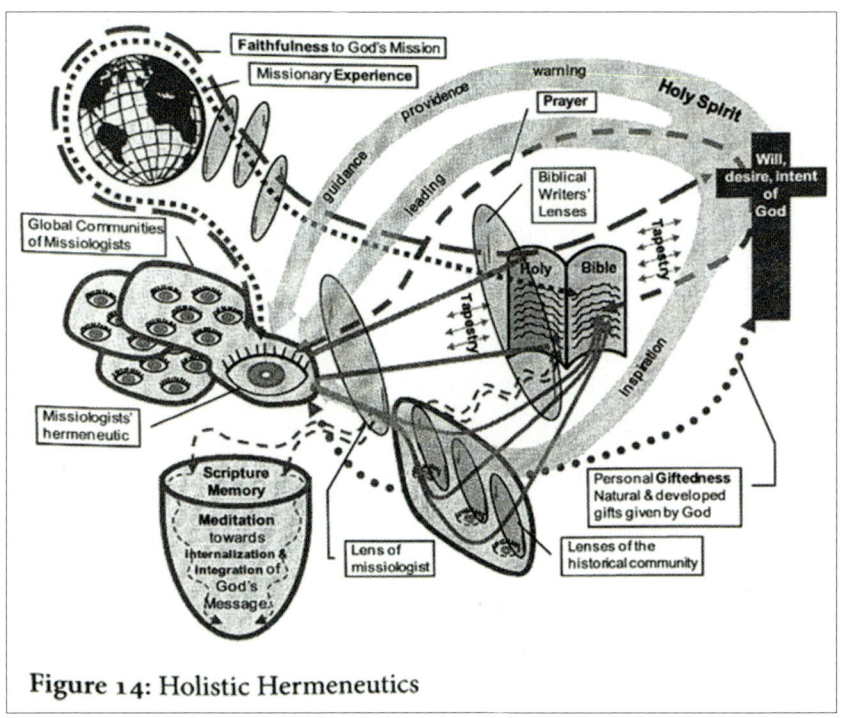

<그림 29> 총체적 해석학[80]

총체적 해석학으로 성경을 해석할 때, 구약에 등장하는 이스라엘과 예언들을 오늘날에 어떻게 해석하고 적용할 것인가 하는 문제에 대한 관심

---

79 Redford, *Missiological Hermeneutics: Biblical Interpretation for the Global Church*, 131. "Faithfulness and experience travel a similar path, but only faith approaches God. Cultural understanding and community influence understanding, but only prayer seeks to enter into dialogue with the author of our faith. History and the holism of the tapestry act as guides but only the Holy Spirit moves pervasively in and through the interpretive process."

80 Redford, *Missiological Hermeneutics: Biblical Interpretation for the Global Church*, 131.

이 증가하고 있다.

김인식은 '영적, 상징적' 해석을 하기에 앞서 '문자적·문법적·역사적' 해석이 우선되는 것이 바람직하다고 주장한다. 문자 획일주의는 배제되어야 마땅하지만, "말씀을 문자 그대로 받지 않으면 모든 정확성이 사라져 버리"기 때문에, "지나친 영해로 실제 사실을 간과하는 것은 크고 무서운 오류가 될 수 있다"[81]고 지적한다.

월터 카이저가 『성경과 하나님의 예언』[82] (*Back Toward the Future*)에서 한 말을 인용하여, "하나님께서 평이하게 만드신 것을 수수께끼로 만들지 말라"고 권고한다. "예언은 우선적으로 문자적·문법적·평상적·직선적 단순한 의미로 해석"할 것을 권한다.[83] 그리고 "성경 해석이 말씀의 전체 맥락에 비춰 볼 때 일관성과 포괄성이 있어야 한다"고 주장한다.[84]

크레이그 A. 블레이징(Craig Alan Blaising, 1949-)[85]은 근대 해석의 기술과 학문에서 '문자적 해석' 대 '영적 해석'의 양분법은 "정확성 면에서 충분하지 않다"고 지적하며, 더욱 신중하게 연구할 것을 권한다. 그가 말하는 "오늘날 복음주의적 성경 해석을 특징짓는 범주, 원칙, 방법론"은 일반적으로 "저자, 본문, 독자 사이에 일어나는 삼자 관계"로 해석하는 것이다.

"독자는 본문의 현실에 부합하는 방법으로 그 본문을 읽을 필요가 있다." 이때 "역사적(historical), 문법적(grammatical), 문예적(literary) 해석"이 적용된다. 그리고 통전적인 해석이 이뤄지기 위해서 "정경적(canonical) 단계

---

81 김인식, 『성경, 빅 픽처를 보라!』, 31-32.
82 Walter Christian Kaiser Jr., 『성경과 하나님의 예언』, 김영철 옮김 (서울: 여수룬, 1991).
83 Paul In-Sik Kim, "선교신학적 관점에서 본 월터 C. 카이저의 성경적 종말론 비평: 이스라엘 회복운동을 중심으로" Critical Reflection of Walter C. Kaiser Jr.'S Eschatology from a Mission Theology Perspective- with Special Reference to the Israel Restoration Movement(Ph.D. Dissertation, Presbyterian Theological Seminary in America, 2019), 70.
84 김인식, 『하나님의 마스터플랜 [God's Master Plan]』 (서울: 교회성장연구소, 2017), 36.
85 크레이그 A. 블레이징(Craig Alan Blaising)은 미국의 신학자로, 남서부침례신학대학원(SWBTS)의 부총장 겸 학장이었다. 복음주의신학회(ETS) 회장을 역임했다(2005). 국제적으로 교회사, 신약학, 해석학 등 여러 학회 회원으로 활동하고 있다. 참고. Craig A. Blaising | Southwestern (swbts.edu)

에서의 성경 해석"이 더해져야 한다.[86]

> 정경적 단계의 해석을 논함에 있어, 이러한 해석이 정경적으로 '내러티브적'(narratological)임을 인식해야 한다. 내러티브는 하나의 문학적 장르다. 성경은 정경적 단계에서 법률 문서, 시가서, 찬양시, 역사적 기술 및 몇 개의 다른 문학 형태 등의 복합적 장르를 포함하지만, 이와 동시에 전체 성경은 하나의 이야기를 제시한다는 것을 반드시 인식해야 한다. 이를 올바로 해석하기 위해서 전체를 조망할 수 있어야 하고 모든 부분을 처음에서 마지막까지 연결하고 맺어주는 전개를 분별할 수 있어야 한다.[87]

선교학적 해석학 또한 역사적인 산물이다. 이러한 통전적인 관점을 갖게 될 때까지 발전되어 온 과정이 있다. 이제 그 역사적인 발전 과정을 개관해 보자.

2. 선교적 성경 해석의 발전 과정

월터 카이저는 "해석의 역사를 아는 것은 잘못된 해석을 방지하는 최상의 방법 중 하나"[88]라고 했다. 성경 해석이 고정되어 있는 것이 아니라 시대에 따라 변화하며, 그 변천사를 이해하는 것은 더 나은 해석을 위한 필수 과정이라는 것이다.

해석학의 발전 과정에 대한 논의는 다니엘 쇼우(Shaw, Daniel Robert, 1934-2015)와 찰스 밴 엥겐(Engen, Charles Edward Van, 1948-)의 공저인 『기독교 복

---

86 Blaising, "이스라엘과 성경해석학," in 『이스라엘 민족, 영토 그리고 미래』, 291-97.
87 Blaising, "이스라엘과 성경해석학," in 『이스라엘 민족, 영토 그리고 미래』, 296.
88 Kaiser Jr. and Silva, 『성경해석학 개론』, 324.

음 전달론』[89](*Communicating God's Word in a Complex World: God's Truth or Hocus Pocus?*)[90]의 내용을 기반으로 한다. 저자들은 『기독교 복음 전달론』의 제2부 '적절한 복음 전달' 중 제4장 '신학적으로 적절한 복음 전달'에서 '2. 현대 해석학 개략'을 살핀 후, '5. 선교학적 해석학으로서의 네 가지 지평들'을 제시한다.

> 성경 텍스트에 대한 신학적 가정들과 텍스트에 대한 해석학적 접근들은 복음 전달자들이 성경을 이해하는 방식과 그 성경을 통해 하나님께서 의도하고자 하신 바를 이해하는 방식에 영향을 미친다. 하나님께서 의도하신 바에 대한 다양한 관점들을 상호 연관시키기 위한 건설적인 방법은 네 가지 "지평들"을 동시에 조우하는 것이다.[91]

저자들은 선교학적 해석학의 큰 틀을 "네 가지 지평"으로 정리하기까지 해석학이 발전되어 온 역사를 개괄하였다.

"가다머 → 티슬턴 → 오스본 → 칼슨 → 다니엘 쇼우 & 밴 엥겐"의 해석학 이론의 발전 과정을 차례대로 약술한다.[92]

1) 한스 게오르그 가다머: <지평 융합>

한스 게오르그 가다머(Hans-Georg Gadamer, 1900-2002)[93]는 독자의 현재적 지평(a)과 독자가 연구하는 과거의 역사적 상황이라는 지평(b)을 연결시

---

89 Shaw and Engen, 『기독교 복음 전달론』.
90 Daniel Robert Shaw and Charles Edward Van Engen, *Communicating God's Word in a Complex World: God's Truth or Hocus Pocus?* (Lanham, Md.: Rowman & Littlefield Publishers, 2003).
91 Shaw and Engen, 『기독교 복음 전달론』, 129.
92 Shaw and Engen, 『기독교 복음 전달론』, 136-56.
93 한스 게오르그 가다머(Hans-Georg Gadamer, 1900-2002)는 프리드리히 빌헬름 니체

키는 <지평 융합>을 포함하는 역사 연구를 진행했다.[94] 그는 특정한 역사적 상황 속에서 살아가는 사람이 소유하고 있는 관점(a)과 그 사람이 연구할 수 있는 것으로, 과거 어느 한 시점의 역사적 상황에서 작성된 텍스트(b)에 대해 설명하고, 양자를 연결시키는 방법으로 "지평들"에 대한 아이디어를 제시했다. 후에 "지평"이라는 단어를 인용하여 발전시킨 티슬턴도 가다머의 <지평 융합> 개념의 의의를 인정하는 평을 했다.

> 해석학 문제의 본질을 형성하는 것은 텍스트와 해석자가 역사 속에서 부여받은 자리가 그 둘을 규정하는 조건이라는 사실이다. 이해가 생기려면 두 변수가 서로 관련을 맺어야 한다. 가다머가 쓴 <지평 융합>이라는 이미지는 해석학의 주요 문제와 과업을 서술할 수 있는 한 가지 방법을 제공한다.[95]

가다머가 해석학의 개념으로 <지평 융합>을 제시한 것은 19세기에 유럽, 특히 독일을 풍미했던 역사주의 사상을 넘어서는 획기적인 것이었다.[96]

2) 앤서니 티슬턴: 〈두 지평〉

앤서니 티슬턴(Anthony C. Thiselton, 1937-2023)은 가다머가 제시한 '지평들이 서로 융합'한다는 개념을 인정하면서도, 그 한계를 피하려고 했다.

(Friedrich Wilhelm Nietzsche, 1844-1900)와 에드문트 구스타프 알브레히트 후설(Edmund Gustav Albrecht Husserl, 1859-1938)의 영향을 받았으며 1949년부터 1968년까지 하이델베르크대학교의 철학 교수를 역임했다.

94 Shaw and Engen, 『기독교 복음 전달론』, 153. <지평 융합>은 "fusion of horizons"의 번역이다.
95 Thiselton, 『두 지평』, 48.
96 Shaw and Engen, 『기독교 복음 전달론』, 153.

대신 "성경 텍스트와 상황 속에 존재하는 해석자라는 각각의 두 지평을 상호 분리하면서도 서로 상호 작용하게 하는 방식을 제안했다."

그는 "두 가지 지평이 존재한다는 것은 확실한 사실이고, 또한 두 가지 지평은 서로 독립적으로 존재한다는 것도 사실이지만 양자가 서로에게 영향을 미친다는 것 또한 확실한 사실"이라고 역설했다.[97]

> 해석학의 목표는 <지평 융합>을 향하여 꾸준히 전진하는 것이다. 그러나 이 목표는 각 지평의 특수성을 온전히 고려하고 존중할 때에 비로소 이룰 수 있다. 이는 곧 본문의 권리를 존중하면서 동시에 본문이 말할 수 있게 함을 뜻한다.[98]

그는 "저자의 의도를 유지하는 것에 관심을 가지는 동시에 독자의 문화적 지평이 독자가 텍스트를 이해하는 데 미치는 영향에 대해서도 관심"을 가졌다. 이런 관심이 티슬턴으로 하여금 '두 개의 지평들'(*The Two Horizon*, 1980)이란 개념을 발전시키게 했다.[99] 이 개념 안에서 그가 강조한 "성경적 해석학의 목적"은 해석자의 지평이 새로이 형성되고 확대되는 방식을 통해 해석자와 텍스트가 서로 활동적이고 의미 있는 방식으로 상호 작용하도록 하는 것"[100]이었다.

월터 카이저와 모이세스 실바는 앤서니 티슬턴이 "교차 문화적 관점의 필요성을 감지하는 데에는 실패했다"고 평했다. "정말로 필요했던 것은

---

[97] Shaw and Engen, 『기독교 복음 전달론』, 153.
[98] Thiselton, 『두 지평』, 681-82.
[99] Shaw and Engen, 『기독교 복음 전달론』, 136. Thiselton, *The Two Horizons: New Testament Hermeneutics and Philosophical Description with Special Reference to Heidegger, Bultmann, Gadamer and Wittgenstein*.
[100] Shaw and Engen, 『기독교 복음 전달론』, 153-54. Thiselton, *The Two Horizons: New Testament Hermeneutics and Philosophical Description with Special Reference to Heidegger, Bultmann, Gadamer and Wittgenstein*, xix.

두 개의 지평을 가진 하나의 모델이 아니라, 교차 문화적 관점을 포함하는 하나의 모델이었다"고 지적한다. 그래서 교차 문화적 관점으로 세 가지 지평을 제시하는데, '성경의 문화', '해석자의 문화', '수용자의 문화'가 그것이다.[101]

3) 그랜트 오스본: "해석학적 나선 구조"

그랜트 오스본(Grant R. Osborne, 1942-2018)은 티슬턴과 동일하게 "저자의 의도를 유지하는 것과 독자의 문화적 지평에 대한 관심을 동시에 견지"하였다. 그는 "해석학적 나선 구조"(Hermeneutical Spiral)에 대한 아이디어를 제시했다.[102] 이 아이디어를 통해 오스본은 해석자와 텍스트의 관계를 넘어 "상황" 요소를 추가했다.

> 오스본의 나선 구조는 "두 개의 지평" 관점(two-horizon perspective)을 넘어서는 것일 뿐만 아니라, 의미와 관련하여 시간이 흘러감에 따라 텍스트와 공동체 그리고 상황 간에 역동적이고 지속적이며 끊임없이 변화하는, 상호작용하는 것임에 대해 인식한다.[103]

다니엘 쇼우와 찰스 밴 엥겐은 이 오스본의 나선 구조를 통해 "의미에 대한 이슈들이 저자-텍스트-독자가 서로 연관을 맺게 될 때, 그 관계로 인해 등장하는 문제들에 도움이 되는 개관(a helpful overview)을 제공해 준다"[104]고 평가했다.

---

101 Kaiser Jr. and Silva, 『성경해석학 개론』, 275-76.
102 Shaw and Engen, 『기독교 복음 전달론』, 136. Grant R. Osborne, *Hermeneutical Spiral: A Comprehensive Introduction to Biblical Interpretation* (Downers Grove: InterVarsity Press, 1991). https://archive.org/details/hermeneuticalspi0000osbo.
103 Shaw and Engen, 『기독교 복음 전달론』, 154.
104 Osborne, *Hermeneutical Spiral*, 366-415.

찰스 H. 크래프트(Charles H. Kraft, 1932-)도 "선교학적 해석(missiological hermeneutics)의 나선화 과정(spiraling process)은 선교적 의도(missional intention)로부터" 시작된다고 표현하여, "선교학적 해석의 나선화 과정이 가지는 목적은 다양한 장벽들을 넘어서서 복음을 선포하는 것"[105]이라고 그 의의를 평가했다.

해석학적 나선 구조는 신적 차원과 인간적 차원이 대면하는 상황화 과정이며, 이런 신학화 작업은 지속적으로 이뤄지는 과정이다.

> 해석학적 나선 구조 과정은 원전 텍스트에 대한 효과적인 이해를 확신하기 위해 진행하는 연구 방식에 영향을 미친다. 또한, 이 과정은 그렇게 이해한 내용을 현대적 상황에 전달하는 방식에도 영향을 미친다. 성경적 지평을 오늘날의 지평에 옮겨오는 작업은 신학화 작업으로 나타나고, 그 결과 새로운 수용자들이 속한 문화 속에 존재하는 새로운 심층적 차원이 갖는 구조를 통해 성경적 지평에 대한 새로운 의미를 발견하게 된다. 사람들 속에서 진행되는 신학화 작업은 중단 없이 지속되는(ongoing) 과정이다. 이런 방식을 통해 하나님의 진리가 높이 들림을 받게 될 것이고, 진리가 왜곡되는 것(hocus pocus)을 피하게 될 것이다.[106]

해석학적 나선 구조에 대한 다니엘 쇼우와 밴 엥겐의 평가는 긍정적이다. 그들은 본인들이 집대성할 "네 가지 지평들"에 대한 "적절한 발전과 적용으로 인도함을 받기 위해서는 "해석학적 나선 구조에 대해 어느 정도 상세한 이해가 필요하다"고 강조했다.[107]

---

[105] Charles H. Kraft, *Christianity in Culture: A Study in Dynamic Biblical Theologizing in Cross-Cultural Perspective* (Maryknoll, N.Y.: Orbis Books, 1979), 147. https://archive.org/details/christianityincu00kraf.

[106] Shaw and Engen,『기독교 복음 전달론』, 292.

[107] Shaw and Engen,『기독교 복음 전달론』, 367.

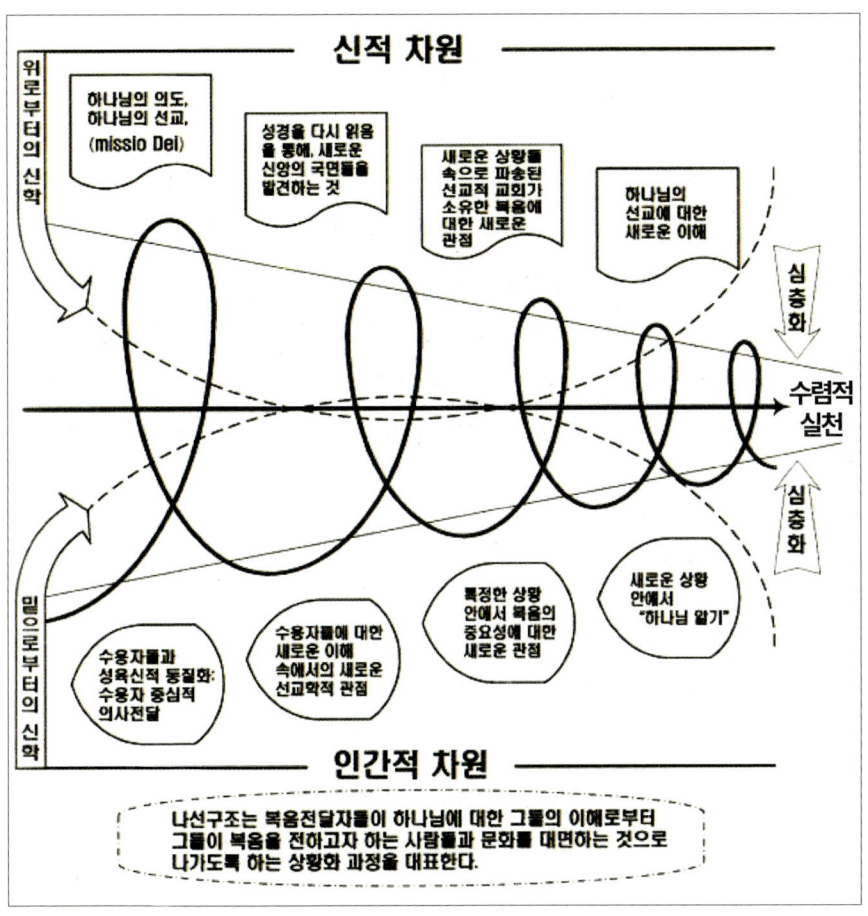

<그림 30> 해석학적 나선 구조[108]

4) 도널드 칼슨: "세 번째 지평-수용자"

저자(텍스트)와 독자(해석자) 그리고 그들 각자가 속한 "상황"에서 빚어내는 문제들의 상호 관계를 고려하는 '해석학적 나선 구조'를 넘어서는 또

---

[108] Shaw and Engen, 『기독교 복음 전달론』, 151. "나선 구조는 복음 전달자들이 하나님에 대한 그들의 이해로부터 그들이 복음을 전하고자 하는 사람들과 문화를 대면하는 것으로 나가도록 하는 상황화 과정을 대표한다."

하나의 모델이 등장했다. 도널드 A. 칼슨(Donald Arthur Calson, 1946–)[109]이 논쟁에 끼어들어 제시한 "세 번째 지평-수용자" 개념이다.[110]

> 타문화권에서 복음을 증거하는 기독교인이라면 누구나 할 것 없이 '두 가지' 지평뿐 아니라 '세 번째' 지평에 대해서도 관심을 기울여야 한다. 증인된 자들은 그들 자신이 소유하고 있는 이해의 지평을 텍스트의 지평과 융합시키는 시도를 해야 한다. 그 작업을 마친 뒤에는 텍스트로부터 얻은 통찰로 자신의 이해의 지평을 새롭게 형성하고, 그것을 기반으로 복음을 전하는 대상자(집단이나 개인)의 이해의 지평과의 간극을 메우려고 시도해야 한다.[111]

칼슨의 말은 복음을 전하는 것에 관한 문제, 즉 저자를 텍스트뿐 아니라 수용자와도 연결하자는 주장과 일맥상통한다. 이때 청자들은 고대에 살았던 사람들(원 수용자들을 반영)일 수도 있지만 현대를 살아가는 사람들(오늘날의 수용자들을 반영)일 수도 있다.[112]

청자, 곧 수용자가 텍스트를 해석하는 과정에서 그들의 문화적 배경, 사전 지식, 경험, 가치관 등이 텍스트의 이해와 해석에 중요한 영향을 미침을 인정하자는 것이다. 수용자는 단순히 텍스트에서 의미를 추출하는 수

---

109 도널드 A. 칼슨(Donald Arthur Carson)은 캐나다 출신의 복음주의 신학자요 신약학 교수다. 신약성경 해석, 그리스도론, 성경적 무오성, 기독교 세계관에 대한 광범위한 저술로 잘 알려져 있다. 2022년에 복음주의신학회(ETS) 회장을 맡았다. 참고. Getting to Know D. A. Carson | Crossway Articles

110 Shaw and Engen, 『기독교 복음 전달론』, 155.

111 Donald Arthur Carson, *Biblical Interpretation and the Church: Text and Context* (Exeter: Paternoster Press, 2002), 17. https://archive.org/details/biblicalinterpre0000unse_y6i1. "The first points out that the missionary (or for that matter any Christian who witnesses cross-culturally) must concern himself not only with two horizons, but with three." He must attempt to fuse his own horizon of understanding with the horizon of understanding of the text; and having done that, he must attempt to bridge the gap between his own horizon of understanding, as it has been informed and instructed by the text and the horizon of understanding of the person or people to whom he ministers."

112 Shaw and Engen, 『기독교 복음 전달론』, 155.

동적인 존재가 아니라, 자신의 경험과 사고를 통해 텍스트에 새로운 의미를 부여하는 활동적인 참여자가 될 수 있기 때문이다.

5) 다니엘 쇼우 & 밴 엥겐: "네 지평"

칼슨이 제시한 "세 번째 지평-수용자" 개념을 더욱 확장하여, 다니엘 쇼우와 밴 엥겐은 "네 번째 지평"을 제안한다. 이들은 "네 번째 지평을 제안함으로써 지평에 대한 개념을 좀 더 확장시키고자 한다." 이들이 '지평'이라는 표현을 통해 의도한 것은, "가다머가 강조한 인식론적 관점이 아니라 다양한 상황 안에서 다양하게 표출되는 다양한 양식의 세계관에 대한 것"이었다. 의미에 관한 네 가지 지평 또는 관점은 하나님의 말씀에 대한 기독교인의 이해를 형성하는 데 기초가 되는 정보를 제공한다. 그 네 가지 지평은 다음과 같다.

(1) 구약성경의 계시를 통해 볼 수 있는 것으로, 하나님께서 특정한 상황을 통해 드러내신 의미
(2) 하나님께서 신약성경을 통해 드러내신 의미
(3) 복음 전도자들
(4) 현재라는 상황 속에서 살아가고 있는 수용자들[113]

> 해석 과정은 네 가지 지평들-구약성경과 수용자들, 신약성경의 사도들과 새로이 세워진 교회로 대표되는 그들의 수용자들, 선교적 교회들 그리고 하나님의 진리를 상대적이고 다원주의적 수용자들의 요구로 새롭게 일어나고 있는 후기 현대적 교회 안에서 제시하는 현대의 복음 전달자들-하나하나를 모두 필요로 한다.[114]

---

113 Shaw and Engen, 『기독교 복음 전달론』, 155. 네 지평은 "구약성경, 신약성경, 전달자, 수용자"다.
114 Shaw and Engen, 『기독교 복음 전달론』, 367-68

다니엘 쇼우와 밴 엥겐은 "네 가지 지평 개념"(four-horizon concept)의 각 단계(step)별 특성을 제시하고, "우리가 살아가고 있는 이 혼돈스러운 세상에서 하나님의 말씀을 전하는 데 필요한 효과적인 해석을 위해 네 가지 지평 개념을 적용하는 것에 대한 새로운 이해"를 체계적인 도식화를 통해 제시했다.[115] 마지막 단계이기도 한 "다섯 번째 단계"를 보여주는 <그림 31>은 성경해석학 작업에 활용할 가치가 크다.

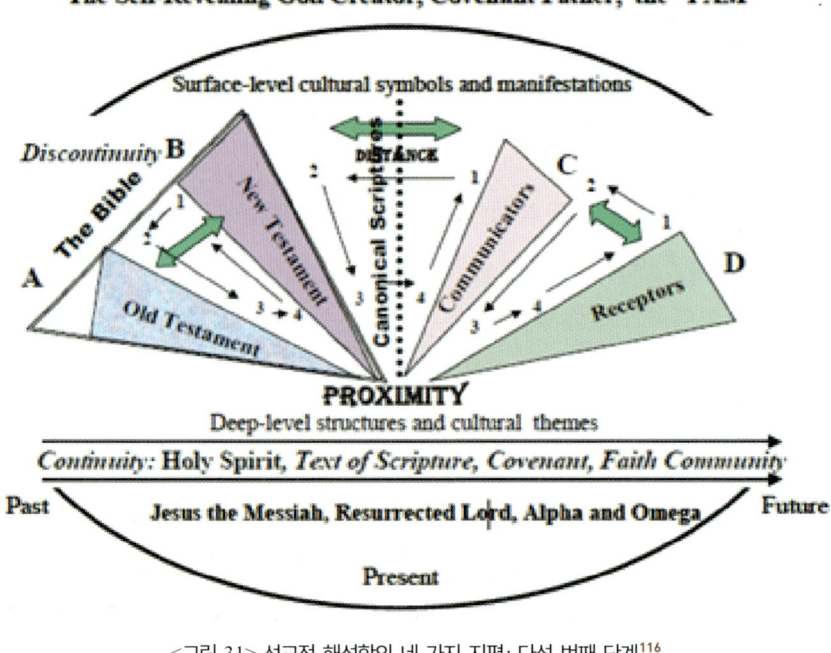

<그림 31> 선교적 해석학의 네 가지 지평: 다섯 번째 단계[116]

---

115 Shaw and Engen, 『기독교 복음 전달론』, 156.
116 Shaw and Engen, 『기독교 복음 전달론』, 163. 네 가지 지평을 A, B, C, D로 표시하고, 각각의 지평들 사이에서 일어나는 상호 작용을 1→2→3→4 순서와 굵은 양방향 화살표(↔)로 표현했다.

이 지평들의 의미와 의의를 이해하면, "성경의 하나님께서 성경적 상황 속에서 의도하신 바가 무엇인지를 파악할 것(주석)과 동일한 의도가 현대라는 상황적 맥락 속에서 어떤 방식을 통해 전달되어야 하는지를" 파악할 수 있다.[117]

지금까지 요약해 본 "해석학 이론의 발전과정"을 도식화하면 다음과 같다. <표 3>은 해석학의 "요소"를 중심으로 간단히 정리하였다.

<표 3> 해석학 이론의 요소들[118]

이론가	이론명	해석학의 요소
한스 게오르그 가다머	지평 융합	텍스트와 해석자의 융합
앤서니 티슬턴	두 지평	텍스트와 해석자의 상호 분리, 상호 작용
그랜트 오스본	해석학적 나선 구조	텍스트, 해석자, 상황
도널드 칼슨	세 번째 지평-수용자	텍스트(상황 포함), 해석자(상황 포함), 수용자
다니엘 쇼우 & 밴 엥겐	네 지평	구약성경, 신약성경, 복음 전달자(발신자), 수용자

<표 4>는 각 이론에서 해석학의 요소들이 어떻게 작용하는지를 좀 더 상세하게 설명하고 있다.

<표 4> 해석학 이론의 발전과정[119]

이론가	이론명	핵심 이론
한스 게오르그 가다머	지평 융합	독자의 현재적 지평(1)과 독자가 연구하는 과거의 역사적 상황이라는 지평(2)을 연결시켜 강조함
앤서니 티슬턴	두 지평	성경 텍스트(1)와 상황 속에 존재하는 해석자(2)라는 각각의 두 가지 지평을 상호 분리시키면서도 상호 작용하게 하는 방식을 제안함

117　Shaw and Engen, 『기독교 복음 전달론』, 15.
118　Shaw and Engen, 『기독교 복음 전달론』, 136-56.
119　Shaw and Engen, 『기독교 복음 전달론』, 136-56.

그랜트 오스본	해석학적 나선 구조	해석자(1)와 텍스트(2)의 관계를 넘어 그들 각자가 속해 있는 "상황"(3) 요소를 추가함
도널드 칼슨	세 번째 지평 -수용자	각각의 상황 속에서 작동하는 텍스트(1)와 해석자(2) 외에 "수용자"(3) 개념을 제시함
다니엘 쇼우 & 밴 엥겐	네 지평	구약성경(1)과 신약성경(2), 복음전도자(3)와 수용자(4)의 지평을 모두 고려한 성경해석학 개념임

6) 아서 글라서: "이스라엘 회복 관점"

다니엘 쇼우와 밴 엥겐은 기존에 논의된 해석학적 요소들을 망라하여 네 가지 지평으로 녹여냈다. 이전까지 '텍스트'라고 명명했던 개념을 '구약성경'과 '신약성경'으로 세분했다. 그리고 복음 전달자(발신자)와 수용자 요소를 별도로 설정함으로써 네 가지 지평을 구성했다. 수용자를 따로 구분해 냈던 것은 도널드 칼슨 때부터였는데, 그 이전의 이론들에 견주어 보면, '발신자'와 '수용자'는 큰 틀에서 '해석자'라고 통칭될 수도 있다.

그렇게 본다면, 이 네 지평 이론은 크게 텍스트와 해석자로 구분되고, 텍스트는 다시 구약성경과 신약성경으로, 해석자는 발신자와 수용자로 세분되어 전체 네 가지의 지평 요소들을 갖추게 된 셈이다(<그림 32> 참고).

물론, 그랜트 오스본이 특별히 주시했던 "상황"이라는 요소는 이 네 가지 지평 모두에 각각 다양한 형태로 영향을 끼치고 있다.

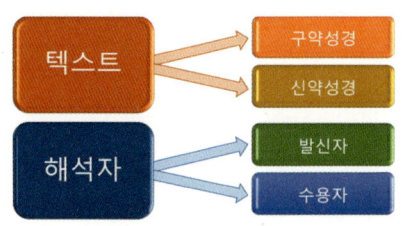

<그림 32> 네 지평의 구성 요소[120]

---

[120] 네 지평의 요소는 텍스트(구약성경, 신약성경), 해석자(발신자, 수용자)로 분류할

아서 글라서의 해석학은 기본적으로 이 "네 지평" 관점과 궤를 같이 한다고 볼 수 있다. "네 지평"의 공동 제안자인 밴 엥겐은 아서 글라서의 책 『성경에 나타난 하나님의 선교』(Announcing the Kingdom)의 주편집자다. 밴 엥겐은 1988년에 풀러신학교 교수로 합류한 후, 아서 글라서의 <성경신학> 강의를 물려 받아 "선교의 성경적 기초"에 대해서 오랜 세월 동안 연구하고 가르쳤다.[121] 그는 이 책이 단행본으로 만들어지기 전부터 아서 글라서의 강의안들을 편집하여 연구하고 가르치다가, 2003년에 그 강의안을 집대성해서 한 권의 책으로 펴냈다.

그때까지 밴 엥겐은 자신의 해석학으로 아서 글라서의 성경 해석을 끊임없이 재해석해 왔을 것이다. 동시에 아서 글라서의 해석학으로 자신의 성경 해석을 재해석하는 작업도 병행했을 것이다. 이 책에 나타난 아서 글라서의 성경적 해석학을 살피는 데 밴 엥겐의 네 지평이 유의미한 잣대가 될 수 있는 이유다.

세계 최고의 선교인류학자로 손꼽히는[122] 폴 히버트는 아서 글라서의 강의록을 녹여서 단행본으로 펴낸 『성경에 나타난 하나님의 선교』(Announcing the Kingdom)의 가치를 평가하는 추천사를 썼다. 그는 이 책의 중요한 특징으로, "아서 글라서는 하나님의 백성 이스라엘이 하나님의 선교 계획에 얼마나 중요한 위치를 차지하는가를 지적"[123]하고 있다는 점을 부각했다.

그렇다면 구약성경, 신약성경, 발신자 (복음전달자), 수용자 등 네 가지 지평 모두에서 이스라엘의 존재와 위치를 인정하고 이스라엘이라는 요소가

수 있다.
121 Engen, 『개혁하는 선교신학』, 37.
122 Robert J. Priest, "Paul G. Hiebert: A Life Remembered," *Trinity Journal* 30, no. 2 (2009): 171. 트리니티복음주의 신학교의 국제학 교수이자 선교 및 인류학 교수였던 로버트 J. 프리스트(1921-2022)는 폴 G. 히버트(1932-2007)에 대해 "그는 세계 최고의 선교인류학자로 손꼽히는 인물"(arguably the world's leading missiological anthropologist)이라고 평했다.
123 Glasser, 『성경에 나타난 하나님의 선교』, 10.

각 지평에 어떤 영향을 끼치는지를 파악할 때, 아서 글라서가 제시하는 선교학적 해석학을 온전히 음미할 수 있다.

그래서 아서 글라서의 선교학적 해석학은 하나님의 전체 선교에서 이스라엘이 차지하는 위치가 얼마나 중요한 것인지를 이해하는 "이스라엘 회복 관점의 성경해석학"이라고 할 수 있다.

그것을 선교학적 해석학의 계층도로 표현하면 <그림 33>과 같다.

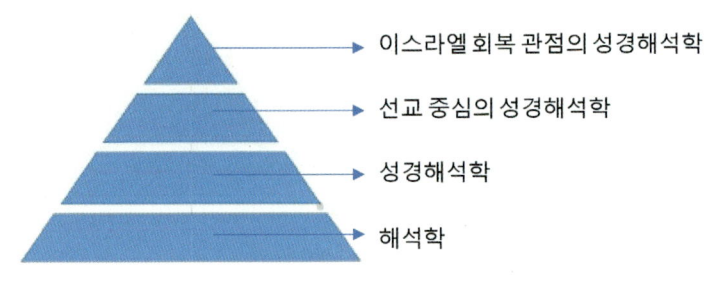

<그림 33> 선교학적 해석학 계층도[124]

"선교학을 든든한 말씀 위에 세우는 역할을 감당"[125]했다는 평가를 받으면서 '선교 중심의 성경해석학'의 물꼬를 연 글라서의 역작 안에서 '이스라엘 회복 관점의 성경해석학' 요소들을 찾아서 제시하는 것은 그 책의 원저자인 아서 글라서의 의도를 찾아가는 유의미하고도 중차대한 작업이다. 글라서의 신앙은 보수적인 성경신학을 기본 바탕으로 하고 있다. 그가 성경의 권위를 인정하는 발언 중, 성경의 모순처럼 보이는 부분까지도 존중한다는 표현을 사용한 부분은 시사하는 바가 크다.

"정경의 스캔들에 고개를 숙인다"(We bow to the scandal of the canon)는 이 반어적인 표현보다 더 강하게 정경의 권위에 대한 확신을 표현할 수 있을까!

124　필자가 고안한 선교학적 해석학 계층도는 아래에서 위로 올라갈수록 보편적인 해석학 개념에서 특수한 개념으로 나아가는 일련의 과정을 나타내고 있다.
125　Glasser, 『성경에 나타난 하나님의 선교』, 6.

그는 교회성장학을 논하는 자리에서 성경해석학의 문제를 짚었다. 그는 "교회성장신학은 오직 성경만이 믿음과 실천의 유일하고 무오한 법칙이라는 근본적인 원리에 기초하고 있다"고 강조했다. "구속사에 대한 성경적 기록과 성경적 해석만이 인류의 규범이 된다"고도 역설했다.[126]

이 의견을 개진하면서 그는 다음과 같이 표현했다.

> 이 입장을 견지하면서 우리는 성경에 관한 전통적인 정통 견해를 고수한다는 확고한 확신을 가지고 있다. 즉, 살아 계신 말씀이신 예수 그리스도와 대면하려는 사람은 반드시 그 대면의 장소가 성경이며 또 성경뿐이어야 한다는 점을 강조한다. 우리는 정경의 스캔들에 고개를 숙인다(We bow to the scandal of the canon). 우리는 아무리 논리적이고 설득력 있고 대중적이라 할지라도 정경 외의 자료를 포함하도록 그 범위를 확장하는 사람들이 아니다.[127]

글라서의 선교학적 해석학은 성경의 권위에 대한 절대적 순복에서 시작됨을 볼 수 있다. 그의 이스라엘 회복 관점의 선교학적 해석학의 권위도 바로 성경의 권위에 근거한다.

---

[126] Arthur Frederick Glasser, "Church Growth Theology," *First Fruits Press* 11th Biennial Meeting, 2018 (1972): 361. "Church Growth Theology is based on the fundamental principle that Scripture alone is the only infallible rule of faith and practice. The biblical record and biblical interpretation of redemptive history is alone normative for mankind."

[127] Glasser, "Church Growth Theology," 362. "In holding this position we are firmly persuaded that we adhere to the traditional orthodox view of Scripture. This means that we must add that if any man would confront the Living Word, Jesus Christ, he must expect the locus of confrontation to be Scripture and Scripture alone. We bow to the scandal of the canon. We are not among those who would extend that locus to include extra-biblical material, no matter how logical, persuasive or popular it might be."

> 그러므로 우리는 구약성경에서 신약성경으로 서둘러 넘어가며 후자가 전자를 '해석한다'고 주장하는 것을 꺼린다. 우리는 복음서를 대충 훑고 서신서에만 정착하면서 그것들이 그것을 '해석한다'고 주장하지 않는다. 교회 성장신학은 성경의 각 부분이 그 자체로 말을 할 기회를 가져야 하며, 다른 부분과 맞물려서 신성한 계시의 통일성과 일관성이 분명히 드러나야 한다고 주장한다.[128]

이는 글라서가 1972년에 기록한 글이다. 이후 30여 년의 시간이 흐르는 동안 그가 형성, 발전시켜 온 이스라엘 회복 관점의 선교학적 해석학이 어떤 신학적 바탕 위에서 정립되어 갔을지 이해하게 만드는 대목이다.

3. 선교적 성경 해석의 특징

지금까지 고찰한 선교학적 해석학의 발전 과정과 그 중요성을 종합하여 선교적 성경 해석의 특징을 세 가지로 나눠 정리한다.

"네 지평"까지 발전되어 온 선교적 해석학에서 구약성경과 신약성경은 중요한 기준이다. 그 성경을 기준 삼아, 선교학적 해석학 특징을 세 가지로 개괄하고자 한다. "성경을 관통하는 대서사로서의 선교, 신구약 연속성의 매개로서의 선교, 이스라엘 회복의 근거로서의 선교"가 그것이다. 차례대로 살펴보자.

---

[128] Glasser, "Church Growth Theology," 363. "So then, we are loathe to hurry from the Old Testament to the New Testament, contending that latter "interprets" the former. We do not skim the Gospels and settle down in the Epistles, contending that they "interpret" them. Church Growth Theology states that each part of Scripture must be given opportunity to say its piece, to fit into the other parts so that the unity and coherency of the divine revelation is made apparent."

1) 성경을 관통하는 대서사로서의 선교

마이클 고힌은 "선교적 성경 읽기야말로 오늘날 교회의 건강을 위해 긴급하게 필요한 것이라고 확신한다"[129]고 역설하며, 선교적 해석학의 세 차원을 제시한다.

> 선교를 중심 주제로 삼아 성경 전체를 읽는 것, 선교가 정말로 무엇인지 이해하기 위해 성경을 읽는 것, 선교적 임무를 수행하도록 교회를 준비시키기 위해 성경을 읽는 것이다.[130]

이는 리처드 보컴(Richard Bauckham, 1946-)이 시사하는 선교적 해석학에 대한 세 차원의 설명을 활용한 것이다.

> 선교를 해석학적 열쇠로 삼는 성경 읽기 방식. … [그것은] 단순히 성경 문서에서 선교의 주제를 연구하는 것이 아니라, 선교를 그 중심 관심사이자 목표로 삼아 성경 전체를 읽는 방식이다. … [그것은] 세상에서 교회의 선교가 정말로 무엇인지 성경이 묘사하는 대로 이해하고자 하며, 그리하여 교회의 선교적 실천을 고취하고 안내하는 성경 읽기 방식이다.[131]

밴 엥겐은 선교신학의 기본적인 전제 중 하나로, "선교 이론과 선교 실행이 반드시 성경에 기반을 두고 있어야 함"을 강조했다.[132] 그는 도널드 시니어(Doanld Senior, 1906-1988)와 캐롤 스툴밀러(Carroll Stuhlmueller, 1923-

---

[129] Goheen et al., 『선교적 성경 해석학』, 52.
[130] Goheen et al., 『선교적 성경 해석학』, 35.
[131] Richard Bauckham, *Mission as Hermeneutic for Scriptural Interpretation* (Currents in World Christianity Project, 1999), 1. 영국 신약신학자인 보컴은 신약의 그리스도론과 요한복음에 전문이다. https://www.st-andrews.ac.uk/divinity/people/rjb
[132] Charles Edward Van Engen, 『미래의 선교신학』, 박영환 옮김 (인천: 바울, 2012), 40.

1994)가 공저한 『선교를 위한 성서적 기초』라는 책을 인용하여 선교신학 정립을 위한 성경적 기초가 중요함을 피력한다.

> 우리는 성경에 나타난 선교 방식이 오늘날 선교에 절대적인 규범이 된다고 의미하지 않는다. 하나님의 말씀을 선포하는 데 있어서 성경에 정해진 방법은 없다. 지금과 마찬가지로 공동체 안팎의 사람들과 소통하기 위한 수단이나 전략의 선택은 문화의 상황과 소통하는 사람의 신중한 판단과 창의성에 달려 있다. 그럼에도 불구하고 복음 전도의 성경적 패턴을 성찰하는 것은 가치 있는 일이다.[133]

라이트는 '성경적 선교신학'인가, 아니면 '선교적 성경 해석인가'라는 근본적인 질문을 던지며, 선교 중심의 성경 해석의 중요성을 피력한다.

> 나의 주 관심사는 하나님의 선교 및 그 선교에 대한 하나님의 백성의 참여를 성경 전체의 해석 틀로 보는 성경해석학을 개발하는 것이었다. 내 생각에 선교는 성경의 거대 서사 전체를 여는 열쇠다. 그런 점에서 이 책이 선교에 대한 성경적 성찰일 뿐 아니라, 하나의 성경신학 작업이 되었으면 좋겠다.[134]

---

[133] Donald Senior and Carroll Stuhlmueller, *The Biblical Foundations for Mission* (Maryknoll, N.Y.: Orbis Books, 1983), 332. https://archive.org/details/biblicalfoundati0000seni. "We do not imply that the biblical style of mission is absolutely normative for mission today. There is no definitive biblical recipe for proclaiming the Word of God. Then as now, the choice of means or strategy for communicating with people inside or outside the community will depend on the circumstances of culture and the prudential judgment and creativity of the communicator. Nevertheless, there is a value in reflecting on the biblical patterns of evangelization."

[134] Wright, 『하나님의 선교』, 19.

나는 학생들이 그저 성경에 우연하게 선교 활동의 이론적 근거를 제공하는 많은 본문들이 포함되어 있다는 것뿐 아니라, 전체 성경 자체가 하나님의 선교적 현상이라는 것을 알기 원했다. 현재 성경을 구성하고 있는 글들은 그 자체가 하나님의 궁극적 선교의 산물이며 증거다. 성경은 하나님의 창조 세계 전체를 위해 하나님의 나라에 관여하는 하나님의 백성을 통한 하나님의 선교 이야기다. 성경은 이러한 목적을 갖고 움직이시는 하나님의 드라마다. 그 하나님은 과거, 현재, 미래, 이스라엘과 열방, '생명과 우주와 만물'을 포괄하면서 그리고 그 선교의 중심, 초점, 절정, 완성은 예수 그리스도 안에 두고서, 우주적으로 그 목적을 이루는 선교를 하고 계신다. 선교는 성경이 말하고 있는 여러 사항 중 하나, 그중 다른 것보다 조금 더 긴급하다고 말하는 것이 아니다. 매우 남용되는 말이긴 하지만, 선교는 '전부'다.[135]

라이트는 "성경의 선교적 해석학은 성경의 존재와 함께 시작"되었다고 말한다. 그는 "정경 전체가 하나의 선교적 현상"이라고 표현하며, "성경의 글들 자체가 하나님의 궁극적 선교의 산물이며 증거"라고 주장한다.[136] 그러면서 찰스 R. 태버(Charles Russell Taber, 1928-2007)[137]의 "Missiology and the Bible"[138]의 글을 통해 선교하시는 하나님의 속성을 표현했다.

성경의 존재 자체가 반역하는 자신의 피조물을 버리지 않고, 포기하지 않으셨으며, 타락한 피조물을 그분의 원래 의도대로 구속하고 회복시키기로

---

135 Wright, 『하나님의 선교』, 24-25.
136 Wright, 『하나님의 선교』, 57.
137 찰스 R. 태버(Charles R. Taber, 1928-2007)는 주로 선교학과 문화 인류학 분야에서 활동한 프랑스-미국 선교학자다. American Society of Missiology의 회장을 역임한 그는 선교학에서의 문화적 접근법과 컨텍스트화의 중요성을 강조했다. 유진 나이다(Eugene Nida, 1914-2011)와 함께 *The Theory and Practice of Translation*이라는 책을 저술하며, 다양한 문화적 맥락에서 기독교 메시지의 효과적인 번역과 전달 그리고 이해를 탐구했다. http://tinyurl.com/37n9mayt
138 Charles R. Taber, "Missiology and the Bible," *Missiology* 11, no. 2 (1983).

> 결심하셨고 지금도 결심하시는 그 하나님에 대한 틀림없는 증거다. … 그런 글 모음의 존재 자체가 인간들 사이에 나타나시는 하나님, 인간에게 자신을 드러내시는 하나님, 그들을 한 줄기 빛도 없는 어둠 속에 놓아 두지 않으실 하나님, … 주도권을 쥐시고 우리와 깨어진 관계를 재확립하시는 하나님을 입증한다.[139]

라이트는 "성경을 제대로 해석하는 방법은 메시아적으로 그리고 선교적으로 해석하는 것"[140]이라고 주장한다. 누가복음 24장에서 엠마오로 가던 두 제자에게 구약의 말씀을 풀어 해석해 주신 예수의 모델에서 이 원리를 제시한다.

> 이에 그들의 마음을 열어 성경을 깨닫게 하시고 또 이르시되 이같이 그리스도가 고난을 받고 제삼일에 죽은 자 가운데서 살아날 것과 또 그의 이름으로 죄 사함을 받게 하는 회개가 예루살렘에서 시작하여 모든 족속에게 전파될 것이 기록되었으니 너희는 이 모든 일의 증인이라(눅 24:45-48).

베스도 앞에서 복음을 전하던 바울의 웅변에서도 역시 이 '이중적 초점'[141]을 견지한 해석학을 볼 수 있다(행 26:22-23).[142]

결론적으로, 그는 "구약에 대한 메시아적 해석은 선교적 해석으로 이어져야 한다"[143]라고 주장한다. 라이트의 이 주장은 "성경은 신구약 전체가

---

[139] Taber, "Missiology and the Bible," 232.
[140] Wright, 『하나님의 선교』, 36.
[141] Wright, 『하나님의 선교』, 36.
[142] [행 26:22-23]. "내가 오늘날까지 서서 … 증언하는 것은 선지자들과 모세가 반드시 되리라고 말한 것밖에 없으니 곧 그리스도가 고난을 받으실 것과 죽은 자 가운데서 먼저 다시 살아나사 이스라엘과 이방인들에게 빛을 전하시리라 함이니이다."
[143] Wright, 『하나님의 선교』, 37.

하나님의 계획과 인간 역사 가운데 행하신 하나님의 선교에 대한 기록"[144] 임을 역설하는 글라서의 논지와 일맥상통한다.

이는 필자가 관심을 두고 있는 '이스라엘 회복과 구원'을 이해하는 데에도 중요한 관점을 제공한다. 지금도 신약을 금기시하고 구약만을 낭송하고 암송하기를 선호하는 이스라엘의 정통 유대인들이 구약성경을 읽다가 메시아를 만나는 (메시아적 해석) 사례들이 비일비재하게 보고되고 있다.[145] 그렇게 하나님의 은혜로 구원을 얻게 된 <메시아닉 유대인>들은 드디어 '이방의 빛'으로서의 선교 사명을 발견(선교적 해석)하고 이방인들을 향한 용서와 사랑의 손을 내밀고 있다.[146]

요컨대, 성경은 구약 창세기에서 신약 요한계시록까지 선교하시는 하나님의 선교를 보여준다. 요한계시록이라는 기록은 끝났지만, 그 내용이 적용되는 현재와 미래에까지 하나님의 선교는 이어질 것이다. 선교적 성경해석은 성경을 관통하는 대서사로서의 하나님의 선교를 드러내는 것이다.

2) 신구약 연속성의 매개로서의 선교

월터 카이저는 성경에서 선교적 주제가 시작되는 곳은 '창세기'라고 주저 없이 단언한다. 그리고 창세기에서 시작된 선교적 주제는 '요한계시록'까지 관통하고 있음을 강조한다. 그는 구약은 "본질적으로 선교적인 책"이라고 규정하면서 "신약과 구약의 공통점은 선교에 있다"[147]라고 강조한다.

144　Glasser, 『성경에 나타난 하나님의 선교』, 7.
145　One-For-Israel-Ministry, "Dr. Seth Postell's Testimony," I Met Messiah, One For Israel Ministry, 2020, accessed February 28, 2024, https://www.youtube.com/watch?v=3Au0IYXOAxw. 이런 사례는 대표적으로 www.oneforisrael.org의 "I Met Messiah" 코너에 계속 업데이트되고 있다.
146　Maoz-Israel, "Arab Ministry," Maoz Israel Inc., accessed February 28, 2024, https://maozisrael.org/arab-ministry/. 유대인 선교 단체에 의해 시행되는 아랍권 사역의 한 사례다.
147　Kaiser Jr., 『구약성경과 선교』, 17.

성경에 나타난 선교적 주제는 창세기로부터 시작된다. 선교적 열정은 구약 전체를 가로질러 신약까지 이른다. 구약에 나타난 지상명령을 찾는다면 창세기 12장 3절이 될 것이다.[148]

성경의 마지막 책인 계시록도 모든 백성들을 강조한다.
각 족속과 방언과 백성과 나라 가운데서 사람들을 사서 하나님께 드리시고 (계 5:9; 7:9; 14:6).
이런 세계선교는 성경의 주요 주제다. 전 세계를 향한 선교는 창세기부터 계시록까지 성경 전체를 아우르는 하나의 거대한 주제다.[149]

신구약을 관통하는 '연속성'에서 중요한 요소는 선교의 대상이 "땅 위의 모든 가족 집단"이라는 점이다. 다양한 시대에 다양한 땅에서 살아가는 다양한 인종 모두가 '하나님 선교'의 대상이라는 점이 성경이 견지하는 선교적 관점이다.

온 땅에 존재하는 이 모든 대상은 대표적으로 "이스라엘"과 "이방인"으로 대별할 수 있다. 열방의 모든 이방인들을 구원하기 위해서 하나님은 이스라엘을 선택하여 부르시고 그들에게 "이방의 빛"이 되는 사명을 주셨다. 구약의 이사야 선지자에게 주신 하나님의 사명은 신약의 사도 바울에게 주신 사명으로 연속된다.

사도 바울은 주로 이방인을 위한 사도로 부름 받았지만, 그가 이방인 구원만을 위해 선교했다고 단정하는 것은 성경에 대한 무지다. 그가 이스라엘인이며, 그에게 주어진 선교의 대상에 "이스라엘 자손"이 포함됨을 간

---

148 Kaiser Jr., 『구약성경과 선교』, 7.
149 Kaiser Jr., 『구약성경과 선교』, 8. [계 7:9] "이 일 후에 내가 보니 각 나라와 족속과 백성과 방언에서 아무도 능히 셀 수 없는 큰 무리가 나와 흰 옷을 입고 손에 종려 가지를 들고 보좌 앞과 어린양 앞에 서서."

과해서는 안 된다. 사도행전에서 바울에게 부여된 사명은 이사야 49장[150]에서 이스라엘 백성들에게 부여된 사명의 계승이며 성취다(행 9:15).[151]

> 구약의 목적은 유대인과 이방인 모두가 오실 메시아를 아는 구원 지식(saving knowledge)을 갖게 하는 것이었다. 이 목적에 이르지 못하는 것은 하나님의 뜻을 오해한 것이며 하나님의 계획을 축소시킨 것이다. 모든 민족에게 구원을 베푸시는 것이 영원한 하나님의 계획이었다.[152]

> 메시아 안에서 모든 믿는 사람은 하나가 된다. 유대인, 이방인, 남자, 여자, 종, 자유자의 구별이 없다. 이를 구분하는 장벽이 이미 사라졌다(갈 3:28; 엡 2:14).[153]

월터 카이저는 선교에 대한 "최초의 지상명령"[154]이 신약이 아니라 구약에서 제시되었다고 역설한다. 하나님이 아브라함을 부르시며 주셨던 약속의 말씀, "너를 축복하는 자에게는 내가 복을 내리고 너를 저주하는 자에게는 내가 저주하리니 땅의 모든 족속이 너로 말미암아 복을 얻을 것이라 하신지라"(창 12:3)가 그것이다.[155] "이 말씀은 신구약에 나타난 복음과

---

150 [사 49:6] "네가 나의 종이 되어 야곱의 지파들을 일으키며 이스라엘 중에 보전된 자를 돌아오게 할 것은 오히려 경한 일이라 내가 또 너로 이방의 빛을 삼아 나의 구원을 베풀어서 땅 끝까지 이르게 하리라."
151 Kaiser Jr., 『구약성경과 선교』, 9. [행 9:15] "가라 이 사람은 내 이름을 이방인과 임금들과 이스라엘 자손 앞에 전하기 위하여 택한 나의 그릇이라."
152 Kaiser Jr., 『구약성경과 선교』, 12.
153 Kaiser Jr., 『구약성경과 선교』, 52. [갈 3:28] "너희는 유대인이나 헬라인이나 종이나 자유인이나 남자나 여자나 다 그리스도 예수 안에서 하나이니라."
154 Kaiser Jr., 『구약성경과 선교』, 25.
155 Sarita D. Gallagher, *Abrahamic Blessing: A Missiological Narrative of Revival in Papua New Guinea*, vol. 21, *American Society of Missiology Monograph Series*, ed. James R. Krabill (Eugene, Oregon: PICKWICK Publications, 2014). 성경 전체를 관통하는 선교신학을 형성하는 주제인 "아브라함의 복"과 오늘날 선교(파푸아뉴기니의 사례)에서의 적용을 잘 보여주는 책이다. 저자는 아브라함 축복 모티브의 선교적 성격과 파푸아뉴

선교의 핵심 중의 핵심이다."[156]

구약 전체에 하나님의 선교 계획이 드러나 있다. 이방 나라들에 관한 내용이 구약에 없다는 주장은 근거가 없다. 구약 전체가 세계적인 구속 사역에 대한 하나님의 계획을 드러내고 있으며 하나님의 계획 가운데 이방인들이 어떻게 참여했는지를 다루고 있다.[157]

마치 이스라엘의 역사책같아 보이는 구약의 모든 이야기는 지상명령을 이뤄 가시는 하나님의 선교 보고서다. 아브라함과 그의 후손을 선교의 도구로 삼으신 하나님은 그들을 통해 "땅의 모든 족속"이 구원이라는 "복"을 받게 될 것이라 선언하셨다.[158]

하나님께서 이스라엘을 선택하시는 것은 하나님께서 세상의 다른 민족들을 거절하심을 의미하지 않는다. 오히려 모든 민족의 구원을 의미했다. 선택은 특권에로의 부름이 아니었다. 열국을 위한 봉사의 도구로의 선택을 의미했다.[159]

결국, 여호와 하나님은 자기 백성을 유배지로 보내야만 했다. 이스라엘로 하여금 하나님이 원하시는 선교적 사명을 감당하게 하기 위함이었다. 이스라엘 나라를 하나님의 도구로 삼아 하나님께서 땅의 모든 족속을 축복하기 위함이었다.[160]

기니에서 일어난 국가 부흥을 비교, 제시한다.
[156] Kaiser Jr., 『구약성경과 선교』, 45.
[157] Kaiser Jr., 『구약성경과 선교』, 23.
[158] Engen, 『개혁하는 선교신학』, 37. Charles Edward Van Engen, *Transforming Mission Theology* (Pasadena, CA: William Carey Publishing, 2017).
[159] Kaiser Jr., 『구약성경과 선교』, 49.
[160] Kaiser Jr., 『구약성경과 선교』, 24.

개혁하는 선교신학을 주창한 밴 엥겐도 이스라엘의 역할을 하나님의 선교의 도구로 인식하였다.

> 창세기부터 요한계시록에 이르기까지 몇 번이고 되풀이되는 하나님의 분명한 의도는 이스라엘이 모든 민족을 축복하는 하나님의 도구가 되는 것이었다.[161]

하나님의 선교는 구약에서 이스라엘 중심으로 나타난 배타주의에 머무는 것이 아니라, 이스라엘을 통한 열방의 구원이라는 보편주의로 진행된다. 이는 "특수한 보편주의"(Particular Universalism)로 칭할 수 있다.[162]

> 구약은 보편주의로 시작하여 배타주의로 입장을 바꾸지 않는다. … 하나님의 약속과 계획은 언제나 영원히 변함이 없다. 하나님의 복음은 언제나 약속하신 종을 통해 땅 끝의 모든 백성들에게 하나님의 구원을 베푸시는 하나님의 계획이다.[163]

따라서, 하나님께서 이스라엘을 축복하신 것은 그들만 하나님의 총애를 받았기 때문이 아니었다. 그들이 하나님 마음에 들었기 때문도 아니다. 구약 시대에는 하나님의 은혜가 이스라엘에게로만 제한되었기 때문도 아니다. 다른 이유가 있었다. 하나님께서는 이스라엘에게 메시지를 전해주시고 이스라엘로

---

161 Engen, 『개혁하는 선교신학』, 37.
162 Nicholas Canfield Read Brown, "For the Nation: Jesus, The Restoration of Israel and Articulating a Christian Ethic of Territorial Governance" (Fuller Theological Seminary, 2015), 172. "특수한 보편주의"는 하나님의 구원은 모든 민족에게 열려 있지만, 그 구원의 실현은 특정한 약속과 인물, 즉 이스라엘 민족과 그들의 역사를 통해 이루어짐을 의미한다.
163 Kaiser Jr., 『구약성경과 선교』, 72.

하여금 그 메시지를 땅의 모든 백성에게 퍼뜨리게 하려고 하셨다.[164]

이는 요하네스 베르카일(Johannes Verkuyl, 1908-2001)[165]의 주장을 통해서도 뒷받침된다.

> 하나님께서 모든 인류의 일부인 이스라엘을 택하실 때 다른 나라 사람들에게서 눈을 떼신 것이 아니다. 이스라엘은 다수를 섬기기 위해 부름 받은 소수였다. 하나님께서 아브라함과 이스라엘을 택하심은 온 세상을 위함이었다.[166]

이는 구약성경과 신약성경을 "선교"라는 매개점을 견지하면서 연속적으로 읽을 때 간파할 수 있는 성경의 주제다. 데이비드 J. 보쉬(David Jacobus Bosch, 1929-1992)[167]의 표명은 명쾌하다.

> 우리의 결론은 구약성경과 신약성경 모두 선교적 아이디어로 가득 차 있다는 것이다. 그러나 우리가 선교라고 부르는 모든 것이 선교인 것은 아니다. 교회가 종교적인 친교 모임이 되는 유혹은 끊임없이 존재한다. 이 치

---

164 Kaiser Jr., 『구약성경과 선교』, 78.
165 요하네스 베르카일(Johannes Verkuyl, 1908-2001)은 네덜란드 출신의 선교사이자 신학자였다. 1939년에 중앙 자바, 인도네시아로 파견되어 24년 동안 다양한 역할을 수행했다. 그는 가족들과 함께 일본의 수용소에서 3년 반(1942-1945)을 보냈다. 인도네시아의 독립을 위한 반식민지 투쟁에 직접 참여하기도 했다. 네덜란드선교회 총장을 역임했다(1963-1968). 사회 윤리, 변증론, 종교 간 대화, 전도, 선교에 관련된 66권의 책과 400여 개의 논문을 저술했다. http://tinyurl.com/mrxtvck6
166 Johannes Verkuyl, *Contemporary Missiology: An Introduction*, trans. Dale Cooper (Grand Rapids, Mich.: Wm. B. Eerdmans Publishing, 1978), 91-92.
167 데이비드 J. 보쉬(David Jacobus Bosch)는 선교의 본질을 '역사 속에서 변화하는 선교의 패러다임, 선교와 교회의 관계, 선교에서의 정의와 화해의 중요성, 세계화 시대에 선교의 도전과 기회' 등 여러 측면으로 탐구했다. https://dacb.org/stories/southafrica/bosch-legacy/

명적인 위험을 막을 수 있는 유일한 방법은 끊임없이 우리 자신에게 도전하여, 진정한 성경적 선교의 토대를 굳거하게 세우는 것이다.[168]

"끊임없이"라는 표현은 보쉬가 남긴 책의 제목 "변화하는"(Transforming)과 상통한다. 그는 "'변화하는'은 기독교 선교가 무엇인지 그 본질을 묘사하는 형용사"라고 했다.[169] 변화하는 선교를 추적하던 그는 "하나님의 마음"에 다다랐다.

> 선교는 하나님의 마음에 그 근원을 가진다. 하나님은 사랑을 보내는 샘물이다. 이것이 선교의 가장 깊은 자원이다. 이보다 더 깊은 것은 없다. 하나님이 사람들을 사랑하기 때문에 선교가 있다.[170]

하나님의 사랑에 기반한 선교는 신구약을 연결하여 통합적으로 바라보게 만드는 접착제와 같다. 사람들을 사랑하시는 하나님의 선교의 대상은 구약과 신약 모두, 모든 민족을 향한다.

3) 이스라엘 회복의 근거로서의 선교

해석학, 성경해석학, 선교적 성경해석학에 대한 일련의 개념을 정리함으로써 필자가 집중적으로 고찰하고 싶은 영역은 "이스라엘 회복 관점의 성경해석학"이 객관적으로 타당한가 하는 점이다.

---

[168] David Jacobus Bosch, *Missiology and the Science of Religion* (University of South Africa, 1978), 18-19.
[169] David Jacobus Bosch, 『변화하는 선교: 선교신학의 패러다임 전환』, 김만태 옮김 (서울: CLC, 2017), 11.
[170] Bosch, 『변화하는 선교: 선교신학의 패러다임 전환』, 609.

성경해석학에서 평형을 이루어야 할 두 가지 요소는 '독자 측면'과 '본문 측면'으로 대별할 수 있다.

> 본문을 옳게 이해하는 데 대한 우리의 관심이 과거보다 적어서는 안 될 것이다. 이런 연유에서 우리는 두 가지 원리, 즉 독자의 필요에 맞추어진 창의적 초점 그리고 본문의 의미들과 적용을 정확하고 권위적이고 규범적으로 입증하려는 추구 사이에서의 평형을 유지하려고 노력해 왔다.[171]

이 두 측면 중에서 본문 측면(성경)은 변하지 않는 요인이지만, 적용되는 독자 측면의 상황에 따라 본문 해석은 변할 수 있다. "선교학적 성경해석학"이 지속적으로 변혁해야 하는 이유가 빠르게 변화하고 있는 독자 측면, 즉 선교 현장의 흐름을 적절한 성경 해석을 통해 설명해 내야 하기 때문이다.[172]

숨가쁘게 변화하는 선교 현장 중에서 '이스라엘'은 반드시 주목해야 하고 절대로 배제되어서는 안 될 선교적 실존이다. 그 중요도를 고려한다면, "이스라엘 회복 관점의 성경해석학"은 더 활발히 변혁·발전되어야 한다.

월터 카이저는 "자기의 신학적 성향에 기초하여 성경 구절에 갖다 맞춘 가정"으로서의 해석에 대한 위험성을 지적하면서 우리 모두는 그런 가정을 성경의 전체 방향에 비추어서 시험해야 하며, 특히 검토하고 있는 구절에서 얻어진 증거에 비추어서 시험해야 한다"고 역설한다.[173] 그 논의의 핵심에 이스라엘이 있음을 지적하며, 주입 해석의 방법을 경계한다.

171　Kaiser Jr. and Silva, 『성경해석학 개론』, 62-63.
172　Engen, 『개혁하는 선교신학』, 63. 밴 엥겐이 제시한 선교신학화를 위한 네 가지 영역 중에서 "상황"에 해당된다.
173　Kaiser Jr. and Silva, 『성경해석학 개론』, 220.

해석가들을 두세 부류로 갈라 놓은 하나의 중요한 문제는 구약 본문에서 나타나는 "이스라엘"을 해석하는 방법이었다. 성경은 오직 하나의 "하나님의 백성"만이 존재함을 명백히 하고 있기 때문에, 혹자는 교회라는 단어가 이제 "이스라엘"의 미래에 관한 특정한 주요 구약의 예언을 대치할 수 있으며, "이스라엘" 대신 쓸 수 있다는 결론을 내렸다. 그 근거로는 주로 계시의 과정 및 하나님의 백성의 연합이 언급된다. 그러나 이 동일성이 구약의 본문에서 정식으로 발견되지 않는 한 이 해석은 의미(여기서는 신약 전체에서 얻은)를 사용하여 이전의 본문(여기서는 구약)을 해석하는 주입 해석(eisegesis)의 사례가 될 것이다.[174]

교회가 이스라엘을 대체했다고 해석하는 것은 주입 해석의 사례가 될 것이라는 지적이다. 구약 이스라엘의 존재를 선교적으로 이해하는 것은 선교학적 해석학 정립을 위해서 중차대한 일이다. 성경 전체를 관통하는 '선교'의 개념에서 이스라엘의 역할은 너무나 큰 비중을 차지하기 때문이다. 그런데 비슷한 듯하나 정확하게 정리되어야 할 요소가 라이트의 말을 통해 드러난다.

> 이 말(선교적)은 이스라엘과 세상을 위한 하나님의 선교의 역동적 의의와 오늘날 기독교 선교와의 관련성을 탐구하는 해석을 뜻한다. 또는 이스라엘이 열방 중에서 선교적 역할을 가지고 있었다고 말할 수 있을 것이다. 그래서 나는 이스라엘이 열방에 가라는 선교사적 명령을 받았다고 암시하지 않으면서도 선교적 존재 이유를 가지고 있었다고 주장할 것이다.[175]

---

174 Kaiser Jr. and Silva, 『성경해석학 개론』, 220.
175 Wright, 『하나님의 선교』, 27.

이스라엘은 분명 선교적 존재 이유를 가지고 있다. 여기서 구약의 이스라엘이 감당한 역할은 '선교적'이라는 형용사와 함께 표현된다. 이는 선교를 구심적 선교와 원심적 선교로 구분하는 개념[176]을 떠올리게 한다.

구약에 기록된 이스라엘의 선교는 "원심적 선교"(centrifugal)보다는 "구심적 선교"(centripetal)[177]에 무게 중심이 있다는 의미다. 또 구약의 선교는 '선교적 의도'(missional intent)는 아니었지만, '선교적 차원'(missional dimension)[178]으로 인정해 줄 수 있다는 개념 정도로 이해된다.

그런데 라이트는 이 문단에서 "나는 이스라엘이 열방에 가라는 선교사적 명령을 받았다고 암시하지 않으면서도"라는 단서를 달았다. 이 문장의 앞에서도 라이트는 "이스라엘은 하나님으로부터 열방에 선교사를 보내라는 명령을 받지는 않았다"라고 하였다. 그러면서도 "내 생각에(모두가 동의하지는 않지만)"[179]이라는 단서를 달았다.

이에 동의하지 않는 대표적인 인물로 월터 카이저가 있다. 카이저는 "아직도 구약에는 선교사를 이방 나라들에 파송하거나 이스라엘이 이방 나라

176　Glasser, 『성경에 나타난 하나님의 선교』, 99.
177　Glasser et al., *Announcing the Kingdom*, 64. 원심적 선교(centrifugal)는 선교의 외부 지향적인 측면을 강조한다. 교회나 개인이 세상으로 나가 밖에 있는 사람들에게 복음을 전파하고, 이방인들에게 하나님의 사랑과 구원을 선포하고 설득하여 구원시키는 방법을 의미한다. 한편, 구심적 선교(centripetal)는 선교의 내부 지향적인 측면을 강조한다. 하나님의 은혜와 영광을 인하여 복음 밖에 속한 사람들이 자진해서 하나님의 교회 가운데로 나아와 구원 받는 것을 의미한다.
178　Engen, 『개혁하는 선교신학』, 145. 선교적 의도(missional intent)는 신학의 핵심에 선교가 있다는 개념을 포함한다. 예수의 성육신은 선교적 사건이며, 사도들의 생애도 선교적 사건들이다. 한편, 선교적 차원(missional dimension)은 선교적인 삶을 살아가는 것을 의미한다. 선교적이라는 말은 사람들이 있는 곳에 우리가 합류하는 것을 의미하며, 그리스도의 빛을 품은 채 신조나 독단적 교리가 아닌 말과 행동으로 그들이 지금 하고 있는 일과 그들의 현재 대화에 참여하는 것을 의미한다. 이는 교회가 선교적인 공동체임을 암시하며, 성경을 선교적인 관점으로 읽고 해석하려는 시도와 연관되어 있다. 이 두 개념은 선교의 본질과 신학의 존재 이유를 이해하는 데 중요한 역할을 한다. 선교적 의도와 차원은 교회가 하나님의 선교에 적극적으로 참여하고, 세상에 하나님의 사랑을 드러내는 데 중점을 두는 것을 의미한다. https://krim.org/cmt-24-2-1/
179　Wright, 『하나님의 선교』, 27.

로 나갔다는 증거가 없다"고 주장하는 의견에 반론을 제기한다. 또한, "구약에 나타난 선교는 원심적인 것이라기보다는 구심적인 것"이라는 주장에 반하여, 구약에도 원심적 선교 사상이 강하게 나타난다고 역설한다.[180] 그 예로 시편 67, 96, 100, 119, 126, 145편의 주요 구절들을 나열한다. 그리고 특별히 구약의 원심적 선교 사례로 요나서를 제시한다.

> 시편에는 중심에 머무르지 않고 다른 사람들에게 복음을 전하기 위하여 밖으로 나아가는 원심적 선교 사상이 있다. 다른 시편들도 원심적 선교사상을 보여주며 이스라엘로 하여금 적극적으로 선교에 참여하자고 호소한다.[181]

> 아직도 구약은 구심적 선교만(centripetal-only) 강조한다는 주장이 있다. 그것은 근거 없는 주장이다. 요나서는 그 주장을 강력하게 논박한다. 요나는 복음을 전하라는 원심적 선교 명령을 받았다. 앗수르의 수도인 니느웨로 가야 했다.[182]

성경 전체에서 '하나님의 선교'의 대원칙을 찾고자 하는 선교적 성경 해석을 수행하면서, 성경의 반 이상을 차지하는 구약을 선교적인 역할에서 배제하는 것은 합당하지 않다. 구약과 신약의 이스라엘은 공히 선교적 존재다.

> 2부(선교의 하나님)에서는 성경적 유일신론이 지닌 선교학적 함의들을 살펴본다. 이스라엘의 하나님 야웨의 정체성, 유일성, 보편성(3장) 그리고 그와 직접 관련된 것으로 신약에 나오는 예수에 관한 주장들(4장)은 선교에 엄청난 함의들을 지니고 있다. 실로 기독교 선교는 이스라엘과 그리스도를 통해

180　Kaiser Jr., 『구약성경과 선교』, 88.
181　Kaiser Jr., 『구약성경과 선교』, 85.
182　Kaiser Jr., 『구약성경과 선교』, 89. [욘 1:2] "너는 일어나 저 큰 성읍 니느웨로 가서 그 것을 향하여 외치라."

알려지기 원하시는 오직 한 분 살아 계신 하나님에 대한 이런 성경 주장들을 빼면 사상누각이 되고 말 것이다.[183]

3부(선교의 백성)에서는 하나님의 선교의 일차적 대리인, 즉 하나님의 백성에 대해 고찰한다. 먼저 성경 이야기의 순서를 따라 구약 이스라엘을 살펴볼 것이다. 그들은 아브라함 안에서 선택 받았고, 애굽으로부터 구속 받았으며, 시내산에서 언약 관계를 맺었고, 열방과는 윤리적으로 구별된 삶을 살도록 부름 받았다. 이 위대한 연속 주제들은 각각 풍성한 선교학적 의미(선택, 구속, 언약, 윤리-본인 주)를 갖고 있다.[184]

요컨대, 이스라엘이 점유한 선교학적 함의를 놓치고 선교학적 해석학을 논하는 것은 어불성설이다. 선교적 해석에서 이스라엘은 중요한 존재다. 이스라엘은 하나님 선교의 도구이며, 동시에 하나님 선교의 대상이다. 그것은 과거 구약에서도 그러했고, 현재 신약 시대에도 동일한 사실이다. 하나님의 구속사가 완성될 때까지 이스라엘은 신약의 교회와 구별되는 존재 의의를 갖고 고유한 역할을 감당할 것이다.

이러한 관점에서, 오늘날 믿는 유대인이 2퍼센트 미만에 불과한 이스라엘 땅의 영혼들을 외면하지 않고 그들에게도 복음을 증거할 당위성이 선다. 하나님이 완성하실 선교 그 자체가 이스라엘 회복의 근거가 된다.

---

183 Wright, 『하나님의 선교』, 30.
184 Wright, 『하나님의 선교』, 30.

4. 아서 글라서의 선교적 성경 해석의 특징

지금까지 선교학적 해석학의 특징을 "성경을 관통하는 대서사로서의 선교, 신구약 연속성의 매개로서의 선교, 이스라엘 회복의 근거로서의 선교" 등 세 가지로 살펴보았다. 이제 선교학적 해석학의 특징들이 아서 글라서의 경우에는 어떻게 발현되었는지를 살펴볼 것이다. 순서는 다음과 같다.

첫째, 성경 전체를 관통하는 '하나님 나라' 패러다임
둘째, 신구약을 통해 일관되게 전개되는 '하나님의 선교'
셋째, 신구약 전체를 통해 드러나는 '이스라엘 회복 관점'

1) 성경을 관통하는 하나님 나라 패러다임

선교신학 분야에서 글라서의 가장 큰 공헌 중 하나는 "선교학을 든든한 말씀 위에 세우는 역할을 감당"했다는 점이다.[185] 그가 제시한 '하나님 나라' 패러다임에서 "성경은 신구약 전체가 하나님의 계획과 인간 역사 가운데 행하신 하나님의 선교에 관한 기록이다. 성경은 선교적인 책이며, 선교적인 성경에 계시된 하나님은 선교하는 하나님이시다."[186]

『성경에 나타난 하나님의 선교』의 머리말은 이 책의 목적을 "하나님의 세상에 있는 하나님의 백성을 통한 하나님의 선교를 더욱 심도 있게 이해하기 위하여, 하나님 나라의 생성과 발전이라는 모티브로 신약과 구약을 총체적으로 탐구하는 것"[187]이라고 적시한다.

---

[185] Glasser, 『성경에 나타난 하나님의 선교』, 6.
[186] Glasser, 『성경에 나타난 하나님의 선교』, 7.
[187] Glasser, 『성경에 나타난 하나님의 선교』, 12.

글라서는 "모든 성경은 다양하게 선교에 대한 우리의 이해를 증진시킨다"[188]고 확신했다. 그래서 그는 이렇게 말한다.

> 모든 민족을 향한 하나님의 총체적인 관심을 이해하기 위하여 성경의 각 부분들이 무엇을 말하고 있는지 탐구해야 한다. 이런 관점으로 성경을 총체적으로 접근하는 것이 이 책의 관심사다.[189]

글라서는 진실하고 성실하게 그 작업을 감당하였고, "모든 성경이 하나님을 선교하시는 하나님으로, 교회를 선교하는 공동체로, 하나님의 백성을 선교하는 백성으로 설명하고 있음"을 보여주었다.[190] 또한, 그는 "선교적인 큰 패러다임을 하나님의 나라의 관점에서 볼 수 있게 하였고 그러한 큰 관점에서 개인을 향한 올바른 개종의 시각을 갖게 해주었다"[191]라는 평가를 받는다.

개인적인 개종의 개념은 구약에 등장하는 이방인들의 구원에서 이해할 수 있다. 물론, 이스라엘 안에도 '남은 자'가 있었다. 혈통적인 조건을 따라 당연히 주어지는 구원이 아니라, 개인적 차원에서 개종과 구원이 임하는 것을 보여주는 사례가 있다는 것이다. 그러나 라합, 룻, 나아만 장군, 사렙다 과부 등 이방인 중에서 개종하여 하나님께로 돌아온 사람들은 하나님의 구원의 계획을 더 선명하게 보여주는 역할을 한다.

하나님 나라 패러다임에서 중요한 개념은 죄와 구원의 문제다. 글라서의 하나님 나라 복음은 철저히 죄의 문제를 직시한다. 그는 죄인을 구원하여 하나님 나라로 이끌어가는 데 집중하는 삶을 살았다. 남태평양 전투에서 미 해병대 제1사단 17부대 군목을 할 때, 그의 메시지의 핵심은 항상

---

188   Glasser, 『성경에 나타난 하나님의 선교』, 13.
189   Glasser, 『성경에 나타난 하나님의 선교』, 13.
190   Glasser, 『성경에 나타난 하나님의 선교』, 9.
191   Yongam Chung, 『(도널드 맥가브란의) 개종신학』 (서울: CLC, 2021), 172.

죄와 구원에 맞춰져 있었다. 인간 죄의 끔찍한 현실을 직시하고 하나님 구속의 은총을 누려야 한다는 그의 선교 정신은 후에 교회성장 운동의 원리로 제시한 성경 해석의 기초로 정리된다.

> 교회성장 운동이 성경적으로 정의된 선교를 얼마나 강력하게 옹호하는지를 이해하려면 십자가의 복음과 신비 속으로 들어가야 한다. … 하나님과 그분의 뜻을 무시하고 타락한 사회의 인간화를 선교의 목표로 삼는 인간 중심주의보다 더 성경과 상충되는 것은 없다. 교회성장신학은 인간이 무죄하다는 신화와 인간이 하나님께로 개인적으로 회심하는 것이 오늘날 선교의 중심 관심사가 될 필요가 없다고 주장하는 이단에 단호히 반대한다.[192]

굿이너프에서 군목이 거의 혼자서 교회 건축을 완공했을 때, 해병대 전투 특파원들 사이에 큰 반향이 일어났다. 아서 글라서가 인도하는 예배에 참석하지도 않은 한 전투 특파원 병장이 글라서에 대해서 좋게 평가한 기사를 썼다고 글라서를 찾아왔다. 당시 그 전투 특파원은 자신의 기사 말미에 "우리 군목은 좋은 사람이다. 그는 깨끗한 삶과 높은 사고에 대한 훌륭한 도덕적 강연을 통해 우리 모두에게 좋은 영향을 미친다"[193]라고 쓰고 글라서의 칭찬을 듣고 싶어 보여줬다.

그러나 글라서의 관점은 달랐다. 불쾌해하는 글라서에게 그 이유를 묻는 병장을 향해 글라서는 예수 그리스도의 죄 사함의 복음을 전했다. 기독

---

[192] Glasser, "Church Growth Theology," 364-65. "In order to appreciate the tenacity with which the Church Growth movement defends mission as biblically defined; one must enter into the Mystery and good news of the Cross. … Nothing is more in conflict with Scripture than the man-centeredness that ignores God and His will and makes the humanization of fallen society the goal of mission. Church Growth Theology stands resolutely against the myth of human innocence and the heresy that man's personal conversion to God need not be the central concern of mission today."

[193] Glasser, *And Some Believed: A Chaplain's Experiences with the Marines in the South Pacific*, 117.

교라는 종교의 "너무 엄격한 삶의 방식" 때문에 복음을 거부하고 있던 그에게 글라서는 자유케 하는 복음을 제시해 주었다.

> 그는 자신의 글을 통해 나를 기쁘게 해줄 것이라는 생각으로 나를 찾아왔던 것이다. 그의 친근함은 내 마음에 진정한 기쁨을 가져다 주었지만, 나는 그가 한번도 들어본 적이 없는 "그리스도께서 우리 죄를 위해 죽으셨다"는 그 웅장한 옛 이야기를 그에게 들려줘야 했다. 그리고 나는 그 병장에게 그가 끔찍한 오해 아래서 수고하고 있다는 것을 보여주려고 노력했다. 그는 진정한 성경적 의미의 기독교를 '엄격한 삶의 방식'으로 설명하는 것은 불가능하다는 것을 배워야 했다. 왜냐하면, 그 메시지의 핵심은 사람이 어떻게 살아야 하는지에 대한 도덕적 가르침이기 때문이다. 그런 기독교는 그리스도도 십자가도 필요하지 않을 것이다. 그것은 거룩한 신이 과거의 죄를 정당하게 용서할 수 있는 방법을 제공할 수 없으며, 미래, 특히 죽음 이후의 삶에 대한 확신을 줄 수 없다.

<그림 34> 전투지 굿이너프(Goodenough) 교회를 직접 짓는 장면[194]

---

[194] Glasser, *And Some Believed: A Chaplain's Experiences with the Marines in the South Pacific*, 135. 전투지 굿이너프(Goodenough)는 군목으로서의 첫 사역지였다. 글라서는 한번씩 도와주러 오는 손길의 도움을 받기는 했지만, 거의 혼자 손으로 야전 교회를 지었다.

<그림 35> 완공된 굿이너프(Goodenough) 야전 교회 첫 예배 장면[195]

죽음이 일상인 전장에서, 죽음 이후의 영생은 글라서와 병사들에게 너무나 중요한 현실이었다. 야전 병원 천막 안에서 임종을 앞두고 죄로 인한 공포에 휩싸여 소리치는 병사에게 요한일서 1장 9절 말씀을 반복해서 들려주며, 결국 그가 복음을 받아들이고 평안 가운데 임종을 맞은 일화는 큰 감동을 준다. 누가 봐도 선명하게 천국으로 입성한 그의 마지막 기도를 듣고 글라서는 터질듯한 감격으로 고백한다.

> 하나님은 그 천막 안에 계셨다!
> 그분은 그분의 말씀을 존중하셨다. 그분은 그분의 영의 역사로 함께하셨고, 한때 죄를 위해 고난을 받으신 분, 불의한 자를 위해 의로운 자가 되신 분을 통해 절망적인 영원의 문턱에서 용서의 평화에 이르는 또 한 영혼을 하나님께로 데려가셨다.[196]

---

[195] Glasser, *And Some Believed: A Chaplain's Experiences with the Marines in the South Pacific*, 137. "일요일이 되자 해병대원들은 새 교회를 거의 꽉 채웠다. 정말 기뻤다! 사람들에게 복음을 전하기 위한 마지막 노력으로 새로운 복음 설교 시리즈를 시작하면서, 나는 … 바빌로니아 왕 벨사살에 대해 이야기했다. 그렇게 굿이너프에서 주님을 위한 나의 사역은 시작되었다"(p.115). 오른쪽 사진은 원래 흑백이었는데, 정용암 교수가 컬러라이즈하였다.

[196] Glasser, *And Some Believed: A Chaplain's Experiences with the Marines in the South Pacific*, 160. "God WAS there in that tent! He had honored His Word."

이런 정신으로 해병대원들에게 복음을 전한 지 18개월 정도 지난 후에 그는 새로운 임무를 부여받는다. "사단 본부로부터 사단의 개신교 선임 군목이 되었으니 연례 현충일(1945년 5월) 예배의 개신교 부문 축사를 준비해 달라는 요청 전화"[197]를 받은 것이다.

글라서는 사단 전체에 주님을 증거할 수 있는 마지막으로 주요한 기회가 될 것이라 생각하며 연단에 섰다는 소회를 밝혔다. 국가 차원에서 열린 현충일 행사 연단에서 그는 어떤 내용보다 중요시하고 있던 죄의 문제를 다뤘다. 그는 역대하 7장 14절의 말씀을 선포하며, 다음과 같이 겸손과 회개를 촉구한다.

> 이 현충일 예배에서 우리의 수치심과 굴욕감에 가장 크게 기여해야 할 죄가 있습니다. 하나님께서는 말씀에서 "나를 공경하는 자를 내가 공경하리라"고 말씀하셨고, 한 국가가 "새로운 신들을 선택하면 전쟁이 성문에 임한다"라고 말씀하셨습니다.
>
> 왜 이런 비극적인 전쟁이 일어났을까요?
>
> 이 가장 끔찍한 전쟁이 왜 우리에게 저주를 가져왔습니까?
>
> 여러분, 우리는 하늘의 하나님을 공경하지 못했습니다. 우리는 어리석게도 숭배할 새로운 신들을 선택했습니다. 우리는 "생수의 샘을 버렸고", "물을 담을 수 없는 깨진 물통, 깨진 물통"을 스스로 만들었습니다. (중략)
>
> 하나님은 미국을 보십니다. 하나님은 우리 각자를 바라보십니다. 그분은 묻습니다.
>
> "너희가 나에게 무슨 짓을 했느냐?"

---

[197] Glasser, *And Some Believed: A Chaplain's Experiences with the Marines in the South Pacific*, 194.

왜 나를 버렸느냐?
왜 내 아들에게 등을 돌렸느냐?"

여러분, 그분을 주님과 구세주로 모시기를 끈질기게 거부하고 그분의 이름을 끊임없이 모독함으로써 그분을 새롭게 십자가에 못 박습니까?
… 황금, 정욕, 절제 부족, 불법, 쾌락, 공허한 종교적 형식주의, 심한 물질주의, 피상적인 회의주의와 같은 헛된 우상과 거짓 신들, 결국에는 당신을 파멸시킬 뿐인 신들을 숭배합니까?

여러분, 우리는 어리석습니다. 그분의 말씀에 귀를 기울입시다. 우리에게 임한 것은 하나님의 무거운 손길이며, 이 전쟁이 하나님의 심판이라는 것을 새롭게 느껴봅시다. … 주 예수 그리스도께로 돌아서서 그분의 구원과 "이 땅에서 멸망하지 않을" 우리 민족에 대한 그분의 축복을 구합시다.[198]

<그림 36> 뉴브리튼 케이프 글로스터에서의 마지막 추도식[199]

---

[198] Glasser, *And Some Believed: A Chaplain's Experiences with the Marines in the South Pacific*, 207-08.

[199] Glasser, *And Some Believed: A Chaplain's Experiences with the Marines in the South Pacific*, 221. 파푸아뉴기니 뉴브리튼 섬 케이프 글로스터에서 전쟁을 치르는 동안 야전 교회를 찾는 군인들이 계속 증가하여 교회를 세 번에 걸쳐 확장했다. 그 세 번째 교회에서 1945년의 부활절 예배를 드린 후, 일주일도 채 지나지 않아 묘지에서 마지막 추도식이 열렸고 부대는 다른 섬으로 이동했다(p.192). 얼마 후, 글라서는 사단 소속 선임

폴 히버트는 "전도, 교회, 왕국"이라는 에세이[200]에서 아서 글라서가 강조한 하나님 나라를 설명한다. 아서 글라서의 하나님 나라의 핵심은 왕국의 왕이신 예수다.

<그림 37> 맨 아래칸에 있는 왕(King) 예수 그리스도의 인격에 집중할 때 하나님 나라와 교회와 전도가 정확하게 정렬된다.

> 하나님 나라, 교회, 전도-성경적 선교신학을 발전시키기 위해서는 이 세 가지 모두가 필요하다. … 우리는 이 세 가지를 선교사이시며 창조의 주님이신 예수 그리스도의 인격에 집중해야 한다. 그럴 때 우리는 전도, 교회, 하나님 나라에 초점을 맞출 수 있다. 이것이 아서 글라서가 나에게 준 비전이었다.[201]

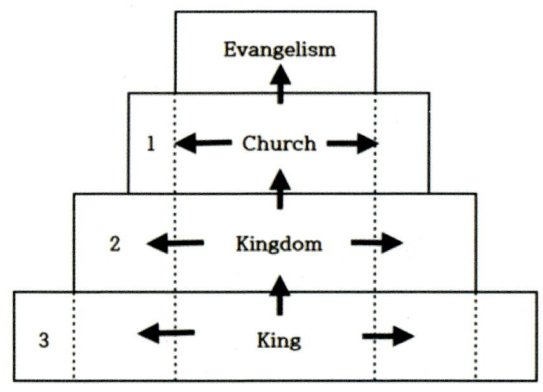

<그림 37> 왕, 왕국, 교회, 전도[202]

군목으로 발탁되어 전장을 떠나게 된다.

200　Paul Gordon Hiebert, "Evangelism, Church and Kingdom," in *The Good News of the Kingdom: Mission Theology for the Third Millennium*, ed. Charles Edward Van Engen, Dean S. Gilliland and Paul Everett Pierson (Maryknoll, N.Y.: Orbis Books, 1993). 161

201　Hiebert, "Evangelism, Church and Kingdom," in *The Good News of the Kingdom: Mission Theology for the Third Millennium*. 161

202　Engen, Gilliland and Pierson. *The Good News of the Kingdom*, 159. 이 도표의 1, 2, 3의

이는 요하네스 베르카일의 주장과도 맞닿아 있다.

> 그리스도 중심적이지 않은 신학은 단순히 기독교 신학이라고 할 수 없다. 예수의 이름을 부끄럽게 여기는 어떤 신학 종교든지 스스로 깊이 부끄럽게 여겨야 한다. 왕이 없는 왕국은 없다.[203]

글라서가 집대성한 성경적인 하나님 나라의 패러다임은 다음 도표(<그림 38>)로 잘 설명된다. 그는 예수의 지상명령을 통하여, 성경 속에서 열방을 품으시는 하나님의 사랑을 발견하고 도표화했다.[204]

아서 글라서가 집대성한 성경적인 하나님 나라의 패러다임을 이해하기 위해서 이 도표의 세부 사항을 잠시 살펴보자.

아래에 위치한 타원은 하나님이 창조하신 세상을 의미한다. 그 타원의 좌우가 열려 있는 것은 창조 전과 새 예루살렘 이후의 영원성을 표현한다. 하나님이 창조하신 세상 안에는 모든 족속이 존재하고, 그 모든 족속을 향한 하나님의 보편적인 사랑이 이 세상을 보존하고 계신다.

그 타원 안에 빨간색으로 된 두 줄[205]이 있는데, 이 두 줄 사이에 속하는 사람은 모든 족속 중에서 특별히 하나님의 백성된 자들을 의미한다.

의미는 다음과 같다. 1. 전도 이외의 교회 활동, 2. 교회 밖에서의 하나님의 통치, 3. 창조 세계 밖에 계신 하나님의 존재. 1, 2, 3 모든 영역이 왕의 통치를 받고 있기 때문에 우리는 그 왕에게 집중해야 함을 보여주고 있다.

[203] Johannes Verkuyl, "The Biblical Notion of Kingdom," in *The Good News of the Kingdom: Mission Theology for the Third Millennium*, ed. Charles Edward Van Engen, Dean S. Gilliland and Paul Everett Pierson (Maryknoll, N.Y.: Orbis Books, 1993), 77. "… There is no Kingdom without the King: no other gods, no other name."

[204] 아서 글라서가 성경에 나타난 하나님의 나라 패러다임을 집대성하였고, 밴 엥겐이 글라서의 의도와 아이디어를 살려 도식화하였고, 정용암이 한국어로 번역하였다.

[205] 하나님의 백성을 의미하는 빨간선은 원래 왼쪽으로 더 길게 나가 있었는데, 본 연구자는 특수한 역사가 시작되는 아브라함 시기부터 표시하는 것이 타당하다고 판단하여 수정했음을 밝힌다.

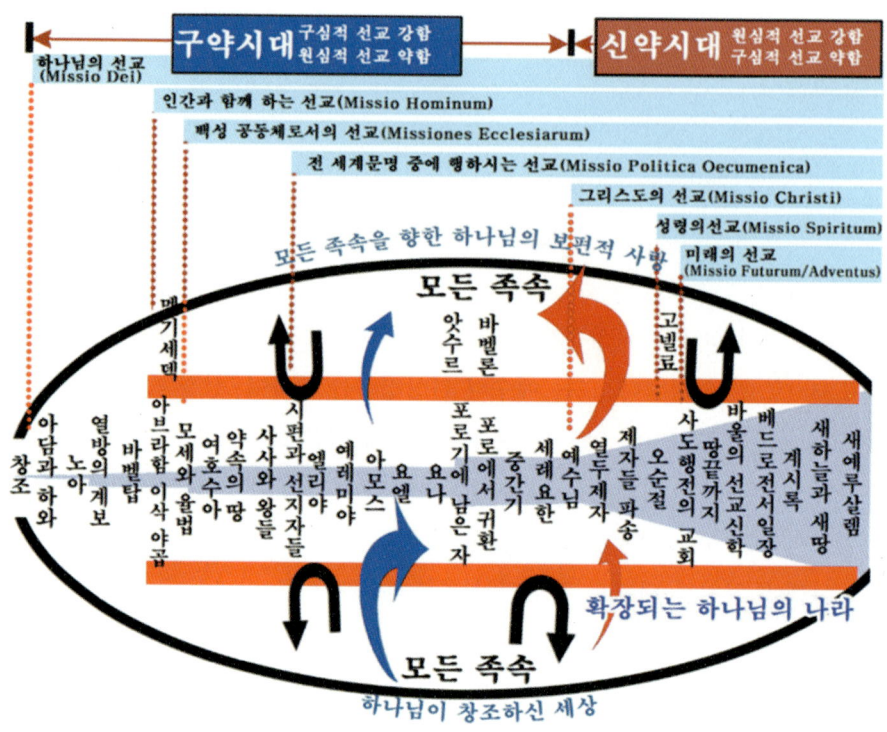

<그림 38> 모든 족속을 사랑하시는 하나님 나라 선교학[206]

　가장 왼쪽 창조에서 가장 오른쪽 새 예루살렘까지는 구약 창세기에서 신약 요한계시록까지의 전체 성경의 흐름을 보여주고 있다. 성경 전체는 하나님의 백성된 자들과 하나님과의 관계를 보여주며, 특히 하나님의 백성 안으로 들어오지 못했던 자들을 하나님의 백성 삼으려는 하나님 선교의 의도와 의지를 나타낸다.

　하나님의 백성을 의미하는 빨간선을 넘나드는 화살표들은 성경에 나타난 선교의 활동들을 표현한다. 화살표의 크기는 선교 활동의 활발성에 비례한다. 파란색 화살표는 구약 시대에 행해진 선교의 특징을 보여주고, 빨간색 화살표는 신약 시대에 행해진 선교의 특징을 보여준다. 빨간선 바깥

206　Chung, 『(도널드 맥가브란의) 개종신학』, 171.

에 있는 족속들이 하나님의 백성을 의미하는 빨간선으로 들어오는 것을 구심적 선교라 하고, 빨간선 안에 있는 하나님의 백성이 바깥에 있는 족속에게로 나아가는 것을 원심적 선교라 부른다.[207]

파란색 화살표는 들어오는 것이 나가는 것보다 굵다. 이는 구약 시대에 이뤄진 선교의 특징이 원심적 선교보다는 구심적 선교가 강했다는 것을 보여준다. 반면, 빨간색 화살표는 들어오는 것보다 나가는 것이 더 굵다. 이는 신약 시대에 이뤄진 선교의 특징이 구심적 선교보다 원심적 선교가 더 강함을 의미한다.

한편, 유턴(U-Turn) 모양의 검은색 화살표는 하나님의 백성 안으로 들어오려고 시도하다가 바깥으로 다시 되돌아가는 경우를 나타낸다. 그런 과정 가운데서도 모든 족속을 구원하시는 하나님의 나라는 계속 확장되고 있음을 보여주는 것이 빨간선 안에 있는 보라색의 흐름이다.

창세기 때보다 요한계시록 방향으로 갈수록 그 보라색 흐름이 굵어지고 있다는 것은 하나님의 나라가 세상 끝으로 갈수록 더 많은 족속에게로 확장되는 것을 보여준다. 그 보라색이 점점 넓어지다가 빨간선과 만나는 것은 하나님 나라가 완성되는 것을 의미한다.

이 도표 상단에는 하나님의 선교를 나타내는 일곱 가지 선교적 용어가 제시되어 있다. 각각의 선교적 특징이 부각되어 성경 역사에서 등장하는 때는 빨간 점선으로 표시되어 있다. 일곱 가지 선교 특징은 라틴어로 병기되어 있는데, 용어의 의미는 다음과 같다.[208]

---

[207] 구심적 선교와 원심적 선교는 하나님의 선교 방법을 이해하는 두 가지 원리를 나타내는 선교학 용어다. 구심적 선교 원리(Centripetal mission, inwardly coming in)는 하나님의 은혜와 영광으로 인하여 복음 밖에 속한 사람들이 자진해서 하나님의 교회 안으로 나아온다는 의미를 내포한다. 원심적 선교 원리(Centrifugal mission, outwardly going out)는 하나님 나라의 증거를 위해 세상으로 나아가 복음을 선포하라는 선교적 명령을 충실히 이해하고 실천하려는 적극적인 모습을 의미한다. 성경의 사건이나 선교 현장에서 이 두 가지 원리들은 공존하여 전개됨을 기억하며, 균형 잡힌 시각을 갖는 것이 필요하다. https://www.kcjlogos.org, "선교의 하나님과 두 가지 선교 원리"

[208] Chung, 『(도널드 맥가브란의) 개종신학』, 169-70. 각 용어에 대한 설명은 기본적으로

(1) 하나님의 선교(미시오 데이, Missio Dei): 창세부터 재림까지 인류에 행해지는 선교는 모두 하나님의 선교(Mission of God)다.

(2) 인간과 함께 하는 선교(미시오 호미눔, Missio Hominum): 하나님의 선교에 인간이 도구(Human Instrumentality)로 쓰임 받게 되었다. 창세기 12장에서 하나님이 아브라함을 부르시던 때와 연결되어 있다.

(3) 백성공동체로서의 선교(미시오네스 에클레시아룸, Missiones Ecclesiarum): 하나님의 백성공동체를 통한 하나님의 선교 활동이다. 출애굽기에서 모세를 통해 이스라엘공동체와 언약을 맺으시는 때부터 시작된다.

(4) 전 세계 문명 중에 행하시는 선교(미시오 폴리티카 오쿠메니카, Missio Politica Oecumenica): 전 세계 역사를 주장하시며 문명 중에서 행하시는 하나님의 선교적 행위를 의미한다. 선지자들의 글 중에는 하나님의 백성 이스라엘뿐 아니라 열국의 운명도 예언되어 있다.

(5) 그리스도의 선교(미시오 크리스티, Missio Christi): 예수 그리스도를 통한 하나님의 메시아적 선교다. 하나님의 선교는 예수 그리스도 안에서 발견된다. 신약에서 예수 그리스도의 등장과 함께 그리스도의 선교가 시작된 것처럼 보일 수 있지만, 구약에서 예언된 메시아의 선교가 예수의 성육신으로 성취되는 것까지 내포하고 있다.

(6) 성령의 선교(미시오 스피리투스, Missio Spiritus): 성령을 통한 하나님의 선교다. 하나님의 선교는 성령의 능력 속에서 일어난다. 선교에서 성령의 주요 역할은 예수 그리스도를 가리키는 것이다. 눈으로 확인할 수 없을 때도 있지만, 성령은 최고의 교회 선교 동원가이시자 능력 부여자다.

(7) 미래의 선교(미시오 후투룸/어드벤투스, Missio Futurum/Adventus): 예상된/예상치 못한 미래에 나타나는 선교다. 첫 번째 미래(후투룸, Futurum)는 현재의 상황에 비추어 예측할 수 있는 미래다. 두 번째 미래(어드벤투

정용암의 저서 『개종신학』에서 참고하였다. 본서의 전개를 위해 필요한 내용은 필자가 설명을 덧붙였다.

스, Adventus)는 우리의 예측을 초월하여 하나님께서 인간의 역사 속으로 들어오시는(파입, 破入) 미래를 말한다.

이 일곱 가지 선교 용어의 주안점은 조금씩 다를지라도, 결국 한 하나님의 선교를 가리키고 있다. 이는 시대마다 다른 하나님, 다른 선교가 이뤄졌다는 것이 아니라, 같은 하나님의 선교하심 아래서 어느 특정한 시대에 좀 더 강하게 발현된 선교의 양상이 있었다는 것으로 이해된다. 가장 앞에 등장하는 하나님의 선교가 인류 역사의 시작부터 끝까지 주장하고 있음을 볼 수 있다. 성경 전체가 하나님 나라 패러다임을 보여주고 있는 것이다.

지금까지 살펴본 "모든 족속을 사랑하시는 하나님 나라 선교학" 도표에 제시된 일곱 가지 선교 용어와 아서 글라서의 저서, 『성경에 나타난 하나님의 선교』 각 부 제목이 상통한다(<표 5>).

<표 5> 하나님의 선교 용어와 상통하는 각 부의 제목[209]

하나님의 선교	각 부의 제목
① Missio Dei 하나님의 선교	1부 선교하시는 하나님
② Missio Hominum 인간과 함께 하는 선교	
③ Missiones Ecclesiarum 백성공동체로서의 선교	2부 이스라엘을 통한 하나님의 선교
④ Missio Politica Oecumenica 전 세계 문명 중에 행하시는 선교	3부 열방 중에 나타난 하나님의 선교
⑤ Missio Christi 그리스도의 선교	4부 예수 그리스도를 통한 하나님의 선교
⑥ Missio Spiritus 성령의 선교	5부 교회와 성령을 통한 하나님의 선교
⑦ Missio Futurum/Adventus 미래의 선교	6부 종말적 순간까지 확장되는 하나님의 선교

[209] "모든 족속을 사랑하시는 하나님 나라 선교학" 도표에 제시된 일곱 가지 선교 용어와 아서 글라서의 저서, 『성경에 나타난 하나님의 선교』 각 부 제목이 상통함을 보여주는 표다.

아서 글라서가 그의 저서를 통해서 전달하고 싶었던 하나님 나라 패러다임의 메시지가 그가 집대성하여 제시한 이 도표(<그림 38>) 안에 전부 녹아 있다 해도 과언이 아니다.

아서 글라서가 제시한 "모든 족속을 사랑하시는 하나님 나라 선교학" 도표와 그의 저서에서 언제나 주목할 것은 하나님의 선교는 모든 시대, 모든 족속을 향해 있다는 사실이다. 그래서 선교는 신구약의 연속성을 이루는 매개다.

아서 글라서의 『성경에 나타난 하나님의 선교』는 창세기부터 요한계시록까지 신구약 전체를 통해 일관되게 전개되는 하나님의 선교를 보여준다. 그 대상은 구약과 신약에서 공히 유대인과 이방인 모두다. 글라서는 "지상명령의 범위는 분명히 인류 가족 안에 있는 모든 문화 집단을 포함한다"고 하며, "거기에는 문화적으로 유대인이든 이방인이든 구별이 없다"고 명시했다.[210]

이는 성경 전체를 관통하는 하나님 나라의 패러다임을 이해한 산물이다.

2) 신구약 연속성의 매개인 하나님의 선교

구약 창세기에서 이미 하나님의 구원의 대상은 혈통적인 아브라함의 후손뿐 아니라, 그에 속한 비혈통적 권속까지 포함한다는 원리를 발견할 수 있다.

> 아브라함과 그 집안에 속한 모든 남자가 할례를 받았다는 것은 예언적인 사건이다. 아브라함의 육체적 자손이 아닌 사람들에게까지 할례를 행한 것이다. 이것은 사도 바울의 선언과 맞아떨어진다. 바울은 단언했다. "너희가 그리스도께 속한 자면 곧 아브라함의 자손이요."(갈 3:29).[211]

---

[210] Glasser, 『성경에 나타난 하나님의 선교』, 387. Glasser, *Kingdom and Mission*, 217.
[211] Glasser, 『성경에 나타난 하나님의 선교』, 94. Glasser, *Kingdom and Mission*, 62.

신약의 사도행전에서 구원의 복음이 유대인들로부터 이방인으로 흘러 들어가는 과정을 보여주고 있다.

> 오순절에 하나님은 유대인들에게 계시의 문을 여셨다(행 2장). 그리고 가이사랴에서는 이방인들에게 계시의 문을 여셨다(행 10장). 베드로의 설교를 받아들인 사람들은 베드로의 주께 복종했다. 유대인이든 이방인이든 주께 복종함으로 하나님 나라에 들어갔다.[212]

이방인을 중심으로 사역했던 유대인 바울의 예는 결정적이다.

> 에베소서 2장 11-22절에서 우리는 이 놀라운 사실에 대한 바울의 권위 있는 선언을 듣는다. 십자가를 통하여 하나가 되었다. 가장 양극화된 유대인과 이방인까지도 하나가 되었다. 이방인이 유대인 사회 가운데 들어왔거나 유대인이 이방인 사회에 들어가서가 아니다. 그보다는 새로운 통일성, 새로운 유기적 조직체, 구속 받은 유대인과 구속 받은 이방인의 새로운 몸을 형성한 것이다. 새 몸 안에서 유대인과 이방인을 구분하던 옛 질서가 영원히 사라졌다. "중간에 막힌 담"이 무너졌다(엡 2:14).[213]

구약에서도 이방인에게 할례를 행하는 것이 허용되며, 신약에서도 유대인이 이방인과 새로운 몸을 형성하는 개념이 나타나는 것을 주목해서 보아야 한다.

에베소서 2장에 나오는 <한새사람>의 개념은 신약에서 돌출한 사상이나 바울이 지어낸 개념이 아니다. 혈통적인 아브라함 후손에게 명하신 할례를 이방인에게도 허용하신 하나님이 원래부터 가지고 계시던 개념이다.

---

[212] Glasser, 『성경에 나타난 하나님의 선교』, 367. Glasser, *Kingdom and Mission*, 206.
[213] Glasser, 『성경에 나타난 하나님의 선교』, 517.

글라서는 『성경에 나타난 하나님의 선교』 제22장 "구원하는 유일한 이름: 주 예수 그리스도"에서 "구약에 나타난 종교"에 대해서 언급하며 구약 이스라엘의 선교적 사명을 설명한다.[214] 구원자 예수 그리스도의 이름을 논하는 장에서 구약의 스토리를 가지고 오는 것은 신구약의 연속성을 보여준다.

> 아브라함을 부르신 이후 구약의 초점은 보편주의적인 관점에서 특수주의로 바뀐다. 하나님은 모든 민족을 축복하시기 위해, 특정한 백성을 축복의 통로로 쓰시기 위해 선택하신다. 그리고 그들을 이 사명을 위해 준비시키신다.[215]

구약 창세기 12장에서 아브라함을 선택하여 부르신 하나님은 그들만의 하나님이 되기를 원하셨던 것이 아니라, 그들을 통하여 열방의 하나님이 되기를 원하셨다. 선택 받음은 곧 보냄 받음이었다. 그런데 안타깝게도 그들은 그 사명을 수행하는 데 미숙했다.

> 그들은 이웃 나라들의 모든 유혹에 너무 쉽게 넘어갔다. 사회적으로, 정치적으로, 또는 종교적으로 이방 나라의 유혹에 쉽게 빠졌다. 이것은 비극이었다. 간혹 하나님이 그들에게 전해주신 진리의 말씀들을 보존하시기 위해 긴 설명을 하셨다. 그들은 하나님의 말씀을 가볍게 여겼다. 하나님의 은혜를 잊고 경멸하고 배은망덕하였다. 하나님은 그들이 민족들 가운데 하나님의 백성으로 제사장-종의 역할을 기꺼이 받아들이도록 계속 권고하셨다. 하나님은 그들을 로봇으로 취급하지 않으시고 자유의지를 가진 하나님의 대리인으로 대하셨다. 그들은 어리석은 행동의 결과로 잘못된 열매

214　Glasser, 『성경에 나타난 하나님의 선교』, 557.
215　Glasser, 『성경에 나타난 하나님의 선교』, 557.

를 거두는 때도 있었으며, 그런 행동은 열방을 위한 구원 목적 자체를 큰 위험에 빠뜨리는 것처럼 보였다.[216]

선민에게 계획된 역할 수행이 미흡했을 때, 하나님은 친히 모든 족속을 챙기셨다. 하나님은 구약에서부터 "모든 족속을 대하는 데 공평하시다는 것을 가르치고 있다는 사실"을(암 1:3-2:5) 주목해야 한다. "구약은 이스라엘 이외의 백성들을 향한 하나님의 개방적인 사랑을 암시하는 내용을 많이 포함하고 있다"(욘 4:11).[217]

그런 하나님의 마음을 보여주는 절정에 이사야 56장 6-7절 말씀이 있다.

> 하나님은 공의와 자비에 대해 관심을 가지신다. 이방 나라들을 향한 호의적 표현은 그들이 개종하고 하나님의 백성의 일부로 편입될 것이라는 약속에서 정점을 이룬다. 이사야는 이런 보편적 사랑의 핵심을 밝혀 준다.[218]

> 또 나 여호와에게 연합하여 섬기며 나 여호와의 이름을 사랑하며 나의 종이 되며 안식일을 지켜 더럽히지 아니하며 나의 언약을 굳게 지키는 이방인마다 내가 그 성산으로 인도하여 기도하는 내 집에서 그들을 기쁘게 할 것이며 그들의 희생은 나의 단에서 기꺼이 받게 되리니 이는 내 집은 만민의 기도하는 집이 될 것임이라(사 56:6-7).

이런 하나님의 마음을 반영하여 월터 카이저는 몇 가지 시편과 요나서를 예로 들며 "구약에도 원심적 선교 사상이 강하게 나타난다"고 역설했

216　Glasser, 『성경에 나타난 하나님의 선교』, 558. Glasser, *Kingdom and Mission*, 322.
217　Glasser, 『성경에 나타난 하나님의 선교』, 561. Glasser, *Kingdom and Mission*, 324.
218　Glasser, 『성경에 나타난 하나님의 선교』, 562. Glasser, *Kingdom and Mission*, 324.

다.[219] 클라우스 베스터만(Klaus Westermann, 1927-2017)[220]의 말을 빌리면 이사야 66장 19절은 "오늘날 우리가 쓰는 선교적 의미가 처음으로 사용된" 놀라운 구약의 예언이라고 했다. 보냄 받은 자가 전파하는 선교의 개념이 선명하게 드러나는 구절이다.

> 내가 그들 가운데에서 징조를 세워서 그들 가운데에서 도피한 자를 여러 나라 곧 다시스와 뿔과 활을 당기는 룻과 및 두발과 야완과 또 나의 명성을 듣지도 못하고 나의 영광을 보지도 못한 먼 섬들로 보내리니 그들이 나의 영광을 뭇 나라에 전파하리라(사 66:19).

요컨대, 아브라함의 혈통적인 후손을 특별하게 선택해 주신 구약에서조차 하나님은 이방인들을 선교에서 배제하지 않으셨다. 동일한 마음으로 하나님은 이스라엘이라는 국가가 사라진 신약 시대에도 유대인을 구원의 대상에서 배제하지 않으셨다. 선교하시는 하나님의 지상명령은 구약과 신약에서 동일하게 수행되고 있다. 이스라엘 회복 관점에서 성경을 볼 때 이 연속성은 더욱 선명해진다.

3) 이스라엘 회복 관점을 지향한 선교학적 해석학

하나님의 구속사에서 이스라엘의 존재를 인정하는 이스라엘 회복 관점으로 신구약성경을 꿰뚫어 볼 수 있을 때, 성경해석학은 대체신학의 함정에서 벗어날 수 있다. "오랫동안 영적인 눈을 멀게 했던 베일"을 벗겨낼 수 있다.[221] 그리고 그때 성경 전체를 관통하는 하나님 나라 패러다임을 통합할 수 있는 선교학적 해석학이 열린다.

219　Kaiser Jr., 『구약성경과 선교』, 88.
220　클라우스 베스터만(Klaus Westermann, 1927-2017)은 독일의 저명한 구약학자다. 시편과 예언서에 대한 깊은 연구로 잘 알려져 있다. 참고. Claus Westermann | Britannica
221　김정환, 『이스라엘과 대체신학』, 35.

신약에 나타난 하나님의 백성들에게는 구약 말씀이 필요했다. 이방인 그리스도인들은 하나님이 옛 이스라엘과 맺으신 모든 언약을 자신들이 모두 대체(代替)하게 되었고, 이제 이스라엘에게는 저주만 남아 있다고 감히 주장할 수 없었다. 그러나 (오히려) 그리스도인들은 감람나무의 풍성함을 함께 나누기 위해 자신들도 이스라엘이 하나님과 맺은 언약의 가지에 접붙임을 받았다고 보아야만 했다(롬 11:17). 이것은 온전히 하나님의 은혜로 된 것이다. 성경에 따르면 하나님의 백성은 하나뿐이며 믿음의 공동체도 오직 하나뿐이다.[222]

글라서는 신약 시대의 그리스도인들이 구약의 하나님과 이스라엘 백성 사이의 언약을 대체한 것이 아님을 분명히 했다. 오히려 신약 시대의 교회와 그리스도인이 유대인의 영적 유산을 물려 받았음을 인정했다.

> 그리스도인과 교회는 자신들이 유대인의 영적 유산을 물려받았다는 사실을 인정하고 감사해야 한다. 이런 영적 유산들을 큰 희생을 치르면서 수 세기 동안 보존해 온 유대인들에게 큰 부채를 가지고 있다는 사실을 표현해야 한다.[223]

---

[222] Glasser, 『성경에 나타난 하나님의 선교』, 23. Glasser et al., *Announcing the Kingdom*, 18. "This being so, the New Testament people of God need the Old Testament— every word of it! Gentile Christians dare not assume that they have taken over all the promises God made to ancient Israel, leaving only curses on the Jewish people. In contrast, Christians must see themselves as having been grafted into the stock of Israel's covenant relationship with God, to "share in the nourishing sap from the olive root" (Rom. 11:17) and this has been solely because of the grace of God. According to the Scriptures there is only one people of God, only one community of faith." (오히려)는 원문의 의미를 살리기 위해 필자가 삽입하였음.

[223] Glasser, 『성경에 나타난 하나님의 선교』, 265.

심지어 그는 신약 교회의 본질을 이해하기 위해서 하나님의 구속 목적의 큰 그림 안에서 유대인과 이방인의 조화를 탐구해야 한다고 역설했다.

> 교회의 본질에 관한 바울의 논리 전개를 바로 이해하기 위해, 우리는 하나님의 구속 목적, 유대 율법과 구원 받는 신앙과의 관계, 그리스도 안에서 유대인과 이방인의 조화를 탐구해야만 한다.[224]

필자가 글라서의 성경해석학에서 특히 '이스라엘'에 대한 관점을 주목하는 것은, 그동안 만연했던 대체신학적 성경 해석의 맹점과 폐해에 대한 우려 때문이다.

월터 카이저(Walter Christian Kaiser Jr., 1933-)[225]에 의하면, 대체신학은 "아브라함의 영적 씨인 교회가 이스라엘에게 주어진 언약의 조건을 초월하여 이스라엘이 불순종으로 인해 잃어버린 언약을 성취했다는 점에서 민족 이스라엘을 대체했다"는 주장이다.[226]

카이저는 대체신학에 적어도 다섯 가지 치명적인 결함이 있다고 한다.

첫째, "새 언약"은 하나님이 교회와 맺은 것이 아니라, 원래 이스라엘의 유다 가문과 맺은 것이다.

둘째, 유대인의 실패는 교회의 실패와 마찬가지로 하나님의 계획에 의한 것이다(롬 11:8).

셋째, 신약성경은 하나님께서 불순종한 이스라엘을 버리지 않으셨다고 분명히 가르친다(롬 11:1, 25-26).

---

224 Glasser, 『성경에 나타난 하나님의 선교』, 515. Glasser, *Kingdom and Mission*, 296.
225 월터 C. 카이저(Walter Christian Kaiser Jr., 1933-)는 미국의 복음주의 구약학자, 작가, 교육자다. 구약학 권위자로 널리 인정받고 있다. 참고. About Dr. Kaiser (walterckaiserjr.com)
226 Walter Christian Kaiser Jr., "An Assessment of 'Replacement Theology'," *Mishkan* 71 (2013): 41.

넷째, 땅 약속의 "영원한" 측면을 아론 제사장직의 "영원한" 측면(대상 23장)과 동일시해서는 안 된다.

다섯째, 바울의 우화(갈 4:21-31)는 민족 이스라엘이 교회로 대체되었음이 아니라, 행위에 의한 칭의 추구는 속박으로 이어지는 반면에 믿음과 은혜에 의한 칭의는 자유와 구원으로 이어진다는 가르침이다.[227]

아서 글라서는 성경 전체를 통해 "하나님 나라의 관점을 제공"하되 하나님 나라의 개념 안에 "구약과 신약, 유대인과 이방인, 신학과 선교"를 함께 아우른다. 그 과정에서 그는 "하나님의 백성 이스라엘이 하나님의 선교 계획에 얼마나 중요한 위치를 차지하는가"를 지속해서 드러내 준다. 아울러 그 하나님 나라에는 이스라엘과 함께 "모든 민족이 포함된다"는 것을 보여준다."[228]

그의 대표작 『성경에 나타난 하나님의 선교』는 성경의 시작에서 끝까지 구원과 선교의 대상으로 유대인과 이방인을 함께 아우르는 성경적 관점을 담고 있다. 이 책에서 유대인을 향한 남다른 이해와 열정을 가지고 있었던 독일인의 후예 글라서를 통해 올바르게 자리매김한 유대인의 존재를 만난다. 그의 성경 해석은 유대인의 지위를 과장하지도 않지만, 그 존재를 무시하지도 않는다. 성경에 기록된 그대로를 존중한다. 그는 이렇게 말한다.

> 유대인을 구원하는 것은 '유대인다움'이 아니고 '유대교'도 아니다. 그것은 유일한 '이스라엘의 소망'이신 예수를 받아들이는 것이다.[229]

그는 "대체신학자"들이 주장하는 것처럼, 이스라엘이 예수를 죽인 민족이기 때문에 하나님께 저주를 받아 그들을 향한 하나님의 언약이 모두 폐

---

[227] Kaiser Jr., "An Assessment of 'Replacement Theology'," 42.
[228] Glasser, 『성경에 나타난 하나님의 선교』, 10.
[229] Glasser, 『성경에 나타난 하나님의 선교』, 452. Glasser, *Kingdom and Mission*, 254.

기되었다²³⁰고 보지 않는다. 또한, "두 언약 신학자"들이 주장하는 것처럼, 유대인들에게 임할 구원은 특별하여 예수 그리스도의 보혈이 없이도 하나님의 언약에 들어갈 수 있다²³¹는 함정에 빠지지도 않는다.

이스라엘을 향한 하나님의 언약은 반드시 회복될 것인데, 그 회복의 절정은 예수 그리스도 안에서 이뤄질 것이다. 이스라엘의 하나님, 이스라엘을 향한 예언을 성취하실 하나님, 끝내 이스라엘을 회복하실 하나님을 생각하면 소망이 생긴다. 하나님은 고레스 칙령 당시 유대 민족공동체 재건을 위해 고토로 귀국한 사람들을 오른손으로 붙들어 주신 분인 동시에 바벨론에 여전히 디아스포라²³²로 남아 있던 사람들도 왼손으로 붙들어 주신 분이다.²³³

그 하나님은 지금도 이스라엘을 지상명령에서 제외하지 않으셨다. 그러나 "오늘날 교회들은 유대 민족을 지상명령의 범위 안에 포함하는 것에 대해 상당한 저항이 있다."²³⁴ "유대인과 이방인은 하나님 앞에서 동일한 죄인이고, 그리스도의 구속적 제사는 모든 사람에게 충분하며, 교회는 이 복음을 선포해야 할 책임"²³⁵이 있음을 기억해야 한다.

요하네스 베르카일은 유대인의 넘어짐을 통해 모든 족속을 구원하려 하신 하나님의 경륜을 이런 비유로 설명한다.

230　Kaiser Jr., "An Assessment of 'Replacement Theology'," 41.
231　Nahum N. Glatzer, *Franz Rosenzweig: His Life and Thought* (New York: Schocken Books, 1953), 341.
232　디아스포라(diaspora)는 특정 민족이 자의적이나 타의적으로 기존에 살던 땅을 떠나 다른 지역으로 이동하여 집단을 형성하는 것, 또는 그러한 집단을 일컫는 말이다. '흩뿌리거나 퍼트리는 것'을 뜻하는 그리스어 διασπορά(diaspora)에서 유래했다. 디아스포라가 처음으로 언급되는 곳은 신명기 28장 25절의 "네가 또 땅의 모든 나라 중에 흩어지고"다. http://tinyurl.com/2dcdnxeu
233　Glasser, 『성경에 나타난 하나님의 선교』, 212. Glasser, *Kingdom and Mission*, 108.
234　Glasser, 『성경에 나타난 하나님의 선교』, 388. Glasser, *Kingdom and Mission*, 217.
235　Glasser, 『성경에 나타난 하나님의 선교』, 556.

아마도 나는 바울이 의미했던 바를 예를 들어 설명할 수 있다. 돌을 먼 거리까지 던지려면 그 거리에 도달하기 위해 할 수 있는 한 멀리 손을 뒤로 들어올려야 한다. 이와 같은 방식으로 하나님은 이방인들의 지역 더 멀리까지 복음을 전하기 위해 이스라엘로부터 그의 손을 일시적으로 움츠리셨다. 화살을 쏘는 사람이 활시위를 뒤로 잡아당기는 것처럼 그와 같이 하나님도 복음의 화살을 먼 거리까지 날리기 위해 활시위를 잡아당기셨던 것이다. 그러나 이것은 하나님이 그 자신의 백성들에 대한 그의 말씀을 철회하셨음을 의미하지 않는다. 오히려 하나님의 백성은 구약적인 이스라엘 백성과 모든 족속으로 보여진 신약적 백성이라는 이중적 형태를 가진다.[236]

모든 민족의 복으로, 열방의 빛으로 선택받아, 온 인류에게 구원을 베풀기 원하시는 하나님 선교의 도구로 부름 받은 아름다운 민족 이스라엘! 그러나 그 사명을 감당하지 못하여 열방 가운데서 심판의 "시각적 교육매체"가 되어야만 했던 이스라엘!
그런데도 그들을 부르신 하나님의 신실하심을 증거하는 도구로 사용되기 위해 끝내 회복될 이스라엘!

그 이스라엘의 넘어짐으로 구원을 받게 된 이방인을 통해 다시 "이스라엘을 시기나게 함"(롬 11:11)으로써 그들을 구원하고 계시는 신비로운 하나님의 선교를 수종 드는 것은 특권이다. 아서 글라서는 그의 생애와 저술을 통해 그 특권을 누린 그리스도인이었다.

236　Johannes Verkuyl, 『현대 선교신학 개론』, 최정만 옮김 (서울: CLC, 1991), 189-90. 단, 베르카일은 "유대인의 귀환을 아브라함에게 한 하나님의 약속의 성취로 보는 것"(p.238)과, 그것을 "종말론적 시간 구조"로 보는 것(p.236)은 부적절하다고 평가하여 시대적인 한계를 보인다.

5. 이스라엘 회복 관점의 선교학적 해석학

이스라엘 회복 관점의 선교학적 해석학이 무엇인지를 좀 더 면밀히 고찰해 보자. 이스라엘 회복 관점 해석학의 의미와 요소 그리고 그 특징들을 정리할 것이다. 그 기준에 비춰 아서 글라서가 지향한 이스라엘 회복 관점 해석학의 특성을 살펴볼 것이다.

1) 이스라엘 회복 관점 해석학의 의미

성경에 나타난 이스라엘과 오늘날 지구상에 존재하는 이스라엘 사이의 관계를 규명하는 것은 성경해석학의 방향을 가르는 중요한 요소다. 월터 카이저[237]가 지적한 대로 성경 해석가들을 두세 부류로 갈라 놓은 하나의 중요한 문제는 "구약 본문에 나타나는 이스라엘을 해석하는 방법"이었다.

> 성경은 오직 하나의 "하나님의 백성"만이 존재함을 명백히 하고 있기 때문에, 혹자는 교회라는 단어가 이제 "이스라엘"의 미래에 관한 특정한 주요 구약의 예언을 대치할 수 있으며, "이스라엘" 대신 쓸 수 있다는 결론을 내렸다.[238]

이것이 대체신학적인 관점에서 이스라엘을 이해하는 성경 해석의 틀이다. 이는 기독교 역사에서 대체신학이 등장한 배경과도 무관하지 않다.

---

[237] 글라서는 월터 카이저를 향해 "우리 시대의 <메시아닉 유대인> 운동에 지속적으로 봉사한 것에 대해 큰 빚을 지고 있다"는 감사의 뜻을 표한 바 있다. Arthur Frederick Glasser, *Jewish Evangelism in the New Millennium: The Missiological Dimension (E)*, ed. Darrell L. Bock and Mitchell Leslie Glaser, vol. 12, *To the Jew First: The Case for Jewish Evangelism in Scripture and History* (Grand Rapids, Mich.: Kregel Publications, 2008), 2837, Kindle Edition.

[238] Kaiser Jr. and Silva, 『성경해석학 개론』, 220.

2세기 중엽까지 기독교는 자신의 종교적 정체성이 미약하다. 특히, 예배와 제의적 측면에서 그러하다. 그리하여 기독교의 자기 정체성 확립을 위한 일차적 과제는 기독교의 유대적 뿌리를 완전 단절시키는 것이다. 이런 작업은 제2차 유대인 반란(132-135년) 이후 유대인에 대한 로마의 핍박과 더불어 본격화된다. 로마제국 하의 이방 크리스천들 중에는 교회에 다니면서 주변 유대인들의 절기와 예전(rituals) 등을 선호하여 좇아다니는 소위 유대주의자들도 있었다.

이들로 인해 크리스천들 역시 유대인으로 오인되어 핍박을 받게 되자 교회는 유대교와의 단절을 서두르게 된다. 이러한 단절 작업의 일환으로, 교회가 이스라엘을 대체했다고 보는 대체신학(supersessionism)이 등장한다. 유대교는 기독교에 의해, 하나님과의 언약에서 선민의 자리가 기독교인들에 의해 대체되었다는 주장이다. … A.D. 70년 유대 왕국이 멸망하고 예루살렘과 성전이 파괴되었으며 유대인들이 전 세계로 흩어졌다는 사실이 이러한 신학을 역사적으로 입증하는 것이라고 한다.[239]

카이저는 성경을 대체신학적으로 해석하는 근거로는 "계시의 과정 및 하나님의 백성의 연합"이 주로 언급된다고 지적했다. 계시의 점진성에 의해서 구약의 이스라엘이 신약의 교회로 대체, 발전되었다는 주장을 지적한 것이다. 그러나 카이저는 이스라엘과 교회를 동일하게 바라보는 이 관점이 "구약의 본문에서 정식으로 발견되지 않는 한" 이 해석은 신약 전체에서 얻은 통찰을 사용하여 그 이전의 본문인 구약을 거슬러 해석하는 "주입해석"(eisegesis)의 오류를 범하는 사례가 될 것이라고 꼬집었다.[240]

대체신학적 관점으로 인해 성경에 나타난 이스라엘과 교회의 관계를 오해하게 만드는 성경해석학적 특징을 몇 가지로 정리할 수 있다. 마이클 J.

---

[239] 정연호, "이스라엘의 비전과 역사적 현실 그리고 한국 교회" (paper presented at the 제2회 이스라엘 신학포럼, Seoul, 2015), 17.
[240] Kaiser Jr. and Silva, 『성경해석학 개론』, 220.

블라흐가 제시한 6가지 주장을 필자의 표현으로 정리하면 다음과 같다.

첫째, 점진적인 계시의 관점에서 볼 때, 신약성경은 구약성경의 이스라엘을 향한 언약들을 능가하거나 재정의한다고 믿고 해석한다.
둘째, 이스라엘 국가를 하나의 모형으로 보고, 모형의 실체인 그리스도가 참 이스라엘이기에, 더 이상 이스라엘 국가에게 미래적인 의미는 없다고 해석한다.
셋째, 이스라엘은 하나님의 백성의 지위에서 거절되었기 때문에 이제 '하나님의 백성'이 이스라엘 국가로부터 교회로 대체되었다는 신념으로 해석한다.
넷째, 교회를 새 이스라엘로 해석한다. 신약성경은 교회가 이스라엘이라고 말한다(갈 6:16)고 단정하며, 이스라엘에 적용되는 이미지(롬 2:28-29; 벧전 2:9-10)를 교회에 적용한다고 믿는다.
다섯째, 이스라엘과 교회는 별개의 존재가 아니라, 대체되어 버린 동질적인 것이라고 치환하여 해석한다. 유대인과 이방인은 이제 하나가 되었기 때문에, 이스라엘 국가에게 주어진 특정한 신분이나 역할이 있을 수 없다(엡 2:11-22; 롬 11:17-24)고 주장한다. 따라서, 이스라엘의 회복이라는 관점은 자연스럽게 배제된다.
여섯째, 교회는 새 언약을 물려받았고, 신약성경은 교회가 새 언약에 동참한다고 했기(히 8:8-13) 때문에, 새 언약의 성취를 누리는 교회가 새 이스라엘이라고 해석한다.[241]

이 문제점을 지적한 마이클 블라흐가 각각의 항목에 대응한 내용을 참고하여, 대체신학의 한계를 극복한 관점의 해석을 다음과 같이 여섯 가지

---

[241] Vlach, "이스라엘의 회복과 대체신학 논쟁"(The Restoration of Israel and the Arguments of Replacement Theology). 블라흐의 6가지 주장에 이해력을 높이기 위해 필자의 설명을 곁들였다.

로 정리할 수 있다.²⁴²

첫째, 점진적인 계시는 원래 보여진 계시의 뜻을 바꾸지 않음을 염두에 두고 해석한다. 신약은 구약의 종말론을 재확인한다(살후 2장; 롬 11:26-27; 행 1:6-7). 새로운 계시는 전에 알지 못했던 정보를 줄 수 있지만, 이미 주어진 계시를 바꾸지는 않는다.

둘째, 구약의 이스라엘 국가는 신약의 교회를 미리 보여주는 "모형"에 지나지 않는다는 관점에서 빠져나와 신약의 교회와 별도로 이스라엘 국가는 지속될 것이라는 사실을 인정하며 해석한다(렘 31:35-36). 신약성경이 "이스라엘의 미래"의 의미를 말하고 있기 때문이다(마 19:28; 계 7:4-8).

셋째, 이스라엘이 거절된 것처럼 보이는 부분이 있다 하더라도, 그것은 영구적이 아니라 일시적임(마 23:39; 눅 21:24)을 인식하고 해석한다.

넷째, 신약성경은 교회가 이스라엘이라고 말하지 않는다. 교회가 세워진 후에도 이스라엘 민족은 여전히 "이스라엘"이라 부른다(행 3:12, 21:28). 믿는 유대인들이 참 영적 이스라엘이며, 하나님의 이스라엘이다. 사도행전은 이스라엘과 교회를 확고하게 구분하고 있으며, 둘은 공존하는 것임을 알고 해석한다.

다섯째, 유대인과 이방인의 영적 하나 됨은 앞으로 이루어질 이스라엘 국가의 회복과 함께 완성될 것(롬 11:17-24; 엡 2:11-22)을 인식하고 해석한다. 이방인들이 믿음을 통해 이스라엘의 언약에 동참한다는 것과 이제 그들이 이스라엘이 되었음을 주장하는 것은 다른 차원이다. 유대인과 이방인이 하나의 새사람을 이룬 상태에서도 이스라엘 국가가 감당할

---

242 Vlach, "이스라엘의 회복과 대체신학 논쟁(The Restoration of Israel and the Arguments of Replacement Theology)"; Vlach, "The Church as a Replacement of Israel: An Analysis of Supersessionism." Chapter 4. 대체신학에 대한 블라흐의 6가지 대응을 취하여 바람직한 해석의 기준으로 정리했다.

미래의 역할을 배제하지 않는다.

여섯째, 새 언약은 이스라엘과 교회 양쪽에 함께 성취될 일(사 52:15; 히 8:8-13; 렘 31)임을 알고 해석한다. 새 언약의 온전한 종말론적 성취는 이스라엘과 교회가 함께 천년기에 경험하는 것이다.

두 가지 해석의 차이는 '이스라엘의 미래'를 규정하는 관점의 차이임을 알 수 있다. 크레이그 A. 블레이징(Craig Alan Blaising)도 이스라엘의 미래에 대한 성경 해석과 관련하여 복음주의 신학자들이 양분되어 있음을 지적하면서 해석학에서 이스라엘의 미래에 관한 질문을 소홀히 해서는 안 되는 이유를 밝혔다.

> **첫째**, 이스라엘 민족과 이스라엘 국가는 단지 신학적 차원만이 아니라 오늘날 우리가 살고 있는 세계에서 매우 중요한 현실이기 때문이다.
> **둘째**, 이 주제는 성경의 줄거리에 있어서 주변적이 아니라 중심부에 놓여있기 때문이다.
>
> 이 질문에 어떻게 답하는가는 성경의 이야기를 그 시작에서부터 끝까지 어떻게 이해하는가에 직접적인 영향을 미친다. 그래서 그것은 '해석상의 문제'이지만, 우리가 올바로 해석하고 있는지를 확인해야 할 필요가 있는 대단히 중요한 물음인 것이다.[243]

월터 카이저가 정의한 대체신학은 "이스라엘의 불순종으로 인해 잃어버린 언약을 아브라함의 영적 씨인 교회가 성취했다는 점에서 교회가 민족 이스라엘을 대체했다는 주장"이다.[244]

---

243 Blaising, "이스라엘과 성경해석학," in 『이스라엘 민족, 영토 그리고 미래』, 290.
244 Kaiser Jr., "An Assessment of 'Replacement Theology'," 41.

'이스라엘의 미래'는 결국 언약 성취와 관련된 문제다. 즉, 이스라엘의 미래를 어떻게 해석하는가 하는 것은 성경에 기록된 언약과 그 성취를 어떻게 해석하는가와 직결되는 중차대한 문제다. 구약에 나오는 언약의 당사자인 이스라엘의 실패로 인해 하나님이 그들에게 주신 "언약"을 받을 자격을 상실하고, 그 자격이 이스라엘에서 교회로 이전되었다고 믿는다면, 미래에 이스라엘이 존재해야 할 이유는 사라져 버린다. 지금까지 이런 관점의 신학이 해석학적 반사신경들[245]로 작동되어 왔다.

그래서 신약성경에 엄연히 존재하는 '이스라엘'이라는 문자를 읽으면서도 머리와 가슴에서는 반사적으로 '교회'라는 뜻으로 치환하여 해석되기 일쑤였다. 심지어 눈으로는 하나님이 이스라엘을 버리지 않았다고 분명히 천명하는 로마서의 말씀(롬 11:1)을 읽으면서도 그 뜻이 문자적으로 해석되지 않았던 것이다. 카이저는 이러한 점이 대체신학이 내포하는 치명적인 결함이라고 지적했다.[246] 크레이그 블레이징도 신학의 차이가 성경 해석의 차이를 초래함을 지적한다.

> 전통적으로 이러한 논란은 '문자적'(literal) 해석과 '영적'(spiritual) 해석의 올바른 실재에 관한 차이로서 특징지어져 왔다. 하나님의 계획 속에서 교회가 종족적이며 국가적인 이스라엘을 대체해 왔다고 믿는 자들인 대체주의자들은 이스라엘의 미래는 없다고 주장한다. 또한, 이들은 하나님의 계획 가운데 종족이며 국가적인 이스라엘에 대한 미래가 있다고 보는 비대체주의자들이 영적으로 이해되어야 할 성경 부분을 문자적으로 해석한다는 문제를 지적한다. 이에 대해 비대체주의자들은 오히려 대체주의자들이 문자적으로 해석되어져야 할 성경의 부분을 영적으로 해석하고 있다고 대응한다.[247]

245　Kraft, 『기독교와 문화』, 234.
246　Kaiser Jr., "An Assessment of 'Replacement Theology'," 42.
247　Blaising, "이스라엘과 성경해석학," in 『이스라엘 민족, 영토 그리고 미래』, 291.

이는 교회사 초기부터 존재했던 문제다. 초대 교회 때 등장한 대체주의는 "알레고리적 방법을 사용해 성경의 이야기와 예언 속에 나타난 이스라엘을 영적인 백성, 즉 신약에서 계시된 교회를 상징하는 것으로 해석"했다.[248] 성경을 이렇게 읽는 방식이 교회 안에서 전통으로 자리 잡게 되었다.

그러나 전통적으로 행해진 '영적 해석'은 오늘날 많은 복음주의 성경신학자들 사이에서 "더 이상 수용할 수 없다는 일반적인 공감대가 형성"되어왔다. 독자가 텍스트인 성경에서 아이디어를 받는 대신 독자의 "아이디어를 성경 안으로 투사하는 문제에 대해 특히 민감하게 문제를 제기"하고 있다.[249] 카이저가 지적한 주입식 해석에 대한 비판인 것이다.

1948년 이스라엘이 독립국가를 형성하기 전이라면 지구상에 존재하지 않는 이스라엘 국가를 상징적으로 해석할 수밖에 없었다고 평계할 수도 있을 것이다. 그러나 하나님의 주권적인 구원 역사로 인해 오늘날 세계 지도 중앙에 이스라엘이 엄연히 존재하는 한 성경에서 말하는 이스라엘의 현재와 미래를 바라보는 시각을 성경의 기준으로 재조정해야 한다.

아서 글라서도 이스라엘을 바라보는 관점에 따른 성경 해석의 차이가 있음을 지적한다. 특히, 그는 이 문제가 영혼 구원 대상에서 이스라엘이 배제되는 것과도 관계된다는 문제성을 피력한다.[250]

그렇다면 이스라엘을 올바른 관점으로 바라보는 성경 해석의 도구를 설정할 필요가 있다. 다니엘 쇼우와 밴 엥겐이 제시한 "구약성경, 신약성경, 발신자(복음 전달자), 수용자"의 네 가지 지평[251]에서 이스라엘의 의미를

248　Blaising, "이스라엘과 성경해석학," in 『이스라엘 민족, 영토 그리고 미래』, 293.
249　Blaising, "이스라엘과 성경해석학," in 『이스라엘 민족, 영토 그리고 미래』, 293-94.
250　Arthur Frederick Glasser, "Should Christians Evangelize Jews?," *Missionary Monthly* The Jewish People: Issues and Questions, Part V (November 1989): 3. Arthur Frederick Glasser, "Christian Ministry to the Jews," *Presbyterian Communique* 11, no. 2 (March-April 1988): 7.
251　Shaw and Engen, 『기독교 복음 전달론』, 367-68.

해석하는 것은 구약성경과 신약성경의 뇌관을 관통하는 핵심 문제다.

구약과 신약의 관계는 이스라엘의 존재를 중심에 두고 연속성과 불연속성 그리고 상호 의존성[252]에 기반하여 적절하고 성경적인 관점이 확립되어야 한다.

> 우리가 구약을 연구하면 신약에서 명백하게 드러난 신학적인 핵심 주제들이 이미 성령께서 역사하심으로 구약에서도 충분히 발전되어 있음을 거듭해서 발견하게 된다. 이 사실 자체만으로도 그리스도 이전과 이후에 계속 존재하는 하나님의 백성에게는 연속성이 있다는 이론을 주장하는 데 도움이 된다. … 신약의 놀라운 사건들은 구약의 신앙에서 이루어지지 않은 약속들이 하나님의 뜻 가운데, 궁극적으로 어떻게 온전하게 성취되는지를 이해하는 데 핵심이 된다. 그래서 그리스도인은 신약과 구약 모두에 신앙의 뿌리를 둔다.[253]

구약과 신약이 연속적이면서도 불연속적인 차별성을 가진 채, 상호 의존적임을 보여주는 핵심 요소로 '언약'을 들 수 있다.

> 하나님이 아브라함에게 하신 약속, 언약, 맹세는 성경의 이야기에 있어서 주변적인 요소가 아니다. 성경의 중심적인 구성적 줄거리에 핵심적인 구조적 요소인 것이다. 그것은 족장들에게 반복되고 시내산 언약과 다윗과 그의 집에 하신 약속과 언약의 근거요 기반이다. 약속된 그 일 안에서 실체 전환의 수단으로서 이 언약 약속들의 '성취'를 가정한다는 것은 약속의 말씀의 수행적 성격을 간과하고, 약속을 받은 자들의 정당한 기대를 침범하며, 하나님의 신실하심에 의문을 가지는 것과 다름 아니다. 이러한 해석

252　Glasser, 『성경에 나타난 하나님의 선교』, 23-27.
253　Glasser, 『성경에 나타난 하나님의 선교』, 26.

은 정경 내러티브의 심장에 있는 일련의 본문들, 즉 하나님의 약속, 언약, 맹세의 일련의 본문들과 전혀 들어맞지 않는다.[254]

하나님이 이스라엘 백성들을 대상으로 세우신 언약의 "실체"가 이스라엘에서 교회로 "전환"되었다는 대체주의의 한계를 지적한 것이다. 블레이징은 대체주의적 성경 해석의 오류를 평가하면서 데이비드 울프(David L. Wolfe, 1939-)[255]의 말을 인용하며, 포괄적인 해석 시스템을 평가하기 위한 네 가지 기준, 즉 포괄성(Comprehensive),[256] 일치성(Congruent),[257] 일관성(Consistent),[258] 응집성(Coherent)[259]을 제시한다.[260] 각 기준을 설명할 때마다 대체주의적 주장을 펼치는 글들을 제시하며 그것의 오류를 지적한다.

덧붙여, 해석학의 기본 시스템으로서 "발화행위"(Speech-Act)[261] 원리와 "예언적 재확인의 수행력"(Performative Force of Prophetic Reaffirmation)[262] 원리

---

254 Blaising, "이스라엘과 성경해석학," in 『이스라엘 민족, 영토 그리고 미래』, 307-08.
255 데이비드 울프(David L. Wolfe, 1939-)는 기독교 철학자이자 교육자로, 특히 기독교 세계관과 문화, 철학적 기초에 대한 연구와 가르침에 기여한 인물이다. 신앙의 타당성을 판단하는 기준과 방법에 대해 논의하는 책 *Epistemology, the Justification of Belief*의 저자다.
256 포괄성(Comprehensive)은 어떤 해석 시스템의 형성에 필수적인 자료를 내버려두지 않고 모두 포함함으로써 그 해석 시스템은 실질적으로 자료를 다 포함했다고 말할 수 있는 특성이다(p.303).
257 일치성(Congruent)은 어떤 해석 시스템이 개별 본문에 '들어맞는지'(fit), '그렇지 않은지'를 나타내는 특성이다. 해당 시스템을 개별 본문에 적용함으로써 검증할 수 있다(p.304).
258 일관성(Consistent)은 모순에서 자유함을 의미한다(p.310).
259 응집성(Coherent)은 시스템이 주장하는 바가 말이 되고 뜻이 통하는 것이다. Blaising, "이스라엘과 성경해석학," in 『이스라엘 민족, 영토 그리고 미래』, 301-10.
260 David L. Wolfe, *Epistemology, the Justification of Belief* (Downers Grove, Ill.: InterVarsity Press, 1982), 50-55. https://archive.org/details/epistemologyjust00wolf.
261 발화행동(Speech-Act)이론 또는 발화언어분석은 언어가 단순히 정보를 전달하는 수단이 아니라, "언어는 수행력을 가진다는 것"이다. 20세기 중반 영국 철학자 오스틴(J. L. Austin)에 의해 소개되었고, 제자 시얼(J. R. Searle)에 의해 발전되었다. 발화행동 이론은 언어학, 철학, 커뮤니케이션 연구 등 다양한 분야에 영향을 미쳤으며, 최근에는 성경 해석의 도구로도 활용되고 있다(p.305-08).
262 예언적 재확인의 수행력(Performative Force of Prophetic Reaffirmation)은 발화행동

를 제시한다.

예언적 재확인의 수행력은 '언어가 단순히 정보를 전달하는 수단이 아니라, 언어 자체가 수행력을 가지고 있다는 발화행동이론'의 관점에서 성경의 예언적 문맥을 해석할 때 사용하는 개념이다. 하나님의 약속이나 계획이 시간이 지남에 따라 다시 한번 확언되며, 그렇게 확언된 말은 어떤 행위를 수행한다는 원리다. 재확인은 하나님의 불변하는 목적과 그분의 민족에 대한 약속이 여전히 유효하며 실현될 것임을 강조하는 기능을 한다. 재확인을 통해 하나님의 의지를 강조함으로써 청자들에게 믿음과 희망을 주며, 하나님의 계획이 변함없이 진행될 것임을 확신시킨다. 그는 이 원리에 비춰 보았을 때 대체주의적 성경 해석은 성경에 반복적으로 재확인되는 이스라엘 회복에 대한 하나님의 언약과 일치하지 않는다고 평가한다.

> 대체주의자들이 정경 내러티브를 읽으면서 이스라엘이 대체되었다 하고 하나님의 약속이 '그리스도화' 또는 영적으로 재해석되거나, 아니면 그 실체 자체가 변화되어 버리는 것은, 전술한 바와 같이 여러 핵심 본문에서 반복해서 드러나는 예언적 재확인과 하나님의 의지의 재천명의 측면과 전혀 일치하지 않는다.[263]

구약과 신약을 관통하는 해석학의 도구로 '언약'을 기준으로 삼는 것은 유의미한 일이다. 김인식은 이 언약을 하나님의 구원 역사라는 "마스터 플랜을 성취시키기 위한 하나님의 전략"으로 보았다. "하나님의 언약은 신

과 연관된 언어학적 용어다. 이는 성경 예언이 단순히 미래 사건을 예고하는 것을 넘어 하나님의 뜻과 계획을 수행하는 활동적인 과정임을 나타낸다(p.308). 참고. Speech acts (Linguistics) - LC Linked Data Service: Authorities and Vocabularies | Library of Congress (loc.gov)

263 Blaising, "이스라엘과 성경해석학," in 『이스라엘 민족, 영토 그리고 미래』, 308.

앙의 기본 요소들이 긴밀하게 연관되어 있는 성경 해석의 중요한 틀"이라고 했다.[264]

구약에서 하나님이 이스라엘 백성에게 하신 언약은 크게 아브라함 언약, 모세 언약, 다윗 언약, 새 언약으로 이해할 수 있다. 이에 대해서는 유대교와 기독교 두 신앙공동체 모두 "하나님께서 자신의 영원한 목적에 따라 인간과 상의 없이 유대 민족과 일련의 계약을 맺으셨다는 데 동의"한다.[265] 이 언약에는 땅의 문제, 자손과 그 자손이 이룰 민족 또는 국가의 통치 그리고 무엇보다 이스라엘이 열방을 위한 축복이 된다는 정체성의 천명이 포함되어 있다. 이 언약은 구약에서도 여러 상황 여러 시대에 반복적으로 재천명되었다. 심지어 이스라엘의 멸망을 예언하던 선지서의 마지막은 대부분 회복의 메시지로 마무리하였다.

신약에서도 이스라엘 백성들을 부르신 하나님의 뜻과 그 언약적 역할은 폐하지 않았음을 확인할 수 있다. 유대인이면서 이방인의 사도가 된 바울의 인생과 그의 사역과 서신들을 통해 재확인할 수 있는 사실이다. 그리고 요한계시록에서 펼쳐지는 천년왕국과 새 하늘 새 땅에서까지 이스라엘 백성들의 정체성을 확인할 수 있는 것은 하나님의 언약이 "영원"하다는 말씀의 성취를 보여준다.

그런 견지에서 이스라엘 회복 관점이 담지해야 할 해석학적 요소 중에서 중요한 부분은 이스라엘의 미래를 바라보는 관점이다. 블라흐는 "대체주의"(supersessionism)적 관점 안에 다양한 스펙트럼이 존재함을 직시하고, 강경한 대체주의(Strong supersessionism)와 온건한 대체주의(Mild supersession-

---

[264] 김인식, 『성경, 빅 픽처를 보라!』, 72. 그는 성경에 나타난 하나님의 언약을 "아담 언약, 여자 후손 언약, 노아 언약, 아브라함 언약, 이스라엘(가나안) 땅 언약, 모세(시내산) 언약, 다윗 언약, 새 언약(예수님), 예루살렘(새 에덴) 언약" 등 9가지로 정리하였다.

[265] Glasser, *Jewish Evangelism in the New Millennium: The Missiological Dimension (E)*, 2804. "Hence, both are agreed that God-based upon his eternal purpose and without human consultation-made a succession of covenants with the Jewish people!"

ism)로 구분하였다. 구분의 1차 기준은 "이스라엘의 미래 구원"을 믿는지의 여부다.[266] 2차 기준은 "이스라엘의 회복"까지를 믿는지의 여부다.

강경한 대체주의는 이스라엘의 미래 구원과 회복 둘 다를 믿지 않는다. 반면, 온건한 대체주의는 이스라엘 민족의 구원을 믿지만, 이스라엘의 회복까지는 믿지 않는다.[267] 이스라엘 민족의 구원을 믿으면서도 그들의 회복까지를 믿지 않는다면, 그것까지도 대체주의적 관점으로 분류한다는 높은 기준을 제시한 것이다.

크레이그 블레이징은 이스라엘의 미래에 대한 신학적 함의를 논하였다. 결론적으로 "오, 깊도다! 하나님의 지혜와 지식의 부요함이여!"라고 감탄했던 바울의 말을 인용하고, 이스라엘 회복 관점의 신학적 유익을 제시하며 마무리했다.

> 아마도 우리는 이스라엘의 미래 충만이 세상에 부요함을 가져다 주는 기회가 되는 것과 마찬가지로 지금도 이스라엘에 관한 하나님의 모든 약속이 그리스도 예수 안에서 "예"이며 "아멘"임을 생각할 때 우리의 신학적 지식이 풍성해진다는 것을 알게 될 것이다.[268]

요컨대, 대체주의 관점과 회복주의 관점을 구분하는 주요 요소는 "이스라엘의 회복에 대한 믿음" 여부다. 즉, "이스라엘 회복 관점"이란 미래에 이스라엘이 민족적으로 구원 받는 것을 믿을 뿐 아니라, 하나님 나라 구원

---

266 Vlach, "Various Forms of Replacement Theology," 65.
267 Vlach, "Various Forms of Replacement Theology," 69.
268 Craig Alan Blaising, "The Future of Israel as a Theological Question," *Journal of the Evangelical Theological Society* 44, no. 3 (2001): 450. "Perhaps we will find that just as the future fullness of Israel is the occasion for riches to the world, so even now our theological knowledge stands to be enriched when we consider that *all* of the promises of God concerning Israel are "yes" and "amen" in Christ Jesus." 이 논문은 테네시주 내슈빌에서 열린 복음주의 신학협회 연례 회의에서 처음 발표되었다(2000.11.19).

의 완성에서 이스라엘 민족에게 언약적으로 부여된 고유한 지위가 회복될 것까지를 믿는 신학적 관점이다. 그리고 이스라엘 회복 관점으로 성경을 해석하는 것을 학문적으로 연구하는 것이 "이스라엘 회복 관점의 선교학적 해석학"이다.

2) 이스라엘 회복 관점 해석학의 요소들

이스라엘 회복 관점의 선교학적 해석학의 의미를 살피고 정의를 내려 보았다. 그 정의로부터 이스라엘 회복 관점의 선교학적 해석학의 요소들을 추출할 수 있다.

본 장에서는 이스라엘 회복 관점의 선교학적 해석학에 부합하는 요소를 제시할 것이다. 이 요소들은 대체주의 관점에 상대적인 개념이기에 대체주의 관점을 좀 더 구체적으로 살피는 것이 필요하다. 대체주의 신학을 세분화하면 세 가지 하위 개념으로 나뉜다.[269] '처벌적 대체주의'(Punitive Supersessionism), '경륜적 대체주의'(Economic Supersessionism), '구조적 대체주의'(Structural Supersessionism)가 그것이다.[270]

첫째, '처벌적 대체주의'는 유대인들이 메시아를 거부한 죄로 하나님이 그들을 버리시고 이방 교회로 그 자리를 대신하게 했다는 주장이다.[271] 이스라엘 민족이 A.D. 70년과 135년에 당한 재앙은 그리스도를 거부한 것에 대한 벌로 하나님이 이스라엘을 근본적으로 버렸다는 정치적인 표현으로 이해한다. 하나님은 유대인들에게 등을 돌리시고 그들을 대신해 이방

---

[269] R. Kendall Soulen, *The God of Israel and Christian Theology* (Minneapolis: Fortress Press, 1996), 29-34. https://archive.org/details/godofisraelchris0000soul.
[270] Michael Joseph Vlach, *Has the Church Replaced Israel?* (Nashville, TN: B&H Publishing Group, 2010). Chapter 1. Vlach, "The Church as a Replacement of Israel: An Analysis of Supersessionism." Chapter 1. Vlach, "Various Forms of Replacement Theology," 60-65.
[271] 김정환, 『이스라엘과 대체신학』, 51-52.

인 교회를 품으셨다는 주장이다. 흔히 알려져 있고 또 쉽게 이해되는 주장이다. 이보다 더 시적이고 광범위한 것은 '경륜적 대체주의'다.

둘째, '경륜적 대체주의'는 구약성경에 기록된 이스라엘에 대한 모든 이야기는 장차 교회가 탄생할 때 사라지기 위한 상징이나 예표로 하나님에 의해 고안되었다고 한다. 시내산에서 그리스도까지 이어지는 이스라엘의 전체 경륜은 예수에 의해 계시되고 기독교에 의해 구현된 영원한 영적 종교를 보여주기 위한 일시적 상징 또는 유형으로 하나님이 설계했다고 주장한다. 유대교의 국가적, 민족적, 물리적 특징들은 구약 이스라엘의 전체 이야기와 마찬가지로 하나님께서 영원한 영적 원형(antitype)인 교회를 탄생시키실 때 사라지도록 의도된 육체적 상징일 뿐이라는 것이다. 성경에 나오는 이스라엘을 상징과 은유로 풀고 교회를 원형으로 해석하게 하는 좋은 이론적 근거가 된다.[272]

셋째, '구조적 대체주의'는 앞의 두 경우보다 가장 깊이 내재된 형태의 대체주의다. '구조적 대체주의'는 이스라엘의 모든 요소가 우주적 죄와 우주적 구원, 천지창조부터 역사의 완성을 보여주기 위해 단지 단순한 배경을 제공한다고 한다. 성경을 해석할 때 유대적 또는 이스라엘적 요소가 등장하면 습관적으로 그것을 성경 이야기의 단순한 배경쯤으로 인식하게 만든다. 이스라엘 자체는 성경의 주요 줄거리로 인정하지도 않고, 보편적 창조에서 보편적 죄와 보편적 구속을 통한 보편적 완성으로 나아가는 성경 해석을 가능하게 한다.[273]

이상 세 종류의 대체주의의 공통적인 역할은 성경에 기록된 이스라엘이나 유대적인 요소를 있는 그대로 보지 못하게 만드는 것이다. 이스라엘이 교회로 대체되었다고 믿거나, 처음부터 교회를 위해 상징적으로 존재했다고 믿

---

[272] 김정환, 『이스라엘과 대체신학』, 51-52.
[273] Soulen, *The God of Israel and Christian Theology*, 12-56. Blaising, "The Future of Israel as a Theological Question," 436.

거나, 보편적 구원의 완성을 위한 틀 이외의 기능은 없다고 믿게 만든다.

그렇기 때문에 이 땅에 현존하는 이스라엘을 성경의 이스라엘과 연결하여 해석하지 못한다. 과거에 엄연히 존재했던 이스라엘의 기능과 역할을 상징화 또는 배경화해 버렸기 때문에 당연히 오늘날에 현존하는 이스라엘의 실체를 이해할 수 없다. 자동적으로 성경에 명시되어 있는 이스라엘의 미래에 대해서 실제적인 해석을 할 수 없게 된다.

이제 이런 대체주의 관점의 해석에 대응되는 개념으로 작동하는 이스라엘 회복 관점의 선교학적 해석학의 요소를 제시한다. 지금까지 논의한 내용들을 종합하여, "이스라엘과 하나님, 이스라엘과 언약, 이스라엘과 교회, 이스라엘과 구원, 이스라엘과 미래" 등 다섯 가지 요소로 정리한다.[274]

첫째, '이스라엘과 하나님'의 관계다. 아브라함을 선택하신 하나님은 아브라함의 후손인 혈통적 이스라엘을 그들의 실패로 인해 버리지 않으셨다. 이스라엘은 하나님의 언약과 구원의 경륜에서 끊어지거나 배제되지 않았다.

둘째, '이스라엘과 언약'의 관계다. 하나님이 아브라함을 통해 이스라엘과 맺은 언약(땅, 자손, 민족, 열방의 복)은 폐기되거나 교회로 대체되지 않고 성취될 것이다. 하나님이 원래 이스라엘 유다 가문과 맺은 새 언약도 여전히 유효하다.

---

[274] 이 요소들은 본서에 언급한 논의를 종합한 것이다. Kaiser Jr., "An Assessment of 'Replacement Theology'"; Kaiser Jr. and Silva, 『성경해석학 개론』; Vlach, "The Church as a Replacement of Israel: An Analysis of Supersessionism"; "Various Forms of Replacement Theology"; "이스라엘의 회복과 대체신학 논쟁"(The Restoration of Israel and the Arguments of Replacement Theology); Blaising, "이스라엘과 성경해석학," in 『이스라엘 민족, 영토 그리고 미래』; "The Future of Israel as a Theological Question"; Darrell Lane Bock et al., 『이스라엘 민족, 영토 그리고 미래』, 김진섭, 권혁승 옮김 (서울: EASTWIND, 2014); Soulen, *The God of Israel and Christian Theology*; Thomas D. Ice, "What Is Replacement Theology?; 김인식, 『이스라엘의 회복과 종말』 (서울: CLC, 2020); 『하나님의 마스터플랜』 (서울: 교회성장연구소, 2017); 김충렬, 『이스라엘, 아세요?』 (파주: 국민북스, 2020); 김정환, 『이스라엘과 대체신학』 (서울: 예영커뮤니케이션, 2014) 등.

셋째, '이스라엘과 교회'의 관계다. 구약의 이스라엘과 신약의 교회는 연속성을 가지되 동일한 것은 아니며, 각자의 고유한 역할과 정체성을 가진 채 그리스도 안에서 <한새사람>을 이룬다.

넷째, '이스라엘과 구원'의 관계다. 이스라엘은 열방의 빛이 되어 이방인에게 메시아를 증거하는 도구다. 구원 받은 이방인은 다시 이스라엘을 시기 나게 하는 도구가 된다. 그래서 종말론적 미래 어느 시점에 온 이스라엘이 구원을 받을 것이다.

다섯째, '이스라엘과 미래'의 관계다. 종말론적 미래에 하나님 나라 구원의 완성에서 유대인에게 언약적으로 부여된 고유한 지위와 역할이 수행될 것이다.

이 다섯 가지 요소를 종합하면, 성경에 등장하는 이스라엘이 오늘날 이 땅에 실존하는 민족적·물리적 이스라엘이라고 인정하는 전제 하에서, 이스라엘의 과거와 현재와 미래를 성경에 기록된 대로 바라보는 것이 이스라엘 회복 관점의 성경해석학의 기초임을 알 수 있다.

<그림 39> 이스라엘 회복 관점의 선교학적 성경해석학 5요소[275]

---

275 필자가 정리한 '이스라엘 회복 관점의 선교학적 해석학의 5요소' 다이어그램이다.

여기에서 간과하지 말고 경계해야 할 또 하나의 함정이 있다. 바로 이스라엘의 특별성을 극단적으로 부각하여 그들이 구원 받을 수 있는 언약이 따로 있다고 주장하는 "이중 언약 신학"(Dual-covenant theology)이다.

유대인 철학자인 프란츠 로젠츠바이크(Franz Rosenzweig, 1886-1929)[276]는 그의 책 *The Star of Redemption*[277]에서 이중 언약 신학을 주장했다. "두 언약 이론"(Two covenant theory)이라고도 하는 이 신학은 하나의 하나님이 하나의 언약이 아닌 두 가지 다른 언약을 세웠다는 주장이다.

하나는 "모세의 언약"(Mosaic covenant)으로, 유대인과 하나님 사이에 맺은 특별한 언약이며 시내산에서 성립되었다. 또 하나는 "새 언약"(New covenant)으로, 이는 비유대인을 위한 언약이며 새 언약의 중보인 예수 그리스도를 중심으로 성립되었다.[278]

유대인들에게는 모세의 언약이 여전히 유효하여서, 모세의 언약을 통해 아버지께 직접 나아갈 수 있기 때문에 그들이 구원을 받기 위해 예수 그리스도라는 중재자가 없어도 된다는 주장이다.[279] 이중 언약 신학은 요한복음 14장 6절("나는 길이요, 진리요, 생명이니 나로 말미암지 않고는 아버지께로 올

---

[276] 프란츠 로젠츠바이크(Franz Rosenzweig, 1886-1929)는 독일의 신학자, 철학자, 번역가였다. 그는 부유한 유대인 가정에 태어났으며, 그의 아버지는 염료 공장을 소유하고 도시 의회의 일원이었다. 11살 때부터 히브리어 수업을 요청하여 전통적인 유대교에 접촉하게 되었다. 1913년에 유대교 철학으로 전환했다. https://www.britannica.com/biography/Franz-Rosenzweig

[277] Franz Rosenzweig, *The Star of Redemption* (University of Notre Dame Pess, 1985).

[278] Maurice Gerald Bowler, "Do Jews Need Jesus?," *Christianity Today* 18, no. 2 (1973): 12-14, https://christianitytoday.com/ct/1973/october-26/. "This has been called his "Two Covenant Theory," for he visualizes two covenants made with man by God. One covenant is with non-Jewish man through Christ, the other with Jewish man through his membership in Israel, the covenant people."

[279] Bowler, "Do Jews Need Jesus?," 12. "We are wholly agreed as to what Christ and his Church mean to the world: no one can reach the Father save through him. … The situation is quite different for one who does not have to reach the Father because he is already with him. And this is true of the people of Israel(although not of individual Jews)." Glatzer, 341.

자가 없느니라")을 미묘하게 해석한다.

> 아들을 통하지 않고는 아무도 아버지께로 올 수 없으며, 아들은 아버지께로 가는 유일한 길이다.
> 그러나 유대인은 다른 방법으로 올 수 있기 때문이 아니라 올 필요가 없기 때문에 예외다!
> 그들은 이미 아버지와 함께 있기 때문이다. 유대인의 피는 예수 그리스도의 중보에 의지하지 않고도 아버지와의 자동적인 교제를 보장한다.[280]

이중 언약 신학은 대체신학과 겉으로 드러난 결은 달라 보이지만 열매는 동일하다. 후자는 유대인들이 예수 그리스도로부터 단절되었다는 이유로, 전자는 유대인들이 예수 그리스도께 나올 필요가 없다는 이유로, 모두 예수 그리스도가 유대인의 구세주가 되지 못하게 한다. 유대인들에게 예수 그리스도의 복음을 증거하지 못하게 막는 신학적 기반을 제공한다.

이는 "구약과 신약의 특정주의와 보편주의"에 대한 오해와 연관된다. 대체주의자들은 성경 해석에서 정경의 내러티브가 특정주의에서 보편주의로 진전(progression)되었다고 인식한다. "특정에서 보편으로의 진전", 즉 열방 가운데서 "종족적, 정치적"으로 독립해서 존재하던 이스라엘이, 이제는 모든 열방을 포함하는 "다종족적, 보편적" 이스라엘로의 "실체 전환, 즉 진전"을 이뤘다는 것이다.[281]

이스라엘 본연의 실체는 사라졌다는 의미다.

---

[280] Bowler, "Do Jews Need Jesus?," 13. "No man can come to the Father except through the Son; the Son is the only Way to the Father. But Jews are an exception, not because they can come some other way but because they do not need to come! They are already with the Father. Jewish blood ensures an automatic fellowship with the Father, without any recourse to the mediation of Jesus Christ."

[281] Blaising, "이스라엘과 성경해석학," in 『이스라엘 민족, 영토 그리고 미래』, 309. "Particularism and Universalism in Old Testament and New Testament."

물론, 구약의 상당 부분이 이스라엘이라는 특정 종족과 국가에 대한 하나님의 약속과 다루심에 할애되어 있는 것이 맞다. 또한, 신약을 통해 우리는 열방에 대한 사명과 그리스도를 믿는 믿음을 통해 모든 열방의 민족을 포함하는 교회가 세워지는 것을 확실히 보게 된다. 하지만, 그렇다고 해서 정경 내 러티브를 특정주의에서 보편주의로의 진전으로 읽는 것은 구약이나 신약의 그 어떠한 내용과도 일치하지 않는다. 하나님께서 아브라함에게 약속하신 시작부터 특정주의와 보편주의 모두가 존재하고 있다(이것을 구약 선교신학에서 수단의 '특정성'과 목표의 '보편성'이라 부른다 – 역자 주).[282]

"수단의 특정성"과 "목표의 보편성"이라는 원리로 볼 때, 대체신학은 보편성에 치우친 오류, 이중 언약 신학은 특정성에 치우친 오류라 할 수 있다.

보편성에 치우쳐 이스라엘이라는 특정한 수단의 가치를 간과하지 말아야 한다. 특정성에 치우쳐 온 인류 구원이라는 보편적인 목표의 가치를 놓치지 말아야 한다. 하나님은 아브라함을 선택하여 그와 그의 후손과 언약을 맺으실 그때부터 특정된 그들을 통해 각 족속과 백성과 방언과 나라에서 인류를 구원하실 꿈을 품고 계셨다. 수단이 특정되던 창세기부터 요한계시록에서 보편적으로 성취될 목표를 꿈꾸고 계셨다.

> 이스라엘과 열방을 향한 하나님의 계획은 상호배타적이거나 순차적으로 오는 프로그램이 아니라, 정경 내러티브 전체를 통해 상호 보완적이다. 보편을 제정하기 위해 특수를 제거해야 하거나, 특수를 확대하여 보편이 되게 해야 하는 것이 아니라, 이스라엘이라는 특정 민족과 국가가 보편적인

---

282 Blaising, "이스라엘과 성경해석학," in 『이스라엘 민족, 영토 그리고 미래』, 309. 역자인 김진섭과 권혁승은 특정주의와 보편주의의 공존에 대해 창세기 12:3을 적용하여, "수단의 특정성"('너로 말미암아')과 "목표의 보편성"('땅의 모든 족속이 복을 얻을 것이라')개념으로 구분 정리했다.

대상을 축복하기 위한 수단임과 동시에 이러한 보편적인 전체 안에 중심적인 구성 부분으로 존재하는 것이다.[283]

특정된 이스라엘은 일시적으로 사용되고 버려질 수단이 아니다. 보편적으로 구원을 누린 교회는 이스라엘을 배제하고 구원의 완성이라는 목표에 도달할 수 없다. 양자는 창세기부터 요한계시록까지 각자의 역할과 기능을 수행하면서 함께 가는 것이다.

올바른 이스라엘 회복 관점의 성경 해석에서는 수단의 특정성과 목표의 보편성, 양자를 균형 있게 견지해야 한다.

3) 아서 글라서의 이스라엘 회복 관점의 해석학

필자는 아서 글라서를 이스라엘 회복 관점을 지향한 신학자로 분류한다. 그의 저서들을 분석해 본 결과 그는 이스라엘의 구원을 믿을 뿐 아니라 이스라엘의 회복까지를 믿은 신학자로 인정되기 때문이다.

앞에서 제시한 이스라엘 회복 관점의 선교학적 해석학의 다섯 가지 요소에 견주어 그의 견해를 살펴보면 다음과 같다.

첫째, '이스라엘과 하나님'의 관계다. 글라서는 아브라함을 선택하신 하나님이 그 후손인 혈통적 이스라엘을 버리지 않았음을 믿었다. 그는 "하나님은 유대 민족을 끝내지 않으셨다"[284]고 확언했다.

하나님은 이스라엘을 열방의 빛으로 부르셨고 이스라엘이 실패했으나 완전히 혹은 영구적으로 그들을 배척하지 않으심을 확언했다.[285] "모든 세

---

283 Blaising, "이스라엘과 성경해석학," in 『이스라엘 민족, 영토 그리고 미래』, 310.
284 Glasser, interview. "God's not through with the Jewish people." Tape 8, 13.
285 Arhur Frederick Glasser, "Biblical Theology of Mission," in *Evangelical Dictionary of World Missions*, ed. A. Scott Moreau et al. (Grand Rapids, Mich.: Baker Books; Carlisle,

대의 그리스도인 중에는 유대인 신자들이 포함되어 있음"(롬 11:1-6)을 믿었고, 항상 "은혜로 선택된 남은 자"가 있음을 인정했다.[286]

둘째, '이스라엘과 언약'의 관계다. 글라서는 "이방인 그리스도인들은 하나님이 옛 이스라엘과 맺으신 모든 언약을 자신들이 모두 대체하게 되었다고 주장할 수 없음"을 명시했다.[287]

특히, 아브라함 언약, 모세 언약, 다윗 언약에 대해서는 살아 계신 하나님이 이 "세 가지 불변의 언약에 충실함으로써 인류 역사의 방향에 대한 주권적 통제를 행사하기로 약속하셨다"고 역설했다.[288] 또한, 그는 독립된 이스라엘이 거주하는 땅이 하나님이 이스라엘에게 언약으로 주신 "영원한 소유"임을 믿었다.[289]

셋째, '이스라엘과 교회'의 관계다. 글라서는 구약의 이스라엘과 신약의 교회는 연속성[290]을 가지되 동시에 불연속성과 상호 의존성을 가지고 있음[291]을 알았다.

교회의 본질을 이해하기 위해서는 그리스도 안에서 유대인과 이방인의 조화를 탐구해야 함[292]을 역설했다. "하나님의 나라에서 이스라엘과 모든 민족에게 영광스러운 미래가 있다"[293]며, 이스라엘과 교회를 분리해서 인식했다.

넷째, '이스라엘과 구원'의 관계다. 글라서는 창세기 12장에서 아브라함이 하나님의 부름을 받을 때부터 이스라엘은 열방에 복이 되는 구원의 도

Cumbria, UK: Paternoster Press: 2000), 131.
286 Glasser, 『성경에 나타난 하나님의 선교』, 523, Glasser, *Kingdom and Mission*, 301.
287 Glasser, 『성경에 나타난 하나님의 선교』, 23.
288 Glasser, *Jewish Evangelism in the New Millennium: The Missiological Dimension (E)*, 2804. "By his faithfulness to these three immutable covenants, the living God committed himself to exercise sovereign control over the direction of human history."
289 Glasser, *Jewish Evangelism in the New Millennium: The Missiological Dimension (E)*, 2804.
290 Glasser, *Kingdom and Mission*, 9.
291 Glasser, 『성경에 나타난 하나님의 선교』, 23-27.
292 Glasser, 『성경에 나타난 하나님의 선교』, 515.
293 Glasser, in *Evangelical Dictionary of World Missions*, 131.

구임을 알았다.²⁹⁴

신약에서 "이스라엘이 가진 대체할 수 없는 핵심적인 사명은 모든 민족으로 하여금 그리스도의 제자가 되도록 설득하는 것"²⁹⁵이라고 했다. 하나님의 주권적 은혜를 통해 많은 유대인이 그리스도께로 돌아올 것을 인정했다.²⁹⁶ 이방인의 충만한 수가 찰 때 하나님께서 온 이스라엘에 자비를 베푸실 것(롬 11장)을 믿었다.²⁹⁷ 예수 "재림의 때에 이스라엘은 회개와 메시아에 대한 믿음을 통해 황금기를 맞을 것"이라고 확언했다.²⁹⁸

다섯째, '이스라엘과 미래'의 관계다. 글라서는 종말론적 미래에 이뤄질 하나님 나라 구원의 완성에서 이스라엘 민족에게 언약적으로 부여된 고유한 지위와 역할이 수행될 것을 믿었다.²⁹⁹ 그는 "성경이 이스라엘에게 하나님의 구속 목적에 중요한 미래가 있다고 말한다"고 믿었다.³⁰⁰

장차 역사적으로 도래할 "하나님의 최후의 승리"를 위해 이스라엘이 감당해야 할 중요한 역할이 있음을 믿었다. 최후 심판과 관련해서도 이스라엘이 부여받은 차별성이 있음을 인정했다.³⁰¹ "언약과 성취가 보편적이면서도 특수한 종말론적 확실성 속에서 완성을 찾는 성서신학"은 이스라엘

294　Glasser, 『성경에 나타난 하나님의 선교』, 36, 84-86, 181.
295　Glasser, 『성경에 나타난 하나님의 선교』, 36.
296　World-Evangelical-Fellowship. ARTICLE III.16. "WE AFFIRM THAT the Bible promises that large numbers of Jews will turn to Christ through God's sovereign grace." 글라서가 공동 서명자로 동참했던 윌로우뱅크선언문(1989/4/29)의 3조 16항이다.
297　Glasser et al., *Announcing the Kingdom*, 323. Glasser, *Kingdom and Mission*, 301.
298　Glasser, in *Evangelical Dictionary of World Missions*, 131.
299　Arthur Frederick Glasser, "Book Review: Salvation Is from the Jews: The Role of Judaism in Salvation History from Abraham to the Second Coming," *International Bulletin of Missionary Research* 28, no. 4 (2004).
300　Arthur Frederick Glasser, "The Holocaust: How Should Christians Evaluate Anti-Semitism?," *Missionary Monthly* The Jewish People: Issues and Questions, Part II (June-July 1989): 3-4.
301　Arthur Frederick Glasser, "Make Disciples of All the Gentiles," *Missionary Monthly* Evangelical Objections to Jewish Evangelism, Part II (January 1992): 12. Glasser, 『성경에 나타난 하나님의 선교』, 92-93. Glasser, *Kingdom and Mission*, 58.

의 미래를 인정하는 것임에 동의했다.³⁰²

이스라엘 회복 관점의 신학이 아직 본격화되기 전, 아서 글라서가 이런 관점에서 성경을 해석할 수 있었던 것은 하나님의 계시적인 지혜였다. 그의 생애에서 살펴본 것처럼, 글라서는 이스라엘 회복 관점의 신학을 형성하는 운동이 일어나던 선구자적인 시대를 살았다. 그는 1974년 세계복음화국제대회(제1차 로잔대회)³⁰³에 참석하여 비록 로잔언약(Lausanne Covenant)에는 반영되지 않았지만, 유대인 전도와 영혼 구원을 위한 입장을 적극 표명했다.

이후 그는 1981년에 '로잔유대인전도협의회'(The Lausanne Consultation on Jewish Evangelism: LCJE)³⁰⁴가 결성될 때 동참하였다. 1988년에는 풀러신학교에서 유대학과 유대인 전도를 위한 MA 과정을 개설하였다. 1989년에 윌로우뱅크선언문(Willowbank Declaration)을 통해 기독교 복음과 유대 민족의 관계 정립을 문서화할 때 글라서는 공동 서명자로 동참했다.³⁰⁵ 1989년 제2차 로잔대회에도 참석하여 제1차 대회 때 부족했던 유대인 전도를 위한 입장을 담은 마닐라선언문(Manila Manifesto)³⁰⁶ 작성에 참여했다.

제1차 세계복음화국제대회에서부터 이스라엘 회복 관점의 신학을 국제적으로 정립해 가는 일에 글라서는 선구적인 역할을 한 것이다. 선구자라는 말은 초기라는 의미를 내포하기도 한다. 새로운 역사의 시작 단계이기 때문에 이전 단계의 요소들이 혼재되어 있기 마련이다.

---

302 Arthur Frederick Glasser, "Book Review: Jesus and Israel: One Covenant or Two? By David E. Holwerda," 19 (1995): 182.
303 제1차 세계복음화국제대회: The First International Congress on World Evangelization.
304 Lausanne-Movement, "Jewish Evangelism: Sharing the Gospel with Jewish People Was the Beginning of World Evangelism," accessed October 26, 2023, https://tinyurl.com/4fpzzasw.
305 World-Evangelical-Fellowship. "The Willowbank Declaration on the Christian Gospel and the Jewish People: World Evangelical Fellowship."
306 Lausanne-Movement, "The Manila Manifesto."

대체주의 신학의 스펙트럼이 넓은 것만큼이나 이스라엘 회복 관점 신학의 스펙트럼도 넓다. 아서 글라서가 1970년대부터 수행했던 이스라엘 회복 관점의 신학은 로잔대회 50주년을 맞이하는 2024년 오늘날의 기준으로 보면 스펙트럼의 시작 단계였음을 보여주는 혼재된 요소들이 발견되기도 한다.

글라서가 풀러신학교에서 1970년부터 선교신학 과목의 교재로 사용하다가 30여 년 뒤에 단행본으로 발간된 『성경에 나타난 하나님의 선교』(Announcing the Kingdom)에서 대체주의로 오해될 만한 부분들이 있다.[307] 대표적인 경우는 다음이다.

> 우리는 교회가 이스라엘을 대체한 사실과 중요성을 강조해야 한다. 누가가 생생하게 묘사한 대로 성장하는 이방인 교회를 메시아 시대의 참 하나님의 백성으로 보아야 한다.[308]

이 문장들만 떼어서 보면, 글라서가 대체주의 관점을 지지하는 것처럼 볼 수도 있다. 물론, 문단의 전체 맥락 안에서 이 문장들을 봐야 하기 때문에 이어지는 문단 전체를 유념해서 살펴보았다.

> … 이 환치(換置, displacement)에는 양면이 있다. 이 환치의 비극적인 면은 유대교 지도자들이 **성령 충만한 유대인 신자들이** 입술로 증거하는 복음을 반복해서 들었으나, 그들 스스로가 하나님 나라의 백성으로부터 자신들을 **의도적으로 배제하였다는** 점이다. 이것은 유대교에 대한 하나님의 심판을

---

[307] *Announcing the Kingdom*을 이스라엘 회복 관점으로 분석한 내용은 5장에서 다룬다.
[308] Glasser, 『성경에 나타난 하나님의 선교』, 437. Glasser, *Kingdom and Mission*, 246. Glasser et al., *Announcing the Kingdom*, 270. "We must underscore the reality and significance of the displacement of Israel by the Church. The growing Gentile church, portrayed so vividly in Acts, must be seen as the true people of the Messianic Era."

불러왔다. 그 결과로 사도행전을 읽는 우리를 슬프게 만들었다. 그러나 환치의 긍정적인 면은 복음이 유대교에 깊이 뿌리내렸고, **유대 지도자들이 복음을 받아들이지 않았지만**, 복음이 이방인들에게는 매력적이고 탁월한 가치를 인정받게 되었다는 점이다.[309]

같은 문단에서 이어지는 문장들을 볼 때, 글라서는 분명 그 시기에도 "성령 충만한 유대인 신자들"이 존재하고 있음을 인정한다. 그리고 복음을 받아들이지 않은 주체를 "유대 지도자들"이라고 명시해 놓음으로써 모든 유대인이 복음에서 제외된 것은 아님을 알게 한다.

또 유대인 지도자들 "스스로가 하나님 나라의 백성으로부터 자신들을 의도적으로 배제하였다"라는 표현을 통해 "배제"의 주체가 하나님이 아니라 일부 유대 지도자임을 분명히 했다. 하나님이 모든 이스라엘을 완전히 버리시고 그 언약의 자리에 교회를 대신 앉히셨다는 의미가 아님을 알 수 있다.

이 문제를 질문하기 위해서 인터뷰를 요청해서 만난 데이비드 세다카(David Sedaca)는 당시 "교회가 말하는 현실"이 그러했다는 것으로 해석하기도 했다.

그가 왜 이런 얘기를 했을까요?
그는 우리가 깨닫고 깨어나야 한다고 말하고 있습니다!

---

[309] Glasser, 『성경에 나타난 하나님의 선교』, 437-38. "And there are two sides to this displacement. The negative side of this tragic reality is that although the leaders of Judaism were given repeated opportunities to hear the gospel from the lips of Spirit-filled Jewish believers, they deliberately excluded themselves from the Kingdom of God. This brought upon Judaism the judgment of God and makes Acts sad reading. But the positive side of the displacement is that the gospel, although deeply rooted in Judaism and although repudiated by Jewish leaders, became both attractive and of surpassing value to non-Jews." 강조는 필자에 의한 것임.

우리는 이것이 "교회가" 말하는 것이라고 강조해야 합니다. 그 당시에 교회가 말하는 현실이 그러했다는 것입니다. 이것은 성경의 현실이 아니라 교회가 말하는 현실입니다.[310]

그러나 아서 글라서의 해명을 직접 들을 수 없고 기록된 문장으로 그의 뜻을 헤아릴 수밖에 없는 후대로서 그 문장을 보며 대체신학적인 요소가 섞여 있다고 판단하기 십상이다. 같은 책의 다른 부분에서도 유사한 의문점을 품게 되는 경우가 있다. 그 문장들이 혼란스럽게 다가온 것은, 이 책의 서론 부분에서 글라서는 분명히 대체 사상을 배격하는 말을 명시했기 때문이다.

이방인 그리스도인들은 하나님이 옛 이스라엘과 맺으신 모든 언약을 자신들이 모두 대체(代替)하게 되었고, 이제 이스라엘에게는 저주만 남아 있다고 감히 주장할 수 없었다. 그러나 (오히려) 그리스도인들은 감람나무의 풍성함을 함께 나누기 위해 자신들도 이스라엘이 하나님과 맺은 언약의 가지에 접붙임을 받았다고 보아야만 했다(롬11:17). 이것은 온전히 하나님의 은혜로 된 것이다.[311]

이 입장은 아서 글라서가 성경에 나타난 하나님의 선교 드라마를 풀어가는 대서사의 전제였다. 이 전제를 가지고 책을 읽어가는 독자에게는 혼돈스럽게 느껴지는 요소가 혼재되어 있는 것이다.

필자는 이 혼재의 원인을 선구자가 처할 수 있는 시대적인 한계로 이해한다. 중요한 것은 그 신학자가 가진 "신학적 방향성"[312]이다. 아직 새로

310　Sedaca, interview. "Why did he mention this? He is saying we have to realize, wake up! We must underscore(emphasize) that this is what the church is saying. The reality that the church is saying this, not that this is the reality of the Bible."
311　Glasser, 『성경에 나타난 하나님의 선교』, 23.
312　Hiebert, "Conversion, Culture and Cognitive Categories," 24-29. Hiebert, *Anthropological Reflections on Missiological Issues*. Chapter 6. "신학적 방향성"은 폴 히버트의

운 관점의 초기이기 때문에 개인적으로나 학계에서나 익숙한 개념들이 혼용되기도 한다.

하지만, 시간이 흐를수록 그 개념은 더욱 명확하게 구분되어 섞인 요소가 제거되고 새것만 오롯이 남게 된다. 중요한 것은 새것을 향하는 방향성이다. 아서 글라서의 선교 순례 여정[313]에서 이 새것(New Thing)을 향한 몸부림을 보았다. 그리고 새것을 발견한 자의 희열을 만났다.

1990년, 글라서가 명목적인 그리스도인이었던 어린 시절부터 76세 노년의 선교신학자가 될 때까지의 선교 인생사를 일목요연하게 정리한 순례 여정의 마지막 장이었다. 그는 다소 흥분되고 격정적인 느낌으로 자신이 성경에서 발견한 "가장 큰 보물"을 소개한다.

> 하지만, 성경적 진리에 관한 한 나의 **가장 큰 보물**에 주의를 환기시키지 않고는 이 글을 마무리할 수 없다. 가장 급진적인 학자를 포함한 모든 학자들은 우리가 **하나님 나라**에 대한 그분의 가르침을 숙고하고 그분의 지상 사역에서 그 구현을 추적할 때 우리가 **역사적 나사렛 예수**와 가장 가깝다는 데 동의한다. 몇 년 동안, 실제로 영적 순례의 대부분을 보내는 동안 하나님 나라는 나를 괴롭혔다.[314]

"Centered-set" 개념으로 이해할 수 있다. 선교학적 인류학자 폴 히버트는 인간이 물체나 사람을 범주화하는 두 가지 사고 방식을 경계집합(Bounded-set)과 중심집합(Centered-set)으로 구분했다. "경계집합"(bounded-set)은 명확한 경계를 가지며, 이 경계는 집합에 속하는 개체(in)와 그렇지 않은 개체(out)를 구분한다. 반면, "중심집합"(centered-set)은 잘 정의된 중심을 향해 움직이는 모든 객체의 집합을 의미하며, 방향에 기반한 위치를 가진다. 각 개체는 "중심"을 향해 움직이거나 "중심"에서 멀어지는 방향을 가진다.

313 Glasser, "My Pilgrimage in Mission," 112-15.
314 Glasser, "My Pilgrimage in Mission," 115. "But I must not close this review without calling attention to my greatest treasure insofar as biblical truth is concerned. All scholars, even the most radical, are agreed that we are closest to the historical Jesus of Nazareth when we ponder his teaching on the kingdom of God and trace its embodiment in his earthly ministry. For some years, indeed throughout most of my spiritual pilgrimage, the kingdom of God has bothered me." 강조는 필자에 의한 것임.

아직 초신자였을 때 나는 하나님 나라는 유대인의 종말론적 관점이며 그것이 나의 기독교적 관점에서는 지엽적인 것일 뿐이라는 교조적인 최종 결론을 들었다. 수년에 걸쳐 이 교조주의는 꾸준히 약화되었지만, 이 주제가 예수께서 말씀하시고 행하신 모든 것을 지배한다고 단언할 수 있었음에도 불구하고, 하나님 나라의 정확한 의미는 오랫동안 나에게서 멀어졌다. 불행하게도 선교 사역과 이후 행정 업무의 끊임없는 압박으로 인해 그 주제를 주의 깊게 연구할 시간이 거의 없었다.³¹⁵

주의 깊게 연구하기를 원했으나 업무의 압박과 시간의 부족으로 인해 더 연구할 수 없어서 아쉬워했던, 그 보물과도 같은 것은 "역사적 나사렛 예수"에 대한 이해, 즉 이스라엘 혈통으로 오신 예수의 유대성과 관련된 성경 주제였다. 그는 그것이 하나님 나라 이해와 연관되어 있음을 밝히고 있다.

한 해 전인 1989년 4월부터 글라서는 「월간 선교사」(*Missionary Monthly*)에서 1년 남짓의 기간 동안 총 10부에 걸쳐 이스라엘 관련 주제로 시리즈를 연재한다. 그 시리즈를 여는 1부에서 글라서는 다음의 질문을 던진다.

> 유대 민족을 생각할 때 어떤 생각이 떠오릅니까?
> '세계 기독교인'으로서 당신은 이스라엘 국가를 어떻게 생각합니까?³¹⁶

---

315 Glasser, "My Pilgrimage in Mission," 115. "When still a new Christian I was told with dogmatic finality that it was of Jewish eschatological relevance and should only be marginal to my Christian perspectives. Over the years this dogmatism has steadily eroded, but the precise meaning of the kingdom of God long managed to elude me – even though I could affirm that this theme dominated all that Jesus said and did. Unfortunately, the constant pressures of missionary ministry and later of administrative work gave little time for the sort of careful study such a subject warranted."

316 Glasser, "The Jewish People," 3.

그리고 그동안 자신이 이 주제를 연구하면서 느낀 소감을 나누며, 그것을 연구하고 공유하는 것이 여생의 사명이라고 밝힌다.

> 지난 3년 동안 나는 내가 진정으로 이 고대 민족과 그리고 젊지만 문제가 있는 그들의 나라를 충분히 고려하고 있는지 자문해 보아야 했다. 이것은 많은 연구와 고문서 읽기 그리고 새로운 책을 독파해 가는 일을 재촉했다. … 지금까지 배운 것을 가능한 한 널리 공유해야 한다고 생각한다. 나는 **새롭게 내 마음을 사로잡기 시작한** 현실을 혼자만 간직할 수 없다. 그것들은 매우 중요해 보인다.
> 나는 그것들이 **내 남은 인생 동안 나와 함께할 것**이라고 확신한다!³¹⁷

이런 소감을 나눈 후 1년 뒤에 선교 순례 여정을 기록하면서, 자신이 깨닫고 있는 이 보물과도 같은 주제에 대해서 더 깊이 연구하지 못함을 아쉬워한 것이다. 그런데 그 글의 끝에서 글라서는 그 보물과 관련된 "새 일"이 시작되었음을 알린다.

> 최근에 개인적으로 가장 흥분한 부분은 무엇인가?
> 풀러신학교에서 유대교 연구와 유대인 전도를 위한 2년제 석사 과정을 개설할 수 있도록 허락해 준 것이다. 1988년 여름에 이 프로그램에 입학한 첫 번째 유대인 학생 그룹은 최고 수준의 학생들이었고, 우리는 하나님께서 이 프로그램을 통해 우리와 우리를 통해 '**새로운 일**'을 하고 계시다는 확신을 갖게 되었다.³¹⁸

---

317 Glasser, "The Jewish People," 3. 강조는 필자에 의한 것임.
318 Glasser, "My Pilgrimage in Mission," 115. "What has been my most recent bit of personal excitement? Nothing less than the willingness of the powers at Fuller Seminary to allow us to launch a two-year M.A. program in Judaic studies and Jewish evangelism. The first group of Jewish students to enter the program in the summer of 1988 was top quality, so much so that we are convinced that God is doing a "new thing" for us and through us by

글라서가 이 흥분할 만한 주제를 찾아 새로운 일을 추진하기 전에 시도한 진지한 학문적 구도 과정을 보면, 이 주제와의 만남이 얼마나 반가웠을지 알 수 있다.

> 물론, 나는 풀러신학교의 조지 엘든 래드의 저서를 일찍 발견했다. 그의 글은 성경에 대한 나의 접근 방식에 코페르니쿠스적 혁명의 시작을 알렸다. 하지만, 독일 자유교회의 실패와 공산주의 혁명에 대비한 중국 교회의 준비 실패를 떠올렸을 때 그의 글은 나에게 큰 도움이 되지 못했다. 나는 정치화된 신학, 해방신학, 하나님 나라를 언급하는 우리 시대의 다른 신학적 이념에 나 자신을 노출시키려고 노력했지만, 그다지 도움이 되지 않았다.[319]

글라서 주변에서 그를 봐왔던 동료 교수들의 말을 참고하면 그가 신학적 방향성을 그렇게 설정한 것이 얼마나 큰 의미인지를 알 수 있다. 그는 자신의 신학적인 입장을 정확하게 규정하기 원했다.

딘 길릴랜드는 "글라서는 고전적 에큐메니컬이 되기에는 그 자신의 보수적 전통을 너무 존중했고, 반면 그가 고전적 보수주의자가 되기에는 그리스도의 몸의 거대함을 너무 존중했다"[320]고 평가했다. 길릴랜드는 이것이 글라서의 우유부단함을 의미하는 것이 아니라, 오히려 글라서의 선명한 자기 인식을 바탕으로 하고 있음을 설명한다.

---

means of this program." 강조는 필자에 의한 것임.

[319] Glasser, "My Pilgrimage in Mission," 114-15. "Of course, I had earlier discovered the writings of Fuller Seminary's George Eldon Ladd. They marked the beginning of a Copernican revolution in my approach to the Bible. Still, his writings didn't help me when I recalled the failure of the free churches in Germany and our failure to prepare the churches in China for the communist revolution. I sought to expose myself to politicized theology, to liberation theology and the other theological isms of our day, for they refer to the kingdom of God—but they didn't help very much."

[320] Engen, Gilliland and Pierson, *The Good News of the Kingdom*, 151. "Art is too respectful of his own conservative tradition to be a classic ecumenic; while he is too respectful of the largeness of the body of Christ to be a classic conservative."

글라서는 자신이 단순히 "보수주의자"라고 불리는 것을 선호하지 않았고, 스스로를 "복음주의자"로 묘사했다. 이는 "보수주의자"라는 용어가 "성서학에 대한 모호하고 반지성적인 접근 방식"과 밀접하게 연관되어 있다는 이미지에 대해서 선을 그은 것이다.

대신 그는 "자신의 종교적 권위의 근거는 성경이고, 예수가 말씀하신 모든 것은 교회의 규범이며, 중생이나 삶의 거룩함 그리고 세계 복음화에 대한 성경적 명령과 같은 사도적 강조에 헌신한다"는 점을 들어, 자신은 "복음주의자"라고 밝혔다.[321]

한편, 찰스 크래프트는 이어 글라서의 완벽주의적인 성격을 언급한다.

> 최근 길릴랜드와 박사 과정 학생인 션 레드포드가 함께 작업한 주요 공헌은 글라서의 대작인 *Announcing the Kingdom*(왕국의 선언: 성경에 나타난 하나님의 선교 이야기[Baker, 2003])를 출간하는 것이었다. 이 책은 글라서가 전공 과목인 선교신학에서 수년에 걸쳐 가르친 내용을 편집한 것이다. 글라서는 **완벽주의자**였기 때문에 이 책을 완성하는 데 어려움을 겪었다. 이 책을 출판할 수 있게 해준 밴 엥겐, 길릴랜드, 레드포드에게 큰 빚을 졌다.[322]

---

[321] Engen, Gilliland and Pierson, *The Good News of the Kingdom,* 151. "he describes himself as an evangelical for the following reasons: his ground of religious authority is the Bible; all that Jesus said is normative for the church; and he is committed to certain apostolic emphases such as the new birth, holiness of life and the biblical mandate to evangelize the world."

[322] Kraft, *SWM/SIS at Forty: A Participant/Observer's View of Our History*, 189. "A recent major contribution that he(Van Engen), Gilliland and a doctoral student, Shawn Redford, have made is to get into print Glasser's magnum opus Announcing the Kingdom: The Story of God's Mission in the Bible (Baker, 2003). This is an editing of the material Glasser taught over the years in his major course, The Theology of Mission. Glasser was such a perfectionist that he had difficulty bringing this book to completion. We are greatly indebted to Van Engen, Gilliland and Redford for getting this book into print." 강조는 필자에 의한 것임.

자신이 30년 동안 사용하면서 계속 수정해 왔을 원고를 책으로 선뜻 내놓을 수 없을 만큼 글라서는 철저한 사람이었다. 정경이라 일컫는 성경을 연구하여 선교학에 적용하는 무거운 사명을 감당하는 신학자였기에 더욱 그러했을 것이다.

그런 그가 성경적 선교신학의 핵심 주제로 이스라엘을 이해하고 그것을 보물이라고까지 표현했다는 것은 얼마나 큰 확신이 있었는지를 방증한다. 글라서 주변에서 그의 학문적인 철저함을 지켜본 풀러신학교 총장과 동료 교수들이었기에 그가 "유대학과 유대인 전도" 석사 과정을 개설하겠다는 제안을 했을 때 기꺼이 동의할 수 있었을 것이다.

유대학 석사 과정을 개설한 1988년부터 사망하기 1년 전인 2008년까지 그가 저널에 발표한 글들의 대부분은 이스라엘과 관련된 주제였다.[323] 그는 이스라엘과 교회의 관계, 유대인과 이방인의 관계, 하나님 나라 완성과 이스라엘 회복의 연관성을 계속해서 천착했음을 추척할 수 있다. 글라서 자신이 예견한 대로 이스라엘이라는 주제는 그의 여생의 사명이 되었다.

> 저는 저의 이해가 부분적이며 제가 엿본 진리가 완벽하지도 완전하지도 않다는 생생한 인상을 남기며 이 연구를 마무리한다(고전 13:9, 12). 때로는 상충되는 것처럼 보이는 진리를 보고 그 사이의 연관성을 완전히 이해하지 못하는 역설에 직면하기도 했다. 그러나 저는 이 글이 성경의 정경에 담긴 하나님의 말씀을 들으려는 정직하고 진지한 노력의 인상을 전달할 수 있다고 믿는다.[324]

---

[323] 저널들에 나타난 이스라엘 회복 관점에 대한 분석은 제6장에서 설명한다.

[324] Glasser, *Kingdom and Mission*, 350. "I conclude this study with the vivid impression that my understanding has been partial and that my glimpses of truth are neither perfect nor complete (1 Cor 13:9,12). On occasion this has involved my confrontation with paradox, seeing truths that have appeared to conflict and not being able to understand fully the connections between them. But I trust that what has been written conveys the impressions

『성경에 나타난 하나님의 선교』(Announcing the Kingdom)와 그것의 원본이라 할 수 있는 그의 교재 『하나님 나라와 선교』(Kingdom and Mission)의 맨 마지막에 남긴 저자의 변(辨)이다. 완벽주의자라고 평가 받던 노학자의 철저한 학문성이 빚어낸 겸허함이 배어 있는 말이다. 생애와 저술을 통해, 선교와 학문을 통해 하나님을 알아가기 원했던 정직함과 진지함이 느껴진다.

글라서는 시기적으로 한 세대를 앞서 살아간 신학자였다. 자신의 시대를 진지하게 살아갔던 그였기에 대부분의 신학자가 아직 대체주의 관점에 젖어 있을 그때, 그는 이스라엘 회복 관점의 "새것"을 추구할 수 있었다. 계시의 점진성을 고려할 때, 그 당시 역사적 상황 안에 표출된 이스라엘 회복 관점의 선명성은 오늘에 비해 흐릴 수 있다.

그러나 그가 살아간 시대적 한계에도 불구하고 대체신학적인 관점을 넘어 이스라엘 회복 관점으로 성경을 해석하려 했던 그의 신학적 방향성은 선명하다. 그 방향의 중심은 회복된 이스라엘과 구원 받은 이방인이 예수 안에서 하나된 하나님 나라의 완성이다.

글라서는 그 중심을 향해 한 발짝 더 다가가는 학문 활동을 수행한 이스라엘 회복 관점의 신학자라고 규정해도 부족함이 없는 선구자였다.

6. 요약

본 장에서는 아서 글라서의 선교학적 해석학의 특징을 고찰하였다. 먼저 선교학적 해석학의 요소와 개념을 정리하고 의의와 중요성을 기술하였다. 선교학적 해석학의 발전 과정을 개괄하였다.

---

of an honest and sincere effort to listen to the Word of God in the canonical text of Holy Scripture."

선교적 성경 해석의 특징을 "성경을 관통하는 대서사로서의 선교, 신구약 연속성의 매개로서의 선교, 이스라엘 회복의 근거로서의 선교"로 나눠 정리하였다.

그 기준에 견주어 아서 글라서의 선교적 성경 해석의 특징을, "성경을 관통하는 하나님 나라 패러다임, 신구약 연속성의 매개인 하나님의 선교, 이스라엘 회복 관점을 지향한 선교학적 해석학" 등 세 가지로 정리하였다.

아서 글라서는 구약성경과 신약성경을 관통하고 있는 선교적 해석학에서 이스라엘의 존재와 위치가 얼마나 중요한지를 인식하고 그 방향을 추구했다는 점에서 동시대의 평균적인 이해를 넘어서는 차별성이 있다. 그래서 아서 글라서의 선교학적 해석학을 "이스라엘 회복 관점"이라고 명명한다.

그가 추구한 신학적 방향성인 이스라엘 회복 관점의 선교학적 해석학의 의미와 요소들 그리고 그 특징들을 기술하였다. 이스라엘 회복 관점의 선교학적 해석학의 다섯 가지 요소는 이스라엘과 "하나님, 언약, 교회, 구원, 미래"의 관계로 제시하였다. 그 요소들에 비추어 아서 글라서가 표현한 이스라엘 회복 관점의 사례를 정리하였다.

제5장에서는 글라서의 저서 『성경에 나타난 하나님의 선교』에 반영된 그의 선교학적 성경해석학의 특징을 분석 기술할 것이다.

제5장

『성경에 나타난 하나님의 선교』의 선교학적 해석학

아서 글라서의 대표작인 『성경에 나타난 하나님의 선교』(Announcing the Kingdom)는 전체 6부 23장으로 구성되어 있다. 전체 본문의 내용은 창세기에서부터 요한계시록까지 총망라한다.

제1부 '선교하시는 하나님'은 창세기를, 제2부 '이스라엘을 통한 선교'는 출애굽기부터 이스라엘 왕조사까지, 제3부 '열방 중에 나타난 하나님의 선교'는 이스라엘의 심판과 바벨론 포로기의 선교를 다룬다. 제4부 '예수 그리스도를 통한 하나님의 선교'는 복음서에 나타난 선교를 다루고, 제5부 '교회를 통해 성령 안에서 이루어지는 하나님의 선교'는 사도행전의 오순절부터 바울서신까지를 다룬다. 제6부 '역사의 종말까지 계속되는 하나님의 선교'는 하나님 통치가 완성되는 요한계시록을 다룬다.

그가 성경 66권 전체를 통합하는 키워드는 하나님 나라다. 하나님이 통치하시는 나라에서 하나님이 하시는 일은 선교다. 하나님은 선교하는 분이시다. 선교는 하나님의 본성으로부터 흘러나온다.

그래서 하나님의 존재가 드러나는 창세기부터 요한계시록까지 성경의 모든 이야기는 선교의 대하드라마다. 그런 의미에서 『성경에 나타난 하나님의 선교』는 과연 "선교적 성경해석학"의 교본이라고 할 만하다.

아서 글라서는 정경을 세 부분으로 나눈다.

첫 번째 부분은 "보편적 역사"(universal history)로 시작한다.
두 번째 부분은 "특수한 역사"(particular history)로 전개된다.
세 번째 부분은 다시 "보편적 역사"(universal history)로 되돌아간다.

첫째와 셋째가 모두 보편적 역사지만, 둘 사이에는 분명한 차이가 있다. 그래서 본서는 셋째를 "보편적 새역사"로 재명명함으로써, 첫째 "보편적 역사"와 구분하여 설명한다.

정경의 세 구분을 한 눈으로 볼 수 있도록 도식화하면 <표 6>과 같다. 보편적 역사는 하늘색으로, 특수한 역사는 보라색으로, 보편적 새역사는 파란색으로 구분한다.[1]

<표 6> 정경의 세 구분[2]

정경의 세 구분			
첫 번째 부분	창1~11장	보편적 역사 (universal history)	창조부터 바벨탑까지 초기 역사
두 번째 부분	창12장~행1장	특수한 역사 (particular history)	창12장부터의 성경적 내러티브
세 번째 부분	행2장~계22장	보편적 새역사 (universal newhistory)	오순절 성령강림부터 계시록까지

---

[1] "보편적 역사, 특수한 역사, 보편적 새역사"를 도식화할 때, 각각을 다른 색깔로 표시한다. 보편적 역사는 하늘색, 특수한 역사는 보라색, 보편적 새역사는 파란색으로 구분한다. 보편적 새역사의 색깔이 가장 진한 것은 보편적 역사와 특수한 역사가 합쳐져 있음을 의미한다. 즉, 이스라엘 개념이 없을 때의 온 인류와 이스라엘 중심의 역사가 합쳐져, 이스라엘과 열방이 그리스도 예수 안에서 하나되어 있음을 가장 진한 색으로 표현한다.

[2] Glasser, 『성경에 나타난 하나님의 선교』, 40-41. 정경의 세 구분을 한 눈으로 보여주는 타임라인 도표다.

정경의 세 구분을 각 역사에서 하나님이 주로 상대하시는 대상을 중심으로 정리하면 <표 7>과 같다.

보편적 역사에서 하나님이 상대하시는 대상은 이스라엘이라는 개념이 없을 때의 온 인류다. 특수한 역사에서는 하나님이 주로 이스라엘과 관계하는 방식으로 자신을 드러내신다. 보편적 새역사에서는 하나님이 상대하시는 대상이 온 인류로 확장되나, 이때는 이스라엘이 존재하며 그리스도 안에서 이스라엘과 열방이 <한새사람>을 이룬 새 인류가 된다.

<표 7> 정경의 세 역사 특징[3]

정경의 세 구분			
보편적 역사 (universal history)	창1~11장	창조부터 바벨탑까지 초기 역사	인류 (이스라엘 개념 없음)
특수한 역사 (particular history)	창12장~행1장	창12장부터의 성경적 내러티브	이스라엘 중심
보편적 새역사 (universal newhistory)	행2장~계22장	오순절 성령강림부터 계시록까지	새 인류 (이스라엘 + 열방)

이 표에서 구체적인 내용을 제외하고 정경의 세 구분만 표시하면 <그림 40>과 같다. 보편적 역사에서 특수한 역사로 넘어갈 때 아브라함을 표기하고, 특수한 역사 끝자락에 십자가를 표기함으로써, 단계별 의미가 더욱 드러나게 되었다.

<그림 40> 보편적 역사-특수한 역사-보편적 새역사 [4]

---

3 "보편적 역사, 특수한 역사, 보편적 새역사"의 특징을 간단히 정리한 도표다.
4 "보편적 역사-특수한 역사-보편적 새역사"를 한눈에 볼 수 있도록 필자가 초안을 도

정경의 이 세 구분은 하나님의 구속을 바라보는 보편주의와 특수주의 개념과 연관된다. 아프리카 교회 역사 연구[5]로 잘 알려진 벵트 G. M. 선드클러(Bengt Gustav Malcom Sundkler, 1909-1995)[6]는 *The World of Mission*[7]에서 보편주의와 특수주의 사이에 긴장이 있음을 주목한다. 그는 선교 계명의 위치를 이해하려면 이 긴장의 존재를 인정해야 한다고 지적한다.

> 사실, 복음의 맥락에서 '선교 계명'의 위치를 이해하려면 이러한 긴장의 존재를 인정해야 한다. 한편으로 예수는 자신의 백성에게 집중하는 특수주의자로, 다른 한편으로는 전 세계를 통치하는 왕인 보편주의자로 여겨진다. 마태복음에는 이러한 긴장이 존재하는 것 같다. 마태복음 28장 19절에는 "너희는 가서 모든 족속으로 제자를 삼으라"는 명령이 있고, 마태복음 10장 5절에는 "이방인 가운데 아무데도 가지 말고 사마리아인의 마을에도 들어가지 말라"는 명백히 제한된 명령이 있다.
> 이 명백한 모순을 어떻게 이해해야 할 것인가?[8]

식화했는데, 정용암 교수가 그 아이디어를 잘 담아낸 본 도표를 완성했다.

[5] Bengt Gustav Malcom Sundkler, *Bantu Prophets in South Africa* (Routledge, 1945). Bengt Gustav Malcom Sundkler and Christopher Steed, *A History of the Church in Africa*, vol. 74 (Cambridge University Press, 2000).

[6] 벵트 G. M. 선드클러(Bengt Gustav Malcom Sundkler, 1909-1995)는 스웨덴-탄자니아의 교회 역사가, 선교학자, 교수이자 부코바(Bukoba)의 주교였다. 대표작으로는 『남아프리카의 반투 예언자』(1945), 『아프리카 교회의 역사』(2000)가 있다. Eric J. Sharpe, "The Legacy of Bengt Sundkler," *International Bulletin of Missionary Research* 25, no. 2 (2001).

[7] Bengt Gustav Malcom Sundkler, *The World of Mission* (London: Lutterworth Press, 1965). https://archive.org/details/worldofmission0000beng.

[8] Sundkler, *The World of Mission*, 22. "Indeed, the existence of this tension must be recognized, if we would understand the place of the "missionary commandment" in the context of the Gospel. On the one hand Jesus is seen as a particularist, concentrating on His own people; on the other, as consciously universalist, a King whose rule extends over the whole world. This tension seems to be present in Matthew. We have Matt. 28:19, with its command to "Go and make disciples of all nations,' and we have the clearly limited instruction to "Go nowhere among the Gentiles and enter no town of the Samaritans,"(Matt. 10:5). How are we to understand this apparent contradiction?"

특수주의와 보편주의 사이의 긴장은 선교의 원심적 보편주의와 구심적 보편주의의 개념과도 연결된다.

> 보편주의는 원심적일 수도 있고 구심적일 수도 있는데, 원심적 보편주의는 국경을 넘어 멀리 있는 사람들에게 소식을 전하는 메신저에 의해 실현될 수 있고, 구심적 보편주의는 자기력에 의해 멀리 있는 사람들을 중심에 서 있는 장소나 사람으로 끌어당기는 것이다. 구약성경에서 성전은 구심력 운동의 중심이다. 이방인들은 세상의 중심인 시온, 거룩한 산으로 와야 한다.[9]

하나님의 구속과 선교의 특징을 설명할 수 있는 특수주의와 보편주의 사이의 긴장과 역학이 글라서가 제시한 정경의 구분에 녹아 있다.

『성경에 나타난 하나님의 선교』(Announcing the Kingdom)에 담은 글라서의 선교학적 해석학이 그의 저서에 어떻게 용해되어 있는지를 파악하는 것은 방대한 작업이다. 구약 창세기에서 신약 요한계시록까지 성경 66권 전체를 망라하는 역작이기 때문이다. 이 방대한 작업을 단순화할 수 있는 틀로, 아서 글라서 자신이 밝힌 정경의 세 구분을 사용한다. "보편적 역사 → 특수한 역사 → 보편적 새역사"[10] 순으로 선교학적 해석학의 실제를 확인한다.

---

[9] Sundkler, *The World of Mission*, 15. "For universalism can be either centrifugal or centripetal— centrifugal universalism actualized by a messenger, who crosses frontiers and passes on his news to those who are afar off; centripetal by a magnetic force, drawing distant peoples in, to the place or the person who stands at the centre. In the Old Testament, the temple is the centre of centripetal movement: the Gentiles must come to Zion, to the holy mountain at the centre of the world."

[10] "보편적 새역사"라는 것은 특수한 역사를 거치고 난 다음에 나타나는 두 번째 보편적 역사를 의미한다. 아서 글라서는 이 두 번째의 것도 "보편적 역사"라고 표현했다. 그러나 본서에서는 첫 번째 "보편적 역사"와 구분하기 위해서 "보편적 새역사"로 수정하여 명명하기로 한다.

1. "보편적 역사"에 나타난 하나님의 선교

아서 글라서가 정경 66권을 세 부분으로 나눈 것에 비춰 책의 구성을 살펴보는 것은 흥미로운 작업이다. 『성경에 나타난 하나님의 선교』의 각 부와 정경의 구분을 한 눈으로 일별할 수 있는 표를 제시하면 다음과 같다.

<표 8> 『성경에 나타난 하나님의 선교』 각 부와 정경의 세 구분[11]

1부	2부	3부	4부	5부	6부
보편적 역사	특수한 역사			보편적 새역사	
창1~11장	창12장~행1장			행2장~계22장	
인류	이스라엘 중심			새 인류(이스라엘+열방)	

좀 더 구체화하여, 『성경에 나타난 하나님의 선교』 장별 제목과 정경의 세 구분을 통합적으로 제시하면 다음 <표 9>와 같다. 표에서 맨 오른쪽 칼럼을 보면 정경의 세 구분이 표시되어 있다.

첫째, "보편적 역사"(universal history)로, 창세기 1장에서 11장까지 등장하는 창조부터 바벨탑 심판까지를 포함하는 부분이다.[12]
둘째, "특수한 역사"(particular history)로, 창세기 12장부터 사도행전 1장까지 이어지는 성경적 내러티브를 담고 있는 부분이다.[13]
셋째, "보편적 새역사"로, 사도행전 2장의 오순절 성령 강림 때부터 성경의 마지막에 나오는 '새 하늘과 새 땅'까지 계속되는 부분이다.[14]

---

11 Glasser, 『성경에 나타난 하나님의 선교』, 40-41. 6부로 구성되어 있는 『성경에 나타난 하나님의 선교』 각 부와 정경의 세 구분을 한 눈으로 볼 수 있는 표다. 1부는 하늘색과 보라색이 섞여 있다. 제1부를 구성하는 네 장 중, 3장까지는 보편적 역사에, 4장은 특수한 역사에 속하기 때문이다.
12 Glasser, 『성경에 나타난 하나님의 선교』, 40.
13 Glasser, 『성경에 나타난 하나님의 선교』, 40.
14 Glasser, 『성경에 나타난 하나님의 선교』, 41.

<표 9> 『성경에 나타난 하나님의 선교』 장별 제목과 정경의 세 구분[15]

구분	각 부의 제목	각 장의 제목	정경 구분
구약 성경 (1-3부)	1부 선교하시는 하나님	1. 성경은 전체가 선교적인 책이다	보편적 역사 창1~11장
		2. 세상을 창조하신 하나님, 반역하는 인간	
		3. 하나님의 심판 : 홍수와 바벨탑	
	2부 이스라엘을 통한 하나님의 선교	4. 민족들에게 복의 근원이 되라고 족장을 부르시는 하나님	특수한 역사 창12장 ~행1장
		5. 애굽을 통치하시는 하나님이 자신의 백성과 맺은 언약	
		6. 하나님께 속한 백성을 통해 나라를 세우신 하나님	
		7. 하나님의 통치에 도전하는 이스라엘 왕들	
	3부 열방 중에 나타난 하나님의 선교	8. 이스라엘을 민족들 가운데 유배자로 보내시는 하나님	
		9. 메시아의 오심을 위해 무대를 준비하시는 하나님	
		10. 유대인 디아스포라를 통해 일하는 하나님	
신약 성경 (4-6부)	4부 예수 그리스도를 통한 하나님의 선교	11. 하나님 나라의 새 시대를 여신 예수님	보편적 새역사 행2장~ 계22장
		12. 하나님 나라를 보여주시는 예수님의 사역	
		13. 민족들 가운데 하나님 나라를 선포하시는 예수님	
		14. 하나님 나라의 선교를 선포하시는 예수님	
		15. 하나님 나라의 도래를 예견하시는 예수님	
	5부 교회와 성령을 통한 하나님의 선교	16. 선교하는 교회의 새 시대를 여신 성령님	
		17. 하나님 나라를 선포하는 예루살렘 교회	
		18. 예수님 안에서 하나님 나라의 복음을 선포하는 바울	
		19. 그리스도의 선교를 구현하는 사도 시대의 교회	
		20. 하나님의 현재적 통치: '이미'와 '아직'	
	6부 종말적 순간까지 확장되는 하나님의 선교	21. 세상 권세들을 이기고 확장되는 하나님 나라	
		22. 구원하는 유일한 이름: 주 예수 그리스도	
		23. 모든 성경은 하나님의 통치를 선포한다	

15 Glasser, 『성경에 나타난 하나님의 선교』, 40-41. 『성경에 나타난 하나님의 선교』는 전체 6부 23장으로 구성되어 있다. 각 부와 장의 제목은 제시된 표의 내용과 같다.

이 표를 앞에서 살펴본 "모든 족속을 사랑하시는 하나님 나라 선교학"[16] <그림 38>과 합하면 <그림 41>과 같이 좀 더 통합적인 도식화가 가능하다.

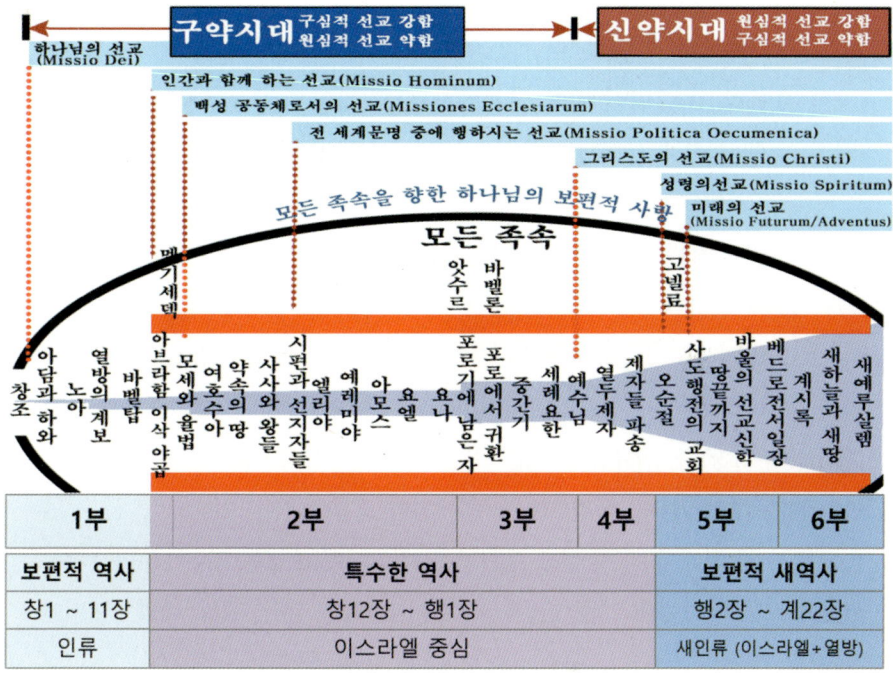

<그림 41> 『성경에 나타난 하나님의 선교』 해석학적 렌즈[17]

이 통합적인 <그림 41>은 앞으로 보편적 역사-특수한 역사-보편적 새역사를 다룰 때마다 각각의 역사가 성경 전체에서 어떤 위치를 차지하고 있는지를 파악하기 위해 사용될 것이다.

---

16 Chung, 『(도널드 맥가브란의) 개종신학』, 171.
17 Chung, 『(도널드 맥가브란의) 개종신학』, 171. 글라서의 도표를 한국어로 번역한 정용암의 원 도표(모든 족속을 사랑하시는 하나님 나라 선교학)에 『성경에 나타난 하나님의 선교』의 제1부에서 제6부까지의 타임라인과 보편적 역사-특수한 역사-보편적 새역사 개념을 보여주는 타임라인을 필자가 추가하여 도표화했다.

지금부터 이 통합적인 그림의 이름을 "『성경에 나타난 하나님의 선교』 해석학적 렌즈"라고 명명하고, "해석학적 렌즈"라 부르기도 한다.

이 중 본 장에서 살펴볼 것은 첫 번째 "보편적 역사"라고 불리는 초기 인류 역사다. 글라서는 "초기 인류 역사는 오늘 우리가 가진 역사적 관점만으로는 해석할 수 없다"며, "초기 역사를 하나님이 자신을 계시하는 것"으로 보았다. 하나님이 친히 계시하신 당신 자신은 선교하시는 하나님이시다. 그래서 이 부분의 선교를 '하나님의 선교'라 칭할 수 있다.

1) 보편적 역사의 위치와 의의

"보편적 역사"(universal history)는 정경의 첫 번째 부분으로, 창조부터 바벨탑 심판까지를 말한다. 아브라함 이전까지의 창세기를 다루고 있는 초기 인류 역사(창1-11장)다. 인류는 바벨탑 사건 이후 온 땅으로 흩어졌다. 이 기간 동안 인류는 창조, 타락, 심판 그리고 흩어짐을 경험했다.

글라서의 책에서 이 첫 번째 보편적 역사를 다루고 있는 것은 1부다. 1부는 4장으로 되어 있는데, 그중 2장과 3장에서 창세기, 타락, 심판, 바벨탑까지를 다루고 있다.[18]

"보편적 역사"(universal history)를 주로 다루고 있는 제1부의 제목은 '선교하시는 하나님'이다. 제2장에서는 세상을 창조하신 하나님과 그의 뜻에 반역하는 인간을, 제3장에서는 하나님의 홍수 심판과 바벨탑 사건을 다루고 있다. 그 위치를 "『성경에 나타난 하나님의 선교』 해석학적 렌즈"에서 확인하면 <그림 42>의 초록색 사각형 부분과 같다.

---

18 제1부의 4장은 창세기 내용 중에서도 아브라함을 비롯한 이스라엘 족장들의 이야기가 이어지기 때문에 특수한 역사로 분류된다.

제5장 『성경에 나타난 하나님의 선교』의 선교학적 해석학   283

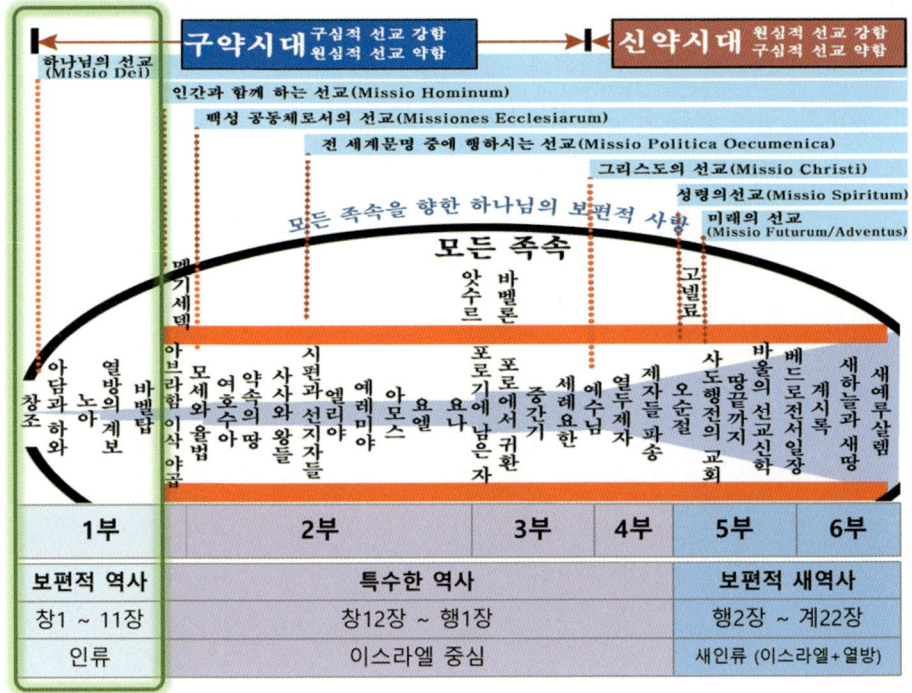

<그림 42> 해석학적 렌즈 - 보편적 역사[19]

2) 보편적 역사에 나타난 하나님의 선교

"태초의 시공간에 일어난 최초의 사건은 창조 사건이다. 하나님은 창조를 통해 자신을 계시하기 시작하셨다."[20] 그리고 하나님은 당신의 말씀으로 세상을 창조하셨다. 아서 글라서는 창조의 신비도 "그리스도를 통해 풀린다"고 본다. "말씀이 육신이 되신 예수 그리스도 오직 그분을 통해서 우리는 하나님의 창조의 신비와 궁극적 의미와 목표를 이해할 수 있다."[21]

---

19 "『성경에 나타난 하나님의 선교』의 해석학적 렌즈"에서 "보편적 역사" 부분을 초록색 사각형으로 표시했다.
20 Glasser, 『성경에 나타난 하나님의 선교』, 44.
21 Glasser, 『성경에 나타난 하나님의 선교』, 45. [요 1:1-18]; [골1:15-20]; [히 1:1-4]; de

창조 후 벌어진 인간의 타락은 예수 그리스도를 통한 하나님 나라 완성을 향한 갈망을 불러 일으킨다. 글라서는 "여자의 후손이 뱀의 후손과 충돌하되, 결국 승리하게 된다는 주제는 그리스도가 이 최종 승리에 관한 약속을 성취하신다"고 선언한다. "삼일 만에 육체로 부활하심으로 모든 악을 정복하신 능력을 보여주셨다. 부활은 구속사에 일어난 사건 가운데 가장 위대한 사건"[22]이라 언급하며, 창세기에서 이미 종말에 완성될 하나님 나라를 바라보았다.

"역사 속으로 죄와 반역이 들어와 인간의 역사가 어둡게"[23]된 그 순간에도 가죽옷을 지어 입혀 주시는 하나님의 은혜로 인해, "모든 민족을 향한 하나님의 구속적 계획이 시작되는 기초 작업이 이루어지는 것을 보게 된다"[24]고 했다. 하나님께서 친히 이루시는 하나님 선교의 기초가 놓인 것이다.

아래 표가 전체적으로 파란색 계통으로 이어짐을 주목해야 한다. 보편적 역사에서 놓인 하나님의 선교의 기초는 특수한 역사를 통과하여 다시 보편적 새역사에까지 연결되는 하나님의 선교다.

<그림 43> 하나님의 선교의 시작, 보편적 역사[25]

Dietrich 1960:27.
22 Glasser, 『성경에 나타난 하나님의 선교』, 63. Glasser et al., *Announcing the Kingdom*, 42.
23 Glasser, 『성경에 나타난 하나님의 선교』, 63. Glasser et al., *Announcing the Kingdom*, 43.
24 Glasser, 『성경에 나타난 하나님의 선교』, 67. Glasser et al., *Announcing the Kingdom*, 45. "we find the groundwork being laid for the beginning of God's redemptive plan for all nations."
25 이 도표의 색감이 전체적으로 파란색 계통으로 이어지고 있음을 유념할 필요가 있다. 각각의 역사는 독립된 가치를 지니지만, 결코 분리된 것이 아니라 연결되어 있음을 뜻한다.

글라서는 노아 홍수 이후 흩어진 열방의 목록을 통해 "하나님의 보편적인 관심이 확실하게 드러났다"고 결론짓는다. 한편, 하나님 선교의 대상이 되는 온 인류가 유대인과 이방인으로 구성됨을 셈과 야벳의 관계를 통해 시사한다.

구약은 "야벳 족속들이 어떻게 해서 셈의 장막에 살게 되었는지에 대해 침묵"하는 반면, 신약은 "유대인들에게 먼저 주어졌던 복음을 통하여 거대한 이방인의 무리가 예수께 모여들 것을 반복해서 예언하고 있다"(마 8:11; 롬 1:16; 엡 3:6; 계 5:9-10)라고 하면서 유대인과 이방인의 관계를 주지시킨다.[26]

2. "특수한 역사"에 나타난 그리스도의 선교

"하나님 계시의 새로운 출발이 창세기 12장과 더불어 시작"된다.[27] 정경의 세 구분 중 두 번째 부분인 "특수한 역사"(particular history)가 열린다. 이스라엘의 조상인 아브라함을 부르는 창세기 12장에서부터 시작하여, 예수 그리스도의 사역 시기를 포함하고,[28] 사도행전 1장까지 이어지는 성경적 내러티브다.

---

26 Glasser, 『성경에 나타난 하나님의 선교』, 75.
27 Kaiser Jr., 『구약성경신학』, 117.
28 "특수한 역사"(particular history)는 이스라엘의 조상인 아브라함을 부르는 창세기 12장에서부터 시작하여, 아브라함의 후손으로 오신 예수 그리스도의 사역까지를 다 포함하고 있다는 이 전제를 주목하면서 본 장을 읽어 나갈 때 특수한 역사의 의미가 온전히 전해질 것이다.

1) 특수한 역사의 위치와 의의

글라서는 보편적 역사에서 특수한 역사로 옮겨가는 것의 의미를 이렇게 표현했다.

> 이제 우리의 탐구는 아브라함의 이야기로 옮겨 간다. 아브라함의 이야기를 통해 우리는 많은 핵심 주제들을 발전시켜 나가게 될 것이다. 창세기 1-11장에서 미숙하게 배태(胚胎)된 주제들을 더욱더 발전시켜 나갈 것이다. 이제 하나님의 선교는 새로운 모습으로 변화한다. 모든 인류를 직접 다루시던 직접 선교에서 땅의 모든 가족들을 위해 하나의 대가족을 도구로 사용하시는 하나님의 선교로 변모한다.[29]

마지막 문장 "땅의 모든 가족을 위해 하나의 대가족을 도구로 사용하시는 하나님의 선교로 변모한다"에서 '도구'라는 표현을 주목한다. "모든 족속을 사랑하시는 하나님 나라 선교학" 도표에서 두 번째로 제시한 선교 용어가 "인간과 함께 하는 선교"(미시오 호미눔, Missio Hominum)다. 하나님이 인간을 통해 하나님의 선교를 행하신다는 것이다.

하나님께서 친히 행하시는 하나님의 선교에 인간이 도구(Human Instrumentality)로 쓰임 받게 되었다. 처음에는 아브라함이라는 한 개인이, 그 다음은 이스라엘이라는 한 민족이, 궁극적으로는 아브라함의 후손으로 이 땅에 내려오신 예수 그리스도가 하나님의 선교의 도구로 쓰임 받는다. 그것이 특수한 역사의 대서사다.

---

[29] Glasser, 『성경에 나타난 하나님의 선교』, 84.

제5장 『성경에 나타난 하나님의 선교』의 선교학적 해석학 287

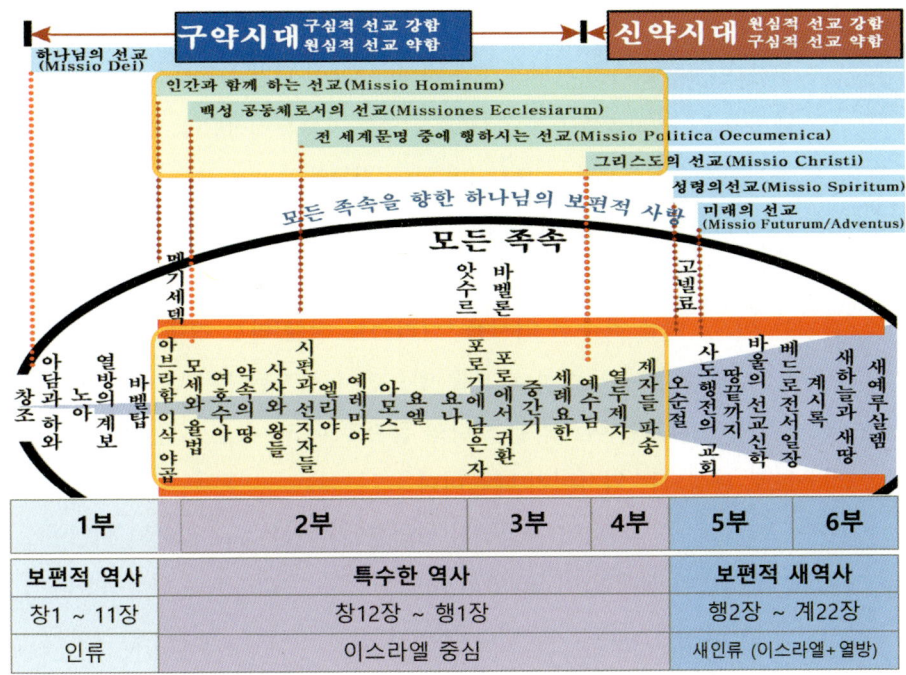

<그림 44> 특수한 역사의 범위[30]

이 기간 동안, 애굽의 속박에서 해방됨으로 시작된 이스라엘은 강력한 군주 정치 국가로 변모해 갔다. 이 시기 이후 이스라엘은 두 개의 왕국으로 비극적인 분열을 경험한다. 큰 나라였던 이스라엘은 영적 타락으로 인해, 하나님의 심판을 받고 앗수르에 의해 패망하고 만다. 이스라엘 백성들은 민족들 가운데 흩어졌다. 작은 나라였던 유다도 하나님으로부터 멀어져 갔으며 이스라엘처럼 하나님의 심판을 받았다. 하나님이 바벨론 사람들을 심판의 도구로 사용하신 것이었다. 전쟁에서 살아남은 유다 백성들은 바벨론 포로로 잡혀 갔다. 그 후 70년이 지나서야, 그들 중 일부만 황폐한 고향 땅으로 돌아올 수 있었다. 구약은 이스라엘의 역사적 경험들을 간략하게 정리하고 있

---

[30] 노란색으로 표시해 놓은 것과 같이, 특수한 역사는 "인간과 함께 하는 선교"(미시오 호미눔, Missio Hominum)에서 시작하여 "그리스도의 선교"(미시오 크리스티, Missio Christi)까지 이어진다.

다. 특별히 하나님은 포로기 이후에 선지자들을 통해서 이스라엘에게 말씀하셨다. 그리고 나서 신구약 중간 시대인 300여 년간 침묵하신다. 그리고 메시아가 이스라엘에 오심으로부터 신약의 역사가 시작된다. 메시아에 대한 내용은 사복음서에 잘 묘사되어 있다. 정경의 두 번째 부분은 예수의 구속적 죽음, 장사 지냄, 부활 그리고 승천으로 마무리된다.[31]

필자는 이 두 번째 특수한 역사를 '그리스도 선교'라고 명명한다. 구약에서 이스라엘 백성과 특별한 관계를 맺으면서 시작된 특수한 역사지만, 결국 그 특별한 관계인 이스라엘 사람의 몸으로 이 땅에 오신 유대인 예수 그리스도로 완성되는 역사이기 때문이다.

예수 그리스도는 하나님이 완성하기 원하셨던 회복된 이스라엘의 모델이다. 선교적 사명에 실패한 이스라엘의 사명을 예수 그리스도가 완성하셨다. 예수 그리스도는 이스라엘의 운명을 대신한 것이 아니라, 그들의 연약함을 대신 지고 부활로 그들의 사명을 회복하셨다. 실패한 이스라엘을, 그 이스라엘의 씨요, 뿌리요, 가지가 되신 예수 그리스도 안에서 친히 온전케 하셨다.

예수 그리스도가 소멸되지 않는 한 이스라엘도 소멸되지 않는다. 예수 그리스도는 새 하늘 새 땅에서도 어린양으로서 이스라엘과 함께 영원히 존재할 것이다. 이것이 아브라함으로부터 시작되는 이스라엘을 중심적으로 다루는 특수한 역사에서 예수 그리스도에게 집중해야 하는 이유다.

> 하나님은 아브라함에게 언약을 주셨고, 그를 통해 모든 인류에게 언약을 주셨다. 그 언약은 이스라엘의 역사 안에서 영원히 성취되었고 또 성취되고 있다. 그것은 결국 예수 그리스도 안에서 완전히 성취되었는데, 그는 이스라엘 역사에서 핵심적인 존재가 되신다.[32]

---

31 Glasser, 『성경에 나타난 하나님의 선교』, 40-41.
32 Willis Judson Beecher, *The Prophets and the Promise* (New York: Thomas Y. Crowell & Company, 1905), 199. https://archive.org/details/cu31924029304494. "God gave a

<표 10> 『성경에 나타난 하나님의 선교』의 특수한 역사[33]

구분	각 부의 제목	각 장의 제목	정경 구분
구약 성경	1부 선교하시는 하나님	4. 민족들에게 복의 근원이 되라고 족장을 부르시는 하나님	특수한 역사 창12장 ~행1장
구약 성경	2부 이스라엘을 통한 하나님의 선교	5. 애굽을 통치하시는 하나님이 자신의 백성과 맺은 언약	특수한 역사 창12장 ~행1장
구약 성경	2부 이스라엘을 통한 하나님의 선교	6. 하나님께 속한 백성을 통해 나라를 세우신 하나님	특수한 역사 창12장 ~행1장
구약 성경	2부 이스라엘을 통한 하나님의 선교	7. 하나님의 통치에 도전하는 이스라엘 왕들	특수한 역사 창12장 ~행1장
구약 성경	3부 열방 중에 나타난 하나님의 선교	8. 이스라엘을 민족들 가운데 유배자로 보내시는 하나님	특수한 역사 창12장 ~행1장
구약 성경	3부 열방 중에 나타난 하나님의 선교	9. 메시아의 오심을 위해 무대를 준비하시는 하나님	특수한 역사 창12장 ~행1장
구약 성경	3부 열방 중에 나타난 하나님의 선교	10. 유대인 디아스포라를 통해 일하는 하나님	특수한 역사 창12장 ~행1장
신약 성경	4부 예수 그리스도를 통한 하나님의 선교	11. 하나님 나라의 새 시대를 여신 예수님	
신약 성경	4부 예수 그리스도를 통한 하나님의 선교	12. 하나님 나라를 보여주시는 예수님의 사역	
신약 성경	4부 예수 그리스도를 통한 하나님의 선교	13. 민족들 가운데 하나님 나라를 선포하시는 예수님	
신약 성경	4부 예수 그리스도를 통한 하나님의 선교	14. 하나님 나라의 선교를 선포하시는 예수님	
신약 성경	4부 예수 그리스도를 통한 하나님의 선교	15. 하나님 나라의 도래를 예견하시는 예수님	

특수한 역사에 포함되는 각 부와 각 장의 제목은 <표 10>과 같다. 『성경에 나타난 하나님의 선교』에서 특수한 역사에 포함되는 장은 총 열두 장이다. 전체 스물 세 장 중에서 반을 차지하는 큰 몫이다. 1부 4장에 나타나는 아브라함과 족장들 이야기로 시작하여, 출애굽과 가나안 정복, 사사 시대와 열왕시대, 포로 시대와 포로 귀환 시대를 아우른다.

그뿐만 아니라, 신구약 중간기 400년을 지나 예수 그리스도가 이 땅에 오시고 죽으시고 부활하시고 승천하는 긴 서사를 다 함께 품고 있다. 구

---

promise to Abraham and through him to mankind; a promise eternally fulfilled and fulfilling in the history of Israel; and chiefly fulfilled in Jesus Christ, he being that which is principal in the history of Israel." Glasser, *Jewish Evangelism in the New Millennium: The Missiological Dimension (E)*, 2783-3040. Chosen People Ministries가 주관하는 콘퍼런스에서 글라서는 유대인 전도에 대한 기조연설을 맡았는데, 그 논고에서 월리스 비처의 저 말을 인용했다.

33 Glasser, 『성경에 나타난 하나님의 선교』, 40-41. 『성경에 나타난 하나님의 선교』의 목차에 의하면, 특수한 역사는 1부에서 한 장, 2부에서 세 장, 3부에서 세 장, 4부에서 다섯 장을 할애한다. 총 3부, 12장에 걸쳐서 다루고 있다. 전체 스물 세 장 중에서 반을 차지하는 분량이다.

약성경의 거의 전체와 신약의 4복음서를 다 아우르는 것이 특수한 역사의 이야기다. 역사적인 길이로 보아도 아브라함부터 예수 그리스도에 이르기까지 약 2,000년의 시간이 담겨 있다.

특수한 역사가 아우르고 있는 성경의 주요 내용은 <그림 45>에서 확인할 수 있다. 참으로 성경 전체에서 노른자위와 같이 중심적인 위치를 차지하고 있는 것이 특수한 역사다. 그 특수한 역사의 주인공은 이스라엘이다. 특수한 역사의 맨 마지막을 차지하는 예수도 이스라엘의 일원으로 또 이스라엘의 완성으로 존재한다. 『성경에 나타난 하나님의 선교』에서 이 특수한 역사의 중심이 되는 이스라엘을 어떻게 묘사하고 있는지 살펴보자.

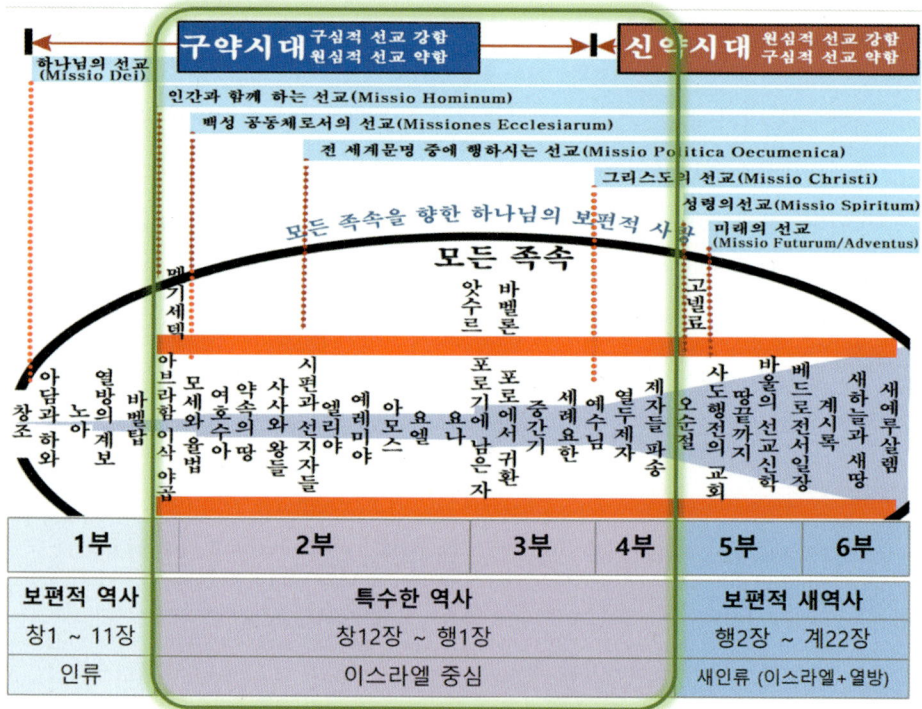

<그림 45> 해석학적 렌즈 - 특수한 역사[34]

---

34 "해석학적 렌즈"에서 "특수한 역사" 부분을 초록색 사각형으로 표시했다.

2) 특수한 역사의 주인공 이스라엘

바벨탑 사건을 통해 하나님의 심판이 언어 혼란으로 나타난 후, 하나님은 "자기 백성을 만드시는 하나님의 운동"을 일으키셨다. 하나님이 갈대아 우르에서 아브라함을 선택하시고 부르신 이 운동은 특수한 역사의 시작이 되었다.[35]

> 하나님께는 하나님의 종이라 불리는 하나님의 백성이 필요했다. 민족들에게 하나님의 구속 목적을 계시하고, 그 목적을 성취하기 위해 하나님의 도구가 될 수 있는 민족이 필요했다. 그래서 하나님은 갈대아 우르에서 아브라함을 선택하시고 부르셨다. 우리 앞에 펼쳐지는 구속사는 이렇게 시작되었다. 하나님은 처음부터 모든 이스라엘 백성들이 아브라함에게 주어진 약속의 수혜자가 될 것이라고 분명히 말씀하셨다(창 15:4; 35:10-11; 히 7:5). 이 선택으로, 하나님의 관심은 전 인류에서 한 집단으로 이동하게 되었다. 이 한 사람 아브라함을 통하여, 그의 자손 가운데 이삭이라는 특정 계보를 통하여 하나님의 구속사는 계속 이어진다. 이 구속사는 언제나 세계사와 분리된 것처럼 보이지만, 세계사 안에서 구속사는 힘을 얻고 성장해 나갈 것이다.[36]

글라서는 하나님이 아브라함을 선택하시고 그와 언약 맺으신 것을 통해, 모든 민족을 향한 하나님의 구속적 관심을 처음 표현하신 것이라 했다. 그래서 아브라함을 "선교의 선구자"라 불렀다.[37] 아브라함은 모든 족속들 가운데 흩어진 모든 하나님의 백성의 육적·영적 조상이 된 것이다. "성경 전체를 관통하는 성경선교신학의 주요 동기이자 선교신학을 형성하는 주제

---

35 Glasser, 『성경에 나타난 하나님의 선교』, 85.
36 Glasser, 『성경에 나타난 하나님의 선교』, 85-86.
37 Glasser, 『성경에 나타난 하나님의 선교』, 86.

가 아브라함의 복"³⁸으로부터 시작된 것이다.

글라서는 아브라함의 선교 소명에 관해 논의하면서 벵트 선드클러(Bengt G. M. Sundkler)의 말을 인용한다. 그는 선교는 바벨탑으로 인한 언어의 혼란의 저주를 끊는 것이라 언급한다.

> 언어의 다양성은 선교가 직면한 기본적인 문제 중 하나였다. 선교는 가장 넓은 의미에서 번역, 즉 새로운 사고방식으로의 해석이다. 그러나 선교는 좀 더 구체적인 의미의 번역, 즉 구원의 메시지를 천 개 이상의 언어로 번역하는 작업도 의미한다. 성경의 가르침에 따르면, 인간의 다양한 언어는 아름다움과 풍요로움일 뿐만 아니라 저주이기도 하다. 그 저주를 끊고 이해와 조화로 대치하는 것이 선교의 과제다. 아브라함이 미래에 대해 아무것도 모른 채 믿음으로 고향을 떠났을 때, 그는 결정적으로 이 선교 사역을 위해 첫 발을 내디딘 것이다.³⁹

하나님은 그 중차대한 선교의 과제를 맡기기 위해 아브라함을 선택하셨다. 아브라함으로부터 시작된 이스라엘과 언약을 맺으시기 위함이었다.⁴⁰

글라서는 이스라엘을 향한 하나님의 "선택"과 "언약"이라는 두 가지 활동은 "아하바"(*ahabah*)와 "헤세드"(*chesed*) 개념을 통해서만 이해할 수 있다

---

38 Engen, 『개혁하는 선교신학』, 37.
39 Sundkler, *The World of Mission*, 12. "The multiplicity of languages has been one of the basic problems facing missions ever since. Mission is translation, in its widest meaning: interpretation into new thoughtforms. But mission implies, too, a task of translation in a more specific sense: the translation of the message of salvation into more than a thousand languages. According to the teaching of the Bible, the vast variety of the languages of man is not only beauty and richness: it is also a curse. It is the task of mission to break the curse and replace it by understanding and unity. When Abraham left his home in faith, knowing nothing of the future, he took the first decisive step along this road."
40 김인식, 『성경, 빅 픽처를 보라!』, 24-25. 김인식은 성경의 큰 그림을 보기 위해 세 가지 키워드를 제시했는데, "한 사람 예수 그리스도, 한 민족 이스라엘, 한 장소 예루살렘"이다. 특수한 역사의 주인공인 이스라엘은 성경을 여는 중요한 열쇠 중 하나다.

고 했다. 아하바는 선택의 사랑(the election-love of God)으로 무조건적이다. 헤세드는 언약의 사랑(the covenant-love of God)으로 조건적이다.⁴¹

이 용어들의 개념 차이를 설명한 노먼 H. 스나이스(Norman Henry Snaith, 1898-1982)⁴²의 글을 인용한다.

> 구약성경에서 하나님의 사랑은 두 가지 방식으로 나타난다: 첫째, 이스라엘을 선택하신 사랑이고, 둘째, 이스라엘에 대한 지속적인 사랑이다. 첫 번째는 '아하바'로, 땅의 모든 족속 중에서 이스라엘을 선택하신 선택의 사랑이다. 두 번째는 '헤세드', 즉 지속적이고 단호하며 변함없는 언약의 사랑으로, 이스라엘의 모든 반역과 타락에도 불구하고 언약 백성인 이스라엘에게 그분의 큰 자비를 보여주신 사랑이다.⁴³

스나이스의 설명에 의하면, 아하바는 무조건적인 사랑이다. 그것은 어떤 언약의 조건에 의해 제한되지 않고 오직 연인의 의지나 본성에 의해서만 제한된다. 실제로 이스라엘을 향한 하나님의 아하바(사랑)는 하나님과 이스라엘 사이의 언약이 존재하는 근거이자 유일한 원인이다. 아하바는 언약의 원인이고, 헤세드는 언약의 지속을 위한 수단이다. 따라서, 아하바는 하나님의 선택의 사랑이고, 헤세드는 그분의 언약의 사랑이다.⁴⁴

---

41 Glasser, 『성경에 나타난 하나님의 선교』, 87.
42 노먼 H. 스나이스(Norman Henry Snaith, 1898-1982)는 영국의 구약성경 학자이자 감리교 설교자다. 리즈(Lees) 헤딩리(Headingley)의 웨슬리칼리지(Wesley College)의 총장을 역임했다. https://biblicalstudies.org.uk/blog/works-of-norman-h-snaith-online/
43 Norman Henry Snaith, *Distinctive Ideas of the Old Testament* (London: Epworth, 1944), 173. "In the Old Testament the Love of God is manifested in two ways: firstly, in His choice of Israel and, secondly, in His continued love for Israel. The first is 'ahabah, that election-love with which He chose Israel out of all the families of the earth. The second is chesed, that persistent, determined, unfailing covenant love, by which He showed His great mercy to Israel, His covenant people, in spite of all their rebellion and waywardness."
44 Snaith, *Distinctive Ideas of the Old Testament*, 95. "On the other hand 'ahabah is uncondi-

선택과 언약에 관한 설명을 이어가던 스나이스는 하나님의 선택의 사랑과 하나님의 언약의 사랑을 마치 서로 다른 두 가지 사랑인 것처럼 분리해서 이야기해 왔지만, 실제로는 그렇지 않다고 지적한다. 둘은 밀접하게 연결되어 있다.

> 먼저 이스라엘을 택하신 사랑은 또한 택하신 이스라엘을 보존하신 사랑이기도 하다. 택하신 이스라엘을 향한 하나님의 헤세드는 또한 이스라엘을 택하신 아하바이기도 하다. 헤세드는 이스라엘이 경험한 하나님의 사랑인 반면, 아하바는 이스라엘이 그것을 처음으로 경험할 수 있게 한 하나님의 사랑이다.[45]

하나님의 헤세드(언약의 사랑)가 아하바(선택의 사랑)에 기인한다는 의미다. 그분은 이스라엘을 사랑하셨다. 즉, 다른 모든 민족보다 이스라엘을 선호하셨다. 이스라엘은 그분이 택하신 백성이다.[46]

---

tioned love. It is not limited by the conditions of any covenant, but only by the will or the nature of the lover. Actually God's 'ahabah (love) for Israel is the very basis and the only cause of the existence of the Covenant between God and Israel. 'Ahabah is the cause of the covenant; chesed is the means of _ its continuance. Thus 'ahabah is God's Election-Love, whilst chesed is His Covenant-Love."

[45] Snaith, *Distinctive Ideas of the Old Testament*, 176. "We have spoken of God's election-love and God's covenant-love separately, as though they were two different loves. This, of course, is not the case. The love which chose Israel in the first place is also the love which preserved the Israel that had been chosen. God's chesed for chosen Israel is also His 'ahabah through which He chose Israel. Chesed is God's love as Israel experienced it, whilst 'ahabah is God's love which first enabled Israel to experience it."

[46] Snaith, *Distinctive Ideas of the Old Testament*, 134. "This is the sense in which the origin of the Covenant is due to Jehovah's 'ahabah (election-love). He loved Israel—that is, He preferred her before all other peoples. She is His elected people."

이스라엘을 택하신 것은 하나님이 원하셨기 때문이다(신 7:7-8[47]; 신 10:15[48]). 아하바와 헤세드의 사랑으로 하나님이 선택하신 아브라함 한 개인으로부터 시작하여 가족이 되고, 부족이 되고, 부족 집단을 이루어가는 과정이 출애굽 사건의 배경이 된다.[49]

애굽을 통치하시는 하나님은 자신의 백성, 아브라함과 맺은 언약을 기억하시어, 기적적인 방법으로 이스라엘 백성들을 출애굽하게 하셨다.[50] 하나님이 세우신 지도자 모세는 이스라엘을 호렙으로 인도하였고 그곳에서 언약을 갱신하시고, 토라와 율법을 내리시고, 성막과 제사법을 제정하심으로 백성들을 예배로 초대해 주셨다. 그리고 이스라엘공동체에게 열국을 향한 제사장 나라의 사명을 재천명하셨다.[51]

> 내가 애굽 사람에게 어떻게 행하였음과 내가 어떻게 독수리 날개로 너희를 업어 내게로 인도하였음을 너희가 보았느니라 세계가 다 내게 속하였나니 너희가 내 말을 잘 듣고 내 언약을 지키면 너희는 모든 민족 중에서 내 소유가 되겠고 너희가 내게 대하여 제사장 나라가 되며 거룩한 백성이 되리라(출 19:4-6).

출애굽한 이스라엘이 가나안 땅을 차지하게 된 것은 하나님이 친히 아브라함에게 하신 땅에 대한 언약의 성취였다. 글라서는 땅의 중요성을 피력한다.

---

47 [신 7:7-8] "여호와께서 너희를 기뻐하시고 너희를 택하심은 너희가 다른 민족보다 수효가 많기 때문이 아니니라 너희는 오히려 모든 민족 중에 가장 적으니라 여호와께서 다만 너희를 사랑하심으로 말미암아, 또는 너희의 조상들에게 하신 맹세를 지키려 하심으로 말미암아 자기의 권능의 손으로 너희를 인도하여 내시되 너희를 그 종 되었던 집에서 애굽 왕 바로의 손에서 속량하셨나니."

48 [신 10:15] "여호와께서 오직 네 열조(족장들)를 기뻐하시고 그들을 사랑하사 그 후손 너희를 만민 중에서 택하셨음이 오늘날과 같으니라."

49 Glasser, 『성경에 나타난 하나님의 선교』, 86.

50 Glasser, 『성경에 나타난 하나님의 선교』, 110.

51 Glasser, 『성경에 나타난 하나님의 선교』, 124-34.

> 땅에 대한 약속은 너무도 소중했다. 이 약속이 있었기에 이스라엘이 세워지게 되었다. 가나안 땅을 정복하게 된 것이다. 땅이 가장 중요했다. 땅은 그들에게 선물로 다가왔다. 가나안 족속들의 악행 때문에, 하나님은 족장들에게 약속한 그 땅에서 그들을 몰아내셨다(신 9:4-5). 그 땅을 정복한 것은 이스라엘 군대가 아니다. 오직 하나님께서 그들에게 땅을 주신 것이다(시 44:3[52]).[53]

땅을 주겠다는 것은 무조건적인 약속이었고, 하나님은 그 약속을 이행하셨다. 그러나 땅을 유지하는 것은 그들의 순종 여하에 달려 있었다.[54] 하나님은 하나님께 속한 백성을 통해 "나라"를 세우셨다. 그러나 그 백성이 하나님께 충실하게 순종하지 않을 때, 하나님이 주신 땅에서 이스라엘은 끊임없는 외세의 침략을 받았다.

이스라엘은 열방 민족에게 "축복"이 되어야만 했다. 그러나 그들은 신명기에 계획된 바와 같이 주변 나라들에게 하나님과의 언약 관계를 드러내 보여주는 "진열장 역할"을 하지 못했다.[55] 이스라엘은 지리적 공간을 확보했고, 그들의 지도자들은 검을 쥐게 되었지만, 정치적인 이스라엘은 "실패"하였음을 인정할 수밖에 없다. 이스라엘의 실패는 "인간 영역 밖에서 해결책을 찾아야 한다"는 교훈을 남긴다. 인류 역사를 바꾸기 위해서는 '하나님의 직접적인 개입이 필요함'[56]을 실패라는 메가폰으로 웅변해 준다.

사사 시대를 이어 왕정 시대는 약속의 땅에서 이루어졌다. 다윗왕 시대는 정치적 황금기였다. 솔로몬의 활약은 눈부셨다. 요시야왕을 통해 영적

---

52 [시 44:3] "그들이 자기 칼로 땅을 얻어 차지함이 아니요 그들의 팔이 그들을 구원함도 아니라 오직 주의 오른손과 주의 팔과 주의 얼굴의 빛으로 하셨으니 주께서 그들을 기뻐하신 까닭이니이다."
53　Glasser, 『성경에 나타난 하나님의 선교』, 135-36.
54　Glasser, 『성경에 나타난 하나님의 선교』, 135.
55　Glasser, 『성경에 나타난 하나님의 선교』, 143.
56　Glasser, 『성경에 나타난 하나님의 선교』, 145-46.

각성이 일어나기도 했다(왕하 22-23장).

그러나 하나님의 통치에 도전하는 많은 이스라엘 왕이 일어났다. 그들은 하나님의 통치를 주변 나라들에게 보여주는 것에 실패하고 말았다. 북이스라엘은 기원전 722년 앗수르에 정복 당했다. 남 유다는 기원전 587년 바벨론에 의해 예루살렘과 성전이 무너짐을 당했다. 모든 성읍은 폐허로 변하고, 수많은 사람이 죽임을 당했다. 오직 소수의 무리만 살아남아 적국의 땅 바벨론으로 포로잡혀 갔다. 이것이 "종교와 정치 국가"였던 이스라엘의 최후였다.[57] 그 위기의 때, 하나님은 "왕국의 보호자인 선지자"들을 보내셨다. 선지자들은 시내산 율법과 신명기법을 강조했다. 이스라엘의 선택을 영원히 보장하는 유일한 길은 이스라엘이 율법을 배우고 지키는 것이었다(신 4:5-6, 32, 36; 28:63; 30:9, 11-14). 선지자들은 백성의 죄를 신랄하게 고발했다. 죄를 범한 사람들에 대한 하나님의 심판을 거듭 선언했다. 동시에 하나님 백성들의 최후 구원을 확실하게 선포했다.

이 구원은 이스라엘만을 위한 것이 아니라, 이스라엘을 통해 하나님을 보게 될 이방인들을 위한 것이기도 했다. 선지자들이 선포한 말씀은 하나님의 거룩한 통치와 관련된다. 그들은 하나님은 이스라엘뿐 아니라 모든 창조물을 통치하신다는 진리를 선포하였다.[58]

> 선지자들은 하나님 나라에 대해 예언하기 시작하였다. 사람의 나라가 아닌 하나님의 나라를 강조했다. 이스라엘의 메시아 대망 사상도 하나님 나라에 포함되었다. 이런 사상은 바벨론이 유다를 멸망시킨 후에 더 구체적으로 드러났다. 하나님 나라의 백성을 더 이상 정치 체제를 가진 국가에 속한 사람들이 아니라 영적인 종교공동체로 인식하게 되는 의식의 변화가 있었다. 온 세상 끝까지 축복을 전해주는 가능성을 가진 영적 공동체에

---

57 Glasser, 『성경에 나타난 하나님의 선교』, 169-76.
58 Glasser, 『성경에 나타난 하나님의 선교』, 176-81.

> 대해 인식하기 시작했다. 그들은 하나님의 때에 새 언약이 맺어지고 영원히 사라지지 않는 하나님의 나라가 나타날 것이라고 확신했다(렘 31:31-34; 32:38-40; 겔 36:26-27). 믿음으로 이루어진 새 이스라엘은 열국 가운데 구원을 선포하는 하나님의 가장 소중한 도구가 될 것이다.[59]

하나님이 장차 당신의 백성 이스라엘을 가장 소중한 도구로 회복할 것은 확실하다. 그러나 지금 하나님은 이스라엘을 민족들 가운데 유배자로 보내신다. 이스라엘은 그들의 유일하신 하나님 앞에서 우상 숭배하며 신성 모독적인 예배를 드렸다. 그들은 하나님의 율법에 불순종했다. 이웃과의 관계에서 공의도 없어졌고 정의도 사라졌다. 전에 선지자들은 하나님이 앗수르(사 10:5-11)와 바벨론(렘 25:8-11)을 각각 이스라엘과 유다를 징계하는 도구로 사용하실 것이라고 예언했었다. 그리고 하나님은 실제로 진노의 막대기를 들어 당신의 백성을 징벌하셨다.[60]

그러나 "인간은 실패할지라도 하나님의 목적은 실패 없이 진행된다."[61] 하나님은 새 일을 행하실 것이다. 이사야 40장에서 바벨론 포로기가 끝나는 시점을 출애굽과 연결한 것을 통해(사 40-55장) 역사를 주관하시는 하나님의 의도를 파악할 수 있다. 이제 바벨론에서 돌아오게 하실 새 일은 이전에 있었던 출애굽 사건보다 훨씬 영광스러운 일이 될 것이다. 하나님은 인간이 전혀 상상할 수 없는 방법으로 그분의 능력을 드러내어 당신이 역사의 통치자이심을 나타내실 것이다. 포로되었던 이스라엘을 해방하여 약속의 땅으로 귀환하게 하실 것이다.[62]

---

59 Glasser, 『성경에 나타난 하나님의 선교』, 181.
60 Glasser, 『성경에 나타난 하나님의 선교』, 206-08.
61 John Bright, *The Kingdom of God: The Biblical Concept and It's Meaning for the Church* (Nashville, TN: Abingdon Press, 1953), 126.
62 Glasser, 『성경에 나타난 하나님의 선교』, 209-10.

하나님은 이스라엘 백성들이 바벨론에서 유배 생활을 하는 동안 그 땅 바벨론의 "샬롬"[63]을 위해 노력하라고 촉구하신다. "유배자의 선교"[64]가 이뤄지기를 원하신 것이다. 이것이 그들이 열방을 위한 제사장 나라가 되며, 열국의 선교사가 되는 방법을 배우는 길이다. 하나님의 백성 이스라엘은 "디아스포라 포로기 동안 신앙공동체로 다시 살아났다."[65]

이스라엘은 과거 역사를 지켜 나가면서 미래를 대비하는 신앙공동체였다.

> 디아스포라는 소망의 신학을 가졌다. 고국으로 귀환하는 미래의 꿈을 간직했다. 선지자들은 여호와께서 자기 백성을 귀환하게 하실 것이라고 예언했다(렘 32:6-15). 사람들은 시온에 대한 향수를 가지고 노래했다(시 137). 다윗신학은 사라지지 않았다(겔 34:23, 37:24-28).[66]

이스라엘이 하나님과의 올바른 관계 안에서 샬롬을 증진시켜 가는 동안, 하나님은 페르시아의 고레스왕을 일으켜 한 번의 전쟁도 없이 바벨론을 무너뜨리고 유대인들을 고토로 귀환하게 하는 고레스 칙령을 내리게 하신다.

---

63 Heinrich Gross, "Peace," in *Encyclopedia of Biblical Theology*, ed. Johannes Baptist Bauer, vol. 2 (London: Sheed and Ward, 1970), 648. "샬롬"은 구약에만 350여 회 나오는 단어다. 샬롬은 넓고 복합적인 의미를 지닌다. 온전함, 상처 없음, 나뉘지 않음, 복지, 만족한 상태, 육체적 건강 그리고 구약에서 "구원이 의미하는 모든 것" 등을 다 내포하는 어휘이다. "샬롬은 하나님의 축복으로 충만한 것이며 동시에 질서 위에 세워지는 것이다. 그러므로 사람들은 모든 면에서 자유롭게 이 샬롬을 증진시켜 나갈 수 있다."

64 Glasser, 『성경에 나타난 하나님의 선교』, 210.

65 임윤택, 『디아스포라 설교신학』(서울: CLC, 2009), 234. 미주 한인 교회 100주년을 맞아, 임윤택 박사가 임동선 월드미션대학교 전 총장의 목회 여정을 학술적으로 정리하되, "디아스포라를 향한 복음 선포"라는 개념으로 그의 설교를 연구한 논문이다.

66 임윤택, 『디아스포라 설교신학』, 234. [겔 34:23] "내가 한 목자를 그들 위에 세워 먹이게 하리니 그는 내 종 다윗이라 그가 그들을 먹이고 그들의 목자가 될지라."

칙령에 따라 고토로 귀향하기 위해 1,440킬로미터에 이르는 위험한 대장정에 오른 사람들에게 "하나님의 오른손"이 함께하신다. 한편, 귀향길에 오르지 못하고 타국에 남아 디아스포라 이민자로 뿌리내린 사람들이나 바벨론에 남아 있던 사람들에게 "하나님의 왼손"이 함께하신다.

"하나님의 오른손 사역"은 "하나님의 지시적인 뜻"을 행하는 것을, "하나님의 왼손 사역"은 "하나님의 허용하는 뜻"을 행하는 것을 의미한다. 하나님의 주권적 섭리는 모든 경우를 포함한다.[67]

> 이 두 부류 모두를 포함하는 것은 하나님의 주권적 섭리다. 하나님은 그분의 백성들이 고향에 돌아와 하나님의 아들이 "여자에게서 나게 하시고 율법 아래 나게" 하시기를 원하셨다(갈 4:4). 그와 동시에, 지중해 주변 세계 각국에 유대인 디아스포라가 널리 퍼져 있지 않았다면, 1세기에 사도들이 그토록 신속하고 광범위하게 교회를 세울 수 없었을 것이다. 우리가 이 두 가지 집단의 숙명과 사명에 대하여 연구할 때, 이 둘을 따로 분석하기보다는 동시에 탐구하는 것이 좋을 것이다. 그들의 독특한 경험과 성취를 "하나님의 오른손" 사역과 "하나님의 왼손" 사역으로 볼 때에만 그 심오한 의미를 보다 포괄적으로 파악할 수 있기 때문이다.[68]

"계시를 통하여 말씀하시는 하나님은 역사 가운데 활동하시는 하나님"이시다. 하나님은 이스라엘을 위하여 특별하게 역사하셨다. 그리고 이스라엘의 선교에 관한 하나님의 뜻을 계시하셨다.[69]

하나님은 언약하신 대로 아브라함의 이름을 창대케 하셨고 그의 수많은 자손의 하나님이 되어 주셨다. 이스라엘이 국가로 존재하고 땅을 소유

67　Glasser, 『성경에 나타난 하나님의 선교』, 212-13. Glasser, *Kingdom and Mission*, 108-09.
68　Glasser, 『성경에 나타난 하나님의 선교』, 213. Glasser, *Kingdom and Mission*, 100.
69　Glasser, 『성경에 나타난 하나님의 선교』, 226. Glasser, *Kingdom and Mission*, 110.

하게 된 데에는 하나님의 궁극적인 목적이 있었다. 열방을 구원하는 것이다.[70] 하나님은 열방과 이스라엘의 관계를 통하여 끊임없이 자신을 계시하셨다.

하나님은 자기 백성을 사랑하신다는 것을 보여주셨다. 이스라엘을 향한 하나님의 그 사랑을 보고, 열방이 하나님의 사랑 안으로 들어오기를 원하셨다. 또한, 누구든지 그의 백성을 학대하는 것은 하나님의 눈동자를 건드리는 것으로 간주되었다(슥 2:8). 하나님이 창세기 12장에서 아브라함에게 주신 언약대로,[71] 아브라함의 자손을 어떻게 대하느냐에 따라 열방의 운명이 결정되었다.[72] 아서 글라서는 이 원칙이 신약에까지 이어진다고 설명한다.

> 최후 심판에 관한 비유에 나오는 예수의 말씀을 주목할 필요가 있다(마 25:31-46). 예수님께서 "모든 민족"을 축복하시거나 심판하실 때(마 25:32), 그 결과는 그들이 그분의 백성을 어떻게 취급했는가에 따라 달라진다. "내 형제 중에 지극히 작은 자 하나에게 한 것이 곧 내게 한 것이니라"(마 25:40). 여기서 예수님은 자기 백성과 자신을 동일시하신다. 우리는 여기서 하나님께서 모든 민족을 축복하시려는 목적을 성취하기 위하여 이스라엘이 중심적 역할을 감당해야 한다는 암시를 받는다. 역사는 세상 많은 나라의 흥망성쇠를 다룬다. 역사는 그들이 유대인들을 어떻게 취급했는가에 따라 국가의 운명이 결정되었다는 증거들로 가득하다.[73]

---

70 Glasser, 『성경에 나타난 하나님의 선교』, 91.
71 [창 12:3] "너를 축복하는 자에게는 내가 복을 내리고 너를 저주하는 자에게는 내가 저주하리니 땅의 모든 족속이 너를 인하여 복을 얻을 것이니라."
72 Glasser, 『성경에 나타난 하나님의 선교』, 92. Glasser, *Kingdom and Mission*, 58.
73 Glasser, 『성경에 나타난 하나님의 선교』, 92-93. Glasser, *Kingdom and Mission*, 58. "History is too replete with evidence that the rise or fall of nations has often been contingent on their treatment of the Jews."

하나님은 이러한 특별한 은총을 받는 자들에게 특별한 역할을 기대하셨다. 열방 가운데서 선택 받은 이스라엘은 열방 가운데로 보냄 받은 사명을 가지고 있었다. 그들은 선교적 도구로 쓰임 받아야 했다. 열방에 "하나님의 영광을 드러내고 열방을 그분의 왕국으로 끌어들이는 종의 백성이 되어야" 했다.[74]

이스라엘이 특수한 역사의 주인공으로 선택되었다는 것은 그들이 하나님의 모습을 세상에 보여줘야 하는 선교적 사명을 지닌 것을 의미한다. 성경의 시작인 창세기부터 마지막인 요한계시록에 이르기까지 지속적으로 되풀이되는 하나님의 분명한 의도는 이스라엘이 모든 민족을 축복하는 하나님의 도구가 되는 것이었다. 하나님의 선교는 하나님의 백성을 통해 이뤄진다.[75]

선교사의 어떠함을 통해 하나님이 판단 받으신다는 조지 F. 휘체돔(Georg Friedrich Vicedom, 1903-1974)[76]의 말은 상기할 만하다.

> 하나님은 자신의 전령들을 통해 사람들에게 오신다. 그것은 그들의 행위로 하나님이 판단 받는다는 것이기도 하다. 선교사가 현지인들의 생활 방식을 따르면서 그들 삶 속으로 들어가는 데 성공한다면, … 그 안에서 점차 신뢰가 형성될 것이다. 이 신뢰는 곧 하나님을 향한 신뢰로 바뀐다. 이처럼 하나님은 늘 선교사가 어떻게 하는지에 따라 판단 받으신다.[77]

74　Glasser, "Church Growth Theology," 366. "She was to be a servant people to reveal His glory and thereby draw the nations into His Kingdom."

75　Engen, 『개혁하는 선교신학』, 37.

76　Georg Friedrich Vicedom(1903-1974)은 독일의 개신교 선교신학자다. 1929년 중앙 뉴기니의 고원 지역에서 개척 선교사로 사역했다. 1952년 빌링겐대회에서 '하나님의 선교'(missio Dei)라는 용어를 사용한 칼 하르텐스타인(Karl Hartenstein, 1894-1952)의 개념을 더욱 확대시켰다.

77　Georg Friedrich Vicedom, *Church and People in New Guinea*, World Christian Books (London: United Society for Christian Literature, Lutterworth Press, 1961), 16-17. "God comes to the people through His messengers. It is by their behavior that God is judged. If the missionaries succeed in entering into the life of the people, in adapting themselves to their way of living, if they learn the language and become in many ways the advisers, friends

이스라엘 족속이 들어간 여러 나라에서 하나님의 큰 이름은 더럽혀졌다 (겔 36:21[78]). 이스라엘은 하나님의 영광을 열방에 시위할 자로 그들을 선택하신 하나님의 마음에 부응하지 못했다. 하나님은 이방 나라들에 관심을 가지고 계셨고, 구약성경도 이 주제에 관해 침묵하지 않는다. 그러나 이스라엘은 이 주제에 대해 침묵했고, 그것은 이스라엘에 비극이었다.[79]

결국, 이스라엘은 하나님이 약속하신 가나안 땅에 들어갔으나 그곳에서 뿌리 뽑혀 열국으로 흩어짐을 당해야 했다. 그러나 하나님의 선택의 사랑과 언약의 사랑은 그들을 떠나지 않으셨다. 하나님은 새 일을 행하셨다. 하나님의 오른손으로도 왼손으로도 그들을 인도하시고 보호하셨다.

이스라엘은 결혼[80]하고도 간음[81]한 자 같았으나, 하나님은 그 관계에 끝까지 신실하셨다. 하나님은 이것이 열방을 향한 선교의 메시지로 선포되기를 원하셨다.

> 아브라함 집안에 속한 모든 남자가 아브라함의 직계 혈통이든 아니든 상관하지 않고 모두 할례를 받았다는 것은 예언적인 사건이었다. 아브라함의 육체적 자손이 아닌 사람들에게까지 할례를 행한 것을 예표한다. 이것은 신약의 사도 바울의 선언과 상통한다. 바울은 단언했다.

---

and helpers of the Papuans, gradually confidence in the missionaries is established. This confidence is at once transferred to God. God is always judged in the light of what the missionaries are."

[78] [겔 36:21] "그러나 이스라엘 족속이 들어간 그 여러 나라에서 더럽힌 내 거룩한 이름을 내가 아꼈노라."

[79] Glasser, 『성경에 나타난 하나님의 선교』, 100.

[80] Glasser, 『성경에 나타난 하나님의 선교』, 227. [렘 31:32] "나 여호와가 말하노라 이 언약은 내가 그들의 열조의 손을 잡고 애굽 땅에서 인도하여 내던 날에 세운 것과 같지 아니할 것은 내가 그들의 남편이 되었어도 그들이 내 언약을 파하였음이니라."

[81] Glasser, 『성경에 나타난 하나님의 선교』, 209. [렘 3:8] "내게 배역한 이스라엘이 간음을 행하였으므로 내가 그를 내쫓고 그에게 이혼서까지 주었으되 그의 반역한 자매 유다가 두려워하지 아니하고 자기도 가서 행음함을 내가 보았노라." 참고. 사 54:4-10.

> "너희가 그리스도께 속한 자면 곧 아브라함의 자손이요"(갈 3:29).[82]

열방을 구원하기 위한 선교적 도구로 부름 받은 이스라엘의 역할은 유대인과 이방인의 "남은 자"[83]를 구원하러 열방의 빛으로 오시는 메시아 예수 그리스도를 통해 실현될 것이다.

> 하나님이 인류를 위하여 예비하신 복음은 오직 하나뿐이다. 이것은 유대인이나 이방인이나 구별하지 않는다. 오직 예수 그리스도 안에서 그분을 통하여 이루어진다. 예수 그리스도를 믿음으로 하나님을 찾는 사람은 하나님을 만나게 되고 "하나님의 아들", "아브라함의 자손이요 약속대로 유업을 이을 자"가 된다(갈 3:26-29).[84]

이스라엘을 통해 선교적 사명을 감당하게 하신 하나님의 뜻은 이제 유대인으로 오신 예수 그리스도의 선교를 통해 이 땅에 성취될 것이다. 그리고 이스라엘의 메시아로 오시는 예수는 세 가지 중요한 직분을 감당할 것이다. 그리스도는 "다윗의 자손, 사람의 아들, 고난받는 종"[85]의 사역으로 나아간다.

3) 특수한 역사의 절정 예수 그리스도

그리스도 선교는 신약성경에 해당하면서 동시에 '특수한 역사'에 포함된다는 점에서 독특하다. 그것도 특수한 역사 구분의 마지막에 해당되고, 신약성경의 첫 부분에 해당된다. <그림 46>을 통해 확인할 수 있다.

---

82 Glasser, 『성경에 나타난 하나님의 선교』, 94. Glasser et al., *Announcing the Kingdom*, 61.
83 Glasser, 『성경에 나타난 하나님의 선교』, 231-37.
84 Glasser, 『성경에 나타난 하나님의 선교』, 91. Glasser et al., *Announcing the Kingdom*, 59.
85 Glasser, 『성경에 나타난 하나님의 선교』, 228. Glasser et al., *Announcing the Kingdom*, 139.

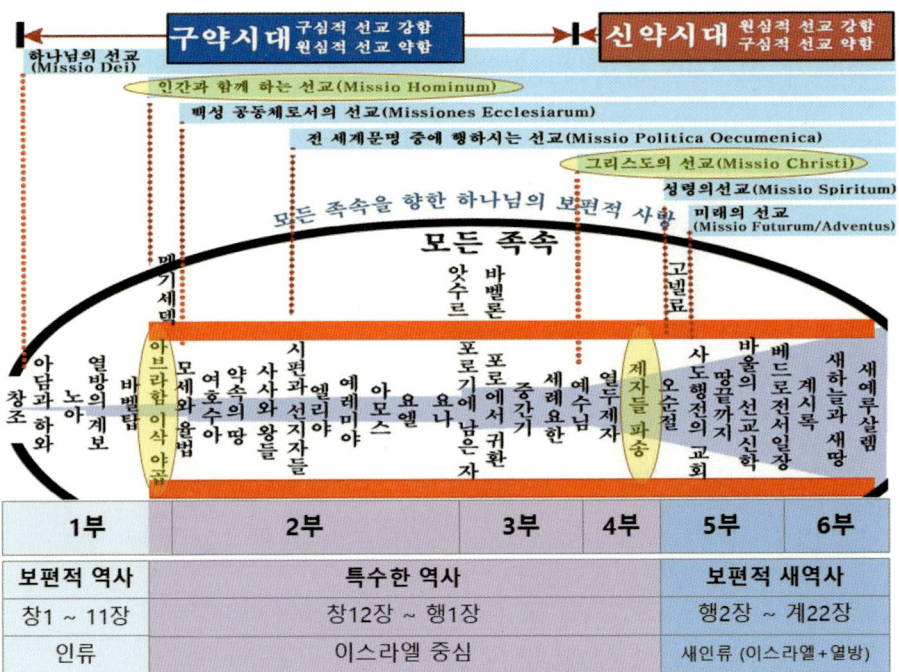

<그림 46> 그리스도의 선교의 위치[86]

하나님이 이스라엘 백성과의 특별한 관계를 통하여 인류를 향한 당신의 구속사를 보여주시고 진행시켜 가시는 특수한 역사의 절정에, 온 인류의 구속자가 되시는 예수 그리스도의 성육신과 죽으심과 부활과 승천이 놓여 있다.

이 역설적인 웅변이 의미하는 바를 고찰할 때, 그리스도 선교의 의의가 온전히 드러날 것이다. 예수 그리스도는 무소부재하신 하나님 자신이기에 모든 시간대에서 하나님 나라 역사를 펼쳐가시지만, 특별히 "그리스도 선교"는 성육신하여 인간으로 오신 예수 그리스도의 선교를 의미한다.

---

86 그리스도 선교(Missio Christi)는 신약 시대가 시작되는 시점에서부터 오순절 성령 강림 사건 이전까지다. "예수님 → 열두 제자 → 제자들 파송"으로 확장되는 것을 볼 수 있다.

아서 글라서가 집대성한 성경적인 하나님 나라의 패러다임 도표(그림 46) 안에서 "그리스도 선교"의 위치와 의의를 살펴보자. 예수 그리스도를 통한 하나님의 메시아적 선교인 "그리스도 선교"는 신약 시대가 시작되는 시점에서부터 오순절 성령 강림 사건 이전까지다. 이는 보라색으로 구분된 것처럼 특수한 역사의 마지막 부분을 점하고 있다. 인류 전체를 구속하기 위한 하나님의 선교라는 큰 틀에서 그리스도 선교가 점하는 위치를 기억하며 그 의의를 고찰해 보자.

"예수 그리스도를 통한 하나님의 선교"를 다루는 제4부를 구성하는 다섯 장의 제목은 하나님 나라의 새 시대를 여신 예수님(11장), 하나님 나라를 보여주시는 예수의 사역(12장), 민족들 가운데 하나님 나라를 선포하시는 예수님(13장), 하나님 나라의 선교를 선포하시는 예수님(14장), 하나님 나라의 도래를 예견하시는 예수님(15장)이다.

<표 11> 제4부 "예수 그리스도를 통한 하나님의 선교" 장별 제목[87]

구분	각 부의 제목	각 장의 제목	정경 구분
신약 성경	4부 예수 그리스도를 통한 하나님의 선교	11. 하나님 나라의 새 시대를 여신 예수님	특수한 역사 창12장~행1장
		12. 하나님 나라를 보여주는 예수님의 사역	
		13. 민족들 가운데 하나님 나라를 선포하시는 예수님	
		14. 하나님 나라의 선교를 선포하시는 예수님	
		15. 하나님 나라의 도래를 예견하시는 예수님	

본 장에서는 이 다섯 장을 세 가지 주제로 통합하여 정리하고자 한다. "특수와 보편의 공통된 구심점이신 예수 그리스도", "성육신으로 하나님 나라를 보여주신 예수 그리스도", "유대인과 이방인의 구별이 없는 하나님 나라를 선포하신 예수 그리스도" 등이다.

---

[87] Glasser, 『성경에 나타난 하나님의 선교』, 294-417. 특수한 역사 중에서 제4부 예수 그리스도를 통한 하나님의 선교의 장별 제목이 제시되어 있다.

이 세 가지 주제에 맞춰 제4부를 살피면서, 아서 글라서의 성경 해석 관점을 고찰하고자 한다.

(1) 특수와 보편의 공통된 구심점, 예수 그리스도

"하나님 나라의 새 시대를 여신 예수님"(11장)과 "민족들 가운데 하나님 나라를 선포하시는 예수님"(13장)을 중심으로 특수에서 보편으로 전환되는 과도기의 그리스도 선교 사역과 그 양자의 공통된 구심점인 예수 그리스도를 살펴본다. <그림 47>은 특수에서 보편으로 넘어가는 전환점에 위치한 그리스도 선교의 위치를 보여준다.

<그림 47> 특수에서 보편으로 전환되는 분기점의 그리스도 선교[88]

제4부를 시작하는 분위기는 제3부의 끝자락에서 확인할 수 있다.

> 구약에는 불완전한 부분이 많다. 이스라엘 역사는 미완성이다. 이스라엘의 위대한 역사는 희미한 과거 속으로 잊혀져 가고 있다. 선지자를 통한 하나님의 계시의 말씀도 점점 줄어들다가 말라기를 끝으로 모두 사라지고 말았다. 예언서의 말씀을 새롭게 해석하는 신앙의 열정도 사라지고 하나님의 백성들은 점점 더 옛 신앙에서 멀어져만 갔다. 마침내 유대교의 여러 분파들이 서로 머리를 맞대고 한마음이 되었다. 그들은 예수 그리스도를 저항하는 최후의 비극에 동참하기 위해서 하나가 되었다. 예수님은 스스로 이사야가 "고난의 종"으로, 다니엘이 "인자"로 그리고 스가랴가 "매 맞은 목

---

[88] 특수한 역사에서 보편적 새역사로 넘어가는 분기점에 십자가가 위치해 있다. 그리스도의 선교는 특수한 역사의 절정이신 예수가 보편적 새역사의 기초임을 보여준다.

자"로 예언했던 그분이 바로 자신이라고 선언하셨다.[89]

아브라함의 후손 이스라엘 자손들을 선택하신 하나님의 특수한 역사가 진행되는 중에 그 아브라함의 순수 혈통으로 오신 예수 그리스도는 자신의 동족들에게 밀쳐내짐을 당할 수 있는 분위기가 조성된 가운데 등장한다. 이런 배경 자체가 그리스도 선교의 독특성을 담지한다. 그 배경을 이루는 대표적인 인물은 세례 요한이다.

> 하나님 나라의 새 시대가 열렸다. 새 시대는 예수와 세례 요한 간의 아주 특별한 관계를 통해 시작되었다. 세례 요한은 사실 구약과 신약을 연결하는 좋은 다리였다. … 드디어 기다리던 하나님 나라가 임했다. 새롭게 거듭나면 하나님 나라에 들어갈 수 있다(요 3:5).[90]

세례 요한도 다 이해하지 못한 새 시대가 열렸다. 누구든지 새롭게 거듭나면 하나님 나라에 들어갈 수 있는 새로운 시대가 열린 것이다.

예수의 하나님 나라 사역의 특징을 논하던 글라서는 그리스도 선교의 시대, 즉 메시아 시대에 독특한 특징이 있음을 다음과 같이 지적한다.

> 하나님의 백성들을 더 이상 이방 민족들 가운데 예배하는 공동체로 따로 구별해 특별히 보호하지 않는다. 하나님의 백성들은 말과 행함으로 하나님 나라를 선포하며 민족들에게 나아가 그들을 주께 돌아오게 해야 한다.[91]

---

[89] Glasser, 『성경에 나타난 하나님의 선교』, 294.

[90] Glasser, 『성경에 나타난 하나님의 선교』, 323. [요 3:5] "예수께서 대답하시되 진실로 진실로 네게 이르노니 사람이 물과 성령으로 나지 아니하면 하나님의 나라에 들어갈 수 없느니라."

[91] Glasser, 『성경에 나타난 하나님의 선교』, 302.

성경이 증언하는 바, 예수님은 "자신의 선교를 일부러 이스라엘의 잃어버린 양에게로 제한하셨다."[92] 마태복음 10장 5-6절[93]이나 15장 24절[94]에서 볼 수 있는 바와 같이, 십자가 이전에 예수와 제자들의 사역은 이스라엘 집안에 집중된 것 같은 성격을 강하게 보였다. 물론, 당시에도 로마의 백부장의 간구에 응답하시는 등, "하나님의 자비와 택하시는 은혜가 유대인의 경계를 넘어 이방 세계까지 퍼져 나간다는 암시가"(마 8:5-13; 막 7:24-30[95]) 있기는 했지만 주 대상은 이스라엘 집안이었다.

그러나 예수 그리스도의 죽음 이후 일어난 "부활이 모든 민족에게 선포된 이후에 등장하는 보편적 믿음"은 복음을 듣는 모든 이로 하여금 "자기 중심적인 죄를 회개하고 왕이신 그리스도 주께 복종하기를 요청"한다.[96]

> 이제 메시아공동체는 자기 보존에만 급급했던 이스라엘의 비극적인 편견에서 벗어나야 했다. 이 부활하신 메시아의 제자공동체는 "땅 끝까지" 하나님의 구원을 가져오는 "이방의 빛"이 되어야만 한다(사 49:6).[97]

"이스라엘의 비극적인 편견에서 벗어나야 한다는 것"은 보편적 믿음의 가치를 강조하고, 특수한 역사가 보편적 새역사로 나아가는 것의 의의를 설명한다. 이사야 49장 6절[98]의 '이방의 빛' 명령은 선택 받은 하나님의 백

---

92 Glasser, 『성경에 나타난 하나님의 선교』, 354.
93 [마 10:5-6] "예수께서 이 열둘을 내보내시며 명하여 이르시되 이방인의 길로도 가지 말고 사마리아인의 고을에도 들어가지 말고 오히려 이스라엘 집의 잃어버린 양에게로 가라."
94 [마 15:24] "예수께서 대답하여 이르시되 나는 이스라엘 집의 잃어버린 양 외에는 다른 데로 보내심을 받지 아니하였노라 하시니."
95 [막 7:27] "예수께서 이르시되 자녀로 먼저 배불리 먹게 할지니 자녀의 떡을 취하여 개들에게 던짐이 마땅치 아니하니라."
96 Glasser, 『성경에 나타난 하나님의 선교』, 302.
97 Glasser, 『성경에 나타난 하나님의 선교』, 302.
98 [사 49:6] "내가 또 너를 이방의 빛으로 삼아 나의 구원을 베풀어서 땅 끝까지 이르게 하리라."

성 이스라엘에게 허락된 축복이었다. 그러나 그들은 그 축복된 사명을 감당하지 못했다. 이 사명은 결국 유대인 예수를 통해 성취된다. 하나님 나라의 새 시대를 여신 예수를 통해 '이방의 빛'으로서의 사명을 감당할 수 있는 이스라엘의 역할을 회복하는 것이다.

> 하나님의 구속 목적은 돌이킬 수 없이 이스라엘에게만 묶여 있는 것이 아니다. 예수님은 이스라엘의 후손이실 뿐만 아니라 인자시다. 그분은 모든 백성들에게 평화의 왕이 되신다(슥 9:9-10). 그분은 이방인들에게 빛이 되시는 하나님의 종이시다(사 31:6, 49:6; 눅 2:31-32).[99]

예수님은 제자들에게 "모든 민족을 위한 선교가 시작되기 전에 십자가 사건이 일어나야 한다는 것"을 상기시켜 주셨다.[100] 예수가 모범이 되신 '이방의 빛'은 결국 십자가를 통과해야 하는 사역이었다.

> 목자가 되신 예수님은 먼저 양들을 위해 자기 목숨을 버리셔야 했다(요 10:11, 15, 17). 그 다음에야 유대인의 "우리에 들지 아니한 다른 양들"을 인도하여 들일 수 있었다(10:16). 이 순서에는 먼저 십자가 사건이 있고 다음에 수확(ingathering)이 있다. 이 과정은 반복된다. …
>
> 이제 이 세상의 심판이 이르렀으니 이 세상 임금이 쫓겨나리라 내가 땅에서 (십자가에서) 들리면 모든 사람을 내게로 이끌겠노라(요 12:31-32).[101]

---

[99] Glasser, 『성경에 나타난 하나님의 선교』, 357.
[100] Glasser, 『성경에 나타난 하나님의 선교』, 322.
[101] Glasser, 『성경에 나타난 하나님의 선교』, 322-23.

예수가 십자가에서 죽음을 맞이해야 했던 이유는 "모든 사람을" 주께로 이끌기 위함이었다.

> 예수님은 이스라엘과 이방인 사이에 엄청난 거리감을 두고 계셨다. 하지만 사역을 하시던 그 당시 예수님은 이방인에 대해 어떤 우월감이나 증오심이 전혀 없으셨다. 대조적으로 그분은 사마리아인과 이방인을 모두 호의와 은혜로 잘 대해 주셨다. 여기서 예수님은 유대인이 기대하던 메시아와 대조를 이룬다. 이방인에 대한 하나님의 보응에 관한 예수의 신중한 침묵은 유대인을 격노케 하였고 그들은 결국 예수를 죽이려 하였다(눅 4:24-30).[102]

글라서는 알프 G. H. 코렐(Alf G. H. Corell, 1910-2001)[103]의 말을 인용하여, 이 십자가가 모든 사람에게 큰 "걸림돌"이 됨을 지적한다. 성령께서 주께로 이끄시는 사람이 아니면, 십자가로 이끌림 받을 수가 없는 것이다. 동시에 그 십자가를 믿기로 "선택할 수 있는 사람"은 누구든지 하나님 나라에 편입되는 것이다.

> 십자가의 심오한 드라마는 복음의 클라이맥스다. 십자가는 모든 사람에게 가장 큰 "걸림돌"이다. … 예수님에 대해 불쾌한 감정을 갖는 것은 세상의 방법이며, 불신앙의 표시다. 선택과 구속을 받은 교회 안에서 그리스도와 연합한 자의 삶과 대조적으로, 걸림돌은 그리스도에 대한 적개심으로 나타난 사탄이 조종하는 환경의 일부로, 결국 심판을 받아 영원한 죽음에 이르게 된다.[104]

---

[102] Glasser, 『성경에 나타난 하나님의 선교』, 357.
[103] 알프 구스타프 한스 코렐(Alf Gustaf Hans Corell, 1910-2001)은 스웨덴의 목사이자 신학자였다. 참고. Hans Corell - Homepage (havc.se)
[104] Alf Corell, *Eschatology and Church in the Gospel of St. John* (London S. P. C. K. 1958), 199-200. https://archive.org/details/consummatumestes0000alfc_o8m8.

글라서는 요아킴 예레미야스(Joachim Jeremias, 1900-1979)[105]의 말을 빌려, 예수의 성육신과 죽으심이 이방인들을 하나님 나라에 편입시키기 위함이었음을 밝힌다.

> 예수가 이스라엘에 오신 목적은 엄밀히 말해서 온 세상을 향한 그분의 선교 때문이었다. 이것은 그분의 대속적 죽음과 같은, 이스라엘의 구원에 대한 그분의 선포가 동시에 이방인들을 위한 봉사 활동이었음을 의미한다. 그분의 오심과 죽으심은 이방인들을 하나님 나라에 편입시키는 것을 가능하게 하기 위해 일어난 사건이었다.[106]

"편입"이라는 단어에 주목해야 한다. 이것은 유대인의 자리가 이방인으로 교체되었다는 오해를 불식시킬 수 있는 표현이다. 글라서는 이방인에게까지 복음의 문이 열린 보편적 역사가 유대인을 배제한 것이 아니라, 이방인에게까지 확대된 것, 유대인과 이방인에게 함께 제공된 것임을 강조한다.

> 그러나 우리는 예수가 이스라엘에게 제공하시는 하나님 나라가 유대인이든 이방인이든 상관없이 하나님의 백성을 위한 그분의 죽음을 전제 조건으로 하고 있음을 기억해야 한다. 더 나아가 그분의 죽음은 종말론적 수확을 확실하게 하였다. … 성령이 오셔야만 새 시대의 백성들이 생겨나게 되

---

[105] 요아킴 예레미야스(Joachim Jeremias, 1900-1979)는 독일의 루터교 신학자이자 근동학 학자였다. 그는 루터교 주임목사였던 아버지 아래서 자라며 1910년부터 1918년까지는 예루살렘에서 자랐다. 신약학 교수였던 그의 연구와 출판물은 역사적, 고고학적, 문학적, 철학적 연구 등 다양한 분야를 다루었다. https://sermon-jesus.tistory.com/17962207
[106] Joachim Jeremias, *Jesus' Promise to the Nations* (Fortress Press, 1982), 73. https://archive.org/details/jesuspromisetona0000jere_p2z0.

고 하나님 나라의 '이미'가 모든 나라를 향해 움직여 나가기 때문이다.[107]

유대인이든 이방인이든, 특수든 보편이든, 구원은 오직 예수 그리스도로 말미암는다. 그리고 유대인이든 이방인이든 구원이 확증되기 위해서는 공히 성령이 필요함을 역설한다. 누구든지 성령의 계시로 인해 "신실하게 예수를 주로 고백하는 모든 그리스도인"의 반열에 들어갈 수 있는 것이다.

> 우리는 예수께서 열두 제자와 칠십 문도를 복음 전도를 위해 내보내시기 전에 부여하신 권위를 예수께서 베드로에게 열쇠를 주신 것과 견줄 수 있다. 오순절에 하나님은 유대인들에게 계시의 문을 여셨다(행 2장). 그리고 가이사랴에서는 이방인들에게 계시의 문을 여셨다(행 10장). 베드로의 설교를 받아들인 사람들은 베드로의 주께 복종했다. 유대인이든 이방인이든 주께 복종함으로 하나님 나라에 들어갔다. … 이제 하나님 나라의 열쇠는 베드로만의 독점적인 소유가 아니라, 신실하게 예수를 주로 고백하는 모든 그리스도인의 소유라는 것을 확인할 수 있다(요 20:23).[108]

유대인이든 이방인이든 주께 복종함으로 하나님 나라에 들어가서 교회를 이룬 자들은 성령의 능력으로 그리스도의 선교에 동참해야 한다.

아서 글라서는 "종말론적 공동체"인 교회에 맡겨진 사명의 일 순위는 그리스도의 성육신과 죽으심과 부활의 복음을 선포하는 것임을 역설한다.

> 오늘날의 구원은 왕국의 기쁜 소식을 전하는 것을 의미한다. 하나님 나라가 임했음을 선포하는 동시에 아직 오지 않은 나라를 찾는 것 사이의 긴장에 사로잡힌 '종말론적 공동체'에게 이보다 더 우선순위가 높은 것

---

107 Glasser, 『성경에 나타난 하나님의 선교』, 358.
108 Glasser, 『성경에 나타난 하나님의 선교』, 367. [요 20:23] "너희가 누구의 죄든지 사하면 사하여질 것이요 누구의 죄든지 그대로 두면 그대로 있으리라 하시니라."

은 없다. 이 공동체는 스스로를 우주적 투쟁의 한가운데에 있는 것으로 이해한다.[109]

그는 종말론적 공동체가 "이미와 아직"(Already but Not Yet)[110] 사이의 긴장 가운데 있음을 간과하지 않는다. 조지아 엘마 하크니스(Georgia Elma Harkness, 1891-1974)[111]의 말을 인용하여, 그 종말론적 긴장 관계 안에서 그리스도의 모델을 따라 하나님 나라를 완성해 가야 할 "모든 그리스도인"의 사명을 일깨워준다.

하나님 나라는 현존임과 동시에 약속이다. 역사 안에 있으며 역사 너머에 존재한다. 하나님의 선물이며 신자의 노력이다. 우리는 하나님 나라를 기다리며 하나님 나라를 위해 일한다.[112]

---

[109] Glasser, *Kingdom and Mission*, 208. "Salvation today means preaching the good news of the Kingdom. Nothing can have higher priority for the "eschatological community" caught in the tension between proclaiming that the Kingdom of God has come and simultaneously looking for the Kingdom that is yet to come. This community understands itself to be caught in the midst of a cosmic struggle."

[110] Glasser, 『성경에 나타난 하나님의 선교』, 505. 신약신학에서 중요한 "이미와 아직"(Already but Not Yet) 개념을 제안한 사람은 오스카 쿨만(Oscar Cullmann, 1902-1999)이다. Oscar Cullmann, *Christ and Time: The Primitive Christian Conception of Time and History* (Philadelphia: Westminster Press, 1964). 그는 프랑스 출신의 루터교 신학자로, 루터교와 로마가톨릭 전통 사이의 대화를 설립하는 역할을 했다. "이미와 아직" 개념은 하나님의 구원적 행동이 역사적으로 나타나는 방식을 설명하기 위해 도입하였다. 구원의 혜택들 중 일부는 이미 경험되었지만, 완전히 이루어지기까지는 아직 시간이 필요하다는 것을 나타낸다.

[111] 조지아 엘마 하크니스(Georgia Elma Harkness, 1891-1974)는 미국의 메소디스트 신학자이자 철학자로, 미국 메소디스트에서 여성 목사직을 합법화하는 운동에 중요한 역할을 했다. 그녀는 뉴욕주 하크니스에서 태어났는데, 이 마을은 그녀 할아버지의 이름을 딴 것이다. 그녀는 Garrett Biblical Institute(1939-1950)와 Pacific School of Religion(1950-1961)에서 응용신학 교수로 일했다. 미국 신학교에서 전임교수직을 얻은 첫 번째 여성이었다. 참고. Georgia Harkness Papers (Garrett-Evangelical Theological Seminary) - CARLI Digital Collections (oclc.org)

[112] Georgia Elma Harkness, *Understanding the Kingdom of God* (Nashville: Abingdon Press, 1974), 115. https://archive.org/details/understandingkin00hark.

(2) 성육신으로 하나님 나라를 보여주신 예수

예수 그리스도의 사역은 영원부터 영원까지지만, 특수한 역사에서 그리스도는 인간으로 이 땅에 성육신하셨다. 세상 죄를 지고 가는 어린양으로 죄사함을 받는 회개의 세례를 받으셨다. 대속죄의 아사셀 염소처럼 성령에 의해 광야로 이끌려 가셨다. 그리고 어린양이 끝내 죽은 것처럼, 아사셀 염소가 끝내 죽은 것처럼, 예수 그리스도도 끝내 십자가에서 죽으셨다. 인간의 몸을 입고 성육신하신 하나님이 죽으셨기에 죽을 죄 가운데 있던 인간들에게 부활의 새생명이 덧입혀졌다.

제12장은 하나님 나라를 보여주시는 예수의 사역을 설명한다. 이 땅에 오신 예수 그리스도는 하나님 나라를 실제로 나타내 보여주셨다. 하나님 나라의 능력을 생생하게 드러내셨다.

그리스도 선교의 특수성을 가장 잘 표현하는 단어는 "성육신"이다. 폴 G. 히버트는 『선교와 문화 인류학』[113] (*Anthropological Insights for Missionaries*)[114] 에서 선교사는 본질적으로 "성육신적"이라고 강조했다.

> 복음을 현지인들의 사고방식대로 번역하기 위해서는 현지인과 그들의 사고를 이해해야 한다. 또한, 그들의 문화적 맥락 안에서 성경을 이해해야 한다. 그렇게 해야 성경에 있는 하나님의 메시지를 잃지 않은 채 그들의 문화 안으로 번역할 수 있다. 이런 의미에서 선교사와 메시지는 모두 "성육신적"이어야 한다. 선교사와 메시지 모두 현지인이 이해하는 방법으로 복음을 제시하기 위해 그 문화의 내부자가 되어야 한다.[115]

---

113 Paul Gordon Hiebert, 『선교와 문화 인류학』, 김동화 외 옮김 (서울: 죠이북스, 1996).

114 Paul Gordon Hiebert, *Anthropological Insights for Missionaries* (Grand Rapids, Mich.: Baker Book House, 1985). https://archive.org/details/anthropologicali0000hieb.

115 Hiebert, 『선교와 문화 인류학』, 133. Hiebert, *Anthropological Insights for Missionaries*, 97. "Both approaches are important for us in missions. We need to understand the people and their thinking to translate the gospel into their thought patterns. We need also to understand the Scriptures within their cultural contexts, so that we can translate them into

글라서도 예수의 사역을 이해하기 위해 성육신을 알아야 함을 강조한다.

> 성육신을 알아야 예수의 사역을 바로 이해할 수 있다.
> 성육신은 무엇인가?
> 예수님은 영원한 하나님의 말씀이셨지만 1세기 유대인의 육신을 입고 탄생하셨다. 유대 문화 속으로 들어오셔서 자신의 문화로 삼으셨다. 자신의 언어를 아람어로 제한하시고 자기 백성의 문화 안에서 말씀하시고 행동하셨다. 예수님은 자신의 사역 방식으로 당시 널리 보급되어 있던 랍비와 제자 모델을 취하셨다. 그분은 토착적인 복음 전달자였다. 자신이 만나는 사람들이 잘 알아들을 수 있도록 메시지를 적절하게 윤색했다. 그들이 어떤 상황과 처지에 있더라도 메시지가 그들에게 복음이 될 수 있게 했다.[116]

아서 글라서는 그것을 "성육신 모델"이라고 표현한다. "보냄을 받으신 분이시며 동시에 보내시는 분"이신 예수가 복음을 선포하는 효과적인 사역 모델을 제자들에게 보여주시기 원했다는 의미가 내포된 해석이다.

> 예수님은 성육신 모델을 보여주셨다. 제자들에게 보여주신 성육신 모델의 핵심은 다른 사람들을 섬기는 것이었다. 이것은 예수께서 성취하시려는 메시아 역할에서 흘러나왔다. 그분의 사역(diakonia)은 구약적 색채를 띠고 있다. 구약에서 선지자, 제사장, 왕 그리고 종의 역할을 기본 역할로 삼은 것이다. 이런 역할 모델 이외에 예수님은 전도자와 사도 역할 모델을 취하셨다. 그 이유는 제자들에게 하나님 나라의 복음을 선포하는 데 효과적인 사역 모델을 제공해 주기 위해서였다. 예수님은 보냄을 받으신 분이시며 동

---

the local culture without losing their divine message. In this sense both the missionary and the message are "incarnational." They must become insiders in a culture to present the gospel in ways the people understand."
[116] Glasser, 『성경에 나타난 하나님의 선교』, 326.

시에 보내시는 분이시다.¹¹⁷

예수 그리스도 사역에 있어서의 성육신적 모델에 대한 강조는 대표적인 복음주의 선교인류학자인 찰스 크래프트(Charles H. Kraft, 1932-)에 의해서 일찍부터 강조된 바다. 그의 대표작인 『기독교와 문화』에서 하나님은 특별계시로 자신을 인간들에게 드러내기 위해 불완전한 인간의 육신을 도구로 입으셨음을 강조했다.

> 하나님께서는 자신을 좀 더 완벽하게 계시하려고 하셨을 때에도, 자신의 성육신을 위한 수단으로 활용되기에 너무 악하거나 또는 불완전한 인간의 문화와 언어를 전혀 거부하지 않으셨다. 오히려 하나님께서는 성육신을 통하여 인간의 문화를 철저하게 수용하셨다. 불완전하고 완성될 수 없는, 유한하며 제약이 많은 인간의 문화를 특별계시로, 자신을 인간에게 보이시는 육신의 도구로 사용하셨다.¹¹⁸

크래프트는 또 다른 저작 『기독교 커뮤니케이션론』에서 성육신적 모델의 의미를 커뮤니케이션 원리로 설명한다. 피조물과의 커뮤니케이션을 간절히 원하시는 하나님께서 관계를 위해 취한 전략이 "수령자 지향적 커뮤니케이션"(receptor-oriented communication)¹¹⁹이라 했다. 그것이 곧 인간에게 상처받기까지 인간을 수용하신 "성육신적 모델"의 의미라고 설명한다.

> 온 우주의 하나님께서 우리와 대화하시는 정황으로 자신보다 우리에게 익숙한 환경, 우리의 생활 방식, 우리의 언어, 우리의 전체적인 준거 기준, 준거 틀(frame of reference)을 선택하신다는 사실은 매우 놀라운 일이 아닐 수

---

117 Glasser, 『성경에 나타난 하나님의 선교』, 326.
118 Kraft, 『기독교와 문화』, 208.
119 Kraft, 『기독교 커뮤니케이션론』, 43.

없다. 하나님께서는 이런 접근법을 채택하심으로, 자신의 피조물들에 대한 신뢰를 나타내시고, 우리에게 자신을 의존하시고 우리에게 상처를 받으셨다.[120]

조물주가 피조물을 향해 보여준 배려, 하나님이 우리에게 "자신의 준거 틀을 사용하라고 요구하기보다 오히려 하나님께서 우리의 준거 틀을 선택하셨다는 것은 우리에 대한 하나님의 사랑과 수용과 존중을 나타내는 것이며"[121] 수령자 지향성의 확증이다. 수령자의 준거 틀을 채택하신 하나님에 대해 저자는 심지어 "하나님께서는 자신을 우리에게 맡기시고, 그래서 하나님께서는 우리에게 의존하며 상처를 받으셨다."[122]라고까지 표현했다. 예수의 성육신적인 사역 모델은 "상황화의 중요성"을 웅변한다.

> 예수의 사역은 상황화의 중요성을 보여준다. 메신저와 메시지는 절대적으로 상황화되어야만 한다는 것은 주의 말씀이 구체적인 역사적 상황 가운데 정확하게 들려지기 위해서 필수적이다.[123]

크래프트는 "성경의 메시지들의 상황화에 대한 관심은 곧 성경의 의미들이 하나의 '해석학적 다리'(hermeneutical bridge)를 건너 보통 사람들의 실제적 삶의 상황에 이르는 것에 대한 관심"이라고 표현하며, 그것을 '성육신적'(incarnational) 접근법이라 불렀다.

성경해석학은 "성경과 현대 문화 사이의 대화에 관심"을 가지는 것이며, 그 목적은 "성경의 메시지를 그 원래의 상황으로부터 20세기의 특정 상황

---

120 Kraft, 『기독교 커뮤니케이션론』, 43.
121 Kraft, 『기독교 커뮤니케이션론』, 44.
122 Kraft, 『기독교 커뮤니케이션론』, 45.
123 Glasser, 『성경에 나타난 하나님의 선교』, 326.

으로 옮겨 놓아"[124] 성경에 기록된 하나님의 의도가 살아나게 하는 것이다.

그리스도 선교의 가장 선명한 특징인 '성육신적 모델'이 결국 '수신자 지향적인 커뮤니케이션'과 연결되고, 그것이 복음 전달을 위한 '상황화' 전략으로 이어지고 있음을 주목해야 한다.

다니엘 쇼와 밴 엥겐도 『기독교 복음 전달론』 제3부에서 "특정한 상황 속에서 말씀하시는 하나님의 적합성(relevance)에 대한 모델을 정립하기 위해 성육신적 관점을 사용"하였다. "성경의 의도에 충실하면서도 수용자들의 문화적 처지에 대한 적합성"을 견지함으로써, 성경 말씀을 "효과적으로 전달하는 방법"을 찾고자 함이다. 이를 위하여 "특정 상황에 어울리는 방식과 양식들(styles)을 사용"해야 할 것을 강조했다.[125]

> 탁월한 효과를 초래할 커뮤니케이션의 잠재력은 발신자와 메시지 그리고 수신자 모두가 동일한 준거 기준(the same frame of reference)을 공유하고 있을수록 더욱 높아진다. 발신자의 준거 기준이나 수신자의 준거 기준 어느 쪽이든 선택할 수 있다. 하지만, 커뮤니케이션 과정에서 수신자의 준거 기준이 사용되면, 수신자에게 미치는 커뮤니케이션의 효과는 상당히 높아질 것이다. 대부분의 기독교 커뮤니케이션은 수신자들을 그들의 고유한 상황으로부터 분리하여 발신자의 상황 속으로 끌어오려고 하지만, 하나님의 커뮤니케이션은 그 반대로 수신자와 동일시하는(identificational) 성육신적(incarnational) 방법을 사용하신다. 다시 말해서, 하나님의 커뮤니케이션은 예수님께서 본을 보여주신 바와 같이, 발신자를 통해 수신자의 준거 기준의 틀 안에서 이루어진다.[126]

---

124 Kraft, 『기독교와 문화』, 253.
125 Shaw and Engen, 『기독교 복음 전달론』, 25.
126 Kraft, 『기독교와 문화』, 622.

성육신적 선교의 모델인 예수가 신약 시대를 살아가는 하나님의 백성들을 위해 "전통적인 구약의 역할"(선지자, 제사장, 왕 그리고 종의 역할) 모델을 넘어서서 새로운 선교 역할을 추가한 것은 지극히 자연스러운 일이다.

글라서는 예수가 "구약을 차용하고 수정하고 보완"하되, 새로운 선교 역할을 첨가하여, "복음 전도자, 사도 그리고 선교 지도자들의 멘토 역할"[127]을 보여주었다고 했다.

이 변화는 후에 사도들에게서도 발견되었다. 선교 지도자들의 멘토였던 예수님으로부터 이 모델을 배운 그들에게 너무나 자연스러운 반응이었을 것이다. 글라서는 예수께서 선택하시고 훈련하신 사도들을 통해 이어져 간 하나님의 선교를 이렇게 표현한다.

> 사도들은 교회공동체를 유대주의 공동체와는 다른 신앙공동체가 되도록 이끌었다. 성령의 인도하심에 따라 전혀 새로운 신앙 원칙을 세워 나갔다. 그들은 유대인들 가운데 사역을 시작했다. 유대인이라는 혈통에 의해 규정되는 신앙이 아닌 그리스도의 통치에 복종하는 새로운 신앙공동체를 형성하였다. … 무엇보다 메시아에 대한 인식이 유대인들을 완전히 분리시켰다. 결국, 예수를 메시아로 받아들이는 유대인들과 받아들이지 않는 유대인들로 나뉜 것이다.[128]

예수 그리스도의 사역에서도, 또 그 이후 사도들의 사역에서도 믿는 유대인의 존재를 결코 배제하지 않고 있음을 인지하여야 한다. 이것이 당시 실제 상황에 적합한 보고이기 때문이다.

특수한 역사에서 보편적 새역사로 전환되는 과도기 그 시점에서 예수는 성육신적 자세로 수신자 지향적인 방법을 모색하여 그들에게 적합한 복음

127　Glasser, 『성경에 나타난 하나님의 선교』, 336.
128　Glasser, 『성경에 나타난 하나님의 선교』, 347.

을 전달함으로써 자신의 메시아되심을 알리셨고 그들을 제자로 삼으셨다.

(3) 유대인과 이방인에 차별 없는 의가 되신 예수

글라서는 "하나님 나라의 선교를 선포하시는 예수님"을 다루는 14장에서 예수의 길을 따라가는 사도들에게도 "하나님 나라의 선교 명령"이 주어졌음을 강조한다. 아버지께서 예수를 보내신 것같이, 예수님도 제자들을 세상으로 보내시는 것이다(요 20:19-23[129]).

특히, 교회의 지도자들에게는 "교인들을 동원하여 이 중요한 선교 사역에 참여시킬 책임이" 있음을 역설한다.[130] 글라서는 전 세계를 향한 복음 선포는 "하나님의 결정에 따른 결과"[131]라는 I. 하워드 마샬(Ian Howard Marshall, 1934-2015)[132]의 말을 인용하며, "세계 복음화는 아주 오래 전부터 미리 예정되어" 있었다고 강조한다. 그것은 심지어 "십자가와 부활처럼 동일한 중요성을 갖는 '신적 필요성'의 명령에 따른 하나님의 목적에 의해 이미 결정된 것"이라고까지 역설한다.[133]

그는 누가복음 24장 47절[134]을 언급하며, "제자들에게 주어진 명령은 복음 선포를 예루살렘에서부터 시작하라는 것이었다"라는 사실을 지적한다. 또한, 이것이 해석학의 네 지평 중 하나인 구약성경에서 인용한 것임

---

[129] [요 20:21] "예수께서 또 이르시되 너희에게 평강이 있을지어다 아버지께서 나를 보내신 것 같이 나도 너희를 보내노라."
[130] Glasser, 『성경에 나타난 하나님의 선교』, 372.
[131] Ian Howard Marshall, *Luke: Historian & Theologian* (Grand Rapids, Mich.: Zondervan, 1971), 111.
[132] I. 하워드 마샬(Ian Howard Marshall, 1934-2015)은 스코틀랜드의 신약학자였다. 그는 애버딘대학교에서 신약주석학 명예교수로 재직했다. 2005년에 그의 신약신학에 대한 책(*New Testament Theology: Many Witnesses, One Gospel*)이 Gold Medallion Book Award를 수상했다. 그는 역사적 예수에 대한 믿음을 주장했으며, 예수가 실재하지 않았다는 주장이 학계의 의견에 어떠한 영향도 미치지 못했다고 주장했다. https://theologicalstudies.org.uk/theo_marshall_i-howard.php
[133] Glasser, 『성경에 나타난 하나님의 선교』, 377.
[134] [눅 24:47] "또 그의 이름으로 죄 사함을 얻게 하는 회개가 예루살렘으로부터 시작하여 모든 족속에게 전파될 것이 기록되었으니."

을 밝힌다.[135]

아서 글라서는 마태복음 28장 16-20절의 대사명을 언급하며, 이 명령을 수행하기 위한 구체적인 과업을 논하면서 제자 삼는 일에 관하여 "복음 전도, 세례를 통해 교회 생활 안으로 편입시키는 것, 하나님 나라에 적극적으로 참여하도록 교육하는 것"을 포함한다[136]고 정리했다.

교회의 중요한 요소들로, "케리그마(복음), 코이노니아(공동체), 디아코니아"(인류의 유일한 소망인 하나님의 통치가 드러나는 하나님의 백성들의 봉사와 순종)를 언급한 글라서는 "교회와 하나님 나라에 참여하지 않고도 성경적 의미의 제자가 될 수 있는가"[137] 하는 도전적인 질문을 던진다.

그리고 제자삼고 가르쳐야 할 "모든 민족"의 범주 안에 유대인이 포함되는지에 관한 쟁점을 부각한다. 이것은 예수 그리스도가 명하신 지상명령의 대상을 설정하는 것으로, 중요한 문제가 아닐 수 없다.

> 그러나 학자들은 여기서 의견을 달리한다. 일부 학자들은 예수에 대한 유대인의 불순종은 이스라엘 선교에 대한 하나님의 포기를 의미하기 때문에, 지상명령은 "이스라엘을 제외한 모든 세상"을 향한 것이라고 주장한다. 다른 학자들은 동일한 주장으로 지상명령에 이스라엘을 포함시킨다.[138]

글라서는 칼 루트비히 슈미트(Karl Ludwig Schmidt, 1891-1956)[139]의 말을 인용하며, "지상명령의 범위는 분명히 인류 가족 안에 있는 모든 문화 집

135　Glasser, 『성경에 나타난 하나님의 선교』, 378. [사 2:3], [미 4:2] "율법이 시온에서부터 나올 것이요 여호와의 말씀이 예루살렘에서부터 나올 것임이라."
136　Glasser, 『성경에 나타난 하나님의 선교』, 382. Glasser, *Kingdom and Mission*, 214.
137　Glasser, 『성경에 나타난 하나님의 선교』, 382. Glasser, *Kingdom and Mission*, 214.
138　Glasser, 『성경에 나타난 하나님의 선교』, 387. Glasser, *Kingdom and Mission*, 217.
139　칼 루트비히 슈미트(Karl Ludwig Schmidt, 1891-1956)는 독일의 신학자이자 신약학 교수로, 바젤대학교에서 교수직을 맡았다. https://vridar.org/tag/karl-ludwig-schmidt/

단을 포함한다"고 규정한다. 그리고 그 대상은 "문화적으로 유대인이든 이방인이든 구별이 없다"고 천명한다.[140] 예수 그리스도는 유대인에게나 이방인에게나 차별이 없는 하나님의 의가 되기 때문이다(롬 3:22).

그러나 그는 제럴드 H. 앤더슨(Gerald H. Anderson, 1930-)[141]의 말을 인용하여 "오늘날 교회들은 유대 민족을 지상명령의 범위 안에 포함시키는 것에 대해 상당한 저항이" 있음[142]을 지적한다.[143]

그리고 이중 언약 신학의 문제점을 노정한다. 그 예로 유대 실존주의 철학자 프란츠 로젠츠바이크(Franz Rosenzweig, 1886-1929)를 거명한다. 스스로를 "안티 그리스도인"이라 자칭한 그는 지상명령을 열렬하게 지지하면서도 유대인들에게는 예외가 적용된다는 "두 언약 신학"(Two Covenant Theology)을 주장하며, 다음과 같이 말했다.

> 우리는 그리스도와 그분의 교회가 세상에 어떤 의미를 가지는가에 대해 전적으로 동의한다. 스스로 하나님께 도달하여 그분을 통해 구원을 받을 수 있는 사람은 없다. … 그러나 이미 하나님과 함께 있기 때문에 하나님께 도달하려고 노력하지 않아도 되는 사람은 그 사정이 다르다. 그리고 이것이 이스라엘 백성에게는 사실이다(유대인 개개인은 그렇지 않을지라도).[144]

---

140 Glasser, 『성경에 나타난 하나님의 선교』, 387. Glasser, *Kingdom and Mission*, 217.
141 제럴드 H. 앤더슨(Gerald H. Anderson, 1930-2017)은 미국 출신의 선교사이자 교육자였다. 해외선교연구센터(OMSC: Overseas Ministries Study Center) 편집인이었고, 미국선교학회(ASM)의 창립자였다. 참고. Collection: Gerald H. Anderson Papers | Archives at Yale
142 Gerald H. Anderson, "The Church and the Jewish People: Some Theological Issues and Missiological Concerns," *Missiology* 2, no. 3 (1974): 279-93.
143 Glasser, 『성경에 나타난 하나님의 선교』, 388. Glasser, *Kingdom and Mission*, 217.
144 Bowler, "Do Jews Need Jesus?," 12-14. "We are wholly agreed as to what Christ and his Church mean to the world: no one can reach the Father save through him. … The situation is quite different for one who does not have to reach the Father because he is already with him. And this is true of the people of Israel(although not of individual Jews)." Glatzer, 341.

"두 언약 신학"은, "하나님이 유대인들에게는 이스라엘에 속한 사람이 되는 것을 통하여 언약을 맺으시고, 모든 이방 백성에게는 그리스도를 통하여 언약을 맺으신다"는 이중적 구원론의 입장을 취한다.

글라서는 이 이론에 부정적인 입장을 보이면서, "이 이론의 분명한 효과는 그리스도인의 관심을 유대인에게로부터 돌리는 데 있다"는 문제를 적시한다.[145]

글라서는 "성경에 나타난 구속에 대한 철저한 신학적 연구 중 어느 것도 이스라엘 사람들만은 그리스도의 대속적 고난 없이도 구원 받을 수 있다는 이론을 지지하지 않는다"라고 확신 가운데 역설한다. 그는 "하나님 나라의 범위는 보편적"임을 강조하며, 유대인들에게도 "사죄의 메시지를 전해야" 하는 것이 그리스도인의 의무라고 강조한다. 일부 그리스도인의 다음 말을 인용하여, 유대인들에게 그리스도가 가치 있고, 그리스도께도 유대인들이 가치 있는 존재임을 반어적으로 역설한다.[146]

> 내가 만일 유대인들에게 그리스도를 전하지 않는다면, 나는 그리스도가 그들에게 무가치한 분이라고 생각하거나 아니면 유대인들이 그리스도께 무가치한 사람들이라고 여기는 것이다.[147]

---

[145] Glasser, 『성경에 나타난 하나님의 선교』, 389. Glasser, *Kingdom and Mission*, 218. Glasser et al., *Announcing the Kingdom*, 238. "This position is called the "Two Covenant Theory," for it is based on the thesis that God made a covenant with the Jewish people through membership in Israel and with all Gentile peoples through Christ. The obvious effect of this theory is to divert Christian attention away from the Jews and, in part, to exalt the principle that race and religion can be the grounds for exemption from the need for Jesus Christ."

[146] Glasser, 『성경에 나타난 하나님의 선교』, 389. Glasser, *Kingdom and Mission*, 218.

[147] Glasser, 『성경에 나타난 하나님의 선교』, 389. Glasser, *Kingdom and Mission*, 218. Glasser et al., *Announcing the Kingdom*, 238. "Some Christians have said, in essence, "If I do not share Christ with the Jews, I either regard Christ as unworthy of them or regard Jews as unworthy of Christ.""

이 논의에서 <메시아닉 유대인> 학자인 야콥 욕즈(Jacób Jocz, 1906-1983)[148]의 발언은 가장 적절한 반론이 될 수 있다. 아서 글라서가 쓴 "야콥 욕즈의 유산"(The Legacy of Jacób Jocz)[149]이라는 글에 그의 입장이 고스란히 담겨 있다.

> 그는 하나님께 이르는 길이 두 가지가 아님을, 즉 하나는 유대인(시내산)과 다른 하나는 이방인(골고다)을 위한 두 언약이 아님을 확신했다.[150]

욕즈의 말 중 많이 회자되는 다음 문장은 글라서의 마음을 대변하듯 여러 번 인용된다.

> 교회에 유대인을 위한 복음이 없다면 세상을 위한 복음도 없다![151]

아서 글라서의 이 확고한 입장은 그가 심혈을 기울여 동참했던 제2차 로잔대회의 선언문에 다음과 같은 내용으로 포함되었다.[152]

148　야콥 욕즈(Jakób Jocz, 1906-1983)는 리투아니아 빌니우스에서 태어난 신학자다. 그는 독일, 영국, 스코틀랜드에서 공부했다. 에든버러대학교에서 박사학위와 문학박사학위를 받았다. 토론토 위클리프신학교에서 조직신학 교수로 재직했다. 욕즈는 3세대에 걸친 히브리 기독교인으로서, 유대인들을 위한 복음 전파에 열정적이었다. https://tinyurl.com/yta2y5wy

149　Glasser, "The Legacy of Jacób Jocz."

150　Glasser, "The Legacy of Jacób Jocz," 66-71.

151　Glasser, "The Legacy of Jacób Jocz," 71.

152　노윤식, "복음주의 선교,"「선교신학」, no. 3 (1999): 161-62. 이 논문은 국제 선교 연구 회보(International Bulletin of Missionary Research)의 편집장이며 미국 커네티컷 뉴헤이븐(New Haven, Connecticut)에 있는 해외선교연구소(Overseas Ministries Study Center) 소장인 제럴드 앤더슨(Gerald H. Anderson) 기념 논문집인 '향후 21세기 선교의 전망'(Toward the Twenty-First Century in Christian Mission)에 실린 아서 F. 글라서(Arthur Frederick Glasser)의 논문 "복음주의 선교"(Evangelical Missions), 9-20을 노윤식이 번역한 것이다.

아브라함과 맺은 하나님의 언약 덕분에, 유대인들은 예수를 그들의 메시아로 여길 필요가 없다고 종종 주장되고 있다. 우리는 그들도 다른 사람들처럼 그분이 필요하다고 확언한다. 그렇지 않으면, 어떤 형태로든 일종의 반유대주의(anti-Semitism)가 될 것이고, 그리스도에게 불충성하게 될 것이며, "첫째는 유대인에게요…"라고 한 신약성경의 복음 전파 형태로부터 빗나가게 될 것이다. 그러므로 유대인들이 그들 자신의 언약을 가지고 있기 때문에 예수를 믿을 필요가 없다고 주장하는 그 논지를 우리는 거부한다.[153]

두 언약 신학을 배격하는 글라서의 모습은 그의 성경적 해석이 철저히 복음에 뿌리를 박고 있음을 확인할 수 있는 대목이다. 그는 하나님의 선교에서 이스라엘이 차지하는 위치를 강조하면서도, 그 존재 의의를 비성경적인 기준으로 두둔하지 않는다. 그들도 역시 회개해야 할 죄인이며, 골고다 십자가의 보혈 없이는 구원 받을 수 없는 존재들이다.

동시에 그는 반대편으로 치우치지도 않는다. 즉, 이스라엘이 그들의 죄로 인해 그들을 향한 하나님의 언약에서 끊어졌고, 이제 그들의 언약을 우리 교회가 모두 대신하게 되었다는 '대체신학적 함정'에 빠지지도 않는다.

이스라엘을 바라보는 그의 관점에 균형 감각이 있다. 그 균형 감각의 추는 예수 그리스도다. 그리스도를 다림줄 삼은 선교학적 해석학이다. 아서 글라서의 선교학적 해석학은 좌로나 우로나 치우치지 않는 닻을 예수 그리스도에게 정확히 내리고 있다.

---

153 Arthur Frederick Glasser, "Evangelical Missions," in *Toward the Twenty-First Century in Christian Mission: Essays in Honor of Gerald H. Anderson*, ed. Robert Coote James Phillips (Grand Rapids, Mich.: Wm. B. Eerdmans Publishing, 1993), 9-20.

3. "보편적 새역사"에 나타난 성령의 선교

글라서가 나눈 정경의 세 부분 중에서, 셋째 부분은 "보편적 새역사"(universal new-history)로 들어간다. 이는 오순절 날에 성령이 오심으로 시작되었다(행 2장). 베드로가 "이 약속은 너희와 너희 자녀와 모든 먼 데 사람 곧 주 우리 하나님이 얼마든지 부르시는 자들에게 하신 것이라"(행 2:39)고 선포한 것처럼, 복음이 닿는 범위가 유대인을 넘어 이방인에게로 확대되었다. 복음 선포의 범위가 본질적으로 보편적, 우주적이기 때문이다.

> 베드로가 언급한 보편성은 신약성경의 마지막에 나오는 '새 하늘과 새 땅'까지 계속된다. 인류 역사의 종말론적 완성은 하나님의 보좌로부터 생명수가 흘러나와 만국을 치유하는 하나님 나라에서 이뤄진다.[154]

1) 보편적 새역사의 위치와 의의

정경의 세 단계에서 보편적 새역사는 맨 마지막에 위치한다. 선교의 완성을 의미한다.

<그림 48> 하나님의 선교의 완성, 보편적 새역사[155]

154　Glasser, 『성경에 나타난 하나님의 선교』, 41. Glasser, *Kingdom and Mission*, 37.
155　"보편적 역사-특수한 역사-보편적 새역사"에서 보편적 새역사는 첫 번째 단계의 보편적 역사 안에 특수한 역사가 더해져서 색깔이 더욱 진한 파란색으로 표현되어 있다.

『성경에 나타난 하나님의 선교』에서 보편적 새역사에 해당하는 부와 장을 도표로 정리해서 제시하면 <표 12>와 같다.

<표 12> 『성경에 나타난 하나님의 선교』의 보편적 새역사[156]

구분	각 부의 제목	각 장의 제목	정경 구분
신약 성경	5부 교회와 성령을 통한 하나님의 선교	16. 선교하는 교회의 새 시대를 여신 성령님	보편적 새역사 행2장~계22장
		17. 하나님 나라를 선포하는 예루살렘 교회	
		18. 예수님 안에서 하나님 나라의 복음을 선포하는 바울	
		19. 그리스도의 선교를 구현하는 사도 시대의 교회	
		20. 하나님의 현재적 통치: '이미'와 '아직'	
	6부 종말적 순간까지 확장되는 하나님의 선교	21. 세상 권세들을 이기고 확장되는 하나님 나라	
		22. 구원하는 유일한 이름 : 주 예수 그리스도	
		23. 모든 성경은 하나님의 통치를 선포한다	

세 번째 단계인 '보편적 새역사'의 시작은 '오순절'이다. 그때부터 '성령의 선교'가 본격적으로 이뤄졌다. 그 시기 선교의 초기에는 베드로가 중심이었으나, '사도행전의 교회' 이후에는 단연 사도 바울이 중심축이 되었다.

즉, 바울의 선교 활동이 차지하는 가장 중요한 의의는 그가 정경의 '특수한 역사'에서 '보편적 새역사'로 들어간 마지막 부분을 감당했다는 점이다. 엄밀하게 말하면, 바울이라는 한 명의 유대인이 자신의 혈통인 이스라엘에게 집중되었던 '특수한 역사'를 지나 '보편적 역사'로 되돌아간 시점에 부름을 받아 유대인과 이방인을 함께 구원하는 선교를 감당했다는 것이다.

정경 66권에 나타난 하나님의 선교라는 큰 그림 안에서 바울이 차지하는 이 위치와 의의를 확인하는 것이 중요한 이유는, 그것이 바울의 사명과 사역의 특별함을 규정하기 때문이요, 바울을 부르고 보내신 하나님의 선교 전략

---

[156] Glasser, 『성경에 나타난 하나님의 선교』, 40-41. 『성경에 나타난 하나님의 선교』의 목차에서, 보편적 새역사는 5부에서 다섯 장, 6부에서 세 장을 할애한다. 총 2부, 8장에 걸쳐서 다루고 있다.

의 근거가 되기 때문이다. 바울 선교 활동의 위치와 의의를 성경 전체의 흐름 속에서 파악하자면, "보편적 역사-특수한 역사-보편적 새역사"라는 정경의 세 단계 구분 중 세 번째인 '보편적 새역사' 단계를 주목해야 한다.

"『성경에 나타난 하나님의 선교』 해석학적 렌즈"를 통해서 보편적 새역사의 위치를 파악하면 <그림 49>와 같다.

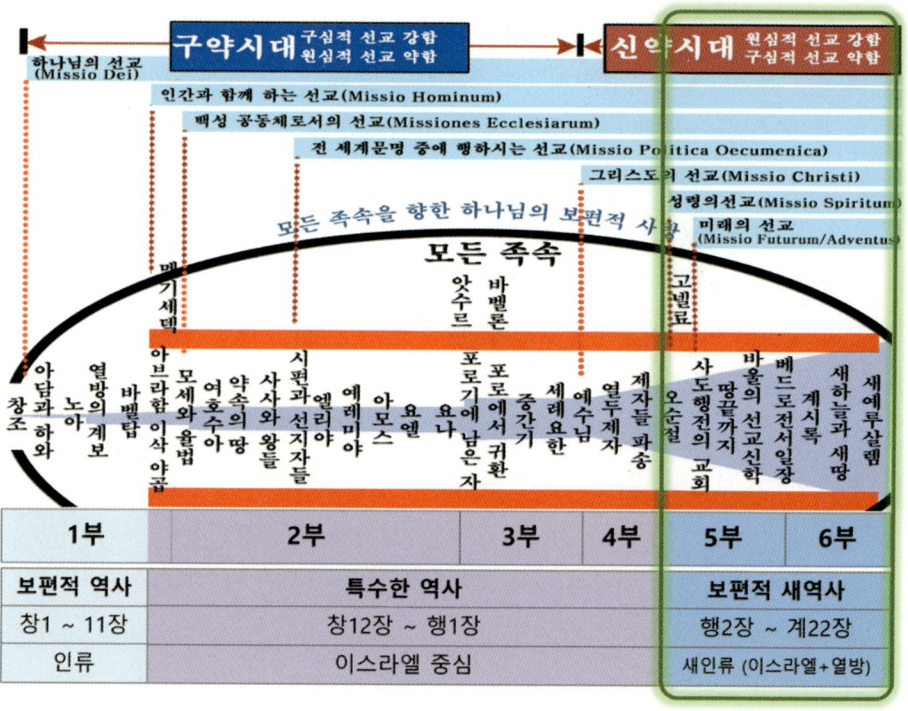

<그림 49> 해석학적 렌즈 – 보편적 새역사[157]

---

[157] "『성경에 나타난 하나님의 선교』의 해석학적 렌즈"에서 "보편적 새역사" 부분을 초록색 사각형으로 표시했다.

2) 보편적 새역사와 바울 선교의 의의

바울 선교 활동을 펼친 보편적 새역사의 위치는 "성령의 선교"(미시오 스피리투스, Missio Spiritus)와 맥을 같이 한다. 원심적 선교가 구심적 선교보다 더 강하게 일어나던 신약 시대, 그것도 그리스도의 선교 이후 성령을 통한 하나님의 선교가 활발하게 일어나던 때가 바울 사역의 주무대다.

앞의 <그림 49>에서 여섯 번째 "성령의 선교"가 일곱 번째 "미래의 선교"(미시오 후투룸/어드벤투스[Missio Futurum/Adventus]) 끝까지 함께 가는 것을 볼 수 있다. 이는 바울이 선교 활동을 벌이던 주무대는 여섯 번째 "성령의 선교" 시대였지만, 바울서신의 교훈은 일곱 번째 "미래의 선교"에도 영향을 끼치는 요소가 있음을 의미한다. 바울의 손을 빌려 신약성경의 반 이상을 쓰게 하신 분이 성령님이기에, 성령이 소멸되지 않는 한 성령의 영감으로 기록된 바울서신의 종말론적 메시지도 흐려지지 않는 것이다.

'하나님의 선교'라는 보편적 역사를 완성하기 위해서는 '하나님의 백성 이스라엘'이라는 특수한 역사가 반드시 필요했다. "수단의 특정성"을 통한 "목표의 보편성"을 성취하는 하나님의 섭리였다.[158]

정경에 등장하는 인물 중 보편과 특수 양자를 모두 경험한 대표적인 사람으로 아브라함과 바울을 꼽을 수 있다. 아브라함은 '보편적 역사'에서 '특수한 역사'로 들어갈 때(A) 등장한 인물이요, 바울은 '특수한 역사'에서 다시 '보편적 새역사'로 나올 때(B) 등장한 인물이다.

<그림 50>을 참고하여 이 관계를 이해해 보자. 아브라함은 자신이 '특수한 역사'로 들어간다는 것(A)이 무엇을 의미하는지를 잘 이해하지 못했을 것이다. 그는 특수한 역사의 시작점을 살아갔을 뿐, 이후 펼쳐질 이스라엘 역사의 전말을 볼 수 없었기 때문이다.

---

158 Blaising, "이스라엘과 성경해석학," in 『이스라엘 민족, 영토 그리고 미래』, 309.

반면, 바울은 자신의 혈통이 속한 '특수한 역사'에서 '보편적 새역사'로 나온다는 것(B)이 무엇인지를 잘 이해하고 정리한 사람이다. 그가 정통했던 구약의 역사서와 시편과 선지자의 글들을 통해, 열방 가운데 이스라엘이라는 특수한 공동체의 역할이 무엇인지, 그들이 실패한 점은 무엇인지, 앞으로 그들이 지향해야 할 점은 무엇인지, 누구보다 잘 알 수 있었기 때문이다.

<그림 50> 보편-특수-보편의 역학 관계[159]

보편-특수-보편의 역학 관계를 나타내는 도식에서 "보편적 역사"와 "보편적 새역사" 사이에는 차이점이 있다. "보편적 역사"는 "특수한 역사" 개념이 없을 때의 보편적 역사고, "보편적 새역사"는 "특수한 역사"를 포함하고 있는 보편적 역사라는 점이다.

즉, 인류를 구원하기 원하시는 하나님의 보편적 구원 역사는 아브라함으로부터 시작된 이스라엘 중심의 특수한 역사로 진행되다가, 그 이스라엘이 사라진 채 보편적 역사로 돌아가는 것이 아니라, 이스라엘의 남은 자를 포함한 보편적 새역사로 전개된다.

바울은 이 개념을 잘 이해하고 설명한 사람이다. 로마서 9-11장은 하나님의 구원 섭리에서 유대인과 이방인의 관계를 설명하는 탁월한 비유로 가득하다. "하나님의 백성 이스라엘이 하나님의 선교 계획에 얼마나 중요한 위치를 차지하는가"[160]를 성찰할 때, 바울은 신구약성경을 통틀어 그것

---

159 이 도표에서 바울은 '특수한 역사'에서 '보편적 새역사'로 나올 때(B) 위치한다.
160 Glasser, 『성경에 나타난 하나님의 선교』, 10.

을 가장 잘 대변하는 인물이다. 이것은 탁상공론에서 나온 신학적 이론이 아니라, 유대인과 이방인이 섞여 있는 실제 선교 현장에서 발견한 하나님의 구원 섭리였다. 바울의 출생, 성장, 회심, 선교 등 일련의 과정은 하나님의 신비로운 구원 경륜을 이 땅에 이루기 위한 하나님의 선교적 부르심이었다.

바울이 "이방인"의 사도로 부름 받았다는 개념을 단지 그의 선교 대상이 이방인에게 국한된 것으로 오해해서는 안 된다. 사도행전 9장에서 하나님이 바울에게 사명을 맡기시며 친히 명하신 말씀에서 그를 통해 구원하기 원하셨던 대상들 안에 "이스라엘 자손들"이 처음부터 포함되어 있었음을 명확하게 볼 수 있다.

> 주께서 가라사대 가라 이 사람은 내 이름을 이방인과 임금들과 이스라엘 자손들 앞에 전하기 위하여 택한 나의 그릇이라 (행 9:15).

그런데 누가의 기록을 보면, "바울의 가르침에 대한 유대인의 완고한 거부 반응과 헬라인의 열렬한 수용 태도"[161]가 뚜렷이 대조되어 보이는 것이 사실이다. 자신의 동족인 유대인들이 왜 구원의 복음을 거부하는지 그리고 어찌하여 이방인들은 상대적으로 복음을 잘 받아들이는지를 질문하던 바울은 온 인류를 구원하기 원하시는 하나님의 구원의 경륜을 깨닫는다.

> 이스라엘은 먼저 구원 받지 못하고 기독교의 이방인 선교의 결과로 그리스도를 믿는 믿음으로 말미암아 구원 받을 것이다.[162]

---

161 Roland Allen, 『바울의 선교 Vs. 우리의 선교』, 홍병룡, 전재옥 옮김 (서울: IVP, 2008), 45.
162 Ed Parish Sanders, 『바울, 율법, 유대인』, 김진영 옮김 (파주: 크리스찬다이제스트, 1994), 285-86.

데이비드 보쉬는 바울을 첫 선교사요 첫 신학자로 칭하면서, 바울의 선교를 일컬어 "종말론적 공동체로의 초대"[163]라고 표현했다. 그는 바울의 선교 패러다임 안에서 이스라엘과 열방의 구원을 다음과 같이 이해했다.

> 이스라엘의 구원사적인 우위는 유효하며 결코 무시되어서는 안 된다. 유대인들의 혜택은 사실이며 약속들이 그들에게 주어져 있다. 그리스도의 사건이 바로 이러한 약속들에 대한 대답이다. 바울이 선포하는 복음은 새로운 종교가 아니라 메시아 시대를 갈망하는 이스라엘에 대한 대답이다.[164]

선교사로서 바울이 열방을 향해 선포하는 복음이 "새로운 종교가 아니라 메시아 시대를 갈망하는 이스라엘에 대한 대답이다"라는 선언은 중차대한 명제다. 그는 심지어 "이방인 그리스도인들은 이스라엘이 하나님의 종말론적 백성의 모체라는 사실을 잊지 말아야 한다"[165]라고 역설한다. 보쉬는 다른 신학자들의 말을 인용하며 이 사실을 뒷받침한다.

> 그러므로 이스라엘에 대한 하나님의 약속의 종말론적 성취는 산 희망으로 남는다. 이스라엘이 구원 받지 못한다면 약속들에 대한 하나님의 신실성은 무효가 된다(Beker).[166]

> "하나님의 은사와 부르심에는 후회하심이 없다"고 바울이 말하기 때문이다(롬 11:29). 그들이 구원 받지 못한다면 이방인들에 대한 하나님의 약속들 역

163　Bosch, 『변화하는 선교: 선교신학의 패러다임 전환』, 212.
164　Bosch, 『변화하는 선교: 선교신학의 패러다임 전환』, 272.
165　Bosch, 『변화하는 선교: 선교신학의 패러다임 전환』, 293.
166　Johan Christiaan Beker, *Paul the Apostle: The Triumph of God in Life and Thought* (Fortress Press, 1980), 343, 35. https://archive.org/details/paulapostletrium0000beke. Bosch, 『변화하는 선교: 선교신학의 패러다임 전환』, 272.

시 영원히 모호하다(Stegemann).[167]

이 원리를 설명하기 위해 보쉬도 결국 로마서 9-11장을 주목한다. 이스라엘과 이방인 교회의 관계를 다음과 같이 설명한다.

> 교회는 이스라엘과의 연결 없이 하나님의 백성이 될 수 없다. 바울의 이방인 사도직은 이스라엘의 구원과 관련되며 이스라엘로부터 돌아선다는 뜻이 결코 아니다. 복음은 약속이 이스라엘을 넘어 확대된다는 뜻이지 이방인들로 구성된 교회가 이스라엘을 대체한다는 뜻이 아니다(Beker).[168]

> 교회는 하나님이 믿지 않는 이스라엘을 믿는 이방인으로 교체했다는 의미에서의 새 이스라엘이 아니다. 오히려 교회는 확대된 이스라엘이다(Kirk). 이방인 그리스도인의 존재는 이스라엘로부터 결코 분리될 수 없다(Bieder). 바울은 모든 원예 관습에 어긋나는 비유를 사용하여 이것을 설명하는데 돌감람나무의 열매가 "본성을 거스려" 좋은 감람나무에 접붙임된다(롬 1:24).[169]

바울은 로마서 9-11장을 통해 이 놀라운 깨달음을 설파한 후 하나님의 지혜와 지식의 부요함을 전심으로 찬양한다. 그 과정에서 지금은 주로 이방인들에게 복음을 전하고 있는 자신의 역할이 결국은 유대인들을 구원하는 길로 연결됨을 깨닫고 자신의 직분이 영광스럽다고 고백한다.

---

[167] Ekkehard W. Stegemann, "Hat Gott Sein Volk Verstoßen?–Das Sei Ferne!," *Pastoraltheologie* 73 (1984): 300. Bosch, 『변화하는 선교: 선교신학의 패러다임 전환』, 273.

[168] Beker, *Paul the Apostle*, 317, 31, 33, 44. Bosch, 『변화하는 선교: 선교신학의 패러다임 전환』, 280.

[169] Andrew Kirk, "The Middle East Dilemma: A Personal Reflection," *Anvil* 3 (1987): 258. Werner Bieder, "Das Mysterium Christi Und Die Mission," *Zürich: EVZ-Verlag* (1964): 27. Bosch, 『변화하는 선교: 선교신학의 패러다임 전환』, 293.

> 내가 이방인인 너희에게 말하노라 내가 이방인의 사도인 만큼 내 직분을 영광스럽게
> 여기노니, 이는 혹 내 골육을 아무쪼록 시기하게 하여 그들 중에서 얼마를 구원하려
> 함이라. 그들을 버리는 것이 세상의 화목이 되거든 그 받아들이는 것이 죽은 자 가운
> 데서 살아나는 것이 아니면 무엇이리요(롬 11:13-15).

바울은 이방인의 땅에 태어난 유대인으로, 이방으로부터 나오도록 부름을 받았지만, 결국 이방으로 보냄을 받은 선교사였다. 그의 회심은 소명이었다. 그 소명은 바울의 혈통적인 소명인 유대인 영혼의 구원을 배제하지 않는다. 구원의 경륜에 나타난 유대인과 이방인의 창조적이며 변증법적인 관계를 설명하고 격려하는 것이 그의 메시지였다. 유대인과 이방인을 하나님의 "종말론적 공동체로 초대"하는 것이 바울 선교의 의의다.

4. 정경의 세 구분을 통한 아서 글라서의 선교학적 해석학

지금까지 보편적 역사를 통해 하나님의 선교를, 특수한 역사를 통해 그리스도의 선교를, 보편적 새역사를 통해 성령의 선교를 주목해 보았다. 편의상 하나님의 선교, 그리스도의 선교, 성령의 선교로 구별했지만, 모두 합쳐서 성삼위 하나님의 선교가 된다.

아서 글라서의 선교학적 해석학은 성경 전체를 관통하는 성삼위 하나님의 선교에 온전히 뿌리내리고 있다. 하나님의 선교는 결국 온 인류를 <한새사람>[170]으로 만들기 위한 사역이다. 성부, 성자, 성령이 하나이듯 그 하나님의 형상을 따라 지음 받은 유대인이나 헬라인 모두 그리스도 안에서 하나가 되게 하는 것이 선교다. 그러므로 아서 글라서가 이해하는 하나

---

170 <한새사람>(one-new-man)은 바울이 이해한 하나님의 선교가 완성된 결정체다. 에베소서 2장 15절에 기록되어 있다. "이는 이 둘로 자기 안에서 한 새 사람을 지어 화평하게 하시고."

님 선교의 완성을 한마디로 정리하면 <한새사람 선교>라고 할 수 있다.

<표 13> 정경의 세 역사와 <한새사람>[171]

정경의 세 구분			
보편적 역사 (universal history)	창1~11장	창조부터 바벨탑까지 초기 역사	인류 (이스라엘 개념 없음)
특수한 역사 (particular history)	창12장~행1장	창12장부터의 성경적 내러티브	이스라엘 중심
보편적 새역사 (universal newhistory)	행2장~계22장	오순절 성령강림부터 계시록까지	새 인류 (이스라엘 + 열방 = 한새사람)

보편적 역사와 특수한 역사의 완성이라 할 수 있는 보편적 새역사에서 하나님은 이스라엘과 열방이 그리스도 예수 안에서 <한새사람>을 이루게 하신다.

글라서는 제5부 '교회를 통해 성령 안에서 이루어지는 하나님의 선교'에서 사도 바울 시대에 역사한 "성령"의 사역에 대해 집중하면서 "교회"를 주목한다. 궁극적으로 교회는 이스라엘로부터 열방으로 확산되어 가는데, 그때 중요한 것이 "상황화"의 자세다. 이제 교회와 성령 그리고 상황화 개념에 대해서 글라서는 어떻게 바울을 이해하는지 차례대로 살펴보자.

1) 교회, 유대인과 이방인의 조화

글라서는 교회의 탄생 기점을 오순절 성령 강림으로 이해한다.

> 오순절 날 성령이 강림하셨다. 성령이 오심으로 하나님의 구속 활동은 특수한 백성들(이삭과 야곱 그리고 이스라엘의 혈통을 따른 아브라함의 자손들)로부

---

[171] Glasser, 『성경에 나타난 하나님의 선교』, 40-41. 정경의 역사가 이스라엘과 어떻게 연관되는지를 정리한 도표다. 보편적 새역사의 대상은 <한새사람>이다.

터 모든 백성에게로 옮겨 갔다. 그리고 오순절 날 교회가 탄생했다. 교회는 신약에 나타난 하나님의 백성이었고, 교회는 성령을 통해 전 세계선교를 위한 능력을 받았다. 이것은 구약성경 창세기가 시작했던 보편적 역사가 다시 회복되었음을 보여준다(창 1-11장).[172]

본서는 세 번째 단계가 첫 번째 단계와 동일한 상태로 되돌아 갔다기보다, 수정·발전된 형태로 확장되었다고 본다. 성령 안에서 하나 된 교회는 유대인과 이방인이 각각의 역할과 특징을 보유한 채 공존하는 "보편적 새 역사"를 구현하였다. 선교 현장에서 실제로 이 상황을 목도한 바울은 "유대인과 이방인이 조화된 교회"의 개념을 정립할 수 있었다.

> 그의 열망은 하나님 나라의 공동체인 교회의 본질과 선교를 탐구하는 것이었다. 그는 교회를 하나님이 이스라엘을 선택하시는 곳에서 시작되는 것으로 보았다. 정적인 종교공동체가 아니라 세상에 보내심을 받은 역동적인 백성의 집단으로, 예수 그리스도의 임재를 증거하고 섬기는 공동체로 보았다. 바울은 이런 선교 활동을 통해서만 민족들을 향한 하나님의 종말론적 목적이 이루어진다고 확신하였다.[173]

> 교회의 본질에 관한 바울의 논리 전개를 바로 이해하기 위해, 우리는 하나님의 구속 목적, 유대 율법과 구원 받은 신앙과의 관계 그리고 그리스도 안에서 유대인과 이방인의 조화를 탐구해야 한다.[174]

도널드 시니어(Doanld Senior)와 캐롤 스툴밀러(Carroll Stuhlmueller)도 이스라엘에 대한 "이방인공동체의 지속적인 신실함"은 바울이 그리스도 안에

172　Glasser, 『성경에 나타난 하나님의 선교』, 420. Glasser, *Kingdom and Mission*, 235.
173　Glasser, 『성경에 나타난 하나님의 선교』, 514-15. Glasser, *Kingdom and Mission*, 296.
174　Glasser, 『성경에 나타난 하나님의 선교』, 515. Glasser, *Kingdom and Mission*, 296.

서 발견하는 "종말론적 비전에 대한 산 증인"이라고 표현한다. 바울은 이 '증언'이 이스라엘의 가려진 눈을 뜨게 하고, "하나님의 구원 계획의 영광스러운 피날레를 가리고 있는 베일을 걷어낼 수 있기를" 바랐다[175]고 해석했다.

글라서는 예배에 관한 칼 바르트(Karl Barth, 1886-1968)[176]의 말을 인용하는데, 여기서도 유대인과 이방인들이 함께 예배하는 교회공동체의 그림을 볼 수 있다.

> 하나님께 대한 예배는 우리에게 모든 것을 알게 하시는 예수를 통해 중재된다. 실제로 구원은 유대인들로부터 말미암았다. 구원이 유대인으로부터 나오고 유대인들로부터 거부되었을 때, 그 자체로 구원은 더 이상 유대인만을 위한 것이 아니라, 유대인으로부터 모든 사람, 아버지께서 원하시는 것처럼 신령과 진정으로 예배하는 자가 되려 하는 유대인과 이방인들을 위한 것이 되었다.[177]

글라서는 조지 엘든 래드(George Eldon Ladd)[178]가 예루살렘 회의의 토론에 대해 내린 결론을 인용하며, <한새사람>을 이룬 교회를 설명한다.

---

[175] Senior and Stuhlmueller, *The Biblical Foundations for Mission*, 185.

[176] 칼 바르트(Karl Barth, 1886-1968)는 스위스 출신의 개혁교 신학자로, 그의 영향력은 학계를 넘어 대중문화에까지 미쳤으며, 이로 인해 타임지 표지에 등장하기도 했다(1962.4.20). https://www.britannica.com/biography/Karl-Barth, http://tinyurl.com/3r839wvt

[177] Karl Barth, *Church Dogmatics: The Doctrine of God*, trans. Geoffrey W. Bromiley, vol. 2 (Edinburgh, Scotland: T. & T. Clark, 1957), 481.

[178] 조지 엘든 래드(George Eldon Ladd, 1911-1982)는 미국의 목사이자 신학자다. 풀러 신학교에서 1950년부터 30년 동안 신약성서해석학과 신학을 가르쳤다. *A Theology of the New Testament*(1974)라는 중요한 작품은 수천 명의 신학교 학생에 의해 사용되었다. https://www.theopedia.com/george-eldon-ladd

> 이것은 놀랍고 예측하지 못한 사실에 근거하고 있다. 다윗에게 주신 약속
> 이 교회를 통해 성취되고, 이방인들도 다윗의 축복을 나눠 받게 되었다.
> 그리고 이방인들을 교회 안으로 수용하고 그들에게 유대인의 풍습을 강요
> 하지 말자는 결정을 내렸다. … 교회는 유대인의 관례를 떠나, 유대인과 이
> 방인 신자들 모두로 구성되게 되었다.[179]

에베소서를 통해 바울의 교회론을 고찰하는 것은 유익하고도 적절한 일이다. 에베소서 2장에 등장하는 <한새사람>[180] 개념은 유대인과 이방인이 조화된 교회를 설명하는 감동적인 선언을 낳는다.

> 에베소서 2장 11-22절에서 우리는 이 놀라운 사실에 대한 바울의 권위 있
> 는 선언을 듣는다. 십자가를 통하여 하나가 되었다. 가장 양극화된 유대인
> 과 이방인까지도 하나가 되었다. 이방인이 유대인 사회 가운데 들어왔거나
> 유대인이 이방인 사회에 들어가서가 아니다. 그보다는 새로운 통일성, 새
> 로운 유기적 조직체, 구속 받은 유대인과 구속 받은 이방인의 새로운 몸을
> 형성한 것이다. 새 몸 안에서 유대인과 이방인을 구분하던 옛 질서가 영원
> 히 사라졌다. "중간에 막힌 담"이 무너졌다(엡 2:14).[181]

예루살렘 성전은 '지성소, 성소, 제사장들의 뜰, 이스라엘의 아들들의 뜰, 여인들의 뜰, 이방인의 뜰' 등 여섯 개의 구역으로 나뉘어 있었다.

---

[179] George Eldon Ladd, *The Young Church: Acts of the Apostles*, ed. William Barclay and F. F. Bruce (London: Lutterworth Press; New York: Abingdon Press, 1964), 76.
[180] [엡 2:15] "이는 이 둘로 자기 안에서 '한 새 사람'을 지어 화평하게 하시고."
[181] Glasser, 『성경에 나타난 하나님의 선교』, 517. Glasser, *Kingdom and Mission*, 297. Glasser et al., *Announcing the Kingdom*, 319.

> … 이방인들의 뜰에는 이방인들이 들어갈 수 있었지만, '구분하는 담'을 넘어갈 때는 죽음의 경고를 받았다. 이 여섯 개 구역은 은혜의 초청과 거룩함의 단계를 보여줌과 동시에 일부 사람들을 위해서는 넘어갈 수 없는 벽의 역할을 하고 있었다.[182]

막힌 담을 넘으면 죽어야 하는, 그 담을 헐기 위해 예수가 죽으셨다. 그리고 유대인과 이방인을 <한새사람>으로 만드셨다. 김진섭은 <한새사람>의 의미도 "수단의 특정성과 목표의 보편성" 개념으로 설명한다.

> 셈의 후손인 아브라함을 혈통적 유대인의 조상으로 불러 언약을 맺으시고, "네 안에서 모든 족속이 복을 받으리라"(창 12:3)는 수단의 특정성(네 안에서)과 목표의 보편성(모든 족속이 복을 받으리라)의 이중 구조로서 유대인과 이방인을 그리스도 예수 안에서 <한새사람>(엡 2:15)을 만드시는 구원 계획을 진행하셨다.[183]

존 스토트(John R. W. Stott)[184]와 크리스토퍼 라이트(Christopher J. H. Wright)는 이를 "십자가를 통해 유대인과 이방인이 화해한 새로운 인류로서의 교회"[185]를 뜻하는 것으로 이해했다. 십자가로 우리를 하나님과 화목하게 할 뿐만 아니라 서로 화목하게 된 새 인류를 창조하셨다는 것이다.[186]

---

[182] Anthony Charles Thiselton, 『성경의 그림 언어와 상징 해석』, 최승락 옮김 (고양: 이레서원, 2021), 293.

[183] Jin Sup Kim, "현대사에 나타난 이스라엘과 교회의 7대 신비"(7 Mysteries of Israel and Church in the Morden History), paper presented at the Israel Seminar for Pastors (3rd), Jerusalem, Israel, June 8-9, 2018), 13.

[184] 존 스토트(John Stott, 1921-2011)는 영국의 목사이자 신학자다. 그는 1945년에 사제로 서품되었으며, 영국 런던의 올소울즈교회에서 목회자로 일했다. https://johnstott.org/

[185] John R. W. Stott and Christopher J. H. Wright, 『선교란 무엇인가』, 김명희 옮김(서울: IVP, 2018), 249.

[186] John Robert Walmsley Stott, The Message of Ephesians: God's New Society, Bible Speaks

그러나 이 <한새사람>이 유대인과 이방인의 개별적인 특성이 무시되거나 사라진 공동체로서의 교회는 아님을 유념해야 한다.

> 이방인 교회와 <메시아닉 유대인>이 함께 에클레시아를 형성하되, 서로 구별되지만 분리되지 않는 두 개체로 구성된 <한새사람>을 구성하는 것이다.[187]

이어지는 에베소서 3장에서 바울은 "하나님의 영원한 목적 안에서 하나님 나라의 '이미/아직' 기간 동안에 유대인과 이방인의 위치에 대한 설명을 이론적으로 선명하게 제시한다."[188] 이 비밀은 "계시"(엡 3:3)[189]를 통해 바울에게 알려졌다고 진술한다. 바울은 그가 계시를 통해 깨달은 이 원리를 유대인과 이방인이 팀을 이루는 공동체 사역을 통한 <한새사람> 교회의 시범을 보여주었다.

> 그의 순회선교공동체는 복음의 내용을 보여주고, 그리스도께서 유대인과 이방인, 종과 자유인, 남자와 여자 사이에 있었던 적대감을 제거하신 화해된 공동체 모습을 보여주었으며, 다양성 안의 통일성을 보여주는 구체적인 시범공동체였다(갈 3:28; 엡 2:14-16).[190]

이 <한새사람 교회>가 가능한 근거는 예수의 보혈과 성령의 하나되게 하심이다.

Today (Downers Grove, IL: InterVarsity Press, 1979), 129.
[187] Dauermann, "The Rabbi as a Surrogate Priest," 405. "the Church from among the Nations and Messianic Jewish Israel together constitute the ekklesia, One-New-Man consisting of two distinct but not separate entities."
[188] Glasser, 『성경에 나타난 하나님의 선교』, 518.
[189] [엡 3:3] "곧 계시로 내게 비밀을 알게 하신 것은 내가 먼저 간단히 기록함과 같으니."
[190] Glasser, 『성경에 나타난 하나님의 선교』, 479.

2) 성령, 복음의 특수주의에서 보편주의로

글라서는 오순절 성령의 임재 사건을 구약성경을 통해 해석하는 유대인들의 입장에 주목하고, 유대인들로 하여금 예수 그리스도가 메시아임을 깨닫게 해 주는 성령을 통한 회복의 역사가 "이스라엘의 소망"이라고 선언했다.

> 옛 선지자들은 오랫동안 기다렸던 메시아가 그분의 성령을 모든 육체에 부어 주실 것이라고 예언했다(욜 2:28). 그리고 그분의 백성 가운데 남은 자에게 부어지고, 마른 뼈들에게 부어져, 그들을 다시 한번 생명으로 회복시킬 것이라고 예언했다(겔 37:5, 14). 이것이 "이스라엘의 소망"이다(행 28:20).[191]

글라서는 성령의 역사를 통해 유대인 내에서의 운동이었던 복음이 이방인에게로 확산되어 보편적 신앙 운동으로 변화되었음을 주목한다.

> 사도행전에서 누가는 예수를 구세주로 여기는 유대인 운동을 보편적인 신앙 운동으로 변화시키는 데 있어서 성령이 이루신 일들을 기록하였다. 오순절이 시작된 신약 교회는 시작된 처음 몇 년간, 많은 유대인이 예수 그리스도를 그들의 주시 메시아로 인정하게 되었다. 그들 가운데 헬라파 유대인들은 복음을 개념적으로 설명하는 선봉에 섰다. 그리하여 복음은 점차적으로 이방인들에게도 기쁜 소식이 되었다. 성경 역사는 점차적으로 유대인 특수주의에서 이방 세계를 포함하는 보편주의로 변해갔다.[192]

---

191 Glasser, 『성경에 나타난 하나님의 선교』, 422.
192 Glasser, 『성경에 나타난 하나님의 선교』, 460.

복음이 보편적 신앙 운동으로 확산되어 가는 과정에서 반드시 고려해야 할 것은 전하는 복음이 복음을 듣는 자들의 상황에 적절한가의 문제였다.

> 사도들은 모든 다양한 상황에 적절하게 복음을 전했다. 그들은 복음의 핵심을 변할 수 없는 것으로 간주했지만 복음을 듣는 사람들의 다양한 필요들을 평가하고 나서 복음을 수신자들에게 적절한 다른 말로 설명하였다. … 예수 그리스도는 모든 민족으로부터 새로운 믿음의 공동체를 불러내시기 시작하는 보편적 메시지를 주셨다. 여기에는 유대인도 포함된다.[193]

글라서는 17장의 마지막 문단인 이 인용글에서 마지막 문장을 "여기에는 유대인도 포함된다"고 기록함으로써, 특수주의에서 보편주의로 넘어갈 때에도, 유대인이 배제된 것은 아니라는 사실을 명시해 두었다.

귄터 보른캄(Günther Bornkamm, 1905-1990)[194]은 바울이 이방인들에게 전한 메시지도 유대인으로서의 그의 정체성과 무관하지 않음을 다음과 같이 표현했다.

> 사도의 설교 안에 신학과 선교, 유대인과 이방인이 함께 나타난다. 확실한 것은, 개종하고 사명을 받은 순간부터 바울은 스스로 이방인의 사도로 예정된 것을 알았다. 그렇지만 바울이 이방인들에게 전한 복음은 유대적 율법과 구원 이해와 부딪치면서 정립된 메시지다. 유대인이나 헬라인이나 차별 없이 자신을 찾는 자들 모두에게 그분의 부유함을 허락해 주시는 만유 주님의 메시지다(롬 10:11-12).[195]

---

193 Glasser, 『성경에 나타난 하나님의 선교』, 460.
194 귄터 보른캄(Günther Bornkamm, 1905-1990)은 독일의 신약학자로, 루돌프 불트만의 학파로, 하이델베르크대학교에서 신약학 교수로 재직했다. 히틀러 시대에 그는 프로테스탄트 교회의 나치화를 비판하며 '독일 기독교' 운동의 통합에 반대했다. 참고. Günther Bornkamm | Britannica
195 Günther Bornkamm, "The Missionary Stance of Paul in 1 Corinthians 9 and in Acts,"

글라서는 특수주의에서 보편주의로 넘어 가는 상황을 받아들여야 하는 바울의 내밀한 고민을 간과하지 않는다. 그는 "바울에게 있어서 해결되지 않았던 문제 가운데 하나는 자신이 하고 있는 이방인 선교 사역을 그가 배운 랍비의 가르침과 어떻게 연결시키느냐 하는 것이었다"라며 문제를 제기했다.

글라서는 "유대인 바울과 그리스도의 사도 바울"[196] 사이의 갈등의 답을 "하나님 나라"에서 찾는다.

> 우리는 바울이 예수의 용어인 "하나님 나라"의 보편적인 의미를 간과하고 있었음을 알 수 있다. 그것은 세상 모든 민족들 가운데 있는 하나님의 백성의 구원을 포함하고 있기 때문이다.[197]

하나님이 이스라엘을 특별히 선택하신 이유도 결국 세상 모든 민족을 구원하기 위한 하나님 나라의 구원 계획임을 깨달았기 때문이다. 글라서는 예수 복음을 받아들이는 것이 유대인들의 소망임을 이렇게 표현한다.

> 유대인을 구원하는 것은 "유대인다움"이 아니고 "유대교"도 아니다. 그것은 유일한 "이스라엘의 소망"이신 예수를 받아들이는 것이다.[198]

예수를 받아들이고 성령 강림을 경험한 초대 교회가 열방의 교회로 확장되는 상황에서 처음으로 개최된 예루살렘 회의에서 구원의 대상에 유대인과 이방인이 모두 포함됨을 인정한 것은 주목할 만하다.

Studies in Luke-Acts (1966): 199.
[196] Sanders, 『바울, 율법, 유대인』, 292.
[197] Glasser, 『성경에 나타난 하나님의 선교』, 508.
[198] Glasser, 『성경에 나타난 하나님의 선교』, 452. [행 28:20].

성령의 임재를 경험한 믿는 유대인들은 문화적 차이를 초월하여 이방인을 포용하는 자세를 보였다.[199] 특수주의에서 보편주의로 넘어가서 <한새사람>을 이루는 일에 반드시 필요한 것이 성령의 역사였음을 방증한다.

3) 상황화, 경계선을 넘는 소명

보편적 신앙 운동이 모든 민족에게 확산될 때, "복음을 수신자들에게 적절한 다른 말로 설명"하는 과정은 자연스럽게 "상황화"의 배경이 된다.

> 그리스도 안에서 펼쳐지는 하나님의 구원 계획에 이방인의 사도로 동참한 사도 바울은 문화를 복음이 당대의 사람들과 만나는 현장으로 간주하였고, 복음을 효과적으로 전하기 위하여 복음을 다양한 문화 속에서 역동적으로 해석하였고, 신학에 다채로운 문화의 옷을 입혀 상황화하였다.[200]

물론, 당시 바울은 "선교신학을 정립하려는 어떤 시도도 하지 않았다."[201] 그는 조직신학자가 아니라, 처음부터 끝까지 선교사였다.[202]

상황화는 성령의 지혜를 따라 복음을 효과적으로 전할 때 나타나는 자연스러운 현상이다. 다음은 바울이 선교 현장에서 실천한 상황화를 보여

---

[199] Stern, 『복음의 유대성 회복』, 17-22. David Stern은 이를 "초문화적 유대교"(Transcultural Judaism)라고 불렀다. 한편, <메시아닉 유대인>들을 향해 햄이 들어간 샌드위치를 먹으라고 강요하는 기독교는 "비초문화적 기독교"(Non-Transcultural Christianity)라고 표현했다.

[200] Sang Meyng Lee, "사도 바울의 회심과 선교신학," 「선교와 신학」 40 (2016): 40. 이상명은 바울신학을 연구하여 우주를 무대로 하여 펼쳐지는 바울의 구원 드라마를 다음 논문으로 펼쳐보였다. 참고. Sang Meyng Lee, *The Cosmic Drama of Salvation, the Law and Christ in Paul's Undisputed Writings: From Anthropological and Cosmological Perspectives* (ProQuest, 2008).

[201] Glasser, 『성경에 나타난 하나님의 선교』, 514-15.

[202] Arthur Frederick Glasser, "Paul-Romans 7-Jewish Evangelism," *Fuller Theological Seminary* (March 1995): 1.

주는 대표적인 구절이다.

> 내가 모든 사람에게서 자유로우나 스스로 모든 사람에게 종이 된 것은 더 많은 사람을 얻고자 함이라 유대인들에게 내가 유대인과 같이 된 것은 유대인들을 얻고자 함이요 율법 아래에 있는 자들에게는 내가 율법 아래에 있지 아니하나 율법 아래에 있는 자 같이 된 것은 율법 아래에 있는 자들을 얻고자 함이요 율법 없는 자에게는 내가 하나님께는 율법 없는 자가 아니요 도리어 그리스도의 율법 아래에 있는 자이나 율법 없는 자와 같이 된 것은 율법 없는 자들을 얻고자 함이라(고전 9:19-21).

복음에 대한 열정과 성령에 대한 민감함 외에 무엇이 바울로 하여금 이토록 상황에 적절하게 대처할 수 있는 유연성을 갖게 했을까?

글라서는 "개종 전 바울의 배경은 예수의 배경보다 훨씬 복잡했다"고 전제하며, 그의 출생과 성장 과정에서 경험한 다양한 문화적 배경과 그의 상황화 감각은 무관치 않음을 시사했다. 글라서는 한스 요아킴 스콥스(Hans-Joachim Schoeps, 1909-1980)[203]가 제시한 학자들의 일치된 의견을 다음과 같이 요약했다.

> 바울, 그는 유대 바리새주의의 심장부에서 튀어나왔다. 그리고 이교도들에게 기독교 복음을 선전하는 선구자가 되었다. 이것은 자기모순적인 특성이다. 그의 배경과 지성과 영성의 발전 과정은 다양한 문화적 배경의 산물이었다.[204]

---

[203] 한스 요아킴 스콥스(Hans-Joachim Schoeps, 1909-1980)는 독일계 유대인으로서 종교 및 종교철학 역사가요 교수였다. 그는 에를랑겐대학교에서 종교와 종교의 역사를 가르쳤다. 참고. Schoeps, Hans Joachim | Encyclopedia.com

[204] Hans-Joachim Schoeps, *Paul: The Theology of the Apostle in the Light of Jewish Religious History* (James Clarke & Company, 2022), 13.

사울(바울)은 헬라 도시인 다소에서 출생했다(행 21:39; 22:3). 그의 유대인 부모님은 로마 시민권을 가진 분들이었다. 당시로는 드문 일이었다(행 22:27-28). 그러나 그의 종교 문화적 가정 교육은 특별했다. 그는 유대 "종교의 가장 엄한 파를 좇아 바리새인의 생활을 하였다"(행 26:5). 청년 바울이 헬라 학문에 대한 정식 훈련을 받지 않았다거나, 그의 헬라어 지식이 이웃 어린이들과 섞여 자라면서 배운 일반적 수준보다 높았다는 것을 믿을 필요는 없다. 그는 아주 어렸을 적부터 경건한 부모 밑에서 유대 성경, 유대 전통과 의식법의 엄격한 준수 그리고 회당 예배를 철저하게 답습했다. 그는 아람어를 쓰는 부모 밑에서 자란 아람어를 쓰는 유대인이었다.[205]

헬라 문화에서 자라난 유대인 디아스포라, 바울!

그는 종교적으로 철저히 유대교 신앙으로 가정 교육을 받았으며, "조상들의 율법의 엄한 교훈을" 받았다.

> 내가 내 동족 중 여러 연갑자보다 유대교를 지나치게 믿어 내 조상의 유전에 대하여 더욱 열심이 있었으나(갈 1:14).

그는 자랑할 수 있었다.

> 오늘날까지 내가 범사에 양심을 따라 하나님을 섬겼노라(행 23:1).

그 기간 동안에 바울은 세례 요한, 나사렛 예수, 또는 기독교 운동의 시작과는 전혀 접촉이 없었던 것으로 보인다. 이 점은 좀 생소하다.[206]

205　Glasser, 『성경에 나타난 하나님의 선교』, 462.
206　Glasser, 『성경에 나타난 하나님의 선교』, 462-63.

기독교 운동과 접촉이 없었던 이유는 기회가 없었기 때문일 수도 있지만, 유대교에 열심인 그의 부모가 기독교와 철저히 거리를 두었기 때문일 수도 있다. 바울 자신도 역시 철저한 유대교 신자였으나, 빛으로 찾아오신 부활하신 예수를 만났다. 예수를 메시아로 믿는 "유대인과 이방인의 관계를 해결"하는 것은 이런 그에게 맡겨진 운명적인 과제였다.

> 이전까지 그는 철저한 유대인이었다. 그러나 이제 바울은 헬레니즘을 그리스도 안에 나타난 하나님의 계시의 관점에서 해석하기 시작했다. 이방인 선교를 위해 하나님의 소명을 받았기에 그는 이제 "일하는 신학자"의 역할을 맡아 하나님의 구속 목적 안에서 이방인과 유대인의 관계를 해결하려고 노력하였다.[207]

맥스 워렌(Max Warren, 1904-1977)[208]은 바울의 이런 역할을 "이것은 바울 자신도 지금까지 다 이해하지 못한, 유대 백성들에게 약속하신 하나님의 언약 밖에 있는 세상을 향한 특별한 소명"[209]으로 해석하면서 바울의 "경계선을 넘는" 소명을 강조했다.[210]

글라서는 "바울은 지상명령을 완전하게 이해한 최초의 사도다"[211]라고 표현했다. 지상명령을 수행하기 위해 경계선을 넘는 소명을 감당하며, 모든 족속에게 복음을 전달할 수 있는 상황화 선교사로 바울은 적임자였다.

---

207 Glasser, 『성경에 나타난 하나님의 선교』, 469.
208 맥스 워렌(Max Warren, 1904-1977)은 영국의 목사이자 인도 선교사다. Church Missionary Society(CMS)의 총장을 역임했다(1942-1963). 웨스트민스터대성당의 Canon 및 Sub Dean으로 재직했다(1963-1973). 참고. Max Warren | Westminster Abbey (westminster-abbey.org)
209 Max Warren, *I Believe in the Great Commission* (Grand Rapids: Eerdmans, 1976), 32.
210 Glasser, 『성경에 나타난 하나님의 선교』, 469.
211 Glasser, 『성경에 나타난 하나님의 선교』, 470.

그는 유대인들이 표적을 구하고 헬라인들이 지혜를 찾는 것은 그들이 영적 어두움 가운데 있기 때문이라는 사실을 알았다(고전 1:22-25). 물론, 바울은 그들에게 필요한 것이 '유대인에게는 거리끼는 것이요 이방인에게는 미련한 것'인 십자가에 못 박힌 그리스도라고 확신했다(고전 1:23). 그럼에도 불구하고 바울은 유대인과 이방인들에게 불필요한 분노를 일으킬 만한 것들은 스스로 정리하고 버렸다. 그는 그리스도의 메시지를 가능한 문화적으로 적절한 방법으로 전달하였다. 그는 '여러 사람'에게 '여러 모양'이 되었다. 그것은 어떤 방법으로든 '몇몇 사람들을 구원코자 함'이었다.[212]

경계선을 넘었다는 것은 둘로 나뉘어졌던 구분선이 사라지고 서로 어울릴 수 있게 되었다는 말이다. 에베소서 2장의 표현으로 <한새사람> 개념이다.

유대인과 이방인 사이에 존재하던 적대 관계는 사람들 사이의 교제를 깨뜨리는 모든 장애물 가운데 대표적인 것으로 생각될 수 있다. 그리스도 안에서 하나님께 화목되었기 때문에, 서로 소외되었던 사람들도 화목되어야 하고 중간에 막힌 모든 담은 제거되어야 한다. 그리스도는 우리의 평화이기 때문이다. 적대 관계로 분리되었던 두 사람, 즉 유대인과 이방인 대신 화평 속에서 형성된 <한새사람>이 존재한다.[213]

다음 도표는 지금까지 연구해 온 "보편적 역사-특수한 역사-보편적 새 역사"가 이스라엘과 어떻게 연관되는지를 정리한 것이다. 하나님의 구속사는 처음부터 끝까지 온 인류를 향해 있었다.

---

212 Glasser, 『성경에 나타난 하나님의 선교』, 483. [고전 9:22].
213 George Eldon Ladd, 『신약신학』, 신성종, 이한수 옮김 (서울: 대한기독교출판사, 1984), 571.

보편적 역사에 나타나는 온 인류 안에는 이스라엘이라는 개념이 따로 존재하지 않았다. 특수한 역사부터 이스라엘이라는 존재가 출현하여 이스라엘을 중심으로 하나님의 구속사가 온 인류 가운데 어떻게 펼쳐지는지를 보여주었다. 보편적 새역사에서 하나님이 구원의 완성을 이룰 온 인류 안에는 이스라엘과 열방이 함께 존재한다.

마지막 단계에서 하나님이 구원하는 대상을 "새 인류"라고 표현한 것은 이스라엘과 열방이 그리스도 안에서 <한새사람>을 이룬 "새로운 인류"[214]가 되었음을 의미한다. 각각의 고유한 특성이 여전히 구분되지만 서로 분리되지 않고 공존할 수 있는 진정한 <한새사람>을 이룬 것이다.

<표 14> <한새사람>을 이룬 새 인류[215]

정경의 세 구분			
보편적 역사 (universal history)	창1~11장	창조부터 바벨탑까지 초기 역사	인류 (이스라엘 개념 없음)
특수한 역사 (particular history)	창12장~행1장	창12장부터의 성경적 내러티브	이스라엘 중심
보편적 새역사 (universal newhistory)	행2장~계22장	오순절 성령강림부터 계시록까지	새 인류 (이스라엘 + 열방 = 한새사람)

유대인으로 태어나 헬라 세계에서 자라난 바울은 존재 자체에 <한새사람>의 디엔에이(DNA)를 품고 있었다. 헬라가 다스리던 세계에서 복음으로 유대인과 이방인을 모두 구원하기 원했던 바울은 본질적으로 <한새사람> 사역을 감당했다.

경계선을 초월하는 <한새사람> 사역은 바울의 소명이기도 했지만, 하나님의 소원이기도 했다. 바울은 성령님의 능력으로 유대인과 이방인이 예수 그리스도 안에서 <한새사람>을 이루기 원하시는 하나님의 소원을

214　Stott and Wright, 『선교란 무엇인가』, 248-49.
215　Glasser, 『성경에 나타난 하나님의 선교』, 40-41. 보편적 새역사의 주요 인물은 사도 바울이다. 이방인의 사도 유대인 바울의 사명은 바로 <한새사람> 사역이었다.

이뤄드린 하나님 나라의 충성된 청지기였다.

정경의 세 구분을 통한 글라서의 선교학적 해석학의 최종 단계에 보편적 새역사가 있다. 바울을 통해 확인할 수 있는 그 단계의 하나님 선교의 특징은 <한새사람>이다.

5. 요약

본 장에서는 아서 글라서의 저서 『성경에 나타난 하나님의 선교』(Announcing the Kingdom)에 표현된 그의 선교학적 해석학을 고찰하였다.

글라서가 제시한 정경의 세 구분인 '보편적 역사-특수한 역사-보편적 새역사'의 흐름을 통하여 선교학적 해석학에서 이스라엘이 차지하는 위치가 얼마나 유의미한지를 발견했다.

정경의 역사를 나누는 이 세 구분의 기준은 "이스라엘"의 존재 여부다.

첫째, 보편적 역사(창세기 1-11장)는 아직 이스라엘이라는 존재가 등장하기 전의 역사다.

둘째, 특수한 역사(창세기 12장-사도행전 1장)는 하나님이 아브라함을 부르심에서부터 시작되는 이스라엘 중심의 역사다. 이스라엘 혈통을 타고 유다 지파의 후손으로 육체를 입고 이 땅에 오신 예수 그리스도의 사역도 이 특수한 역사 마지막에 포함된다.

셋째, 보편적 새역사(사도행전 2장-요한계시록 22장)는 성령 강림으로부터 시작된 교회와 선교 사역이 세상 끝에서 완성될 때까지의 시기를 다 포함한다.

이 보편적 새역사에는 "이스라엘"의 개념이 포함되어 있다는 점이 첫 보편적 역사와 구분되는 특징이다. 유대인과 이방인이 그리스도 안에서

<한새사람>을 이루는 구원의 역사가 펼쳐진다.

바울은 자신 안에 <한새사람>의 정체성을 품고 있는 대표적인 인물로, 보편적 새역사 논의의 중심이다.

다음 장에서는 아서 글라서의 선교학적 해석학에서 이스라엘이 차지하는 위치를 그의 다른 저술들을 통해 살펴볼 것이다. 아서 글라서의 이스라엘 회복 관점이 그가 주목하던 하나님 나라 완성과 어떻게 연관되는지 고찰할 것이다.

제6장

아서 글라서의 이스라엘 회복 관점과 하나님 나라 완성

본 장에서는 아서 글라서가 유대인과 이스라엘에 대해서 활발하게 저작 활동을 했던 1988년 이후의 저널들을 살핌으로써 그의 선교학적 해석학에서 이스라엘이 차지하는 위치와 비중이 얼마나 유의미한 것이었는지를 확인한다. 밴 엥겐이 제안한 선교신학화 작업의 네 가지 영역, 즉 "성경적 근거, 역사적 당위성, 개인 경험, 상황" 등을 활용하여 글라서의 저널들을 분류 분석한다. 글라서가 추구했던 이스라엘 회복 관점과 하나님 나라의 완성이 어떻게 연결되는지 고찰한다.

1. 아서 글라서의 저술에 나타난 이스라엘의 비중

아서 F. 글라서(Arthur Frederick Glasser, 1914-2009)의 『성경에 나타난 하나님의 선교』[1](*Announcing the Kingdom*)[2]를 문화인류학 분야에 정통한 선교학자의 눈으로 독파한 폴 G. 히버트(Paul Gordon Hiebert, 1932-2007)는 추천사에서 본서의 가치를 이렇게 평가했다.

---

[1] Glasser, 『성경에 나타난 하나님의 선교』, *Announcing the Kingdom*의 한국어 번역본, 2006.

[2] Glasser et al., *Announcing the Kingdom*, Original Publication in English, 2003.

글라서는 성경 전체를 통해 일관된 하나님 나라의 관점을 제공한다. 하나님 나라를 통해 구약과 신약, 유대인과 이방인, 신학과 선교를 아우른다. 그는 하나님의 백성 이스라엘이 하나님의 선교 계획에 얼마나 중요한 위치를 차지하는가를 지적한다. 동시에 하나님 나라에는 모든 민족이 포함된다는 것을 보여준다.[3]

성경 전체를 관통하는 하나님의 선교를 선교학적으로 읽을 수 있도록 안내하는 유용한 자료[4]는 글라서의 글 외에도 있다. 그러나 아서 글라서의 저서가 다른 책에 비해 변별력을 갖는 점은, 그가 "하나님의 백성 이스라엘이 하나님의 선교 계획에 얼마나 중요한 위치를 차지하는지에 대한 의식을 견지하고 있다"는 점이다. 그래서 아서 글라서의 선교학적 해석학을 비평할 때, 이스라엘이 차지하는 의미를 고찰하는 것은 필수적이고 유의미한 작업이다.

제5장에서는 그의 대표작 『성경에 나타난 하나님의 선교』(*Announcing the Kingdom*)에 나타난 아서 글라서의 선교학적 해석학을 살펴보면서, 그의 선교학적 해석학에 녹아 있는 이스라엘의 위치를 살펴보았다. 그런데 성경 66권을 한 권으로 요약 정리해야 하는 지면상의 여건으로 모두 상세하게 다룰 수 없는 한계가 있었을 것이다. 그래서 본 장에서는 아서 글라서가 여러 선교잡지에 저널로 남겨 놓은 글들을 통해 저자인 아서 글라서의 선교학적 해석학의 본질을 좀 더 깊이 고찰하고자 한다.

---

3 Glasser, 『성경에 나타난 하나님의 선교』, 10. Glasser et al., *Announcing the Kingdom*, 8. "Glasser provides a coherent view of the Kingdom running through all of Scripture. In doing so, he brings together Old Testament and New Testament, Jew and Gentile, theology and mission. He shows how God's people, Israel, are important in God's mission plan, but that the Kingdom includes all people."

4 Engen, 『개혁하는 선교신학』, 37. 밴 엥겐은 Arthur Glasser et al. 2003, Christopher Wright 2010, Michael Goheen 2011을 추천했다.

해석학은 본질적으로 저자와 독자, 텍스트와 상황이 융합되는 작업이기에 아서 글라서가 쓴 저널의 내용들을 살펴보면서 이스라엘과 유대인에 관한 글라서의 관점들을 좀 더 파악할 수 있을 것이다. 그 과정에서 이스라엘의 회복이 하나님 나라의 완성에 어떤 의미가 있는지 확인할 수 있을 것이다. 이로 인해 아서 글라서가 가지고 있던 하나님 나라 개념의 실체에 성큼 더 다가갈 수 있을 것이다.

이제 아서 글라서의 서지 정보[5] 중에서 그가 이스라엘에 대해서 활발하게 저작 활동을 했던 1988년부터 1993년까지의 29편 저널을 중심으로 그 내용들을 정리한다.[6]

29편의 저널 제목에서 핵심 단어를 뽑아 분류하면 다음과 같다. 각각의 핵심어를 가진 저널의 제목은 각주에 제시한다. 괄호 안의 숫자는 그 주제가 다뤄지는 횟수다. 유대인을 위한 크리스천 미니스트리(Ministry for Jews),[7] 홀로코스트(Holocaust),[8] 이스라엘(Israel, 2),[9] 유대인(Jewish People, 3),[10] 유대인과 크리스천의 대화(Jewish-Christian Dialogue),[11] 유대인 전도(Evangelize Jews, 5),[12] 회당(Synagogue),[13] 히브리 신자들(Hebrew Believers),[14] 유대주

---

5   Engen, Gilliland and Pierson, *The Good News of the Kingdom*, 11-22.
6   아서 글라서의 서지 정보에 대한 분류 분석 작업 내용은 3장에서 전술(前述)하였다.
7   이 핵심어를 가진 제목을 적어보면 다음과 같다. "Christian Ministry to the Jews."
8   "The Holocaust: How Should Christians Evaluate Anti-Semitism?"
9   "How Are Christians to Regard the State of Israel?," "Did Jesus Teach the Rejection of Israel?"
10 "The Jewish People.", "The Churches and the Jewish People: Towards a New Understanding.", "What of the Silence of God? The 'Question of All Questions.'"
11 "The Encounter: Should Christians Respond to the Call for Jewish-Christian Dialogue?"
12 "Should Christians Evangelize Jews?," "Biblical Basis for Jewish Evangelism.", "What Right Do Gentiles Have to Evangelize Jews?," "Make Disciples of All the Gentiles.", "Jewish Evangelism Is Biblical."
13 "The Synagogue: What Attitude Should Christians Adopt Toward Rabbinic Judaism?"
14 "The Apostates: How Should Gentile Christians Regard Hebrew Believers?"

의(Judaism),[15] <메시아닉 유대인공동체>(Messianic Jewish Congregations, 3),[16] 시온주의(Zionism Legitimate),[17] 팔레스티니안(The Palestinians),[18] 반유대주의(Anti-Semitism),[19] 유대인 남은 자(Jewish Remnant),[20] 유대 뿌리(Jewish Roots),[21] 야콥 욕즈(Jacób Jocz, 5)[22] 등이다.

동일한 제목으로 5회 이상 다룬 것은 유대인 전도(Evangelize Jews)와 야콥 욕즈(Jacób Jocz)다. 글라서가 이 주제에 대해서 연구할 때 야콥 욕즈라는 인물을 얼마나 주목했는지를 알 수 있다. 후에 상술할 것이다. 또 아서 글라서의 최대 관심사가 유대인 영혼 구원이었음도 알 수 있다. 유대인 영혼 구원은 제목이 다른 거의 모든 글에서 지속적으로 언급되는 가장 중요한 주제다.

지면 관계로 저널의 내용을 일일이 다 다룰 수는 없다. 아서 글라서의 선교적 성경해석학에서 이스라엘이 차지하는 중요성과 의의를 보여주는 몇 가지의 핵심 주제를 추리기 위한 틀이 필요하다. 필자는 밴 엥겐의 선교신학화를 위한 네 가지 영역을 그 틀로 삼고자 한다.

---

15 "Christianity and Judaism" in Glasser, "Christianity and Judaism: Some Random Thoughts."
16 "Thoughts on Messianic Jewish Congregations.", "Messianic Jewish Congregations: Indispensable.", "The Significance of Messianic Jews."
17 "Is Christian Zionism Legitimate?"
18 "The Palestinians: How Shall Christians Respond to the "Intifada," the Palestinian Uprising?"
19 "Anti-Semitism in the New Testament?"
20 "The Jewish Remnant."
21 "Jewish Roots of the Christian Faith" in Arthur Frederick Glasser, *Our Father Abraham: Jewish Roots of the Christian Faith (Review)*, vol. 15 (London, England: Sage Publications Ltd. (UK), 1991).
22 "Jacób Jocz, 1906-1983.", "Jacób Jocz, Scholar and Writer.", "Jocz' View of Hebrew Christianity.", "The Rabbinic Conception of Humankind.", "The Legacy of Jacób Jocz."

2. 아서 글라서의 이스라엘 회복 관점의 선교신학화

찰스 밴 엥겐은 『개혁하는 선교신학』에서 선교신학화 작업을 위해 고려해야 할 핵심적인 네 가지 영역을 다음과 같이 제시했다.

첫째, 성경을 기초로 하여 신학화 작업을 한다.
둘째, 교회와 교회 역사의 반추를 통해 역사적, 교의적 신학화 작업을 한다.
셋째, 개인의 영적, 경험적 순례 여정을 반영하여 신학화한다.
넷째, 그 상황을 신학화한다.[23]

이 네 가지 요소의 핵심어는 "성경, 역사, 경험, 상황"으로 추려지는데, 도식화하면 <그림 51>과 같다.

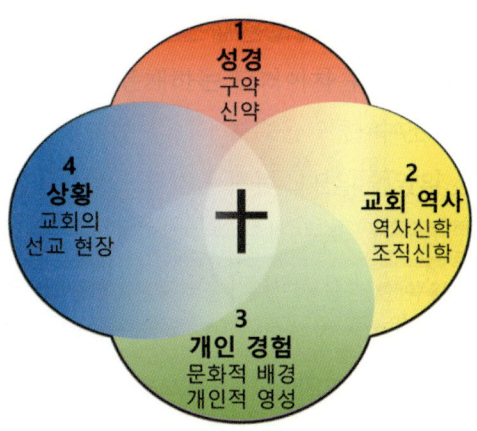

<그림 51> 선교신학화의 네 영역[24]

---

23 Engen, 『개혁하는 선교신학』, 58-64.
24 Engen, 『개혁하는 선교신학』, 58-64.

본 장에서 아서 글라서의 선교학적 해석학에 나타난 이스라엘 회복 관점을 정리하는 기준으로 "성경, 역사, 경험, 상황"의 네 가지 영역을 취한다. 네 가지 영역은 이스라엘 회복 관점을 정립하는 과정에서 다음과 같은 윤곽을 드러낼 것이다.

첫째, 성경을 기초로 한 신학화를 해야 한다. 이스라엘 회복 관점의 "성경"적 근거에서는 구약성경, 신약성경에서 이스라엘 회복 관점을 뒷받침하는 내용을 아서 글라서가 어떻게 해석했는지 고찰할 것이다.

둘째, 교회와 교회 역사의 반추를 통해 역사적, 교의적 신학화를 해야 한다. 교회의 역사 안에서 일어난 반유대주의, 대체신학의 발현, 이중언약 신학의 함정, 이스라엘을 인정하게 된 역사와 그 의의에 대해서 아서 글라서가 어떻게 이해했는지 고찰할 것이다.

셋째, 개인의 영적, 경험적 순례 여정을 반영하여 신학화해야 한다. 예수를 메시아로 믿는 <메시아닉 유대인>들의 실제적인 사례, 고토 이스라엘 땅으로 알리야하여 가정교회에서 구원 받은 사람들의 사례 등이 이 범주에 포함된다. 이 영역에 대해서 아서 글라서는 어떤 이해를 가지고 있는지 고찰할 것이다.

넷째, 상황을 신학화해야 한다. 현재 증가하고 있는 <메시아닉 유대인>들의 수, 알리야의 증가, 고토 귀환 후 개종자의 증가, 유대인과 이방인의 <한새사람> 사역의 증가 등이 이스라엘 회복 관점을 신학화할 수 있는 상황적인 요소가 된다. 세계선교 역사에서 이 무시할 수 없는 상황들에 대해서 글라서는 어떤 의의를 부여하고 있는지 고찰할 것이다.

이 네 가지 요소를 적용하여 아서 글라서가 1988년부터 1993년까지 쓴 29편의 저널을 정리하면 다음 네 가지 소제목으로 나눠 제시할 수 있다.

첫째, 이스라엘 회복 관점의 "성경"적 근거

둘째, 이스라엘 회복 관점의 "역사"적 당위성
셋째 이스라엘 회복을 증거하는 "개인 경험"
넷째, 이스라엘 회복을 확증하는 "상황"들

1) 이스라엘 회복 관점의 성경적 근거

밴 엥겐은 하나님의 선교의 독점적인 원천은 성경 말씀[25]이라고 했다.

> 선교신학화 과정에서 독점적 신학 자료의 출처는 성경이다. 성경은 교회선교의 본질적인 선교 매뉴얼이다. 그것은 선교하시는 하나님의 계시다. 성경은 인류 역사에 파입(破入, inbreaking)하시는 하나님을 증언한다. 성경은 하나님의 선교에 대해 알려 주고, 선교에서 예수 그리스도를 따를 수 있는 선교학적 예를 제공한다. 성경은 나머지 세 영역에 하나님의 선교 지식을 알리고, 형성하고, 비판한다.[26]

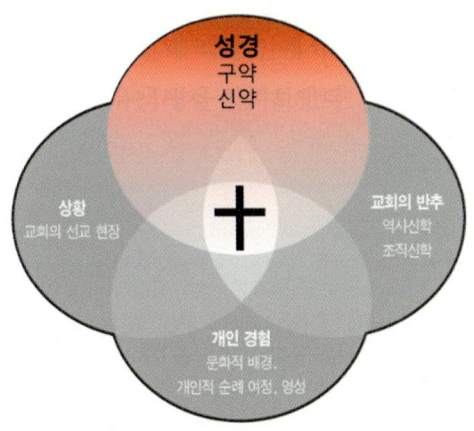

<그림 52> 선교신학화의 네 영역 중 "성경"[27]

25　Engen,『개혁하는 선교신학』, 60.
26　Engen,『개혁하는 선교신학』, 61.
27　Engen,『개혁하는 선교신학』, 60-61. 이스라엘 회복 관점의 신학화를 위한 "성경"

이스라엘 회복 관점의 "성경"적 근거를 확인할 수 있는 아서 글라서의 저널들은 다음과 같다.

이스라엘의 정체성에 관한 "Did Jesus Teach the Rejection of Israel?"[28] 이 있다. 유대인(Jewish People, 3)에 대해서 다루는 세 편의 저널이 있는데, "The Jewish People",[29] "The Churches and the Jewish People: Towards a New Understanding",[30] "What of the Silence of God? The 'Question of All Questions'"[31]다.

유대 뿌리(Jewish Roots)에 대한 "Jewish Roots of the Christian Faith"[32]가 있다. 유대인 전도(Evangelize Jews, 5)에 관한 5편의 저널이 있다. "Should Christians Evangelize Jews?"[33] "Biblical Basis for Jewish Evangelism,"[34] "What Right Do Gentiles Have to Evangelize Jews?"[35] "Make Disciples of All the Gentiles,"[36] "Jewish Evangelism Is Biblical"[37] 등이다.

이 저널들을 종합하여 글라서가 '이스라엘의 정체성'에 관해서 그리고 '이스라엘 복음 전도'에 대해서 어떤 성경적 근거를 제시하고 있는지 살펴보자.

의 영역.

28 Arthur Frederick Glasser, "Did Jesus Teach the Rejection of Israel?," *Missionary Monthly*, Part II of a Series (December 1990).
29 Glasser, "The Jewish People."
30 Arthur Frederick Glasser, "The Churches and the Jewish People: Towards a New Understanding," *International Bulletin of Missionary Research* 13, no. 4 (October 1989).
31 Arthur Frederick Glasser, "What of the Silence of God? The 'Question of All Questions'," *Missionary Monthly* The Jewish People: Issues and Questions, Part X (April-May 1990).
32 Glasser, "Our Father Abraham: Jewish Roots of the Christian Faith (Review)."
33 Glasser, "Should Christians Evangelize Jews?"
34 Arthur Frederick Glasser, "Biblical Basis for Jewish Evangelism," *Missionary Monthly* Evangelical Objections to Jewish Evangelism, Part I (December 1991).
35 Arthur Frederick Glasser, "What Right Do Gentiles Have to Evangelize Jews?," *Missionary Monthly* Evangelical Objections to Jewish Evangelism, Part III (February 1992).
36 Glasser, "Make Disciples of All the Gentiles."
37 Arthur Frederick Glasser, "Jewish Evangelism Is Biblical," *Missionary Monthly* Evangelical Objections to Jewish Evangelism, Part IV (March 1992).

(1) 이스라엘 정체성에 대한 성경적 근거

글라서의 서지 정보를 정리한 딘 길릴랜드는 "아서 글라서에게 성경은 하나님 나라 문제에 대한 처음이자 마지막 참고 문헌이다"[38]라고 말했다. 또 아서 글라서의 학생들은 수업 첫 주에 글라서로부터 이런 말을 듣는다고 소개했다.

> 성경은 교회와 그리스도인에게 종교적 권위의 유일한 근거가 됩니다. 성경은 법의 효력을 가지고 있습니다. 하나님은 그의 백성에게 성경 외에 다른 어떤 신앙과 실천의 규칙도 주지 않으셨습니다.[39]

글라서의 하나님 나라 신학과 강의가 얼마나 성경에 기초하고 있는지를 표현한 것이다. 1998년에 진행한 육성 인터뷰에서 밥 슈스터(Bob Shuster)가 글라서에게 이스라엘에 대해서 지속적으로 강한 관심을 가질 수 있는 이유가 무엇이냐는 취지로 물었다.

글라서는 주저없이, "기본적인 관심이지요. 당신도 당신의 성경을 읽으며 항상 그것을 상기하고 있잖아요"[40]라고 대답했다. 이스라엘을 향한 관심은 그리스도인에게 너무나 자연스러운 것인데, 그 이유는 이스라엘이 성경을 통해서 늘 기억할 수밖에 없는 존재이기 때문이라는 것이다.

구약성경과 신약성경은 동일하게 이스라엘의 회복을 주장한다. 마이클 J. 블라흐(Michael Joseph Vlach)[41]는 프란츠 델리치상(Franz Delitzsch Prize)[42]을

---

[38] Gilliland, in *The Good News of the Kingdom: Mission Theology for the Third Millennium*, 25. "For Arthur Glasser the Bible is the first and last reference for Kingdom issues."

[39] Glasser, *Kingdom and Mission*. "The Bible constitutes for the church and the Christian the sole ground of religious authority. It has the force of law. God has not given his people any other rule of faith and practice."

[40] Glasser, interview. Tape 8, 25.

[41] 마이클 J. 블라흐(Michael Joseph Vlach)가 쓴 박사 논문 "The Church as a Replacement of Israel: An Analysis of Supersessionism"으로 프란츠 델리치상을 수상했다. 참고. About (michaeljvlach.com)

[42] 19세기 독일의 루터교 신학자이자 히브리어 학자인 프란츠 델리치(Franz Delitzsch, 1813-1890)의 이름을 딴, 신학 분야에서 우수한 업적을 인정하는 상이다. 참고. Quem

수상한 그의 논문에서 대체신학이 주장하는 바를 면밀히 검토한 후, 신구약에서 이스라엘 민족의 미래 구원과 회복을 믿어야 하는 설득력 있는 성경적 이유가 있음을 논증하였다.

> 대체주의는 성경의 증거와 일치하지 않는다. 구약성경은 이스라엘이 열방에 봉사하는 특별한 역할을 맡게 될 미래의 국가 이스라엘 회복을 예언한다. 그러나 신약성경에서 이 희망이 취소되었거나 교회로 완전히 이전되었다는 증거는 찾아볼 수 없다. ⋯ 신약성경은 이스라엘의 희망이 유효하기 위해 이스라엘의 희망에 대한 구체적인 내용을 다시 주장할 필요가 없다. 게다가 신약성경이 이스라엘의 희망에 대한 힌트와 재확인을 제공한다는 사실도 중요하다. ⋯ 마 19:28; 23:39; 눅 13:35; 21:24; 22:30; 행 1:6; 롬 11:25-21의 본문을 종합해 보면 이스라엘의 회복에 대한 생각을 재확인할 수 있다.[43]

아서 글라서는 선교사를 위한 월간지 *Missionary Monthly*에 1989년 4월부터 1990년 5월까지 총 10회에 걸쳐 이스라엘 관련 글을 연재한다. "The Jewish People: Issues and Questions"(유대인: 쟁점과 질문)이라는 새로운 시리즈를 시작하면서 편집인은 다음과 같이 필자인 글라서를 소개한다.

> 그리스도인들에게 매우 중요한 문제인 "유대인"에 대한 새로운 기사 시리즈를 소개하게 되어 기쁩니다. 수십 년 전 중국내륙선교부(China Inland Mission)의 회원이었던 아서 글라서 박사는 미국 장로교(PCA)의 목사입니다. 그는 또한 캘리포니아주 파사데나에 있는 풀러신학교의 세계선교학교 명예 학장으로 계속 가르치고 있습니다. 독자 여러분의 반응을 환영합니다.[44]

---

foi Franz Delitzsch – Da Aula
43 Vlach, "The Church as a Replacement of Israel: An Analysis of Supersessionism," 232.
44 Glasser, "The Jewish People," 3. "We are pleased to introduce a new series of articles on 'The

글라서는 이 시리즈에서 다음과 같은 주제를 다룬다.

제1부. "유대인"(The Jewish People)[45]

제2부. "홀로코스트: 그리스도인은 반유대주의를 어떻게 평가해야 하는가?"(The Holocaust: How Should Christians Evaluate Anti-Semitism?)[46]

제3부. "기독교인들은 이스라엘 국가를 어떻게 생각해야 하는가?"(How Are Christians to Regard the State of Israel?)[47]

제4부. "회당: 그리스도인은 랍비 유대교에 대해 어떤 태도를 가져야 하는가?"(The Synagogue: What Attitude Should Christians Adopt Toward Rabbinic Judaism?)[48]

제5부. "기독교인은 유대인에게 복음을 전해야 하는가?"(Should Christians Evangelize Jews?)[49]

제6부. "만남: 기독교인은 유대인-기독교인의 대화에 대한 부름에 응답해야 하는가?"(The Encounter: Should Christians Respond to the Call for Jewish-Christian Dialogue?)[50]

Jewish People,' an issue of crucial importance to Christians. Dr. Glasser, a member of China Inland Mission several decades ago, is a minister in The Presbyterian Church of America (PCA). He also is Dean Emeritus, School of World Mission, at Fuller Theological Seminary, Pasadena, California, where he continues to teach. Readers' responses are invited."

[45] Glasser, "The Jewish People." April-May, 1989.
[46] Glasser, "The Holocaust: How Should Christians Evaluate Anti-Semitism?"
[47] Arthur Frederick Glasser, "How Are Christians to Regard the State of Israel?," *Missionary Monthly* The Jewish People: Issues and Questions, Part III (August-September 1989).
[48] Arthur Frederick Glasser, "The Synagogue: What Attitude Should Christians Adopt toward Rabbinic Judaism?," *Missionary Monthly* The Jewish People: Issues and Questions, Part IV (October 1989).
[49] Glasser, "Should Christians Evangelize Jews?"
[50] Arthur Frederick Glasser, "The Encounter: Should Christians Respond to the Call for Jewish-Christian Dialogue?," *Missionary Monthly* The Jewish People: Issues and Questions, Part VI (December 1989).

제7부. "팔레스티니안: 기독교인들은 팔레스타인 봉기인 '인티파다'에 어떻게 대응해야 하는가?"(The Palestinians: How Shall Christians Respond to the "Intifada," the Palestinian Uprising?)[51]

제8부. "기독교 시온주의는 정당한가?" (Is Christian Zionism Legitimate?)[52]

제9부. "배교자들: 이방인 그리스도인들은 히브리 신자들을 어떻게 대해야 하는가?"(The Apostates: How Should Gentile Christians Regard Hebrew Believers?)[53]

제10부. "하나님의 침묵은 무엇인가? '모든 질문 중 질문'"(What of the Silence of God? The 'Question of All Questions')[54]

글라서는 연재를 시작하는 제1부에서 중요하지만 다소 갑작스러운 질문을 던지며 주의를 환기한다.

유대 민족을 생각할 때 어떤 생각이 떠오릅니까?
"세계 기독교인"으로서 당신은 이스라엘 국가를 어떻게 생각합니까?[55]

그리고 그동안 자신이 이 주제를 연구하면서 느낀 소회를 나눈다.

---

[51] Arthur Frederick Glasser, "The Palestinians: How Shall Christians Respond to the "Intifada," the Palestinian Uprising?," *Missionary Monthly* The Jewish People: Issues and Questions, Part VII (January 1990).

[52] Arthur Frederick Glasser, "Is Christian Zionism Legitimate?," *Missionary Monthly* The Jewish People: Issues and Questions, Part VIII (February 1990).

[53] Arthur Frederick Glasser, "The Apostates: How Should Gentile Christians Regard Hebrew Believers," *Missionary Monthly* The Jewish People: Issues and Questions, Part IX (March 1990).

[54] Glasser, "What of the Silence of God? The 'Question of All Questions'."

[55] Glasser, "The Jewish People," 3. "What thoughts come to your mind when you reflect on the Jewish people? As a "World Christian," how do you regard the State of Israel?"

> 지난 3년 동안 나는 내가 진정으로 이 고대 민족과 젊지만 문제가 있는 그들의 나라를 충분히 고려하고 있는지 자문해 보아야 했습니다. 이것은 많은 연구와 고문서 읽기, 새로운 책을 독파해 가는 일을 재촉했습니다.[56]

1989년 이 글을 쓰기 전 3년이라면 글라서가 72세 때다. 노학자의 시간을 재촉하게 만든 유대인 관련 쟁점들은 그의 마음을 사로잡았다. 그것을 연구하고 공유하는 것은 그의 여생의 사명이 되었다.

> 지금까지 배운 것을 가능한 한 널리 공유해야 한다고 생각합니다. 나는 새롭게 내 마음을 사로잡기 시작한 현실을 혼자만 간직할 수 없습니다. 그것들은 매우 중요해 보입니다.
> 나는 그것들이 내 남은 인생 동안 나와 함께할 것이라고 확신합니다![57]

글라서가 이 시리즈의 모두(冒頭)에서 던진 도전적인 질문, 곧 "세계 기독교인으로서 당신은 이스라엘 국가를 어떻게 생각하는가?"에서 느낄 수 있는 것처럼, 그는 이스라엘이라는 나라와 유대인이라는 사람들을 성경책에 갇혀 있는 과거의 존재가 아니라 오늘의 실존으로 인정한다.

그는 독자들에게 에스더 4장 14절의 "이때를 위함이 아닌가?"라는 말씀까지 인용하면서, 인내하며 연구를 해가면 "성경뿐만 아니라 신문[58]도

---

56 Glasser, "The Jewish People," 3. "But in the last three years I have been pressed to ask myself whether I really am taking seriously the full measure of this ancient people and their young though troubled nation. This has precipitated much study, the reading of old texts and some racing through new books."

57 Glasser, "The Jewish People," 3. "What I have learned to date I feel I must share as widely as possible. I just cannot keep to myself the realities that have begun anew to grip my heart and crowd my mind. They seem so important. I am sure they will be with me for the rest of my life!"

58 성경의 이스라엘을 오늘도 실존하는 나라로 인식하기 시작하면 현존하는 이스라엘을 중심으로 전개되는 세계 역사의 흐름에 대한 통찰이 생긴다. 오늘의 유대인들을 하나님의 백성으로 인정하는 시각이 열리며, 유대인과 이방인 모두를 위한 하나님의 구원

당신을 점점 더 매료시킬 것이라고 약속할 수 있다"고 장담한다.[59]

그는 결국 "땅은 누구의 것이며, 그 미래는"[60] 어떠한지에 관한 실질적인 질문을 던진다.

> 그러나 땅과 그 미래는 어떻습니까?
> 현 이스라엘 국가는 선지자들이 그토록 자주 말했던(겔 37:11-28) "이스라엘 집과 유다 집"(렘 31:31)의 위대하고 최종적인 재집합의 시작을 나타냅니까? 그 땅은 다윗왕의 출현을 위해 준비되고 있습니까?
> 우리는 히브리어의 부흥과 그 땅으로 돌아가는 유대인들의 연속적인 물결에서 중요성을 보아야 합니까?
> 그들은 경작하고 물을 대고 비생산적인 땅을 생산적인 용도로 바꾸는 데 많은 일을 했습니다.[61]

글라서는 성경을 근거로 그 땅은 하나님이 아브라함과 그의 후손에게 주신 "신성한 선물"이라고 인정한다.

의 경륜을 깨닫게 된다.

[59] Glasser, "The Jewish People," 3. "If you persevere in this, I can promise that not only the Bible but the newspaper will increasingly fascinate you. And you will find yourself breathless at times, saying: 'To think that I have been brought into the kingdom, through God's grace, for such a time as this!'(Esther 4:14)."

[60] Glasser, "The Jewish People," 3. "First, the LAND, "To whom does the land belong and what is its future?"

[61] Glasser, "The Jewish People," 3-4. "But what of the land and its future? Does the present State of Israel represent the beginning of the great and final regathering of "the house of Israel and the house of Judah" (Jeremiah 31:31) concerning which the prophets so frequently spoke (e.g., Ezekiel 37:11-28)? Is the land being prepared for the emergence of its Davidic king? Are we to see significance in the revival of the Hebrew language and the successive waves of Jews returning to the land? They have done much to cultivate and irrigate and turn unproductive land into productive use."

중동은 지리가 독특하기 때문에 세계의 다른 모든 지역과 다릅니다. 그것은 하나님께서 이삭과 야곱을 통해 아브라함과 그의 후손들에게 주신 "땅"입니다(창 12:7; 26:34; 48:4). 신성한 선물로서의 땅에 대한 강조는 구약성경에서 150번 이상 나옵니다. 그 범위는 현 이스라엘 국가, 서안 지구, 가자 지구, 골란 고원, 레바논과 시리아의 일부가 점령한 영토를 포함합니다.[62]

물론, 이스라엘 사람들이 하나님의 뜻에 불순종함으로 말미암아 그들이 타국에 포로되어 그 땅을 떠나야 했던 역사도 인정한다. 70년간의 바벨론 포로 생활 이후, 이스라엘 백성은 그 땅으로 돌아가 "신실한 청지기가 될 두 번째 기회"를 가지기도 했다. 그러나 다시 한번 그들은 열방으로 흩어졌고 예루살렘은 "이방인들에게 짓밟혔다"(눅 21:24).

그렇지만 "그것이 이스라엘에게 그 땅에 대한 약속이 폐지되었다는 것을 의미하지는 않는다"고 글라서는 역설한다. 그 땅은 하나님이 이스라엘에게 주신 "영원한 소유"임을 성경이 증언하기 때문이다(창 17:8; 48:4; 시 105:10, 11; 렘 32:40, 41; 겔 37:36).[63]

많은 그리스도인은 이새의 줄기에서 나온 의로운 가지인 다윗의 더 큰 자손이 마침내 예루살렘에서 그분의 보좌에 앉아 율법을 전파하고 의로 민족들을 축복할 것이라고 믿고 있다(사 2:2-4; 겔 37:24-28). 이것은 위기의 대결을 통해 그와의 대면을 겪은 후에 회개하고, 청결하게 되며, 다시 모여

---

[62] Glasser, "The Jewish People," 3. "The Middle East is different from all other parts of the world because its geography is unique. It is "the land" given by God to Abraham and his descendants via Isaac and Jacob (Genesis 12:7, 26:34; 48:4). The emphasis on the land as a divine gift Occurs more than 150 times in the Old Testament. In extent it includes the territory occupied by the present State of Israel, the West Bank, the Gaza Strip, the Golan Heights and parts of Lebanon and Syria."

[63] Glasser, "The Jewish People," 3. "But this did not mean that the promise of the land to Israel was thereby abolished, for to Israel the land is "an everlasting possession" (Genesis 17:8; 48:4; Psalm 105:10,11; Jeremiah 32:40,41; Ezekiel 37:36)."

들게 됨으로써 이스라엘이 그들의 메시아 왕 아래에서 땅을 다시 차지하게 될 것을 보장한다(슥 9:9-14).[64]

글라서는 신약에서도 예수가 이스라엘에 대한 거절이나 거부를 가르친 것이 아니었다고 변증한다. 그는 머리말에서 "많은 기독교인은 복음서, 특히 마태와 마가에서 예수가 유대 민족을 왕국에서 제외했다고 주장"[65]한다는 입장을 짚었다. 그리고 글의 맺음말에서 예수가 이스라엘을 배척하지 않았다고 결론짓는다.

> 사실, 옛 질서는 지나가고 새 질서는 "모든 민족"의 복음화를 포함할 것이지만(막 13:10), 이스라엘이 진행 중인 하나님의 목적에서 벗어날 것이라는 징후는 없다. 단지 이스라엘 내에서 분열이 일어날 뿐이지 이스라엘과 이방인 사이의 분열은 아니다. 예수의 말씀과 행동은 이스라엘을 분열시켰지만 이스라엘을 배척하지는 않았다.[66]

이스라엘을 거절하지 않으신 하나님은 이스라엘과의 언약도 파기하지 않으셨다. "하나님의 백성으로서의 이스라엘의 지위"는 이스라엘의 실패

---

64 Glasser, "The Jewish People," 3. "Many Christians have held that the greater Son of David, the righteous Branch, the shoot from Jesse's stock, would finally sit on His throne in Jerusalem, sending forth the Law and blessing the nations in righteousness(e.g., Isaiah 2:2-4; Ezekiel 37 :24-28). This would guarantee the reestablishment of Israel in the land under their Messianic King, following a crisis confrontation with Him that results in repentance, cleansing and regathering(e.g., Zechariah 9:9-14)."
65 Glasser, "Did Jesus Teach the Rejection of Israel?," 9. "Many Christians hold that in the Gospels, particularly Matthew and Mark, Jesus excluded the Jewish people from the Kingdom."
66 Glasser, "Did Jesus Teach the Rejection of Israel?," 10. "True, the old order will pass and the new order will involve the evangelization of "all the nations" (Mark 13:10), but there is no indication that Israel will pass out of the ongoing purpose of God. Merely a schism takes place within Israel, but it is no schism between Israel and the Gentiles. What Jesus said and did divided Israel, but did not reject Israel."

에 의해서도 영향을 받지 않았다.[67]

글라서는 하나님께서 약속으로 주신 그 땅에서 현재 일어나는 변화의 흐름들을 언급하며 의미심장한 질문들을 던진다.

> 오늘날 "예루살렘에서 율법이 나옴"은 어떠합니까?
> 그곳의 유대인들 사이에서 작지만 성장하고 있는 메시아닉 운동은 다가올 일의 전조입니까?
> 열방이 다시 한번 유대인의 입술(행 15:7)에서 예수 그리스도의 좋은 소식과 도덕과 품위, 공의와 자비, 의와 평화에 관한 그분의 원칙을 배우게 될까요?
> 이러한 질문을 제기하는 것은 이 첫 번째 문제의 복잡성에 주의를 환기시키는 것입니다.[68]

글라서가 던지는 질문은 모두 성경해석학에 영향을 끼치는 것들이며, 성경해석학을 통해서만 답을 할 수 있는 것들이다. 그는 성경에 기록된 이스라엘과 오늘날 현존하는 이스라엘이 불가분의 관계에 있음을 환기시킨다. 아서 글라서의 성경해석학을 정리하기 위해서 이스라엘을 주목해야 하는 이유다. 동시에 글라서의 이스라엘 회복 관점이 성경에 근거하고 있음을 보여주는 증거다.

---

[67] James D. G. Dunn, 『로마서 9-16』, 김철, 채천석 옮김, vol. 38하, *Word Biblical Commentary* (서울: 솔로몬, 2005), 240.
[68] Glasser, "The Jewish People," 4. "And what of the "going forth of the Law from Jerusalem" today? Is the small but growing Messianic movement among the Jews there a harbinger of things to come? Will the nations once again learn from Jewish lips (e.g., Acts 15:7) the good news of Jesus Chris and of His principles of morality and decency, justice and mercy, righteousness and peace? To raise these questions is to call attention to the complexity of this first issue."

(2) 이스라엘 복음 전도를 위한 성경적 근거

아서 글라서에게 성경적인 이스라엘 회복 관점이 중요한 이유는 오늘날의 크리스천들이 유대인의 실존을 인정하고 그들에게 예수 그리스도의 복음을 증거해서 그들도 구원 받게 하기 위함이다.

1989년 당시, 아서 글라서가 유대인 연구를 함에 있어서 가장 큰 쟁점은 유대인을 향한 복음 전도에 관한 의견의 불일치였다. 1988년 11월 4일 스웨덴 시그투나(Sigtuna)에서 세계교회협의회(WCC)가 열렸다. 그곳에서 "교회와 유대 민족: 새로운 이해를 향하여"(The Churches and the Jewish People: Towards a New Understanding)라는 선언문이 발표되었다.[69] 서문은 "우리는 생존과 해방을 위한 세계적인 투쟁의 시대에 살고 있다"[70]로 포문을 열었다.

> 모든 살아 있는 신앙을 가진 사람들 사이에서 상호 존중과 이해의 증진은 필수적이지만, 우리는 기독교인으로서 성경적 계시에 뿌리를 두고 있는 유대인과 기독교인 사이의 특별한 관계를 인식한다. 역설적으로, 이 특별한 관계는 역사적으로 종종 긴장과 소외의 원인이 되어 유대인 이웃들에게 파괴적인 결과를 초래했다. 우리는 오늘날 유대인과 기독교인 신앙 간의 유대와 차이를 기도하는 마음으로 신중하고 정직하게 고려하는 것이, 더 나은 이해와 상호 존중으로 이어지며, 두 신앙공동체가 모두 순종을 고백하는 한 분 살아 계신 하나님께서 원하시는 뜻에 부합한다고 믿는다.[71]

---

[69] World Council of Churches, "The Churches and the Jewish People: Towards a New Understanding: Adopted at Sigtuna, Sweden, by the Consultation on the Church and the Jewish People World Council of Churches 4 November 1988," *International Bulletin of Missionary Research* 13, no. 4 (1988): 152-54.

[70] "We live in an age of worldwide struggle for survival and liberation."

[71] World Council of Churches, "The Churches and the Jewish People," 152-54. WCC 선언문의 서문(Preamble) 중 마지막 단락이다. "While the promotion of mutual respect and understanding among people of all living faiths is essential, we as Christians recognize a special relationship between Jews and Christians because of our shared roots in biblical revelation. Paradoxically, this special relationship has often been a source of tension and alienation in history with destructive consequences for our Jewish neighbours. We believe

글라서는 이 문서의 서문에서 "이 진술을 작성한 사람들의 최우선 관심사"를 간파하였다. 교회와 유대 민족 사이의 흑역사를 회개하고 새로운 이해를 향해 나아가자는 말은 그럴듯해 보인다. 그러나 그 속에 복음이 빠져 있을 뿐 아니라, 복음을 전하는 행위를 막는 듯한 표현들이 있었기 때문에 글라서는 이 문서가 "신학적 정신 분열증에 빠졌다"라고까지 엄중하게 비판했다.

> 이 WCC 문서는 하나님이 성경적 기독교와 랍비 유대교 모두를 기뻐하신다고 가정하고, 구원이 그리스도를 믿는 믿음에 의한 것인지 아니면 그리스도를 제외한 자기 노력에 의한 것인지에 대해 무관심하다고 가정할 때, 신학적 정신 분열증에 빠져 있다.[72]

본문에는 "4. 유대인을 향한 강압적인 개종은 기독교 신앙과 양립할 수 없다"는 선언이 있다.[73]

글라서는 이런 표현들이 내포한 독성을 간파하고 비판했다.

> 사실, 오늘날 그리스도인들이 나치의 죽음의 수용소에 대해 책임이 없는 것처럼, 오늘날 살고 있는 유대인들은 예수의 십자가 처형에 대해 더 이상 책임이 없다. 그리고 하나님께 감사하게도 기독교 전도에서 "강제"라는 단어가 설 자리가 없다는 데 모두가 동의한다.

---

that an honest and prayerful consideration of the ties and divergences between Jewish and Christian faiths today, leading to better understanding and mutual respect, is in harmony with the will of one living God to whom both faith communities confess obedience."

[72] Glasser, "The Churches and the Jewish People: Towards a New Understanding," 158-59. "This WCC document is indulging in theological schizophrenia when it assumes that God is pleased with both biblical Christianity and rabbinic Judaism and is indifferent to whether salvation is by faith in Christ or by self-effort apart from Christ."

[73] World Council of Churches, "The Churches and the Jewish People," 152-54. "4. that coercive proselytism directed toward Jews is incompatible with Christian faith."

그러나 "강압적 개종"이라는 의미가 여전히 유대 민족에게 위협이 되는 이유는 무엇인가?

이 용어는 중세 시대의 흔적 문제다. 나는 오늘날 세계 어느 곳에서도 그러한 비판을 정당화하는 전도 활동을 하는 기독교인을 본 적이 없다는 것을 안다. 나는 이 문서가 유대 민족 사이에서 효과적인 복음 증거를 폄하하기 위해 이 용어를 사용하는 것을 책망하기 바란다.[74]

'열린 복음주의자'로 평가 받던 아서 글라서는 자신과 다른 입장에 서 있는 사람과의 대화를 중시했다. 유대인들과 기독교인과의 대화도 가치롭게 생각했다. 그러나 "많은 교회에서 대화가 점점 더 강조되고 복음 선포가 완전히 소홀히 되지는 않더라도 음소거되고 있는 것은 우리 시대의 비극"이라고 꼬집었다.[75] 대화를 지나치게 강조할 때 발생하는 종교적 혼합주의의 폐해를 지적했다.

대화에 대한 이러한 지나친 강조는 종교적 혼합주의라고밖에 설명할 수 없는 현상을 수반한다. 종교다원주의에 대한 관용이 생겨났기 때문에 오늘날 교회 지도자들은 종종 모든 사람이 예수 그리스도에게로 개종하는 것이 시급하다고 강조하는 선교 구조가 교회 내에 여전히 존재한다는 사

74　Glasser, "The Churches and the Jewish People: Towards a New Understanding," 158-59. "True, Jews living today are no more responsible for the crucifixion of Jesus than Christians today are responsible for the Nazi death camps. And thank God all are agreed that the word "coercion" has no place. in Christian evangelism. But why the implication that "coercive proselytism" is still a threat to the, Jewish people? This term is a vestigial problem from the Middle Ages. I know of no Christian witness anywhere in the world today whose evangelistic activity even remotely justifies being so criticized. I wish that this document rebuked the use of this term to denigrate any effective witness of the gospel among the Jewish people.

75　Glasser, "Should Christians Evangelize Jews?," 3. "What is tragic in our day, however, is that in too many churches the emphasis is increasingly on dialogue and gospel proclamation is muted, if not altogether neglected."

실에 당황한다.⁷⁶

기독교와 유대교 사이에서 발생할 수 있는 불필요한 관용은 "언약"이라는 이름으로 드러난다. "언약 수준에서, 점점 인기있는 견해는 아브라함 언약을 통한 모든 유대인이 이미 하나님과 직접적인 관계를 가지고 있으며 더 안전하게 만들기 위해 새로운 언약이 필요하지 않다"⁷⁷는 것이다. 대표적으로 프란츠 로젠츠바이크가 주장한 두 언약 신학을 들 수 있다. 이는 결과적으로 유대인들을 향한 복음 선포의 명분을 막고 전도를 마비시킨다.⁷⁸

그러나 글라서는 이스라엘에 대한 복음 선포는 "교회가 피하려고 해서는 안 되는 절대적인 의무"⁷⁹라고 강조한다. 앤더슨은 유대인 선교가 적절한 종교신학의 리트머스 시험지라고까지 비유했다.

> 복음과 유대인의 관계는 종교신학의 기초가 된다. 이 문제에 대한 신학적 관점에 결함이 있다면, 다른 신앙을 가진 사람들에 대한 태도와 접근 방식 역시 결함이 있을 가능성이 높다. 오늘날 기독교 신학자가 유대 민족에게 복음이 필요하지 않다고 말한다면, 그는 다른 종교를 가진 사람들에게

76　Glasser, "Christian Ministry to the Jews," 6-7. "This overemphasis on dialogue is accompanied by what can only be described as religious syncretism. It has produced such a tolerance of religious pluralism that church leaders today are often embarrassed that within their churches there still exist mission structures whose leaders stress the urgency of all people being converted to Jesus Christ."

77　Glasser, "Christian Ministry to the Jews," 6-7. "On the covenantal level, the increasingly popular view is that all Jews through the Abrahamic covenant already have direct relationship with God and require no new covenant to make them more secure." 이런 신학적 입장을 "두 언약 이론"이라 한다.

78　Bowler, "Do Jews Need Jesus?," 12-14. "If Rosenzweig's idea is taken up by professing Christians as a valid interpretation of the Great Commission, then evangelism as we know it is paralyzed."

79　Glasser, "Christian Ministry to the Jews," 6-7. "The proclamation of the Gospel to Israel stands out as: an absolute obligation for which the Church must not try to escape."

도 복음이 필요하다는 것을 부인할 가능성이 매우 높다. 결국, 우리는 다른 종교를 가진 모든 사람들에 대한 기독교 선교를 거부하는 신학적 상대주의에 빠지게 된다. 유대인에 대한 선교는 선교학을 위한 적절한 종교신학의 리트머스 시험지다.[80]

글라서는 우리 시대에 "전 세계 유대인공동체 내에서 어떤 일이 일어나고 있다"고 운을 떼운다. 그것은 다름 아닌, 예수 그리스도에 대한 유대인들의 관심이 증가하고 있다는 것과 스스로를 "예수를 위한 유대인"(Jews for Jesus)[81]이라고 고백하려는 사람들이 꾸준히 증가하고 있다는 것이다. 글라서는 그러므로 "하나님께서 우리 시대에 이 백성 가운데서 명백하게 행하시는 일에 관여하지 않는 것은 하나님과 유대 민족에 대한 죄"[82]라고 일갈한다.

유대인 이웃에게 신앙 문제를 제기하는 것은 "도덕적으로 무례한 일이 아니다"라고 강조한다. 유대인을 만나 이스라엘의 하나님을 증거할 때, "예수에 대한 문제는 그 만남에서 제외될 수 없는 것"[83]이다.

---

[80] Gerald H. Anderson, "Theology of Religions and Missiology: A Time of Testing," in *The Good News of the Kingdom: Mission Theology for the Third Millennium*, ed. Charles Edward Van Engen, Dean S. Gilliland and Paul Everett Pierson (Maryknoll, N.Y.: Orbis Books, 1993), 206. "The relationship of the Gospel to the Jewish people is foundational for a theology of religions. If one's theological perspective on this issue is defective, it is likely that one's attitude and approach to people of other faiths will also be defective. Today if a Christian theologian says that the Jewish people do not need the Gospel, the same theologian very likely will also deny that people of other faiths need the Gospel and we end up with a theological relativism that rejects the Christian mission to all people of other faiths. Mission to the Jewish people is the litmus test of an adequate theology of religions for missiology."

[81] "Jews for JESUS"는 유대인 선교 단체의 이름이기도 하다. 유대인들에게 직접적으로 복음을 전하는 단체여서 글라서가 강의나 글에서 여러 번 언급하고 있다.

[82] Glasser, "Should Christians Evangelize Jews?," 3-4. "But in our day something is happening within the Jewish community worldwide. This in nothing less than the growing fascination of Jews with Jesus Christ and the steady increase of those willing to confess themselves as "Jews for Jesus." What does this mean? Nothing less than that it would be a sin against God and the Jewish people not to be involved in what God is so manifestly doing among this people in our day."

[83] Glasser, "The Encounter: Should Christians Respond to the Call for Jewish-Christian Di-

글라서는 욕즈의 날카로운 질문으로 도전한다.

> 그분에 대한 더 진정한 증거는 토라인가, 아니면 토라를 포함하지만 그것을 넘어서는 복음인가?[84]

아서 글라서는 누구보다 유대인을 사랑한 기독교인이었다. 그러나 유대인들이 그리스도 없이 시내산 언약만으로 하나님께 받아들여질 수 있고, "하나님을 합당하게 경배하기 위해 중보자나 희생이 필요하지 않다고 주장"하는[85] 선교신학적 흐름을 강하게 책망하며 막아서지 않을 수 없었다. 유대인들의 구원을 막는 것은 사랑이 아니기 때문이다.

> 그들은 의심할 여지없이 마지막 질문을 제기할 것입니다.
> 만일, 유대교가 그리스도 없이도 살아갈 수 있다면, 교회는 정말로 그리스도를 필요로 합니까?
> 결국, 교회가 예수를 유대인의 윤리적 성취의 모범으로만 볼 때 회당과 구별되는 것은 무엇입니까?
> 그리고 이것이 그들이 예수님에 대해 말할 수 있는 전부라면, 왜 굳이 세상을 복음화하려고 노력합니까?[86]

---

alogue?," 7. "Hence, there is nothing morally offensive with raising questions of faith with one's Jewish neighbors. The issue of Jesus cannot be withheld from the encounter when witness is being borne to the God of Israel."

84 Jakób Jocz, *The Jewish People and Jesus Christ after Auschwitz, Digital Edition(2019)* (Grand Rapids, Mich.: Baker Book House, 1981), 210. "Which is the more genuine witness to Him – the Torah or the Gospel which includes the Torah but goes beyond it?"

85 Glasser, "The Churches and the Jewish People: Towards a New Understanding," 159. "It contends, in contrast with the Sinaitic revelation, that neither mediator nor sacrifice is needed to gain acceptance with God and to worship God acceptably."

86 Glasser, "The Churches and the Jewish People: Towards a New Understanding," 159. "They will undoubtedly raise the final question that if Judaism can manage without Christ, as the document avers, do the churches really need Christ? After all, when churches see in Jesus

글라서는 1991과 1992년에 걸쳐 *Missionary Monthly*에 "유대인 전도에 대한 복음주의적 이의 제기"(Evangelical Objections to Jewish Evangelism) 시리즈를 4회 연재했다. 1부 "유대인 전도의 성경적 근거"(Biblical Basis for Jewish Evangelism),[87] 2부 "모든 민족을 제자 삼으라"(Make Disciples of All the Gentiles),[88] 3부 "이방인이 유대인에게 전도할 권리에 대하여"(What Right Do Gentiles Have to Evangelize Jews?),[89] 4부 "유대인 전도는 성경적이다"(Jewish Evangelism Is Biblical)[90] 등이다.

그는 "기독교인이 이스라엘과의 형제애, 즉 모든 유대인과의 연대를 부인한다면 그들은 하나님의 권속에서 스스로를 제외시키는 것"[91]이라고 지적했다. 물론, 유대인과의 연대에서 가장 중요한 것은 그들에게 복음을 전하는 것이다.

글라서가 탁월한 기독교 신학자이자 선교학자로 추천한 야콥 욕즈는 "그의 생애 동안 유대인 복음화를 진지하게 옹호"했다. 이 주제에 관해 광범위하게 글을 쓰면서 그는 변함없이 "예수가 하나님의 나라를 자신의 동족에게 전파했을 때 유대인 선교가 시작되었음을 상기"시켰다.[92]

유대인 선교의 기원과 명분을 예수에게서 찾고 그 본질에 대해 교회를 도전하는 것이다.

---

only a model of Jewish ethical achievement, what is to distinguish them from synagogues? And if this is all they can say about Jesus, why bother trying to evangelize the world?"

87 Glasser, "Biblical Basis for Jewish Evangelism." (1991)
88 Douglas R. A. Hare and Daniel J. Harrington, "Make Disciples of All the Gentiles(Mt 28:19)," *The Catholic Biblical Quarterly* 37 (1975).
89 Glasser, "What Right Do Gentiles Have to Evangelize Jews?," (1992).
90 Glasser, "Jewish Evangelism Is Biblical" (1992).
91 Glasser, "What Right Do Gentiles Have to Evangelize Jews?," 8-9. "If Christians deny their brotherhood with Israel- their solidarity with all Jews - they are excluding themselves from the household of God."
92 Glasser, "Jocz' View of Hebrew Christianity," 15-18. "Throughout his life Jocz was an earnest advocate of evangelizing the Jewish people. Writing extensively on this theme, he invariably began with the reminder that mission to the Jews began when Jesus preached the Kingdom of God to his own people."

유대 민족을 예수 그리스도께로 부르려는 교회의 노력을 계속하는 것은 그리스도의 주권에 대한 교회의 복종에 대한 시험이다. 교회가 전도 활동에서 그들을 제외시키는 것은 또한 교회가 성령에 의해 그리스도께 회심하는 기적에 대한 믿음을 잃었다는 증거다. 유대인은 태어난 유대인이지만, 유대인과 이방인 모두 그리스도인이 되기 위해서는 성령으로 거듭남을 체험해야 한다.[93]

글라서는 욕즈의 말을 인용하여 재차 강조한다.

교회에 유대인을 위한 복음이 없다면 세상을 위한 복음도 없다는 것을 기억해야 한다. 그러나 교회에는 유대교와의 만남에서 재발견하는 복음이 있다. 왜냐하면, 예수 그리스도의 주 되심에 관한 복음은 세상에 대한 하나님의 사랑을 설명하기 때문이다.[94]

2) 이스라엘 회복 관점의 역사적 당위성

성경적 선교신학화 작업에서 교회와 교회 역사의 반추는 중요하게 고려되어야 할 사안이다.

교회의 신학적, 선교학적 사고는 성경, 신학, 교회의 선교를 이해하기 위해 역사를 통해 사용되어 온 해석학적 렌즈에 영향을 끼쳤다. 역사신학과 조직신학은 종종 서양의 가정과 방법론에 기초해 성경을 읽고, 신학을 반추하며, 선교를 특정한 관점에서 보기 위해 오랫동안 사용하고 있는 렌즈다. 아프리카, 아시아, 중남미 다수 세계의 교회와 기독교인은 서구로부터 전

---

[93] Glasser, "Jocz' View of Hebrew Christianity," 15-18.
[94] Jakób Jocz, *Christians and Jews: Encounter and Mission, Digital Edition(2019)* (London: SPCK, 1966), 36.

수 받은 신학을 비판적으로 검토하면서 그것이 그들의 현실과 어떻게 적합하고 그렇지 않은지 그리고 서구 신학이 그들의 맥락에서 하나님의 선교에 대한 이해에 어떤 영향을 미쳤는지를 연구하고 있다.[95]

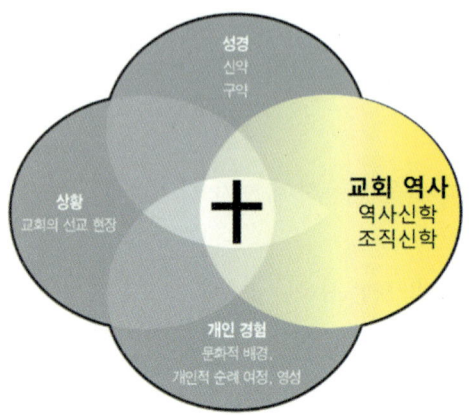

<그림 53> 선교신학화의 네 영역 중 "역사"[96]

이스라엘 회복 관점의 역사적 당위성을 확인할 수 있는 아서 글라서의 저널들은 다음과 같다.

회당(Synagogue)에 관한 "The Synagogue,"[97] 유대주의(Judaism)에 대한 "Christianity and Judaism: Some Random Thoughts,"[98] 반유대주의(Anti-Semitism)에 관한 "Anti-Semitism in the New Testament?"[99] 유대 뿌리(Jewish Roots)에 관한 "Jewish Roots of the Christian Faith,"[100] 유대인과 크

---

95 Engen, 『개혁하는 선교신학』, 61-62.
96 Engen, 『개혁하는 선교신학』, 60-62. 이스라엘 회복 관점의 신학화를 위한 "역사"의 영역.
97 Glasser, "The Synagogue: What Attitude Should Christians Adopt toward Rabbinic Judaism?"
98 Glasser, "Christianity and Judaism: Some Random Thoughts."
99 Arthur Frederick Glasser, "Anti-Semitism in the New Testament?," *Missionary Monthly*, Part V of a Series (November 1991).
100 "Jewish Roots of the Christian Faith" in Glasser, "Our Father Abraham: Jewish Roots of

리스천의 대화(Jewish-Christian Dialogue)에 관한 "The Encounter: Should Christians Respond to the Call for Jewish-Christian Dialogue?"[101] 홀로코스트(Holocaust)에 관한 "The Holocaust: How Should Christians Evaluate Anti-Semitism?"[102] 예수의 제자가 이방인에게로 확장되는 것에 관한 "Make Disciples of All the Gentiles"[103] 등이다.

이 저널들을 종합하여 '선교신학화에서 역사 이해의 중요성'과 '이스라엘과 역사 이해의 중요성' 그리고 '이스라엘과 반유대주의 역사'를 살펴보자.

(1) 선교신학화에서 역사 이해의 중요성

안드레아스 쾨스텐베르거(Andreas J. Köstenberger, 1957-)[104]와 리처드 패터슨(Richard D. Patterson, 1929-)[105]이 공저한 『성경해석학 개론』[106](*Invitation to Biblical Interpretation*)[107]은 성경 해석을 위한 준비와 해석과 적용을 다루고 있다. 성경 해석을 위한 방법으로는 역사와 문학과 신학으로 구성되는 해석학적 삼각형을 제시한다.

---

the Christian Faith (Review)."
101　Glasser, "The Encounter: Should Christians Respond to the Call for Jewish-Christian Dialogue?"
102　Glasser, "The Holocaust: How Should Christians Evaluate Anti-Semitism?"
103　Glasser, "Make Disciples of All the Gentiles."
104　안드레아스 쾨스텐베르거(Andreas J. Köstenberger, 1957-)는 오스트리아 빈 태생의 미국 신학자다. 노스캐롤라이나주의 침례교신학교에서 신약과 그리스어를 가르쳤다. 60권 이상의 책을 저술하였다. 22년 동안 복음주의신학회지(JETS: Journal of the Evangelical Theological Society)의 편집자로 일했다. https://biblicalfoundations.org/andreas-j-Köstenbergers-biography/
105　리처드 패터슨(Richard D. Patterson, 1929-2021)은 리버티대학교의 명예교수로, 주요 출판사와 정기 간행물에 100여 편 이상의 기사를 썼으며, 구약에 대한 주석을 포함한 여러 권의 책을 저술했다. https://bible.org/users/richard-d-patterson
106　Köstenberger and Patterson, 『성경해석학 개론』.
107　Köstenberger and Patterson, *Invitation to Biblical Interpretation: Exploring the Hermeneutical Triad of History, Literature, and Theology*.

저자들은 그 동안 해석학적 맥락에서 사용되어 온 세 가지 유형의 기하학적 도형을 원 → 나선형 → 삼각형 순으로 소개한다.

첫째, 해석학적 "원"이다. 어떤 본문을 전체 가운데서 이해하는 것은 개개의 부분을 이해하고 전체를 이해할 수 있는 적절한 틀을 제공한다는 개념이다.[108]

둘째, 해석학적 "나선형"이다. 주창자인 오즈번은 이 개념을 "성경 해석은 본문에서 문맥으로, 원래 의미에서 그 본문의 상황화 또는 오늘날 교회 가운데서 나타나는 의미로 연결되는 나선형을 수반한다"라고 설명했다.[109]

셋째, 해석학적 "삼각형"이다. 이는 역사와 문학과 신학이 성경 해석을 위한 적절한 격자를 형성한다는 주장이다.[110]

> 해석학적 원, 해석학적 나선형, 해석학적 삼각형이라는 이와 같은 세 가지 해석 방법은 상호 배타적인 것도 아니고, 하나가 다른 것보다 우월한 것도 아니다. 사실상 각각의 기하학적 형상에는 나름대로 모두 타당한 통찰이 담겨 있다. … 해석학적 삼각형은 해석의 과업에 관련된 삼각의 구조에 주목한다. 이때 성경 해석자는 역사, 본문(즉, 문학), 신학(신적 계시)이라는 세 가지 피할 수 없는 현실에 직면한다.[111]

하나님은 성경을 통해 자신을 계시하시되(신학), 역사 속에서 계시하셨다(역사). 그리고 그것을 기록한 성경 본문을 이해하기 위해서는 기술적인

---

[108] Köstenberger and Patterson, 『성경해석학 개론』, 9.
[109] Osborne. p.22에서 오즈번이 내린 정의. Grant R. Osborne, 『(해석학적 나선형으로 풀어 가는) 성경해석학 총론』, 임요한 옮김 (서울: 부흥과개혁사, 2017), 15.
[110] Köstenberger and Patterson, 『성경해석학 개론』, 9.
[111] Köstenberger and Patterson, 『성경해석학 개론』, 10-11.

해석이 필요한데, 해석자는 본문이 정경에서 어떤 위치에 있는지, 장르의 특징은 무엇인지 그리고 언어학적인 특징은 무엇인지(단어의 의미와 문법적 관계를 포함해서) 등에 주의를 기울여야 한다(문학).[112]

하나님이 "성경을 통해 자신을 계시하시되, 역사 속에서 계시하셨다"라는 원리는 선교신학화 작업의 원리와 궤를 같이 한다. 성경에 기초한 신학을 정립하되, 교회의 성경 해석과 선교에 대한 접근 방식이 다양한 역사적 맥락의 영향을 받았다는 것을 인정하는 것이 역사신학이다. 밴 엥겐은 "교회가 하나님의 선교에 대한 이해를 명확히 하고 영향을 미치기 위해 모여 토의한, 선교에 대한 교회의 신학적 성찰의 역사, 선교대회의 역사도 이 영역에 포함"시킨다.[113] 그리고 선교신학에서 역사를 다룬 대표적인 학자들 이름 사이에 아서 글라서를 배치했다.[114]

아서 글라서는 다양한 선교대회에 참여하여[115] 선교에 관한 올바른 신학화에 힘썼다. 그는 특히 로잔운동이 시작하던 1974년 제1차 세계복음화대회에 참여했고, 이어서 1989년 4월의 윌로우뱅크대회 그리고 1989년 7월의 제2차 세계복음화대회에 참석했다.

대회 활동을 통해 글라서가 표명하고 싶었던 것은 세계선교 논의에서 "유대인 전도"[116]를 배제하면 안 된다는 것이었다. "바울은 유대인이 지상대명령의 범위 밖에 있는 것이 아니라 교회의 전도 활동에서 특별한 위치를 차지해야 한다고 주장했다"는 로잔유대인전도협의회(LCJE)[117]의 견해

---

112 Köstenberger and Patterson, 『성경해석학 개론』, 11.
113 Engen, 『개혁하는 선교신학』, 62.
114 Arthur Frederick Glasser, "The Evolution of Evangelical Mission Theology since World War Ⅱ," *International Bulletin of Missionary Research* 9, no. 1 (1985). 제2차 세계 대전 이후 복음주의 선교신학의 변천 과정을 담고 있다. 선교신학의 역사적 배경, 현재 상황, 미래 전망을 분석, 평가했다.
115 Glasser, interview. Tape 8. 그는 1966년 Wheaton 대회부터 여러 선교대회에 참석했다.
116 Perlman, in *The Lausanne Movement: A Range of Perspectives*.
117 로잔유대인전도협의회(LCJE: Lausanne Consultation on Jewish Evangelism)는 유대인에게 복음을 전하는 사역자들과 기관들을 연결하고 협력하고 지원하는 글로벌 네트워크다. LCJE는 1980년에 로잔운동의 일부로 시작되었으며, 1982년에 첫 번째 국제 회

는 글라서의 입장이었다. 그는 이스라엘 영혼들에게 복음을 전함으로써 이스라엘을 향한 구속사의 섭리가 여전히 살아 있음을 인식케 하는 이스라엘 회복 관점의 신학화에 힘을 다했다.

(2) 이스라엘과 역사 이해의 중요성

역사란 "역사가와 사실 사이의 부단한 상호 작용의 과정이며, 현재와 과거 사이의 끊임없는 대화"[118]다. 또 역사는 "한 시대가 다른 시대에서 주목할 만한 가치가 있다고 생각하는 것의 기록"[119]이다.

> 과거는 현재의 빛으로만 우리에게 이해될 수 있다. 그리고 우리는 과거의 빛으로만 현재를 완전히 이해할 수 있다. 역사의 이중 기능은 과거의 사회를 이해하게 하고 현재의 사회에 대한 그의 통제력을 증가시키는 것이다.[120]

하나님의 선교를 통한 하나님 나라의 완성을 기대하는 그리스도인들이 이스라엘의 역사를 연구해야 하는 이유다. 이스라엘의 역사는 현재 우리

의를 개최했다. 유대인 전도의 중요성과 도전을 강조하고, 유대인 전도의 역사와 신학을 탐구하며, 전략과 방법을 공유하고, 성과와 기회를 보고하는 것을 목적으로 한다. https://lausanne.org/network/jewish-evangelism

118 Edward Hallett Carr, *What Is History?* (New York: Vintage, 1961), 35. https://archive.org/details/lccn_39470391x/mode/2up?q=dialogue. Edward Hallett Carr(1892-1982): "History is a continuous process of interaction between the historian and his facts, an unending dialogue between the present and the past."

119 Jacob Burckhardt, *Judgements on History and Historians* (Boston: Beacon Press, 1958), 14. https://archive.org/details/judgmentsonhisto0000burc/page/n6/mode/1up. Jacob Burckhardt(1818-1897): "History is the record of what one age finds worthy of note in another."

120 Carr, *What is History?*, 69. "The past is intelligible to us only in the light of the present; and we can fully understand the present only in the light of the past. To enable man to understand the society of the past and to increase his mastery over the society of the present is the dual function of history."

가 끊임없이 대화해야 할 과거이며, 미래를 위해 반드시 기록해야 할 가치로운 현재다. 역사는 과거와 현재 사이의 대화를 넘어, "과거의 사건과 점진적으로 다가오는 미래의 끝 사이의 대화"[121]다. 이스라엘은 과거와 현재 그리고 미래 끝까지 있을 역사다. 우리에게는 "문명사를 보는 거시적 퍼스펙티브(perspective)가 필요하다."[122]

랄프 윈터는 본질적으로 역사는 선과 악의 대결이라고 이해한다. 선교는 악이 다스리는 세상을 하나님의 선한 뜻으로 탈환하는 "하나님 나라의 탈환 작전"[123]이라고 한다. 그 탈환 작전인 선교를 통해 기독교 문명사가 펼쳐진 여정이 역사다.

성경에서 그 선교의 시작, 문명의 시작을 확인할 수 있다. 그리고 성경 역사의 중심에 이스라엘이 있다. 이스라엘은 "인간의 역사 속에 나타난 하나님의 거대 서사가 의미하는 바를 좀 더 깊게 이해"하도록 안내해 주는 나침반이다.

근현대 이스라엘 역사에서 주목해야 할 것은 <메시아닉 유대인>들의 존재다. 야콥 욥즈(Jakób Jocz)[124]는 중부 유럽의 뛰어난 <메시아닉 유대인> 지도자였다. 그는 『선택의 신학: 이스라엘과 교회』(*A Theology of Election: Israel and the Church*)[125]에서 이스라엘의 역사를 이해하는 것의 중요성을 논리적으로 설명한다. 욥즈는 "성경이 제시하는 인간의 역사는 하나님의 뜻과 인간의 뜻이라는 두 뜻이 충돌하는 전쟁터"라고 정의하고, 그 "충돌의 불꽃

---

121 Carr, *What is History?*, 164. "When, therefore, I spoke of history in an earlier lecture as a dialogue between past and present, I should rather have called it a dialogue between the events of the past and progressively emerging future ends."
122 임윤택, 『랄프 윈터의 기독교 문명 운동사』 (고양: 예수전도단, 2013), 42.
123 임윤택, 『랄프 윈터의 기독교 문명 운동사』, 126.
124 Jakób Jocz(1906-1983)는 리투아니아-캐나다 성공회 사제 겸 신학자다. Jocz는 영국성공회에서 안수를 받았으며 토론토의 Wycliffe Seminary에서 조직신학 교수로 수년간 재직했다. 3세대 히브리 기독교인으로서 그는 유대인들 사이의 전도에 열정적으로 관심을 가졌다. 그는 또한 유대인과 기독교인 사이의 대화에 대한 필요성을 보았고, 두 커뮤니티가 과거를 이해하고 고정 관념을 극복하도록 노력했다.
125 Jocz, *A Theology of Election: Israel and the Church*.

은 계시"라고 표현한다.[126] 그는 이스라엘을 논하는 것은 계시의 문제라고 전제한다.

> 역사적인 이스라엘을 논할 때 우리는 즉시 계시 문제의 중심에 놓이게 된다. 성경에서 이스라엘과 계시는 상관관계이며 서로를 전제로 한다. 바로 이 사실로부터 우리는 선택의 의미를 밝히는 일을 진행해야 할 것이다.[127]

그는 "기독교적 맥락에서 계시는 결코 '가르침', '교리', '진리' 또는 '율법'을 의미할 수 없음"을 지적하고, 계시는 주로 "생각이 아닌 행동의 관점에서 설명되어야" 하는 것으로, "하나님이 인간을 만나기 위해 역사 속으로 발을 내딛는 것을 의미"한다고 강조한다.[128] 여기서 계시와 역사의 만남이 이뤄진다. 성경 계시에서 이스라엘 역사의 중요성이 드러난다.

> 그러므로 계시의 역사는 하나님의 능하신 역사의 이야기다. 성경에서 이 이야기는 이스라엘이라는 한 민족에 국한된다. 이것은 하나님이 이스라엘에서만 행하시고 다른 곳에서는 행하지 않으신다는 뜻이 아니다. 그것은 단지 그분이 이스라엘에서 특정한 방식으로 행하시고 그곳에서 인류를 대신하여 행하신다는 것을 의미할 뿐이다. … 그러므로 이스라엘의 역사는

---

126 Jocz, *A Theology of Election: Israel and the Church*, 10. "Human history as the Bible presents it is the battle-field where two wills clash: the will of God and the will of man. The spark of his clash is revelation."
127 Jocz, *A Theology of Election: Israel and the Church*, 6. "When discussing historic Israel we are immediately placed in the centre of the problem of revelation. In the Bible Israel and revelation are correlatives and presuppose one another. It is from this fact that we will have to proceed in elucidating the meaning of election."
128 Jocz, *A Theology of Election: Israel and the Church*, 6. "Revelation therefore in the Christian context can never mean "teaching", "doctrine", "truth", or "law", but must always mean God's stepping into history to encounter man. Revelation must primarily be described in terms of action and not of thought."

하나님께서 인류를 다루신 특별한 역사다.[129]

"이스라엘의 역사는 하나님께서 인류를 다루신 특별한 역사"라는 인식은 이스라엘의 역사를 통하여 온 인류를 향한 구원 메시지를 선포하는 성경을 해석하는 중요한 열쇠다.

욕즈는 "역사가 지속되는 동안 하나님은 말씀하시는 하나님"이심을 역설한다. 과거에 이스라엘의 선지자들을 통해 그 조상들에게 말씀하셨던 바로 그 하나님이 이 마지막 때에 그 아들을 통해서 지금도 유대 민족에게 말씀하고 계심을 직시한다. 그리고 이것은 "세상 끝 날까지 이스라엘과 메시아 사이에 계속되는 대면"이라고 말한다.[130]

"역사는 처음부터 끝까지 하나님 백성의 역사"라는 전제하에, 이스라엘의 역사가 종말의 시점까지 이어지며, 교회의 이야기는 이스라엘의 이야기에 연결되어 있음을 언급한다.

> 이스라엘의 역사는 심판과 은혜의 지속적인 계시로 남아 있다. 이것은 아브라함을 부르신 때부터 역사의 끝까지 이어진다. 교회의 이야기는 이스라엘의 이야기에 사로잡혀 있다. 둘은 떼려야 뗄 수 없는 관계다. 여기에서도 종말론의 관점에서 정경이 열려 있다. 왜냐하면, 고유한 역사는 처음부터 끝까지 하나님 백성의 역사이기 때문이다.[131]

---

[129] Jocz, *A Theology of Election: Israel and the Church*, 6. "The history of revelation is therefore the story of God's mighty acts. In the Bible this story is limited to one single people - Israel. This does not mean that God acts only in Israel and nowhere else; it only means that in Israel he acts in a specific way and that he acts there on behalf of mankind. … Israel's history is therefore special history - an object-lesson of God's dealing with mankind."

[130] Jocz, *A Theology of Election: Israel and the Church*, 7. "The same God who in times past spoke to the Fathers by the prophets speaks in these latter days to the Jewish people by his Son. This is a continuous confrontation between Israel and the Messiah till the end of time. While history lasts, God is and remains the speaking God."

[131] Jocz, *A Theology of Election: Israel and the Church*, 7. "Israel's history remains continuous revelation of judgement and grace. This extends from the time of the calling of Abraham

이렇게 교회와 이스라엘의 관계를 언급한 욕즈는 "교회가 성경에 다시 의존할 때마다" 자신의 기원이 "아브라함-선지자-나사렛 예수-예루살렘 교회"라는 사실에 직면하게 될 것이라고 역설한다. 좀 더 구체적으로, "베들레헴-나사렛-예루살렘-골고다의 지명 뒤에는 한 민족의 역사적 실재와 하나님의 아들의 역사적 특수성이 있다"고 강조한다.

따라서, 예수의 이야기는 "신화적 이미지로 옷을 입은 보편적인 진리가 아니라 역사에 닻을 내린 사람의 아들"에 관한 이야기라고 설명한다. "이렇게 하여 교회 역사는 이스라엘 역사와 연결되고 하나님 백성 역사의 일부가 된다"고 단언하면서, 만일 그렇지 않다면 "성경 정경에 사도행전이 있을 자리가 없을 것"이라고 언급한다. 사도행전은 복음이 특수적 역사에서 보편적 역사로 확장되어 가는 과정을 선명하게 보여주고 있기 때문이다.

이스라엘 중심의 이야기가 땅끝까지 확장되는 교회 이야기로 이어질 때, "정경 자체가 닫혀 있지만 계속되는 이야기인 계시 이야기의 일부"가 될 수 있는 것이다.[132]

---

to the end of history. The story of the Church is caught up in the story of Israel; the two are inseparable. Here, too, the Canon is kept open with a view to eschatology, for history proper is the history of the people of God, from beginning to the End."

132 Jocz, *A Theology of Election: Israel and the Church*, 8. "But whenever the Church is forced back upon the Bible she is faced with the fact of her origin: Abraham-the Prophets-Jesus of Nazareth-the Church in Jerusalem. Behind the geographical names of Bethlehem-Nazareth-Jerusalem-Golgotha-is the historic reality of a people and the historic particularism of the Son of God. The story of Jesus is thus not universal truth dressed in mythological imagery, but the Son of Man who is anchored in history …In this way Church history becomes linked to Israel's history and forms part of the history of the People of God. If it were otherwise, there could be no place for the Acts of the Apostles in the Canon of Scripture; only thus is it part of the story of revelation, which is a continuous story though the Canon itself is closed."

이는 폴 B. 존슨(Paul Bede Johnson)[133]이 『유대인의 역사』(*A History of the Jews*)[134]를 쓰게 된 이유라고 밝힌 내용과 일맥상통한다. 그는 저작의 이유 네 가지 중 첫 번째를 다음과 같이 밝혔다.

> 『기독교의 역사』[135]라는 책을 저술하면서 필자는 기독교가 유대교에 커다란 빚을 지고 있다는 사실을 깨닫기 시작했다. 그것은 지금까지 필자가 알고 있던 생각, 즉 신약성경이 구약성경을 대체하였다는 정도가 아니었다. 기독교는 오랜 역사를 가진 유대교라는 유일신교에 새로운 해석을 첨가하였던 것뿐만 아니라 동시에 유대교의 교훈과 교의신학, 각종 의식, 성물 그리고 근본적인 개념들을 공유하고 있었다는 것이다. 이러한 새로운 인식은 필자로 하여금 기독교 신앙을 태동케 했던 유대인들을 그 기원으로부터 연구하고, 그들이 지녔던 역할과 의의를 밝혀야겠다는 결심으로 이끌었다.[136]

한편, 욕즈는 이스라엘과 교회 이야기의 차이점도 언급한다. 그는 유대 역사와 교회 역사의 차이점을 "메시아"에 대한 관점에서 찾는다. 유대인의 회당에서 인식하는 메시아는 "미지의 존재, 끊임없이 기대되지만 이름

---

133 폴 B. 존슨(Paul Bede Johnson, 1928-2023)은 영국의 저널리스트, 대중 역사학자, 연설작가 그리고 작가다. 50권 이상의 책을 썼으며, 많은 잡지와 신문에 정규 칼럼과 기사를 썼고, 마거릿 대처(Margaret Hilda Thatcher, 1925-2013)의 정치적 조언자로 연설문 작성을 담당하기도 했다. 그의 책 *Modern Times: A History of the World from the 1920s to the 1980s*(현대)는 미국에서 가장 영향력 있는 10권의 책 중 하나로 인용된다. 참고. Paul Johnson obituary | Politics books | The Guardian
134 Paul Bede Johnson, *A History of the Jews*, ed. Internet Archive (New York: Perennial Library, 1988). https://archive.org/details/historyofjews00john. 4000년에 걸친 이스라엘과 유대인의 역사를 다루는 이 책은 유대인의 역사뿐만 아니라 유대인의 천재성과 상상력이 세계에 미친 영향에 대해서도 다룬다.
135 Paul Bede Johnson, *A History of Christianity* (New York: Atheneum, 1976). https://archive.org/details/historyofchristi0000john_j8r1/page/n9/mode/2up. Paul Bede Johnson, 『기독교의 역사』, 김주한 옮김 (서울: 살림, 2005).
136 Paul Bede Johnson, 『유대인의 역사 1: 성경 속의 유대인들』 (서울: 살림, 2005), 10.

이 없는 존재"다. 그러나 교회에서 인식하는 메시아는 "전에도 계시고 지금도 계시고 장차 오실 나사렛 예수라는 이름을 가지고 계신 존재"다.

여기서 교회의 이야기와 회당의 이야기는 한 하나님께서 자신을 계시하시는 동일한 공동체이면서도 동일하지 않은 이야기를 갖게 된다. 욕즈는 그것을 "하나님 백성의 이분법의 비밀"(the Dichotomy of the People of God)이라고 칭한다. 그 비밀의 이면에는 하나님의 "선택"과 관련된 "숨겨진 가장 깊은 의미"가 들어 있다고 말한다.[137] 바르트는 이 "하나님 백성의 이분법"은 "민족적인" 구분이 아니라 "실존적인" 문제라고 말했다.[138] 이는 결국 율법과 복음이라는 주제와 연결된다.

욕즈는 "이스라엘에 사는 사람은 항상 '법과 복음'이라는 이중적 관계 속에 서 있다. 다시 말해, 그는 '성경'이라는 맥락 속에서 존재한다"[139]라고 표현했다. 이것은 유대인뿐 아니라 이방인에게도 동일하게 적용된다.

> 그리스도인은 은혜가 아니라 행위로 살 때마다 유대인이 된다. 유대인은 자신의 의로움에 절망하고 의로우신 하나님의 자비에 자신을 내던질 때마다 그리스도인이 된다.[140]

---

[137] Jocz, *A Theology of Election: Israel and the Church*, 8. "The difference between Jewish history and Church history lies in their relatedness to the Messiah. In the Synagogue the Messiah is the Unknown, he is the one without a name though constantly expected; in the Church he has a name: Jesus of Nazareth, the one who was, who is and who is to come. … The story of the Church and that of the Synagogue is therefore not the same story, though it is the same community in which God reveals himself. This is the secret of the dichotomy of the People of God. Behind it is the hidden and innermost meaning of election."

[138] Jocz, *A Theology of Election: Israel and the Church*, 9. "The dichotomy of the People of God of which Barth speaks is not ethnic but existential."

[139] Jocz, *A Theology of Election: Israel and the Church*, 9. "Man in Israel therefore always stands in this double relationship of Law and Gospel; in other words he stands in the context of the Canon."

[140] Jocz, *A Theology of Election: Israel and the Church*, 9. "The Christian becomes a Jew whenever he lives by works and not by grace; the Jew becomes a Christian whenever he despairs of his own righteousness and throws himself upon the mercy of the righteous God."

이 다이내믹 속에서 성경의 이야기는 창세기부터 요한계시록까지 이어지는 것이다.

이 논의의 결론은 이스라엘과 교회가 모두 죄인임을 인정하고 함께 십자가 앞에 나란히 설 때 찾을 수 있다. 교회와 이스라엘은 "공통된 인간성"으로 서로를 마주한다. 인간 사이에는 "단 하나의 결속, 곧 죄의 결속"이 있다. 이스라엘과 교회는 "그리스도를 죽이는 일에 동일한 범죄"를 저질렀다. 그리고 둘 다 "하나님의 자비라는 동일한 표"로 살아간다.

> 교회는 이스라엘 안에서만 자신을 볼 수 있다. 그리고 이스라엘은 교회를 바라봄으로써만 자신을 볼 수 있다. 서로를 있는 그대로 바라보면서 그들은 하나님의 신실하심을 발견한다.[141]

성경에 등장하는 사도 바울은 이 모범을 보여준다. 그는 "역사적인 이스라엘과 교회를 나란히 놓을 때" 바른 관점을 가질 수 있었다. 하나님의 백성인 이스라엘과 교회는 서로를 병치할 때, "헤아릴 수 없는 하나님의 사랑을 발견"한다.[142]

이 진리를 보여주는 것이 이스라엘이라는 존재의 역사다.

"이스라엘 역사 연구는 역사를 주관하시는 하나님을 인식하고 하나님의 깊은 섭리를 깨달아 오늘 이 시대 속에 움직이는 하나님의 손길을 발견하

---

[141] Jocz, *A Theology of Election: Israel and the Church*, 20. "Church and Israel face each other in their common humanity. There is only one solidarity among man, the solidarity of sin. Both Israel and the Church are guilty of the same crime: the death of Christ. Both live by the same token of God's mercy. The Church can see herself only in Israel; and Israel can see himself only by looking at the Church. Seeing each other as they really are they discover the faithfulness of God."

[142] Jocz, *A Theology of Election: Israel and the Church*, 20. "St Paul saw aright when he placed historic Israel and the Church side by side. Only in juxtaposition do they discover the fathomless love of God."

는 것"이다.¹⁴³

    욕즈는 성경해석학에서 이스라엘 역사가 갖는 중요성을 그의 풍부한 학자적인 소양을 통해 논리적으로 피력했다. 그는 이러한 역사 이해와 신학적 기반 위에서 이스라엘과 예수, 이스라엘과 교회 등의 주제에 깊이 천착했고, 평생 유대인 영혼 구원을 향한 열정을 불태웠다. 글라서는 그를 이렇게 평가했다.

> 20세기의 신학자와 선교학자 중에서 야콥 욕즈는 회당과 교회의 만남이라는 관점에서 선교 과업에 접근한 거의 유일한 사람이다. 사도 바울처럼 그도 자신을 "유대인과 교회 사이에 서서 양쪽 모두에 속하고 … 양쪽 모두에게 빚진 유대 기독교인"으로 여겼다. 욕즈는 오직 이 만남을 통해서만 교회가 진정으로 자신의 본질을 알게 된다고 주장했다. 왜냐하면, 교회는 유대적 뿌리를 인정하고 주님을 향한 충성심에 대한 엄중한 시험에 직면할 의무가 있기 때문이다.¹⁴⁴

    "회당과 교회가 지속적인 대화에 참여해야 한다는 것"을 평생의 관심사로 가지고 있던 욕즈¹⁴⁵의 신학과 역사 인식에 대해 아서 글라서가 깊은 감명을 받았고 동의했음을 글라서의 여러 글에서 발견할 수 있다.

---

143 김인식, 『이스라엘의 회복과 종말』, 28.
144 Glasser, "The Legacy of Jacób Jocz," 66. "Almost uniquely among theologians and missiologists of A the twentieth century, Jakób Jocz approached the missionary task from the perspective of the church in encounter with the synagogue. Like the apostle Paul, he saw himself as "a Jewish Christian, standing between the Jewish people and the Church, belonging to both…and… owing a debt to both." Only in this encounter, Jocz argues, does the church really become aware of its true nature, for it is thereby obliged to acknowledge its Jewish roots and face the acid test of its loyalty to its Lord."
145 Glasser, "The Legacy of Jacób Jocz," 28.

(3) 이스라엘과 반유대주의 역사

교회 역사에서 교회가 유대인에게 복음을 전하지 못하게 가로막는 커다란 암초가 있었다. 그것은 기독교 내에 존재하는 반유대주의다. 반유대주의는 자연스럽게 대체주의 신학으로 발현되고, 그 가르침은 유대인 전도의 걸림돌이 되어 왔다.[146]

야콥 욕즈는 교회 성직자에 의해 자행되었던 반유대주의 정신에 대해서 교회는 회개해야 한다고 촉구했다.

> 야콥 욕즈는 교회의 성직자들에 의해 양육되고 유지되었던 증오와 경멸의 반유대주의 정신의 오랜 역사를 결코 잊지 않는다. 그는 교회가 유대 민족에 대한 용서할 수 없는 범죄를 저질렀다고 반복해서 비난한다. 교회는 "베옷을 입고 재 가운데서 회개해야 한다."[147]

글라서는 "유대인: 쟁점과 질문" 시리즈 2부에서 "홀로코스트: 그리스도인들은 반유대주의를 어떻게 평가해야 하는가?"(THE HOLOCAUST; How should Christians Evaluate Anti-Semitism?)라는 주제를 다룬다.[148] 그는 교회의 가장 비극적인 시기를 4세기 교권과 왕권이 연결된 이후 국가가 교회를 이용하여 유대인들에게 증오를 나타냈던 때라고 지적한다. 즉, 기독교 안에 반유대주의가 발흥한 것은 교회사의 비극이었다는 것이다.

글라서는 사실 모든 그리스도인은 영적으로 아브라함의 자손이므로(갈 3:29), "반유대주의는 근본적으로 기독교 신앙과 양립할 수 없다"고 역설한다.

---

[146] Perlman, in *The Lausanne Movement: A Range of Perspectives*, 187. "Another concern that has been a stumbling-block to Jewish evangelism is the teaching that promotes certain supersessionist theologies."
[147] Glasser, "Jacób Jocz, Scholar and Writer?," 16.
[148] Glasser, "The Holocaust: How Should Christians Evaluate Anti-Semitism?."

그러나 이 "병리적이고 혐오스러운 현상은 종종 명백히 기독교적인 편견으로 부당하게 표현"되었다. 글라서는 "그리스도인들은 그들의 교회가 너무나 자주 이 끔찍한 질병에 시달려 왔다는 사실을 수치스럽게 인식해야 한다"라고 꼬집었다.[149]

우리 시대에 유대인에 대한 나치의 극악무도한 범죄는 어떻게든 모든 기독교인이 살아 있는 모든 유대인의 3분의 1을 믿을 수 없을 정도로 멸망시키는 일에 연루되었다는 암시와 함께 교회 문 앞에 놓여 있다. 이 비난이 명백히 사실이 아니고 심지어 부당하더라도 그리스도인은 독선적이 되어서는 안 된다.[150]

글라서는 교회 역사에 분명히 존재하는 반유대주의의 독선에 빠지지 않기를 경고하며, "유대인들이 바사제국에서 소수 민족이었을 때 하만의 태도에 나타난 이러한 비합리적인 증오를 기억하라"고 촉구한다(에 3-6장; 주전 478-474년경).[151]

글라서는 "반유대주의는 악마에 의해 활성화된다"라고 지적한다.

---

[149] Glasser, "The Holocaust: How Should Christians Evaluate Anti-Semitism?," 3-4. "Most tragic are those periods in the history of the church when, following the linkage of throne and altar (from the 4th century onward), the state used the church to vent its spleen on the Jews. Actually, all Christians spiritually are the children of Abraham (Galatians 3:29), so that anti-Semitism is fundamentally incompatible with Christian faith. This pathological and hateful phenomenon often is unjustly represented as a distinctly Christian predjudice. Even so, Christians have to recognize with shame that their churches have all too often been afflicted with this terrible disease."
[150] Glasser, "The Holocaust: How Should Christians Evaluate Anti-Semitism?," 3-4.
[151] Glasser, "The Holocaust: How Should Christians Evaluate Anti-Semitism?," 3-4. "We recall this irrational hatred in the attitude of Haman when the Jews were a minority people in the Persian Empire(Esther 3-6; circa 478-474 B.C.)."

마이클 브라운(Michael L. Brown, 1955-)[152]은 『유대 민족의 비극적 역사와 '교회'』(Our Hands Are Stained With Blood: The Tragic Story of the Church and the Jewish People)[153]에서 유대인을 '유대인'이라는 이유만으로 죄인 취급했던 교회의 흑역사를 고발하며 "교회의 손에는 피가 묻어 있다"[154]고 경종을 울렸다.

데니스 프레거(Dennis Prager)와 조셉 텔루쉬킨(Joseph Telushkin)[155]의 글을 인용하여 역사에 나타난 반유대주의의 실태를 고발했다.

> 기독교가 대학살을 창조해 낸 것은 아니다. 나치즘 자체가 반기독교적인 것이었다. 그러나 기독교가 대학살을 가능케 해 주었던 것은 사실이다. 기독교 반유대주의가 없었더라면 사람들이 대학살을 생각해낼 수도 없었을 것이다. … 히틀러와 나치는 중세 가톨릭의 반유대적 법령을 모델로 채택했다. 그리고 마틴 루터의 적의에 찬 반유대주의적인 글들을 읽고 출판했다. 대학살이 유럽에서 가톨릭과 개신교의 숫자가 거의 동등한 유일한 나라에서 발생했다는 것은 매우 교훈적이다. 신구교 모두가 반유대주의에 젖어 있었던 것이다.[156]

---

[152] 마이클 브라운(Michael L. Brown, 1955-)은 미국의 기독교 신학자, 국제 강연자, 라디오 방송인, 저자다. <메시아닉 유대인>으로서 유대인과 비유대인 모두에게 복음을 변증하는 데 중점을 두고 있다. 히브리어와 구약학의 전문가로서, 그의 학술적 연구와 저술은 주로 구약성경, 유대인 전도, 메시아닉 유대교에 초점을 맞추고 있다. https://www.nli.org.il/en/a-topic/987007259015805171

[153] Michael Lawrence Brown, 『유대 민족의 비극적 역사와 '교회'』, 김영우 옮김 (서울: 한사랑, 2008), 31. 원서 제목을 직역하면 "우리의 손은 피로 물들었다: 교회와 유대 민족의 비극적 이야기"다.

[154] Michael Lawrence Brown, Our Hands Are Stained with Blood: The Tragic Story of the Church and the Jewish People (Shippensburg, PA: Destiny Image Publishers, 1992), 5. https://archive.org/details/ourhandsarestain0000brow. "The Church has blood on her hands."

[155] 데니스 프레거(Dennis Prager, 1948-)와 조셉 텔루쉬킨(Joseph Telushkin,1948-)은 각각 저명한 작가이며, 유대교와 윤리에 대한 여러 권의 책을 저술하였다. 공저한 이 책은 반유대주의의 뿌리를 추적한다. 유대인들이 인류 역사에서 차지하는 독특한 역할을 이해하는 데 도움이 된다.

[156] Dennis Prager and Joseph Telushkin, Why the Jews?: The Reason for Antisemitism (New

김인식은 반유대주의를 "하나님의 성품에 대적하는 공격"으로 규정한다.

> 반유대주의는 하나님의 성품에 대적하는 공격이다. 하나님께서 유대 백성을 거부하셨다고 하는 것은 하나님께서 밝히신 자신의 성품과 본성을 거스르는 것이다. 하나님과 유대인, 하나님과 이스라엘의 사랑과 언약의 관계는 영원한 것이다.[157]

아서 글라서는 이렇게 질문한다.
"유대인들은 왜 그들을 멸망시키려는 인간의 모든 시도로부터 살아남았는가?"
이어서 그는 "성경은 그들에게 하나님의 구속 목적에 중요한 미래가 있다고 말한다"고 자답한다.[158]

> 사탄이 이 민족을 파괴하려 한다고 믿지 말아야 할 이유가 있겠는가?
> 사탄의 혼란스러운 마음 속에서, 이 민족의 생존이 역사의 끝에서 하나님의 궁극적인 승리에 필수적이라는 것을 그가 느끼고 있기 때문이다.

York: Simon and Schuster, 1983), 104. https://archive.org/details/whyjewsreason-for00denn/mode/1up. "Christianity did not create the Holocaust; indeed Nazism was anti-Christian, but it made it possible. Without Christian antisemitism, the Holocaust would have been inconceivable. … Hitler and the Nazis found in medieval Catholic anti-Jewish legislation a model for their own and they read and reprinted Martin Luther's virulently antisemitic writings. It is instructive that the Holocaust was unleashed by the only major country in Europe having approximately equal numbers of Catholics and Protestants. Both traditions were saturated with Jew-hatred."

[157] 김인식, 『성경, 빅 픽처를 보라!』, 148-49.
[158] Glasser, "The Holocaust: How Should Christians Evaluate Anti-Semitism?," 3-4. "Finally, anti-Semitism is energized by the demonic. Why have the Jews managed to survive every human effort to destroy them? Scripture states that they have a significant future in the redemptive purpose of God."

결국, 하나님께서 최종적으로 승리하실 때, 사탄과 그의 무리들은 최종적으로 심판을 받을 것이다!¹⁵⁹

글라서는 미래에 완성될 하나님의 구속사에서 이스라엘이 차지해야 할 중요한 역할과 지위가 있음을 믿었다. 그리고 그것을 사탄도 믿고 있음을 알았다. 특히, 최후 심판과 관련하여 이스라엘이 부여받은 차별성이 있음을 인정했다.

> 마태복음이 최종 심판을 묘사하는 방식("인자 앞에 모든 민족이 모일 것이다" [마 25:32])를 생각해 보라. 이 구절에서 "모든 민족"은 이스라엘을 대하는 태도에 따라 심판을 받는다는 데 널리 동의를 얻고 있다(창 12:3; 욜 3:1-3; 겔 39). 더욱이 우리 주님께서 열두 제자가 "열두 보좌에 앉아 이스라엘 열두 지파를 심판할 것"(마 19:28)이라고 말씀하셨을 때, 심판에 관한 한 유대 민족이 종말에 차별적이고 개별적으로 대우받을 것임을 자연스럽게 암시하셨다.¹⁶⁰

이스라엘의 하나님과 종말론적인 전투를 벌여야 하는 사탄에 의해 활성화되는 반유대주의가 노리는 것은 유대인들이 복음을 듣지 못하게 하는 것이다. 교회가 반유대주의의 껍질을 깨고 나올 때, 유대인들을 십자가 복

---

159 Glasser, "The Holocaust: How Should Christians Evaluate Anti-Semitism?," 3-4. "Should we not believe that Satan is seeking to destroy this people, since in his troubled mind he senses that their survival is essential to the final triumph of God in history? After all, when God finally triumphs, Satan and his hosts will be judged finally!"

160 Glasser, "Make Disciples of All the Gentiles," 12. "It is widely agreed that in this passage, "panta ta ethne" are to be judged on the basis of their treatment of Israel (Genesis 12:3; Joel 3:1-3; Ezekiel 39). Furthermore, when our Lord stated that the Twelve "will sit on twelve thrones, judging the twelve tribes of Israel" (Matthew 19:28), he naturally implied that the Jewish people would be treated differently and separately at the end of the age, insofar as judgment is concerned."

음으로 살아나야 할 한 영혼으로 끌어안을 수 있다. 그리고 유대인들을 통해 우리를 가르치기 원하시는 하나님의 교훈을 겸손히 배울 수 있다.

고난이라는 용어를 떠나서는 생각할 수 없는 것이 유대인의 역사지만, 그 역사는 동시에 "고난을 극복하였던 그리고 그 고난을 극복하고 있는, 나아가 극복하게 될 것"이라는 유대인들의 믿음[161]을 보여준다. 그들의 역사를 통해 하나님은 "인류에게 하나의 목적이 주어졌다는 점과 인간이 짐승처럼 살다가 죽기 위해서 태어난 것이 아니라는 점"[162]을 교훈하며, 하나님 나라의 구원 섭리를 제시하신다.

홀로코스트 이후 유대인 학살에 침묵했던 교회는 유대인들에게 예수를 전할 권리를 스스로 포기한 것이라는 신학을 고수하며 유대인 전도를 반대하는 움직임이 일었다. 그에 반박하는 어떤 이는 "오늘날 유대인에게 전하는 복음의 메시지를 거부하는 것은 두 번째로 침묵하는 것이다. 하나님은 우리에게 유대인에게 사랑의 메시지를 전할 두 번째 기회를 주셨으니 낭비하지 말아야 한다"[163]라고 주장했다.

그러나 유대인 전도를 반대하고 방해하는 물결은 거셌다. 글라서는 마태복음 28장 19절에 기록된 "모든 족속으로 제자를 삼으라"는 예수의 말씀의 대상에 유대인이 포함되는지에 대한 문제를 제기한다.[164]

그는 당시 학자들의 상당한 관심이 마태복음에서 주장된 '이방인 편향'을 입증하는 데 집중되었음을 지적하고, 이를 바탕으로 "교회의 선교적 순종에 유대인을 포함시키는 정당성을 대위임령에서 찾을 수 없다"는 결론

---

[161] Johnson, *A History of the Jews*, 361.
[162] Johnson, 『유대인의 역사 1: 성경 속의 유대인들』, 355.
[163] Perlman, in *The Lausanne Movement: A Range of Perspectives*, 187. "To deny the gospel message to Jewish people today is keeping silent a second time. God is giving us a second chance to bring a message of love to Jewish people – don't waste it."
[164] Glasser, "Make Disciples of All the Gentiles," 12. "One of these themes has to do with the words of Jesus recorded in Matthew 28:19, "Make disciples of all the nations."

을 내리고 있는 문제를 부각한다.[165]

> 유대 혈통의 개인이 때로 예수를 믿게 되는 것은 당연하지만, 구원 역사의 전반적인 방향은 이스라엘에서 이방 세계로 향한다는 것이다. 이것을 뒷받침하는 것으로 해석되는 결정적인 본문은 악한 농부에 대한 우리 주님의 비유의 절정에서 발견된다(마 21:33-43). "하나님의 나라를 너희는 빼앗기고 그 나라 열매 맺는 민족이 받으리라(마21:43)."[166]

"구원 역사의 전반적인 방향이 이스라엘에서 이방 세계로 향한다"는 것은 이스라엘이 교회로 대체되었다는 대체주의[167]의 기조를 형성한다.

그러나 D. A.카슨(D. A. Carson)은 43절은 "하나님의 백성의 거처를 유대인에게서 이방인에게로 옮기는 것을 말하지 않는다"고 단언하면서, "유대 종교 지도자들이 하나님의 권위를 중개하는 역할의 끝을 말하고 있다"고 해석한다. 유대인에서 이방인에 이르기까지 하나님의 백성의 거처가 유대 통치자들의 권위를 넘어서 확장됨을 의미한다는 것이다[168](행 13:46[169];

---

165 Hare and Harrington, "Make disciples of all the gentiles(Mt 28:19)," 359-67. "A great deal of scholarly attention has recently been given to establish the alleged "Gentile bias" in the Gospel of Matthew and from this to conclude that the Great Commission does not give the church warrant for including the Jewish people in her missionary obedience."
166 Glasser, "Make Disciples of All the Gentiles," 12.
167 대체주의 또는 대체신학의 상세 내용은 1장 '용어 정의'와 6장 '상황' 부분을 참고하라.
168 Glasser, "Make Disciples of All the Gentiles," 12-14. "The leaders failed so badly in handling God's 'vineyard' and rejecting God's Son that God gave responsibility to another people who would produce the Kingdom's fruit (cf. 7:16- 20). Strictly speaking, then, vs. 43 does not speak of transferring the locus of the people of God from Jews to Gentiles … the locus now extends far beyond the authority of the Jewish rulers (cf. Acts 13:46; 18:5-6; I Peter 2:9); instead, it speaks of the ending of the role the Jewish religious leaders played in mediating God's authority."
169 [행 13:46] "… 하나님의 말씀을 마땅히 먼저 너희에게 전할 것이로되 너희가 버리고 영생 얻음에 합당치 않은 자로 자처하기로 우리가 이방인에게로 향하노라."

18:5-6[170]; 벧전 2:9).

기독교 역사에서 반유대주의는 대체 사상으로 발현되었다. 이스라엘은 버림 받고 이스라엘의 운명은 모두 교회로 대체되었는가?[171] 이 질문에 대해서 글라서는 말씀을 근거로 성경적인 대답을 제시한다.

> 세례 요한이 제시하는 예수는 모든 이스라엘 사람을 구원하지도 아니하시고 모든 이스라엘 사람을 버리지도 아니하시고 모든 이스라엘 사람을 체질하실 것이다. 하나님의 뜻대로 사는 자에게만 복을 주신다(마 7:21).[172]

> 이방인 그리스도인들은 하나님이 옛 이스라엘과 맺으신 모든 언약을 자신들이 모두 대체(代替)하게 되었고, 이제 이스라엘에게는 저주만 남아 있다고 감히 주장할 수 없었다. 그러나 (오히려) 그리스도인들은 감람나무의 풍성함을 함께 나누기 위해 자신들도 이스라엘이 하나님과 맺은 언약의 가지에 접붙임을 받았다고 보아야만 했다(롬 11:17). 이것은 온전히 하나님의 은혜로 된 것이다.[173]

글라서는 "의미심장하게도, 예수께서는 이스라엘을 랍비 유대교와 동일시하지 않으셨음"을 부각한다.

공관복음에서 변함없이 곳곳에서 등장하는 "대제사장들과 바리새인들이 그의 비유를 듣고 자기들을 가리켜 말씀하심인 줄 알았더라"(마 21:45; 막 12:12; 눅 20:19)는 말의 의미를 간과해서는 안 된다. 그의 논쟁은 국가 전

---

170 [행 18:6] "저희가 대적하여 훼방하거늘 바울이 옷을 떨어 가로되 너희 피가 너희 머리로 돌아갈 것이요 나는 깨끗하니라 이 후에는 이방인에게로 가리라."
171 Glasser, "Make Disciples of All the Gentiles," 12. "Israel Replaced by the Church?"
172 Glasser, "Make Disciples of All the Gentiles," 12-14.
173 Glasser, 『성경에 나타난 하나님의 선교』, 23. (오히려)는 원문 의미 부각을 위해 필자가 삽입함.

체에 관한 것이 아니었던 것이다.[174]

하나님은 유대인 전체를 버리신 것이 아니다. 이스라엘은 교회로 대체된 것이 아니다. 그러므로 글라서는 "주님의 대위임령(마 28:18-20)에 등장하는 '모든 족속'(panta ta ethne)에는 이스라엘이 포함되어야 한다"[175]라고 결론을 맺는다.

3) 이스라엘 회복 관점을 증거하는 개인 경험

선교신학화 작업에서 개인의 문화적 영적 경험은 마땅히 반영되어야 할 영역이다.

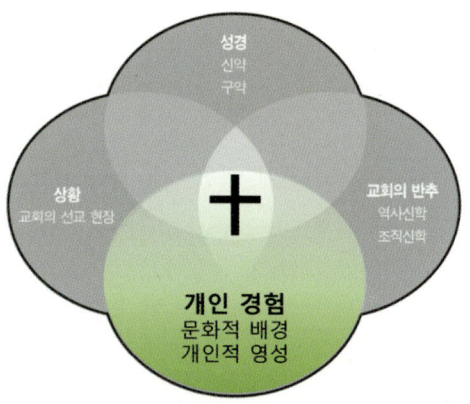

<그림 54> 선교신학화의 네 영역 중 "경험"[176]

---

174 Glasser, "Make Disciples of All the Gentiles," 12-14. "Significantly, Jesus did not identify Israel with rabbinic Judaism. … Note the verse often overlooked which invariably follows this parable in the Synoptics: "When the chief priests and the Pharisees heard his parables, they perceived that he was speaking about them" (21:45; Mark 12:12; Luke 20:19). His controversy was not with the nation as such."

175 Glasser, "Make Disciples of All the Gentiles," 12-14. "Hence, when our Lord gives His second Great Commission (28:18-20), his phrase "panta ta ethne" (all peoples) must include Israel."

176 Engen, 『개혁하는 선교신학』, 60-62. 이스라엘 회복 관점의 신학화를 위한 "경험"

성경에서 하나님의 선교 이야기를 살펴보는 사람들은 그들 자신의 문화적, 개인적, 개인의 강점, 약점, 경험, 영적 순례의 자기 세트를 가져온다. 이 개인 경험들은 성경과 선교를 이해하고 인식하는 방식과 하나님의 선교가 각 사람을 통해 성육신하는 방식에 영향을 미친다. 성경, 교회, 맥락, 하나님의 선교는 모두 개인적인 윤리학, 실존, 경험적 렌즈를 통해 이해된다. 각 사람의 특별한 영적 재능, 타고난 능력, 경험, 지식 그리고 성격은 독특한 조합을 만들어 낸다.[177]

오늘날 활발하게 일어나고 있는 <메시아닉 유대인>들은 성경에 기록된 이스라엘의 운명과 역할이 끝나지 않았음을 증거하고, 앞으로 남은 구속사에서 이스라엘을 향한 하나님의 언약이 성취될 것을 증거하는 산 증인들이다.

이스라엘 회복 관점을 확증해 주는 개인 경험을 확인할 수 있는 글라서의 저널들은 다음과 같다.

유대인 남은 자(Jewish Remnant)에 대한 "The Jewish Remnant,"[178] 히브리 신자들(Hebrew Believers)에 관한 "The Apostates: How Should Gentile Christians Regard Hebrew Believers?"[179]

<메시아닉 유대인공동체>(Messianic Jewish Congregations, 3)에 대한 세 편의 저널이 있다. "Thoughts on Messianic Jewish Congregations,"[180] "Messianic Jewish Congregations: Indispensable,"[181] "The Significance of Messianic

---

의 영역.

[177] Engen, 『개혁하는 선교신학』, 62.
[178] Arthur Frederick Glasser, "The Jewish Remnant," *Missionary Monthly*, Part III of a Series (January 1991).
[179] Glasser, "The Apostates: How Should Gentile Christians Regard Hebrew Believers?"
[180] Arthur Frederick Glasser, "Thoughts on Messianic Jewish Congregations," *Missionary Monthly*, Part I of a Series (November 1990).
[181] Arthur Frederick Glasser, "Messianic Jewish Congregations: Indispensable," *Missionary Monthly*, Part IV of a Series (February 1991).

Jews"¹⁸² 등이다.

야콥 욕즈(Jacób Jocz, 5)에 대한 다섯 편의 저널이 있다. "Jacób Jocz, 1906-1983,"¹⁸³ "Jacób Jocz, Scholar and Writer,"¹⁸⁴ "Jocz' View of Hebrew Christianity,"¹⁸⁵ "The Rabbinic Conception of Humankind,"¹⁸⁶ "The Legacy of Jacób Jocz"¹⁸⁷ 등이다.

이 저널들을 종합하여 '이스라엘과 <메시아닉 유대인>'의 의미를 고찰한다. 그리고 글라서와 관련된 '<메시아닉 유대인>들의 사례'를 살펴본다.

(1) 이스라엘과 <메시아닉 유대인>¹⁸⁸

아서 글라서는 현재 "유대인들 사이에서 작지만 성장하고 있는 <메시아닉 유대인> 운동은 다가올 일의 전조인가?"라는 질문을 던졌다. 그리고 그가 쓴 다른 글들에서 스스로 긍정적인 답을 내렸다. 저널의 제목만 보고도 관련된 내용임을 짐작할 수 있는 글은 다섯 편이다.

"<메시아닉 유대인>의 중요성"(The Significance of Messianic Jews),¹⁸⁹ "<메시아닉 유대인> 회중에 대한 생각"(Thoughts on Messianic Jewish Congregations),¹⁹⁰ "<메시아닉 유대인> 회중: 필수불가결"(Messianic Jewish Congre-

---

182 Glasser, "The Significance of Messianic Jews."
183 Arthur Frederick Glasser, "Jacób Jocz, 1906-1983," *Missionary Monthly* An Outstanding Christian Theologian and Missiologist, Part I (April-May 1992).
184 Glasser, "Jacób Jocz, Scholar and Writer."
185 Glasser, "Jocz' View of Hebrew Christianity."
186 Arthur Frederick Glasser, "The Rabbinic Conception of Humankind," *Missionary Monthly* An Outstanding Christian Theologian and Missiologist, Part III (August-September 1992).
187 Glasser, "The Legacy of Jacób Jocz."
188 <메시아닉 유대인>(Messianic Jews)은 예슈아(יֵשׁוּעַ, Yeshua, 예수의 히브리식 발음)를 이스라엘의 메시아로 믿는 유대인을 일컫는 말이다.
189 Glasser, "The Significance of Messianic Jews."
190 Glasser, "Thoughts on Messianic Jewish Congregations."

gations: Indispensable),¹⁹¹ "배교자들: 이방인 그리스도인들은 히브리 신자들을 어떻게 대해야 하는가?(The Apostates: How Should Gentile Christians Regard Hebrew Believers?),¹⁹² "유대인 남은 자"(The Jewish Remnan)¹⁹³ 등이다. 그 외의 글에서도 자주 언급한다. <메시아닉 유대인>(Messianic Jews)이라는 말은 히브리 신자(Hebrew Believers)와 동의어로 사용됨을 알 수 있다. 그리고 그들은 남은 자(Remnant)의 가치를 지니고 있다.

아서 글라서는 풀러신학교 세계선교학교에서 "유대교 연구와 유대인 전도 프로그램에 깊이 관여"하였다. 그는 일부 "모험적인 이방인"과 함께 예수를 주와 구세주로 고백하는 약 30명의 유대인 남성과 여성과 더불어 "성경적 믿음의 유대적 뿌리와 성경 이후 유대교의 진화와 관련된 광범위한 주제를 탐구"했다. 1세기부터 현재까지의 전체 유대인이 경험한 것을 신중하게 성찰하는 것도 연구의 초점 중 하나였다.¹⁹⁴

그 연구를 통해 글라서는 그 당시 "북미에서 활동하고 있는 <메시아닉 유대인> 회중이 150개 이상"이라는 것과 "지난 20년 동안 이스라엘에서는 30개 이상이 조직되었음"을 알게 되었다. 그는 "유대 민족이 밀집되어 있는 곳이면 어디든지 메시아닉 회중을 찾을 수 있었고, 개인적으로 6개 대륙의 복음주의 선교 단체에서 봉사하는 <메시아닉 유대인>들을 만났다"고 증언하며, 이 <메시아닉 유대인> 운동은 "더 이상 무시할 수 없을 만큼 성장하는 운동"임을 확언했다.¹⁹⁵

---

191 Glasser, "Messianic Jewish Congregations: Indispensable."
192 Glasser, "The Apostates: How Should Gentile Christians Regard Hebrew Believers?"
193 Glasser, "The Jewish Remnant."
194 Glasser, "The Significance of Messianic Jews," 6-7. "The School of World Mission at Fuller Theological Seminary is currently deeply involved in a growing program in Judaic studies and Jewish evangelism. Almost thirty Jewish men and women who confess Jesus as Lord and Savior, along with some venturesome Gentiles, have been exploring a wide range of subjects related to the Jewish roots of our biblical faith and the evolution of post biblical Judaism. The total Jewish experience from the first century to the present is also the focus of much careful reflection."
195 Glasser, "The Significance of Messianic Jews," 7. "What is even more significant are the

스튜어트 다우어만(Stuart Dauermann, 1944-)[196]은 <메시아닉 유대인> 운동은 "새롭고 오래된 것"이라고 역설적으로 표현했다. "유대인들이 예슈아를 구세주이자 주인으로 믿고 포용하는 현상은 성경만큼이나 오래되었다"[197]고 언급했다. 그는 "선교는 매우 유대적인 일이며, 실제로 <메시아닉 유대인>의 선교에 대해 알리고, 형성하고, 동기를 부여하는 충분한 물질과 선례와 패러다임이 우리 문화 내에 존재한다"[198]라고 강조했다. 그러나 "<메시아닉 유대인공동체>가 주류 유대인공동체와 공유하는 특징 중 하나는 선교적 비전을 잃는 것"[199]이라고 안타까움을 토로하며 선교적 동기 부여를 제고할 수 있는 방법을 제안했다.

실제로 그들이 선교의 영이신 하나님의 성령을 유일한 원천으로 삼고 복음을 증거한다면,[200] 그들은 유대인들 사이에서 성육신적 선교를 감당할 수 있는 복음의 전초 부대다.

---

more than 150Messianic Jewish congregations currently functioning in North America. Over thirty have been organized in Israel in the past twenty years. … Indeed, wherever there are concentrations of Jewish people today, one finds Messianic congregations. And I have personally encountered Messianic Jews serving in evangelical mission agencies on all six continents. All told, here is a growing movement that can no longer be disregarded."

196 스튜어트 다우어만(Stuart Dauermann)은 캘리포니아주 베벌리힐스에 있는 아하바트 시온(Ahavat Zion) 메시아닉 회당의 랍비이며, 메시아닉연구소(TORAH)의 소장이다. 다우어만은 Jews for Jesus와 함께 선교 및 음악 감독으로 활동했다(1973-1989). 참고. Rabbi Stuart Dauermann, Ph.D.

197 Stuart Dauermann, "Let My People Go … Into All the World: Motivating for Mission in the Messianic Jewish Context," in *The Good News of the Kingdom: Mission Theology for the Third Millennium*, ed. Charles Edward Van Engen, Dean S. Gilliland and Paul Everett Pierson (Maryknoll, N.Y.: Orbis Books, 1993), 219. "The phenomenon of Jews believing and embracing Yeshua as Savior and Lord is as old as the Bible."

198 Dauermann, in *The Good News of the Kingdom: Mission Theology for the Third Millennium*, 219.

199 Dauermann, in *The Good News of the Kingdom: Mission Theology for the Third Millennium*, 223. "Sadly, one of the characteristics the Messianic Jewish community shares with the mainstream Jewish community is the loss of a missionary vision."

200 Dauermann, in *The Good News of the Kingdom: Mission Theology for the Third Millennium*, 224.

글라서는 그들이 "민족적, 문화적 유산에 대한 강한 충성심 때문에 <메시아닉 유대인>이라고 불리는 것을 선호"하지만, 실제적으로는 그들이 그리스도를 구주로 믿는 "기독교 유대인"이라고 평가했다. 그리고 "그들의 관점과 경험이 그리스도인과 유대인의 관계에 대한 진정한 신학적 이해에 필수적"이라고 확신하게 되었다.[201]

글라서는 <메시아닉 유대인공동체>가 필수불가결한 이유를 실제적인 요인에서도 찾았다. 그는 "유대인들이 믿음을 갖게 된 후에 직면하는 독특한 문제들을 인식해야 한다"고 일깨운다. 그리고 "가능한 한 그들은 더 성숙한 사람들이 참석하고 그들의 제자 훈련을 도울 수 있는 유대인 신자들의 중요한 교제에 편입되어야 한다"고 주장한다.[202]

> 유대인의 정체성(어떻게 그것을 보존할 것인가), 가족 관계(어떻게 그것을 유지할 것인가), 랍비들의 반발(어떻게 이에 대응할 것인가) 그리고 사회적 배척(완전한 절망에 빠지지 않기 위해 어떻게 이를 피할 것인가)과 같은 문제들은 특별한 주의를 요한다. 오직 기능적인, 진정한 유대적 회중만이 새신자들이 필요로 하는 사랑의 지지를 제공할 수 있다.[203]

한편, 글라서는 <메시아닉 유대인>들이 회당이 지닌 신학적인 약점을 이해하고 진리로 강화해야 할 점을 정확하게 제시한다.

---

[201] Glasser, "The Significance of Messianic Jews," 7. "As a result, I feel that a contribution from their perspective and experience is essential to a genuine theological understanding of the relationship between Christians and Jews. This follows because they are Christian Jews, although they prefer to be called Messianic Jews because of their intense loyalty to their ethnic and cultural heritage."

[202] Glasser, "Messianic Jewish Congregations: Indispensable," 17. "We should recognize the unique problems Jewish people encounter after they come to faith. Wherever possible they should be incorporated into a vital fellowship of Jewish believers where the more mature are present and available to assist in their discipleship training."

[203] Glasser, "Messianic Jewish Congregations: Indispensable," 17.

하나님의 말씀을 격하하지 않고 격상시키며, 하나님을 비인격화하지 않고 인격적으로 이해하며, 성경적 메시아를 인간의 노력으로 이루어지는 메시아적 시대로 축소시키는 환원주의에 도전해야 한다. 또한, 토라를 '법'으로 이해하는 본질적으로 그리스적인 관점을 버리고, 토라를 하나님과의 대화적 만남 속에서 인도하심을 제공하는 하나님의 섭리로 이해하는 성경적 관점으로 돌아가야 한다.[204]

<메시아닉 유대인>은 예수 그리스도를 구세주로 믿는 혈통적인 유대인이다. 그렇지만 기독교 교회에도 유대인 회당에도 온전히 속할 수 없는 독특성을 지니고 있다. 글라서는 "유대인은 기독교인과의 대화를 원하고 기독교인은 유대인과의 대화를 원하지만, 그들이 원하지 않는 한 유형의 사람은 <메시아닉 유대인>"이라고 지적하며 슬픈 현실이라고 꼬집었다.[205]

실제로 <메시아닉 유대인>들은 그들의 정체성에 관해 유대교와 기독교 양측으로부터 오해와 압박을 받고 있다. 정통 유대인들은 그들을 "유대인으로 가장한 기독교인들, 사이비 집단"으로 간주하며, 심지어 "영적 나치"라고까지 평한다.[206]

한편, 기독교인들 중 일부는 그들을 기독교인이 아니라 여전히 유대인이라고 비판한다. 여전히 유대교의 안식일, 절기, 할례, 정결 음식법 등 토라(Torah, 모세오경)에 나와 있는 명령을 지키는 것을 "기만적"이라고 지적한다.[207]

글라서는 "그들의 독특함에 대한 유대인의 의식, 즉 그들이 선교를 위해 선택된 백성이라는 선택 의식에 경외감을 느낀다"[208]고 표했다. <메시아

---

[204] Glasser, "Messianic Jewish Congregations: Indispensable," 17.
[205] Glasser, interview. Tape 8, 29.
[206] 윤서태, "메시아닉 유대인들의 역사와 신앙에 대한 선교적 이해," 「ACTS 신학저널」 46 (2020): 353.
[207] 윤서태, "메시아닉 유대인들의 역사와 신앙에 대한 선교적 이해," 353-54.
[208] Glasser, "Messianic Jewish Congregations: Indispensable," 17. "We are awed at the Jewish

닉 유대인>에게는 종교라는 이름으로 복속시킬 수 없는 그들만의 생명력과 중요한 역할이 있다.

글라서는 <메시아닉 유대인>의 대표적인 인물로 3세대 <메시아닉 유대인>이었던 야콥 욕즈를 주목하며 그의 말에 귀를 기울였다. 욕즈는 "<메시아닉 유대인>들은 일반 기독교인들에게 이례적인 존재"라고 표현했다. 왜냐하면, 그들은 "예수를 선택하는 그들의 길에 내재된 희생으로 인해 교회를 책망하기 때문"이다. <메시아닉 유대인>들은 출생이 아니라 선택이라는 "값비싼 결정"을 통해 믿음을 갖게 되었다.[209]

그렇기 때문에 그들은 많은 이방인 기독교인이 세상과 지속적으로 타협하여 세례나 결혼식, 장례식 등을 명목적인 그리스도인에게 쉽게 행하는 것을 책망한다. 또한, 그들은 "하나님이 여전히 이스라엘의 하나님이심을 교회에 상기"시킨다. 그들의 존재 자체가 "유대 민족은 여전히 그분의 구속 목적에서 미래의 역할을 가지고 있음"을 웅변한다.[210]

야콥 욕즈는 예수 그리스도에 대한 충성으로 인해 "회당과 교회 내의 혼합주의 경향에 반대"했다. 또 그는 역사적, 성경적 기독교의 엄격한 요구 대신 "기독교적" 반유대주의, 인종주의, 감상적 종교성을 용인하는 대부분의 이방인 교회를 지지할 수 없었다.[211]

---

consciousness of their uniqueness: their sense of election, that they are a people chosen for mission."

[209] Glasser, "Jocz' View of Hebrew Christianity," 15-18. "Messianic Jews are also an anomaly to the average Christian, for they rebuke the church by virtue of the sacrifice that has been inherent in their path of choosing Jesus. … This follows because Messianic Jews have come to faith not by birth but by costly decision."

[210] Glasser, "Jocz' View of Hebrew Christianity," 15-18. "… Messianic Jews also are a rebuke to the compromises many Gentile Christians continually make with the world. They challenge the church's nominality, its easy believisrn and its baptizing, marrying and burying the unconverted in the name of Jesus. … They remind the church that God is still the God of Israel. The Jewish people still have a future role in His redemptive purpose."

[211] Glasser, "Jocz' View of Hebrew Christianity," 15-18. "Out of loyalty to Jesus Christ, Jakob Jocz stood against the syncretistic tendencies within both the synagogue and the church. … Nor could Jocz endorse a largely Gentile church that tolerates "Christian" anti-Semi-

그는 "역사적 이스라엘이 그 특권에도 불구하고 실패했다면 교회도 실패할 수 있다"고 경고했으며, 히브리 기독교인들은 "회당이나 교회가 스스로를 당연하게 여길 수 없다는 사실을 일깨워 준다"고 확신했다.

그래서 그는 <메시아닉 유대인>들에게 "참으로 인류의 완전한 영적 필요와 측량할 수 없는 하나님의 은혜의 부요함의 표징"이라는 의미를 부여했다.²¹² 그런 의미에서 교회는, 하나님의 은혜의 증거를 찾는 물음에 대한 "답을 회당에 빚지고 있다."²¹³

(2) 이스라엘 회복과 <메시아닉 유대인>들

<메시아닉 유대인>들의 존재는 성경에 기록된 이스라엘의 운명이 성경에 예언된 대로 회복될 것임을 보여주는 증거가 된다.

본인 자신이 예수를 메시아로 믿고 거듭난 유대인인 에이탄 쉬시코프(Eitan Shishkoff)²¹⁴는 <메시아닉 유대인>을 일컬어 "유대 민족이 이방인이 되지 않고도 그들의 메시아를 찾을 수 있도록 돕고 있는 자들"이라고 정의한다.²¹⁵

---

tism, racism and sentimental religiosity instead of the rigorous demands of historic, biblical Christianity."
212 Glasser, "Jocz' View of Hebrew Christianity," 15-18. "If historic Israel failed, despite her privileges, so can the churches fail. Hebrew Christians are a reminder that neither synagogues nor churches can take themselves for granted. Indeed, Messianic Jews are a sign of the utter spiritual need of the human race and the unsearchable riches of God's grace."
213 Glasser, "The Legacy of Jacób Jocz," 71. "You owe the synagogue an answer; where is the evidence of God's grace to be seen in this generation?"
214 에이탄 쉬시코프(Eitan Shishkoff)는 미국 뉴멕시코주 산지에서 히피(hippie)로 살던 1972년에 예수를 믿게 되었다. 에이탄은 1981년부터 메릴랜드주에 있는 '메시아의 집, 메시아닉 회중'(Beth Messiah Congregation)을 섬기다가 1992년에 가족과 함께 이스라엘로 알리야했다. 도움이 필요한 이민자들과 이스라엘공동체를 돕기 위해 '자비의 장막 회중'(Tents of Mercy Congregation, 오할레 라하밈 [Ohalei Rachamim])을 설립했다. https://kibikorea.com/m-product-gallery-m1/?vid=20
215 Eitan Shishkoff, 『이스라엘의 회복과 이방인의 부르심』, 김진섭 옮김 (서울: 이스트윈드, 2014), 162.

수많은 <메시아닉 유대인>들이 있지만, 아서 글라서가 알고 그와 관계했던 몇 사람의 사례와 증언을 정리한다.

① **야콥 욕즈**[216]

가장 먼저 야콥 욕즈(Jakób Jocz)를 꼽지 않을 수 없다. 아서 글라서의 저널들을 살펴보면, 그가 이스라엘 회복 관점을 정립함에 있어서 야콥 욕즈의 삶과 글에서 큰 도움을 받았음을 알 수 있다.

글라서는 *Mission Monthly*라는 월간 선교 잡지에 "탁월한 기독교 신학자이자 선교학자"(An Outstanding Christian Theologian and Missiologist) 코너에 야콥 욕즈를 네 차례 연재하였다.[217]

글라서는 "오늘날 유대교 연구와 유대인 전도 분야의 어떤 학생도 그의 글의 결정적인 성격에 대해 욕즈에게 개인적인 빚을 지고 있음을 인정하지 않을 수 없다"라고 단언했다. 그리고 욕즈에 관해 "그는 선교사, 신학자, 선교학자였으며 아마도 20세기의 뛰어난 유대 기독교인 중 한 사람"일 것이라고 평가했다.[218]

글라서는 야콥 욕즈가 선교계에 남긴 유산을 정리하면서, 그의 생애와 사역을 요약했다.[219] 리투아니아계 유대인이었던 그의 가족이 기독교 복음을 처음 접한 것은 1900년 그의 외할아버지 때부터였다. 리투아니아 빌니우스 근처 외딴 마을에 살던 외할아버지 요하난은 지역 우유 배달원이

---

216 Jakób Jocz(1906-1983)는 3대 <메시아닉 유대인>으로 중부 유럽의 뛰어난 히브리 기독교 지도자였다. 유대교와 기독교의 특징을 간파하여 유대인을 위한 전도에 열정적이었다.
217 아서 글라서는 *Missionary Monthly*에 1992년 4월부터 10월까지 네 차례에 걸쳐 야콥 욕즈를 집중 조명했다.
218 Glasser, "Jacób Jocz, 1906-1983," 6. "No student today in the field of Judaic studies and Jewish evangelism fails to acknowledge personal indebtedness to Jocz for the definitive nature of his writings. He was a missionary, a theologian and a missiologist probably one of the outstanding Jewish Christians of the 20th century."
219 Glasser, "The Legacy of Jacób Jocz," 66-67. Glasser, "Jacób Jocz, 1906-1983," 6-7, 30.

었다. 그는 사라와 결혼하여 14세 된 딸 한나를 두었다. 그 딸은 이전에 넘어져 영구적인 불구가 될 위기에 처해 있어서 의료 지원을 받아야 했는데, 마지못해 루터교 의료선교클리닉을 찾아가 도움을 요청했다.

그때 대기실에서 테이블 위에 놓인 히브리어 신약성경을 발견하고 책을 펼쳤는데, 예수가 "다윗의 아들이자 아브라함의 자손"이라는 내용을 접하고 관심이 생겼다. 의사인 프로바인(Fröhwein) 박사가 그 성경책을 가져가라고 주었고, 그후 요하난은 남몰래 복음서를 공부하고 예수를 믿게 되었다. 그의 딸 한나도 얼마 지나지 않아 매우 기뻐하며 예수를 받아들였다.

요하난은 비교적 젊은 나이에 죽었다. 아내 사라가 이사해서 집에 세를 놓았는데, 젊은 랍비 학생인 바질리 욕즈가 방 한 칸에 세 들어 살게 되었다. 어느 날 그가 이사야서를 읽다가 생긴 질문에 대한 답을 찾다가, 프로바인 박사를 통해 예수를 믿게 되었다. 처음에는 비밀로 했지만 어느 날 한나와 비밀을 나눴을 때, 둘은 같은 신앙을 가지고 있는 것을 알게 되었다. 결국, 두 사람은 결혼하여 첫 아이를 낳았는데, 그가 야콥 욕즈였다.

제1차 세계 대전은 교회가 후원하는 폴란드와 러시아의 반유대주의 사이에 끼인 리투아니아 유대인들에게 큰 고통을 안겨주었다. 그 어려운 시절에 어린 야콥은 정규 교육을 많이 받지 못했지만, 부모의 가르침 속에서 기독교 신앙을 갖게 되었다. 그는 일찍부터 언어학자로서 뛰어난 능력을 보였다. 수년에 걸쳐 그는 모국어인 이디시어뿐 아니라 러시아어, 독일어, 폴란드어에 능통해졌다.[220]

1920년 아버지 바질리는 교회의 유대인선교부(CMJ-성공회: the Church's Mission to Jews-Anglican)에 소속되었다. 1939년부터 1947년까지 욕즈 가족은 영국에서 망명 생활을 했다. 영국 전역에서 CMJ를 위해 연설한 덕분에 욕즈는 에든버러대학교에서 박사 과정을 시작할 수 있었고, 1945년과 1957년에 각각 박사학위(Ph.D.)와 문학박사학위(D.Litt.)를 받았다. 제2차

---

[220] Glasser, "Jacób Jocz, 1906-1983," 6.

세계 대전이 끝난 후 그는 아버지가 게슈타포에게 총살당했고, 다른 가족 구성원들도 히틀러의 죽음의 수용소에서 죽었다는 사실을 알게 되었다. 극적으로 위기에서 살아남은 그는 평생 유대인 전도를 위한 저작 활동과 선교 활동에 매진했다.

글라서는 학자와 저자로서의 욕즈를 높이 인정하며 그의 작품들을[221] 다음과 같이 논평했다.[222]

> 욕즈의 박사학위 논문을 바탕으로 1949년에 출판된 *The Jewish People and Jesus Christ*[223]는 그를 장래가 촉망되는 학자로 주목받게 했다. *A Theology of Election: Israel and the Church*(1958)[224]와 *The Spiritual History of Israel*(1961)[225] 그리고 *The Covenant: A Theology of Human Destiny*(1968).[226] 이 세 권의 책은 그를 일류 복음주의 학자로 확인시켜 주었다.
>
> 그의 주요 저작의 절정은 *The Jewish People and Jesus Christ after Auschwitz*(1981)[227]인데, 교회와 회당 사이의 오랜 논쟁에 대한 포괄적인 이해를 얻게 했다. 가장 인기 있는 출판물은 *Christians and Jews: Encounter and Mission*(1966)[228]으로, "예수 그리스도가 유대 민족에게 구원의 의미가 없다는 신학적 부조리에 감히 도전했기 때문에 심한 공격"을 받았다.[229]

---

221 https://www.wycliffecollege.ca/jocz 욕즈의 작품에 대한 전반적인 내용을 확인할 수 있다.
222 Glasser, "Jacób Jocz, Scholar and Writer," 14-15.
223 Jakób Jocz, *The Jewish People and Jesus Christ: A Study in the Relationship between the Jewish People and Jesus Christ* (London: SPCK, 1949). "유대 민족과 예수 그리스도."
224 Jocz, *A Theology of Election: Israel and the Church*. "선택의 신학: 이스라엘과 교회."
225 Jakób Jocz, *The Spiritual History of Israel, Digital Edition(2019)* (London: Eyre & Spottiswoode, 1961). https://archive.org/details/spiritualhistory0000jocz/page/n5/mode/2up. "이스라엘의 영적 역사."
226 Jakób Jocz, *The Covenant: A Theology of Human Destiny* (Grand Rapids, Mich.: Wm. B. Eerdmans Publishing, 1968). "언약: 인간 운명에 대한 신학."
227 Jocz. "아우슈비츠 이후 유대 민족과 예수 그리스도."
228 Jocz, *Christians and Jews: Encounter and Mission*. "기독교인과 유대인: 만남과 선교."
229 Glasser, "Jacób Jocz, Scholar and Writer," 15.

제6장 아서 글라서의 이스라엘 회복 관점과 하나님 나라 완성   411

욕즈의 생애를 통해 지금도 이스라엘과 맺은 하나님의 언약을 기억하며 유대인 영혼을 찾아 구원하시는 하나님의 지혜를 만난다. 욕즈는 홀로코스트에서 친척과 친구, 심지어 아버지까지 잃은 <메시아닉 유대인>으로서 유대인들과 만날 때 "기독교의 승리의 기운이 지배하지 않도록"[230] 겸손한 자세를 견지하며 그들에게 복음을 전하기 위해 힘썼다.

② **데이비드 스턴**[231]

데이비드 H. 스턴(David Harold Stern)은 미국 출신의 <메시아닉 유대인> 신학자다. 1935년 로스앤젤레스에서 태어난 데이비드 H. 스턴은 로스앤젤레스 최초의 유대인 20명 중 두 명의 증손자였다.[232]

그는 24세에 프린스턴대학교에서 경제학박사학위를 취득한 후, UCLA 경영대학원의 최연소 교수가 되었다.[233]

그러나 '삶이란 무엇인가'라는 내면의 질문에 대한 답을 찾지 못한 공허함으로 인해 교수직을 사임하고 삶의 의미를 찾기 위해 약 20개의 종교를 탐문한다. 그때 유대교와 기독교를 조사할 생각은 하지 않았다. 어린 시절 유대교에서 자란 경험으로 인해 "유대교가 인생의 의미에 대한 질문을 해결할 수 있다고 기대하지 않았기 때문"이다.

그 구도의 과정에서 하나님은 다양한 방법으로 그의 내면에 충격을 가하셨다. 급기야 그는 로마서 10장 9절 말씀으로 예수가 자신의 주님이자

---

[230] Jocz, "The Jewish People and Jesus Christ After Auschwitz," 186-92. "After all, as a Jew who lost most of his relatives and friends in the Holocaust, even his own father, he never allows a spirit of triumphalism to dominate his encounter with them."
[231] 데이비드 H. 스턴은 앞서 3장 "아서 글라서의 생애와 사역"에서도 언급했던 인물이다. 본 장에서는 <메시아닉 유대인> 스턴과 글라서의 상호 작용을 중심으로 정리한다.
[232] David H. Stern – Messianic Jewish Publishers 스턴이 쓴 책들과 저자를 설명하는 사이트다.
[233] All-Israel-News-Staff, "Remembering Respected Messianic Jewish Scholar and Author, David H. Stern," *Kehila Ministries International*, October 29, 2022, accessed February 26, 2024, https://shorturl.at/hqIQZ.

메시아임을 발견하고 영접했다.²³⁴ 1972년, 그의 나이 37세였다.

마침 아서 글라서가 풀러신학교에 와 있을 때였다. 글라서가 풀러신학교에 도착한 1970년 초에 미국 서부 캘리포니아 해안에서는 "예수혁명"²³⁵이라 불리는 반문화 운동이 일어나고 있는 중이었다. 그 시즌에 데이비드 스턴은 예수를 만나게 되었고, 유대인인 자신이 예수를 믿게 된 것의 의미를 정리해야 할 필요가 있었다. 그는 "나의 유대성에 대해 말해 주세요"라고 요청하며 풀러신학교의 문을 두드렸고, 마침 그 당시 풀러신학교에 와 있던 글라서를 만나 함께 복음의 유대성을 연구하였다.²³⁶

데이비드는 풀러신학교에서 신학석사학위(M.Div.)를 받고 신학교 최초로 '유대교와 기독교' 과목을 가르쳤다.²³⁷ 글라서는 인터뷰에서 이 내용을 언급한다. 그때 글라서는 데이비드가 이미 박사학위를 가지고 있으니 "유대교와 기독교에 관한 강의를 개설하고 당신이 교수를 맡으세요"라고 권면하면서, "나는 뒤에 앉아서 법적 지위를 부여하겠습니다"라고 격려했다.²³⁸

글라서의 육성 인터뷰에서 그는 데이비드 스턴이 아내를 구할 때의 이야기를 흥미롭게 전한다. 스턴의 어머니는 그가 유대인 여자를 만나기를 원했는데, 글라서는 스턴과 함께 기도했고, 결국 그는 훌륭한 <메시아닉

---

234 Hoekendijk and Millett, *Twelve Jews Discover Messiah*, 68-78. [롬 10: 9] "네가 만일 네 입으로 예수를 주로 시인하며 또 하나님께서 그를 죽은 자 가운데서 살리신 것을 네 마음에 믿으면 구원을 받으리라."
235 '예수혁명'(Jesus Revolution)은 미국에서 반체제적인 히피 문화가 만연하던 1960년대 말과 1970년대 초에 미국 캘리포니아에서 일어난 기독교 부흥 운동을 가리킨다. 이 운동에 참가한 사람들은 "지저스 피플" 또는 "지저스 프릭"(Jesus Freaks)으로 불렸다. 미국 전역과 국제적으로 확산되어 수백만 명이 예수 그리스도를 인격적으로 만나고 구원을 받았다. 2023년에는 이 부흥 운동을 다루는 영화 "예수혁명"이 개봉되어 주목을 받았다. http://tinyurl.com/23ed57tu
236 Glasser, interview. Tape 8.
237 Hoekendijk and Millett, *Twelve Jews Discover Messiah*, 68-78.
238 Glasser, interview. Tape 8, 26. "You … let's offer a course on Judaism and Christianity and you're the professor (but I'll sit in the back and give it legal standing) because you have a Ph.D."

유대인> 가정을 이뤘다(1976).²³⁹ 그후 그는 로스앤젤레스에 있는 유대교 대학에서 대학원 공부를 하고, 1979년 가족과 함께 고토로 알리야(Aliyah, 이스라엘로 귀환) 하였다. 이사야 2장 3절의 "율법이 시온에서부터 나올 것이요 여호와의 말씀이 예루살렘에서부터 나올 것"이라는 말씀에 반응하여 순종한 걸음이었다.²⁴⁰

알리야 현상은 이스라엘 회복 관점을 뒷받침하는 역사적 실체로 주목받고 있다.²⁴¹ 최근 러시아-우크라이나 전쟁(2022-)²⁴²이나 이스라엘-하마스 전쟁(2023-) 등 위기가 고조되는 상황일수록 전 세계 유대인들의 귀소 본능은 커지고 알리야는 급증하고 있다.

카이저는 종말론에 관한 언약 중에서 "가나안 땅의 언약을 가장 핵심으로 이해"한다. "하나님의 전능성과 신실성은 반드시 이스라엘을 가나안 땅으로 돌아가게 한다"는 것이다.²⁴³

> 카이저는 이스라엘 종말론을 에스겔 36장을 통해 이스라엘이 고국 땅으로 돌아오고(민족적 회복), 맑은 물로 정결케 되고 새 영과 새 마음(영적 회복)을

239　Glasser, interview. Tape 8, 27.
240　Hoekendijk and Millett, *Twelve Jews Discover Messiah*; Glasser, interview. Tape 8, 27.
241　One-New-Man-Family, "알리야"(Aliyah, accessed March 23, 2024, https://onenew-man.net/27). 이스라엘 쥬이시에이전시(Jewish Agency)와 협력하여 알리야 사역을 동역하는 원뉴맨패밀리의 홈페이지를 통해 지속적으로 증가하고 있는 알리야 물결에 대한 최근 소식을 업데이트할 수 있다.
242　우크라이나 김대오 선교사는 그의 박사학위 논문에서 우크라이나 전쟁 이후 구소련 지역에서 활발하게 일어나고 있는 알리야 상황과 알리야 한 유대인들에게 복음을 증거할 방법을 고찰했다. Daeoh Kim, "유대인의 상처에서 '한 새 사람'으로: 우크라이나 알리야 운동을 중심으로 From the Jewish Trauma to the 'One New Man': Special References to the Aliyah Movement in Ukraine" (Ph.D. Dissertation, Presbyterian Theological Seminary in America, 2024).
243　Israel-Forum, "유대인 알리야 작전의 과거, 현재 그리고 미래 The Jewish Aliyah Operation: Past, Present and Future" (paper presented at the The 8th Israel Theology Forum, Phila Antioch Church, PA, November 28-29, 2022). 제8회 이스라엘신학포럼에서 유대인의 알리야 주제를 깊이 다루었다.

받게 되는 이스라엘 회복 과정으로 이해한다. 결과적으로, 하나님과 백성들의 관계가 회복(관계 회복)되고 황폐한 땅이 에덴동산(땅의 회복)같이 될 것을 바라본다. 에스겔 37장에서 둘이 하나(국가 회복)가 되고 다윗이 영원히 그들의 왕(메시아 왕국)이 될 것으로 이해한다.[244]

유대인들에게 변증론으로 복음을 전하는 <메시아닉 유대인> 마이클 브라운은 알리야를 통한 하나님의 언약 성취를 하나님의 영예, 영광이라고 말한다.

> 온 세상을 살펴볼 때, 하나님은 전례 없는 어떤 일을 행하셨다: 어떤 민족을 자신의 고국에서 2천 년 동안 흩으시고, 지옥 같은 고되고 힘든 상태에서도 그들을 한 민족으로 보존하시고, 그들을 다시 그들의 옛 생활로 모으셨다. 이것은 어떤 민족에게도 결코 일어나지 않았지만 하나님은 자신이 그것을 하실 것이라고 말씀하셨다. 이것이 그분에게 영예와 영광이다. … 이스라엘이 고토에 회복되고 있다면, 하나님은 더욱 더 유대 백성을 신앙으로 회복시킬 것이다(고전 15:46).[245]

김인식도 "유대인들의 본국 귀환은 단순한 고향 찾기가 아니라 선지자들의 예언 성취이자 예수의 재림에 대한 표증"[246]이라고 평가한다. 이것을 "이스라엘 종말의 현상"으로 이해하고, 마지막 때를 살아가고 있는 우리가 목도하는 하나님의 전능성에 대한 증거임을 피력했다.

> 하나님께 불가능한 것은 없다. 이스라엘을 그 땅으로 돌아가게 하시는 일도 마찬가지다. 하나님은 자기 자신을 부정하시거나 약속하신 바를 행하

---

[244] 김인식, 『이스라엘의 회복과 종말』, 167.
[245] Israel-Forum, 58. https://youtu.be/dNJmhM6wWRg
[246] 김인식, 『하나님의 마스터플랜』, 165.

지 않으시는 것만 제외하고는 무엇이든 하실 수 있다.247

1979년에 알리야 한 데이비드 스턴은 2022년에 사망할 때까지 예루살렘에 거주하면서 이스라엘의 <메시아닉 유대인공동체>에서 활동했다.248 그는 자신이 "메시아닉 유대교를 100퍼센트 유대인이면서 100퍼센트 메시아 예수의 추종자가 될 수 있는 진정한 선택지로 발전시키는 데 돕기 위해" 부르심을 받았다고 확신했다.249

그의 유대인 연구는 점점 발전하여 1988년에는 『메시아닉 유대인 선언문』(*The Messianic Jewish Manifesto*)250을 정리하여 발표하기에 이른다.

인터뷰에서 글라서는 "이것이 오늘날 <메시아닉 유대인> 운동의 신조라고 할 수 있다"고 평가했다. 글라서는 "우리가 해야 할 일은 유대인으로서의 정체성을 유지하는 유대인 교회를 세우는 것입니다. 그리고 랍비들 사이에서 그런 움직임이 일어나고 있음을 보여줘야 합니다"라고 힘주어 말했다.

84세 노학자인 글라서가 인터뷰하는 밥 슈스터에게 데이비드 스턴이 번역한 『메시아닉 유대인 선언문』과 『유대인 신약성경』을 건네는 모습에서 <메시아닉 유대인> 운동을 알리고자 하는 글라서의 마음을 볼 수 있다.251

---

247 김인식, 『이스라엘의 회복과 종말』, 167.
248 All-Israel-News-Staff.
249 Hoekendijk and Millett, *Twelve Jews Discover Messiah*, 68-78.
250 Stern, *Messianic Jewish Manifesto*. 2007년에는 개정판 *Messianic Judaism: A Modern Movement With an Ancient Past*가 나왔다.
251 Glasser, interview. Tape 8, 26. "What we need to do is establish congregations that are Jewish through and through in which we retain our Jewishness."

416 하나님 나라 선교신학과 이스라엘

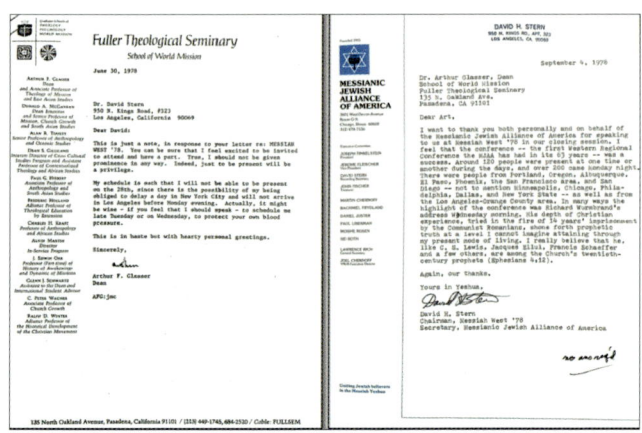

<그림 55> 아서 글라서와 데이비드 스턴이 주고받은 서신[252]

풀러신학교 도서관 아서 글라서의 아카이브 자료에서 글라서와 스턴이 유대인 관련 사역을 동역하면서 주고받은 서신을 발견할 수 있었다. 79박스나 되는 글라서의 자료 중에서 45-49번째 박스에 유대인 선교와 관련된 자료들이 모아져 있었다. 다양한 유대인 사역 단체들이 아서 글라서에게 보낸 편지들과 공문들, 단체 홍보물과 유대인 전도지들이 빼곡하게 보관되어 있었다. 글라서가 재직하던 그 당시 풀러신학교는 유대인 선교 단체들에게 소중한 동역자로 여겨졌음을 느낄 수 있었다.

동역자 중 한 사람이 데이비드 스턴이었다. 유대인 스턴이 그리스도인이 된 시작부터 이방인 글라서는 그에게 동역자로 함께 서 주었다. 1978년 당시 스턴은 MJAA의 총무이자, "메시아웨스트78" 콘퍼런스의 의장으

---

252 1978년 여름에 있었던 "메시아웨스트78"(MESSIAH WEST 78) 콘퍼런스와 관련하여 아서 글라서(왼쪽)와 데이비드 스턴(오른쪽)이 주고받은 서신이다. 글라서는 개최 전인 6월 30일에 초대에 대한 수락과 감사를 표했다. 스턴은 개최 후인 9월 4일에 글라서가 콘퍼런스 폐회식 때 말씀을 전해준 것에 대한 감사를 전했다. 당시 스턴은 이 콘퍼런스의 대회장이었고, 미국메시아닉유대인연합회(MJAA: Messianic Jewish Alliance of America, 1915-)의 사무총장이었다. 글라서가 사용한 풀러신학교의 레터헤드에 적힌 그 당시 교수진들의 리스트도 역사적인 자료가 될 만하다. 풀러신학교 아서 글라서 아카이브에 보관되어 있는 것을 본 연구자가 직접 찍었다.

로서 행사를 개최하고 글라서가 폐회사로 동역했다. 앞의 <그림 55>는 행사 전후에 주고받은 서신이다.

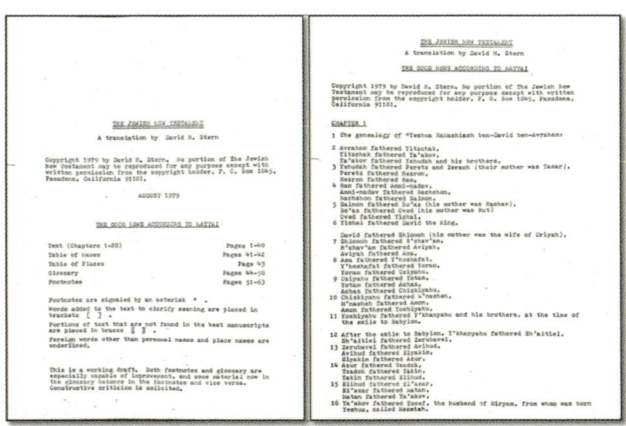

<그림 56> 데이비드 스턴이 번역한 유대인 신약성경 마태복음 초안[253]

아카이브를 살피면서 발견한 귀중한 자료 중에 데이비드 스턴이 번역한 유대인 신약성경 마태복음 초안이 있었다. 스턴이 『유대인 신약성경』(Jewish New Testament)[254]을 완역하여 출판한 것은 1989년이지만, 그보다 10년 전인 1979년에 이미 마태복음을 번역했고, 그것을 아서 글라서에게 보여주었던 것이다. 글라서는 이 번역본을 몇 부나 보관하고 있었다.

그 성경을 출간하고 3년 후인 1992년에 스턴은 다시 『유대인 신약성경 주석』인 Jewish New Testament Commentary[255]를 출간한다. 또 1998년에는

---

[253] 『유대인 신약성경』이 27권 전체 출판된 것은 1989년이지만, 이미 1979년에 마태복음 초안이 나왔음을 알 수 있다. 풀러신학교 아서 글라서 아카이브에서 본 연구자가 직접 찍었다.

[254] Stern, Jewish New Testament. Stern, 『유대인 신약성경』. 한국어로도 번역된 『유대인 신약성경』은 신약성경의 유대성을 회복시켰다는 호평을 받고 있다.

[255] David Harold Stern, Jewish New Testament Commentary (Lederer Messianic Publications, 1992).

구약(타나크)과 신약(브릿 하다샤)이 완역된 *Complete Jewish Bible*[256]을 세상에 내놓는다.

<그림 57> 데이비드 스턴이 번역한 성경책과 저서들[257]

<메시아닉 유대인>이 그리스어 원문을 현대 영어로 번역한『유대인 신약성경』은 반유대주의적 신학적 편견으로 인한 오역을 수정하기도 했다. 예를 들어 로마서 10장 4절[258]에서 메시아는 "율법의 끝"이 아니라 "토라

---

256 Stern, "Complete Jewish Bible: An English Version of the Tanakh (Old Testament) and B'rit Hadashah (New Testament), 1998."
257 데이비드 스턴이 번역한 성경책과 대표적인 저서들 표지다. 왼쪽 위부터 *Jewish New Testament*(1989), 스페인어로 번역된 *Nuevo Testamento Judio*(1989), 한국어로 번역된『유대인 신약성경』(2021), *Restoring the Jewishness of the Gospel*(1988), <메시아닉 유대인> 운동의 신조인 *Messianic Jewish Manifesto*(1988), 신구약완역본인 *Complete Jewish Bible*(1998) 등이다.
258 [롬 10:4] "그리스도는 모든 믿는 자에게 의를 이루기 위하여 율법의 마침이 되시니라."

가 지향하는 목표"라고 표현한 것이다.²⁵⁹

스턴은 이 성경이 "유대인의 마음의 친구"이며, 신약성경은 받아들이고 실천해야 할 진리로 가득 찬 "유대인의 책"이라는 것을 이해하도록 유대인에게 도전한다. 동시에 기독교인들로 하여금 "신앙의 유대성과 유대 민족과의 하나 됨을 인정하도록 도전"한다.

데이비드 스턴이 남기고 간 이 작업들은 <메시아닉 유대인> 운동에 길이 남을 업적이다. 그 역사의 시작에 아서 글라서와의 만남이 있었다.

③ 미치 글레이저

미치 글레이저(Mitchell L. Glaser)는 '선민선교회'(Chosen People Ministries)²⁶⁰ 대표로 사역하고 있는 <메시아닉 유대인>이다.

2022년에 필자가 대면하여 인터뷰를 했는데,²⁶¹ 그의 첫 마디는 "글라서 박사님은 제게 제2의 아버지 같은 분이셨습니다"였다.

글레이저는 글라서가 풀러신학교에서 지도한 마지막 박사 후보였다.²⁶² 글레이저는 글라서의 정성 어린 멘토를 받으며 풀러신학교에서 박사학위 논문을 썼다.²⁶³ 1900년에서 1950년 사이 유럽에서 일어난 유대인 선교의 역사에 대한 조사 연구 결과를 정리한 "A Survey of Missions to the Jews in Continental Europe, 1900-1950"²⁶⁴였다.

글레이저는 후에 자신의 강의에서도 이 논문을 언급했다. 홀로코스트 희생자의 후손인 미치 글레이저에게 제2차 세계 대전 이전에 유럽의 유대

---

259 David H. Stern–Messianic Jewish Publishers "Theologically--by correcting mistranslations resulting from anti-Jewish theological bias; for example, at Romans 10:4 the Messiah is "the goal at which the Torah aims," not "the end of the law."
260 Chosen People Ministries(C.P.M.)는 뉴욕에 본부를 두고 유대인들에게 복음을 전하는 복음주의 기독교 비영리 단체다.
261 Glaser, interview. November 29, 2022 at Antioch Church of Philadelphia, PA.
262 Glasser, interview. "Mitch Glaser, the leader of . He was my last doctoral candidate."
263 Glasser, interview. Tape 8, 24. "One of our guys just finished a dissertation on Jewish missions in Europe, 1900 to 1950."
264 Glaser, *A Survey of Missions to the Jews in Continental Europe, 1900-1950*.

인들을 위한 복음이 전해졌다는 사실은 감격스러운 역사일 것이다.

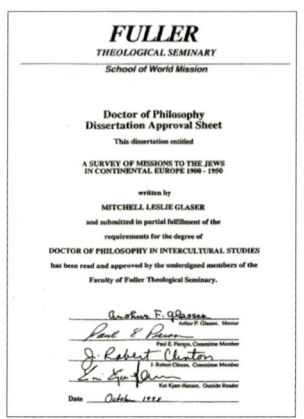

<그림 58> 아서 글라서가 지도한 미치 글레이저의 논문 승인서[265]

1900년부터 1950년까지 유럽에서는 두 차례의 세계 대전, 공산주의 혁명, 시온주의의 부상 그리고 홀로코스트가 발생했다. 글레이저의 논문에서 그런 상황들이 유대인 선교에 미친 영향을 탐구하였다. 그 절체절명의 기간 동안 유대인들에게 선교 활동을 한 개신교 선교사들, 조직들, 방법론, 사회적 상황, 역사적 맥락을 종합적으로 고찰하였다. 그의 연구는 현재와 미래의 유대인 선교를 위한 유용한 자료가 되고 있다.

논문이 발표되던 해가 1998년이었는데, 글라서가 풀러신학교를 떠난 해가 1999년이다. 팔순이 훌쩍 넘은 노교수인 글라서는 매번 꼼꼼하게 연필로 편집하며 정성을 다해 풀러신학교에서의 마지막 논문을 지도했다.[266]

---

[265] 1998년 10월, 아서 글라서가 풀러신학교를 떠나기 전 마지막으로 지도한 논문인 미치 글레이저의 박사학위 논문이 통과되었음을 인증하는 승인서다.

[266] Glaser, interview. 글레이저는 자신의 논문을 위해 글라서가 쏟은 정성을 회고했다. "글라서 박사님은 연필로 다시 쓰는 것을 좋아했습니다. 제 논문 전체에 걸쳐 모든 문장에 연필로 쓰고 또 쓰고 또 썼습니다. He liked to rewrite things in pencil. All over my dissertation, in every sentence, he would write and write and write in pencil."

글레이저는 글라서에 관해 말하는 것은 언제나 기쁜 일이라며 쾌히 인터뷰에 응했다. 그는 신학 역사에 대한 글라서의 기여를 이렇게 표현했다.

글라서 박사는 개혁장로교 진영의 많은 사람들이 그랬던 것처럼 역사적 전천년설을 지지하는 학자였다.
역사적 전천년주의자라는 것은 무엇을 의미하는가?
그것은 다윗왕과 아브라함, 이삭, 야곱에 대한 하나님의 약속으로 인해 문자 그대로 물리적인 왕국이 세워졌다고 보는 것이다. 또한, 예수가 예루살렘에서 통치하실 것이며 다윗과 아브라함의 언약은 교회가 아닌 실제 유대인, 즉 이스라엘과 함께 문자 그대로 성취될 것이라는 의미이기도 하다. 이스라엘은 흩어졌다가 다시 모여 그 땅으로 회복될 것이며, 예수님은 재림하실 때 이스라엘을 통치하실 것이다. 글라서 박사에 따르면 이 모든 약속은 문자 그대로 성취될 것이다. 그는 역사가 그리스도의 재림을 향해 나아갈 것이라고 보았다. 그는 분명히 유대 민족이 그 땅으로 돌아올 것이라고 보았고, 에스겔 36장 22절부터 마지막 절까지 그리고 37장 전체를 매우 진지하게 받아들였다.

그의 인생의 최고점 중 하나는 1948년에 이스라엘이 복구되는 것을 본 것이다. 그는 그런 일이 일어날 것이라고 믿었던 기독교인 중 한 명이었고, 그것은 실제로 일어났다. … 그는 예수가 왕좌에 앉을, 문자 그대로의 물리적 왕국을 보았고 유대인들이 이 땅에 있을 때 예수가 이스라엘과 유대인들에게 다시 오실 것이며 유대 민족의 회개가 있을 것이라고 보았다. 글라서 박사는 이스라엘의 육체적 회복뿐만 아니라 영적으로도 이스라엘이 회복될 것을 염원하는 마음을 가지고 있었다. 그래서 그는 윌로우뱅크성명서에 참여했고, 세계복음화를위한로잔협의회(LCWE)[267]의 일부인 '로잔유대인전도

---

[267] LCWE: Lausanne Committee for World Evangelization, LCJE: Lausanne Consultation on

협의회'(LCJE)의 창립자 중 한 명이기도 했다. … 글라서 박사는 유대인들이 복음을 들을 필요가 있다고 진심으로 믿었다. 또한 유대인이 예수를 믿어도 여전히 유대인이며 유대인의 전통을 실천할 수 있다고 진심으로 믿었다. … 그는 <메시아닉 유대인>이 유대인의 정체성을 지켜야 한다고 정말로 확신했다.

풀러신학교에서 가르친 글라서 박사는 온 마음을 다해 토착 교회의 성장을 믿었다. 그는 교회가 복음을 전하는 그 사람들의 문화와 삶의 패턴을 반영해야 한다고 믿었다. 글라서 박사는 유대인의 특성을 토착화된 메시아 운동에 적용해야 한다고 믿었고 이를 지지했다. 나는 글라서 박사가 현대 메시아닉 운동의 아버지 중 한 명이라고 솔직히 말하고 싶다. 그는 유대인으로 남기를 원하는 <메시아닉 유대인>들이 최고 수준의 학계와 신학계에서 활동할 수 있도록 신학적으로 인정받게 만들었다. 그는 이 운동의 대변인이었다.[268]

④ 데이비드 세다카

아서 글라서가 성경 해석에 대해서 가지고 있던 관점을 증언해 줄 수 있는 자료로 데이비드 세다카(David Sedaca)[269]와의 인터뷰[270]를 제시한다.

Jewish Evangelism.

268 Glaser, interview. "I would honestly say that Dr. Glasser was one of the fathers of the modern Messianic movement. He created acceptance, theologically, for Messianic Jews who wanted to stay Jewish in the highest of academic and theological circles. He was a spokesman for the movement."

269 David Sedaca, "Introducing the Ministry of David Sedaca," Weebly, accessed February 18, 2023, https://www.chosenpeople.com/david-and-julia-sedaca/.

270 Sedaca, interview. "Interview with Dr. David Sedaca About Dr. Arthur F. Glasser." interview by Mijung Han. January 24, 2023, Cracker Barrel Old Country Store. Virginia Beach, VA.

그는 『이스라엘의 인내: 유대 민족의 간략한 역사』(*The Endurance of Israel: A Brief History of the Jewish People*)[271]라는 책을 쓰고, 히브리대학교에서 유일한 개신교 교수로 활동하고 있는 <메시아닉 유대인>이다.

데이비드 세다카는 그의 부모 세대로부터 이스라엘 회복을 증거하는 산 증인의 여정을 걷고 있다. 우루과이에서 태어나 <메시아닉 유대인> 가정에서 자란 데이비드 세다카는 지난 40년 동안 전 세계 <메시아닉 유대인> 운동의 지도자로 활동했다. 그의 부모는 모두 아르헨티나 이민 2세대였는데, 홀로코스트 생존자 이주에 힘쓴 부모님의 사역 덕분에 유럽, 남미, 북미의 여러 나라에서 성장했다. 하버드대학교에서 심리학 학사학위를 받고, 뉴욕에서 유대교를 공부하고, 벨그라노대학교 중동학부에서 유대교 연구를 계속했다.

그는 선민선교회(Chosen People Ministries)의 캐나다 및 라틴 아메리카 책임자로 봉사했다. 미국, 캐나다, 영국, 노르웨이, 이스라엘에 있는 여러 종교 단체, 성경 연구소, 신학교, 기독교 단체의 이사로 활동하고 있다. 그는 역동적인 설교와 유대적 관점에서 성경을 깊이 이해하는 능력으로 여러 신학교에서 설교학과 구약학 교수로 재직했으며 목회자를 위한 성경센터 훈련 책임자로 재직했다.

25년 동안 국제 메시아닉유대인연맹(International Messianic Jewish Alliance, 전신은 The International Hebrew Christian Alliance)의 사무총장 겸 CEO로 재직했다. 미국 메시아닉유대인신자연합(Union of American Messianic Jewish Believers)의 회장이었던 그는 2004년에 Chosen People Ministries 부회장으로 다시 합류하여 미국과 전 세계에서 사역의 전반적인 발전을 위해 일하고 있다.

---

[271] David Sedaca, *The Endurance of Israel: A Brief History of the Jewish People* (InstantPublisher.com, January 1, 2021).

그는 2016년부터 예루살렘 히브리대학교의 로스버그국제학교(Rothberg International School) 단기 프로그램인 모리아국제센터(Moriah International Center)의 영구 방문 학자로, 대학원생들에게 유대교와 메시아닉 유대교 과정을 가르치고 있다.[272] 세속주의 유대인들이 주류를 이루고 있는 곳에서 유일한 <메시아닉 유대인>으로 그리스도의 빛을 반사하는 선교의 도구로 쓰임 받고 있다.

세다카는 그가 알고 있는 아서 글라서가 대체신학에 대해 가지고 있던 입장을 다음과 같이 밝혔다.

> 아서 글라서는 대체신학에 반대했습니다.
> 교회의 병폐 중 하나는 대체신학입니다. 그것은 유대인이 메시아를 거부했기 때문에 하나님도 유대인을 거부하셨다는 것입니다. 그리고 또 다른 이스라엘인 교회를 만드셨다는 것입니다. 성경 어디에도 그것을 뒷받침하는 근거는 없습니다. 교회가 로마 제국의 공식 교회가 된 것은 종교적 이유보다는 정치적 이유 때문이었습니다. 그들은 새로운 이스라엘이 교회이고 새 예루살렘이 로마라는 데 동의했습니다. 그래서 로마가 가톨릭교회의 중심이 된 것입니다. 그것이 가톨릭교회의 널리 퍼진 신학이며 대체신학이라고 불립니다. 그것은 성경이 가르치는 모든 것과 모순됩니다.
> 사도 바울은 로마인들에게 보낸 편지에서 뭐라고 말합니까?
> 그는 9장, 10장, 11장에서 "하나님이 이스라엘 백성을 거절하셨습니까?"라고 묻습니다.
> "말도 안 돼요!"라고 스스로 답했죠.
> … 대체신학은 성경 어디에도 없는 이단 사설입니다.
> 하나님이 이스라엘을 버리고 이스라엘을 교회로 대체했다는 것!

---

[272] Sedaca, "Introducing the Ministry of David Sedaca."

그리고 이스라엘에게 주어진 모든 축복이 이제 교회에 주어졌다는 것입니다. 그들은 이스라엘이 더 이상 그 땅에 대한 권리가 없다고 믿습니다. 정치적 이유로 그들은 이스라엘이 그 땅에 대한 권리가 없다고 말합니다.[273]
그래서 대체신학은 우리가 항상 싸우는 잘못된 사상입니다.
아서 글라서는 이스라엘의 회복을 믿었습니다. 이스라엘 땅에 대해 이야기하지 않고 이스라엘의 회복에 대해 이야기할 수는 없습니다. 이스라엘에 대한 약속이 오늘날에도 여전히 유효하다는 것을 이해하지 못하면 성경을 믿는 사람이 될 수 없습니다.[274]

그의 부친 빅터 세다카(Victor Sedaca, 1918-1979)[275]는 <메시아닉 유대인> 운동의 선구자로 알려진 인물이다. 데이비드 세다카는 자신도 아서 글라서를 잘 알지만, 그의 아버지가 글라서 박사와 잘 아는 친구였다고 증언했다. 빅터 세다카(1918-1979)는 <메시아닉 유대인> 운동의 선구자로, 아서 글라서(1914-2009)는 <메시아닉 유대인> 운동의 대변인[276]으로서 동역한 것이다.

---

[273] Chosen-People-Ministries-Canada. "Whose Land Is It Anyway? A Biblical Perspective - Dr. David Sedaca", directed by Toronto Israel Conference, *The Genesis Of The Conflict*, November 2-3, 2018, Posted November 15, 2018, Accessed January 21, 2024, http://tinyurl.com/msc9f2yf. 데이비드 세다카가 성경을 근거로 이스라엘 땅에 대한 강연하고 있는 영상이다.

[274] Sedaca, interview.

[275] 빅터 세다카(Victor Sedaca, 1918-1979)는 <메시아닉 유대인> 운동의 선구자로 알려져 있다. 수년 동안 Chosen People Ministries(당시 American Board of Missions to the Jews) 선교사로 일했다.

[276] Glaser, interview. "He was a spokesman for the movement."

4) 이스라엘 회복 관점의 근거가 되는 상황들

선교신학화 작업에서 반드시 고려해야 하는 또 하나의 영역은 상황과 맥락의 요소다.

> 각각의 독특한 상황은 선교에 대한 이해와 선교하면서 신학 작업을 하는 과정에 영향을 준다. 모든 선교 활동과 성찰은 문맥적으로 적절해야 한다. 따라서, 선교신학자들은 그들의 맥락을 연구하기 위해 사회 과학의 모든 관련 도구들을 사용할 필요가 있다. 모든 신학은 "지역 신학"이며,[277] 맥락이 한 사람의 신학 이해에 미치는 영향은 과소평가할 수 없다.[278]

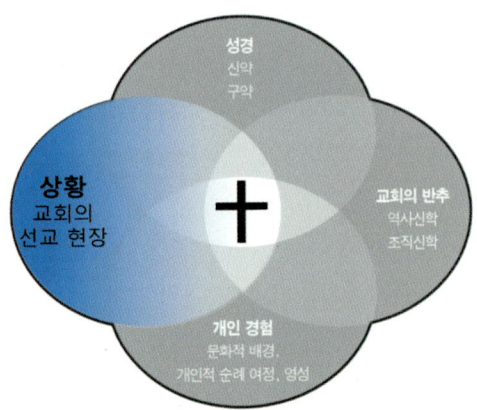

<그림 59> 선교신학화의 네 영역 중 "상황"[279]

---

[277] Robert J. Schreiter, *Constructing Local Theologies* (Maryknoll, N.Y.: Orbis Books, 1985). https://archive.org/details/constructingloca0000schr.

[278] Engen, 『개혁하는 선교신학』, 63.

[279] Engen, 『개혁하는 선교신학』, 60-63. 이스라엘 회복 관점의 신학화를 위한 "상황"의 영역.

이스라엘 회복을 확증하는 상황들을 확인할 수 있는 저널들은 다음과 같다.

① 시온주의(Zionism Legitimate)에 대한 "Is Christian Zionism Legitimate?"[280]

② 국가 이스라엘에 관한 "How Are Christians to Regard the State of Israel?"[281]

③ 팔레스티니안(The Palestinians) 문제에 관한 "The Palestinians: How Shall Christians Respond to the 'Intifada,' the Palestinian Uprising?"[282]

④ 유대인을 위한 크리스천 사역(Ministry for Jews)에 대한 "Christian Ministry to the Jews,"[283]

⑤ 예수의 복음이 이방인 세계로 확장되는 것에 관한 "Make Disciples of All the Gentiles,"[284]

⑥ 유대인과 크리스천의 대화(Jewish-Christian Dialogue)에 관한 "The Encounter: Should Christians Respond to the Call for Jewish-Christian Dialogue?"[285] 등이다.

이 저널들을 종합하여 '이스라엘을 대하는 교회의 입장이 변하는 상황'과 '이스라엘 회복 신학 지지자가 증가하는 상황'을 살펴볼 수 있다.

---

[280] Glasser, "Is Christian Zionism Legitimate?"
[281] Glasser, "How Are Christians to Regard the State of Israel?"
[282] Glasser, "The Palestinians: How Shall Christians Respond to the "Intifada," the Palestinian Uprising?"
[283] Glasser, "Christian Ministry to the Jews."
[284] Glasser, "Make Disciples of All the Gentiles."
[285] Glasser, "The Encounter: Should Christians Respond to the Call for Jewish-Christian Dialogue?"

아서 글라서가 이 글들을 쓴 것은 이미 약 40년 전의 일이어서 오늘날의 상황과는 다소 차이가 있을 수 있다. 그러나 당시에는 최신의 입장이었을 글라서의 글들을 살핌으로써 오늘의 상황에 대한 적용점도 모색 가능할 것이다.

(1) 이스라엘을 대하는 교회의 입장이 변하는 상황

아서 글라서는 1991과 1992년에 걸쳐 *Missionary Monthly*에 "유대인 전도에 대한 복음주의적 반대"(Evangelical Objections to Jewish Evangelism)라는 시리즈를 4회 연재했다. 이는 앞서 "이스라엘 회복 관점의 성경적 근거"에서도 언급한 바가 있다. 유대인들에게 전도하는 것이 성경에 기초한 복음적인 것임을 설명하기 위해서였다. 다시 이것을 다루는 것은 '교회가 유대인들에게 복음을 전해야 하는가?' 하는 문제는 교회의 역사와 신학의 변화를 이끌어내는 실제적인 상황으로 작용하기 때문이다.

아서 글라서는 "Christian Ministry to the Jews"라는 글을 통해 수십 년 동안 진행되어 온 유대교와 기독교 사이의 관계 변화를 주목한다. 그는 1948년부터 개최된 WCC(World Council of Churches, 세계교회협의회)에서 채택된 유대인보고서(WCC's Jewish Report)를 중심으로 그 변화 과정을 정리했다.

1948년 암스테르담(Amsterdam, 1948)에서 열린 첫 번째 총회에서 유대인들에게 많은 관심이 주어졌다. 보고서에는 "우리가 그리스도께서 모든 사람들을 위해 죽으셨고, 그의 복음이 모든 나라에 전파되어야 한다면, 이스라엘에 대한 복음의 선포는 교회가 피하려고 해서는 안 되는 절대적인 의무로 두드러진다"[286]라는 내용이 담겼다.

---

[286] Glasser, "Christian Ministry to the Jews," 7. "If we hold that Christ died for all men and that His Gospel is to be preached to all nations, the proclamation of the Gospel to Israel stands out as an absolute obligation from which the church must not try to escape."

제2차 총회 에반스톤(Evanston, 1954)의 투표에서는 '복음 전도와 기독교적 희망'이 주요 섹션 중 하나였음에도 불구하고 195 대 150의 표결로, 보고서에서 "유대인이나 이스라엘 국가에 대한 모든 언급을 삭제하기로 결정"했다.[287]

제3차 총회 뉴델리(New Dehli, 1961)에서는 반유대주의에 대한 선언을 제외하고는 이 주제에 관한 언급을 회피했다.[288] 당시 국제선교협의회(IMC: International Missionary Council, 1921-1961)는 WCC에 흡수되었다. 이전의 '유대인에대한기독교적접근에관한위원회'는 '교회와유대인에관한협의회'(C-CJP: The Consultation on the Church and the Jewish People)로 대체되었다. 이전에는 '기독교적 접근'의 핵심이 복음주의였다면, 이 새로운 위원회는 WCC의 세계선교및전도위원회와 동일시 되지 않았다. 새로운 유행어는 "이해", "화해", "협력"이 되었다.

1969년 미국교회협의회 신앙과직제위원회와 미국 가톨릭주교회의 가톨릭-유대교 관계 사무국 소속 학자들이 참여한 연구 그룹도 주목할 필요가 있다. 4년 후 이 위원회는 "동료 그리스도인들에게 보내는 성명서"를 발표했다. 이 성명서에는 "유대인에 대한 그리스도인의 증언에 대한 언급"이 의도적으로 누락되었다.[289]

제럴드 H. 앤더슨(Gerald H. Anderson, in MIR, 1974년 7월호, 11월 3일자)은 한 회원과의 대화에서 "역사의 빛 앞에서 그리스도인들은 '하나님 우리를 용서하소서'라는 말 외에는 유대인들에게 할 말이 없다"고 했다.[290]

---

287 Glasser, "Christian Ministry to the Jews," 7. "… it was decided to delete all reference to the Jews or the State of Israel from the report, even though Evangelism and Christian Hope were among its main sections."
288 Glasser, "Christian Ministry to the Jews," 7. "The Third Assembly … evaded the whole subject except for a pronouncement on anti-Semitism."
289 Glasser, "Christian Ministry to the Jews," 7. "This statement deliberately omits any reference to Christian witness to the Jewish people."
290 Glasser, "Christian Ministry to the Jews," 7. "in the light of history, Christians have nothing to say to the Jews except, 'God forgive us!'"

세계교회협의회(WCC)가 출범된 것이 1948년인 것을 주목할 필요가 있다. 그해는 제2차 세계 대전이 끝나면서 이스라엘이 독립국가로 재탄생되던 해였다. 그래서 첫 번째 총회에서부터 이스라엘 문제가 제기되었고, 그들에게도 그리스도의 복음을 전하는 것이 교회의 사명임을 명확히 했던 것이었다.

그러나 시간이 지날수록 교회가 유대인들을 대하는 입장에서 복음이 빠져가면서 많은 복음주의 신학자는 WCC에 대한 지지를 철회하게 되었다. 아서 글라서의 글에서도 "복음이 빠진 대화가 지나치게 강조되는 것"(overemphasis on dialogue)과 "종교적 다원주의에 대한 관용"(a tolerance of religious pluralism)이 만연해 가는 것에 대한 우려와 비판을 읽을 수 있다.

글라서는 이스라엘과 교회의 관계가 복음이 바탕이 된 상태에서 더 나은 화해와 협력의 방향으로 나갈 수 있기를 기대했다. 그러기 위해서는 우선 교회의 흑역사를 통해서 유대인들에게 형성된 예수 그리스도와 교회에 대한 오해가 있음을 인식해야 한다. 글라서는 "유대인들이 신앙 문제, 특히 예수 그리스도와 교회가 거의 2,000년 동안 반유대주의의 배후에 있었다는 깊은 확신을 떨쳐버리지 못하는 것"을 비극이라고 인식한다. 그들은 "그저 기독교인들이 자신들을 내버려두고 대화는 아예 잊어버리기를 바랄 뿐"이라고 진단한다.[291]

그러나 그런 상황에서도 관계의 회복을 경험한 사례를 기록한다.

> 그럼에도 불구하고 여기저기서 우리 세대에 이 두 신앙공동체가 건설적인 방식으로 서로를 발견하고 있음을 기뻐하는 유대인 지도자들을 만난다. 그들은 화해를 위한 진지한 노력과 로마가톨릭이 제2차 바티칸 공의회[292] 이

---

[291] Glasser, "The Encounter: Should Christians Respond to the Call for Jewish-Christian Dialogue." "They just wish that Christians would leave them alone and forget all about dialogue."

[292] 제2차 바티칸 공의회는 1962년부터 1965년까지 열린 천주교회의 공식 회의로, 천주

후 추구해 온 더 나은 관계, 특히 대학들이 유대인 학자들과 협력하여 유대인 학문을 가르치도록 장려하는 것에 대해 기뻐하고 있다.²⁹³

아서 글라서가 만난 <메시아닉 유대인>들이 이 부류에 속할 것이다. 그리고 그가 풀러신학교에서 시도한 유대인 관련 학위 과정은 그 노력의 일부일 것이다.

글라서는 기독교인들이 이스라엘과 중동의 문제를 어떻게 바라볼 것인지에 대한 생각도 피력했다. 제2차 세계 대전 이후 독립된 이스라엘 나라 안에서 팔레스타인과 주변 아랍 국가들을 바라보는 시각의 차이로 인해 "나라는 불화로 찢겼다"고 진단한다.²⁹⁴ 그리고 이 분열을 봉합할 수 있는 이스라엘의 유일한 소망은 오직 예수 그리스도임을 강조했다(행 28:20).²⁹⁵

글라서는 유대인들의 유일한 소망이 아랍인들에게도 동일한 소망임을 믿었다. 유대인 영혼과 아울러 아랍의 영혼들도 구원하기 원하시는 하나님의 마음을 품고 있었기 때문이다.²⁹⁶

교회가 장차 앞으로 나아갈 길을 타진하는, 교회의 현대적 개혁이 이 공의회의 목적이었다.

293 Glasser, "The Encounter: Should Christians Respond to the Call for Jewish-Christian Dialogue?," "And yet, here and there one meets Jewish leaders who rejoice that in our generation these two faith communities are discovering each other in ways that are constructive."

294 이 분열은 오늘날에도 존재한다. 로잔유대인전도협의회(LCJE)의 필면은 "기독교 시오니스트 운동의 일부 고도로 정치화된 분파에 대한 반작용으로, 기독교의 사회적 행동과 정의를 가장하여 팔레스타인의 권리를 증진하려는 고도로 정치화된 정반대의 움직임도 있었"다고 진단한다. 그러나 "반이스라엘 수사는 유대인 전도에 해로울 뿐 아니라 화해에 대한 하나님의 열망에 역행하는 것"이므로, "모든 당사자의 정당한 인권 문제와 반유대주의에 가까운 반이스라엘 입장은 구별해야 한다"고 경고한다. 참고. Perlman, in *The Lausanne Movement: A Range of Perspectives*, 188-89.

295 Glasser, "How Are Christians to Regard the State of Israel?," 20. "But the country is torn with dissension." [행 28:20b] "이스라엘의 소망으로 말미암아 내가 이 쇠사슬에 매인 바 되었노라."

296 글라서는 유대인의 영혼 구원뿐 아니라 이슬람권 영혼들의 구원에도 관심을 가졌다. 이것은 로잔운동의 움직임이기도 했다. 결국, 2013년 방갈로르리더십회의에서 "로잔이 후원하는 예수님을 믿는 유대인 신자와 팔레스타인 기독교 신자로 구성된 화해 실무 그룹"이 결성되었다. 참고. Perlman, in *The Lausanne Movement: A Range of Perspec-*

그러나 오늘날 이스라엘에서 가장 고무적인 징후는 유대인과 무슬림 공동체 모두에서 토착화된 그리스도인 운동이 성장하고 있다는 점이다. 여기저기서 두 공동체의 기독교인들이 함께 예배를 드리는 가교교회(bridge congregations)도 만나볼 수 있다. 서로의 차이에도 불구하고 서로를 받아들이는 모습은 하나님께서 유대인과 아랍인을 그분 자신과 서로에게로 이끄시며 이스라엘에서 행하시는 일을 인상적으로 보여준다. 그분은 그 고난의 땅에서 지속적인 화해와 상호 수용, 넘치는 사랑의 가능성을 보여주고 계신다. 기독교인들이 이러한 하나님의 성령 운동이 빠르게 확대되도록 기도할 때, 오늘날 이스라엘에 가장 큰 공헌을 할 수 있다.[297]

글라서는 기독교인들이 중동 출신의 "유대인 예수와의 정체성을 지속적으로 재확인해야 한다"[298]고 강조했다. 성경의 이스라엘을 실제로 인정하는 것처럼 현재 중동 땅에 존재하는 이스라엘을 인정해야 한다는 것이다. 기독교의 구세주 예수가 그 중동 땅의 유대인 혈통으로 오신 인간임을 지적함으로써, 그 땅의 존재가 중요하고 유의미함을 강조하는 것이다.

그러나 그는 "이스라엘 유대인들이 점점 더 복음을 받아들이고 있는 요즘, '기독교 시오니스트'들이 그들에게 가장 큰 보물인 예수 그리스도를 주지 않는 것은 비극"[299]이라고 꼬집었다. 그 땅의 회복을 위해 고토로 돌아온 시오니스트들이 가장 중시해야 하는 것은 그 땅의 영혼들에게 예수 그리스도의 복음을 전하는 것임을 그렇게 역설한 것이다.[300]

---

tives, 190.
[297] Glasser, "The Palestinians: How Shall Christians Respond to the "Intifada," the Palestinian Uprising?"
[298] Glasser, "Is Christian Zionism Legitimate?," 9. "Christians must continually reaffirm their identity with Jesus, the Palestinian Jew."
[299] Glasser, "Is Christian Zionism Legitimate?," 9. "In these days when Israeli Jews are increasingly receptive to the gospel, it is tragic that "Christian Zionists" are withholding from them their greatest treasure: Jesus Christ."
[300] C. S. 루이스(Clive Staples Lewis, 1898-1963)는 회심한 유대인의 가치를 이렇게 재미

글라서가 이스라엘을 둘러싼 세계 정세의 변화와 상황의 변화를 주목한 이유는 오직 복음 전파를 통한 영혼 구원에 있음을 알 수 있다.

(2) 이스라엘 회복신학 지지자가 증가하는 상황

이스라엘을 바라보는 교회의 입장에서 주목해야 하는 상황의 변화 중 하나는 대체신학을 넘어 이스라엘 회복신학을 지지하는 흐름이 증가하고 있다는 점이다.

> 구약성경과 신약성경은 동일하게 대체신학이 아니라 회복신학을 주장한 다. 이스라엘 독립 전까지는 이스라엘이 빠진 신학을 했으나, 이제는 이스 라엘의 실체를 전제하는 신학을 해야 한다. 이스라엘 독립 후 일부 교단들 과 선교 단체들이 이스라엘의 선택됨이 교회로 이전되었다는 대체신학을 폐지했다. 그러나 여전히 대체신학을 고수하는 교단들도 있다.[301]

글라서도 교회가 이스라엘에 대한 관점을 바꿀 수밖에 없었던 결정적인 상황으로 유대인들이 제2차 세계 대전 중에 겪은 홀로코스트와 뒤이은 이 스라엘 독립을 꼽았다. 글라서는 "홀로코스트의 잿더미에서 이스라엘 국 가가 탄생했다"고 단언했다. 그는 이렇게 말했다.

있게 표현했다. "어떤 의미에서 개종한 유대인은 세상에서 유일한 정상적인 인간이다 (In a sense, the converted Jew is the only normal human being in the world). 먼저 그에게 약속이 주어졌고 그는 그 약속을 이용했다. 그는 유전적 권리와 하나님의 거룩한 호의 에 따라 아브라함을 그의 아버지라고 부른다. 그는 정해진 순서대로 전체 강의 계획서 를 받아 메뉴에 따라 정식 식사를 먹었다. 다른 모든 사람은 어떤 관점에서 볼 때 긴급 규정에 따라 처리되는 특별한 경우다." Clive Staples Lewis, "Foreword," in *Smoke on the Mountain: An Interpretation of the Ten Commandments*, ed. Joy Davidman (Philadelphia, PA: Westminster Press, 1954), 7-8.

[301] 김인식, 『성경, 빅 픽처를 보라!』, 334.

공포와 죄책감의 순간에 제2차 세계 대전의 승전국들은 히틀러의 생존자들에게 조국을 부여하기로 결정했다. 1948년 5월 14일, 이스라엘은 주권 국가가 되었다.[302]

글라서는 이런 상황의 변화를 함께 목격해 온 동시대 사람들에게 "Christianity and Judaism: Some Random Thoughts"라는 글을 통해 자신이 기독교와 유대교 사이의 관계 변화를 촉구할 수밖에 없는 이유를 밝혔다.

여러분과 저는 전후 유대인과 기독교인 관계의 놀라운 변화를 목격한 세계의 일원입니다. 기독교인들은 제2차 세계 대전의 가장 큰 비극인 600만 명의 유대인 학살을 계기로 존중하는 대화를 가능하게 하는 분위기가 조성되었다는 사실에 부끄러워합니다. 그들은 수천 명의 유대인이 가스실에 들어갈 때 보여준 고귀한 모습에 대한 보도로 인해 감동을 받지 않을 수 없었습니다. 이로 인해 교회 지도자들은 그 어느 때보다 이 민족에 대한 풍자를 용인하고 심지어 조장했던 것을 영원히 없애야 한다는 압박을 받게 되었습니다. 홀로코스트의 신학적 함의가 얼마나 거대한지 그 누구도 제대로 파악할 수 없고, 교회도 이 끔찍한 불의 앞에서 비겁한 침묵을 잊지 못할 것이지만, 유대인의 고통은 구속의 역사였습니다.

수 세기에 걸친 '기독교'의 반유대주의 이후 개신교 교회는 마침내 이 죄를 인정하고 다양한 방식으로 모든 형태의 반유대주의를 공개적으로 그리고 마침내 명백하게 거부하게 되었습니다. 이 문제에 대한 바티칸 2 공의회 선언은 모든 기독교 전통이 이 비이성적이고 괴물 같은 악과 영원히 결별하겠다는 결의를 강화했습니다.

302　Glasser, "How Are Christians to Regard the State of Israel?," 19. "The State of Israel emerged out of the ashes of the Holocaust. In a moment of horror and guilt, the victorious nations of World War II decided to grant a national homeland to the survivors of Hitlerism. On May 14, 1948, Israel became a sovereign nation."

예수 그리스도에 대한 신실함으로 교회와 회당 사이의 모든 만남을 의미 있고 건설적으로 만드는 데 실패하지 않도록 하는 것이 우리의 의무입니다. 저는 지금이 카이로스 상황이라고 굳게 믿습니다. 복음주의자로서 우리는 유대인들과의 대화적 만남을 위해 책임감 있게 지식을 갖추고, 존중하며, 진지하게 접근하는 것이 필수적이 되었습니다. 이 점에 대한 개인적인 관심이 높아지면서 이 논문을 발표할 수 있도록 허락해 달라고 요청하게 되었습니다.[303]

변화된 카이로스 상황에 대한 그의 대안은 분명하다.
예수 그리스도다!

그들의 필요를 진정으로 충족시킬 수 있는 것은 오직 예수 그리스도와 그에 관한 완전한 계시뿐입니다. 이것이 바로 저의 가장 큰 관심사, 즉 유대인들에게 절실히 필요한 것, 즉 예수 그리스도의 복음을 사랑스럽고 솔직하게 전하는 것입니다. 복음주의자들은 교회가 회당과 마주칠 때 교회가 진정 예수 그리스도의 교회인지 아닌지에 대한 시험을 받는다는 사실을 인식해야 합니다. 신약성경이 묘사하는 예수님에 대한 헌신을 유지한다면, 교회는 유대인들 앞에서 그를 주님으로 고백할 것입니다. … 사실, 교회가 유대 민족에게 복음을 전할 때만 교회는 예수 그리스도의 주되심에 대한 진정한 헌신을 보여줍니다. 현재 많은 주류 개신교 교단이 유대인 전도를 거부하는 것은 그들이 예수 그리스도를 교회의 주님으로 고백하는 데 결함이 있다는 증거입니다. 그것은 그만큼 극명한 일입니다.[304]

---

303 Glasser, "Christianity and Judaism: Some Random Thoughts," 13-14.
304 Glasser, "Christianity and Judaism," 15. "Actually, it is only when the church evangelizes the Jewish people that she demonstrates her real commitment to the lordship of Jesus Christ. The current refusal of many mainline Protestant denominations to engage in Jewish evangelism is evidence of their flawed confession of Jesus Christ as Lord of the church. It is as stark as that."

교회가 유대인들에게 복음을 전하는 것이 교회의 존재 이유와 관련되는 사활적인 문제임을 역설한 것이다. 교회가 유대인들을 상대로 전도하기 위해서는 먼저 유대인의 존재를 인식하고 그들의 정체성을 온전히 이해해야 한다.

글라서는 "Make Disciples of All the Gentiles"에서 '이스라엘이 교회로 대체되었는가?'(Israel Replaced by the Church?)라는 도발적인 질문을 던진다.[305] 이는 이스라엘과 교회의 관계 정리에서 흔히 대체신학이라고 일컬어지는 문제를 정리하는 것이 중요함을 일깨워 준다.

대체신학(Replacement Theology) 혹은 대체주의(Supersessionism)는 하나님이 범죄한 이스라엘을 버리시고 구약의 이스라엘을 신약의 이방 교회로 대체했다는 입장이다. 이스라엘이 장자의 자리에서 쫓겨나고 그 자리를 이방인들이 받았기 때문에 현대 이스라엘은 성경에 나오는 이스라엘과 아무런 상관이 없다고 믿는 입장이다.[306]

대체신학을 세분화하면 세 가지 하위 개념으로 나뉜다. '처벌적 대체주의', '경륜적 대체주의', '구조적 대체주의'가 그것이다.[307]

첫째, 처벌적 대체주의(Punitive Supersessionism)는 유대인들이 메시아를 거부한 죄로 하나님이 그들을 버리시고 이방 교회를 그 자리로 받아들이셨다는 것이다.

둘째, 경륜적 대체주의(Economic Supersessionism)는 구약성경에 기록된 이스라엘에 대한 모든 이야기들은 장차 교회가 탄생할 때 사라지기 위한 상징이나 예표로서 하나님에 의해 고안되었다는 것이다.

---

[305] Glasser, "Make Disciples of All the Gentiles," 12.
[306] 김정환, 『이스라엘과 대체신학』, 49.
[307] Vlach, *Has the Church Replaced Israel?* Chapter 1. Vlach, "The Church as a Replacement of Israel: An Analysis of Supersessionism." Chapter 1. Vlach, "Various Forms of Replacement Theology," 60-65.

셋째, 구조적 대체주의(Structural Supersessionism)는 이스라엘의 제 요소들은 우주적 죄와 우주적 구원, 천지창조부터 역사의 완성을 보여주기 위해 단순한 배경을 제공한다는 것이다.[308]

이런 사상이 형성된 역사를 이해하려면, "2천여 년 동안의 기독교인과 유대인의 관계"를 살펴봐야 한다.

기독교 교회는 원래 유대적으로 시작하였다. 그러나 교회가 회당으로부터 분리되는 데 영향을 끼친 다양한 요인들이 발생했다. 교회의 비유대화 현상은 반유대주의(anti-Judaism)와 반셈족주의(anti-Semitism)로 발전했다. 이는 결국 교회와 회당 사이의 경멸의 역사로 표출되었다.[309] 중세 교부 시대에 체계화되어 현대에 이르기까지 대부분의 교회에 깊게 뿌리내린 반유대주의적 신학은 사실상 유대인 박해의 근원적 뿌리가 되었기에, 홀로코스트가 교회의 책임이라는 비난을 사기도 했다.[310]

> 강조해야 할 것은 홀로코스트가 진공 상태에서 일어난 것이 아니라는 것이다. … 홀로코스트는 2천여 년 동안 교회 안에서 또는 그 주변에서 거의 아무런 저지도 받지 않고 자라온 반유대적인 태도와 행동들의 비극적인 정점이라 할 수 있다. 아마도 홀로코스트가 일어난 가장 주된 요인은 교회가 자신의 유대적 뿌리를 잊어버린 것일 것이다.[311]

---

308 김정환, 『이스라엘과 대체신학』, 51-52.
309 Marvin R. Wilson, 『기독교와 히브리 유산』, 이진희 옮김 (서울: 컨콜디아사, 1995), 57-128.
310 Glasser, "The Holocaust: How Should Christians Evaluate Anti-Semitism?," 3. "In our day the enormity of the Nazi crime against the Jews is placed at the doors of the church with the implication that somehow all Christians were involved in the unbelievable destruction of one third of all living, Jews."
311 Wilson, 『기독교와 히브리 유산』, 125.

반유대주의를 뿌리로 성장한 대체신학은 "중세의 반유대주의, 동유럽의 대학살, 홀로코스트, 현대의 이스라엘 국가에 대한 경멸에 활력을 불어넣은 원동력"[312]이 되었다.

유대인이 소망할 바는 오로지 교회에 속하는 것이며, 그것을 거부하는 한 어떤 박해나 핍박도 정당화된다고 보게 만들었다. 이 사상은 지금까지도 이스라엘 선교를 방해하는 뿌리 깊은 차원의 신학적 세계관이다.

그런데 하나님의 구속사를 알리는 역사의 시간표가 진행되면서 대체신학은 수정이 불가피한 상황을 맞이하고 있다. 현재 우리는 구약 선지자들의 예언을 따라 유대 민족을 고국 땅으로 돌아오게 하시며,[313] 새 언약을 주기 위해 유대인들을 준비시키는 하나님의 손길을 경험하고 있다. 이때에 대체 사상은 이방 교회들로 하여금 이스라엘을 질투하게 하는 영광스러운 사명을 빼앗아 간다.[314]

월터 카이저는 "대체신학은 교회와 이스라엘 모두에게 나쁜 소식일 뿐"이라고 말했다.[315] 그는 구약은 물론 신약에서도 대체신학의 성경적 근거를 찾을 수 없다고 했다. "하나님께서 이스라엘을 교회로 대체하셨다고 주장하는 것은 방대한 성경적 증거에서 벗어난다"[316]고 단언했다.

실제로 성경은 "이스라엘을 향한 하나님의 계획과 교회를 향한 하나님의 계획을 구분할 뿐만 아니라, 구원 받은 유대인과 구원 받지 못한 유대

312　Thomas D. Ice, "What Is Replacement Theology?," *Scholars Crossing(Liberty University)* Article Archives (May 2009): 1.
313　디아스포라로 전 세계에 흩어졌던 유대인들이 고국으로 돌아가는 것을 알리야 (Aliyah)라고 한다. 성경에는 에스겔 36장을 비롯하여 알리야를 예언하는 성경 구절이 700개 이상 있다. 참고. Aliyah Scriptures for Prayer | Sam Dewald Ministries
314　김충렬,『이스라엘, 아세요?』(파주: 국민북스, 2020), 134.
315　Kaiser Jr., "An Assessment of 'Replacement Theology'," 20.
316　Walter Christian Kaiser Jr., "An Epangelical Response," in *Dispensationalism, Israel and the Church: The Search for Definition*, ed. Craig A. Blaising and Darrell L. Bock (Zondervan Academic, 2010), 364. "To argue that God replaced Israel with the church is to depart from an enormous body of biblical evidence."

인을 구분하여 가르침"으로써,³¹⁷ 이스라엘의 부르심과 역할이 신약의 교회로 대체되었다는 개념을 거부한다.

영국의 주석가 크랜필드(Charles Ernest Burland Cranfield)³¹⁸의 진솔한 고백은 큰 울림을 준다.

> 교회가 이 메시지를 배우기를 계속 거부하는 곳, 교회가 은밀하게-아마도 아주 무의식적으로-자신의 존재가 인간의 성취에 근거한다고 믿는 곳, 그래서 자신에 대한 하나님의 자비를 이해하지 못하고, 여전히 믿지 않는 이스라엘을 향한 하나님의 자비를 믿지 못하고, 그래서 하나님께서 자신의 백성 이스라엘을 버리시고 단순히 기독교 교회로 대체하셨다는 추악하고 비성경적인 생각을 즐기는 곳에서만 교회는 이 말씀을 배우기를 거부한다. 이 세 장(로마서 9-11장)은 교회가 유대 민족을 단번에 대신했다고 말하는 것을 단호하게 금지하고 있다. … 그러나 교회가 단순히 이스라엘을 하나님의 백성으로 대체했다고 가정하는 것은 매우 흔한 일이다. … 나 자신도 부끄러운 마음으로 고백한다. 이스라엘을 교회가 대체한다는 표현을 여러 차례 인쇄물에 등장시켰다.³¹⁹

---

317 Ice, "What Is Replacement Theology?," 4.
318 C. E. B. 크랜필드(Charles Ernest Burland Cranfield, 1915-2015)는 영국의 신학자, 학자요 목사였다. 더럼대학교(the University of Durham)의 신학 교수이자 신약성경, 특히 로마서에 관한 저명한 학자였다. 성경 본문에 대한 엄격하고 충실한 해석과 겸손하고 은혜로운 성품으로 유명했다. 영국아카데미의 펠로우 12(Fellow of the British Academy12)였다. http://tinyurl.com/2rcs84fz
319 C. E. B Cranfield, *A Critical and Exegetical Commentary on the Epistle to the Romans*, vol. 2 (Edinburgh: T. & T. Clark, 1975), 448. "It is only where the Church persists in refusing to learn this message, where it secretly-perhaps quite unconsciously!-believes that its own existence is based on human achievement and so fails to understand God's mercy to itself, that it is unable to believe in God's mercy for still unbelieving Israel and so entertains the ugly and unscriptural notion that God has cast off His people Israel and simply replaced it by the Christian Church. These three chapters [Romans 9-11] emphatically forbid us to speak of the Church as having once and for all taken the place of the Jewish people. … But the assumption that the Church has simply replaced Israel as the people of God is extremely

이스라엘의 구원 받은 남은 자들이 수적·질적으로 꾸준히 늘어가는 이 때 대체신학의 베일을 벗고 하나님의 구원 사역의 경륜을 보아야 한다.[320]

구원의 창시자가 되시며 역사의 주인이 되시는 하나님이 당신의 구원의 경륜을 이루기 위해서 상황들을 조정해 가신다. 하나님의 뜻을 받들어 수종 드는 선교의 도구인 하나님의 백성들도 기꺼이 선교신학과 선교 전략을 조정해야 한다.

> 선교신학을 현대화하는 것이다. 현대 교회들의 결함을 반영하는 신학의 패배주의적 자세는 선교신학의 많은 결함을 가져왔다. 영적 생명의 결핍으로 피곤해진 신학은 사회 문제에 관심을 기울이고 지상명령을 강조하지 않는다. 오늘날 필요한 것은 이러한 인본주의 신학에 대처할 수 있는 성경적 신학의 수립이다. 이 점에서 선교신학도 성경론, 인간론, 기독론, 구원론, 교회론, 선교론 그리고 전도론에서 현세대를 위한 선교 전략의 기초를 성경에서 찾아야 할 뿐만 아니라 이를 조정해야 한다.[321]

사실, 구약에 기록된 이스라엘의 역사를 생각하면 일면 대체신학이 생겨날 수 있었던 이유를 이해할 만도 하다. 그것은 당사자인 이스라엘 사람들조차 두려워했던 일이다.

---

common. … And I confess with shame to having also myself used in print on more than one occasion this language of the replacement of Israel by the Church."

320 김정환, 『이스라엘과 대체신학』, 194.
321 김용식, "브라질 한인 디아스포라 교회(KDCB: Korean Diaspora Church of Brazil)의 선교 전략 개발을 위한 토착교회 원리의 재고"(Fuller Theological Seminary, 2000), 20-21. KDCB를 통한 선교 역사가 단행본으로도 출판되었다. 김용식, 『디아스포라 인 브라질』(서울: 윌리엄캐리, 2009).

이스라엘의 역사를 탐구하여 정리한 존 브라이트(John Bright)[322]는 『이스라엘 역사』(A history of Israel)[323]에서 그 두려움을 표현했다.

> 백성 중 가장 경건한 사람들, 즉 선지자들의 말을 받아들였던 사람들마저 이 민족이 죽을 죄를 이미 저질렀고, 따라서 여호와가 진노하시어 이스라엘을 끊어버리고 자기 백성으로서의 운명을 무효화시켜 버린 것은 아닐까 두려워하며 절망에 빠졌다(사 63:19; 겔 33:10; 37:11). 그들은 눈물로 부르짖으며 여호와의 자비를 간구했으나 고난의 끝은 보이지 않았다(시 74:9; 애 2:9).[324]

이 두려움과 고난은 분명 하나님의 구원의 경륜과 연결된다. 그들은 하나님이 아브라함의 후손들에게 기대하고 요구하신 열방의 복이 되는 구원의 도구로서의 사명을 잘 수행하지 못했다.

그러나 로마서 9-11장에서 사도 바울이 고백한 것처럼 참 감람나무인 이스라엘 중 가지 얼마가 꺾여 나간 자리에 돌감람나무의 가지인 이방인들이 그리스도에게 접붙임을 당했다. 그리고 이제 그 이방인의 충만함이 차고 나면 다시 원가지인 유대인들이 자신들의 감람나무에 접붙인 바 될 것이다. 그래서 온 이스라엘이 구원 받는 구속사의 신비가 펼쳐질 것이다.

월터 카이저는 구약 전체를 살펴보면 간혹 선교의 흔적이 희미하게 보이는 경우가 있다고 인정하면서도, "구약의 하나님은 선교하시는 하나님"이라고 선언한다. 아브라함을 통해 선교하기 원하셨던 구약의 하나님은 신약에서도 여전히 아브라함의 후손을 통해 열방을 선교하기 원하신다.

---

[322] 존 브라이트(John Bright, 1908-1995)는 주로 구약학과 역사신학 분야에서 활동한 미국의 신학자다. 그의 책은 구약성경의 역사적 배경과 신학적 중요성을 탐구하는 데 중요한 참고 자료다.

[323] John Bright, *A History of Israel*, ed. Internet Archive (Philadelphia: Westminster John Knox Press, 1959). https://archive.org/details/historyofisrael0000brig_f4e9/page/n7/mode/2up. John Bright, 『이스라엘의 역사』, 엄성옥 옮김 (서울: 은성, 2002).

[324] Bright, 『이스라엘의 역사』, 439.

신약 시대의 대표적인 선교사인 바울도 그의 선교적 명령을 구약에서부터 받은 것이다.

> 바울은 구약에서 선교적 명령을 받았다. 이 말씀은 틀림없는 구약의 말씀이다. 이방인들에게 복음을 전하는 것이 최근에 수정된 하나님의 계획이라고 할 수 없다. 그것은 살아 계신 하나님의 장기적인 헌신이다. 살아 계신 하나님은 선교하시는 하나님이시다.[325]

선교하시는 하나님의 장기적인 헌신은 변하지 않고 있다. 이스라엘의 넘어짐으로 열방이 구원 받았다면, 이스라엘은 원치 않는 방식으로 하나님의 선교의 도구가 된 것이다. 제임스 던(James Dunn)[326]은 이렇게 역설했다.

> 이스라엘은 여전히 하나님의 경륜 속에서 그 이전의 지위를 보유하고 있다. 바울이 로마서에서 사용한 '온 이스라엘'이라는 단어는 새로운 개념이 아니라, 전체적인 이스라엘을 나타내는 일반적인 관용구다. 역사적 이스라엘은 여전히 이스라엘이다. 그들은 현재도 이스라엘 사람들이다. 하나님에 의해 오래 전에 심겨진 감람나무인 이스라엘을 제외한다면 기독교는 그 가지로서의 자신을 이해할 수 없다.[327]

교회는 신약 교회의 뿌리가 구약의 유대인이었음을 기억해야 한다.

---

[325] Kaiser Jr., 『구약성경과 선교』, 169.
[326] 제임스 D. G. 던(James Douglas Grant Dunn, 1393-2020)은 영국의 신약학자다. 그는 바울신학의 새 관점(New Perspective on Paul)에 대한 연구로 잘 알려져 있다. 이는 주로 20세기 후반에 등장한 신학 사조로서, 바울의 칭의론과 유대교에 관한 이해에 큰 변화를 가져왔다. 새 관점에서는 바울이 실제로 비판한 것은 유대교의 율법주의가 아니라, 이방인들이 유대교로의 전환 없이도 하나님의 백성이 될 수 있다는 점을 강조한 것으로 해석한다. https://theologicalstudies.org.uk/theo_dunn_james-d-g.php
[327] James Douglas Grant Dunn, 『바울신학』, 박문재 옮김, 989 vols. (고양: 크리스챤다이제스트, 2006), 685-86.

> 초기 그리스도교를 적절하게 이해하기 위해서 우리는 유대교에 뿌리를 두고 있는 그리스도교 전통의 연속성을 더욱 충분히 이해해야 한다. 하나님 백성의 공동체는 오순절에 창조된 것이 아니라 살아 있는 유대교 전통에서 갈라져 나온 것이었다.[328]

이스라엘을 향해서 교회가 자고하지 말아야 할 중요한 이유다. 교회의 뿌리는 이스라엘이다. 하나님은 한 번도 그 뿌리를 바꾸신 적이 없으시다. 요하네스 베르카일의 로마서 주석도 같은 의미를 선포한다.

> 각각의 가지들이 새로운 가지를 접목시키기 위한 여지를 마련하기 위해 나무로부터 잘리운다 하여도 오래된 나무 그 자체는 죽지 않는다(롬 11:21-24). 이방 기독교인들인 우리는 이스라엘이란 주된 줄기에 접목되었다. 이것이 그렇게 많은 기독교인이 꾸준히 잊어왔던 진리이며, 그것은 신약공동체가 발전한 이후로 더 이상 이스라엘을 하나님의 백성의 통합된 부분으로서 보지 않으려는 믿음을 그들에게 심었다. 이에 더하여 많은 이방 기독교인은 또 다른 점을 오해하고 있다. 그들은 만약 어떤 유대인이 오늘날에 구원된다면 그는 이방기독교의 주된 줄기에 접목된다고 믿는다. 진실은 그 반대다. 우리 이방인들은 접목된 것들에 불과하다.[329]

우리 이방인들이 접목된 그 나무의 뿌리는 이스라엘이다. 이 뿌리의 개념에서 글라서가 이해한 유대인과 이방인 그리스도인과의 관계를 <그림 60>으로 표현할 수 있다.

왼쪽은 글라서의 저널에 있는 다이어그램이고, 오른쪽은 원래의 다이어그램에 필자가 맨 아래 "Jesus Roots"를 첨가한 것이다. 예수 그리스도의

---

[328] Walter Brueggemann et al., 『구약신학과의 만남』, 차준희 옮김 (용인: 프리칭아카데미, 2013), 45.
[329] Verkuyl, 『현대 선교신학 개론』, 190.

뿌리 위에서 유대인과 이방인을 <한새사람>으로 빚어서 구원을 완성하실 하나님의 경륜이 올리브 열매가 풍성한 건강한 올리브나무로 표현된다.

<그림 60> 함께 유대인 예수께 뿌리를 내린 <한새사람>[330]

예수 그리스도 안에서 유대인과 이방인이 <한새사람>을 이루는 것은 "하나님의 신비요, 하나님의 각종 지혜의 절정이요, 하나님의 마스터플랜의 핵심이다."[331]

하나님께서 이스라엘과 맺은 영원한 언약의 뿌리에 메시아 예수가 있으며, 유대 민족이 그 뿌리인 예수 그리스도 위에 견고히 설 때 그들을 향한 하나님의 온전한 뜻과 계획이 성취될 수 있음을 보여준다.

동시에 기독교 운동의 뿌리인 예수 그리스도가 유대인임을 인정하고 그 뿌리의 유대성을 존중할 때, 교회가 구약 예배의 중심이 되는 모든 것의 지속적인 성취를 구현하는 동시에 예언자적 전통의 한가운데로 나아갈 수 있음을 보여준다. 그럴 때 이 둘이 예수 그리스도 안에서 화목된 <한새사

---

[330] Glasser, "Christianity and Judaism: Some Random Thoughts," 10. 글라서가 제시한 다이어그램(L)에 본 연구자가 "Jesus Roots"를 첨가하고, <한새사람>을 이루는 이미지를 담았다(R).
[331] 김인식, 『성경, 빅 픽처를 보라!』, 232.

람>을 이루어 온전한 감람나무를 완성하게 될 것이다(엡 2; 롬 11).

뿌리의 개념은 시작의 문제인 동시에 마침의 문제다. 글라서는 기독교의 뿌리가 되었던 유대 민족의 역사가 종말의 때에 감당해야 할 역할이 있음도 인정했다. 마태복음 19장 28절[332]을 제시하며, 예수가 "심판에 관한 한 유대 민족이 종말에 차별적이고 개별적으로 대우받게 될 것임을 자연스럽게 암시"[333]했다고 해석했다. 이스라엘은 교회로 대체될 수 없는 고유한 존재 목적이 남아 있음을 밝힌 것이다.

3. 이스라엘의 회복과 하나님 나라의 완성

아서 글라서를 대표하는 성경신학의 주제는 "하나님 나라"였다.

데이비드 M. 하워드(David M. Howard)[334]는 아서 글라서와 『성경에 나타난 하나님의 선교』(Announcing the Kingdom)에 대해 다음과 같은 평을 남겼다.

> 아서 F. 글라서 박사는 20세기 후반에 가장 도발적인 선교 사상가 중 한 사람이다. 글라서는 60년 동안 집중적으로 성경을 연구하고 세계선교에 참여한 결과를 공유한다. 이로써 그는 J. H. 바빙크, 요하네스 블라우, 도널드 맥

---

332 [마 19:28] "나를 따르는 너희도 열두 보좌에 앉아 이스라엘 열두 지파를 심판하리라."
333 Glasser, "Make Disciples of All the Gentiles," 12. "he naturally implied that the Jewish people would be treated differently and separately at the end of the age, insofar as judgment is concerned."
334 데이비드 M. 하워드(David Morris Howard, Sr., 1928-2022)는 미국 선교사로 전 세계적으로 영향력을 미친 인물이다. 휘튼대학교에서 학위를 받았으며, 학교 룸메이트였던 짐 엘리엇 에콰도르 선교사(Philip James Elliot, 1927-1956)는 후에 자신의 누이 엘리자베스 엘리엇 선교사(Elisabeth Elliot, 1926-2015)의 남편이 된다. 그는 세계복음주의연합회(World Evangelical Fellowship: WEF)의 일원이었으며, 라틴아메리카선교회(Latin American Mission: LAM)의 선교사로 코스타리카와 컬럼비아에서 활동했다. 인터바시티(Intervarsity)의 어바나(Urbana)콘퍼런스의 감독으로도 활동했다. https://archives.wheaton.edu/repositories/4/resources/414

가브란, 해리 보어, 롤랜드 앨런 등 지난 세기의 위대한 선교신학자 및 선교사들과 어깨를 나란히 하게 되었다.

글라서는 독자들을 구원 역사와 하나님 나라의 각 시대와 관련된 성경 속으로 깊이 안내한다. 그는 하나님의 선교와 관련하여 하나님 나라에 초점을 맞추는 데 세심한 주의를 기울인다. 모든 장에는 이 주제의 근간이 되는 성경 구절과 인용문으로 가득 차 있으며, 하나님 나라와 세상에서의 하나님의 선교는 불가분의 관계에 있다는 논지의 근거가 된다.

독자들은 성경 전체를 통해 성경 역사, 특히 하나님 나라와 관련된 하나님의 움직임 속으로 빠져들게 된다. 이 책은 21세기로 바로 이동하여 총체적인 구원과 선교에 대한 관점을 제시한다. 이 책은 … 영원부터 영원까지 하나님의 계획에 대한 통찰력을 자극하는 금광과도 같은 책이다.

글라서 박사를 개인적으로 아는 사람들은 그의 삶이 그의 심오한 연구뿐만 아니라 오늘날 세상에서 예수 그리스도와 하나님 나라에 대한 그의 깊은 개인적 사랑을 반영한다는 것을 잘 알고 있다. 이 책을 강력히 추천한다.[335]

글라서를 개인적으로 아는 사람들인 동료 선교신학자들은 아서 글라서를 기리며 저술한 책[336]에서 글라서가 자신들에게 의미하는 바를 이렇게 고백했다. 당시 풀러신학교 총장이었던 데이비드 A. 허바드는 추천사에서 이런 소회를 밝혔다.

---

[335] David Morris Howard, *Book Review: Announcing the Kingdom: The Story of God's Mission in the Bible* (London, England: SAGE Publications Sage UK, 2004). "Rather, it is a gold mine of stimulating insights into God's plan from eternity to eternity.… Those of us who know Dr. Glasser personally recognize that his own life reflects not only his intricate study but also his deep personal love for Jesus Christ and for the kingdom of God in the world today. I highly recommend this book."

[336] Engen, Gilliland and Pierson, *The Good News of the Kingdom: Mission Theology for the Third Millennium*(하나님 나라 복음: 세 번째 천년의 선교신학, 1993), 부제는 "아서 글라서를 기리는 에세이들"(Essays in Honor of Arthur F. Glasser)이다. 당시 글라서 나이 79세였다.

> 아서 글라서는 풀러에서 제 동료가 되기 전부터 오랫동안 제 영웅 중 한 명이었습니다. 그의 열정적인 마음, 세상을 품기 위해 끊임없이 뻗어 있는 팔, 준비된 혀와 정교한 펜, 다른 사람들이 흔들릴 때 평정심을 잃지 않는 머리, 사랑하는 모든 사람을 지지하는 넓은 어깨, 이 모든 것이 저에게 기독교 리더십의 본보기이자 영적 성숙의 자원이 되었습니다.[337]

머리말을 쓴 찰스 밴 엥겐은 이렇게 감사를 표했다.

> 제가 아서 글라서의 가르침을 처음 받은 지 20년이 지났습니다. 비록 제가 G. E. 래드와 제프리 브로밀리와 같은 시기에 공부했지만, 선교학에 대한 하나님 나라 신학의 근본적으로 창조적인 함의를 저에게 소개한 사람은 글라서였습니다. 지난 20년 동안 저는 글라서가 우리에게 제공한 지혜의 깊이를 이해하기 시작하면서 즐거운 놀라움으로 가득 차게 되었습니다. 이 책을 통해 저와 다른 편집자들은 아서 글라서에게 감사와 빚진 마음을 표하고 싶습니다.[338]

『성경에 나타난 하나님의 선교』를 번역한 임윤택은 역자 서문에서 그가 강의실에서 만났던 스승 아서 글라서에 대해 이렇게 회고했다.

> 강의실에서 만난 글라서 박사는 낡은 안경을 쓰신 노학자였다. 하지만, 그분의 강의에는 성경 말씀에 대한 철저한 헌신과 선교적 열정이 불타고 있었다. 무엇보다 성경 전체를 관통하는 주제인 '하나님 나라'를 선명하게 보여주셨다. 나는 이렇게 멘토를 만났다. 그분이 가르쳐 주신 '하나님 나라의 신학'은 이제 나의 신학이 되었다. 글라서 박사를 만났기에 나도 제자들에

---

[337] Engen, Gilliland and Pierson, *The Good News of the Kingdom*, xii. Foreword.
[338] Engen, Gilliland and Pierson, *The Good News of the Kingdom*, xiii. Preface.

게 '하나님 나라의 신학'을 가르칠 수 있게 되었다.[339]

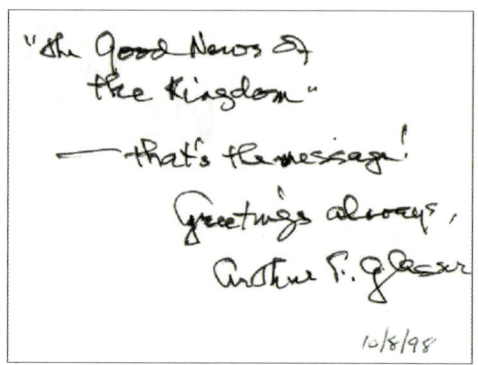

<그림 61> 아서 글라서의 사인[340]

'하나님 나라'는 글라서의 지문과도 같았다. 육성으로 들을 수 있는 하나님 나라 강의에서 그가 생각하고 가르치던 완성된 하나님 나라 개념을 엿볼 수 있다.

> 하나님 나라는 세상 역사 가운데 있는 하나님의 역사를 나타냅니다. … 우리는 하나님께서 인류 역사를 종식시키실 것을 압니다. 우리는 그분의 종말이 새로운 시대로 이어질 것을 압니다. … 하나님의 역사는 세상 역사 한가운데서 의미를 부여하고 끝을 맺으며 그리스도가 다시 오실 것입니다. 그것은 세상의 멸망이 아니라 새 하늘과 새 땅의 무대를 마련하는 새로운 시대로 이어집니다.[341]

---

339 Glasser, 『성경에 나타난 하나님의 선교』, 6.
340 풀러신학교를 떠나기 전 해인 84세 때의 사인이다. "The Good News of the Kingdom" - That's the message! Greetings always, Arthur F. Glasser. 10/8/98." '하나님 나라 복음'은 그의 지문이었다.
341 Arthur Frederick Glasser. "Kingdom of God", on Fuller Theological Seminary, School of World Mission, Pasadena, CA, 1989, Posted January 29, 2024, Accessed January 29, 2024, https://www.youtube.com/watch?v=o7LmJHFhUnk. 글라서의 육성으로 그의 선교신

글라서는 새 하늘과 새 땅이 마련된 새로운 시대에서 주님을 맞이할 것을 고대하는 하나님 나라 신학을 가지고 있었다.

> 하나님의 나라는 예수가 이 땅에 오셔서 공생애를 통해 사역을 시작하면서 이미 현재적으로 시작되었다(Already). 하나님의 약속과 계획의 성취가 항상 최종적이거나 완전한 것은 아니다. … 약속과 계획의 성취 과정이 시작되었다는 의미에서 '시작된 종말론'(inaugurated eschatology)이라 할 수 있다. 예수님은 성령을 힘입고 귀신을 쫓아내심으로 사탄의 영역을 침범하셨다. 때가 차면 예수님은 다시 오셔서 하나님의 나라를 완성하실 것이다(Not yet).[342]

글라서는 하나님의 나라가 완성될 때 하나님이 구원하시는 대상에는 예수 그리스도 안에서 화해된 이방인과 유대인이 함께 있을 것을 인식했다. 이 입장은 오늘날 활동하고 있는 <메시아닉 유대인> 신학자들의 표현에 잘 정리되어 있다.

> 이방 그리스도인이 풍성하게 축복을 받으면 유대인이 그것을 보고 시기하며 끌릴 것이다. 이방 그리스도인이 유대인에 대한 역사적인 핍박의 과오를 회개하고 겸손히 진 빚을 인식하면 영적 장벽이 제거되어 유대인이 그리스도께로 나아오게 될 것이다. 예수를 믿는 이방인과 예수를 믿는 유대인들의 수가 찰 때 메시아 예수의 재림과 모든 사람을 위한 하나님 나라의 충만함이 도래할 것이다.[343]

학 강의를 들을 수 있는 mp3 화일 12개 중 하나인 "하나님의 나라" 요약본을 유튜브에 업로드하여 보관하였다.

[342] 김인식, 『성경, 빅 픽처를 보라!』, 311-12.
[343] Daniel Juster and Keith Intrater, 『마지막 때의 교회와 이스라엘』, 김주성 옮김 (서울: 이스라엘사역, 2010), 175.

<메시아닉 유대인>들인 다니엘 저스터(Daniel Juster)와 키이스 인트레이터(Keith Intrater)[344]가 1990년에 공저한 『마지막 때의 교회와 이스라엘』(Israel, the Church and the Last Days)[345]에서 표현한 말이다.[346] 이는 비단 그들만의 주장이 아니라, 이스라엘 회복 관점을 지지하는 이들이 공통적으로 인정하는 회복신학의 기본 요소 중 하나다.[347]

블레이징은 하나님 나라의 완성을 이렇게 설명했다.

> 왕국(하나님 나라)의 범위는 전 세계적이며 이방인들도 주님께 무릎을 꿇게 될 것이다. 이 왕국은 이스라엘을 향한 국가적인 약속들을 포함하여 모든 사람들이 축복을 받는다는 약속들의 성취를 보장하는, 정치적으로 그리고 영적으로 생기를 띤 나라다. 그리고 이 모든 것은 정치적인 권세와 하나님과의 친밀함을 약속한 다윗 언약의 약속들을 성취할 한 왕을 통해 이루어지게 될 것이다-이분이 바로 나사렛 예수시다.[348]

이는 아서 글라서가 말년에 지향했던 하나님 나라의 개념과 일맥상통한다. 글라서의 하나님 나라 신학은 종말론적 완성을 향하는데, 그 하나님 나라 완성이 유대인과 이방인이 각각의 역할을 가지고 그리스도 안에 하나가 되는 것임을 제시하는 데 도달하기까지는 일련의 발전 과정이 있었다.

---

344 다니엘 저스터(Daniel Juster, 1947-)와 키이스 인트레이터(Keith Intrater, 1947-)는 <메시아닉 유대인>의 지지자들과 리더들을 위한 글로벌 네트워크인 티쿤(Tikkun International/Global) 사역의 동역자다. https://www.tikkunglobal.org/

345 Daniel Juster and Keith Intrater, *Israel, the Church and the Last Days* (Shippensburg, PA: Destiny Image Publishers, 1990). https://archive.org/details/israelchurchlast00just.

346 Juster and Intrater, *Israel, the Church and the Last Days*, 152-53. "The fullness of blessing on the Gentiles attracts the Jews. The humility of the Gentiles to recognize their debt to the Jews removes the barriers in the spirit realm for the Jews to receive Christ. The restoring of the Jews to Yeshua as their Messiah ushers in the second coming and the fullness of God's kingdom for everyone."

347 김정환, 『이스라엘과 대체신학』, 25.

348 Blaising and Bock, 『점진적 세대주의: 하나님 나라와 언약』, 320.

그가 1972년에 쓴 교회성장이론을 보면, 그는 하나님 나라가 종말론적 의미를 갖고 있음을 분명히 인식하고 있었다. 그리고 "하나님 나라에 대한 종말론적 기대와 오늘날 선교에 대한 부름 사이에는 본질적이고 불가분의 관계"가 있음을[349] 역설하였다.

그때까지 그는 마태복음 24장 14절, "이 천국 복음이 모든 민족에게 증언되기 위하여 온 세상에 전파되리니 그제야 끝이 오리라"는 말씀만이 "오직 가장 중요한 표징"이라고 인식했다. 그 관점에서 "아직 예수 그리스도 안에서 하나님의 사랑을 듣지 못한 20억 명의 사람들이 있기 때문"에 교회성장 운동이 현재에 안주해서는 안 된다고 강조한 것이다.[350]

그것은 자연스럽게 선교의 주역으로서의 교회 역할을 강조하는 것과 연결되어 있었다. 그가 인용한 존 브라이트(John Bright)의 표현은 대체신학의 대표적인 개념이었다.

> 교회는 참 이스라엘, 종 이스라엘의 운명을 짊어지고 하나님 나라의 선교하는 백성이 되라는 부름을 받았다.[351]

그것은 그 당시 하나님 나라를 이해하는 대부분의 신학자의 입장이었고, 글라서도 거부감 없이 받아들였음을 볼 수 있다.

글라서의 책 『성경에 나타난 하나님의 선교』(Announcing the Kingdom)에 등장하는 대체주의와 회복주의의 혼재는 그런 시대적인 신학 사조 안에서 이해할 수 있다. 그 책은 글라서가 풀러신학교에서 성경적 선교신학을 강의하던 1970년도부터 사용한 교재(Kingdom and Mission)였기 때문에, 당시

---

[349] Glasser, "Church Growth Theology," 371.
[350] Glasser, "Church Growth Theology," 371.
[351] John Bright, *The Kingdom of God: The Biblical Concept and Its Meaning for the Church* (Nashville, Abingdon: Cokesbury Press, 1953), 233. https://archive.org/details/kingdomofgodbibl00brig. "The Church is called to take up the destiny of the true Israel, Servant Israel and become the missionary people of the Kingdom of God."

신학의 흐름에서 완전히 자유로울 수는 없었을 것이다.

그러나 글라서는 1988년에 자신의 강의를 밴 엥겐에게 물려줄 때까지 끊임없이 교재를 개정해 갔다. 주변에서 많은 사람이 책으로 발간하라는 권유를 했지만 끝까지 자신의 손으로 단행본을 엮어 내지 못한 것은 그가 끊임없이 하나님 나라의 본질을 추구한 구도자였음을 반증한다. "하나님 나라의 생성과 발전이라는 모티브로 신약과 구약을 총체적으로 탐구"[352] 했지만, 그것이 아직 완성은 아님을 알았기 때문에 책으로 출간함으로써 그 구도를 끝낼 수는 없었던 것이다.

하나님 나라의 본질을 천착해 간 그의 심정을 1990년에 쓴 "나의 선교 순례"(My Pilgrimage in Mission)라는 글에서 발견할 수 있다.

넓게 보면 그의 생애 전체가 하나님 나라의 본질을 추적해 가는 순례자의 길이었다. 그러나 그 범위를 하나님 나라 '신학'으로 좁혀 보면, 그가 그 당시 풀러신학교에서 조지 래드(George Eldon Ladd) 교수 등과 함께 '하나님 나라'를 연구했다[353]는 사실을 기억해야 한다. 그것은 처음에 "코페르니쿠스적 혁명의 시작"을 알렸지만, "독일 자유교회의 실패와 공산주의 혁명에 대비한 중국교회의 준비 실패를 떠올렸을 때," 글라서는 그것이 큰 도움이 되지 못했다고 평가한다. 그래서 그는 "정치화된 신학, 해방신학"을 비롯하여 하나님 나라를 언급하는 "우리 시대의 다른 신학적 이념에 자신을 노출시키려고 노력했지만, 그다지 도움이 되지 않았다"고 고백한다.[354]

그러던 그가 "성경적 진리에 관한 한 나의 가장 큰 보물"이라고 표현한 하나님 나라의 중요한 주제를 발견했는데, 그것이 "역사적 나사렛 예수"와 관련된 이스라엘의 실체에 대한 깨달음이었다.[355] 그는 그 주제가 자신의 남은 인생을 투자해서 연구하고 공유해야 할[356] 하나님 나라의 중요한

---

352 Glasser, 『성경에 나타난 하나님의 선교』, 12.
353 Glasser, 『성경에 나타난 하나님의 선교』, 6.
354 Glasser, "My Pilgrimage in Mission," 114-15.
355 Glasser, "My Pilgrimage in Mission," 115.
356 Glasser, "The Jewish People," 3.

열쇠임을 확신했다.

하나님은 아서 글라서라는 한 사람이 하나님 나라의 완성에 대한 온전한 이해를 갖게 하기 위해서 그의 전생애를 사용하셨다. 그의 출생과 회심, 유대인들을 대상으로 하는 맨해튼의 노방 전도, 제2차 세계 대전에 참전한 군목의 경험, 중국 선교사로의 부임과 추방 경험 등은 모두 보통 사람들이 일반적으로 경험하기 쉽지 않은 사건들이었다. 18세에 회심한 이후 하나님의 뜻에 순종하여 하나님 나라 완성에 기여하기 원했던 글라서에게 그런 예사롭지 않은 일들은 마치 그가 이해한 하나님 나라라는 목걸이를 완성해 가는 소중한 구슬과도 같았다.

그 구도의 절정에 1988년이 있었다. 자신이 발견한 '가장 큰 보물'인 이스라엘 회복 관점의 신학을 실제 행동으로 옮겼던 해다. 그의 학문적인 성실함과 진지함을 인정해 준 풀러신학교의 지지를 받으며 유대교 연구와 유대인 전도를 위한 2년제 석사 과정을 개설한 해였다.357 그 과정을 통해 글라서는 많은 유대인들과 <메시아닉 유대인>들을 만나며 그의 하나님 나라의 영역을 더욱 넓혀 갔다. 그런 경험을 통해 이스라엘 회복 관점의 저널들을 집중적으로 써 내려가기 시작했다.

본 장 앞 부분에서는 그 저널들을 중심으로 그의 이스라엘 회복 관점의 신학화를 고찰하였다. 그것은 딘 길릴랜드가 1993년까지 정리해 준 그의 저널 목록을 근거한 것이었다.

필자는 글라서가 1993년 이후에 기록한 저술들도 찾아보았다(<표 15>). 그 자료들을 살펴보면, 그의 노년에 인생의 완성을 향해 나아가면서 하나님 나라의 완성을 향해 매진했던 그의 학문적 열정과 노력을 확인할 수 있다. 그리고 그것은 그가 보물이라고 고백한 이스라엘 회복 관점에 집중적으로 연결되어 있다.

---

357 Glasser, "My Pilgrimage in Mission," 115.

1994년에 글라서는 진젠도르프(Nikolaus Ludwig von Zinzendorf)[358]에 관한 글을 쓰며, 진젠도르프가 성경에 나타난 하나님 나라 완성에서 유대인들이 감당해야 할 역할에 대해서 이해하고 지지한 부분을 높이 평가한다.[359]

<표 15> 1993년 이후 저술 목록[360]

#	연도	제목
1	1993	Evangelical Missions.
2	1994	Zinzendorf and the Jewish People.
3	1995	Book Review: Jesus and Israel: One Covenant or Two?
4	1995	Paul-Romans 7-Jewish Evangelism.
5	1995	*Giving Wings to the Gospel: The Remarkable Story of Mission Aviation Fellowship.*
6	1996	Mission with the Irregulars.
7	1998	Messianic Jews and the German Church Today: Some Random Thoughts.
8	1999	The Apostle Paul and the Missionary Task.
9	2000	Biblical Theology of Mission.
10	2000	The Gospel.
11	2000	Keswick Convention.
12	2000	World Council of Churches Assemblies.
13	2002	Book Review: Evangelizing the Chosen People: Mission to the Jews in America, 1880-2000.
14	2004	Book Review: Salvation is from the Jews: the Role of Judaism in Salvation History from Abraham to the Second Coming.
15	2008	Jewish Evangelism in the New Millennium: The Missiological Dimension.

---

[358] 니콜라우스 루트비히 폰 진젠도르프(Nikolaus Ludwig von Zinzendorf, 1700-1760)는 독일 종교 및 사회 개혁가로, 모라비안(Moravian) 교회의 주교, 헤른후트(Herrnhut) 공동체의 설립자, 기독교 선교 개척자 등 18세기 개신교의 주요 인물이다. 공동체적인 관점에서 기독교를 실천하고 다양한 교파 간의 유대를 추구하되, 특히 유대인들에 대해 포괄적이고 포용적인 접근을 시도했다. 참고. Pietism | Definition, Religion, Beliefs, Key Figures, & Facts | Britannica

[359] Arthur Frederick Glasser, "Zinzendorf and the Jewish People," *Jews For Jesus* (November 1 1994), https://tinyurl.com/yckje9kr.

[360] 필자가 찾아 정리한 1993년 이후의 저술 목록이다. 회색으로 표시한 것은 이스라엘 관련 내용을 주로 다루고 있다.

진젠도르프는 "교회 시대가 끝날 무렵, 새로워진 유대 민족이 하나님의 선교 목적에서 중요한 역할을 할 것"이라는 사도 바울의 확신을 믿었다. "온 이스라엘이 구원을 얻으리라"(롬 11:26)는 말씀에 따라, 하나님이 정하신 때에 유대인들이 "주님께 전면적으로 돌이키는 일이 있을 것"을 확신했다. 그는 당시 유대인의 복음화조차도 "하나님이 마지막 날에 그들을 통해 하실 일과 관련될 수 있음"을 믿었다. 그래서 모라비안들이 "하나님의 선택된 백성의 회심을 위해 기도"하도록 규정했다.

글라서는 "진젠도르프 백작의 유대인 사역은 우리 모두가 본받아야 할 교훈과 본보기를 세웠다"고 인정하면서 이런 선교신학을 가지고 실천했던 진젠도르프를 향해 "의로운 이방인"(righteous Gentile), "현대 성경적 선교의 아버지"(Father of Modern Biblical Missions)라고 극찬했다.

> 많은 사람은 윌리엄 캐리(William Carey, 1761-1834)가 '현대 선교의 아버지'라고 주장하지만, 진젠도르프(Zinzendorf)는 캐리보다 앞서 있었다. 그뿐만 아니라, 진젠도르프는 유대인 복음화가 그의 시대에서 잊히지 않도록 더욱 단호하게 말하고 행동했다. 게다가 그는 이스라엘이 하나님의 세계적 목적에서 미래와 영광스러운 역할을 갖는다는 사실을 기독교인들에게 충실히 상기시켰다. 나는 진젠도르프를 '현대 성경적 선교의 아버지'로 여긴다.[361]

1995년 글라서는 존 스토트가 크리스마스 선물로 보낸 그의 최신 로마서 주석을 읽고, 로마서 7장에 관한 자신의 오랜 이해를 재검토하는 자극

---

361 Glasser, "Zinzendorf and the Jewish People." "Many contend that William Carey(1761-1834) was the "Father of Modern Missions," but Zinzendorf antedated Carey. Not only that, Zinzendorf spoke far more decisively and acted far more deliberately in making sure that the evangelization of the Jewish people would not be forgotten in his own day. Furthermore, he faithfully reminded Christians everywhere that Israel had a future and glorious role in the worldwide purpose of God. I regard Zinzendorf as the "Father of Modern Biblical Missions."

을 받아, "유대인 복음화의 새로운 동기와 선교학적 차원"에 대한 글을 썼다.362

사도 바울은 신학자라기보다 처음부터 끝까지 선교사였다. 그래서 바울의 "신약성경 저술은 그가 선교사로 활동하는 과정에서 직면한 구체적인 문제들에 대한 신학적, 선교학적 성찰에서 비롯"된 것으로 이해해야 한다. 로마서는 바울이 "로마에 있는 교회가 선교적 책임을 지도록 일깨워줄 특정 주제"를 개발하여 제시하고 있다.

글라서가 정리한 그 주제의 네 번째 내용은 하나님의 선교와 이스라엘의 연관성이다.

> 넷째, 하나님께서 열방의 축복을 위해 의도하신 수단인 이스라엘의 비극, 즉 과거의 실패, 현재의 복음에 대한 저항, 그리스도를 통한 미래의 소망에 관한 것이다. 일부 학자들은 바울이 이 서신의 많은 부분을 유대인에게 할애한 것에 대해 불만을 나타내기도 한다. 그러나 바울은 선교적 순종을 열망하는 교회가 직면하는 요구와 유혹을 잘 알고 있다. 이스라엘의 실패는 교훈적인 경고였다. 더욱이 다가오는 이스라엘의 영광은 신앙에 대한 놀라운 자극이 된다. 하나님께서 자기 백성에게 주신 선교적 사명은 하나님의 은혜와 끊임없는 도움을 통해 완수될 것이다(롬 11:25-32).363

---

362 Glasser, "Paul-Romans 7-Jewish Evangelism," 1. "Surprisingly, through Stott's stimulus I came up with a possible new motivation for and missiological dimension of Jewish evangelization. Hence, I have written this paper to share with you my findings, tentative though some of them may be."

363 Glasser, "Paul-Romans 7-Jewish Evangelism," 5. "Fourth, the tragedy of Israel, God's intended vehicle for the blessing of the nations--her past failure, her present resistance to the gospel and her future hope through Christ. Some scholars appear most impatient with Paul for devoting so much of this letter to the Jewish people. But Paul knows something of the demands and temptations of any church that aspires to missionary obedience. The failure of Israel was a salutary warning. Furthermore, the coming glory of Israel is a wonderful stimulus to faith. The missionary task God has given his people will be carried to completion through his grace and constant assistance(11:25-32)."

글라서는 이 글을 통해 하나님의 전체 구속사에서 이스라엘이 차지하는 독특한 위치와 역할을 잘 표현하였다. 온 인류를 구원하기 원하시는 하나님의 선교 계획 안에서 자기 백성 이스라엘이 감당해야 할 선교적 사명이 아직 남아 있다. 그들의 사명이 "하나님의 은혜와 끊임없는 도움을 통해 완수"된다는 것은 유대인을 통해 열방을 축복하기 원하셨던 하나님의 의도가 성취되는 것이다. 이는 "미래"에 반드시 일어날 일이며, 그 일이 일어나기 위해 "현재" 이방인은 유대인에게 복음을 전해야 한다.[364]

하나님의 구원 시나리오는 "유대인의 불신, 이방인의 반응, 유대인의 질투 그리고 마침내 이방인 세계에 '죽음으로부터의 생명'을 가져다줄 유대인의 반응 순서"[365]로 전개될 것이다. 이렇게 이방인과 유대인은 하나님의 구원 경륜에 따라 각각의 역할을 하며 함께 하나님의 미래의 일부가 되어간다. 그리스도 안에서 함께 하나님 나라의 완성을 향해 나아간다.

글라서의 연구는 계속 이어졌다. 그는 팔순에서 구순으로 이어지는 나이에도 시들지 않는 학문적 열정으로 꾸준히 독서하고 북리뷰를 저널에 발표했다. 그가 추천한 세 권의 책이 모두 이스라엘 관련 서적이다. 하나는 풀러신학교에 남아 있는 동안에 쓴 글이지만, 나머지는 그가 1999년에 풀러신학교를 완전히 은퇴하고 떠난 후에 쓴 글이다. 글라서가 고백한 대로, 그의 노년에 그는 하나님 나라와 이스라엘의 관계를 탐구하겠다는 여생의 과제를 충실하게 수행했음을 알 수 있다.

첫째, 1995년에는 *Jesus and Israel: One Covenant or Two?*[366]에 관한 북리뷰를 썼다. 그는 "오늘날 유대인과 이방인의 신앙의 남은 자로서 교회가

---

[364] Glasser, "Paul-Romans 7-Jewish Evangelism," 11.
[365] Glasser, "Paul-Romans 7-Jewish Evangelism," 11. "This was the sequence of Jewish unbelief, gentile response, Jewish jealousy and finally the sort of Jewish response that will bring 'life from the dead' to the gentile world."
[366] David Earl Holwerda, *Jesus and Israel: One Covenant or Two?* (Grand Rapids, Mich.: Wm. B. Eerdmans Publishing, 1995). "예수와 이스라엘: 하나의 언약인가, 두 개의 언약인가?"

유효함에도 불구하고 이스라엘의 미래가 있다는 주장에는 흔들림이 없다. 이는 현 시대와 다가올 시대 모두에서 '유대인의 완전성'이 실현될 것임을 의미한다"고 저자의 핵심 주장을 정리한다. 그리고 "약속과 성취가 보편적이면서도 특수한 종말론적 확실성 속에서 완성을 찾는 성서 신학의 정수가 바로 여기에 있다"며, 이 책을 추천한다.[367]

둘째, 2002년에는 *Evangelizing the Chosen People: Mission to the Jews in America, 1880-2000*[368]에 관한 북리뷰를 썼다. 1880년부터 2000년까지 미국에서 이뤄진 기독교의 유대인 전도 활동에 대한 포괄적인 역사를 제공하며, 유대인 회심자들의 경험을 탐구하는 책을 소개한다. "메시아닉 회중이 오랜 역사를 통해 견지해 온 상황화 원칙을 칭찬"하고, "<메시아닉 유대인> 운동의 정당성을 부여해야 한다"는 저자의 의견을 지지한다. "결국, 1세기부터 예수를 믿는 유대인 신자들은 항상 지속적으로 존재해 왔다"고 확언함으로써, 유대인들을 향한 하나님의 구원의 섭리와 역사가 중단없이 지속되고 있음을 강조하며 글을 맺는다.[369]

셋째, 2004년에는 *Salvation is from the Jews: The Role of Judaism in Salvation History from Abraham to the Second Coming*[370]에 관한 북리뷰를 남겼다. 예수가 사마리아 여인에게 친히 말했던 "구원이 유대인에게서 남이라"(요

---

[367] Glasser, "Book Review: Jesus and Israel: One Covenant or Two? By David E. Holwerda." "Here is biblical theology at its best: promise and fulfillment finding consummation in an eschatological certainty that is both universal and particular. I predict that this book will go through many editions!"

[368] Yaakov Shalom Ariel, *Evangelizing the Chosen People: Missions to the Jews in America, 1880-2000* (Univ of North Carolina Press, 2000). "선민 복음화: 미국 내 유대인 선교, 1880-2000."

[369] Arthur Frederick Glasser, "Book Review: Evangelizing the Chosen People: Mission to the Jews in America, 1880-2000.," *International Bulletin of Missionary Research* 26, no. 1 (2002). "After all, there has always been a continuum of Jewish believers in Jesus since the first century."

[370] Roy H. Schoeman, *Salvation Is from the Jews: The Role of Judaism in Salvation History from Abraham to the Second Coming* (San Francisco: Ignatius Press, 2003). "구원이 유대인에게서 남이라: 구속사에서 유대교의 역할, 아브라함부터 재림까지."

4:22)는 구절을 중심으로 아브라함부터 예수 재림까지의 구원 역사에서 유대교가 담당할 역할을 다룬 책을 소개한다.

저자는 예수의 재림에서 감당할 유대인의 독특한 역할에 대한 성경적 증거를 반복해서 제시한다. 로마서 11장의 내용을 자세히 검토하되, 예수가 "너희(유대인)가 말하기를 찬송하리로다 주의 이름으로 오시는 이여!"(마 23:39) 할 때까지 다시 오시지 않으리라" 하셨던 말씀과 함께 검토했음을 부각시킨다.[371]

그가 주목했던 책들의 공통점은 하나님 나라 완성을 향해 전진하고 있는 인류 구속사에서 유대인의 특별한 역할이 있다는 것이다. 그것은 장래 예수의 재림 때 그 전모를 드러낼 것이다. 글라서는 그 소망스러운 미래에 이를 때까지 현재에서 그 가능성을 미리보기할 수 있는 요소로 <메시아닉 유대인>들의 회심과 역할을 주목했다.

1998년에는 "Messianic Jews and the German Church Today"[372]라는 글을 독일 잡지에 발표했다. "독일 내에 유대인의 수가 10만 명을 넘어섰으며, 최근 3년 동안 <메시아닉 유대인> 회중의 존재가 두드러지게 된 상황"을 언급한다.

그런 현실 속에서 유대인과 기독교인 모두로부터 비판을 받고 있는 <메시아닉 유대인>들에 대한 여섯 가지 의문점에 문답하는 방식의 글을 썼다. 이는 <메시아닉 유대인>들만을 위해서가 아니라, 그들의 정체성을 오

---

[371] Glasser, "Book Review: Salvation Is from the Jews: The Role of Judaism in Salvation History from Abraham to the Second Coming," 185. "Schoeman then reiterates the biblical evidence supporting the unique role of Jews in the second coming. He reviews in detail the substance of Romans 11, coupled with Jesus' stating that he would not come again "until you(the Jews) say: 'Blessed is He who comes in the name of the Lord!'"

[372] Arthur Frederick Glasser, "Messianic Jews and the German Church Today," *Die Mission der Theologie* (1998): 261-69. Arthur Frederick Glasser, "Messianic Jews and the German Church Today," *Spring*, 28, no. 1 (1999), https://directionjournal.org/28/1/messianic-jews-and-german-church-today.html.

해하는 기독교인들의 마음도 헤아려서 사랑으로 진리를 말함으로써 그들을 자연스럽게 설득하려고 한 그의 노력이었다. 미치 글레이저의 표현대로 그는 메시아닉 운동의 대변인[373] 역할을 감당한 것이다.

글라서는 아브라함의 혈통적인 후손이면서도 오직 예수 그리스도를 통해서만 하나님 아버지께 갈 수 있다(행 4:12)고 믿는 <메시아닉 유대인>들의 존재를 기뻐했다. 결론부에서 그는 런던 지하철에 공개된 광고 "예수를 위한 유대인: 왜 안 되나요? 결국, 예수는 유대인을 위한 것입니다!"[374]를 소개하며, <메시아닉 유대인>들이 예수의 증인이 되고 있는 현실을 부각하고 독려했다. 그는 이렇게 글을 맺는다.

> 결국, 이것이 그들을 향한 하나님의 오래되고 영원한 목적이 아닐까요? 그래야만 이 백성이 "열방의 빛"이 되어 "나의 구원이 땅 끝까지 이르리라"(사 49:6) 하셨던 그분의 위대한 선언이 성취될 것입니다.[375]

글라서는 혈통적인 아브라함 후손들을 끝까지 구원하기 원하시는 하나님의 계획과 사랑을 의심치 않았다. 일찍이 그는 강의에서 유대인 랍비를 만나 성경에서 하나님이 이스라엘 백성들과 맺으신 언약을 상기시키며, 예레미야 31장과 에스겔 36장에 나오는 새 언약이 성취될 것에 대한 믿음을 나눴던 일화를 간증한 바 있다.

---

[373] Glaser, interview. "He was a spokesman for the movement."
[374] Glaser, "Messianic Jews and the German Church Today," 269. "Jews for Jesus—why not? After all, Jesus is for Jews!"
[375] Glaser, "Messianic Jews and the German Church Today," 269. "After all, is this not God's ancient and eternal purpose for them? Only thereby will his great declaration be fulfilled: that this people shall become "a light to the nations" that "my salvation may reach to the end of the earth"(Isa. 49:6)."

어제 유대인 랍비와 이야기를 나누면서 시내산 언약, 아브라함과의 언약, 모세와의 언약 등 하나님의 언약이 계속되고 있는 것에 대해 이야기를 나눴다. 새 언약에 대해서도 이야기했다. 이제 새 언약을 잊지 말라고 말했다. 그리고 이 구절들을 나눴다.

"내가 그들의 마음에 기록하리라. 나는 그들의 하나님이 될 것이다. 그들은 내 백성이 될 것이다. 그리고 더 이상 각 사람이 이웃과 형제를 가르치지 않고 주님을 알라고 말하지 않아도, 그들 중 가장 작은 자부터 가장 큰 자까지 모두 알게 될 것이다. 내가 그들의 죄악을 기억하지만 용서할 것이다."
또 다음 구절에서 주님이 하신 말씀을 주목하라고 나눴다.
"낮에는 해를 비추시고 밤에는 달과 별로 비추시는 질서를 정하신 하나님(렘 31:35-36), 바다를 흔들어 파도가 일렁이게 하시는 주께서 이렇게 말씀하십니다. 만군의 주님은 그분의 이름입니다. 이 고정된 질서, 다시 말해 해와 달의 질서, 온 천상의 질서, 이 고정된 질서가 공중에서 사라진다면 이스라엘의 후손이 내 앞에서 영원히 나라가 되지 않을 것이라고 주님은 말씀하셨습니다. 내가 내 백성을 잊어버린 채 그들이 존재를 이어가게 하는 것보다 해와 달과 별들이 변하여 현재의 질서를 모두 잃는 것이 더 쉬울 것이라는 말씀입니다."[376]

구약에 정통한 유대인 랍비를 앞에 두고 구약 말씀으로 그를 권면할 수 있는 데서 글라서의 말씀에 대한 확신과 이스라엘 회복에 대한 믿음을 볼 수 있다. 유대인의 실존에 하나님의 존재 여부를 걸어버린 하나님의 뜻이 이뤄지는 것이 그가 고대하던 하나님 나라의 완성이다. 그는 그 강의에서 칼 바르트의 말을 곁들인다.

---

[376] Glasser, "Lecture 9a." 이 내용이 나오는 시간은 16:45-19:00이다.

> 신의 존재를 증명할 수 없다고 믿었던 칼 바르트는 항상 한 가지 단서를 달곤 했다. 그는 유대 민족의 생존이야말로 신이 존재한다는 사실의 증거로 내세울 수 있는 유일한 요소라고 말하곤 했다.[377]

하나님의 존재 증명의 유일한 요소인 이스라엘 중 대부분이 하나님의 어린양을 구세주로 받아들이지 못하고 있는 현실은 아서 글라서의 시대나 현재나 동일하게 하나님의 언약 성취에 대한 조바심을 일으키는 부분이다.

그러나 이것은 하나님의 '부재'가 아니라 하나님의 '침묵'이다. 하나님의 나라가 이미(already) 시작되었으나 아직(not yet)은 완성되지 않은 긴장 가운데서 현재를 살아가더라도 마침내 하나님의 침묵이 끝나고 구원을 완성하시고야 말 미래를 바라보는 것이 믿음이다.

> 이미 마지막 때가 되었으나 아직 끝은 아니다. 이러한 긴장은 원시 기독교의 전체 신학에서 표현된다. 교회의 현 시기는 이미 벌어진 결전과 '승리의 날' 사이의 시기다. 이 긴장감을 명확하게 설명하지 않는 사람에게는 신약성경 전체가 일곱 인이 찍힌 책이다. 왜냐하면, 이 긴장감은 그것이 말하는 모든 것 뒤에 숨어 있는 침묵의 전제이기 때문이다. 이것이 신약성경에서 발견되는 유일한 변증법이자 유일한 이원론이다. 그것은 이 세계와 저 너머 사이의 변증법이 아니다. 더욱이 그것은 시간과 영원 사이의 것이 아니다. 오히려 그것은 현재와 미래의 변증법이다.[378]

---

377 Glasser, "Lecture 9a." 이 내용이 나오는 시간은 19:00~19:15다. "Karl Barth, who believed you couldn't prove the existence of God, used to always make one proviso. He would say, but the survival of the Jewish people, he said, that to me is the one factor that I can call for to, as evidence of the fact that there is a God who is, he said, stewing and rankless."

378 Cullmann, *Christ and Time*, 145-46. "It is already the time of the end and yet is not the end. This tension finds expression in the entire theology of Primitive Christianity. The present period of the Church is the time between the decisive battle, which has already occurred and the "Victory Day." To anyone who does not take clear account of this tension, the entire New Testament is a book with seven seals, for this tension is the silent presupposition

구속사가 완성되는 승리의 날에 우리는 하나님의 뜻이 온전히 회복된 이스라엘을 볼 것이다. 리처드 존 노이하우스(Richard John Neuhaus)[379]는 "Salvation Is from the Jews"[380]라는 글에서 "구원이 유대인에게서 나온다"는 말은 출발점이 아니라 도착점의 의미라고 역설한다.

> 그 성취를 향해 나아가는 과정에서, 그리스도인들과 유대인들은 우리가 어린양의 이름을 부를 수 있는지에 관해 의견이 다를 것이다. 그리고 우리 그리스도인들이 미리 어린양의 이름을 올바르게 불렀다는 것이 밝혀진다 해도, 사도 바울이 우리에게 상기시켜 주듯이 자랑할 이유가 없을 것이다. 처음에나 모든 길에나 마지막 종말에는 어린양, 즉 구원이 유대인들에게서 나온다는 것이 모든 사람에게 분명해질 것이기 때문이다. … 모든 영광이 아브라함과 이삭과 야곱과 예수의 하나님께 있을 것이기 때문이다. 하나님께서 자격이 없는 우리 모두를 구원 이야기에 포함시키셨기 때문이다. 그렇다면 구원은 유대인에게서 나오는데, 이는 "출발점"이 아니라 도착점까지의 지속적인 현존과 약속이다. 우리 그리스도인과 유대인이 함께 도달하기를 기도하는 도착점이다.[381]

---

that lies behind all that it says. This is the only dialectic and the only dualism that is found in the New Testament. It is not the dialectic between this world and the Beyond; moreover, it is not that between time and eternity; it is rather the dialectic of present and future."

[379] 리처드 존 노이하우스(Richard John Neuhaus, 1936-2009)는 캐나다-미국인 루터교 목사이자 로마가톨릭 사제였으며, 신학자, 작가 그리고 사회 및 정치적 논평가로도 활동했다. First Things(1990)의 편집장이다. http://tinyurl.com/tyzw7c73

[380] "Salvation Is from the Jews"는 Center for Catholic and Evangelical Theology가 후원하는 유대-기독교 회의에서 발표된 논문에서 발췌한 것이다.

[381] Richard John Neuhaus, "Salvation Is from the Jews," *First Things* (2001): 22. "Salvation is from the Jews, then, not as a "point of departure" but as the continuing presence and promise of a point of arrival-a point of arrival that we, Christians and Jews, together pray that we will together reach."

글라서는 이미(already) 시작된 하나님의 나라가 아직(not yet)은 완성되지 않은 오늘의 긴장 가운데서도 회복된 유대인과 믿는 이방인들이 함께 도달할 내일의 도착점을 미리 내다보았다.

2004년에 그는 로이 H. 슈먼(Roy H. Schoeman)[382]의 *Salvation Is from the Jews*을 추천하면서[383] 다음 문장을 인용 제시했다.

> 구약이 초림 때 새 언약에 의해 실현되었듯이, 새 언약은 재림 때 유대인의 귀환으로 옛 언약에 의해 실현될 것이다.[384]

카이저의 다음 말도 같은 의미다.

> 그러나 "하나님의 백성"과 "믿음의 권속"의 통일성 가운데에는 부활된 이스라엘 민족, 하나님의 나라와 새 하늘과 새 땅과 함께 하나님의 언약을 완성할 미래의 기업에 대한 기대가 남아 있다. 다시 말하지만, 우리는 장차 올 시대의 일부 은혜에 이미 동참하고 있다는 사실이 분명하다. 그러나 바로 그와 같은 통일된 계획 중에서 보다 중요한 부분은 아직도 이루어지지 않은 것이 있다. 그것은 미래 그리고 영원한 과정 속에서 성취될 것이다.[385]

---

[382] 로이 H. 슈먼(Roy H. Schoeman, 1951-)은 나치 독일로부터 뉴욕으로 도망쳐 온 부모에게서 태어난 유대인이다. 후에 유대교에서 가톨릭으로 개종했다. 그는 하버드에서 경제학 분야를 공부하고 하버드에서 가르쳤는데, 후에 그의 경력을 포기하고 기독교 사명에 헌신하였다.

[383] Glasser, "Book Review: Salvation Is from the Jews: The Role of Judaism in Salvation History from Abraham to the Second Coming," 184.

[384] Roy H. Schoeman, *Salvation Is from the Jews*, 353. "As the Old Covenant was brought to fruition by the New at the first Coming, so will the New Covenant be brought to fruition by the Old, by the return of the Jews at the second coming."

[385] Kaiser Jr., 『구약성경신학』, 365. Walter Christian Kaiser Jr., *Toward an Old Testament Theology* (Grand Rapids, Mich.: Zondervan Publishing House, 1991), 269. "However, in the midst of this unity of the "people of God" and the "household of faith" there yet remains an expectation of a future inheritance which will also conclude God's promise with a revived nation of Israel, the kingdom of God and the renewed heavens and earth. Again,

글라서는 선교하시는 하나님이 미래에 친히 성취하실 이 선교의 완성을 믿었다. 하나님이 계획하신 그 어느 시점에 유대인과 이방인이 그리스도 안에서 <한새사람>을 이룬 인류 구원의 완성, 하나님 나라의 완성이 있을 것을 그는 믿었다.

그러나 아직 그의 삶은 미래에 있지 않고 현재에 있다. 그는 현재 그의 생애에 허락된 카이로스 시간 안에서, 또 그에게 줄로 재어 준 구역 안에서, 자신에게 주어진 달란트로 미래에 완성될 하나님 나라 신학을 오늘에 정립해 갔다.

그때 중요한 원리는 바울이 제시한 "먼저는 유대인에게요 그리고 헬라인에게로다"(롬 1:16)라는 질서였다.[386] 그는 심지어 사무실에 있는 서류 캐비넷을 정리할 때도 유대인 선교 관련 자료는 맨 위 칸으로 모으고 "먼저는 유대인에게"라는 라벨을 붙였다. 그리고 나서 그 다음 칸에 프랑스 관련 서류를 모으고 "또한 프랑스인에게도"라는 라벨을 붙였다.[387]

선교 역사에서 그 원리를 실천했던 대표적인 인물 중에 허드슨 테일러(James Hudson Taylor)[388]가 있다. 1800년대 후반, 허드슨 테일러가 중국내륙선교회(CIM)을 설립하여 활동할 즈음, 영국에는 마일드메이선교회(Mildmay Mission to the Jews)라는 훌륭한 유대인 선교 단체가 있었다. 그 단체의 창립자이자 책임자는 존 윌킨슨(John Wilkinson, 1824-1907)이었다.

---

it is evident that we share already in some of the benefits of the age to come; yet the greater part of that same unified plan still awaits a future and everlasting fulfillment."
[386] 김충렬, 『"먼저는 유대인에게" 어떻게 생각하는가?』(서울: 쿰란출판사, 2021). 김충렬은 "먼저는 유대인에게" 원리에 대한 성경적, 주석적, 선교적, 전도적, 설교적 측면 등 다각도로 고찰했다.
[387] Schwartz, "Tribute to Dr. Arthur F. Glasser Like Enoch of Old," 9. "The top drawer was 'To the Jew First.' The second drawer said 'And also to the French.'"
[388] 허드슨 테일러(James Hudson Taylor, 1832-1905)는 영국 선교사로 CIM, 즉 중국내지선교회를 창설하고 중국에서 51년 선교했다. 글라서의 처음이자 유일한 선교지가 중국이었고 그를 파송한 단체는 CIM이었으며, 후에 이 단체가 OMF로 전환될 때 글라서는 리더십이었다. 두 인물의 생애가 겹치지는 않지만, '먼저는 유대인에게' 정신을 가진 CIM 중국선교사였다는 공통점이 있다.

매년 정초에 중국 선교사인 허드슨 테일러는 "먼저는 유대인에게"라는 메모를 쓴 수표를 유대인 선교사인 존 윌킨슨에게 전달했다. 그러면 며칠 후 존 윌킨슨은 허드슨 테일러에게 "그리고 이방인에게도"라는 메모가 적힌 수표로 화답했다.[389]

허드슨 테일러는 바울처럼 이방인을 향한 부르심을 받았음에도 불구하고 "세계선교에서 유대인 우선순위를 의미 있게 이해"한 선각자였다.[390]

> 오늘날 이방인 복음주의 기독교 선교 단체들이 로마서 1장 16절의 첫 부분인 "먼저는 유대인에게"에 진정으로 귀를 기울이고, 또한 <메시아닉 유대인> 운동이 마지막 부분인 "그리고 이방인에게도"에 진정으로 귀를 기울인다면 우리 모두 세상을 향한 하나님의 구속 계획의 완성을 앞당길 수 있을 것이다.[391]

글라서는 그의 시대에 진정으로 "먼저는 유대인에게"에 귀를 기울인 대표적인 이방인 복음주의자였다. 그는 실제로 "To the Jew First in the New Millennium: A Conference on Jewish Evangelism" 콘퍼런스의 연사 중 한 명으로 세워져 "Jewish Evangelism in the New Millennium: The Missiological Dimension"(새 천년의 유대인 전도: 선교학적 차원)이라는 연설문을 남겼다.

---

[389] Bill Bjoraker, "To the Jew First: The Meaning of Jewish Priority in World Evangelism," *International Journal of Frontier Missions* Fall, 21:3 (2004): 113. "At the first of every year, John Wilkinson would receive a check from Hudson Taylor with a note: "To the Jew first." And within the next few days, Hudson Taylor would in turn receive a check from John Wilkinson, with a note: " … and also to the Gentile."
[390] Bjoraker, "To the Jew First," 113.. "Hudson Taylor understood a meaningful present Jewish priority in world mission, even though he, like Paul, was called to the Gentiles."
[391] Bjoraker, "To the Jew First," 116. "If Gentile evangelical Christian mission agencies today would truly heed the first part of Romans 1:16c, " … to the Jew first" and the Messianic Jewish movement would truly heed the last part, "and also to the Gentiles" we would all hasten the consummation of God's redemptive plan for the world."

콘퍼런스는 2000년과 2001년에 뉴욕과 플로리다에서 열렸는데, 당시 86세였던 글라서는 비행기를 타기 전에 쓰러져 콘퍼런스에 참석하지 못했다. 그의 원고는 스튜어트 다우어만(Stuart Dauermann)에 의해 대독되었다.[392] 그때 발표된 14편의 원고는 2008년에 *To the Jew First: The Case for Jewish Evangelism in Scripture and History*[393]라는 책으로 출간되었다.

다양한 학문 기관과 신학적 관점을 가진 기고자들이 성경적, 신학적, 선교학적 세 가지 관점에서 유대인 전도의 의무를 고찰하였다. 선교학적 차원의 원고를 맡은 글라서는 유대인 전도의 기본 요소를 개괄적으로 설명했다. 글라서가 20대 중반이었을 때부터 유대인 노방 전도에 그를 사용하셨던 하나님은 그에게 유대인들에게 전도하기 위한 마음(spirit)과 방법(skill)을 주셨고, 80대 중반에 그것을 나누게 하신 것이다.

글라서는 이스라엘을 향한 하나님의 언약(아브라함 언약, 모세 언약, 다윗 언약)이 불변함을 언급하며, 살아 계신 "하나님은 이 세 가지 불변의 언약에 대한 신실함으로 인류 역사의 방향을 주권적으로 통제하시겠다고 약속하셨다"고 전제한다.[394] 그리고 그 언약으로 인해 하나님은 "인간의 죄성, 수 세기에 걸쳐 반복되는 이스라엘의 비극적 실패, 사탄의 끊임없는 반대

---

[392] Glasser, "Jewish Evangelism in the New Millennium: The Missiological Dimension(Audio)." 스튜어트 다우어만은 음악 작곡가로도 활동한 <메시아닉 유대인> 랍비다. 1999년에 글라서가 풀러를 떠나기 전 송별 행사에서 글라서를 위한 헌정곡을 작곡하여 불렀다. 1-2년이 지난 후, 노환으로 콘퍼런스에 불참한 글라서를 대신하여 원고를 읽기 전에 그는 다시 그 노래를 불렀다. 그는 글라서를 이렇게 기억했다. "신실함의 본보기가 되는 사람이죠. 하나님에 대한 신실함, 인간관계에 대한 신실함, 자신의 임무에 대한 신실함. ⋯ 저는 이 사람의 그늘에 설 자격이 없어요. ⋯ 그와 가까이 지낼 수 있었던 것은 영광이요 특권이었어요. ⋯ 그는 시냇가에 심긴 나무와 같아요(시 1장; 렘 17장; 마 7장)."

[393] Darrell Lane Bock and Mitchell Leslie Glaser, *To the Jew First: The Case for Jewish Evangelism in Scripture and History* (Grand Rapids, Mich.: Kregel Publications, 2008). https://tinyurl.com/7dw5cxnp.

[394] Glasser, *Jewish Evangelism in the New Millennium: The Missiological Dimension (E)*, 2804. "By his faithfulness to these three immutable covenants, the living God committed himself to exercise sovereign control over the direction of human history."

에도 불구하고 모든 것을 영광스럽게 완성하실 것"이라고 확언했다.³⁹⁵

그는 유대인들에게 복음을 전하기 위해 그의 최선을 다한 사람이었지만, 이스라엘의 구원은 하나님이 정하신 미래에 하나님의 방식으로 이뤄짐을 믿었다.

2000년에 글라서는 『세계선교에 대한 복음주의 사전』(Evangelical Dictionary of World Missions)³⁹⁶ 작업에 몇 가지 주제를 맡아 필진으로 동참했다. "성경적인 선교신학"(Biblical Theology of Mission)이라는 주제를 네 장에 걸쳐 정리하면서 마지막 부분에 "이스라엘이 메시아를 대면하다"(Israel Confronts Her Messiah)라는 소제목을 달고 이스라엘이 주님의 재림 때에 황금기를 맞이할 것이라고 했다.

> 그런 다음 바울은 이스라엘 민족의 비극적인 경험에 대한 기록을 검토했다. 이 나라는 결코 하나님에 의해 그 자체로 목적이 되도록 의도된 것이 아니었다. 오히려 이스라엘은 전 세계적 사역을 위해 선택되었지만, 실패로 인해 잠시 제쳐져야 했다(완전히나 영구히는 아니다). 그러나 이스라엘은 회개와 메시아에 대한 믿음을 통해 주의 재림 때에 황금기를 맞이할 것이다(롬 9:1-11:36).³⁹⁷

---

395 "Glasser, *Jewish Evangelism in the New Millennium: The Missiological Dimension (E)*, 2805. "He would bring everything to glorious consummation despite the sinfulness of human beings, the tragedy of Israel's repeated failure over the centuries and the constant opposition of Satan."
396 A. Scott Moreau et al., *Evangelical Dictionary of World Missions* (Grand Rapids, Mich.: Baker Books; Carlisle, Cumbria, UK: Paternoster Press 2000).
397 Glasser, in *Evangelical Dictionary of World Missions*, 131. "Then, Paul reviewed the tragic record of Israel's national experience. The nation was never intended by God to be an end in itself. Rather, Israel was chosen for worldwide ministry, but through its failure had to be set aside–neither totally nor permanently—for Israel shall yet enter its Golden Age through repentance and faith in her Messiah at his second coming(9:1-11:36)."

그리고 성경적인 선교신학이 추구하는 하나님 나라 완성에서 이스라엘과 모든 민족에게 영광스러운 미래가 있을 것을 확신하며 글을 맺는다.

> 하나님의 나라를 모든 선교 활동의 중심축으로 삼는 것의 중요성을 인식하는 것이 특히 우리에게 중요하다는 것을 강조한다. 우리가 살고 있는 시대는 전 세계 사람들이 미래에 대한 모든 희망을 잃어가고 있는 시대다. 그러나 하나님 나라의 현실은 이스라엘과 모든 민족에게 영광스러운 미래가 있다는 것을 의미한다. 하나님의 내일이 있을 것이다. 그리고 모든 그리스도인은 오늘날의 세상에서 하나님의 내일의 "표지"가 되어야 한다.[398]

"성경적인 선교신학"의 개념을 정리하는 사전에서 이스라엘과 모든 민족을 의도적으로 구분해서 명시하고 있음을 주목한다. 그는 "하나님의 내일"에 황금기를 맞이한 회복된 이스라엘의 "영광스러운 미래"가 하나님 나라 완성에서 중요한 의미가 될 것을 마음으로 인정했고 입으로 선포했다.

4. 요약

본 장에서는 아서 글라서의 선교학적 해석학에 나타난 이스라엘 회복 관점을 그의 저널들을 중심으로 고찰했다. 특히, 이스라엘 회복 관점의 선교신학화를 살피기 위해 밴 엥겐의 4가지 신학화 도메인을 적용하여, 그의 글들로부터 "성경, 교회 역사, 개인 경험, 상황" 요소들을 추출해서 정리하였다. 아서 글라서의 선교학적 해석의 핵심은 하나님 나라인데, 이스

---

[398] Glasser, in *Evangelical Dictionary of World Missions*, 131. "But the reality of the kingdom means that God has a glorious future for Israel and all the nations. There is going to be God's tomorrow."

라엘 회복 관점은 하나님 나라 완성과 연결되어 있다.

　이스라엘은 독자적으로 존재하지 않는다. 하나님 나라 안에 이스라엘이 존재한다. 하나님이 이스라엘 백성들에게 부여하신 그 부르심과 사명이 온전히 회복될 때, 구원 받은 이스라엘과 구원 받은 이방인이 함께 어우러진 하나님 나라는 완성될 것이다. 하나님의 나라가 이미 시작되었으나 아직은 완성되지 않은 긴장 가운데서 현재를 살아가지만, 하나님은 유대인과 이방인이 <한새사람>을 이룬 인류 구원을 끝내 완성하실 것이다.

　이스라엘 회복 관점의 선교신학화를 위한 네 가지 영역은 아서 글라서의 생애와 존재 안에서 오롯이 검증된다.

첫째, 그는 성경에 근거하여 하나님의 선교와 하나님 나라의 완성을 선포하였다. 그는 성경에 근거하여 이스라엘의 회복 관점을 다양한 각도로 제시하였다.

둘째, 그는 교회의 역사 안에서 성경적인 불변의 진리에 기반하면서도 성경이 성취되는 시대적 변이 요소를 외면하지 않는 신학화 작업에 관여하였다.

셋째, 글라서 자신이 인생에서 경험한 이스라엘 관련 사건들과 그가 만나고 동역한 <메시아닉 유대인>들의 존재는 그를 이스라엘 회복 관점으로 이끄는 동력이었다.

넷째, 그가 살아온 시대적 상황은 성경의 이스라엘이 현실의 이스라엘로 회복되어 가는 것을 눈으로 확인하는 시기였기에, 그가 이스라엘 회복 관점을 지향하게 되는 것은 자연스러운 섭리였다.

　그래서 필자는 아서 글라서를 이스라엘 회복 관점을 지향하는 신학자로 분류한다. 그의 저서들을 분석해 본 결과, 그는 이스라엘의 구원을 믿을 뿐 아니라 이스라엘의 회복까지를 믿은 신학자였다.

글라서는 시기적으로 한 세대를 앞서 살아간 학자였다. 계시의 점진성을 고려할 때, 그 당시 역사적 상황 안에 표출된 이스라엘 회복의 선명성에 대한 이해는 오늘날에 비해 흐릴 수 있다.

그렇지만 그는 독립된 이스라엘이 거주하는 땅이 하나님이 이스라엘에게 주신 "영원한 소유"임을 믿으며,[399] "하나님은 유대 민족을 끝내지 않으셨다"[400]고 확언했다. "이방인 그리스도인들은 하나님이 옛 이스라엘과 맺으신 모든 언약을 자신들이 모두 대체(代替)하게 되었다고 주장할 수 없음"을 분명히 밝혔다.[401]

또 그는 "성경이 이스라엘에게 하나님의 구속 목적에 중요한 미래가 있다고 말한다"고 믿었다.[402] 재림의 때 이스라엘은 "회개와 메시아에 대한 믿음을 통해 황금기를 맞이할 것"을 확신했다.[403] 장차 역사적으로 도래할 "하나님의 최후의 승리"를 위해 이스라엘이 감당해야 할 중요한 역할이 있음을 믿었다. 최후 심판과 관련해서도 이스라엘이 부여받은 차별성이 있음을 인정했다.[404] 이스라엘과 모든 민족에게 영광스러운 미래가 있는 하나님 나라의 실체를 믿었다.[405]

요컨대, 글라서는 그가 살아간 시대적 한계에도 불구하고 대체신학을 넘어 회복신학으로 "신학적 방향성"[406]을 잡고 그 길을 앞장선 선구자였다. 그 방향의 중심은 회복된 이스라엘과 이방인이 그리스도 예수 안에서 하나된 하나님 나라의 완성이다.

399　Glasser, "The Jewish People," 3.
400　Glasser, interview. "God's not through with the Jewish people." Tape 8, 13.
401　Glasser, 『성경에 나타난 하나님의 선교』, 23.
402　Glasser, "The Holocaust: How Should Christians Evaluate Anti-Semitism?," 3-4.
403　Glasser, in *Evangelical Dictionary of World Missions*, 131.
404　Glasser, "Make Disciples of All the Gentiles," 12.
405　Glasser, in *Evangelical Dictionary of World Missions*, 131.
406　Hiebert, "Conversion, Culture and Cognitive Categories," 24-29. Hiebert, *Anthropological Reflections on Missiological Issues*. Chapter 6.

제7장

결론

본 장은 본서의 결론으로, 지금까지의 연구 과정을 요약하고 결론을 제시한 후 후속 연구 분야를 제언함으로 마친다.

1. 요약

전체 7장으로 구성된 본서를 장별로 요약하면 다음과 같다.

제1장은 서론으로, 본 연구의 배경을 밝혔다. 논지를 진술하고, 연구의 목적과 목표를 기술했다. 연구의 중요성을 살피고, 핵심 연구 주제를 밝혔다. 본문에서 탐구해야 할 연구 질문을 차례대로 제시했다. 연구의 범위와 한계를 규정하고, 본 연구에서 가정하는 바를 진술했다. 논문에서 사용될 주요 용어를 정의하고, 본 연구에 사용될 방법론을 기술하였다.

제2장에서는 아서 글라서의 선교학적 해석학과 이스라엘 회복 관점에 대한 선행 연구를 진술하였다. 먼저 아서 글라서의 생애와 사역 정보를 알 수 있는 기존 문헌 자료를 개괄했다. 휘튼칼리지 도서관에 소장된 육성 인터뷰 자료와 풀러신학교 아카이브의 자료 목록을 제시했다.

다음으로, 아서 글라서의 저술에 관한 선행 연구를 개괄했다. 글라서가 1946년부터 기록한 책들과 저널들을 살피되, 1988년 이후 기록한 이스라엘 관련 저널들이 본 연구의 주요 자료가 됨을 밝혔다. 이어서 해석학과 선교학적 해석학에 관한 선행 연구를 정리했다. 마지막으로 아서 글라서의 선교학적 해석학을 구성하는 이스라엘 회복 관점과 하나님 나라 완성의 관계를 뒷받침할 수 있는 근거로 사용되는 도서 자료와 콘퍼런스 자료, 인터뷰 자료를 개괄했다.

제3장에서는 아서 글라서의 생애와 사역을 5단계로 나눠 살펴보았다. 로버트 클린턴 교수의 리더십 개발 이론 6단계를 5단계로 조정하여 아서 글라서의 생애 구분에 적용하였다.

1단계: 주권적 토대 단계(1914-1931, 0~17세)
2단계: 인성 개발 단계(1932-1941, 18~27세)
3단계: 삶과 사역의 성숙 단계(1942-1988, 28~74세)
4단계: 수렴 단계(1988-1998, 74~84세)
5단계: 잔광 또는 축제 단계(1999-2009, 85~95세)

위와 같이 5단계로 나눠 각 단계에서 경험한 생애 사건들을 서술하였다. 하나님 나라의 완성과 이스라엘의 회복 관점에 대한 아서 글라서의 신학이 발전되어 온 배경과 과정을 고찰하였다.

아서 글라서의 생애는 하나님 나라 신학이 정립되어 가는 과정이었다. 18세에 경험한 극적인 회심, 제2차 세계 대전 태평양 전투에 군목으로 참전하여 임종 직전의 병사가 구원 받는 경험, 선교사로 파송된 중국에서 추방당한 슬픔, 공산주의 정권에 순응할 수밖에 없는 중국의 교회와 교인들의 현실 등에 대한 고민 등은 모두 그의 하나님 나라 신학을 형성하고 다져가는 계기가 되었다.

또한, 아서 글라서의 생애는 이스라엘 회복 관점의 하나님 나라 신학이 정립되어 가는 과정이었다. 그의 태생부터 그의 사역 전반에 거듭 나타나는 이스라엘 관련 사건들은 그가 추구하는 하나님 나라의 완성에 이스라엘 회복 관점이 포함될 수밖에 없는 결정적인 요소로 작용하였다. 하나님은 이스라엘 회복 관점의 하나님 나라 신학을 지향할 수밖에 없는 길로 글라서의 인생을 이끌어 오셨다. 글라서의 생애는 이스라엘 회복 관점의 하나님 나라 신학이 잉태되고 출산되고 성장하는 과정이었다. 글라서의 선교적 해석학은 이스라엘 회복 관점의 하나님 나라 완성을 향하고 있다.

제4장에서는 아서 글라서의 선교학적 해석학의 특징을 고찰하고 정리하였다. 먼저 선교학적 해석학의 요소와 개념을 정리하고, 의의와 중요성을 기술하였다. 선교학적 해석학의 발전 과정을 개괄하였다. 선교적 성경 해석의 특징을 "성경을 관통하는 대서사로서의 선교, 신구약 연속성의 매개로서의 선교, 이스라엘 회복의 근거로서의 선교"로 나눠 정리하였다. 그 기준에 견주어 아서 글라서의 선교적 성경 해석의 특징을, "성경을 관통하는 하나님 나라 패러다임, 신구약 연속성의 매개인 하나님의 선교, 이스라엘 회복 관점을 지향한 선교학적 해석학" 등 세 가지로 정리하였다.

아서 글라서는 구약성경과 신약성경을 관통하고 있는 선교적 해석학에서 이스라엘의 존재와 위치가 얼마나 중요한지를 인식하고, 그 방향을 추구해 갔다는 점에서 선구자적인 위치를 점한다. 이스라엘 회복 관점은 성경에 약속된 이스라엘의 구원을 믿을 뿐만 아니라, 이스라엘 민족의 회복까지도 믿는 관점이다.

본 장에서는 이스라엘 회복 관점의 선교학적 해석학의 요소를 다섯 가지 즉, "이스라엘과 하나님의 관계, 이스라엘과 언약의 관계, 이스라엘과 교회의 관계, 이스라엘과 구원의 관계, 이스라엘과 미래의 관계" 등으로 제시했다. 그 각각의 요소들에 비추어 아서 글라서의 저술에 나타난 그의 입장들을 분석할 때, 그의 선교학적 해석학을 "이스라엘 회복 관점의 해석학"이라고 분류하기에 부족함이 없다.

제5장은 아서 글라서의 대표작 『성경에 나타난 하나님의 선교』(*Announcing the Kingdom*)에 등장하는 선교학적 해석학의 특징을 집중적으로 조명하였다. 글라서가 제시한 정경의 세 구분인 '보편적 역사-특수한 역사-보편적 새역사'의 흐름을 통하여 선교학적 해석학에서 이스라엘이 차지하는

위치가 얼마나 유의미한지를 고찰하였다.

보편적 역사-특수한 역사-보편적 새역사로 이어지는 구조를 통해 성부·성자·성령이 동역하시는 성삼위 하나님의 선교적 특징이 발현되었다.

정경 66권을 "보편적 역사-특수한 역사-보편적 새역사" 등 세 단계로 구분할 때, 그 구분의 기준은 "이스라엘"의 존재 여부다.

첫째, 창세기 1장에서 11장까지를 다루는 보편적 역사는 아직 이스라엘이라는 존재가 등장하기 전의 역사다.

둘째, 창세기 12장에서부터 사도행전 1장까지를 다루는 특수한 역사는 이스라엘을 중심으로 한 역사다. 아브라함을 부르심에서부터 시작된 이 특수한 역사는 아브라함의 후손이자 뿌리인 예수 그리스도의 사역까지 포함한다.

셋째, 사도행전 2장에서부터 요한계시록 22장까지를 포함하는 보편적 새역사는 성령 강림으로부터 시작된 교회와 바울로 대표되는 선교 사역이 세상 끝에서 완성될 때까지의 시기를 모두 포함한다. 이 보편적 새역사에는 "이스라엘"의 존재가 포함되어 있다는 점에서 첫 보편적 역사보다 포괄적이다. 유대인과 이방인이 그리스도 안에서 <한새사람>을 이루는 구원의 역사가 펼쳐지고 완성되는 단계다.

제6장에서는 아서 글라서가 쓴 기타 저널들을 살핌으로써 5장에서 고찰한 그의 선교학적 해석학에서 이스라엘이 차지하는 위치와 비중이 얼마나 유의미한 것이었는지를 확인하였다. 아서 글라서의 서지 정보 중에서 그가 유대인과 이스라엘에 대해서 활발하게 저작 활동을 했던 1988년 이후의 저널들을 중심으로 그가 이해하는 이스라엘의 의의를 고찰하였다.

밴 엥겐이 제안한 선교신학화 작업의 네 가지 영역을 활용하여, 아서 글라서가 품고 있던 이스라엘 회복 관점의 신학을 정리하였다. 이스라엘 회복 관점의 성경적 근거, 역사적 당위성, 개인 경험의 증언들, 상황의 뒷받침 등 4가지 영역으로 그의 저널들을 분류, 분석하였다.

아서 글라서는 하나님의 선교에서 이스라엘이 차지하는 역할, 유대인과 이방인의 관계 등에 대해서 끊임없이 천착하고 있었음을 확인했다. 글라서는 성경을 근거로, "하나님은 유대 민족을 끝내지 않으셨다"고 확언했다. 독립된 이스라엘이 거주하는 땅이 하나님이 이스라엘에게 주신 "영원한 소유"임을 믿었다.

"이방인 그리스도인들은 하나님이 옛 이스라엘과 맺으신 모든 언약을 자신들이 모두 대체하게 되었다고 주장할 수 없음"을 명백히 밝혔다. 또 그는 "성경이 이스라엘에게 하나님의 구속 목적에 중요한 미래가 있다고 말한다"고 믿었다. 재림의 때 이스라엘은 "회개와 메시아에 대한 믿음"을 통해 구원의 황금기를 맞이할 것을 확신했다.

장차 역사적으로 도래할 "하나님의 최후의 승리"를 위해 이스라엘이 감당해야 할 중요한 역할이 있음을 믿었다. 최후 심판과 관련해서도 이스라엘이 부여받은 차별성이 있음을 인정했다. 이스라엘과 열방의 교회, 양측 모두에게 영광스러운 미래가 있는 하나님 나라가 도래할 것을 믿었다.

요컨대, 아서 글라서는 이스라엘 회복 관점을 지향한 신학자다. 그는 이스라엘의 구원을 믿을 뿐 아니라 이스라엘의 회복까지를 믿은 신학자였다. 그가 살아간 시대적 한계에도 불구하고 대체신학을 넘어 회복신학으로 신학적 방향성을 잡고 그 길을 앞장서 간 선구자였다. 그 방향의 중심은 회복된 이스라엘과 이방인이 그리스도 예수 안에서 하나된 하나님 나라의 완성이다.

제7장은 결론으로 연구 내용을 요약하였다. 이제 결론을 내리고 후속 연구를 위한 제언을 남길 것이다.

2. 결론

본서의 결론은 아서 글라서의 생애와 저술을 선교학적 해석학의 관점으로 분석 비평해 볼 때, 그의 핵심적 주장은 성경 전체가 하나님의 선교를 통해 하나님 나라를 선포하고 있다는 것이며, 하나님의 선교에서 이스라엘이 차지하는 위치가 중요하다는 것이다. 그리고 아서 글라서가 소유한 이 이스라엘 회복 관점은 성경 전체가 선포하는 하나님 나라의 완성과 연결된다는 것이다.

3. 제언

아서 글라서의 생애와 저술에 나타난 이스라엘 회복 관점의 선교학적 해석학에 대한 후속 연구를 위해서 다음과 같은 연구 과제를 제언한다.

첫째, 아서 글라서의 생애와 저술을 연구하면서 발견한 그의 선교학적 유산을 더 많은 사람들이 공유할 수 있도록 효과적으로 알리는 작업을 해야 한다. 아서 글라서가 남긴 저술의 양에 비하면 한국어로 번역된 비율이 너무 낮다. 그의 저술 중에서 선교에 관해, 하나님 나라에 관해, 선교학적 해석학에 관해, 또 이스라엘 회복 관점에 관해 세상에 알릴 만한 내용을 취합하여 번역하는 작업이 요청된다.

둘째, 글라서의 저서 중에서 그의 대표작인 『성경에 나타난 하나님의 선교』(*Announcing the Kingdom*)가 한국어로 번역된 유일한 책으로 많은 이에게 읽혔다. 그러나 그 책이 정경을 세 단계로 구분하고, 그 세 구분의 중심에 이스라엘이 있음을 인지하지 못하는 경우가 많다. 그의 책을 통해 하나님의 선교에서 이스라엘이 차지하는 위치를 발견하고 그 중요성을 인식하도록 돕는 것은 본서의 핵심을 이해하도록 돕는 중요한 작업이다. 앞으로 추가 자료 정리와 연구 발표를 통해서 그 핵심을 드러내고 전달함으로써, 성경에 나타난 하나님의 구원 섭리를 알리는 작업이 필요하다.

셋째, 이스라엘 회복 관점의 선교신학화에서 중요한 요소로 작용하는 역사와 상황을 반영한 업데이트된 연구와 신학화 작업이 시급하다. 아서 글라서는 한 세대를 앞서 살아간 학자였다. 그는 그가 살았던 시대 상황에서 마주해야만 했던 이스라엘 회복 관점을 최대한 이해하여 자료로 남겨주었다. 그러나 역사의 흐름을 따라 시대 상황은 급변하고 있다. 이것은 하나님의 선교가 완성되어 가는 흐름이고, 성경이 성취되어가는 과정이다.

그래서 오늘날 이스라엘 회복 관점을 증거할 수 있는 시대적인 상황들을 주시하고 신학화하는 작업이 부단히 이어져야 한다. 알리야의 급증, 이스라엘 가정교회의 증가, <메시아닉 유대인>들의 증가 등 무시할 수 없는 오늘의 시대 상황들을 말씀에 비추어 해석하고 연구하여 구원의 완성을 바라보게 하는 성경적인 신학화 작업이 요청된다.

이는 곧 하나님 나라의 완성을 향한 삼위일체 하나님의 구속사에 동참하는 가치로운 연구가 될 것임을 확신한다.

참고 문헌

8th Israel Conference. "8th Israel Conference - Dr. Mitch Glaser". October 6. 2022. Posted December 9, 2022. Accessed February 12, 2024. https://www.youtube.com/watch?v=ovghR4K-MWw.

A.S.M. "American Society of Missiology." Accessed November 29, 2023. https://asmweb.org/.

All Israel News Staff. "Remembering Respected Messianic Jewish Scholar and Author, David H. Stern." *Kehila Ministries International*. October 29, 2022. Accessed February 26, 2024, https://shorturl.at/hqIQZ.

Allen, Roland. 『바울의 선교 Vs. 우리의 선교』. 홍병룡, 전재옥 옮김. 서울: IVP, 2008. Originally published as *Missionary Methods: St. Paul's or Ours?*

Anderson, Gerald H. "The Church and the Jewish People: Some Theological Issues and Missiological Concerns." *Missiology* 2, no. 3 (1974): 279-93.

_____. "Theology of Religions and Missiology: A Time of Testing." In *The Good News of the Kingdom: Mission Theology for the Third Millennium*. Edited by Charles Edward Van Engen, Dean S. Gilliland and Paul Everett Pierson. Maryknoll, N.Y.: Orbis Books, 1993.

Ariel, Yaakov Shalom. *Evangelizing the Chosen People: Missions to the Jews in America, 1880-2000*: Univ of North Carolina Press, 2000.

Asbury Theological Seminary. "Asbury Theological Seminary." Accessed November 29, 2023. https://asburyseminary.edu/.

Barth, Karl. *Church Dogmatics: The Doctrine of God*. Translated by Geoffrey W. Bromiley. Vol. 2. Edinburgh, Scotland: T. & T. Clark, 1957.

Bauckham, Richard. *Mission as Hermeneutic for Scriptural Interpretation*: Currents in World Christianity Project, 1999.

Beecher, Willis Judson. *The Prophets and the Promise*. New York: Thomas Y. Crowell & Company, 1905. https://archive.org/details/cu31924029304494.

Beker, Johan Christiaan. *Paul the Apostle: The Triumph of God in Life and Thought*: Fortress Press, 1980. https://archive.org/details/paulapostletrium0000beke.

Bieder, Werner. "Das Mysterium Christi Und Die Mission." *Zürich: EVZ-Verlag* (1964).

Bjoraker, Bill. "To the Jew First: The Meaning of Jewish Priority in World Evangelism." *International Journal of Frontier Missions* Fall, 21:3 (2004): 110-16.

Blaising, Craig Alan. "The Future of Israel as a Theological Question." *Journal of the Evangelical Theological Society* 44, no. 3 (2001): 433-50.

_____. "이스라엘과 성경해석학." In 이스라엘 민족, 영토 그리고 미래. Edited by Darrell Lane Bock and Mitchell Leslie Glaser. 서울: EASTWIND, 2014.

_____. "해석학으로 본 성경 속의 이스라엘". Directed by Brad TV. *The People, The Land and The Future of Israel Conference*, on Brad TV. October 4-6, 2013. Seoul. 2014. Accessed February 24, 2024. https://www.youtube.com/watch?v=RQto0PeOCx-E&t=328s.

Blaising, Craig Alan and Darrell Lane Bock. 『점진적 세대주의: 하나님 나라와 언약』. 곽철호 옮김. 서울: CLC, 2005. Originally published as *Progressive Dispensationalism*.

Bock, Darrell Lane. "해석학." In 점진적 세대주의: 하나님 나라와 언약. Edited by Craig Alan Blaising and Darrell Lane Bock. 서울: CLC, 2005.

Bock, Darrell Lane and Mitchell Leslie Glaser. *To the Jew First: The Case for Jewish Evangelism in Scripture and History*. Grand Rapids, Mich.: Kregel Publications, 2008. https://tinyurl.com/7dw5cxnp.

Bornkamm, Günther. "The Missionary Stance of Paul in 1 Corinthians 9 and in Acts." *Studies in Luke-Acts* (1966): 194-207.

Bosch, David Jacobus. *Missiology and the Science of Religion*: University of South Africa, 1978.

_____. *Transforming Mission: Paradigm Shifts in Theology of Mission*. American Society of Missiology Series, vol. no 16. Maryknoll, N.Y.: Orbis Books, 1991.

_____. *Witness to the World : The Christian Mission in Theological Perspective*. New Foundations Theological Library. Atlanta: John Knox Press, 1980.

_____. 『변화하는 선교: 선교신학의 패러다임 전환』. 김만태 옮김. 서울: CLC, 2017. Originally published as *Transforming Mission: Paradigm Shifts in Theology of Mission*.

Bowler, Maurice Gerald. "Do Jews Need Jesus?." *Christianity Today* 18, no. 2 (1973): 12-14. https://christianitytoday.com/ct/1973/october-26/.

Briggs, Richard S. *St. Andrews Encyclopedia of Theology*. St. Andrews, Scotland: University of St. Andrews, 2023. https://www.saet.ac.uk/Christianity/BiblicalHermeneutics.

Bright, John. *A History of Israel*. Edited by Internet Archive. Philadelphia: Westminster John Knox Press, 1959. https://archive.org/details/historyofisrael0000brig_f4e9/page/n7/mode/2up.

_____. *The Kingdom of God: The Biblical Concept and It's Meaning for the Church*: Nashville, TN: Abingdon Press, 1953.

_____. *The Kingdom of God: The Biblical Concept and Its Meaning for the Church*. Nashville, Abingdon: Cokesbury Press, 1953. https://archive.org/details/kingdomofgodbibl00brig.

_____. 『이스라엘의 역사』. 엄성옥 옮김. 서울: 은성, 2002. Originally published as *A History of Israel*.

Brown, Michael Lawrence. *Our Hands Are Stained with Blood: The Tragic Story of the Church and the Jewish People*. Shippensburg, PA: Destiny Image Publishers, 1992. https://archive.org/details/ourhandsarestain0000brow.

_____. 『유대 민족의 비극적 역사와 '교회'』. 김영우 옮김. 서울: 한사랑, 2008. Originally published as *Our Hands are Stained with Blood: The Tragic Story of the Church and the Jewish People*.

Brown, Nicholas Canfield Read. "For the Nation: Jesus, The Restoration of Israel and Articulating a Christian Ethic of Territorial Governance." Fuller Theological Seminary, 2015.

Brownson, James V. *Speaking the Truth in Love: New Testament Resources for a Missional Hermeneutic*. Harrisburg, PA: Trinity Press International, 1998.

Brueggemann, Walter, Bruce C. Birch, Terence E. Fretheim and David L. Peterson. 『구약 신학과의 만남』. 차준희 옮김. 용인: 프리칭아카데미, 2013. Originally published as *Theological Introduction to the Old Testament*.

Burckhardt, Jacob. *Judgements on History and Historians*. Boston: Beacon Press, 1958. https://archive.org/details/judgmentsonhisto0000burc/page/n6/mode/1up.

C.P.M. "Chosen People Ministries." Accessed January 21, 2024. https://www.chosen-people.com/.

Cambridge University Press. "Cambridge Dictionary." https://dictionary.cambridge.org.

Carr, Edward Hallett. *What Is History?* New York: Vintage, 1961. https://archive.org/details/lccn_39470391x/mode/2up?q=dialogue.

Carson, Donald Arthur. *Biblical Interpretation and the Church: Text and Context*: Exeter: Paternoster Press, 2002. https://archive.org/details/biblicalinterpre0000unse_y6i1.

Chicago Hebrew Mission. "The Chicago Hebrew Mission." Accessed November 29, 2023. https://fromthevault.wheaton.edu/tag/chicago-hebrew-mission/.

Choe, Woo Soon. "하나님의 선교에서의 이스라엘의 선교적 역할과 사명에 대한 크리스토퍼 라이트의 대체주의적 이해에 대한 비평적 고찰: 회복주의적 입장에서 Critical Analysis of Christopher J. H. Wright's Supersessionist Understanding of Israel's Missionary Role and Calling in God's Mission: From the Perspective of Restorationism." Ph.D. Dissertation, Presbyterian Theological Seminary in America, 2024.

Choi, Hyung Keun. "선교적 성경 읽기와 선교적 해석학 Missional Reading of the Bible and Missional Hermeneutics." In 선교적 성경 읽기. Edited by 홍현철, 최형근, 조지 훈스버거, 조반석, 권성찬, 김효찬, 허성식, 박형진.vol. 현대선교 24(Current Mission Trends). 서울: 한국해외선교회출판부, 2020.

Chosen People Ministries Canada. "Whose Land Is It Anyway? A Biblical Perspective - Dr. David Sedaca". Directed by Toronto Israel Conference. *The Genesis Of The Conflict*. November 2-3. 2018. Posted November 15, 2018. Accessed January 21, 2024. http://tinyurl.com/msc9f2yf.

Chung, Yongam. 『(도널드 맥가브란의) 개종신학』. 서울: CLC, 2021.

Clinton, J. Robert. *The Making of a Leader: Recognizing the Lessons and Stages of Leadership Development*: Tyndale House Publishers, Inc., 2018.

Clinton, J. Robert. 『영적 지도자 만들기』. 이순정 옮김. 서울: 베다니, 2008. Originally published as *(The) Making of a Leader*.

Columbia University. "Columbia University in the City of New York." Accessed November 28, 2023. https://www.columbia.edu/.

Corell, Alf. *Eschatology and Church in the Gospel of St. John*. London S. P. C. K. , 1958. https://archive.org/details/consummatumestes0000alfc_o8m8.

Covenant Theological Seminary. "Covenant Theological Seminary." Accessed November 29, 2023. https://www.covenantseminary.edu.

Cranfield, C. E. B. *A Critical and Exegetical Commentary on the Epistle to the Romans*. Vol. 2. Edinburgh: T. & T. Clark, 1975.

Cullmann, Oscar. *Christ and Time: The Primitive Christian Conception of Time and History*: Philadelphia: Westminster Press, 1964.

Dahle, Margunn Serigstad, Lars Dahle and Knud Jorgensen. *The Lausanne Movement: A Range of Perspectives*. Vol. 22. *Regnum Edinburgh Centenary Series*. Oxford: Regnum Books International, 2014.

Dauermann, Stuart. "Let My People Go… Into All the World: Motivating for Mission in the Messianic Jewish Context." In *The Good News of the Kingdom: Mission Theology for the Third Millennium*. Edited by Charles Edward Van Engen, Dean S. Gilliland and Paul Everett Pierson. Maryknoll, N.Y.: Orbis Books, 1993.

_____. "The Rabbi as a Surrogate Priest." Dissertation of Ph.D., Fuller Theological Seminary, 2005.

Dunn, James D. G. 『로마서 9-16』. 김철, 채천석 옮김. Vol. 38하. *Word Biblical Commentary*. 서울: 솔로몬, 2005.

Dunn, James Douglas Grant. 『바울신학』. 박문재 옮김. 989 vols. 고양: 크리스챤다이제스트, 2006. Originally published as *The Theology of Paul the Apostle*.

Eckstein, Yechiel. *What Christians Should Know About Jews and Judaism*. Waco, TX: Word Books, 1984. https://archive.org/details/whatchristianssh0000ecks/page/37/mode/1up.

Elliston, Edgar J. *Introduction to Missiological Research Design*. Pasadena, CA: William Carey Library, 2011.

Engen, Charles Edward Van. *Transforming Mission Theology*. Pasadena, CA: William Carey Publishing, 2017.

____. 『(개혁하는) 선교신학』. 임윤택, 서경란 옮김. 서울: CLC, 2021. Originally published as *Transforming Mission Theology*.

____. 『미래의 선교신학』. 박영환 옮김. 인천: 바울, 2012. Originally published as *Mission on the Way*.

____. 『하나님의 선교적 교회』. 임윤택 옮김. 서울: CLC, 2014. Originally published as *God's Missionary People: Rethinking the Purpose of the Local Church*.

Engen, Charles Edward Van. Dean S. Gilliland and Paul Everett Pierson. *The Good News of the Kingdom: Mission Theology for the Third Millennium*. Maryknoll, N.Y.: Orbis Books, 1993.

Engen, Charles Edward Van and Shawn Barrett Redford. *Syllabus*. Biblical Foundations of Mission, MT520/MT620. Pasadena, CA: Fuller Theological Seminary, School of Intercultural Studies, 2007.

Faith Theological Seminary. "Faith Theological Seminary." Accessed November 29, 2023. https://www.ftscatonsville.org/.

Fife, Eric S. and Arthur Frederick Glasser. *Missions in Crisis: Rethinking Missionary Strategy. Ivp Series in Creative Christian Living*. Chicago: InterVarsity Press, 1961. https://archive.org/details/missionsincrisis0000fife_g0r7.

Fuller Seminary Archives. *Collection 0038: Arthur Frederick Glasser Collection, 1932-1997*. Vol. 79 Boxes. Fuller Theological Seminary, Pasadena, CA: David Allan Hubbard Library, 2018.

Fuller Theological Seminary. "Fuller Theological Seminary." Accessed November 29, 2023. https://www.fuller.edu/.

Gallagher, Sarita D. *Abrahamic Blessing: A Missiological Narrative of Revival in Papua New Guinea*. Vol. 21. *American Society of Missiology Monograph Series*, edited by James R.

Krabill. Eugene, Oregon: PICKWICK Publications, 2014.

Gilliland, Dean S. "Bibliography of Arthur F. Glasser's Works." In *The Good News of the Kingdom: Mission Theology for the Third Millennium*. Edited by Charles Edward Van Engen, Dean S. Gilliland and Paul Everett Pierson. Maryknoll, N.Y.: Orbis Books, 1993.

Glaser, Mitchell Leslie. "Interview with Dr. Mitch Glaser About Dr. Arthur F. Glasser." interview by Mijung Han. November 29, 2022, Antioch Church of Philadelphia. 1 Antioch Ave, Conshohocken, PA 19428.

_____. *A Survey of Missions to the Jews in Continental Europe, 1900-1950*: Fuller Theological Seminary, School of World Mission, 1999.

Glasser, Arhur Frederick. "Biblical Theology of Mission." In *Evangelical Dictionary of World Missions*. Edited by A. Scott Moreau, Harold A. Netland, Charles Edward van Engen and David Burnett. Grand Rapids, Mich.: Baker Books; Carlisle, Cumbria, UK: Paternoster Press, 2000.

_____. "There Is an Evangelistic Mandate". *Ryan lectures*, on DQB-LLC for Asbury Theological Seminary. Wilmore, KY. 1972. Accessed February 26, 2024. https://place.asburyseminary.edu/ecommonslectureships/634/.

_____. *And Some Believed: A Chaplain's Experiences with the Marines in the South Pacific*. Chicago, IL: Moody press, 1946.

_____. "Anti-Semitism in the New Testament?." *Missionary Monthly*, Part V of a Series (November 1991): 9-11.

_____. "The Apostates: How Should Gentile Christians Regard Hebrew Believers?." *Missionary Monthly* The Jewish People: Issues and Questions, Part IX (March 1990): 6-7.

_____. "Biblical Basis for Jewish Evangelism." *Missionary Monthly* Evangelical Objections to Jewish Evangelism, Part I (December 1991): 11-13.

_____. "Book Review: Evangelizing the Chosen People: Mission to the Jews in America, 1880-2000.", *International Bulletin of Missionary Research* 26, no. 1 (2002): 36-37.

_____. "Book Review: Jesus and Israel: One Covenant or Two? By David E. Holwerda." 19 (1995): 181-82.

_____. "Book Review: Salvation Is from the Jews: The Role of Judaism in Salvation History from Abraham to the Second Coming." *International Bulletin of Missionary Research* 28, no. 4 (2004): 184-85.

_____. "Central Thailand." *East Asia Millions* 71, April (1963): 51-52.

_____. "Christian Ministry to the Jews." *Presbyterian Communique* 11, no. 2 (March-April 1988): 6-7.

_____. "Christianity and Judaism: Some Random Thoughts." Paper presented at the Evangelical Theological Society, 41st National Conference, San Diego, CA, November 16-18, 1989, http://www.tren.com.

_____. "Church Growth Theology." *First Fruits Press* 11th Biennial Meeting, 2018 (1972): 361-78.

_____. "The Churches and the Jewish People: Towards a New Understanding." *International Bulletin of Missionary Research* 13, no. 4 (October 1989): 158-59.

_____. "Collection 421 Oral History Interviews with Arthur F. Glasser." interview by Robert Shuster and Bob Shuster. Dr. Glasser's office at the school of World Mission at Fuller Seminary in Pasadena, California. September 14, 1989-1998, Billy Graham Center Archives. 501 College Avenue Wheaton, IL, 60187. https://archives.wheaton.edu/repositories/4/resources/809

_____. "Did Jesus Teach the Rejection of Israel?." *Missionary Monthly*, Part II of a Series (December 1990): 9-10.

_____. "The Encounter: Should Christians Respond to the Call for Jewish-Christian Dialogue?." *Missionary Monthly* The Jewish People: Issues and Questions, Part VI (December 1989): 6-7.

_____. "Evangelical Missions." In *Toward the Twenty-First Century in Christian Mission: Essays in Honor of Gerald H. Anderson*. Edited by Robert Coote James Phillips. Grand Rapids, Mich.: Wm. B. Eerdmans Publishing, 1993.

_____. "The Evangelicals: Unwavering Commitment, Troublesome Divisions." In *Mission in the Nineteen 90s*: Wm. B. Eerdmans Publishing, 1991.

_____. "The Evolution of Evangelical Mission Theology since World War II." *International Bulletin of Missionary Research* 9, no. 1 (1985): 9-13.

_____. "The Holocaust: How Should Christians Evaluate Anti-Semitism?." *Missionary Monthly* The Jewish People: Issues and Questions, Part II (June-July 1989): 3-4.

_____. "How Are Christians to Regard the State of Israel?." *Missionary Monthly* The Jewish People: Issues and Questions, Part III (August-September 1989): 19-20.

_____. "Interview with Arthur and Alice Glasser." interview by Greg. February 10, 2005, Fuller Theological Seminary. Pasadena, CA.

_____. "Is Christian Zionism Legitimate?." *Missionary Monthly* The Jewish People: Issues and Questions, Part VIII (February 1990): 8-9.

_____. "Jacób Jocz, 1906-1983." *Missionary Monthly* An Outstanding Christian Theologian and Missiologist, Part I (April-May 1992): 6-7, 30.

_____. "Jacób Jocz, Scholar and Writer." *Missionary Monthly* An Outstanding Christian

Theologian and Missiologist, Part II (June-July 1992): 14–16.

_____. *Jewish Evangelism in the New Millennium: The Missiological Dimension (E)*. Edited by Darrell L. Bock and Mitchell Leslie Glaser. Vol. 12 *To the Jew First: the Case for Jewish Evangelism in Scripture and History*. Grand Rapids, Mich.: Kregel Publications, 2008. Kindle Edition.

_____. "Jewish Evangelism in the New Millennium: The Missiological Dimension(Audio)." *To the Jew First in the New Millennium: a Conference on Jewish Evangelism*. 12. Charlotte, NC: Chosen People Ministries. 2008. https://tinyurl.com/8jskur8b.

_____. "Jewish Evangelism Is Biblical." *Missionary Monthly* Evangelical Objections to Jewish Evangelism, Part IV (March 1992): 10–11.

_____. "The Jewish People." *Missionary Monthly* The Jewish People: Issues and Questions, Part I (April-May 1989): 3–4.

_____. "The Jewish Remnant." *Missionary Monthly*, Part III of a Series (January 1991): 13–15.

_____. "Jocz' View of Hebrew Christianity." *Mission Monthly* An Outstanding Christian Theologian and Missiologist, Part IV (October 1992): 15–18.

_____. *Kingdom and Mission*: Fuller Theological Seminary School of World Mission, 1989.

_____. "Kingdom of God". *Lecture MT520*, on Fuller Theological Seminary, School of World Mission. Pasadena, CA. 1987. Posted January 29, 2024. Accessed January 29, 2024. https://www.youtube.com/watch?v=o7LmJHFhUnk.

_____. "Kingdom of God", on Fuller Theological Seminary, School of World Mission. Pasadena, CA. 1989. Posted January 29, 2024. Accessed January 29, 2024. https://studio.youtube.com/video/o7LmJHFhUnk/edit.

_____. "Laos Facing the Hard Questions Raised by the Present Crisis." *East Asia Millions* 69, July (1961): 99–100.

_____. "Lecture 9a". *Theology of Mission* on Fuller Theological Seminary, School of World Mission. Pasadena, CA. 1989. Posted January 29, 2024. Accessed January 29, 2024. https://youtu.be/JlaWgY0EUM4.

_____. "Lecture 10". *Theology of Mission* on Fuller Theological Seminary, School of World Mission. Pasadena, CA. 1989. Posted January 29, 2024. Accessed January 29, 2024. https://www.youtube.com/watch?v=ZmUs7fYoTag.

_____. "The Legacy of Jacób Jocz." *International Bulletin of Mission Research* 17, no. 2 (1993): 66–71.

_____. "Make Disciples of All the Gentiles." *Missionary Monthly* Evangelical Objections to Jewish Evangelism, Part II (January 1992): 12–14.

_____. "Messianic Jewish Congregations: Indispensable." *Missionary Monthly*, Part IV of a Series (February 1991): 17, 30.

_____. "Messianic Jews and the German Church Today." *Die Mission der Theologie* (1998): 261-69.

_____. "Messianic Jews and the German Church Today." *Spring*, 28, 1 (1999): 46-54. https://directionjournal.org/28/1/messianic-jews-and-german-church-today.html.

_____. "Mission with the Irregulars." *Theology, News and Notes (Fuller Theological Seminary)* 43, no. 2, June (1996): 15-18.

_____. "My Pilgrimage in Mission." *International Bulletin of Missionary Research* 14, no. 3, July (1990): 112-15.

_____. *Our Father Abraham: Jewish Roots of the Christian Faith (Review)*. Vol. 15. London, England: Sage Publications Ltd. (UK), 1991.

_____. "The Palestinians: How Shall Christians Respond to the "Intifada," the Palestinian Uprising?." *Missionary Monthly* The Jewish People: Issues and Questions, Part VII (January 1990): 9, 27.

_____. "Paul-Romans 7-Jewish Evangelism." *Fuller Theological Seminary* (March 1995): 11.

_____. "The Rabbinic Conception of Humankind." *Missionary Monthly* An Outstanding Christian Theologian and Missiologist, Part III (August-September 1992): 9-10, 30.

_____. "Should Christians Evangelize Jews?." *Missionary Monthly* The Jewish People: Issues and Questions, Part V (November 1989): 3-4.

_____. "The Significance of Messianic Jews." *Missionary Monthly*, Part I of a Series (April-May 1991): 6-7.

_____. *Spiritual Conflict: 6 Studies for Individuals or Groups. Christian Life*, edited by Global Issues Bible Studies series: InterVarsity Press, 1990. https://archive.org/details/spiritualconflic0000glas/page/n51/mode/2up.

_____. "Success and Failure in the China Mission." *International Reformed Bulletin* 18, no. 61 (1975): 2-21.

_____. "The Synagogue: What Attitude Should Christians Adopt toward Rabbinic Judaism?." *Missionary Monthly* The Jewish People: Issues and Questions, Part IV (October 1989): 12-13.

_____. "Taiwan: Its Church and Our Mission, Cooperation Unlimited?." *East Asia Millions* 70, August-September (1962): 115-18.

_____. "Tape 1. Collection 421 Oral History Interviews with Arthur F. Glasser." interview by Robert Shuster. Dr. Glasser's office at the school of World Mission at Fuller Seminary in Pasadena, California. September 14, 1989, Billy Graham Center Archives. Wheaton, IL.

_____. "Tape 2. Collection 421 Oral History Interviews with Arthur F. Glasser." interview by Robert Shuster. Dr. Glasser's office at the school of World Mission at Fuller Seminary in Pasadena, California. September 14, 1989, Billy Graham Center Archives. Wheaton, IL.

_____. "Tape 3. Collection 421 Oral History Interviews with Arthur F. Glasser." interview by Bob Shuster. Dr. Glasser's office at the school of World Mission at Fuller Seminary in Pasadena, California. September 18, 1989, Billy Graham Center Archives. Wheaton, IL.

_____. "Tape 4. Collection 421 Oral History Interviews with Arthur F. Glasser." interview by Robert Shuster. Dr. Glasser's office at the school of World Mission at Fuller Seminary in Pasadena, California. April 17, 1995, Billy Graham Center Archives. Wheaton, IL.

_____. "Tape 5. Collection 421 Oral History Interviews with Arthur F. Glasser." interview by Robert Shuster. Dr. Glasser's office at the school of World Mission at Fuller Seminary in Pasadena, California. April 17, 1995, Billy Graham Center Archives. Wheaton, IL.

_____. "Tape 6. Collection 421 Oral History Interviews with Arthur F. Glasser." interview by Robert Shuster. Dr. Glasser's office at the school of World Mission at Fuller Seminary in Pasadena, California. April 18, 1995, Billy Graham Center Archives. Wheaton, IL.

_____. "Tape 7. Collection 421 Oral History Interviews with Arthur F. Glasser." interview by Robert Shuster. Dr. Glasser's office at the school of World Mission at Fuller Seminary in Pasadena, California. April 18, 1995, Billy Graham Center Archives. Wheaton, IL.

_____. "Tape 8. Collection 421 Oral History Interviews with Arthur F. Glasser." interview by Bob Shuster. Dr. Glasser's office at the school of World Mission at Fuller Seminary in Pasadena, California. April 21, 1998, Billy Graham Center Archives. Wheaton, IL.

_____. "Thoughts on Messianic Jewish Congregations." *Missionary Monthly*, Part I of a Series (November 1990): 12-13.

_____. "Timeless Lessons from the Western Missionary Penetration of China." In *New Forces in Missions--the Official Report of the Asia Missions Association*. Edited by David J. Cho. 서울: East-West Center for Missions Research and Development, 1976.

_____. "What Has Been the Evangelical Stance, New Delhi to Uppsala?." *Evangelical Missions Quarterly* 5, Spring (1969): 129-50.

_____. "What of the Silence of God? The 'Question of All Questions'." *Missionary Monthly* The Jewish People: Issues and Questions, Part X (April-May 1990): 3-4.

Glasser, Arthur Frederick. "What Right Do Gentiles Have to Evangelize Jews?." *Missionary Monthly* Evangelical Objections to Jewish Evangelism, Part III (February 1992): 8-9.

_____. "Why the Reds Failed in Indonesia." *Eternity* 17, April (1966): 12-14, 47.

_____. "Wintertime in Japan." *East Asia Millions* 72, February (1964): 19.

_____. "Zinzendorf and the Jewish People." *Jews For Jesus* (November 1 1994). https://tinyurl.com/yckje9kr.

_____. 『성경에 나타난 하나님의 선교』. 임윤택 옮김. 서울: 생명의말씀사, 2006. Originally published as *Announcing the Kingdom: The Story of God's Mission in the Bible*.

Glasser, Arthur Frederick and Dietrich G. Buss. *Giving Wings to the Gospel: The Remarkable Story of Mission Aviation Fellowship*. Grand Rapids, Mich.: Baker Books, 1995.

Glasser, Arthur Frederick, Charles Edward Van Engen, Dean S. Gilliland and Shawn Barrett Redford. *Announcing the Kingdom: The Story of God's Mission in the Bible*. Grand Rapids, Mich.: Baker Academic, 2003.

Glasser, Arthur Frederick and Alice Oliver Glasser. "Three Counties Our Field." *China's Millions* 58, no. May (1950): 77.

Glasser, Arthur Frederick, Paul Gordon Hiebert, Charles Peter Wagner and Ralph Dana Winter. *Crucial Dimensions in World Evangelization*. Pasadena, CA: William Carey Library, 1976. https://archive.org/details/crucialdimension0000unse.

Glasser, Arthur Frederick and Donald Anderson McGavran. *Contemporary Theologies of Mission*. Grand Rapids, Mich.: Baker Book House, 1983.

Glatzer, Nahum N. *Franz Rosenzweig: His Life and Thought*. New York: Schocken Books, 1953.

GOCN. "The Gospel and Our Culture Network." Accessed December 18, 2023. https://gocn.org/.

Goheen, Michael Wayne. *Reading the Bible Missionally*. Grand Rapids, Mich.: Wm. B. Eerdmans Publishing, 2016.

Goheen, Michael Wayne, N. T. Wright, Richard Bauckham, Christopher John Howard Wright, Craig Bartholomew, Dean Flemming, Carl Bosma, Tim Davy, John Franke, Mark Glanville, Joel Green, Darrell Guder, George Hunsberger and Timothy Sheridan. 『선교적 성경해석학』. 백지윤 옮김. 서울: IVP, 2023. Originally published as *Reading the Bible Missionally*.

Goldsworthy, Graeme. "Biblical Theology and Hermeneutics." *Southern Baptist Journal of Theology* 10, no. 2 (2006): 4-18.

Gross, Heinrich. "Peace." In *Encyclopedia of Biblical Theology*. Edited by Johannes Baptist Bauer. Vol. 2. London: Sheed and Ward, 1970.

Guder, Darrell L. 『증인으로 부르심』. 허성식 옮김. 서울: 새물결플러스, 2016. Originally published as *Called to Witness: Doing Missional Theology*.

Guder, Darrell L., Lois Barrett, Inagrace Thoms Dietterich, George R. Hunsberger, Alan J. Roxburgh and Craig Van Gelder. 선교적 교회. 정승현 옮김. 인천: 주안대학원대학교출판부, 2013. Originally published as *Missional Church: A Vision for the Sending of the Church in North America*.

Hall, Edward T. 『생명의 춤: 시간의 또 다른 차원: 에드워드 홀 문화인류학 4부작 4』. 최효선 옮김. 파주: 한길사, 2013. Originally published as *The Dance of Life: The Other Dimension of Time*.

Hare, Douglas R. A. and Daniel J. Harrington. "Make Disciples of All the Gentiles(Mt 28:19)." *The Catholic Biblical Quarterly* 37 (1975): 359-67.

Harkness, Georgia Elma. *Understanding the Kingdom of God*. Nashville: Abingdon Press, 1974. https://archive.org/details/understandingkin00hark.

Hiebert, Paul Gordon. *Anthropological Insights for Missionaries*. Grand Rapids, Mich.: Baker Book House, 1985. https://archive.org/details/anthropologicali0000hieb.

____. *Anthropological Reflections on Missiological Issues*. Grand Rapids, Mich.: Baker Books, 1994.

____. "Conversion, Culture and Cognitive Categories." *Gospel in Context* 1, no. 4 (1978): 24-29.

____. "Evangelism, Church and Kingdom." In *The Good News of the Kingdom: Mission Theology for the Third Millennium*. Edited by Charles Edward Van Engen, Dean S. Gilliland and Paul Everett Pierson. Maryknoll, N.Y.: Orbis Books, 1993.

____. *The Gospel in Human Contexts: Anthropological Explorations for Contemporary Missions*. Grand Rapids, Mich.: Baker Academic, 2009.

____. 『선교와 문화 인류학』. 김동화, 이종도, 이현모, 정흥호 옮김. 서울: 죠이북스, 1996. Originally published as *Anthropological Insights for Missionaries*.

Hoekendijk, Ben and Ralph Millett. *Twelve Jews Discover Messiah*. England: New Wine Ministries, 1997.

Holwerda, David Earl. *Jesus and Israel: One Covenant or Two?* Grand Rapids, Mich.: Wm. B. Eerdmans Publishing, 1995.

Howard, David Morris. *Book Review: Announcing the Kingdom: The Story of God's Mission in the Bible*. London, England: SAGE Publications Sage UK, 2004.

Hunsberger, George R. "Proposals for a Missional Hermeneutic: Mapping the Conversation." *Gospel and Our Culture Network* (2009).

Ice, Thomas D. "What Is Replacement Theology?." *Scholars Crossing(Liberty University)* Article Archives (May 2009): 5.

Israel Forum. "유대인 알리야 작전의 과거, 현재 그리고 미래 the Jewish Aliyah Operation: Past, Present and Future." Paper presented at the The 8th Israel Theology Forum, Phila Antioch Church, PA, November 28-29, 2022.

J.T.S. "The Jewish Theological Seminary." Accessed November 28, 2023. https://www.jtsa.edu/.

Jang, Kyung. "폴 리쾨르의 해석학에서 철학적인 것과 신학적인 것의 연관관계." 해석학연구 20 (2007): 59-105.

Jeremias, Joachim. *Jesus' Promise to the Nations*: Fortress Press, 1982. https://archive.org/details/jesuspromisetona0000jere_p2z0.

Jocz, Jakób. *Christians and Jews: Encounter and Mission*. Digital Edition(2019). London: SPCK, 1966.

_____. *The Covenant: A Theology of Human Destiny*. Grand Rapids, Mich.: Wm. B. Eerdmans Publishing, 1968.

_____. *The Jewish People and Jesus Christ: A Study in the Relationship between the Jewish People and Jesus Christ*. London: SPCK, 1949.

_____. *The Spiritual History of Israel*. Digital Edition(2019). London: Eyre & Spottiswoode, 1961. https://archive.org/details/spiritualhistory0000jocz/page/n5/mode/2up.

_____. *A Theology of Election: Israel and the Church*. Digital Edition(2019). London: SPCK, 1958.

_____. *The Jewish People and Jesus Christ after Auschwitz*. Digital Edition(2019). Grand Rapids, Mich.: Baker Book House, 1981.

Johnson, Paul Bede. *A History of Christianity*. New York: Atheneum, 1976. https://archive.org/details/historyofchristi0000john_j8r1/page/n9/mode/2up.

_____. *A History of the Jews*. Edited by Internet Archive. New York: Perennial Library, 1988. https://archive.org/details/historyofjews00john.

_____. 『기독교의 역사』. 김주한 옮김. 서울: 살림, 2005. Originally published as *A History of Christianity*.

_____. 『유대인의 역사 1: 성경 속의 유대인들』. 김한성 옮김. 서울: 살림, 2005. Originally published as *A History of the Jews*.

Juster, Daniel and Keith Intrater. *Israel, the Church and the Last Days*. Shippensburg, PA: Destiny Image Publishers, 1990. https://archive.org/details/israelchurchlast00just.

_____. 『마지막 때의 교회와 이스라엘』. 김주성 옮김. 서울: 이스라엘 사역, 2010. Originally published as *Israel, the Church and the Last Days*.

Kaiser Jr., Walter Christian. "An Assessment of 'Replacement Theology'." *Mishkan* 71 (2013): 41-51.

_____. "An Epangelical Response." In *Dispensationalism, Israel and the Church: The Search for Definition*. Edited by Craig A. Blaising and Darrell L. Bock: Zondervan Academic, 2010.

_____. *Toward an Old Testament Theology*. Grand Rapids, Mich.: Zondervan Publishing House, 1991.

_____. 『구약성경과 선교』. 임윤택 옮김. 서울: CLC, 2013. Originally published as *Mission in the Old Testament: Israel as a Light to the Nations*.

_____. 『구약성경신학』. 최종진 옮김. 서울: 생명의말씀사, 1978. Originally published as *Toward an old Testament Theology*.

_____. 『성경과 하나님의 예언』. 김영철 옮김. 서울: 여수룬, 1991. Originally published as *Back Toward the Future*.

Kaiser Jr., Walter Christian and Moises Silva. *Introduction to Biblical Hermeneutics: The Search for Meaning*. Grand Rapids, Mich.: Zondervan Academic, 2007. https://archive.org/details/introductiontobi0000kais.

Kaiser Jr., Walter Christian and Moises Silva. 『성경해석학 개론』. 강창헌 옮김. 서울: 은성, 1996. Originally published as *An Introduction to Biblical Hermeneutics*.

Kim, Daeoh. "유대인의 상처에서 '한 새 사람'으로: 우크라이나 알리야 운동을 중심으로 from the Jewish Trauma to the 'One New Man': Special References to the Aliyah Movement in Ukraine." Ph.D. Dissertation, Presbyterian Theological Seminary in America, 2024.

Kim, Jin Sup. "현대사에 나타난 이스라엘과 교회의 7대 신비(7 Mysteries of Israel and Church in the Mordern History)." Paper presented at the Israel Seminar for Pastors (3rd), Jerusalem, Israel, June 8-9, 2018.

Kim, Paul In-Sik. "선교신학적 관점에서 본 월터 C. 카이저의 성경적 종말론 비평: 이스라엘 회복운동을 중심으로." Critical Reflection of Walter C. Kaiser Jr.'S Eschatology from a Mission Theology Perspective- with Special Reference to the Israel Restoration Movement." Ph.D. Dissertation, Presbyterian Theological Seminary in America, 2019.

Kirk Andrew. "The Middle East Dilemma: A Personal Reflection." *Anvil* 3 (1987): 231-58.

Köstenberger Andreas J. and Richard D. Patterson. *Invitation to Biblical Interpretation: Exploring the Hermeneutical Triad of History, Literature and Theology*. Grand Rapids, Mich.: Kregel Publications, 2021.

_____. 『성경해석학 개론』. 김장복 옮김. 서울: 부흥과개혁사, 2017. Originally published as *Invitation to Biblical Interpretation*.

Kraft, Charles H. *Appropriate Christianity*. Pasadena, CA: William Carey Publishing, 2005.

_____. *Christianity in Culture: A Study in Dynamic Biblical Theologizing in Cross-Cultural Perspective*. Maryknoll, N.Y.: Orbis Books, 1979. https://archive.org/details/christianityincu00kraf.

_____. *SWM/SIS at Forty: A Participant/Observer's View of Our History*. Pasadena, CA: William Carey Library, 2005.

_____. 『기독교 커뮤니케이션론』. 박영호 옮김. 서울: CLC, 2007. Originally published as *Communication Theory for Christian Witness*.

_____. 『기독교와 문화』. 임윤택, 김석환 옮김. 서울: CLC, 2006. Originally published as *Christianity in Culture: A Study in Dynamic Biblical Theologizing in Cross-cultural Perspective*.

Ladd, George Eldon. *The Young Church: Acts of the Apostles*. Edited by William Barclay and F. F. Bruce: London: Lutterworth Press; New York: Abingdon Press, 1964.

_____. 『신약신학』. 신성종, 이한수 옮김. 서울: 대한기독교출판사, 1984. Originally published as *A Theology of the New Testament*.

Lausanne Movement. "Jewish Evangelism: Sharing the Gospel with Jewish People Was the Beginning of World Evangelism." Accessed October 26, 2023. https://tinyurl.com/4fpzzasw.

_____. "The Manila Manifesto." *Making Christ Known: Historic Mission Documents from the Lausanne Movement, 1974-1989* (1989): 225-49. https://lausanne.org/ko/content-ko/manifesto-ko/manila-manifesto-ko.

Lee, Kwang Kil. "지도력 평생 개발론(Life-Long Development)." 세미나 논문, 2017. Accessed November 29, 2023. http://tinyurl.com/4r95yuxm.

Lee, Sang Meyng. *The Cosmic Drama of Salvation, the Law and Christ in Paul's Undisputed Writings: From Anthropological and Cosmological Perspectives*: ProQuest, 2008.

_____. "사도 바울의 회심과 선교신학." 「선교와 신학」 40 (2016): 13-48.

Lee, Sang Min. "폴 리쾨르의 성서 해석학에 대한 연구." 「신앙과 학문」 23, no. 3 (2018): 129-61.

Lewis, Clive Staples. "Foreword." In *Smoke on the Mountain: An Interpretation of the Ten Commandments*. Edited by Joy Davidman. Philadelphia, PA: Westminster Press, 1954.

Luther, Martin. "On the Jews and Their Lies, 1543." *Luther's Works* 47 (1971): 123-306.

____. 『유대인과 그들의 거짓말에 대하여』. 서울: BradTV, 2017. Originally published as *On the Jews and Their Lies*.

Maoz Israel. "Arab Ministry." Maoz Israel Inc. Accessed February 28, 2024. https://maozisrael.org/arab-ministry/.

Marquis Who's Who Ventures LLC. "Dietrich G. Buss, Phd, Presented with the Albert Nelson Marquis Lifetime Achievement Award by Marquis Who's Who." 2019. Accessed December 24, 2023. https://tinyurl.com/y5v2a5km.

Marshall, Ian Howard. *Luke: Historian & Theologian*. Grand Rapids, Mich.: Zondervan, 1971.

McIntosh, Gary Lynn. *Donald A. Mcgavran: A Biography of the Twentieth Century's Premire Missiologist*: Church Leader Insights U.S.A., 2015.

Moreau, A. Scott, Harold A. Netland, Charles Edward van Engen and David Burnett. *Evangelical Dictionary of World Missions*. Grand Rapids, Mich.: Baker Books; Carlisle, Cumbria, UK: Paternoster Press, 2000.

Neuhaus, Richard John. "Salvation Is from the Jews." *First Things* (2001): 17-22.

Newbigin, James Edward Lesslie. *Truth to Tell: The Gospel and Public Truth*. Grand Rapids, Mich.: Wm. B. Eerdmans Publishing, 1991.

OMF International. "Omf." Accessed November 29, 2023. https://omf.org/.

One For Israel Ministry. "Dr. Seth Postell's Testimony." I Met Messiah. One For Israel Ministry. 2020. Accessed February 28, 2024. https://www.youtube.com/watch?v=3Au0IYXOAxw.

One New Man Family. "알리야 Aliyah." Accessed March 23, 2024. https://onenewman.net/27.

Osborne, Grant R. *Hermeneutical Spiral: A Comprehensive Introduction to Biblical Interpretation*. Downers Grove: InterVarsity Press, 1991. https://archive.org/details/hermeneuticalspi0000osbo.

____. 『(해석학적 나선형으로 풀어 가는) 성경해석학 총론』. 임요한 옮김. 서울: 부흥과개혁사, 2017. Originally published as *Hermeneutical Spiral: A Comprehensive Introduction to Biblical Interpretation*.

Packer, James Innell. "Hermeneutics and Biblical Authority." *The Churchman* 81 (1967): 7-21.

Palmer, Richard E. *Hermeneutics: Interpretation Theory in Schleiermacher, Dilthey, Heidegger and Gadamer*. Edited by Northwestern University Press Studies in Phenomenology and Existential Philosophy. Evanston: Northwestern University Press, 1969.

https://archive.org/details/hermeneuticsinte0000palm.

Perlman, Susan. "Jewish Evangelism." In *The Lausanne Movement: A Range of Perspectives*. Edited by Margunn Serigstad Dahle, Lars Dahle and Knud Jorgensen. Regnum Edinburgh Centenary Series.vol. 22. Oxford: Regnum Books International, 2014.

Pierson, Paul Everett. "Citizen of the Kingdom." In *The Good News of the Kingdom: Mission Theology for the Third Millennium*. Edited by Charles Edward Van Engen, Dean S. Gilliland and Paul Everett Pierson. Maryknoll, N.Y.: Orbis Books, 1993.

Porter, Stanley E. and Matthew R. Malcolm. *The Future of Biblical Interpretation: Responsible Plurality in Biblical Hermeneutics*. Westmont, IL: InterVarsity Press, 2013.

_____. *Horizons in Hermeneutics: A Festschrift in Honor of Anthony C. Thiselton*. Grand Rapids, Mich.: Wm. B. Eerdmans Publishing, 2013.

Porter, Stanley E. and David I. Yoon. "In Memoriam: Anthony C. Thiselton." *DOMAIN THIRTY-THREE*, 2023. Accessed December 26, 2023.

Prager, Dennis and Joseph Telushkin. *Why the Jews?: The Reason for Antisemitism*. New York: Simon and Schuster, 1983. https://archive.org/details/whyjewsreasonfor00denn/mode/1up.

Pratt, Richard L. "He Gave Us Scripture: Foundations of Interpretation." *Florida, USA: Third Millennium Ministries* (2013).

Priest, Robert J. "Paul G. Hiebert: A Life Remembered." *Trinity Journal* 30, no. 2 (2009): 171-75.

Princeton Christian Fellowship. "Princeton Christian Fellowship." Accessed November 29, 2023. https://pcfprinceton.org/.

Redford, Shawn Barrett. "Appropriate Hermeneutics." In *Appropriate Christianity*. Edited by Charles H. Kraft. Pasadena, CA: William Carey Publishing, 2005.

_____. *Missiological Hermeneutics: Biblical Interpretation for the Global Church*. Vol. 11. American Society of Missiology Monograph Series. Eugene, OR: Wipf and Stock Publishers, 2012.

Robert, Dana L. "Forty Years of the American Society of Missiology: Retrospect and Prospect." *Missiology* 42, no. 1 (2014): 6-25.

_____. "북미 선교학 40년의 간략한 역사." In 선교학적 연구 방법론. Edited by KRIM: 한국선교연구원. Vol. 현대선교 18. 서울: GMF Press, 2015.

Rosenzweig, Franz. *The Star of Redemption*: University of Notre Dame Pess, 1985.

Rudolph, David. "Toward Paul's Ephesians 2 Vision of the One New Man: Navigating around Hebrew Roots and Replacement Theologies." *Kesher: A Journal of Messianic Judaism* (2022). Accessed March 27, 2024. https://shorturl.at/exRZ5.

Sanders, Ed Parish. 『바울, 율법, 유대인』. 김진영 옮김. 파주: 크리스챤다이제스트, 1994. Originally published as *Paul, the Law and the Jewish People*.

Schoeman, Roy H. *Salvation Is from the Jews: The Role of Judaism in Salvation History from Abraham to the Second Coming*. San Francisco: Ignatius Press, 2003.

Schoeps, Hans Joachim. *Paul: The Theology of the Apostle in the Light of Jewish Religious History*: James Clarke & Company, 2022.

Schreiter, Robert J. *Constructing Local Theologies*. Maryknoll, N.Y.: Orbis Books, 1985. https://archive.org/details/constructingloca0000schr.

Schwartz, Glenn J. "Tribute to Dr. Arthur F. Glasser Like Enoch of Old: He Walked with God." Funeral Address(Pasadena), 2010.

Sedaca, David. *The Endurance of Israel: A Brief History of the Jewish People*: InstantPublisher.com, 2021.

_____. "Interview with Dr. David Sedaca About Dr. Arthur F. Glasser." interview by Mijung Han. January 24, 2023, Cracker Barrel Old Country Store. 757 Lynnhaven Pkwy, Virginia Beach, VA 23452.

_____. "Introducing the Ministry of David Sedaca." Weebly. Accessed February 18, 2023. https://www.chosenpeople.com/david-and-julia-sedaca/.

Senior, Donald and Carroll Stuhlmueller. *The Biblical Foundations for Mission*. Maryknoll, N.Y.: Orbis Books, 1983. https://archive.org/details/biblicalfoundati0000seni.

Sharpe, Eric J. "The Legacy of Bengt Sundkler." *International Bulletin of Missionary Research* 25, no. 2 (2001): 58-63.

Shaw, Daniel Robert and Charles Edward Van Engen. *Communicating God's Word in a Complex World: God's Truth or Hocus Pocus?* Lanham, Md.: Rowman & Littlefield Publishers, 2003.

_____. 『기독교 복음 전달론』. 이대헌 옮김. 서울: CLC, 2007. Originally published as *Communicating God's Word in a Complex World: God's Truth or Hocus Pocus?*

Shenk, Wilbert Ray. *History of the American Society of Missiology, 1973-2013*. Elkhart, IN: Institute of Mennonite Studies, 2013.

Shishkoff, Eitan. 『이스라엘의 회복과 이방인의 부르심』. 김진섭 옮김. 서울: 이스트윈드, 2014. Originally published as *What About Us?: The End Time Calling of Gentiles in Israel's Revival*.

Snaith, Norman Henry. *Distinctive Ideas of the Old Testament*. London: Epworth, 1944.

Soulen, R. Kendall. *The God of Israel and Christian Theology*. Minneapolis: Fortress Press, 1996. https://archive.org/details/godofisraelchris0000soul.

Stegemann, Ekkehard W. "Hat Gott Sein Volk Verstoßen?–Das Sei Ferne!", *Pastoraltheologie* 73 (1984): 299–307.

Stern, David Harold. *Complete Jewish Bible: An English Version of the Tanakh (Old Testament) and B'rit Hadashah (New Testament)*, 1998.

_____. *Jewish New Testament*: Messianic Jewish Publisher, 1989.

_____. *Jewish New Testament Commentary*: Lederer Messianic Publications, 1992.

_____. *Messianic Jewish Manifesto*. Jerusalem, Israel & Clarksville, MD: Jewish New Testament Publications, 1988. https://archive.org/details/messianicjewishm0000ster.

_____. *Restoring the Jewishness of the Gospel*: Jewish New Testament Publ., 1988.

_____.『복음의 유대성 회복』. Translated by OneNewMan Congregation. 서울: OneNewMan Congregation 2009. Originally published as *Restoring the Jewishness of the Gospel*.

_____.『유대인 신약성경』. 이승록, 권레아, 양해경 옮김. 고양: 브래드북스, 2021. Originally published as *Jewish New Testament: A Translation of the New Testament That Expresses Its Jewishness*.

_____.『유대인 신약성경 주석: 유대인 신약성경과 함께 읽는 책』. 김주성 옮김. 고양: 브래드북스, 2024. Originally published as *Jewish New Testament Commentary*.

Stott, John Robert Walmsley. *The Message of Ephesians: God's New Society*. *Bible Speaks Today*. Downers Grove, IL: InterVarsity Press, 1979.

Stott, John Robert Walmsley and Christopher John Howard Wright.『선교란 무엇인가』. 김명희 옮김. 서울: IVP, 2018. Originally published as *Christian Mission in the Modern World*.

Sundkler, Bengt Gustav Malcom. *Bantu Prophets in South Africa*: Routledge, 1945.

_____. *The World of Mission*. London: Lutterworth Press, 1965. https://archive.org/details/worldofmission0000beng.

Sundkler, Bengt Gustav Malcom and Christopher Steed. *A History of the Church in Africa*. Vol. 74: Cambridge University Press, 2000.

Swindoll, Charles R.『(쉽고 명쾌한) 성경 연구 특강』. 윤종석 옮김. 서울: 디모데, 2019. Originally published as *Searching the Scriptures: Find the Nourishment Your Soul Needs*.

Taber, Charles R. "Missiology and the Bible." *Missiology* 11, no. 2 (1983): 229–45.

The Seattle Times. "Alice Glasser Obituary." *The Seattle Times* (Seattle, WA). September 19, 2006. Accessed November 30, 2023, https://tinyurl.com/yrw4zr3r.

_____. "Arthur Glasser Obituary." *The Seattle Times* (Seattle, WA). December 13, 2009.

Accessed February 23, 2023, https://tinyurl.com/yc5wx2pu.

Thiselton, Anthony Charles. *New Horizons in Hermeneutics: The Theory and Practice of Transforming Biblical Reading*. New York: Harper Collins, 1992.

_____. *The Two Horizons: New Testament Hermeneutics and Philosophical Description with Special Reference to Heidegger, Bultmann, Gadamer and Wittgenstein*. Grand Rapids, Mich.: Wm. B. Eerdmans Publishing, 1980.

_____. 『두 지평』. 박규태 옮김. 서울: IVP, 2017. Originally published as *Two Horizons*.

_____. 『성경의 그림 언어와 상징 해석』. 최승락 옮김. 고양: 이레서원, 2021. Originally published as *Power of Pictures in Christian Thought: The Use and Abuse of Images in the Bible and Theology*.

_____. 『(앤서니 티슬턴의) 성경해석학 개론』. 김동규 옮김. 서울: 새물결플러스, 2012. Originally published as *Hermeneutics: An Introduction*.

Tiénou, Tite. "Gospel and Cultures in the Lausanne Movement." In *The Lausanne Movement: A Range of Perspectives*. Edited by Margunn Serigstad Dahle, Lars Dahle and Knud Jorgensen. Regnum Edinburgh Centenary Series.vol. 22. Oxford: Regnum Books International, 2014.

Union Theological Seminary. "The Master of Sacred Theology (S.T.M.) Degree." Accessed November 28, 2023. https://utsnyc.edu/academics/degrees/master-of-sacred-theology/.

_____. "Union Theological Seminary." Accessed November 28, 2023. https://utsnyc.edu.

Verkuyl, Johannes. "The Biblical Notion of Kingdom." In *The Good News of the Kingdom: Mission Theology for the Third Millennium*. Edited by Charles Edward Van Engen, Dean S. Gilliland and Paul Everett Pierson. Maryknoll, N.Y.: Orbis Books, 1993.

_____. *Contemporary Missiology: An Introduction*. Translated by Dale Cooper. Grand Rapids, Mich.: Wm. B. Eerdmans Publishing, 1978.

_____. 『현대 선교신학 개론』. 최정만 옮김. 서울: CLC, 1991. Originally published as *Contemporary Missiology: An Introduction*.

Vicedom, Georg Friedrich. *Church and People in New Guinea*. World Christian Books. London: United Society for Christian Literature, Lutterworth Press, 1961.

Vlach, Michael Joseph. "The Church as a Replacement of Israel: An Analysis of Supersessionism." Southeastern Baptist Theological Seminary, 2004.

_____. *Has the Church Replaced Israel?* Nashville, TN: B&H Publishing Group, 2010.

_____. "Various Forms of Replacement Theology." *The Master's Seminary Journal* 20, no. 1 (2009): 57-69.

_____. "이스라엘의 회복과 대체신학 논쟁(The Restoration of Israel and the Arguments of Replacement Theology)." Paper presented at the 제2회 이스라엘 목회자 세미나, Seoul 무학교회, September 11, 2017.

Wagner, Charles Peter. "Missiological Research in the Fuller Seminary School of Missions." *First Fruits Press* 11th Biennial Meeting 1972 (2018): 379-401.

Wallace. "Obituary for Glenn J. Schwartz." *Wallace Funeral Directors Inc.* (Lancaster, PA). August 26, 2022. Accessed December 13, 2023. http://tinyurl.com/5kxemnw7.

Warren, Max. *I Believe in the Great Commission*. Grand Rapids: Eerdmans, 1976.

Westminster Theological Seminary. "Westminster Theological Seminary." Accessed November 28, 2023. https://www.wts.edu/.

Wheaton College. "Blackstone, William Eugene, 1841-1935." Accessed November 29, 2023. https://archives.wheaton.edu/agents/people/1764.

Wilson, Marvin R. *Our Father Abraham: Jewish Roots of the Christian Faith*. Grand Rapids, Mich.: Wm. B. Eerdmans Publishing, 1989.

_____. 『기독교와 히브리 유산』. 이진희 옮김. 서울: 컨콜디아사, 1995. Originally published as *Our Father Abraham: Jewish Roots of the Christian Faith*.

Wolfe, David L. *Epistemology, the Justification of Belief*. Downers Grove, Ill.: InterVarsity Press, 1982. https://archive.org/details/epistemologyjust00wolf.

World Council of Churches. "The Churches and the Jewish People: Towards a New Understanding: Adopted at Sigtuna, Sweden, by the Consultation on the Church and the Jewish People World Council of Churches 4 November 1988." *International Bulletin of Missionary Research* 13, no. 4 (1988): 152-54.

World Evangelical Fellowship. "The Willowbank Declaration on the Christian Gospel and the Jewish People: World Evangelical Fellowship." *International Bulletin of Missionary Research* 13, no. 4 (1989): 161-64.

Wright, Christopher John Howard. *The Mission of God: Unlocking the Bible's Grand Narrative*: InterVarsity Press, 2006.

_____. 『하나님의 선교』. 정옥배 옮김. 서울: IVP, 2010. Originally published as *(The) Mission of God: Unlocking the Bible's Grand Narrative*.

강아람. "선교적 교회론과 선교적 해석학 - GOCN의 연구를 중심으로." 「선교신학」 no. 36 (2014): 11-45.

국립국어원. 『표준국어대사전』. https://stdict.korean.go.kr.

김용식. 『디아스포라 인 브라질』. 서울: 윌리엄캐리, 2009.

_____. "브라질 한인 디아스포라 교회(KDCB: Korean Diaspora Church of Brazil)의 선교 전

략 개발을 위한 토착교회 원리의 재고." Fuller Theological Seminary, 2000.

김인식. 『성경, 빅 픽처를 보라!』. 서울: 두란노, 2021.

_____. 『이스라엘의 회복과 종말』. 서울: CLC, 2020.

_____. 『하나님의 마스터플랜 [God's Master Plan]』. 서울: 교회성장연구소, 2017.

김정환. 『이스라엘과 대체신학』. 서울: 예영커뮤니케이션, 2014.

김충렬. 『"먼저는 유대인에게" 어떻게 생각하는가?』. 서울: 쿰란출판사, 2021.

김충렬. 『이스라엘, 아세요?』. 파주: 국민북스, 2020.

노윤식. "복음주의 선교." 「선교신학」 no. 3 (1999): 147-64.

윤서태. "메시아닉 유대인들의 역사와 신앙에 대한 선교적 이해." 「ACTS 신학저널」 46 (2020): 351-85.

이대헌. "하나님의 선교와 선교적 해석학." 「선교신학」 41 (2016): 291-326.

이성림. "루터와 반유대주의: 유대인과 그들의 거짓말에 관하여." 「신학과세계」 no. 83 (2015): 70-99.

임윤택. 『디아스포라 설교신학』. 서울: CLC, 2009.

_____. 『랄프 윈터의 기독교 문명 운동사』. 고양: 예수전도단, 2013.

정승현. "선교의 성경 연구 동향분석: 1980년대 이후 영미권을 중심으로." 「미션네트워크」 1 (2012): 57-87.

_____. "선교적 교회론의 과거, 현재 그리고 미래 - GOCN의 연구를 중심으로." 『선교적 교회론과 한국 교회』. 한국선교신학회. 서울: 대한기독교서회, 2015.

_____. "하나님의 선교와 선교적 교회: 빌링겐 IMC를 중심으로." 「선교와 신학」 20 (2007): 21-42.

정연호. "이스라엘의 비전과 역사적 현실 그리고 한국 교회." Paper presented at the 제2회 이스라엘 신학포럼, Seoul, 2015.

한국선교신학회, 김은수, 정승현, 최형근, 이병옥, 권오훈, 강아람, 최동규, 홍기영, 이상훈, 장남혁, 전석재, 이후천, 한국일, 황병배, 황홍렬. 『선교적 교회론과 한국 교회』. 한국선교신학회. 서울: 대한기독교서회, 2015.